DAS FISCHER LEXIKON

PÄDAGOGIK

Herausgegeben von
Prof. Dr. Hans-Hermann Groothoff

unter Mitwirkung von
Prof. Dr. Edgar Reimers

NEUAUSGABE

FISCHER TASCHENBUCH VERLAG

Umschlagentwurf: Fischer Taschenbuch Verlag
nach einem Entwurfsschema von Wolf D. Zimmermann
(wdz-studio, Feldafing)

Veröffentlicht im Juni 1964

51.— 75.	Tausend	November 1965
76.— 97.	Tausend	September 1966
98.—117.	Tausend	November 1967
118.—137.	Tausend	Dezember 1968
138.—162.	Tausend	Oktober 1969
163.—182.	Tausend	Januar 1971
183.—207.	Tausend	August 1971
208.—217.	Tausend	September 1972
218.—227.	Tausend	März 1973

Neuausgabe

228.—247.	Tausend	Oktober 1973

Fischer Taschenbuch Verlag GmbH, Frankfurt am Main

Gesamtherstellung: Hanseatische Druckanstalt GmbH, Hamburg
Printed in Germany
ISBN 3 436 01773 6

MITARBEITER DIESES BANDES

Prof. Dr. Felix v. Cube (Bonn): Kybernetik und Pädagogik

Pater Prof. Dr. Karl Erlinghagen SJ (Regensburg): Katholische Pädagogik

Prof. Dr. Leonhard Froese (Marburg): Vergleichende Erziehungswissenschaft

Prof. Dr. Hans-Hermann Groothoff (Köln): Bildung (Theorie der Bildung), Musisch-ästhetische Bildung, Politische Bildung, Bildungswesen in der BRD, allgemein, Erziehung (Theorie der Erziehung), Gesamtschule, Gymnasium, Lehrer — Lehrerbildung, Pädagogik

Prof. Dr. Wilhelm Hansen (Vechta i. Oldb.): Altersstufen — Bildungsstufen, Jugend, Kindheit, Pädagogische Psychologie — Psychologie des Lernens und Lehrens

Prof. Dr. Gerhard Heese (Hannover): Sonderpädagogik (Behindertenpädagogik), Sonderschulen

Prof. Dr. Werner Heldmann (Neuss): Bildungsforschung und Bildungsplanung

Dr. Liesel-Lotte Herkenrath (Köln): Familie in pädagogischer Sicht

Prof. Dr. Wolfgang Klafki (Marburg): Unterricht — Didaktik, Curriculum, Methodik

Prof. Dr. Klaus Mollenhauer (Göttingen): Gesellschaft in pädagogischer Sicht, Sozialpädagogik

Oberschulrat a. D. Hieronymus Oehmig (Köln): Realschule

Dr. Horst Opaschowski (Siegen): Freizeitpädagogik

Wulf Preising (Köln): Soziologie der Erziehung

Prof. Dr. Edgar Reimers (Siegen): Grundschule, Hauptschule, Schule, Theorie der Schule

Prof. Dr. Wolfgang Schulenberg (Oldenburg): Erwachsenenbildung

Prof. Dr. Thea Sprey (Köln): Vorschulische Erziehung

Prof. D. Martin Stallmann (Göttingen): Religionspädagogik (in evangelischer Sicht)

Prof. Dr. Karlwilhelm Stratmann (Bochum): Berufliches Ausbildungs- und Schulwesen, Berufs- und Wirtschaftspädagogik

Dr. Hans-Jürgen Toews (Göttingen): Schulrecht

Dr. Ingeborg Wirth (Köln): Sozialisation und Erziehung

EINLEITUNG

Ähnlich wie die Darstellung der Gegenstände Politik und Volkswirtschaft hat sich die Darstellung der Pädagogik im Fischer Lexikon mit einer grundsätzlichen Schwierigkeit auseinanderzusetzen: Es gibt die Pädagogik gewissermaßen zweimal, einmal als einen Zusammenhang von Handlungen und Einrichtungen mit darin enthaltenen Überlieferungen, gesetzlichen Regelungen und Besinnungen sowie Planungen *(Praxis)*, zum anderen als einen Zusammenhang von Forschungen, Reflexionen und Theoremen *(Theorie)*. Der eine Zusammenhang kann aber nicht ohne den anderen verstanden werden. Deskription der Erziehungswirklichkeit und erziehungswissenschaftliche Theorie können nur bedingt getrennt werden.

Da für das Lexikon ›Pädagogik‹ nur ein Band zur Verfügung stand, haben wir den Schwerpunkt auf die *Erziehungswissenschaft* gelegt und versucht, diese nach ihrem heutigen Stande mit ihren historischen und systematischen Voraussetzungen und ihren verschiedenen Komponenten und Disziplinen darzustellen. Ihre Nachbarwissenschaften (Philosophie, Anthropologie, Psychologie und Soziologie) sind nur insoweit mit dargestellt, als sie Fragestellungen von unmittelbarer pädagogischer Relevanz enthalten; daneben haben wir aber doch — in einer zweiten Reihe von Beiträgen — versucht, die heutige *Erziehungswirklichkeit* darzustellen, und zwar nach ihren beiden Seiten hin, dem Kinder- und Jugendleben — in Familie und Gesellschaft — und den erzieherischen Einrichtungen, insbesondere den schulischen und den sozialpädagogischen Einrichtungen. Bei den letzten Beiträgen waren Kompromisse nicht zu vermeiden. Die aktuelle Problematik der betreffenden Einrichtungen unserer Erziehungswirklichkeit ist aber relativ ausführlich dargestellt worden.

Obwohl sich heute Erziehungswirklichkeit und Erziehungswissenschaft als weitverzweigte Zusammenhänge darstellen und eine differenzierte Darstellung nahelegen, ist daran festgehalten worden, das Lexikon nur in eine übersehbare Anzahl von Beiträgen zu gliedern und dieser Gliederung, ungeachtet der alphabetischen Anordnung der einzelnen Beiträge, die Struktur der Erziehungswirklichkeit bzw. der Erziehungswissenschaft zugrunde zu legen. Das Lexikon kann daher über die nachfolgend beigefügte Gliederung wie ein Handbuch benutzt werden, und außerdem über sein Register als ein differenziertes Begriffs-Lexikon.

Dieser Anlage entsprechend sind alle Autoren gebeten worden, in knapper Form sowohl historisch als auch systematisch in ihr Thema einzuführen und die gegenwärtige Problematik und Diskussion zu skizzieren. Daß dabei auch der Standpunkt der einzelnen Autoren deutlich wird, halten wir für einen Vorteil.

Da sich die Pädagogik in jedem Falle selbst begründen und explizieren muß, ist der Hauptartikel ›Pädagogik‹ so aufgebaut, daß er zugleich als Einleitung und Einführung in das ganze Lexikon dienen kann. Die Pädagogik ist sowohl ein historisches wie damit aber auch ein kulturspezifisches und nationales Phänomen, der Hauptartikel wird daher ergänzt durch den Artikel ›Vergleichende Erziehungswissenschaft‹ und durch den Grundriß der Geschichte der Pädagogik, der aus den geschichtlichen Einleitungen nahezu aller Artikel insgesamt herauszulesen ist. Der für das Selbstverständnis der eigenen nationalen Erziehungswissenschaft wichtige vergleichende Aspekt ist allerdings sonst nur an wenigen Stellen angedeutet; die Darstellung mußte im wesentlichen auf die BRD beschränkt bleiben.

Inhaltlich sind dem Hauptartikel die Artikel ›Erziehung‹ und ›Bildung‹ (einschließlich ›musisch-ästhetischer‹ und ›politischer‹ Bildung) zugeordnet, sie klären Grundvoraussetzungen und zentrale Begriffe der pädagogischen Theorie. Der Artikel ›Unterricht—Didaktik, Curriculum, Methodik‹ gehört ebenfalls zu diesem, als ›Allgemeine Pädagogik‹ zu bezeichnenden Komplex, da er die Verbindung der allgemeinen Theorie mit der inhaltlichen und formalen Struktur von Unterricht darstellt.

An der zentralen Problematik der Pädagogik wird deutlich, daß sie als Handlungswissenschaft immer auch Ziele formulieren muß, die sich nicht ohne weiteres schon aus der Faktizität erschließen lassen, daß sie auf deren Analyse jedoch in ihrer Verwirklichung immer angewiesen ist. Das Erziehungsgeschehen ist in vielfältiger Weise durch psychische, soziale und in Grenzfällen auch biologisch-medizinische Faktoren bedingt, diese Bedingungen gilt es aufzuklären und für die allgemeine Theorie fruchtbar zu machen. Daher ist die Pädagogik auf Theorien über die psychisch-sozialen Bedingungen der Erziehung angewiesen, sie gibt speziellen Forschungen auf diesem Gebiet die Aufgabe vor, diese wirken wiederum auf sie zurück. Diese Abhängigkeit spiegelt sich im vorliegenden Lexikon wider, in dem die Artikel über die empirisch erfaßbaren Bedingungen der Erziehung einen breiten Raum einnehmen. Diese Theorien und Forschungen wirken natürlich auch auf die Konstitution der Erziehungsinstitutionen, ihre jeweilige Idee und ihre jeweilige Wirklichkeit ein, in denen sich allgemeine pädagogische Ideen konkretisiert haben und in jedem neuen Entwurf konkretisieren müssen: Allgemeine Pädagogik, psychologisch-soziologische Theorien und Institutionen stehen in einem sehr komplexen Wechselverhältnis zueinander, das die Artikel des Lexikons, der Kürze und Übersichtlichkeit wegen, kaum angemessen wiedergeben können. Als Einführung in die heutige Pädagogik jedoch kann dieses Lexikon im Sinne folgender Gliederung gelesen werden:

1. Allgemeine Pädagogik (Theorie der Erziehung und ihrer wissenschaftlichen Bearbeitung):
Pädagogik; Vergleichende Erziehungswissenschaft (Übergang zu 3.); Erziehung; Bildung; Musisch-ästhetische Bildung; Politische Bildung; Unterricht—Didaktik, Curriculum, Methodik (Übergang zu 3. und 4.); Katholische Pädagogik; Religionspädagogik in evangelischer Sicht.
2. Spezielle Pädagogiken (auf die allgemeine Theorie bezogen):
Behindertenpädagogik; Berufs- und Wirtschaftspädagogik; Freizeitpädagogik; Sozialpädagogik (Übergang zu 3. und 4.).
3. Theorien über die psychisch-sozialen Bedingungen der Erziehung:
Pädagogische Psychologie; Altersstufen; Kindheit; Jugend; Sozialisation und Erziehung; Gesellschaft in pädagogischer Sicht; Familie in pädagogischer Sicht; Bildungsforschung und Bildungsplanung (Übergang zu 4.); Soziologie der Erziehung; Kybernetik und Pädagogik.
4. Institutionen, Geschichte und Theorie:
Lehrer, Lehrerbildung (Übergang zu 1.); Bildungswesen in der BRD; Vorschulische Erziehung (Übergang zu 3.); Schule; Grundschule; Hauptschule; Realschule; Gymnasium; Gesamtschule; Berufliches Ausbildungs- und Schulwesen; Erwachsenenbildung; Sonderschulen; Schulrecht.

Die erste Auflage dieses Lexikons ist im Juni 1964 erschienen. Damals befanden sich Pädagogik und Bildungswesen in der BRD zwischen Wiederherstellung bzw. Erneuerung auf der einen Seite und radikaler Überprüfung und Reform auf der anderen Seite. Inzwischen ist in etwa erkennbar, wohin der Weg führt. Die Pädagogik stellt sich entschiedener als jemals zuvor als »kritische Pädagogik« dar, außerdem erprobt sie in bisher unbekanntem Umfang und mit bisher unbekanntem Aufwand, inwiefern sie sich auf die Methoden der empirischen Sozialforschung einlassen und sich als eine szientifische bzw. technologische Disziplin verstehen und nützlich machen kann. Diesen Bemühungen korrespondiert ein neuer Ansatz zu

einer nunmehr umfassenden Reform des Bildungswesens, die u. a. zu einer Demokratisierung unseres Bildungswesens, aber auch zu einer Konsolidierung des Unterrichts führen soll.
Es hat sich daher als nötig erwiesen, das Lexikon vollständig zu überarbeiten und dabei auf einige Beiträge zu verzichten, um neue Beiträge einsetzen zu können.
Für eine eingehende Beratung der zweiten wie seinerzeit der ersten Fassung habe ich in erster Linie meinem Kollegen Edgar Reimers zu danken. Bei Teilfragen haben uns Prof. D. Martin Stallmann und Prof. Dr. W. Klafki geholfen, an den redaktionellen Arbeiten hat Frau Renate Preising mitgewirkt; auch ihnen sei an dieser Stelle gedankt.

Köln, Sommer 1972 H.-H. Groothoff

Altersstufen, Bildungsstufen. Die Altersstufen in → *Kindheit* und → *Jugend* heben sich nicht nur durch den Stand des Wachstums und der körperlichen Tüchtigkeit voneinander ab. Auch Sprache und Spiel, Bastel- und Sammelbedürfnisse, Leseneigungen, soziale Bezüge, Interessen, geistige Verarbeitung der Erfahrungen und andere Aktivitäten unterliegen alterstypischen Ausprägungen und Wandlungen. Die Eltern passen ihre Erwartungen und Ansprüche den Altersstufen an. Staatliche Regelungen, etwa über Beginn und Ende der Schulpflicht, über Strafmündigkeit und Jugendgerichtsbarkeit, sind an Altersstufen orientiert. → *Erziehung* und → *Unterricht* sind bemüht, den Altersstufen gerecht zu werden, weil ihre Erfolge davon abhängen, daß die Kinder und Jugendlichen fähig und bereit sind, zu leisten, was von ihnen verlangt wird.

Die → *Pädagogik* fragt vor allem: Welche Lebensjahre gehören jeweils einer Altersstufe an? Worin ist diese Staffelung nach Altersstufen fundiert? Welche Leistungen sind jeweils an eine Altersstufe gebunden?

Wenn für das Auftreten bestimmter Verhaltensweisen oder Leistungen in Kindheit und Jugend Altersangaben erfolgen, so sind das aus vielen Einzelentwicklungen errechnete Durchschnittswerte. Die Entwicklung eines jeden Kindes hat, das muß betont werden, ihren *individuellen Verlauf*, auch zeitlich. Die Streuung im gleichen Alter und damit auch die Spannen zwischen den Durchschnittsangaben und den ihnen zugrundeliegenden individuellen Daten sind am Anfang der Entwicklung gering, sie nehmen mit dem Alter zu. Das gilt auch für die folgenden Beispiele.

Es ist bekannt, daß der *Spracherwerb* in der Regel nach dem 1. Lebensjahr beginnt; er macht in den folgenden Jahren gewaltige Fortschritte. — Zwischen $2^1/_2$ und $3^1/_2$ Jahren beginnen geistig normale Kinder, den Erfolg oder Mißerfolg ihres Handelns auf das eigene Ich zurückzubeziehen. Sie werden damit fähig, ihre Bezüge zur Umwelt leistungsmäßig zu strukturieren. Das ist der Anfang einer mehrjährigen *optimalen Phase* für die Ausprägung der *Leistungsmotivation (H. Heckhausen)*. — *J. Piagets* Stadientheorie der *kognitiven Entwicklung* umfaßt das ganze Kindes- und Jugendalter. Das *Denken* entfaltet sich aus dem sensomotorischen Umgang mit den Dingen. Die Bildung von Denkoperationen im engeren Sinne, die reversibel sind, hebt im 7. Lebensjahr an. Sie bleiben während der Kindheit auf konkrete Gegenstände bezogen. Auf dieser Ebene des Denkens ist das allgemeinbegriffliche Verarbeiten der äußeren Wirklichkeit erreichbar. Ab etwa 11 bis 12 Jahren werden die jungen Menschen zu formalen Denkoperationen fähig, d. h. sie vermögen anhand abstrakter Symbole logisch zwingende Beziehungen zu erkennen. Natürlich erfordert das entsprechende Schulung, aber auch ein guter *Unterricht* vermag diese Altersgrenze nicht merklich vorzuverlegen *(K. Resag)*. Schließlich, mit 16 bis 17 Jahren, wird auch hypothetisches Denken vollziehbar. In diesem Alter, der Reifezeit, beginnt bei geistig regen Jugendlichen auch das verstehende Eingehen auf eigenes und fremdes Seelenleben und außerdem eine neue Art des wertenden Stellungnehmens, das übernommene Ordnungen sprengen kann. Auch historisches Verständnis, das chronologische Zusammenhänge durchschaut, wird jetzt möglich (*H. Roth* 1968).

Die Zuordnung derartiger Veränderungen zu »bestimmten Orten des zeitlichen Kontinuums eines individuellen Lebenslaufs« ist für die Entwicklung in *Kindheit* und *Jugend* kennzeichnend *(H. Thomae)*. Doch bleibt zu fragen, wodurch es bedingt ist, daß die angeführten Neuleistungen ausgerechnet je in dem genannten Alter erfolgen. Es liegt nahe, in der organischen Entwicklung den regulierenden Faktor zu suchen, denn ihr ist eine zeitliche Gliederung eigen. Es hat in den 20er Jahren beachtliche Richtungen gegeben, die die gesamte seelisch-geistige Entwicklung als Folge oder nach dem Modell biologischer Entwicklungsprozesse erklärten. Sie werden jedoch seit Jahrzehnten kritisch beurteilt, nicht nur unter psychologischen (*W. Hansen* 1933; *A. Busemann* 1956), sondern auch unter anthropologischen *(A. Petzelt, M. J. Langeveld)* und biologischen Gesichtspunkten *(A. Portmann)*.

Andererseits kann auch der Versuch, die *altersmäßige Bindung* bestimmter Entwicklungsschritte lediglich aus der geistigen Entfaltung zu begründen *(A. Petzelt)*, nicht überzeugen, weil entsprechende dem Geistigen immanente Gesetzmäßigkeiten nicht bekannt und auch kaum denkbar sind. Das muß auch mit Bezug auf Bestrebungen gesagt werden, die im *Lernen* das allein bestimmende Entwicklungsprinzip sehen. Schon 1921 hat *K. Koffka* das *Reifen* und das Lernen als die »Grundlagen der psychischen Entwicklung« erkannt und dabei die *lernpsychologische* Seite betont. Seitdem konnte die Erforschung des Lernens wesentlich zur Erhellung der psychischen Entwicklung beitragen. Dabei mag in speziellen Untersuchungen der Reifungsaspekt ausgeklammert werden, »mit dem Eingeständnis, daß wir darüber noch zu wenig wissen« *(H. Heckhausen)*. Wer aber die Bedeutung der Anlagenreifung negieren und den Verlauf der psychischen Entwicklung ausschließlich auf Lernvorgänge zurückführen wollte, würde die reale Ganzheit des sich entwickelnden jungen Menschen nicht weniger verkennen als jene Richtungen, die das Kindes- und Jugendalter einseitig von seinem biologischen Fundament her zu erklären versuchten.

Sicher ist, daß ein großer Teil der Anlagen bei der Geburt noch nicht einsatzfähig ist. Viele kommen erst im Verlauf von *Kindheit* und *Jugend* zur Ausreifung. Erst danach stehen sie für die Aktivierung zur Verfügung. Die Entwicklung des Gehirns dauert bis zum Alter von 12 bis 15 Jahren. Zwar nimmt sein Gewicht in den beiden ersten Lebensjahren am stärksten zu; daß die dabei erfolgenden Reifungen die aufrechte Haltung und das Erlernen der *Sprache* ermöglichen, wird nicht bezweifelt. Doch sind auch für die weitere kognitive Entwicklung *Reifungsstufen* anzunehmen, obwohl unmittelbare Feststellungen darüber nicht vorliegen und auch schwer zu gewinnen sind (*H. Roth* 1966).

Beiden Prinzipien, dem des *Reifens* und dem des *Lernens*, trägt *A. Busemann* in einer Theorie über den »*Ablauf der menschlichen Jugend*« (1965) Rechnung. Er weist eine periodische Folge einander abwechselnder Phasen nach, deren eine durch gesteigerte Erregbarkeit und Mobilität gekennzeichnet ist, während die ruhigere Emotionalität der anderen Phase der gesammelten Zuwendung zur gegenständlichen Welt zugute kommt. Die Erscheinungen der *emotionalen Phase* stellt *Busemann* in den ersten 9 Monaten nach der Geburt, ferner zwischen etwa 2—3, 5—6, 8—9, 11—13 und 16—17 Jahren fest. Da »schon die relativ festen Termine ihres Eintretens die endogene biologische Grundlage beweisen«, einige von ihnen auch sonst als Reifungszeiten bekannt sind, betrachtet *Busemann* die von ihm beschriebenen emotionalen Phasen als »*Reifungsphasen* par excellence«, in denen u. a. Funktionen verfügbar werden, die neue geistige Leistungen ermöglichen (*Busemann*, *Kindheit und Jugend*, 1965).

Für *Busemann* ist der unterschiedliche Charakter der beiden *Phasentypen* entscheidend. Das Reifen ordnet er der Schicht zu, in der *Prozesse des organischen Lebens* ablaufen. Ziel des Reifens ist der fertige Organismus. Es wird nach und nach in Phasen erreicht, die je Teilziele im Aufbau von Organen und Funktionen verwirklichen und deren Alterslage anlagebestimmt ist. Reifen ist ein »anonymes« Geschehen, von dem der junge Mensch nichts weiß und das er nicht wollend beeinflussen kann.

Die *geistige Entfaltung* ist im Rahmen des individuellen Lebens nach Inhalt und Ende prinzipiell unbegrenzt. Sie ist »einem tätigen Urheber eigen«, der sie durch Zuwendung zu Personen, Gegenständen, geistigen Gebilden und Ordnungen vollzieht, wobei er beim Auffassen und Bewerten deren Gesetzmäßigkeiten zu respektieren hat. Umstände der *Umwelt* können dabei fördern oder hemmen. Geistige Entfaltung beruht auf *Lernleistungen*, die dem Wollen unterliegen. Sie ist dem Menschen aufgegeben, sie ist das Produkt seiner Aktivität.

Die körperliche Entwicklung, zu der das Reifen gehört, zeigt seit einem halben Jahrhundert einen beschleunigten Verlauf. Er wurde vor allem bei dem vorzeitigen Erreichen der physischen Geschlechtstüchtigkeit konstatiert. Ihre Ausreifung erfolgt in der *Vorpubertät (→ Jugend)* mit etwa 11 bis 13 Jahren; ehedem lag sie bei 14–16 Jahren. Auch bei den anderen *Reifungsphasen* ist eine Beschleunigung *(Akzeleration)* festgestellt worden, deren Ausmaß in jüngerem Alter natürlich geringer ist. Da nicht alle Heranwachsenden in gleicher Weise der Akzeleration unterliegen (verzögerte Reifung = *Retardation*), ergibt sich für die einzelnen Reifungsphasen eine größere Streubreite als ehedem *(U. Undeutsch)*.

Es muß mit Nachdruck gesagt werden, daß *Reifungen* als solche keine geistigen Erträge herbeizuführen vermögen. Daher bringt die Akzeleration nicht ohne weiteres ein schnelleres geistiges Fortschreiten mit sich. Der Mensch kann seine Anlagen brachliegen lassen, und wohl niemand schöpft sie auch nur annähernd aus. Die Breite oder Enge, Eindringlichkeit oder Flachheit des Wissens und Schaffens, der Reichtum und die Differenziertheit der geistigen Gehalte und Wertverwirklichungen eines Menschen hängen bei normaler Veranlagung entscheidend von dem Umfang und der Intensität seines *Lernens* ab. Dabei ist die → *Erziehung* unerläßlich. Ohne sie ist die menschliche Entwicklung, zu der die geistige Seite gehört, überhaupt nicht denkbar. Die Erziehung muß dafür sorgen, daß der junge Mensch sich bei der Zuwendung zu Gegenständen und Personen in der ihnen gemäßen Weise aktiviert. Die Reifungsprozesse sind demnach für die *geistige Entfaltung* und damit auch für die Erziehung von zwar nur mittelbarer, aber doch fundamentaler Bedeutung.

Aus der Gliederung der Entwicklung in Altersstufen, deren jede durch eine besondere Art des Gegenstandserfassens, Denkens und Lernens gekennzeichnet ist, ergibt sich für die → *Schule* die Notwendigkeit, sich bei der Darstellung und Erörterung der Gegenstände des *Unterrichts* auf die Verstehensmöglichkeit der jeweiligen Stufe einzustellen. Den

Altersstufen müssen didaktisch konzipierte *Bildungsstufen* entsprechen. Es gibt Altersstufen, in denen bestimmte *Lernleistungen* mit überraschendem Erfolg gelingen. Es sei auf die stürmischen Sprachfortschritte in frühem Alter verwiesen, die anheben, sobald die Kinder sprachfähig geworden sind; der Ertrag dieses spontanen *Spracherwerbs* übertrifft den jedes späteren Alters. Erwähnt sei auch das mit etwa 9 Jahren hervortretende Verlangen nach Informationen über ferne Länder und ungewöhnliche Verhältnisse, das auch das gesteigerte Lesebedürfnis bestimmt. Es liegt in der Altersstufe, in der sich bei den Kindern das allgemeinbegriffliche *Denken* durchsetzt, so daß sie nun auch verstehend einzuordnen vermögen, was über den eigenen Lebens- und Erfahrungskreis hinausgeht. Man spricht von *optimalen Phasen* für bestimmte Lernleistungen. Sie betreffen, so scheint es, jeweils den Leistungsbereich, der in der betreffenden Altersstufe neu zugänglich geworden ist. Die genaue Bestimmung und die Alterslage aller optimalen Phasen bedürfen noch weiterer Untersuchungen.

Der Unterricht muß ferner der von Altersstufe zu Altersstufe fortschreitenden Ausweitung und Differenzierung der kognitiven Aktivität durch die Höhenlage seiner Ansprüche Rechnung tragen. Der Folge der Altersstufen muß ein entsprechend gestufter *Aufbau der Bildungsarbeit* zugeordnet sein. Das bedeutet keineswegs die Festlegung eines Kanons von Lehrinhalten für jede *Bildungsstufe;* es braucht auch mit der Behandlung eines bestimmten Unterrichtsgegenstandes nicht auf eine kommende Stufe gewartet zu werden. Eine Bildungsstufe ist nicht durch die Auswahl von Unterrichtsgegenständen, sondern durch die Weisen und Gesichtspunkte ihrer Erschließung gekennzeichnet. Die *inhaltlichen Grundlagen* (Erfahrungen, Wissen, Werthaltungen usw.), die erforderlich sind, um auf höherer Leistungsebene fortschreiten zu können, müssen durch *Lernen* erworben werden. Darin kann zu jeder Zeit späteren Stufen vorgearbeitet werden. Pädagogisches Planen in Bildungsstufen verlangt solche zielgerichteten inhaltlichen Bereitstellungen für zukünftige Leistungen. So müssen im Rahmen der schon in den ersten → *Grundschul*jahren verfügbaren Möglichkeiten reiche konkrete Erfahrungen gesammelt werden, damit die spätere begriffliche Weiterarbeit sich darauf stützen kann. Die → *Schule* erfüllt ihren Gesamtauftrag durch die sich ergänzenden alterstypischen Leistungen der Bildungsstufen (*W. Hansen* 1967).

Der Hypothese von *J. S. Bruner* kann durchaus zugestimmt werden, »daß jeder Stoff jedem Kind in jedem Stadium der Entwicklung in intellektuell redlicher Weise wirksam vermittelt werden kann«. Da »das Kind in jedem Stadium der Entwicklung die Welt auf charakteristische Weise sieht und sich selbst erklärt«, ist es allerdings erforderlich, »die Struktur dieses Stoffgebietes dem Kinde so darzubieten, daß es seiner Art, die Dinge zu sehen, entspricht«. Mit wichtigen Unterrichtsgegenständen soll »so früh wie möglich begonnen werden, und zwar in einer Art, die dem Denken des Kindes angemessen ist«. In späteren Stufen werden die Gegenstände dann erneut aufgegriffen und vertiefend behandelt; das erleichtert das Lernen und erhöht den Ertrag.

Gegen einen so verstandenen *»Spiralen-Lehrplan« (J. S. Bruner)* kann nicht der Vorwurf der Verfrühung erhoben werden. *Verfrühung* liegt vielmehr vor, wenn Schüler zu Auffassungs- und Verarbeitungsweisen gedrängt werden, über die ihre Altersstufe noch nicht verfügt. Das ist nicht nur zwecklos, sondern kann auch schädlich sein, weil die Schüler dann leicht zu mechanischen Ersatzlösungen greifen und darüber die Aktivierung der ihnen zu Gebote stehenden sinnvollen Denkstrukturen versäumen.

Abschließend seien die *Bildungsstufen* der Schulzeit kurz umschrieben, wobei lediglich die kognitive Seite des Unterrichts Berücksichtigung findet. Ergänzungen ergeben sich in den Beiträgen → *Kindheit* und → *Jugend.* Bei den Altersabgrenzungen ist zu bedenken, daß sie nur durchschnittlich gelten und daß die Übergänge fließend sind.

1. Bildungsstufe, Alter etwa 6—8 Jahre. Es ist der Beginn des *Denkens in konkreten* Operationen. Die Kinder erfassen zwar die Sachbeschaffenheit der Dinge, heben jedoch die wesentlichen Merkmale noch nicht von den situativ bedingten ab. Die Dinge sind für sie durch die Zusammengehörigkeit und Verwendung in den Bereichen ihres Lebens bestimmt. Daher sind im Unterricht die Begegnung mit der *Umwelt*wirklichkeit, der handelnde und gestaltende Umgang mit ihr und die sprachliche Formulierung des Erfaßten grundlegend für das Erkennen der Struktur der Sachen. Das gilt mit besonderer Zielrichtung auch für die Klärung der Mengen- und Zahlbeziehungen und das Lesenlernen. — Bei der *Einschulung* mit 5 Jahren ist das Denken noch mehr sinnlich-emotional bestimmt. Ausgehend vom *Spielen* und Gestalten können die geistigen Grundlagen für den kommenden Unterricht gewonnen werden.

2. Bildungsstufe, Alter etwa 9—11 Jahre. Mit dem Erfassen des sachlich Wesentlichen wird allgemeinbegriffliches, klassifizierendes Einordnen der Erfahrungen erreicht. Das ermöglicht fachliches Mitdenken im Unterricht. Überhaupt können jetzt Belehrungen über Gegenstände und Verhältnisse, die den eigenen Erfahrungsbereich überschreiten, verstanden werden, sofern Information über die wesentlichen Merkmale erfolgt. Das weitgespannte Interesse für die äußere Wirklichkeit begünstigt besonders den geographischen und biologischen Unterricht.

3. Bildungsstufe, Alter etwa 12–15 Jahre. Das *Denken* in formalen Operationen, d. h. in *abstrakten* und systematischen Zusammenhängen wird möglich und bedarf der Schulung. Es kommt vor allem dem mathematischen und naturwissenschaftlichen Erkennen zustatten. Im Unterschied zur → *Kindheit* erschließt sich der → *Jugend* die innere Wirklichkeit menschlichen Fühlens, Wertens und Strebens. Lebens- und Unterrichtsbereiche, die dadurch bestimmt sind, werden nun in neuer Weise zugänglich: Dichtung, Religions- und Sittenlehre, Geschichte, Sozialkunde, Politik usw. Sie fordern zu eigener Stellungnahme heraus.

4. Bildungsstufe, Alter ab etwa 16–17 Jahren. *Hypothetisches Denken* wird bei entsprechender Schulung zugänglich. Philosophisches und weltanschauliches Klären der *Kultur* und der Lebensordnung, verantwortliches Ringen um den eigenen Standort können zentrale Inhalte sein. Die *Schule* fördert das Streben nach geistiger Mündigkeit, indem sie zu eindringenden Auseinandersetzungen mit individuell gewählten Problemen Gelegenheit gibt.

Berufliches Ausbildungs- und Schulwesen. Das berufliche Ausbildungs- und Schulwesen ist historisch gewachsen und von vielen Zufälligkeiten geprägt, was es erschwert, die Ausbildungssysteme selbst solcher Länder miteinander zu vergleichen, die eine relativ verwandte kulturelle Tradition und ökonomisch-industrielle Struktur haben. Dabei erweckt bereits der Sprachgebrauch falsche Eindrücke: von einem Ausbildungssystem, einem in sich wohlgeordneten Ganzen mit klarer Funktionalisierung der »Teile« kann man in der BRD noch immer nicht sprechen. Zwar gilt das Urteil, es handle sich hier um ein »organisiertes Chaos« (*P. Luchtenberg*) wohl nicht mehr mit voller Schärfe – die Schulgesetzgebung der Länder hat erste »Flurbereinigungen« erreicht –, aber betriebliche und schulische Berufsausbildung unterliegen nach wie vor unterschiedlichen Kompetenzen. Das gilt auch, nachdem das Bundeswissenschaftsministerium seit 1972 die Federführung für den Bereich der beruflichen Bildung übertragen bekam. Selbst solche Umressortierung auf Bundesebene änderte nämlich nichts an der föderalistischen Struktur der Kultusverwaltung mit der ländereigenen Aufsicht über die beruflichen Schulen und an dem Übergewicht der Unternehmer in Fragen der Struktur und Didaktik beruflicher Bildungsgänge (vgl. § 6 des *Berufsbildungsgesetzes vom 1. 9. 1969*). Bezeichnenderweise hält sich das Berufsbildungsgesetz in jenen Bahnen, die sich im Laufe der deutschen Ausbildungs- und Schulgeschichte herausgebildet haben. Ob hier die geforderte und angekündigte Novellierung des Gesetzes eine Änderung schafft, bleibt abzuwarten.

Zur Geschichte des beruflichen Ausbildungs- und Schulwesens. So wie die Schule im Sinne des Subsidiaritätsprinzips nach und nach jene Aufgaben übernahm, die die Familienerziehung im Rahmen eines sich differenzierenden sozialen Systems nicht mehr erfüllen konnte — primär die Vermittlung der sog. Kulturtechniken, die aber mehr umfassen als Lesen, Schreiben und Rechnen und die auf die Ausbildung in all jenen Bereichen zielen, deren Beherrschung generell für wichtig erachtet wird —, so trat auch neben die betriebliche Berufslehre im Handwerk und im Handel, aber auch im Bergbau und in der Landwirtschaft eine Form schulischer Ergänzung. Der Markgraf von Baden band 1769 den pflichtmäßigen Besuch einer Handwerkerschule durch Lehrlinge und Gesellen bezeichnenderweise an die Regel »wann nun einer der alten Meistere solches selbsten nicht verstünde, und doch Jungen halten würde«. Die Einrichtung derartiger Schulen macht aber deutlich, daß das Werkwissen nicht länger als »arcana artis« und allein im praktischen Vollzug der Werkarbeit erworben werden konnte. Darüber hinaus zeigt sie, daß eine die Praxis reflektierende und übersteigende Werk- und Berufstheorie entstanden war, die, methodisch aufbereitet, in Schulen und nur dort zu erlernen und weiterzugeben war, weil sie — anders als die Betriebslehre — einen systematischen Aufbau erforderte. Daß die Praxis nicht mehr ohne solche theoretische Ausbildung der Arbeitskräfte bewältigt werden konnte, ließ also mit dem alten Prinzip der ständisch-familialen Erziehung brechen — und die Berufserziehung war nur eine speziell akzentuierte Form dieser familialen Erziehung — und auf den Aufbau rationalisierter Ausbildungsformen an Stelle von Umgang und Imitation drängen, sei es mit Hilfe einer der Berufsausbildung voraufgehenden Schule (so die → *Realschule* — *Semler, Hecker, Büsch*), sei es mit einer neben der Betriebslehre zu besuchenden »Handwerkerschule« (so ab 1768 in Karlsruhe, aber auch in anderen Städten), sei es als eine die Betriebslehre ersetzende Einrichtung wie die immer wieder projektierten und erprobten »Kunst«-, »Werk«- oder »Manufakturhäuser« (so in Wien durch *Joh. J. Becher*, 1674) (*Thyssen* 1954).

Daß der Staat auf die Errichtung und den Besuch solcher Schulen drängte und daß vor allem die »Patriotischen Gesellschaften« des städtischen Bürgertums die Gründung derartiger Institutionen beförderten (so in Hamburg, Lübeck, Frankfurt/Main), zeigt die Unfähigkeit des Handwerks, sich aus eigener Kraft von den überkommenen Formen, seinen »Mißbräuchen« und seinem »alten Schlendrian« zu lösen. Das spiegelt sich schon in den Gewerbegesetzen des 18. Jhs. (so in der »Reichszunftordnung« von 1731 und den darauf basierenden Ländergesetzen und Zunftstatuten; vgl. *Stratmann* 1967). Trotz dieser Hilfen aber gelang es nicht, die Handwerkslehre vor dem Verfall zu retten. Mit der Einführung der sog. Gewerbefreiheit, d. h. dem Abbau des Zunftzwanges und der Niederlassungsbeschränkung für die meisten Gewerbe (so in Preußen 1810/1811), verlor die Meisterlehre auch ihren gesellschaftlich-rechtlichen Schutz. Sie erhielt privatrechtlichen Charakter und diente (mehr noch als früher) weithin nur der Ausnutzung der jugendlichen Arbeitskraft, wie die Klagen über die berufsfremde Beschäftigung der Lehrlinge und die häufige vorzeitige Lösung des Lehrverhältnisses unterstreichen. Wie stark das Bild der Handwerkslehre als eines Erziehungsverhältnisses dennoch im allgemeinen Bewußtsein verankert war, geht u. a. auch daraus hervor, daß sie von den Jugendarbeitsschutzbestimmungen des 19. Jhs. ausgenommen blieb, obwohl die langen Arbeitszeiten im Handwerk genauso üblich waren wie in der aufkommenden Industrie und im Bergbau (siehe Preuß. Regulativ von 1839 und dessen Novellierung von 1853). Sie sind im 19. Jh. Indiz für die Ökonomisierung der Lehre und mit ein Symptom für ihre Zerrüttung. Staatliche Bemühungen, ihr etwa durch Einführung von Gesellenprüfungen (so in Württemberg seit 1830) oder durch Genehmigung neuer Korporationsrechte für Handwerkerinnungen (so in Preußen 1845 und 1849) zu begegnen, blieben ohne Erfolg. Die Gewerbeordnung des Norddeutschen Bundes von 1869 konnte das gewerbliche Ausbildungswesen auch nicht sanieren, zumal sie – darin liberalen Maximen folgend – die geordnete *Erziehung der Lehrlinge* ohne wirksame Maßnahmen zur Überwachung der Betriebe erreichen wollte. Ihr einziger Gewinn für die Lehrlingsausbildung war die gesetzliche Verankerung der Möglichkeit, daß »durch Ortsstatut . . . Gesellen, Gehülfen und Lehrlinge, sofern sie das achtzehnte Lebensjahr nicht überschritten haben . . . zum Besuche einer Fortbildungsschule des Ortes, Arbeits- und Lehrherren aber zur Gewährung der für diesen Besuch erforderlichen Zeit verpflichtet werden« konnten (§ 106). Während mehrere Bundesländer schon bald nach

1870 Fortbildungsschulgesetze erließen, behielt Preußen die statutarische Schulpflicht bei. Da die Novelle zur Gewerbeordnung von 1897 in diesem Punkte keine Änderung brachte, blieb die Regelung im Prinzip bis zum Erlaß des *Reichsschulpflichtgesetzes* von 1938 erhalten, obwohl mehrfach Berufsschulgesetze erarbeitet und beraten wurden (so auf der *Reichsschulkonferenz* von 1920).
Der Weg »von der Fortbildungsschule zur Berufsschule« (*Abel* 1963; *Thyssen* 1954) ist eng verknüpft mit dem Ausbau der Volksschule auf der einen und dem Erstarken der berufsständisch-mittelständischen Bewegung auf der anderen Seite. Je weniger die allgemeine Fortbildungsschule benötigt wurde, um die Lücken der Volksschulbildung zu schließen, desto mehr war sie »den Schülern gleichgültig, den Meistern lästig, den Lehrern ein Gegenstand vergeblicher Liebesmühe« (*Kerschensteiner* 1902). Wollte man die Fortbildungsschule nicht gänzlich verfallen lassen, dann bedurfte sie einer neuen eindeutigen und überzeugenden didaktischen Zentrierung. Diese fand man — dem Berufsinteresse der Jugendlichen wie den berufsständischen Zielen des Handwerks folgend — im Berufsprinzip (Beschluß des Dt. Fortbildungsschultages in Frankfurt/Main von 1899). Mit ihm gelang der Anschluß an die fachliche Tradition vor allem der süddeutschen »gewerblichen« Fortbildungsschulen, die dort von bedeutenden Schulorganisatoren (*Nebenius* in Baden, *von Steinbeis* in Württemberg) entwickelt worden waren. Aber auch die didaktischen Erfahrungen der Handwerkerfachschulen (als beispielhaft die von *H. O. Jessen* in Hamburg, ab 1880 in Berlin geleitete und für die Entwicklung des gewerblichen Zeichnens (vgl. *Lipsmeier* 1971) bedeutsame Schule) konnten jetzt einbezogen werden. Der 1892 von *O. Pache* in Leipzig gegründete »Verband der Freunde und Lehrer deutscher Fortbildungsschulen« bildete für die beginnende Integration ein wichtiges Forum. Im Verein mit der antisozialdemokratisch motivierten staatsbürgerlichen Erziehung (vgl. Kaiserl. Erlaß von 1889 und den darauf basierenden politisch-volkswirtschaftlichen Unterricht) gab das ebenso staatserhaltend wie berufsertüchtigend verwertbare Berufsprinzip die neue didaktische Mitte dieser Schule, die sich in diesem Sinne ab 1900 zur *»Berufsschule«* umgestaltete und entwickelte. Der wohl beste Ausdruck der für sie maßgebenden didaktischen Prinzipien ist die Schrift *Georg Kerschensteiners* *»Staatsbürgerliche Erziehung der deutschen Jugend«* (Preisschrift der Erfurter Akademie der Wissenschaften, 1901).

Zur gegenwärtigen Struktur des beruflichen Ausbildungs- und Schulwesens. Sich der Geschichte des berufl. Ausbildungs- und Schulwesens zu vergewissern, dient nicht nur historiographischen Interessen, sondern verfolgt die Absicht, mit Hilfe historischer Einsicht seine gegenwärtige Struktur — seine Mängel und seine Möglichkeiten — besser erkennen zu lassen. Das gilt insbesondere für Wertung und Selbstverständnis der *Berufsschule*, die noch immer und auch in der seit einigen Jahren in der BRD geführten bildungspolitischen Diskussion ein »Aschenbrödeldasein« führt — eine Rolle, die der Sprachgebrauch vom »dualen System der beruflichen Ausbildung und Erziehung« (so der Dt. Ausschuß für das Erz.- und Bildungswesen in seinem *»Gutachten zum Beruflichen Ausbildungs- und Schulwesen«*, 1964) mehr verschleiert als bezeichnet: Die Berufsschule hat nach wie vor nur die Aufgabe, »die Allgemeinbildung der Schüler unter besonderer Berücksichtigung ihrer Berufsausbildung oder ihrer beruflichen Tätigkeit zu erweitern und die praktische Berufsausbildung zu ergänzen(!)« (KMK-Beschluß vom 18. Jan. 1968). Sie bleibt also Anhängsel dieser praktischen Berufsausbildung, obwohl die industriesoziologischen (Trend-)Analysen einen steigenden Anteil der theoretischen Arbeitsanforderungen aufgewiesen haben. Stimmt die aus der handwerklichen Wurzel der beruflichen Ausbildung sich herleitende Formel »Theorie = Schule, Praxis = Betrieb« angesichts der didaktischen wie faktischen Verflechtungen von Theorie und Praxis auch nicht mehr in vollem Maße, so ist die Berufsschule doch noch immer nur »berufs(ausbildungs)begleitend«, also nicht selbst als Teil der Berufsausbildung anerkannt. Das drückt sich u. a. darin aus, daß die Betriebe lieber einen betriebseigenen Unterrichtstag neben der Berufsschule einrichten, als der Forderung nach einem zweiten Berufsschultag zustimmen (woran auch die Einführung des sog. Blockunterrichts, die Kontraktion des sonst über das Jahr verstreuten Berufsschulunterrichts zu Vollzeitblöcken, nichts ändert); daß die Abschlußprüfung der Berufsschule für die Gesellen- und Facharbeiterprüfung bis heute so gut wie keine Bedeutung hat (vgl. § 35 des Berufsbildungsgesetzes) und daß die Berufsschullehrer erst durch das *Berufsbildungsgesetz von 1969* (§ 37,2) bzw. die Novelle zur Handwerksordnung vom 9. 9. 1965 (§ 34,2 mit dem bezeichnenden Zusatz in Abs. 5: »nach Anhörung der Handwerksinnung«) als ordentliche Mitglieder der Prüfungskommission zugelassen wurden.

So ist das berufliche Schulwesen auf der Sekundarstufe II noch immer auf einem Stand, der als außerordentlich unbefriedigend bezeichnet werden muß. Der seit Jahren anhaltende Lehrermangel macht es zudem nicht einmal möglich, die gesetzlich geregelte Unterrichtszeit von 8–12 Std./Woche zu erteilen, was die Forderung nach weiterem Ausbau der Berufsschulen stark relativiert. Sie wird ohnehin mit Skepsis aufgenommen, weil mit ihr die überlieferte Kompetenzverteilung im beruflichen Ausbildungswesen in Frage gestellt wird. Erbe des 19. Jhs. ist es, die Berufsausbildung als »Selbstverwaltungsaufgabe der Wirtschaft« (was bedeutet: der Unternehmer) zu betrachten und zu beanspruchen. Zwar liefert die Unterscheidung von schul- und betriebsgebundener Berufsausbildung (*Stratenwerth* 1959) keine hinreichend sicheren Kategorien für ausbildungspolitische Entscheidungen. Dennoch wird von Unternehmerseite unter dem Titel der »Verschulung« die Gefahr des Niveauverlustes des »bewährten dualen Systems« (vgl. *Münch* 1967) beschworen, weil die Berufsbildung der Kontrolle der Sachverständigen entzogen würde und sie sich von den Anforderungen der Berufswirklichkeit unzulässig, ja weiter entferne, als berufspädagogisch zu verantworten sei. Dem ist entgegenzuhalten, daß dieser Streit primär um Kompetenzen (vgl. *Baethge* 1970) geführt wird und daß darüber die didaktische Problematik, was sinnvollerweise in der Schule und was besser im Betrieb zu lernen bzw. zu vermitteln ist, aus dem Blick gerät. Die in der BRD bisher rein alternativ geführte Diskussion »Berufsschule oder Betrieb« löst die Aufgabe der Berufsbildung nicht. Wenn, wie der *Deutsche Bildungsrat* im *Strukturplan* (1970) betont, die Wissenschaftsorientierung allen Unterrichts die Antwort auf die Verwissenschaftlichung der Mechanismen des sozialen Lebens ist, dann erzwingt dies ganz bestimmte Formen von Unterricht und Ausbildung. Ihr ist nicht länger in einem theoriearmen Nachvollzug beruflich bestimmter Verhaltens- und Verfahrensschemata zu genügen. Sie verlangt eine fachwissenschaftlich abgesicherte, didaktisch und methodisch reflektierte Art der Ausbildung von darin eigens geschultem Fachpersonal bei einem wachsenden Anteil an theoretischer Schulung. Berufserziehung bedarf in einem industriellen System gezielter Maßnahmen, die es ermöglichen, dem Prinzip pädagogischer Rationalität folgend, anhand ausgewählter und methodisch aufbereiteter Lehrstücke auf *den* Stand beruflicher Fertigkeit zu kommen, der heute gefordert ist, und die den Weg in das Berufsleben wenigstens zu einem gewissen Grad eröffnen. Dies zu sichern aber ist genau die Aufgabe, die in einer mobilen Gesellschaft der Schule übertragen ist, weshalb es unverständlich bleibt, daß ausgerechnet jener Teil der Erziehung von solcher »Verschulung« ausgeklammert bleiben soll, der am stärksten von curricularen Innovationen betroffen ist.

REFORMANSÄTZE. Inzwischen liegen Konzepte sowohl für eine inhaltliche wie für eine organisatorische Reform der Berufsausbildung vor, die sich teilweise integrieren lassen. Der Vorschlag, der am meisten in die überkommene Form der Betriebslehre eingreift, ist der einer *Stufenausbildung*. Die Idee reicht zurück bis in die 40er Jahre, wurde dann Anfang der 60er Jahre neu konkretisiert von der Fa. Krupp, der Arbeitsgemeinschaft der Ausbildungsleiter in Berlin e. V., der IG Metall und der Arbeitsstelle für Betriebliche Berufsausbildung. Sie ist durch § 26 des *Berufsbildungsgesetzes* als eine mögliche Form der Berufslehre akzeptiert. Danach wird die (drei- bzw. dreieinhalbjährige) Lehre in mehrere (meist drei »Stufen« (mit einer »Aufbaustufe«) geteilt und führt von der Grundstufe über die Fachausbildung zur qualifizierten oder Spezialausbildung. Jede Stufe wird mit einer Prüfung abgeschlossen. Als Vorteil dieses bisher vor allem für die Metall- und Elektroindustrie entwickelten Systems wird herausgestellt, daß dank der berufsfeld- und berufsgruppenbezogenen Grundausbildung die *Berufswahl* informierter und besser getroffen werden könne, die Berufsausbildung individuellere Abschlüsse ermögliche und es sich vor allem um eine den technischen Neuerungen leicht anpaßbare Ausbildungsform handle, die besondere Spezialisierung ermögliche, ohne die Flexibilität der Arbeitskräfte zu gefährden. Die Stufenausbildung bietet damit sicherlich manchen Vorteil. Sie löst u. a. die alte berufspädagogische Forderung nach Systematisierung der Berufsausbildung ein. Ob sie jedoch als »gemeinsamer Nenner« für alle berufspädagogischen Erfordernisse der *Lehrlingserziehung* zu bezeichnen ist, gilt als umstritten.

Von diesen Stufenplänen sind die irreführenderweise auch als Stufenausbildung bezeichneten neuen Ausbildungsgänge (Einzelhandel, Textilgewerbe) zu unterscheiden. Sie führen in einem zweijährigen ungestuften Gang zu einem Berufsabschluß minderen Ranges (z. B. als Verkäufer) und erfordern für die Aufbaustufe (z. B. Einzelhandelskaufmann) einen neuen Vertragsabschluß. Wie die Erfahrungen zeigen — und sie lassen die Gefahr der gesamten Stufenausbildung erkennen —, wird hier eine »Berufsausbildung mit Stolperstufen« installiert: Verträge für die höher qualifizierenden Stufen werden von den Firmen nur widerwillig abgeschlossen. Die Bundesregierung warnt in ihrem *»Bericht zur Bildungspolitik«* (8. Juni 1970) mit Recht: »Eine Auflösung der gegenwärtigen Ausbildungsgänge darf aber nicht dazu führen, daß Kurzausbildungen vor allem für leistungsschwache Lehrlinge ge-

schaffen werden, die danach wenig qualifizierte Arbeiten übernehmen«, wobei gesehen werden muß, daß mangels operationalisierter Lernziele und anerkannter Leistungskriterien die Betriebe den Leistungsmaßstab nach ihrem jeweiligen Arbeitskräftebedarf festlegen können und so das nach langem Bemühen eingeengte Anlernlingswesen neu begründen. Das gilt auch für die Stufenpläne, die das Handwerk entwickelt hat.
Mit den Stufenplänen für den Metall- und Elektrobereich ist nicht nur die → *berufspädagogische* Forderung nach Systematisierung der Ausbildung als realisierbar erwiesen, sondern auch erfüllt worden, daß die Lehre mit einer Grundausbildung beginnt. Um diese Grundausbildungslehrgänge und ihre Einführung als obligatorischem Bestandteil jeder Berufsausbildung ist lange diskutiert worden. Während sie in den Lehrwerkstätten der Industrie, deren Zahl in den letzten Jahren übrigens stark zunahm, fest zur Ausbildung gehören, ist der handwerkliche Kleinbetrieb aufgrund seiner spezifischen Struktur nicht in der Lage, die Grundausbildung durchzuführen. Hier müßten die sog. »Überbetrieblichen Unterweisungsstätten« des Handwerks einspringen. Sie stehen aber noch nicht in genügender Zahl zur Verfügung. Ihre Förderung ist deshalb in das Mittelstandsprogramm der Bundesregierung aufgenommen worden, wodurch auf der einen Seite die Formel mit eingelöst wird, die Berufsausbildung stehe unter »öffentlicher Verantwortung«, womit aber auf der anderen Seite der Anspruch auf Selbstverwaltung der Wirtschaft im berufspädagogischen Raum deutlich eingeschränkt wird. Die Grundausbildung bricht schließlich mit dem bisher im Handwerk überwiegend beachteten Grundsatz der produktionsgebundenen Lehre (*H. Abel:* »Beilehre«). Da man die Grundkurse gleichwohl für notwendig hält, haben süddeutsche Innungen im Verein mit den beruflichen Vollzeitschulen eine Lösung gefunden, indem sie das erste Lehrjahr für die Lehrlinge als Berufsfachschuljahr organisieren, dieses Jahr aber voll auf die Lehre anrechnen — eine Regelung, die inzwischen in der allseits akzeptierten Forderung nach Berufsgrundbildung und den versuchsweise eingerichteten Berufsgrundschulen eine wichtige Parallele fand. Nach der sog. »Anrechnungsverordnung« vom 4. 6. 1972 wird das *Berufsgrundschuljahr* voll auf eine nachfolgende Berufsausbildung angerechnet, wenn »mindestens 24 Wochenstunden Unterricht . . . in fachbezogenen Fächern« erteilt und im Rahmen der verordneten elf Berufsfelder ausgebildet wird. Daß diese Verordnung inzwischen von den Arbeitgebern unterlaufen wird, kennzeichnet u. a. die Situation des beruflichen Ausbildungs- und Schulwesens.

In einigen Bundesländern (NRW, Rhld.-Pfalz, Saarland) hat man der Forderung nach Berufsgrundbildung im Sinne des Berufsgrund*schul*jahres zu entsprechen begonnen. Seine volle Anrechnung auf die Ausbildungszeit wird aber letztlich von der *curricularen* Ausgestaltung des Berufsgrundschuljahres abhängen. Es soll »Kenntnisse und Fertigkeiten« vermitteln, »die für die Ausübung mehrerer Berufe in Frage kommen«. Dabei sind die Schwierigkeiten, sog. verwandte Berufe zu bestimmen und sog. Berufsfelder abzugrenzen, berufswissenschaftlich noch immer nicht behoben, so daß man einstweilen dezisionistisch-pragmatisch zu verfahren gezwungen ist, wobei auch nicht genügend geklärt ist, wie diese Berufsgrundbildung mit der genannten Grundausbildung abgestimmt werden kann. Das gilt sowohl für die Stufenpläne als auch für die Berufsfachschulen, in denen ebenfalls eine Grundausbildung vermittelt wird.

Die Einrichtung dieses Berufsgrundbildungsjahres aber bleibt ohne Bedeutung, ja wird zum Alibi für die Reform, wenn nicht auch die sich anschließende Fachausbildung (die bisherige Berufslehre) neu geordnet wird. Der Zustand, daß auf eine Vor-Ausbildung der Jugendlichen durch einen *Berufsgrundschul*besuch keine oder kaum Rücksicht genommen wird, ist weder bildungsökonomisch noch unter Motivationsaspekten zu rechtfertigen. Dabei ist nicht zuletzt auch auf eine berufspädagogisch abgesicherte Reduktion der Ausbildungsberufe hinzuwirken. Dem kommt die ohnehin vorhandene Konzentration der Mehrzahl von Lehrlingen auf wenige Ausbildungsberufe entgegen. Das bislang praktizierte Verfahren, primär statistische Daten über die Besetzung von Ausbildungsberufen mit Auszubildenden als Argumente für die Streichung von Ausbildungsberufen zu nutzen, bedarf dringend einer Ablösung durch berufs*prognostisch* begründete Entscheide. Auch wird es auf Dauer immer unumgänglicher, *Ausbildungs-* und *Erwerbsberuf* zu trennen und »Grund-Berufe« einzurichten, von denen aus zu höherqualifizierten Tätigkeiten auf- und zu andere Qualifikationen erfordernden Berufen umgestiegen werden kann. Ein solcher Eingriff in das System der Erstausbildung bedingt zugleich den Aufbau eines breiten Weiterbildungs- und Umschulungswesens und muß die Bildungsmaßnahmen im Tertiär-Bereich als regulären Teil der Berufsbildung auch im Bewußtsein der Aus- und Fortzubildenden fest verankern. Das dürfte, nachdem durch das *Ausbildungsförderungsgesetz* die mit einer Weiterbildung verbundenen finanziellen Fragen leichter lösbar geworden sind, eher gelingen als vorher, auch wenn nicht zu bestreiten ist, daß es nicht nur ökonomische Hemmnisse sind, die gerade bei der Arbeiterschaft abgebaut werden müssen, um die »Bildungsbarrieren« und sozialen Vorurteile zu überwinden, die der Weiterbildungsbereitschaft der Arbeiter im Wege stehen und ihre »Bildungsabstinenz« erklären (→ *Erwachsenenbildung*).

DAS BERUFLICHE SCHULWESEN. Neben und oberhalb der *Berufsschule* gibt es eine Vielzahl fakultativer beruflicher Schulen. Sie sind teils als Abendschulen, teils als Vollzeitschulen organisiert. Auf der Sekundarstufe II sind die *Berufsgrundschulen* und die *Berufsfachschulen* als berufsvorbereitende Einrichtungen zu bezeichnen (einige Berufsfachschulen vermitteln in dreijährigem Kurs auch eine abgeschlossene Berufsausbildung auf dem Facharbeiterniveau). Die kaufmännischen (Handels- und Höhere *Handelsschulen*) und die hauswirtschaftlichen Berufsfach- und Fachschulen (früher Haushaltungs- und Frauenfachschulen) sind die bekanntesten Schulen dieser Art. Die gewerblichen Berufsfachschulen nehmen immer mehr zu. Der erfolgreiche Besuch der zweijährigen Berufsfachschule verleiht eine dem Realschulabschluß gleichgewertete Berechtigung für anspruchsvollere Berufslaufbahnen bzw. für den Besuch weiterführender Schulen. Zum Erwerb dieser Qualifikation kann neben einer betrieblichen Berufsausbildung von der Hauptschule aus die siebensemestrige *Berufsaufbauschule* (in Abendkursen oder nach Abschluß der Lehre als dreisemestrige Vollzeitschule) besucht werden. Sie vermittelt die sog. Fachschulreife. Durch die Entwicklung der früheren Ingenieurschulen zu *Fachhochschulen* ist der Begriff der »Fachschulreife« überholt und müßte als »Fachoberschulreife« neu gefaßt werden. Die Zulassung zum Studium an einer Fachhochschule setzt nämlich (siehe Abkommen der Ministerpräsidenten von 1968) den Nachweis eines zwölfjährigen Schulbesuches voraus. Deshalb müssen die Absolventen von → *Realschulen* und alle die, die einen gleichwertigen Bildungsabschluß haben, noch die *Fachoberschule* durchlaufen (wobei die Berufsausbildung als 1. Jahr der zweijährigen Fachoberschule angerechnet wird). Die Fachhochschulen vermitteln in sechssemestrigem Kurs einen graduierten Abschluß (z. B. »Ing. grad.«) und die Berechtigung zum Hochschulstudium an einer Universität. Neben diesem sog. *Zweiten Bildungsweg* gibt es eine geradezu verwirrende Fülle von *Fachschulen* der verschiedensten Fachrichtungen und Spezialisierungen. Sie verleihen nur unter Kautelen eine weiterführende Berechtigung. In einem weiteren Sinne – wenn auch in der Schulverwaltung anders ressortiert – gehören die *Fachgymnasien* (z. B. das Technische Gymnasium und das Wirtschaftsgymnasium) und die *Kollegs zur Erlangung der Hochschulreife* ebenfalls zum beruflichen Schulwesen. An ihnen wird aber zugleich die Schwierigkeit deutlich, studien- und berufsbezogene *Curricula* zu integrieren — ein Problem, das der Integration der beruflichen Bildungsgänge in die → *Gesamtschule* unausweichlich gestellt ist und mit dem sich die Didaktik des beruflichen Ausbildungs- und Schulwesens in den nächsten Jahren eingehend wird beschäftigen müssen, um die bildungspolitische Forderung nach *Chancengleichheit* aller Jugendlichen einlösen zu können.

Berufs- und Wirtschaftspädagogik. Die »Entstehung« der Berufs- und Wirtschaftspädagogik wird in aller Regel mit der Errichtung der Institute zur Ausbildung von Berufsschullehrern in Verbindung gebracht. Zwar verdankt die Disziplin diesen Institutionen (den um 1900 entstehenden *Handelshochschulen* und den Berufspädagogischen Instituten der 20er Jahre) wichtige Impulse, auch ihre ersten entscheidenden Systematisierungen. Der Sache nach, d. h. im Hinblick auf die Ausprägung eines besonderen Gegenstandsbewußtseins und einer auf solchen Gegenstand (Praxis) gerichteten Reflexion und Methodologie (Theorie) entstand die B.- und Wirtsch.-Pädagogik jedoch viel früher. Sie gehört in den Rahmen jener nicht nur pädagogischen Reflexion auf den sozioökonomischen Wandel seit dem 17. Jh. und spiegelt darin die in diesem Zusammenhang bewußt gewordene Krise der beruflichen Erziehung (*Stratmann* 1967). Sie umfaßt deshalb aber auch von Anfang an mehr als nur die durch entsprechende Ordnungen geregelte Lehre in einem Ausbildungsberuf. Ihr systematischer Ort war zwischen *Politia* und *Oeconomia.* Je mehr die praktische Philosophie, die beide zusammenband, jedoch an Bedeutung verlor, sich die Politia zur Verwaltungslehre und die Oeconomia sich zur Markt- und Distributionstheorie umbildeten, desto stärker drohte die B.- und Wirtsch.-Pädagogik zur bloßen Ausbildungstechnologie abzusinken, sich auf die Fragen nur technokratisch effizienter Ausbildungsstrategien zu reduzieren. Die Krise der ständischen Berufserziehung hat zwar das Defizit angemessener Ausbildungsformen bewußt gemacht, weshalb die B.- und Wirtsch.-Pädagogik nie auf die Kritik vorhandener und den Entwurf neuer Ausbildungsformen verzichten konnte. Im Maße des Verlustes ihrer wissenschaftssystematischen Verankerungen, damit auch ihrer inhaltlichen Verantwortung aber fiel die berufspädagogische »Vernunft« »mitten hindurch« und auf ihren »technologischen« Anteil zurück (*Habermas*).

Für die Geschichte und die Wertung der B.- und Wirtsch.-Pädagogik war dies von einschneidender Bedeutung. Hatte das späte 18. Jh. noch die produktive Spannung zwischen gesellschaftlich-beruflicher »Brauchbarkeit« und der darauf gerichteten Ausbildung auf der einen und der → *Bildung* zu individueller »Vollkommenheit« auf der anderen Seite gesehen und pädagogisch aufzulösen sich bemüht (*Blankertz* 1963), so wurde die Berufsausbildung (→ Berufliches Ausbildungs- und Schulwesen) aus dieser Spannung mehr und mehr entlassen und damit rein technokratischen Programmen verfügbar gemacht. Im gleichen Zuge aber entstand das bis heute diskutierte Problem, wie zwischen Bildung und Ausbildung vermittelt, ob Ausbildung als Teil von Bildung, ja als notwendiger Durchgang und als »Pforte zur Menschenbildung« begriffen werden könne. Das 19. Jh. hat diese Frage im Zuge des weiteren Ausbaus einer Bildungstheorie verschärft und schließlich negativ entschieden. Zwar bestritt man nicht die Notwendigkeit beruflicher Ausbildungsgänge, trat sogar für eine Verbesserung der Berufsbildung durch Errichtung von »Spezialschulen« ein (selbst *Humboldt* forderte sie!), um auf diese Weise das nur durch Umgang und Imitatio gekennzeichnete »geschlossene System« der handwerklichen Berufserziehung aufzubrechen. Aber eine funktionale Einbindung des einzelnen in genau vorgegebene gesellschaftliche Aufgaben und Bereiche widerstritt dem Begriff und Prinzip von Bildung so deutlich, daß alle Berufserziehung (als Form einer »Spezialbildung«) »außerhalb der pädagogischen Sphäre« (*Herbart*) blieb.

Daß damit die Möglichkeit vertan wurde, die pädagogisch sich selbst überlassene berufliche Ausbildung im Namen der Bildung zu kritisieren, ist freilich nicht zu übersehen. Auch die Kritik an der nur funktionalen ständisch-kleinbürgerlichen Berufsbildung, die sich seit der Mitte des 19. Jhs. unter politisch-anthropologischen Aspekten und im Rahmen der Analyse kapitalistischer »Produktionsverhältnisse« (*Marx/Engels*) formierte, konnte diese Lücke nicht schließen. Ihre Warnung vor reaktionären Versuchen, trotz der »großen Industrie« als der unabwendbaren »Signatur« der Zeit »uns zum Handwerksgesellen oder höchstens zum Handwerksmeister des Mittelalters zurückzuführen« (*Marx*, *Elend der Philosophie*, 1947), fand in Deutschland ebensowenig Resonanz wie die berechtigte Prognose, daß diese »große Industrie« mit dem überlieferten Berufssystem brechen werde und es »zur Frage von Leben und Tod« mache, »den Wechsel der Arbeiten und daher möglichste Vielseitigkeit der Arbeiter als allgemeines gesellschaftliches Produktionsgesetz anzuerkennen« (*Marx, Das Kapital I,* 1867). Die Flexibilität der Arbeitskräfte zu sichern, genüge aber nicht, so notwendig dies immer sei. Sie bleibe möglicherweise im ganz engen und restringierenden funktionalistischen Zirkel – »für das wechselnde Exploitationsbedürfnis des Kapitals« – befangen, weshalb erst »die absolute Disponibilität des Menschen für wechselnde Arbeitserfordernisse« als hinreichend angesehen wurde, das pädagogische Problem im Rahmen neu zu sichernder politisch-anthropologischer Bedingungen zu lösen und also Bildung und Ausbildung wieder in eins zu setzen. Eben deshalb aber sei auch nicht länger vom Beruf auszugehen – ein Titel, der durch seine Tradition nur zu sehr geeignet schien, die Interessenlagen zu verschleiern und bestehende Verhältnisse zu festigen statt aufzubrechen. Vielmehr sei bei der Arbeit als der entscheidenden Form aller menschlichen Aktion, ihrer Bedeutung wie »Entfremdung« anzusetzen *(Hegel, Marx).* Eine darauf abstellende Berufsbildung habe einen Neuentwurf zu wagen und könne nicht den »Fachidiotismus« befördern wollen (*Marx* 1847), sondern müsse befähigen, »das gesamte System der Produktion zu überschauen« (*Engels, Grundsätze des Kommunismus,* 1847). Berufsausbildung sei also nur »polytechnisch« zu begründen: als Vermittlung der »allgemeinen wissenschaftlichen Grundsätze aller Produktionsprozesse« und als Einweihung »in den praktischen Gebrauch und in die Handhabung der elementaren Instrumente aller Geschäfte« (*Marx, Genfer Instruktion,* 1866). Daß es sich hierbei nicht allein um den Aufbau polyvalenter fachtheoretischer und fachpraktischer Kurse, sondern zugleich um deren politische Dimensionierung handeln solle, geht aus dem Marxschen Technologiebegriff hervor, der, anders als der des »abstrakt naturwissenschaftlichen Materialismus«, auf die politische Funktion von Technik abstellt *(Marcuse, Habermas, Negt, Bahr).*

Die hiermit umrissene berufspädagogische Dimension einer radikalen Gesellschaftskritik stellte zwar einerseits den auf das industrielle System hin umgedachten Anschluß an die philosophisch-politische und auch pädagogische Tradition wieder her (vgl. *Popitz, Der entfremdete Mensch,* 1953), bedeutete aber im Deutschland des 19. Jhs. einen uneinholbaren Vorgriff. Selbst die aufkommende Arbeiterbewegung vermochte, nicht zuletzt unter dem Druck ihrer sozialpolitisch so verhängnisvollen Lage, die Marxschen Forderungen nicht eigentlich umzusetzen. So konnte das Handwerk, gegen dessen auch ausbildungspolitischen Konservatismus die politisch-pädagogische Kritik gerichtet war, seine berufspädagogische Position festigen und als Vorbild aller beruflichen Bildung weithin An-

erkennung finden. Daß die betrieblich-technologische Struktur der Industrie des 19. Jhs. mit ungelernten und handwerklich ausgebildeten Arbeitskräften zunächst zu sichern war, tat ein übriges, berührte sich darin sogar mit der berufsständisch orientierten christlich-sozialen Bewegung (*Wichern*, *Ketteler*, *Windthorst*, *Stöcker*) und der Mittelstandspolitik des späten 19. Jhs.
So fand die Berufs- und Wirtschaftspädagogik um 1900 zwei Ansätze vor, die bis heute in ihr nachwirken: Die Wirtschaftspädagogik galt als Teil der Betriebswirtschaftslehre — das erste Ordinariat für Wirtsch.-Pädagogik trug die Bezeichnung »Handelsschulpädagogik und betriebswirtschaftliche Nachbargebiete« (Handelshochschule Leipzig) —, was sie als Disziplin der Wirtschafts- und Sozialwissenschaften ausgeben ließ. Die Berufspädagogik lehnte sich eng an die berufs- und mittelständische Bewegung an und fand ihr wissenschaftliches Zentrum in der Erziehung zu »einer selbständigen und produktiven Arbeit«. Die Synthese von *Bildung* und Ausbildung, von Berufs- und Allgemeinbildung bleibe dem vorenthalten, »der seine Arbeit nicht kennt, der nie gesehen hat, was solide, gründliche Arbeit ist, der nie gekostet hat die Schaffensfreude, die aller wahren Arbeit innewohnt, und der damit nicht den Boden gefunden hat, auf dem alle wahre Bildung einzig und allein ruhen und sich entwickeln kann« (*Kerschensteiner* 1904). Bei solcher Gegenstandsbestimmung fielen immer mehr Jugendliche aus dem Aufgabenbereich der Berufspädagogik heraus, denn »er, der Sklave der Maschine, bleibt ärmer, als die Sklaven Roms und Griechenlands. Die alles erlösende Arbeit, ihn erlöst sie nicht; die alleserwärmende Sonne produktiven Schaffens, ihn erwärmt sie nicht. Das kalt gewordene Herz beleben nur noch die Lehren unklarer Propheten, die seine Sehnsucht nach der unmöglichen Zeit nähren, wo alle Unterschiede verschwunden sein werden« (*Kerschensteiner* 1906).
Wie das Zitat zeigt, war das ehemals für die Berufspädagogik konstitutive sozialkritische Potential verbraucht und die Berufspädagogik umgeschlagen in die Immunisierung und Rechtfertigung des Bestehenden. Statt zu erkennen und berufspädagogisch zu reflektieren, daß die »große Industrie« immer mehr Menschen immer stärker in den Sog spezialisierter Massenproduktion zog — was in der kulturpessimistischen Literatur der Zeit durchaus verhandelt wurde —, jagte sie einem auf selbständiger und produktiver Arbeit basierenden *Berufsbegriff* nach, der zunehmend weniger soziale Entsprechung hatte (*A. Siemsen* 1926). Die Lage wurde doppelt prekär, als die Berufspädagogik auf dem Boden dieses Berufsbegriffes

unter dem Titel der Berufsbildungstheorie die totale Professionalisierung des Lebens betrieb, indem sie den Bildungswert des Berufes stark hervorhob und zwar als »eines Strahlenkranzes, dessen Mittelpunkt in den lebendigen Kultur- und Bildungswerten der Berufsarbeit selber liegt« (*Spranger* 1923). Da die abendländische *Kultur* eine »Arbeitskultur« sei, sei der Beruf, sei die Wirtschaft ein Kulturbereich neben anderen, seien die in ihr zu vermittelnden Kenntnisse und Fertigkeiten als Kulturgüter und damit als Bildungsgüter anzusprechen. Die im Beruf dem Menschen gestellten Aufgaben ermöglichten Bildung, sofern der Mensch sie seinen Entfaltungsmöglichkeiten dienstbar mache. War damit Berufs(aus)bildung als *Bildung* gerechtfertigt, so blieb allerdings zunächst übersehen, daß der Berufsbegriff im Zuge technisch-ökonomischer Veränderungen immer mehr ausgehöhlt wurde. Das damit gestellte Problem nahm die kulturpädagogische Konzeption der Berufs- und Wirtsch.-Pädagogik nicht auf. Da ihr das zur Überprüfung der Aussagen unerläßliche »Rückkoppelungsverhältnis zur Wirklichkeit« (*Zabeck* 1968) fehlte, diente sie mehr zur Herausbildung des Selbstverständnisses der Berufsschullehrerschaft als zur Beschreibung und Analyse, noch gar der pädagogischen Kritik beruflicher Ausbildungssituationen, was ihr zugleich einen affirmativen Grundzug gab und sie weithin unfähig machte, jene Ausbildungsbemühungen richtig einzuschätzen, die sich unter dem Titel einer »Ingenieurpädagogik« *(Dinta)* und vor allem nach 1933 durchsetzten.

Da diese »DIN-Pädagogik« (*O. Monsheimer* 1956) des Dritten Reiches nach 1945 nicht fortgesetzt werden konnte, es aber zugleich keine neue wissenschaftliche Position der Berufspädagogik gab, knüpfte sie an ihre kulturpädagogische Tradition wieder an (so *Urbschat, Löbner, Schlieper*). Statt sich der industrie- und betriebssoziologischen Befunde zu vergewissern, stellte sie (erneut) auf eine »Wesens«-Bestimmung der Berufserziehung ab. Erfahrungswissenschaftlich ausgerichtete Berufspädagogik hätte sich versagt, was ihre »ontologisch« orientierte Variante als Definition zu formulieren ermöglichte: »Berufsbildung als echte Bildung im Beruf und durch den Beruf kennzeichnet die Umstände näher, durch die Bildung geschieht. Sie zielt wie alle Bildung auf die seinsgemäße Vervollkommnung des Menschen, sie vollzieht sich aber in der durch den Beruf bestimmten Lebenssituation«. »Die Berufsbildung in ethisch-sittlicher Sicht setzt das bewußte Einordnen des Berufes in einen Gesamtwertordnungszusammenhang voraus und führt zum Anerkennen der sittlichen Verpflichtung, möglichst immer berufsgemäß zu handeln, das heißt, die dem Beruf immanenten und als richtig erkannten sittlichen Werte in allem Handeln zu verwirklichen.« (*Schlieper*) Berufspädagogik solcher Art muß sich den Vorwurf gefallen lassen, »daß man sich dort auf einem Tummelplatz von allgemeinen human-pädagogischen Erwägungen und Humanrelations-Deklarationen bewegt, die mit Einsicht in industrielle Arbeitsverhältnisse, geschweige denn Arbeitssituationen, wenig zu tun haben« (*Thomas* 1969); schärfer noch, daß sie zugunsten eines geschlossenen Systems berufs- und wirtschaftspädagogischer Aussagen die Härte der Arbeitssituation verschleiere. Berufspädagogik sei »unter Ideologieverdacht geraten« (*Abel; Stütz* 1969, 1970).

Wollte man solchem Vorwurf entgehen, dann war mit der empirischen Aufarbeitung des Gegenstandsbereiches der Berufs- und Wirtschaftspädagogik zu beginnen, allem voran mit der erfahrungswissenschaftlichen Analyse des Berufsproblems. Die Diskussion um die Tragfähigkeit des überlieferten *Berufsbegriffes* hatte schon bald nach 1945 begonnen, ohne jedoch während der wirtschaftlichen Restaurationsphase der 50er Jahre für die berufspädagogische Theoriebildung Bedeutung zu gewinnen. *Spranger* selbst stellte 1950 die Frage »Werden wir künftig noch Dauerberufe haben?« und gab 1960 zu bedenken, daß das von der Berufspädagogik »mit so großen Hoffnungen aufgegriffene Berufsprinzip« angesichts der immer kürzeren technisch-ökonomischen Innovationsphasen und der steigenden Berufswechslerquote (*Abel* 1957; *stern-Report* 1964—1966) »nun selbst fragwürdig geworden« sei. Im selben Jahre warnte *A. Dörschel* nach Sichtung einer breiten Literatur vor der »Berufslegende«, denn »in der Tat wissen wir auch nicht annähernd zu sagen, was Beruf in unserem Zeitalter tatsächlich ist und unter den gegebenen Verhältnissen sein kann«. Dabei liegt — das sei hier nur angemerkt — eine gewisse Ironie darin, daß zur gleichen Zeit der bis dahin noch immer geführte Streit, ob man von Berufs- oder von Wirtsch.-Pädagogik als Oberbegriff ausgehen solle, zugunsten von »Berufspädagogik« entschieden und dies auch von Vertretern der Wirtschaftspädagogik akzeptiert wurde (s. *Schlieper, Allgemeine Berufspädagogik*, 1963). Mit Recht sieht man darin die Bestätigung dafür, daß sich der Berufsbegriff nicht verdrängen läßt, »er mag seinen Sinn verändert haben, innerlich ausgehöhlt erscheinen und mißverständlich geworden sein« (*Schwarzlose*).

Seine Tragfähigkeit im Rahmen eines industriellen Systems zu klären (vgl. *Abel* 1963) ist für die Berufspädagogik aber nicht nur aus terminologischen Gründen von Bedeutung, so sehr es sich um einen zentralen Begriff dieser erziehungswissenschaftlichen Disziplin handelt. Sich über den Berufsbegriff klar zu werden und ihn – gemessen an seiner traditionellen Hochschätzung und Mystifizierung – zu entmythisieren, verfolgte ein dezidiert pädagogisches Interesse: War nämlich nicht länger vom »Vollberuf« auszugehen, sondern zu akzeptieren, daß der Beruf in seinem Umfang »reduziert« und in seinem Inhalt »dynamisiert« sei (*Abel* 1963), dann galt es, daraus Konsequenzen für die Berufsausbildung abzuleiten, und zwar im Hinblick auf die Auswahl der Lerninhalte sowohl als auch auf die Rechtfertigung bestehender Ausbildungsmodelle (*Lempert/Ebel* 1965). Hinsichtlich der Überprüfung und (Neu-)Bestimmung jener Inhalte, die im Laufe einer Ausbildung zu vermitteln und zu erlernen sind, erweist sich der defizitäre Stand der Berufs- und der Berufsbildungsforschung in Deutschland als sehr problematisch. Nur für wenige Berufe stehen inzwischen modernisierte Ausbildungsrichtlinien zur Verfügung. Die »Dynamisierung« des Berufes bestärkte darin, über die Novellierung der Ausbildungsordnungen hinaus die berufliche Qualifikation am pädagogischen Anspruch beruflicher Mündigkeit zu messen (*Lempert* 1971), d. h. für die Erfüllung der Anforderungen, die das je gegenwärtige Berufsleben stellt, auszustatten; auf künftige Veränderungen (objektiven *Berufswandel* und subjektiven Berufswechsel) im Rahmen des Systems vorzubereiten und zur aktiven Teilnahme an strukturellen Reformen des Systems gesellschaftlich organisierter Arbeit zu befähigen. Das verlangte einmal, den Beruf als soziale Rolle zu sehen (*Daheim* 1967; *Lüscher* 1968), deren Elemente und Erwartungen wechseln und auf solchen Wechsel hin erlernt werden müssen. Zum andern hieße das, den Gegenstandsbereich der Berufs- und Wirtsch.-Pädagogik nicht länger auf die Phase der Erstausbildung Jugendlicher – die sog. »Berufslehre« – zu begrenzen. Berufspäd. Reflexion und Forschung umfaßt heute sowohl den vorberuflichen Raum – siehe dazu die Diskussion um die Arbeitslehre in der allgemeinbildenden → *Schule* – wie auch über die Lehre hinaus die berufliche Weiterbildung Erwachsener (→ *Erwachsenenbildung*). Im Vergleich zu dieser übergreifenderen Fragestellung sind die früher so betonten Besonderheiten einer »Handwerkspädagogik« (entwickelt vor allem von *F. Schlieper*) und einer »Industriepädagogik« (vgl. die Schriften von *E. Krause*) zurückgetreten, was mit dem Eingeständnis zusammenhängen mag, daß das Modell der Handwerkslehre angesichts industrietypischer Ausbildungsansprüche immer weniger paradigmatische Bedeutung für den Entwurf von Ausbildungsstrategien haben wird.

Gerade an dieser Frage zeigt sich aber auch, wie sehr berufspädagogisch-systematische und berufspädagogisch-didaktische Forschung aufeinander verwiesen sind. Während erstere ihre Aufgabe unter keinen Umständen in Eigenständigkeit erfüllen kann und auf die Kooperation mit anderen Disziplinen nicht zu verzichten vermag, ist auch die andere nur im Verbund mit der generellen → *Curriculum*forschung sinnvoll zu betreiben; nicht allein, weil es die dort zu entwickelnden Methoden und Instrumentarien zu nutzen gilt, sondern weil es aus bildungspolitischen Überlegungen unabweisbar geworden ist zu prüfen, unter welchen Bedingungen »die curriculare Annäherung von berufsbezogenen und studienbezogenen Bildungsgängen« gelinge (Dt. Bildungsrat, 1970). Damit weitet sich die berufs- und wirtschaftspädagogische Fragestellung erneut aus und gewinnt jenen Horizont zurück, der um die Jahrhundertwende zur Prägung der beiden Termini »Berufspädagogik« (*Fr. W. Foerster*) und »Wirtschaftspädagogik« (*Th. Franke*) veranlaßt hatte: die Berufs- und Wirtschaftswelt in differenzierter Weise und auf verschiedene berufliche Spezialisierungen hin didaktisch so aufzuschließen und solche pädagogische Hilfe zu geben, daß es möglich ist, in dieser Sphäre als Mündiger zu handeln, womit die Berufspädagogik ihre auch politische Dimension neu zu bestimmen herausgefordert wird.

Bildung (Theorie der Bildung). Erziehung und Bildung. Als Besonderheit der deutschen – wie im übrigen auch der russischen – Pädagogik wird häufig angeführt, daß sie außer von Erziehung auch, wenn nicht sogar in erster Linie, von Bildung handle. In der Tat ist es in Deutschland seit dem späten 18. Jh. üblich, sowohl von → *Erziehung* als auch von Bildung zu sprechen. Doch spiegelt sich in diesem Sprachgebrauch – ungeachtet der Nebenbedeutungen, die dem deutschen Wort Bildung von Mystik, Pietismus und Klassik her innewohnen – die antike und humanistische Unterscheidung von *educatio* und *eruditio* wider, wobei *educatio*, wörtlich mit Aufzucht zu übersetzen, eine Disziplinierung, Zivilisierung und Moralisierung meint, *eruditio* aber, wörtlich mit Entrohung zu übersetzen, in etwa dasselbe meint wie *cultura animi (Cicero)*, Kultivierung des inneren Menschen, der Seele wie des Geistes (Bildung als Kultur in ihrer subjektiven Form). Eine solche Kultivierung schließt aber eine Verwandlung des ganzen Menschen in sich ein. Eben dies haben die Griechen zuerst als möglich und nötig eingesehen und als *paideia* oder *plasma* (von plattein = bilden) bezeichnet, was außer mit *eruditio* mit *formatio* (von formare = bilden) ins Lateinische und zu-

nächst mit Gelehrsamkeit, dann (etwa seit *Kant*) mit »Bildung« ins Deutsche übersetzt worden ist.
Die *Edukation* ist als eine Sache der Führung und des Umgangs miteinander verstanden worden und hat sich im wesentlichen auf die Haltung (ethos), die Sitten (mores) und das interpersonale Handeln (praxis) bezogen, während die *Erudition* als eine Sache der Ausbildung und der → *Schule* angesehen wurde und sich auf Sprache und Denken, Gemeinwesen, Kultur bzw. Gesellschaft und Welt, Künste und Wissenschaften bezogen hat. Erziehung und Bildung können immer nur bedingt voneinander abgehoben werden, sie setzen sich wechselseitig voraus. Die Römer und in ihrer Nachfolge die Humanisten haben diesen Zusammenhang immer deutlich gesehen und deswegen einerseits die Edukation, andererseits die Erudition für das eigentliche Anliegen erklärt. Für die Philosophen und Pädagogen der deutschen Aufklärung geht es primär um Sittlichkeit bzw. Mündigkeit; sie haben aber, wie Humboldt es ausgedrückt hat, gemeint, »zur Sittlichkeit gehört auch Bildung«. Die Entscheidung für die Erudition setzt voraus, daß man sich für ein Primat der *vita contemplativa* (bios theoretikos) entschieden hat. Dieser Entscheidung sind die deutschen Humanisten gefolgt, und ihnen wieder ist das deutsche Bürgertum gefolgt. In Frankreich und England dagegen hat zuerst der Adel — mit seiner selbstverständlichen Bejahung der *vita activa* (bios praktikos) — den Humanismus aufgenommen; das spätere Bürgertum hat sich dann an ihn angeschlossen, weswegen dort die Edukation und nicht die Erudition als Hauptaufgabe angesehen worden ist.
Im Gegensatz zum Erziehungsbegriff hat der Bildungsbegriff von Anfang an eine reiche inhaltliche Differenzierung erfahren, was damit zusammenhing, daß er im Grunde Leben und Welt im ganzen zum Inhalt hatte. Hieraus ergibt sich, daß noch weitaus weniger als die Erziehung die Bildung losgelöst von ihrer Geschichte wie von der Geschichte unseres Lebens und unserer Welt auf die Ebene der Theorie gehoben werden kann. — Umgekehrt sind unsere künstlerische und wissenschaftliche Kultur, die neue technische Zivilisation sowie Rechtsstaat und Demokratie ohne »Bildung« nicht denkbar.
Zum Begriff der Bildung. Von den Griechen an hat die Intention, die dann bei uns Bildung genannt worden ist, einen transitiven Sinn gehabt; man hat sich zwar auf ein Werden bezogen, zentral aber doch nicht dieses Werden, sondern seine planmäßige Lenkung und inhaltliche Bestimmung gemeint. Wir sprechen zumeist und zunächst ebenfalls im transitiven Sinn von Bildung: Die ältere Generation bildet die jüngere. In solcher Rede ist angelegt, daß man auch in einem objektivie-

renden Sinne von Bildung sprechen kann: Unter Bildung wird dann das Ergebnis der transitiven Bildung verstanden: ihr Werk, eine bestimmte Verfassung, das Gebildetsein — wie immer es auch bestimmt wird. Bildung im transitiven Sinne vermittelt der Jugend einen bestimmten Inhalt. Dieser Inhalt soll assimiliert werden, kann aber auch für sich genommen werden, so daß auch in einem inhaltlichen (materialen) Sinne von Bildung gesprochen werden kann. Diese »Bildung« kann dann systematisiert (kanonisiert) werden. Ein erstes solches System liegt in der antiken Enzyklopädie vor. Dieses System ist, wie alle anderen derartigen Systeme, zugleich ein didaktisches System, ein Zusammenhang von Lehrplänen bzw. Lehrgängen. — Im Gegensatz zum antik-humanistischen Denken ist in der Neuzeit — insbesondere in der deutschen »Theorie der Bildung« (*H u m b o l d t*) — auch das Werden selbst ins Auge gefaßt, das Sichbilden des Menschen, so daß von dorther auch in reflexivem Sinne von Bildung gesprochen wird (so zuerst bei *H e r d e r*, dann bei *P e s t a l o z z i* und bei *H u m b o l d t*). Erziehungswissenschaftlich gesehen ist die Bildung im reflexiven Sinne das eigentliche Problem, von ihr her kann allererst legitim von Bildung im transitiven Sinne gesprochen werden. — Das allgemeine Interesse freilich verweilt nach wie vor bei der Bestimmung ihres Zieles bzw. ihres Inhalts, insbesondere unter dem Gesichtspunkt der schulischen Vermittlung, bei der Schul-Bildung also.

ZUR GESCHICHTE DES BILDUNGSDENKENS. Am Anfang unseres Bildungsdenkens stehen zwei griechische Weise, *P l a t o n* (427 bis 347) und sein Gegner *I s o k r a t e s* (436—338). Beide fragen, wie der Mensch befähigt werden soll, sich einsichtig und richtig in seiner Lebenswelt, namentlich in der Polis zu verhalten und *Eudaimonia* (Wohlbefinden) zu gewinnen.

P l a t o n entwirft einen dreistufigen Bildungsgang: Die → *m u s i s c h e B i l d u n g* soll die Seele in der rechten Weise stimmen und auf den rechten Weg einstellen, denn die junge Seele kann noch nicht »denken«; die mathematische Bildung soll erstmals ein Denken ausbilden, aber in einem Medium, das noch keinerlei Lebenserfahrung und Weltkenntnis voraussetzt, dem jungen Erwachsenen also bereits zugänglich ist; und die akademisch-philosophische Bildung soll dann zur denkenden Teilhabe an der Wahrheit über Leben und Welt befähigen.

Neben der Intention einer »philosophischen« Bildung, die, obwohl immer nur in sehr kleinen Kreisen verwirklicht, eine außerordentliche geschichtliche Bedeutung gehabt hat, ist hierin geschichtsträchtig gewesen das Denken in → *B i l d u n g s s t u f e n*, die Konzeption einer musischen bzw. ästhetischen

Bildung als einer Propädeutik der eigentlichen philosophischen, auf Mündigkeit abzielenden Bildung und die Konzeption einer mathematischen Propädeutik zu demselben Zweck, wie sie ein für allemal die Mathematik in die Bildung eingeführt hat. *Isokrates* dagegen hat sich an die Umgangssprache (lexis statt logos) und das politische Leben (Politik statt Polis) gehalten. Alle wesentlichen Aufgaben sollten miteinander beredet und gemeinsam gemeistert werden—nicht im Sinne eines Systems, sondern der Geschichte, weswegen diesem Denken ein gewisser vaterländischer Zug eigen war. Gebildet ist, wer sich durch Urteilskraft in den wesentlichen Dingen des praktischen, namentlich des politischen Lebens, angenehme und gute Umgangsformen und Selbstbeherrschung sowie Bescheidenheit auszeichnet. Unverkennbar taucht hier zum ersten Male das Ideal der *Erudition* des frühen Humanismus auf. Solche Bildung sollte dadurch möglich werden, daß man mehrere Jahre hindurch in einer kleinen Gruppe unter Führung eines Lehrers sich ausdrücklich die Hochsprache und die maßgebliche Überlieferung, die Werke der großen Dichter und Geschichtsschreiber aneignete und anschließend lernte, sich in diesem Medium durch »Reden« mit möglichster Überzeugungskraft am Leben des Gemeinwesens zu beteiligen. Überzeugungskraft konnten diese Reden aber nur dann haben, wenn sie sachgerecht waren und auf ihre Adressaten eingingen, so daß diese Bildung immer auch Stücke einer Staats- und Rechtslehre und einer Psychologie enthielt. Aus diesem Ansatz ist die antike *Enzyklopädie,* das erste didaktische System einer »allgemeinen« — humanen und ökumenischen — Bildung entstanden, das zum »Lehrplan des Abendlandes« *(Dolch)* wurde *(→ Didaktik, Curriculum und Methodik).* Erst die *Aufklärung* hat dieses System aufgehoben.

Zur inneren Problematik. Was die Antike formuliert und praktiziert hat, ist im wesentlichen Schul-Bildung gewesen. Mit dieser Erudition ist von Anfang an eine eigentümliche Problematik verbunden gewesen: Intention und Realisation fallen immer wieder auseinander. Intendiert wird eine Verwandlung des Menschen, die ihn befähigen soll, sein Leben mit anderen zusammen im Lichte der Wahrheit über Welt und Leben zu leben. Der Versuch aber, diese Bildung zu organisieren, führt zu einer Verselbständigung der Bildung und bewirkt, daß sie als geschlossener Lehrplan bzw. Lehrgang begriffen und zunächst nach Fächern, dann nach Stufen geordnet und in die Form von Lektionen gebracht wird. Eben hierbei aber wird aus der Überlieferung bzw. aus Philosophie, Kunst und Wissenschaft das »Bildungsgut« und aus dem lebendigen Bildungs- qua Verwandlungsprozeß eine bloß äußerliche Aneignung von Verhaltensweisen, Kenntnissen und Fertigkeiten.

Das Problem, das sich hier zeigt, ist das der Organisation der Bildung. Bildung ist immer auch Ausbildung und als solche legitimerweise ein organisierter Prozeß. Bildung meint aber mehr und anderes, vor allem »Begegnung« und »Auseinandersetzung« (*Bollnow, Derbolav, Klafki,* im Grunde auch *Herder, Humboldt* und *Nietzsche*). Aber auch Begegnung und Auseinandersetzung können organisiert, nämlich inszeniert werden. Alle unsere allgemeinbildenden Schulen versuchen so etwas. Sie wollen den Menschen planmäßig – über Lehrplan und Lehrgang – und gleichmäßig – gruppenweise – verwandeln. Dieser Vorgang kann aber nicht eigentlich organisiert werden. Es kann »Bildung«, aber auch *»Halb-Bildung«* erzeugt werden. Halbbildung meint hier, wie *Th. Adorno* – ganz im Sinne von *Nietzsches* Begriff des Bildungsphilisters – dargelegt hat, die Verfassung, die entsteht, wenn z. B. eine Literatur nur zur Kenntnis genommen wird, das *Ich*-selbst sich nicht in Frage stellen läßt, sich daher auch nicht befreit und an Leben und Welt gewinnt, sondern ein naiv-angepaßtes oder ein borniert-anmaßendes Ich bleibt. Schul-Bildung kann zur Halbbildung werden und wird auch immer dazu.

Zur Theorie der Bildung. Es stellt sich die Aufgabe, eine Theorie der Bildung aufzustellen, in der folgende Stücke miteinander verknüpft werden: erstens eine Deskription der Bildung als eines Prozesses, seiner Struktur wie seiner Dynamik oder auch seiner Dialektik nach, wobei außer an *Humboldt* an *Hegels »Phänomenologie des Geistes«*, an *Diltheys »Teleologie des Seelenlebens«* und an die Vorstellung der modernen Human- bzw. Sozialwissenschaften von der *Sozialisation,* die zugleich eine *Personalisation* ist, gedacht werden kann; zweitens ein Entwurf solcher Bildung unter den Bedingungen der Zeit, in konkreter Form also, als eines Ideals (früher der bürgerlichen Hochkultur, wie sie die *Aufklärung* begründet hat, heute der technischen Zivilisation und zugleich der sozialen Demokratie); drittens die Konstruktion einer differenzierten Propädeutik, mit deren Hilfe – im Sinne der Struktur und der Dynamik (Dialektik) des Bildungsprozesses – eine zukunftsträchtige Bildung möglichst vieler junger Mitglieder der Gesellschaft möglichst weitgehend gefördert werden kann (Schul- und Hochschulbildung).

Die frühe »Theorie der Bildung« hat die christliche Einsicht reaktiviert, daß der Mensch ein geschichtliches Wesen ist. Man entdeckt die Bildung im reflexiven Sinne des Begriffs, das Sichbilden einer Persönlichkeit. Damit wird die Möglichkeit eröffnet, anthropologisch-pädagogisch zu denken. In der Tat wird die frühere, im wesentlichen didaktische Rede von der Bildung (als *Schul-Bildung*) hier durch eine anthropologische und pädagogische von der Bildung ergänzt. Eben hiermit aber wird eine »Theorie der Bildung« möglich (*Humboldt*), die sich als Theorie der Genese einschließlich jener Inhalte versteht, die dabei ins Spiel gebracht werden müssen, damit die Genese an ihr inneres Ziel, die »*Persönlichkeit*«, gelangt. Damit ist dann auch der Gegenstand erfaßt, der allein Gegenstand von Forschung sein kann. Erste Einsichten finden sich bei *Kant*, ferner bei *Herder* und bei *Goethe*, dann bei *Pestalozzi*, vornehmlich in seiner Lehre vom Menschen als dem »Werk der Natur, der Gesellschaft und seiner selbst« (*Nachforschungen*), und bei *Humboldt*.

Bei *W. v. Humboldt* (1767–1835) heißt es u. a.: »Die letzte Aufgabe unseres Daseins, dem Begriff der Menschheit in unserer Person ... einen so großen Inhalt als möglich zu verschaffen, diese Aufgabe löst sich allein durch die Verknüpfung unseres Ichs mit der Welt zu der allgemeinsten, regesten und freiesten Wechselwirkung.« Daher muß der Mensch »von sich aus zu den Gegenständen außer ihm übergehen, und hier kommt es nun darauf an, daß er in dieser Entfremdung nicht sich selbst verliere, sondern vielmehr von allem, was er außer sich wahrnimmt, immer das erhellende Licht und die wohltätige Wärme in sein Inneres zurückstrahle«. Von jeder »Arbeit«, jedem »Geschäft«, jedem »Werk« gilt, »daß, auf die rechte Weise betrieben«, es »dem Geist eine eigene und neue Ansicht der Welt und dadurch eine eigene und neue Stimmung seiner selbst geben« kann und »jedes Geschäft eine ihm eigentümliche Geistesstimmung kennt und nur in ihr der echte Geist seiner Vollendung liegt« (*Theorie der Bildung*). Bildung ereignet sich als Wechselwirkung zwischen dem werdenden *Ich* und der (dabei) sich erschließenden Welt, sie kommt aber nur dann an ihr inneres Ziel, wenn diese Wechselwirkung frei und rege ist.

Alle Geschäfte verwandeln das Ich und erschließen Welt. Es gibt aber Geschäfte, die bedeutsamer als andere sind; für *Humboldt* selbst ist das bedeutsamste das »Studium des Menschen« im Medium der Poesie, der Historie und der Wissenschaft (vgl. Anthropologie, Sprachwissenschaft usw.).

Anthropologisch gesehen verwandelt sich hier das Bildungsdenken grundlegend, didaktisch gesehen nur erst bedingt; man dringt vor in die »Tiefe der Subjektivität« (*Kant*) und

versteht Bildung als den Werdegang des Menschen, der zugleich inneres Wachstum und Gang der Befreiung zur Welt und zu sich selbst ist, man geht aber nur erst bedingt von der Überlieferung über zur Wissenschaft.
Unverlierbar sind vier Einsichten: *Erstens,* daß zwischen einer propädeutischen je und je geplanten organisierten »Bildung« und der Bildung, wie sie im Leben vor sich geht und wie sie sich zur bewußten und gewollten *Selbstbildung* steigern kann, unterschieden werden muß. Die *Schul-Bildung* kann im wesentlichen nur propädeutischen Charakter haben, was freilich nicht aus-, sondern einschließt, daß sie eigentliche Bildung initiieren kann *(Flitner).*
Zweitens, daß sowohl die propädeutische als auch die eigentliche Bildung sich auf den ganzen Menschen, die ganze Leib-Seele-Geist-Einheit beziehen müssen, was nicht ausschließt, sondern allererst ermöglicht, daß es zuhöchst um *Denken* und Handeln geht. Damit geht es zwar um eine formelle Ausbildung, doch kann und darf diese nicht aus dem Horizont der Zeit heraus – und von deren Problemen abgelöst werden. – Jede Tätigkeit – sofern sie Selbsttätigkeit ist – verwandelt den Menschen und erschließt ihm Leben und Welt; es kommt aber auf diejenigen Tätigkeiten an, die den Menschen innerlich wachsen lassen und ebenso ihm die Lebenswelt mit ihren Aufgaben und Möglichkeiten erschließen wie umgekehrt ihn für diese Lebenswelt aufschließen. Eben diese Bildung wird heute als *»kategoriale Bildung«* bezeichnet *(Derbolav, Klafki).*
Drittens, daß die propädeutische Bildung zwar einer Kultur des Umgangs mit Mensch und Ding nicht entbehren kann, aber nach wie vor zunächst auf mehr oder weniger elementare literarische Studien angewiesen ist. Es hat dies seinen Grund aber nicht nur darin, daß auch und erst recht unsere Welt eine vornehmlich durch »Bücher« vermittelte Welt ist, sondern auch darin, daß schulmäßige Lektüre und Interpretation am ehesten die elementare Hermeneutik ausbilden, die allererst Selbstsein und Welt erschließt und die auch dem modernen szientifischen oder technologischen Denken voraufgeht. Unter Literatur ist dabei allerdings nicht nur Belletristik zu verstehen. Es geht um die ganze Literatur, mittels derer wir uns über unsere Lebensfragen miteinander auseinandersetzen, wobei der wissenschaftlichen Literatur zweifellos eine steigende Bedeutung zukommt.
Viertens, daß die Bildung sich nicht nur auf den Menschen selbst und auf seine *Sprache* (bzw. Literatur) bezieht, sondern immer auch auf die Welt selbst, einschließlich deren Teilstrukturen wie Gesellschaft, Gemeinwesen, Wirtschaft

usw. Es geht nicht nur darum, an Sprache zu gewinnen, bis man Sprache hat, sondern — in eins damit — auch an Welt zu gewinnen, bis man Welt hat. Es geht daher auch nicht nur darum, sich selbst zu bilden, sondern auch die Welt (mit-) zu gestalten. »Erziehung setzt den Menschen in die Welt, insofern sie die Welt in ihn hineinsetzt, sie macht ihn die Welt gestalten, insofern sie ihn durch die Welt läßt gestalten« *(Schleiermacher, Aphorismus 72).*

Hiermit ist aber zugleich gesagt, daß die Theorie der Bildung immer neu auf die jeweilige Welt hin entworfen werden muß; umgekehrt muß diese Welt eben hierzu immer wieder eigens »erkundet« werden. Die Theorie der Bildung ist immer auch auf eine »Historia« angewiesen, die allerdings auch die Form der Soziologie usw. annehmen kann *(→ Soziologie der Erziehung, → Gesellschaft in pädagogischer Sicht, → Familie).*

Zur gegenwärtigen Lage. Die neue bildungstheoretische Diskussion entzündet sich immer wieder an dem weltgeschichtlichen Wandel unserer Zeit. Unsere neue Lebenswelt erschließt sich einer »humanistischen« Bildung in der Tat nur noch bedingt. Schon im 19. Jh. ist nach einem »realen Humanismus« *(Marx)*, nach einer Synthese der *studia humaniora* und der *studia realia (Paulsen)* verlangt worden. Heute wird von einer modernen wissenschaftlichen oder auch technischen Bildung gesprochen (*Litt, Fink* u. a.). In diesem Zusammenhang wird Kritik an den überlieferten Theorien der Bildung wie aber auch an der faktischen Bildung geübt (→ Soziologie der Erziehung). Diese Kritik hat ihren ersten Höhepunkt bei *Nietzsche* gefunden; sie kulminiert in der Kritischen Theorie der Frankfurter Schule, namentlich bei *Adorno*, und in der gegenwärtigen »bildungs«-politischen Diskussion, die sich — paradoxerweise — zu einem erheblichen Teil gegen die »Bildung« wendet. Insgesamt genommen läßt sich diese Kritik auf folgende Thesen reduzieren:

1. Sieht man vom ständig möglichen Verfall der Bildung in eine bloß äußerliche Aneignung von bloßem Bildungsgut (*Halbbildung* im formellen Sinne) ab, stößt man auf die Kritik an der überlieferten Konzeption von Bildung als einer im Kern bloß ästhetischen Bildung, wobei insbesondere an *Humboldt* gedacht wird. — Es handelt sich dabei aber insofern um ein Mißverständnis, als die ästhetische Bildung im Denken der *Aufklärung* der moralischen und zugleich politischen Bildung dienen soll (s. außer *Humboldt* auch *Kant, Schiller* und *Herbart*). Bildung muß zwar immer auch ästhetische *(→ musische) Bildung* (heute gelegentlich auch *Sensibilisierung* oder *Affekt-*

kultur genannt) sein, kann und darf darin aber nicht aufgehen.

2. An diese Kritik schließt sich eine weitere Kritik an *Humboldt*, aber auch an *Rousseau* an; sie hätten auf eine bloße Menschenbildung und nicht auch – wie z. B. *Herder* und *Pestalozzi* in Deutschland und *Condorcet* in Frankreich – auf eine Berufsbildung hinaus gedacht. Bildung und *Ausbildung* müßten integriert werden (Strukturplan). –

Rousseau und seinen Nachfolgern ging es darum, immer auch dem Menschen, der als ein mögliches »Ich-selbst« Würde besitzt und Achtung verdient *(Kant)*, zu seiner Selbstverwirklichung zu verhelfen. Die *Erziehung* sollte nicht mehr in der Erziehung für einen bestimmten Stand bzw. Beruf aufgehen, sondern immer auch, ja zuvor, der Menschenbildung – auch *Allgemeinbildung* genannt – dienen. *Humboldt* hat hierzu vermerkt, daß Bildung und Ausbildung zwei von Grund auf verschiedene Aufgaben, die eine in einer Theorie des Menschen und der Gesellschaft, die andere in Ökonomie und Technologie begründet, seien, die man zwar kombinieren müsse, aber nicht integrieren dürfe.

Wie verschiedenartig Bildung und Ausbildung sind, betonen dann auch *Marx* und *Dilthey*. Letzterer konstatiert, daß in der neuen wissenschaftlich vermittelten arbeitsteiligen Gesellschaft der Erziehung zwei »getrennte« Ziele aufgegeben seien, das je eigene persönliche Leben und die ökonomisch-technische Leistungskraft der Gesellschaft. Damit stellt sich die Frage nach dem Koinzidenzpunkt von Bildung und Ausbildung. *Dilthey* sah diesen in der Entsprechung von Begabung bzw. Neigung und Arbeitsteilung. Inzwischen rücken Bildung und Ausbildung immer weiter auseinander, und die Frage nach dem Koinzidenzpunkt will sich nicht mehr beantworten lassen. Sofern der Mensch vorwiegend über seine berufliche Tätigkeit und seinen Verdienst mit der Gesellschaft zusammenhängt, läßt sich kaum etwas anderes begründen als eine gewisse Erweiterung der Ausbildung. Der Koinzidenzpunkt von Bildung und Ausbildung kann nicht unter dem Gesichtspunkt der je anderen (besonderen) Ausbildung, sondern nur unter dem der allgemeinen Bildung bestimmt werden. Allein die → *politische Bildung* kann das persönliche und das berufliche, das individuelle und das gesellschaftliche Leben vermitteln. Außerdem sprächen wir anders keine gemeinsame Sprache mehr und könnten wir unsere Lebenswelt nicht mehr gemeinsam gestalten.

3. Auf eben dieses Problem bezieht sich eine weitere Kritik. Sie greift weniger die ursprünglichen Konzepte als vielmehr

die faktische Bildung in Geschichte und Gegenwart an. Schon *Dilthey* hatte darauf hingewiesen, daß das deutsche Bürgertum im Zuge der Restauration, weil von der Politik ausgeschlossen, eine Bildung und Kultur der Innerlichkeit geschaffen hatte, die zwar ein hohes Niveau, aber keine zukunftsträchtige Bedeutung hatte (Basler Antrittsvorlesung von 1867). Dieses Problem haben dann auch *Nietzsche* (*I.* und *II. Unzeitgemäße Betrachtung*) und *Adorno* diskutiert. *(Theorie der Halbbildung, Jargon der Eigentlichkeit)*. Das ursprüngliche Konzept sei nicht verwirklicht worden, die Bildung sei bloß auf die Kultur und diese nur auf die bürgerliche (Honoratioren-) Gesellschaft ausgelegt worden. Übrig geblieben sei nur deren Attitüde, die *Halbbildung* (materiale Halbbildung), die nun von immer breiteren Schichten angeeignet werde. Auf die Frage nach der Zukunft der Bildung glaubt *Adorno* antworten zu sollen, die Theorie der Bildung sei nach wie vor an den ursprünglichen Konzepten zu orientieren; da aber die Gesellschaft als technische Zivilisation wegen deren hoher Eigengesetzlichkeit nur sehr bedingt durchschaut und verändert werden könne, schwebe Bildung in der Gefahr, funktionslos zu werden. So gewichtig *Adornos* These über die Gefährdung, um nicht zu sagen Unmöglichkeit der Bildung auch ist, auf eine Propädeutik zur Bildung braucht nicht verzichtet zu werden. Kaum einer hat nachdrücklicher darauf hingewiesen als Adorno selbst, daß die Aufgabe einer inneren Befreiung von Borniertheit und Provinzialität zu humaner Existenz, aber auch zur Kritik an der kulturellen, sozialen und politischen Entwicklung und damit zur Vorbereitung einer besseren Zukunft bestehen bleibt und daß diese Aufgabe nach wie vor nur in je eigener Auseinandersetzung mit den großen Denkern der *Aufklärung* und ihren Nachfolgern gelöst werden kann.

Versuche zur Erneuerung einer entsprechenden Propädeutik können sich u. a. an die moderne humanwissenschaftliche Forschung und darin besonders an die Untersuchungen zum Aufbau der *Persönlichkeit* sowie zur → *Sozialisation* anschließen.

4. Auch und nicht zuletzt im Zusammenhang mit *Adorno* und der Frankfurter Schule wird auf einen Sachverhalt aufmerksam gemacht, der mitbedacht werden müßte: daß nämlich die Genese des Menschen immer auch ein sozialer Prozeß (→ *Sozialisation und Erziehung*, → *Soziologie der Erziehung*, → *Gesellschaft und Familie in pädagogischer Sicht*) ist, weswegen die Bildung nicht nur — auf ihre prinzipielle Möglichkeit und Form hin angesehen — von der gesamtgesellschaftlichen

Entwicklung, sondern auch — auf ihre individuelle Möglichkeit und Form hin angesehen — von der gesellschaftlichen Lage des einzelnen abhängig sei. Was gemeint ist, zeigt das bisher ungelöste Problem der *Arbeiterbildung*, das auch unter dem Stichwort der *proletarischen Kultur* verhandelt wird (→ *Erwachsenenbildung*). Es gibt Lebenslagen, die Bildung erschweren (*Sprachbarrieren* usw.), es gibt aber auch Lebenslagen, die Bildung als sinnlos erscheinen lassen. Bildung muß — im großen wie im kleinen Rahmen — ebenso als Selbstverwirklichung des Menschen in ihrer subjektiven und individuellen Form wie als Beitrag zur Selbstverwirklichung des Menschen in ihrer objektiven und sozialen Form angesehen werden können. Anders würde sie zu einer »personalistisch« bzw. »idealistisch« verfremdeten Bildung oder zur bloßen *Halbbildung* entarten.
So richtig diese Hinweise auch sind, sie ändern nichts daran, daß jeder Mensch ein mögliches Ich-selbst ist und es als solches auf eigene Weise mit der Lebenswelt im ganzen zu tun hat. Er hat die Möglichkeit der *Selbstbildung* — außer unter sehr ungünstigen Bedingungen, die dann eben, soweit dies in der Macht des Menschen steht, geändert werden müssen. Diese Möglichkeit nicht zu kultivieren, würde bedeuten, auf die höchste Möglichkeit des Menschen, damit aber auch der menschlichen Gesellschaft, zu verzichten. Humane Existenz ist nur so lange möglich, als man um sie weiß und sie will. Ohne Bildung gibt es keine → *Pädagogik*, keine → *Schule* und keinen → *Lehrer* und umgekehrt.
7. SCHLUSSBEMERKUNG. Entscheidend für eine Theorie der Bildung und der Propädeutik ist die mit der neuzeitlichen Geschichte beginnende Emanzipation. Aus ihr sind technische Zivilisation und soziale Demokratie hervorgegangen. Die technische Zivilisation breitet sich über die ganze Erde aus und läßt erstmals eine Ökumene entstehen. Ob und inwiefern diese demokratisiert wird, läßt sich nur erst bedingt erkennen. Dieser Vorgang bewirkt, daß eine neue, künstliche Welt entsteht. Das aber bedeutet, daß man sich auf diese neuartige, ebenso zukunftsreiche wie gefahrvolle Lebenswelt als die entscheidende neue Bedingung des Lebens verstehen lernen muß. Viele Autoren haben gemeint, man müsse sich insbesondere die Denkweisen aneignen, in denen sich diese neue Welt aufgebaut hat, etwa die der neuen Wissenschaft, insbesondere der Mathematik und der Naturwissenschaft, aber auch der Sozialwissenschaft (→ *Gymnasium*, → *Didaktik, Curriculum, Methodik*). So richtig dieses auch ist, wie soll aber durch eine solche Propädeutik schon vorbereitet sein, daß die neue Lebenswelt als Bedingung unseres je ein-

zelnen und gesellschaftlichen Lebens verstanden und zugunsten dieses Lebens durchgebildet werden kann?
Konstitutiv für die globale technische Zivilisation ist, daß sie vermittelt werden kann. Damit ist aber gegeben, daß sie unsere konfessionellen und nationalen »Welten« überformt. Wo es früher getrennte Welten mit je einheitlichen Grundüberzeugungen, aber lokal differenziertem wirtschaftlich-gesellschaftlichem Leben gegeben hat, breitet sich heute — umgekehrt — ein einheitliches wirtschaftlich-gesellschaftliches Leben mit lokal differenzierten Grundüberzeugungen aus. In der technischen Zivilisation lebt man ein plurales Leben. Eine plurale »allgemeine« Bildung ist aber undenkbar. Hierin steckt das schwierigste Problem, mit dem die neue Theorie der Bildung sich auseinandersetzen muß. Wir haben keine andere Wahl, als uns zu einer verantwortlichen und umfassenden Hermeneutik, Reflexion, Moralität und Politik zu bilden. Eine solche Hermeneutik, Reflexion, Moralität und Politik wird allerdings kaum ohne *Praktische Philosophie* und *Kritische Theorie* auskommen können.

Bildungsforschung und Bildungsplanung. FRAGESTELLUNG. In der modernen Gesellschaft werden anstelle von Besitz *Bildung* und *Ausbildung* für den einzelnen zu entscheidenden Kriterien der persönlichen und sozialen Sicherung. Soziale Sicherheit ist nur dann gewährleistet, wenn der einzelne über ein hinlängliches Maß an grundlegender Bildung und spezieller Ausbildung verfügt, um sich auf die stetig fortschreitenden Entwicklungsprozesse im Bereich von Beruf, Politik und Gesellschaft einstellen bzw. diese Prozesse kritisch befragen zu können. Das Hineinwachsen des einzelnen in seine je eigene Daseinsform wie auch in die vielfältigen Bereiche seines gesellschaftlichen und beruflichen Lebens ist heute jedoch nur noch auf dem Wege einer früh einsetzenden, systematisch betriebenen und institutionell geordneten Bildung und Ausbildung möglich. Dieser Prozeß kann nicht der Beliebigkeit des einzelnen und den zufällig gegebenen Bedingungen des familiären Milieus allein überantwortet werden, sondern muß von der Gesellschaft insgesamt für alle jungen Menschen politisch verantwortet werden. Die Fragen der Bildung werden so zu einem Politikum und bestimmen nachhaltig die Infrastruktur der Gesellschaft. Das *Bildungswesen* als Stätte der *Sozialisation,* Enkulturation und Professionalisierung des jungen Menschen stellt damit eines der bedeutendsten Subsysteme der Gesellschaft dar, dessen Entwicklung und Ausbau eine zentrale Gemeinschaftsaufgabe von weitreichender gesellschaftspolitischer Bedeutung ist.

Probleme einer Theorie der Bildungsforschung und Bildungsplanung. Die systematische Erfassung aller Daten, Bedingungen und Inhalte, die für einen gezielten Ausbau des Bildungswesens von Bedeutung sind, hat seit Beginn der 60er Jahre auf internationaler wie auch nationaler Ebene zur Entwicklung der Bildungsforschung und Bildungsplanung als Teildisziplinen oder auch Nachbardisziplinen der Erziehungswissenschaft geführt. Beide Disziplinen stehen darüber hinaus in einem engen sachlichen Bezug zur *Bildungspolitik*. Eine Theorie der Bildungsforschung und Bildungsplanung, deren regulative Prinzipien so umfassend gedacht sind, daß in ihrem Rahmen die Bedingungen des einzelnen und der Gesellschaft zureichend in den Blick kommen, fehlt heute noch weitgehend. Eine solche Theorie ist letztlich nur abhebbar vor dem Horizont einer umfassenden Theorie des Politischen, in der es darum geht, die Zukunft des Menschen als eine offene Möglichkeit menschlicher Selbstverwirklichung zu reflektieren. Dem Menschen als Person wie auch als Träger gesellschaftlicher und politischer Funktionen muß im Bildungsprozeß selbst bewußt werden, daß er angesichts der komplexen Strukturen der modernen technischen Zivilisation und ihrer gesellschaftlichen Verfassung seine eigene Gegenwart und Zukunft verantwortlich planen muß und die künftigen Entwicklungen nicht dem Automatismus perfektionierter Systeme überlassen darf, daß aber zugleich in dieser Vorsorge Spielräume künftiger Möglichkeiten offen-, und das heißt, durchgehalten werden müssen. Eine Theorie des Politischen, die für die Bildungspolitik konstitutiv sein soll, wird die Freiheit als zentrale Kategorie ausweisen müssen.

Bildungsforschung, Bildungsplanung und Bildungspolitik stellen daher keine Stufenfolge dar. Die Einspurigkeit zweckrationalen Handelns ist eine unzureichende Handlungsmaxime. Weder eine technokratische Abfolge von der Bildungsforschung über die Bildungsplanung zur Bildungspolitik, die letztlich Planung verkürzt und Politik aufhebt, noch eine hierarchische Abstufung von der Politik über die Planung zur Forschung, die Planung und Forschung zu weisungsgebundenen nachträglichen Rechtfertigungshilfen denaturiert, aber auch eine einseitige Bevorzugung von Planungsaktivitäten, die der Forschung und der Politik nur noch die Rolle von Erfüllungsinstanzen im Rahmen eines übersteigerten Modellplatonismus zugestehen, sind unzureichende Formen des Zusammenwirkens von Bildungsforschung, Bildungsplanung und Bildungspolitik. Eine Theorie dieses Gesamtbereichs wird davon ausgehen müssen, daß Bildungsplanung, Bildungsforschung und Bildungspolitik in einem Geflecht von Interdependenzen stehen. Ein bestimmter Planungsansatz öffnet den Blick für bestimmte Fragestellungen und Daten der Forschung und provoziert zugleich bestimmte politische Entscheidungen. Ähnliches gilt für den Fall, daß der Einstieg in diesen Gesamtbereich von der Forschung oder von der Politik her erfolgt. Eine zureichende Theorie wird daher strukturtheoretisch diesen Gesamtbereich als einen »Wirkungszusammenhang multipler Felder« (*Fürstenberg*) begreifen. Hierbei gilt es die gegenseitigen Abhängigkeiten zwischen der Bildungsforschung, Bildungsplanung und Bildungspolitik einerseits hinsichtlich der daraus resultierenden notwendigen Fragestellungen für die Forschung zu reflektieren, andererseits im Blick auf die Konsequenzen für die Planung modelltheoretisch durchzuspielen bzw. in Planungsalternativen umzusetzen und schließlich in ihrer Bedeutung für die Politik öffentlich zu diskutieren. Dieser Zusammenhang wird schließlich dadurch bestätigt, daß viele Forschungs- und Planungsprojekte der letzten Jahre auf gesellschaftspolitische Anstöße zurückgehen (Bildungsnotstand, Abiturientenmangel, Ungleichheit der Bildungschancen, geringer Anteil der Bildungsausgaben am gesamten Sozialprodukt u. a. m).

Aufgaben der Bildungsforschung und Bildungsplanung. Gegenstand der Bildungsforschung und Bildungsplanung ist der gesamte Bereich institutionalisierter und nichtinstitutionalisierter Bildungsprozesse sowie die diese Prozesse bestimmenden fachlichen, psychologischen und sozialen Randbedingungen. Das Arbeitsfeld der Bildungsforschung und Bildungsplanung erstreckt sich von der vorschulischen Erziehung über die → *Schule*, Hochschule und → *Erwachsenenbildung* bis zu den außerschulischen Aktivitäten gesellschaftlicher Gruppen (Parteien, Kirchen, Verbände u. a. m.). Die Forschungs- und Planungsintentionen beziehen sich zum einen auf die personellen, organisatorischen und sachlichen Voraussetzungen der einzelnen Bildungsprozesse vor allem im Bereich der institutionalisierten *Erziehung* sowie den damit gesetzten finanziellen Konsequenzen, zum anderen suchen sie die Ziele und den Erfolg der Bildungsarbeit in den einzelnen schulischen und außerschulischen Institutionen zu analysieren, neu zu bestimmen und zu überprüfen, und schließlich richten sie sich auf die Entwicklungen des Arbeitskräftebedarfs in der Gesellschaft und den speziellen Formen der Nachfrage nach Bildung in den einzelnen Bereichen. Dieser Fülle an Fragestellungen kann nur im Rahmen differenzierter Programme entsprochen werden, in denen die gegenseitige Bedingtheit von Forschung und Planung immer wieder deutlich werden muß. Insgesamt zeichnen sich zwei große Aufgabenfelder ab, zwischen denen es partiell Überschneidungen gibt, die aber dennoch schwerpunktmäßig auf bestimmte Fragestellungen bezogen sind. Der eine Aufgabenbereich ist auf die Erforschung der strukturellen Bedingungen und der quantitativen Gegebenheiten des Bildungswesens ausgerichtet (Bildungsstatistik, Standortplanung, Schul- und Hochschulbau, Systemanalyse, Bildungsökonomie), während der andere Aufgabenbereich auf die Erforschung der funktionalen und qualitativen Aspekte der Bildungsprozesse sowie deren gesellschaftliche Implikationen bezogen ist (Humankapitalkonzept, *Curriculum*revision, *Sozialisationsforschung*).

a) *Bildungsstatistik:* Die Bildungsstatistik ermittelt zunächst die Bestandsgrößen des Bildungswesens (Schülerzahlen, Lehrerbestand, Raumbestand). Anhand der Bevölkerungsvorausschätzung sowie der bildungspolitisch gesetzten Daten u. a. über Klassenfrequenzen, Lehrerrichtzahlen, Dauer der Vollzeitschulpflicht, Ausbau weiterführender Bildungsangebote, Bildungsdichte (Schüler bzw. Studenten auf 10 000 Einwohner) wird sodann der Erweiterungsbedarf an Personal, Gebäuden, Räumen und Ausstattung zu einem bestimmten zukünftigen Zeitpunkt vorausberechnet, damit die Ausbauprozesse frühzeitig eingeleitet werden können. Ferner erfaßt die Bildungsstatistik die Bewegungen des Schüler- und Studentenstroms innerhalb des Gesamtsystems und hält die Erfolgs- bzw. Versagerquote fest. Weiterhin stellt die Bildungsstatistik alle Vergleichsdaten über das Bildungswesen in den einzelnen Ländern der Bundesrepublik wie auch im internationalen Bereich bereit.

b) *Standortplanung:* Die Standortplanung klärt die Voraussetzungen, die gegeben sein müssen, um für bestimmte Bildungsinstitutionen (Schulen, Hochschulen, Erwachsenenbildungsstätten) optimale Arbeitsbedingungen sicherzustellen. Hierbei ist die Funktion einer Gemeinde bzw. Stadt wichtig, d. h. neben den Bildungsinstitutionen müssen andere zentrale Dienstleistungen für eine Gebietsregion vorhanden sein (u. a. Krankenhaus, Verwaltungsdienststellen, Energieversorgung, kulturelle Angebote). Die wirtschaftlichen Entwicklungstendenzen einer Region (Industrieansiedlung, Ausbau vorhandener Gewerbe- und Dienstleistungsbetriebe) und die verkehrsgeographische Struktur einer Region (Knotenpunkt des Straßen- und Schienennahverkehrs, Anbindung an überregionale Verkehrsschienen wie Autobahn, Flughafen, Schienenfernverkehr) sind zu berücksichtigen. Insgesamt geht es bei der Standortplanung um den Ausbau der Infrastruktur einer Region unter raumordnungspolitischen Gesichtspunkten mit der Maßgabe, daß für die gesamte Bevölkerung einer Region in erreichbarer Nähe ein ausreichendes Angebot an Bildungsmöglichkeiten im Primar-, Sekundar- und Tertiärbereich gegeben ist.

c) *Schul- und Hochschulbau:* Die Forschung und Planung im Bereich des Schul- und Hochschulbaus steht angesichts der künftigen Ausbaurelationen wie auch der baulichen Konsequenzen in bezug auf die Unterrichtsgestaltung, die sich aus den Entwicklungen der Curriculumrevision ergeben, vor neuen Aufgaben. Hierzu zählen die Entwicklung eines Instrumentariums zur Analyse, Planung und zum Vergleich der anfallenden Baukosten unter Berücksichtigung modifizierender Faktoren (z. B. Schulgrößen; Schularten; Sonderräume; naturwissenschaftliche, technische, medizinische Fachausstattungen; Beschaffenheit des Baugrundes; Erschließungskosten), ferner die Rationalisierung des Schul- und Hochschulbaus durch vorfabrizierte Fertigbaukonstruktionen sowie die Planung der Baugrößen und Raummaße unter Berücksichtigung normierender Bezugsgrößen (Großmodul, Rasterflächeneinheiten). Weiterhin ist die Entwicklung variabler Raummodelle notwendig, um neuen didaktischen Entwicklungen im Bereich der Unterrichtsgestaltung (Einzelarbeit, Kleingruppe, Großgruppe) entsprechen zu können.

d) *Systemanalyse:* Die Systemanalyse gewinnt angesichts der Entwicklung des Bildungswesens zu einem arbeitsteilig durchstrukturierten Großbetrieb zunehmend an Bedeutung. Dieser Großbetrieb ist zudem sehr kostenintensiv; im Schnitt gehen ein Drittel des Haushalts der Bundesländer in den Kultusetat. Eine möglichst rationelle, d. h. ökonomisch effiziente Verwendung der Finanzmittel ist daher geboten. Dies setzt zunächst eine Überprüfung der Funktionsfähigkeit des gesamten Systems voraus, die weitgehend unter Gesichtspunkten erfolgen muß, die für die Systemanalyse in den Wirtschaftswissenschaften entwickelt worden sind. Hierbei werden u. a. folgende Einzelaspekte berücksichtigt werden müssen: Neuorganisation der Bildungsverwaltung und die Entwicklung spezifischer Formen des Managements für die Bildungsverwaltung; Überprüfung der Einsatzmöglichkeiten der Datenverarbeitung sowie der Aufgaben von Zentraldateien; Klärung der Voraussetzungen für eine systematische Erfassung des gesamten statistischen Dokumentarmaterials; Neuordnung der juristischen Dienstaufsicht und der Fachaufsicht im Bereich von Schule und Hochschule; Abklärung der Mindestgrößen für funktionsfähige Systeme unter Berücksichtigung der regionalen Bedingungen; Abgrenzung des Umfangs einer relativen Autonomie der Schulen im Zusammenhang der zunehmenden Professionalisierung des Lehrerberufs; Neuordnung der Mitspracherechte der hauptamtlich Lehrenden in Schulen und Hochschulen; Festlegung des Umfangs der Beteiligungsrechte aller übrigen Gruppen in Schule und Hochschule. Alle diese Fragen müssen durch gezielte modelltheoretische Untersuchungen geklärt und auf ihre Übertragbarkeit hin geprüft werden. Insgesamt ist die Systemanalyse darauf ausgerichtet, die Voraussetzungen zu schaffen, die eine größere Transparenz des Bildungsprozesses selbst sowie aller Verwaltungsmaßnahmen gewährleisten und zugleich eine öffentliche Effektivitätskontrolle des Gesamtsystems sicherstellen.

e) *Bildungsökonomie:* In der Bildungsökonomie geht es zunächst um die Ermittlung aller laufenden Personal- und Sachkosten sowie der einmaligen Investitionskosten für das gesamte Bildungswesen, wobei nationale und internationale Vergleichswerte hinzugezogen werden. Es müssen z. B. die Kosten je Schüler und Schülerplatz bzw. je Student und Studienplatz für die einzelnen Schularten und Studienrichtungen berechnet werden. Weiterhin ist der Zusatzbedarf vorauszuberechnen, der bei einem weiteren quantitativen und qualitativen Ausbau des Bildungswesens als Folge von Reformmaßnahmen anfällt. In diesen Zusammenhang gehören schließlich die Überlegungen, durch Umschichtungen innerhalb der öffentlichen Haushalte den Anteil der Bildungsausgaben an den Gesamtausgaben zu erhöhen, die Finanzierungsmodalitäten für Bildungsausgaben in den Gebietskörperschaften neu zu regeln (Übernahme von Kosten der Gemeinden durch die Länder bzw. den Bund) und neue Finanzierungsquellen zu erschließen (Neuverteilung des Steueranteils zwischen den Gebietskörperschaften, Einführung spezieller Steuern für Bildungszwecke u. a. m).

f) *Humankapitalkonzept:* Die Bildungsökonomie analysiert die Ausgaben für das gesamte Bildungswesen nicht allein im Rahmen der Ausgabenpolitik der öffentlichen Haushalte, sondern untersucht zugleich die Bedeutung der finanziellen Aufwendungen für das gesamte Bildungswesen im Rahmen der volkswirtschaftlichen Gesamtrechnung (Sozialprodukt). Es hat sich gezeigt, daß in allen entwickelten Industrienationen das Wachstum der gesamten Volkswirtschaft nicht allein mit dem erhöhten Einsatz von Kapital und Arbeit erklärt werden kann. Hinzu kommt das sog. »*Humankapital*«. Unter Humankapital wird sowohl der Stand der wissenschaftlichen und technologischen Entwicklung verstanden, der einer Volkswirtschaft zugute kommt, als auch die Höhe des allgemeinen Niveaus an formaler Bildung in der Bevölkerung. Gut ausgebaute und differenzierte Bildungseinrichtungen, die der gesamten Bevölkerung offenstehen, sind entscheidende Voraussetzungen für den Zuwachs des Sozialproduktes einer Volkswirtschaft.

Um hier zu meßbaren Werten zu gelangen, die in der volkswirtschaftlichen Gesamtrechnung einsetzbar sind, hat die Bildungsökonomie Methodenansätze entwickelt, deren Angemessenheit und Stringenz im einzelnen noch manche Fragen offenlassen, den Gesamtaspekt jedoch aufhellen. Zum einen wird die Nachfrage der privaten Haushalte (d. h. des Individuums und der Familien) nach Bildung ermittelt und daraus das Angebot an formalisierter *Allgemeinbildung*, die sich in qualifizierten Bildungsabschlüssen niederschlägt, abgeleitet. Dieser Ansatz wird als »social demand« bzw. »individual demand approach« bezeichnet. Zum anderen wird der Bedarf der öffentlichen Haushalte (Staat, Verwaltung, Dienstleistung) und der Wirtschaft an Arbeitskräften mit jeweils spezifischen Qualifikationen ermittelt. Für diesen Ansatz ist die Bezeichnung »manpower approach« gebräuchlich. Beide Ansätze bilden die Grundlage für weitere differenzierte Ausbauplanungen im Bereich des Bildungswesens. Falls der Nachfrage- und Bedarfsansatz einander entsprechen, spricht man von einer sog. ausgeglichenen Bildungsbilanz. Doch dürfte diese aufgrund vieler Unsicherheitsfaktoren in den Berechnungsverfahren beider Ansätze nicht so leicht zu erreichen sein. Wichtiger ist jedoch der Einwand, daß bei einer so absolut stimmigen Vorausberechnung zugleich auch die Möglichkeiten individueller Entscheidungen radikal beschnitten werden. Zukunft ist dann nur noch das, was vorher — im Negativen wie im Positiven — geplant worden ist, nicht mehr aber eine offene Möglichkeit von Freiheit. Außerdem bleibt hierbei unberücksichtigt, daß die erhöhte Nachfrage des einzelnen nach mehr Bildung, die zu gewissen Überqualifikationen führt, für die gesamte Volkswirtschaft nicht ohne Folgen ist, da das verstärkte Angebot höher qualifizierter Arbeitskräfte in der Gesamtwirtschaft selbst im Rahmen der gegebenen Möglichkeiten neue Entwicklungen (Innovationseffekt) freisetzt. Unbeschadet dieser kritischen Einschränkungen liegt der Wert dieses Prognoseverfahrens in der Ermittlung von Trends, um damit für künftige Entscheidungen eine breitere Ausgangsbasis zu haben.

g) *Curriculumrevision:* Die Bildungsnachfrage und der Bildungsbedarf werden entscheidend von den Inhalten und Formen des Bildungsprozesses bestimmt. Die sachlichen, politischen und gesellschaftlichen Anforderungen wie auch die individuellen Bedürfnisse und Wünsche stellen für jeden einzelnen eine Fülle neuer Fragen, denen im Bildungsprozeß auf dem Wege überkommener Lehrpläne und Unterrichtsverfahren nicht voll entsprochen werden kann. Es hat daher in den letzten Jahren auf breiter Front eine *Lehrplanforschung* eingesetzt, die die überkommene strukturelle Gliederung des Schulunterrichtes in Frage stellt. Statt dessen wird als Folge neuer pädagogischer, fachwissenschaftlicher und gesellschaftspolitischer Fragestellungen der interdisziplinäre Charakter der Lehrplanstruktur verstärkt betont. Die Konsequenzen müssen jedoch erst noch gezogen werden. Dies hat darin seinen Grund, daß die *Curriculumforschung* in der BRD noch in den Anfängen steht. Das gilt sowohl für den Aufbau der Institute als auch die Forschungsstrategien und die sie tragenden gesellschaftspolitischen Vorentscheidungen. Die Curriculumrevision kann nur interdisziplinär betrieben werden. Fachwissenschaftler, Erziehungwissenschaftler, Didaktiker, Psychologen und Soziologen müssen mit Spezialisten für Unterrichtstechnologien und Medienpädagogik zusammenarbeiten.

h) *Sozialisationsforschung:* Die Sozialisationsforschung hat innerhalb der Erziehungswissenschaft in dem Maße an Bedeutung gewonnen, wie der gesellschaftspolitische Impetus der Devise »Mehr Bildung für alle« im Sinne der Zuordnung von *Bildungspolitik* und Gesellschaftspolitik verpflichtende Maxime jeglichen pädagogischen und politischen Handelns wurde. Der Sozialisationsforschung kommt es darauf an, die sozialen Randbedingungen des Bildungsprozesses zu erhellen. Die Vorhaben der Sozialisationsforschung stehen häufig in einem engen sachlichen Zusammenhang mit der Curriculumrevision, da viele der vorgenannten hemmenden Faktoren nur mit Hilfe neuer Unterrichtsinhalte und -verfahren abgebaut werden können. Insgesamt hat die Sozialisationsforschung dazu beigetragen, die Voraussetzungen offenzulegen, die erfüllt sein müssen, wenn die »Gleichheit der Bildungschancen« nicht nur ein Verfassungspostulat bleiben, sondern Verfassungsrealität werden soll.

Abschließend muß noch darauf verwiesen werden, daß angesichts der komplexen Sachverhalte, die in der Bildungsforschung und Bildungsplanung anstehen und die in der Differenziertheit des Bildungswesens als einem sozialen System ihren Grund haben, für viele Fragen unterschiedliche, aber gleichwertige Lösungsmöglichkeiten gegeben sind. Die Ergebnisse der Bildungsforschung und Bildungsplanung sind daher in vielen Fällen nicht eindeutig, und zwar in dem Sinne, daß unterschiedliche Schlußfolgerungen aus ihnen gezogen werden können, die selbst wiederum Ausdruck des Pluralismus der Normen sind, die unsere Gesellschaftsordnung prägen und damit die Entscheidungen von einzelnen und Gruppen bestimmen.

METHODEN DER BILDUNGSFORSCHUNG. Die Methoden der Bildungsforschung lassen sich angesichts des Umfangs der gestellten Aufgaben wie auch der Anzahl der beteiligten Wissenschaften nicht auf eine einzige Verfahrensweise reduzieren. Neben den Geistes- und Naturwissenschaften sind die Wirtschaftswissenschaften und Sozialwissenschaften an den einzelnen Forschungsvorhaben – wenn auch in unterschiedlicher Gewichtung – beteiligt. Die Forschungsarbeit wird sich daher einer integralen Forschungsstrategie bedienen müssen, um dem interdisziplinären Forschungsansatz entsprechen zu können. Diese integrale Forschungsstrategie wird sowohl auf die Methoden der empirischen Sozialforschung und die modelltheoretischen Frageansätze der Wirtschafts- und Sozialwissenschaften als auch auf hermeneutische und ideologiekritisch-analytische Verfahren im Rahmen philosophischer und anthropologischer Fragestellungen der Erziehungswissenschaft, der Philosophie und der Theologie zurückgreifen müssen. Die Gewichtung der einzelnen Methodenansätze hängt von der Fragestellung des jeweiligen Forschungsvorhabens ab. Ein Methodenmonismus dagegen widerspricht im Ansatz bereits der Besonderheit interdisziplinärer Forschungsprogramme. Die Methodendiskussion innerhalb der Bildungsforschung ist zur Zeit noch nicht abgeschlossen.

Modelle der Bildungsplanung. Nachdem zunächst die Vorbehalte gegenüber dem Begriff der Planung abgebaut waren, hat sich der aus dem Englischen (»educational planning«) abgeleitete Begriff Bildungsplanung in der BRD sehr schnell durchgesetzt. Es geht nicht um die Verplanung von Bildung, sondern um die systematische Sicherung der personellen, institutionellen und organisatorischen Voraussetzungen für die Vermittlung von → *Bildung*. Im Laufe der Entwicklung haben sich verschiedene Planungsansätze herausgebildet, die als *fortschreitende Bestandsplanung*, als *vorausgreifende Zielplanung* und als *perspektivische Prozeßplanung* charakterisiert werden können. Die fortschreitende Bestandsplanung sieht ihre Aufgabe in der Zusammenstellung der künftig maßgeblichen Detailfakten, die bei einer Fortschreibung des bestehenden Systems unter Berücksichtigung partieller Verbesserungen (z. B. mehr Lehrer, kleinere Klassen, bessere Schulräume) sich ergeben. Es ist dies der Planungsstil vieler Kultusbehörden. Er ist durch eine technokratische Grundtendenz gekennzeichnet, weil die unbestritten faktischen Notwendigkeiten zugleich zu politischen Zielen erhoben werden. Die vorausgreifende Zielplanung hat einen ausgeprägt utopischen Charakter. Hier geht es nicht um Fortschreibung des bestehenden Systems, sondern um Überwindung des Systems in Richtung neuer Organisationsstrukturen, die den vorgesetzten

Planungszielen entsprechen. Die von gesellschaftlichen Gruppen vorgelegten Bildungsgesamtpläne entsprechen oftmals diesem Planungsansatz. Der vorausgreifenden Zielplanung ist verschiedentlich ein dezisionistischer Zug zu eigen, wenn die Planziele aus bestimmten gesellschaftlichen und politischen Maximen abgeleitet werden und die Übereinstimmung mit den Zielsetzungen anderer Gruppen bzw. ein Konsens aller Gruppen nicht erstrebt wird. Die perspektivische Prozeßplanung sucht zwischen den beiden vorgenannten Ansätzen einen Mittelweg zu gehen. Es wird eine kontinuierliche Änderung des gegebenen Systems auf allgemein akzeptierte Zielsetzungen hin erstrebt. Erste Konturen eines solchen Planungsverständnisses zeigen die Arbeiten des *Deutschen Bildungsrates* und der *Bund-Länder-Kommission* als Beispiele einer gesamtstaatlichen Planungskompetenz. Bei der perspektivischen Prozeßplanung werden zunächst die als notwendig erachteten Zielsetzungen konzipiert und in der Diskussion mit allen Gruppen zum Konsens geführt. Sodann erfolgt die schrittweise Änderung des Systems im Sinne eines revolvierenden Planungsvollzugs unter Berücksichtigung der vorgegebenen Zielsetzung. Der gesamte Planungsprozeß wird bei diesem Ansatz in eine Summe von Teilschritten zerlegt. Jeder dieser Teilschritte bedarf zugleich der begleitenden Untersuchung, Kontrolle und Korrektur im Blick auf den nachfolgenden Planungsablauf. Da mit jedem Planungsschritt bereits eine Veränderung von Wirklichkeit erfolgt, muß diese Änderung auf die vorgesetzten Planungsziele hin diskutiert werden. Damit erreicht der Planungsprozeß ein hinreichendes Maß an Variabilität sowohl in bezug auf die einzelnen Planungsschritte als auch im Blick auf die Planungsziele. Innerhalb eines jeden Planungsschrittes läßt sich folgende Abfolge des Planungsvollzugs aufzeigen: Datensammlung, Programmierung, Durchführung Implementierung), Planungskontrolle (Erfolgskontrolle und Fehlerquellenanalyse), wobei die Plankontrolle zugleich den Ausgangspunkt des nächsten Planungsschrittes bildet. Hinsichtlich aller Planungsmodelle gilt jedoch, daß im Rahmen der Planungstheorie und Systemtheorie die Diskussion über die Möglichkeiten und Grenzen der Planung sozialer Systeme, denen auch Bildungsinstitutionen zuzurechnen sind, noch nicht abgeschlossen ist. Eines ist jedoch unbestritten, daß die Modalitäten der perspektivischen Prozeßplanung weder dezisionistisch entschieden noch technokratisch unterlaufen, sondern nur zwischen allen Beteiligten öffentlich diskutiert, und das heißt, politisch entschieden werden können.

INSTITUTIONEN DER BILDUNGSFORSCHUNG UND BILDUNGSPLANUNG. Bildungsforschung und Bildungsplanung können nur als interdisziplinäre Großforschung zwischen den Geistes-, Natur-, Wirtschafts- und Sozialwissenschaften auf der Grundlage einer umfassenden und aufwendigen personellen, organisatorischen und sachlichen Ausstattung betrieben werden. Vor allem die finanzielle Absicherung der Forschungs- und Planungsarbeit ist von Belang. In den letzten Jahren wurden in der BRD jährlich ca. 10 bis 15 Millionen DM aufgebracht. Hier hat vor allem die Stiftung Volkswagenwerk durch die Bereitstellung sog. Starthilfen für Projekte der Bildungsforschung und Bildungsplanung wichtige Forschungsimpulse gegeben. Aufgabe der öffentlichen Hand war es dann, diese Projekte, deren Notwendigkeit unbestritten ist, weiter zu finanzieren (z. B. Hochschul-Informations-System). Insgesamt aber muß festgestellt werden, daß diese finanziellen Aufwendungen nicht ausreichen, um eine breit angelegte Bildungsforschung und Bildungsplanung als interdisziplinäre Großforschung zu gewährleisten. Der schmale personelle und organisatorische Zuschnitt der erziehungswissenschaftlichen Institute an den Universitäten und Pädagogischen Hochschulen bestätigt dies. Es hat sich daher diese Forschung in den meisten Fällen an Spezialinstitute verlagert. Den Hochschulen verbleibt die Aufgabe, an überschaubaren Fragestellungen detaillierte Spezialforschung zu betreiben.

Es ist allerdings zu fragen, ob es auf lange Sicht richtig ist, diese Aufgabenteilung durchzuhalten. Die Trennung von Grund- und Großforschung und Spezialforschung sowie die Trennung von Forschung und Lehre ist nicht allein aus wissenschaftstheoretischen, forschungsmethodischen und institutsorganisatorischen Gründen problematisch. Diese Problematik wird noch dadurch verschärft, daß neuerdings in den Diplomstudienordnungen das Fachgebiet Bildungsforschung als Studienschwerpunkt ausgewiesen ist. Es werden in Zukunft verstärkt Fachkräfte benötigt, die in der Bildungsverwaltung und den wissenschaftlichen Diensten der Parlamente sowie bei Städten, Gemeinden, Parteien, Kirchen, Verbänden und Unternehmen für die Aufgaben der Planung und Organisation von Bildung Beraterfunktionen wahrnehmen. Für deren Ausbildung müssen die entsprechenden personellen, institutionellen und sachlichen Voraussetzungen gegeben sein. Die vorgenannte Aufgabenteilung wird dieser Ausbildungsfunktion nicht gerecht. Die Verselbständigung der Forschungsinstitute birgt weiterhin die Gefahr, daß die Forschungsprogramme dieser Institute bei aller Berechtigung und Wichtigkeit der Grundlagenreflexion dennoch zu wenig die Situation der Bildungsinstitutionen (*Schule* und *Hochschule*) mit in ihre Überlegungen einbeziehen, so daß die Unterrichtspraxis dieser In-

stitutionen nur in einem losen sachlichen Bezug mit dem Arbeitsprogramm der Bildungsforschung steht. Dies muß mit Notwendigkeit zu einer Polarisierung – hier Praxisferne der Theorie, dort Praxisvollzug ohne Theorie – führen, die für die künftige Entwicklung des gesamten Bildungswesens verhängnisvoll wäre. Wie in den anderen Teilbereichen der Bildungsforschung und Bildungsplanung gilt auch für die Institutionen, an denen Bildungsforschung und Bildungsplanung betrieben wird, daß die endgültige Organisationsform dieser Institutionen noch nicht gefunden ist und neue Entwicklungsmöglichkeiten überdacht werden müssen.
Die folgende Zusammenstellung gibt einen Überblick über die Institute für Bildungsforschung und Bildungsplanung. Es sind auch die Institute aufgeführt, deren Arbeitsprogramm fast ausschließlich Spezialfragen gewidmet ist.

BRD (Auswahl)

Arbeitsgruppe für Bildungsforschung an der Universität Bielefeld;
Arbeitsgruppe für Empirische Bildungsforschung in der Gesellschaft zur Förderung quantitativer Modelle des Bildungswesens in der BRD e. V. in Heidelberg;
Arbeitsgruppe Standortforschung der Technischen Hochschule Hannover;
Arbeitskreis für Hochschuldidaktik in Hamburg;
Arbeitskreis zur Förderung und Pflege wissenschaftlicher Methoden des Lehrens und Lernens e. V. in Heidelberg;
Bundesinstitut für Berufsbildungsforschung in Berlin;
Comenius-Institut. Ev. Arbeitsstätte für Erziehungswissenschaft e. V. in Münster/Westf.;
Deutsches Institut für Fernstudien (DIFF) an der Universität Tübingen;
Deutsches Institut für Internationale Pädagogische Forschung (DIPF) in Frankfurt/Main;
Deutsches Institut für wissenschaftliche Pädagogik. Kath. Arbeitsstätte für pädagogische Grundlagenforschung und Lehrerfortbildung in Münster/Westf.;
Forschungs- und Entwicklungszentrum für objektivierte Lehr- und Lernverfahren in Paderborn;
Hochschul-Informations-System (HIS) in Hannover;
Informationszentrum für Fremdsprachenforschung in Marburg/Lahn;
Internationales Schulbuchinstitut der Pädagogischen Hochschule Braunschweig;
Institut für Ausbildungsforschung in München;
Institut für die Pädagogik der Naturwissenschaften an der Universität Kiel;
Institut für Schulbau der Technischen Hochschule Aachen;
Max-Planck-Institut für Bildungsforschung in Berlin;
Pädagogisches Zentrum in Berlin;
Schulbauinstitut der Länder in Berlin;

Staatsinstitut für Bildungsforschung und Bildungsplanung in München;
UNESCO-Institut für Pädagogik in Hamburg;
Wissenschaftliches Institut für Jugend- und Bildungsfragen in Film und Fernsehen in München;
Zentrum für Bildungsforschung an der Universität Konstanz.

Ausland (Auswahl)
Akademie der Pädagogischen Wissenschaften in Moskau (und vergleichbare Institutionen in den anderen Ostblockländern);
Arbeitsgruppe für Bildungsforschung an der Universität Basel;
Carnegie Foundation for the Advancement of Teaching in New York;
Hochschule für Bildungswissenschaften in Klagenfurt;
International Institute for Educational Planning der UNESCO in Paris.

Staatliche Planungsinstanzen
Bund-Länder-Kommission;
Kultusministerkonferenz;
Ministerpräsidentenkonferenz;
Planungsabteilungen der Ministerial- bzw. Senatsverwaltungen.

Bildungswesen in der BRD, allgemein. ZUR GESCHICHTE. Die Entwicklung der Schulen im Mittelalter, in dem man zum erstenmal über innerkirchliche, im wesentlichen auf die zukünftigen Geistlichen hin ausgelegte Schulen hinausging, hat unser Bildungswesen vorgeformt.

Im späteren Mittelalter entstanden *Universitäten*; diese dienten nicht mehr nur der Ausbildung von Geistlichen, sondern auch von Gelehrten (Lateinern), Juristen und Medizinern. Wer studieren wollte, mußte vorher eine *Lateinschule* besuchen. Aus diesen Lateinschulen sind unsere → *Gymnasien* hervorgegangen. In den Städten entwickelte sich ein zweites, analoges Bedürfnis, Gewerbe und Handel wurden ausgebaut, jeder, der an dieser neuen Wirtschaft teilhaben wollte, mußte eine Lehre durchmachen, vorher aber lesen und schreiben lernen. Neben die Lateinschule trat die *Deutsche Schule.* Aus ihr ist unsere *Volksschule* hervorgegangen.

Das deutsche Bildungswesen hat sich von seinen Anfängen her als ein zweigeteiltes und in sich gespanntes Bildungswesen entwickelt. Es sind aber beide Schultypen Bürger-Schulen gewesen, auch in dem Sinne, daß sie ihrer leitenden Intention nach zu einer bürgerlich-beruflichen Ausbildung, hier der Lehre und dort des Studiums, befähigen sollten. Ein Motiv zur Trennung von »menschlicher« und »bürgerlicher« (beruflicher) Bildung hat es erst von *J. J. Rousseau* (1712 bis 1778) an und vorwiegend nur im 19. Jh. gegeben. Schulen im neuzeitlichen Sinne sind bürgerliche Einrichtungen. Standesschulen im engeren Sinne des Begriffs sind nur die *Ritterakademien* gewesen.

Unter dem Einfluß von *Reformation* und *Gegenreformation* ist dieses frühe Schulwesen ein erstes Mal verwandelt worden. Alle Kinder sollten mit der christlichen Überlieferung vertraut gemacht und auf ein christliches Leben in der Welt vorbereitet werden. Die allgemeine Schule sollte im christlichen Sinne erzieherisch wirken. Dieser Gedanke ist auf dem Boden der *Aufklärung* dahin umgedeutet worden, daß die Schule der → *Bildung* dienen sollte. Von hier an soll das Schulwesen zu einer Sache des Landesfürsten werden. In der Tat ist die Schule im Laufe der folgenden Jahrhunderte zu einer Sache des Gemeinwesens geworden. Daher auch ist für sie ein eigenes Recht, das → *Schulrecht* ausgebildet worden. Freilich hat es sehr lange gedauert, bis das Schulwesen institutionell durchgebildet und bis in die kleineren Gemeinden hinein durchgesetzt war. Bei der Volksschule ist dies erst im 19. Jh. geschehen.

Von Anfang an ist die → *Schule* Gegenstand öffentlichen Interesses, eingehenden Nachdenkens wie umfassenden Planens gewesen. Im Zuge eben dieser Anstrengung ist unsere *Pädagogik* entstanden.

Vom 17. Jh. an ist dieses Interesse immer wieder neu entfacht worden, so in der Aufklärung *(Philanthropinismus)*, während der Befreiungskriege *(Preußische Schulreform)*, im späteren 19. Jh. *(1. pädagogische Reform)*, nach dem Ersten Weltkrieg *(2. pädagogische Reform)* und nach dem Zweiten Weltkrieg (bildungs- und gesellschaftspolitische Reform).

Charakteristisch für das 17. Jh. ist der Entwurf des *J. A. Comenius* (1592–1670), der die Struktur und die Probleme der modernen Schule mit erstaunlicher Weitsichtigkeit vorweggenommen hat. Hier liegt eine ebenso geschichtsmächtige Leistung vor wie in der englischen und französischen Staatsphilosophie. – Einzig konsequent sei ein einheitliches, in sich gestuftes Schulwesen für alle Knaben und Mädchen mit zwei Wegen, einem über *Muttersprachenschule* und Lehre und einem über – dieselbe – Muttersprachenschule, *Lateinschule* und Universität, wobei aber Lateinschule und Universität keinen prinzipiell anderen Inhalt haben sollten als die Muttersprachenschule, nämlich Sprache (Denken) und Welt (Universum der Dinge bzw. Mandat Gottes an den Menschen), nur auf höheren Ebenen der Differenzierung und der Reflexion. Dieses inhaltliche Motiv ist vom Anfang der Geschichte unseres Bildungswesens an im Spiel, wird aber bei *Comenius* zum ersten Male konstitutives Moment einer Theorie. Von hier an muß das Verhältnis von allgemeiner (ökumenischer) Schule und Wahrnehmung der Welt, die es gemeinsam und zum Nutzen für alle zu verwalten gilt, immer wieder neu bestimmt und das Schulwesen entsprechend verwandelt werden. Hier schon stellt sich das Problem, das heute im Mittelpunkt des Interesses steht, wie nämlich eine einheitliche schulische Vorbereitung aller Kinder auf die notwendigerweise gemeinsame, aber arbeitsteilige Lebenswelt aussieht.

Im 18. Jh. wird allenthalben Kritik daran geübt, daß die allgemeinen Schulen zu wenig Lebenspraxis und Welt vermittelten. Der Merkantilismus wirkt sich aus, die Rationalisierung schreitet fort. Die Schulen sollen »Realia« in sich aufnehmen und sich auf das »wirkliche« Leben beziehen. Hier liegen die Quellen sowohl für die → *Realschulen* als auch für die Fortbildungsschulen. Doch hat erst die Industrialisierung des 19. Jhs. mit ihrer Verwandlung der ganzen Gesellschaft diesen Motiven den nötigen Nachdruck verliehen, dabei aber nicht die Integration, sondern die Differenzierung vorangetrieben; die *Volksschulen* und die *Gymnasien* werden je für sich entwickelt; und neben diesem jetzt im wesentlichen nur allgemeinbildenden Schulwesen wird wiederum gesondert ein berufsbildendes Schulwesen aufgebaut.

In der Volksschule haben sich vor allem Impulse ausgewirkt, die von *Pestalozzi* ausgegangen waren, doch ist die wirkliche Volksschule so gut wie nirgends eine Pestalozzische »Wohnstubenschule« gewesen. Ähnlich verhielt es sich mit dem Gymnasium; in ihm haben sich Impulse ausgewirkt, die von *Herder* und *Humboldt*, *Fichte* und *Hegel* ausgegangen waren, doch ist das wirkliche Gymnasium weitaus traditioneller gewesen, als man in der heutigen Diskussion immer noch annimmt. Man hat aber doch begonnen, beide Schulen pädagogisch zu durchdenken.

Dabei ist *J. F. Herbart* – besser: der Herbartianismus – zur Geltung gekommen, er hat den Weg zu einer erziehungswissenschaftlichen Betrachtung der → *Schule* vorgebahnt. Aus diesem Ansatz ist unter anderem die *Pädagogische Tatsachenforschung* (→ *Pädagogik*, Erziehungswissenschaft) hervorgegangen, der man heute entscheidende Bedeutung zuerkennt.

Im Zuge eben dieser Entwicklung entstand eine *erste pädagogische Reform*bewegung *(Nohl)*. Sie bezieht den *Unterricht* wie das Schulehalten überhaupt auf den Schüler und wendet sich an dessen *Selbsttätigkeit*, denn anders sei kein einsichtiges, zukunftsträchtiges Lernen möglich. Eben hierfür gewinnt die neue → *Pädagogische*

Psychologie entscheidende Bedeutung. Diese Reform hat sich aber in einiger Breite erst nach Einführung der neuen akademischen → *Lehrerbildung* ausgewirkt. Ihre innere Grenze bestand darin, daß sie als eine psychologisch-pädagogische Reform die Schule vornehmlich »vom Kinde aus« neu begründen wollte. – Eine solche Kinderschule ist im übrigen zugleich eine »Lehrerschule«, denn allein die Lehrer sind – wirkliche oder mögliche – Sachverständige auf dem Gebiet der »Selbsttätigkeit« der verschiedenen → *Altersstufen (Dilthey, Schelsky).*
Daß während der Industrialisierung aber auch andere Motive aufkamen, zeigt sich vor allem im Ausbau der »realistischen« Schulen, der Real- bzw. Mittelschule (→ *Realschule),* des Realgymnasiums, der Oberrealschule und des → *beruflichen Ausbildungs- und Schulwesens.* Schon auf der Schule müssen die Denkweisen gelernt werden, die für die neue Welt konstitutiv sind. In diesen Entwicklungen des späten 19. Jhs. kündigt sich eine *zweite,* jetzt aber didaktisch-*pädagogische Reform* an. Die ganze hierin enthaltene Problematik ist aber erst nach dem Ersten, zum Teil auch erst nach dem Zweiten Weltkrieg sichtbar geworden. – Es hatte sich gezeigt, daß die Inhalte der *Bildung* und damit der Schule neu bestimmt werden mußten. Damit waren Überlegungen zum Aufbau von Lehrplänen und Lehrgängen nötig geworden; es entstand die neuere Didaktik (→ *Unterricht – Didaktik, Curriculum, Methodik)* einschließlich der neueren Fachdidaktiken, eine Entwicklung, die ihre Fortsetzung in der *Curriculumrevision* gefunden hat. Doch hat sich dabei herausgestellt, daß neue didaktische oder auch curriculare Reformen nicht ohne neue strukturelle Reformen möglich sind. Im Laufe der 60er Jahre haben sich die Bemühungen um eine umfassende Reform verdichtet und wenigstens zum Teil durchgesetzt. Eine solche Reform ist aber zugleich eine gesellschafts- und bildungspolitische Reform, wie aber auch eine durch → *Bildungsforschung und Bildungsplanung* (Bildungsökonomie und Bildungstechnologie) vermittelte Reform.
Zur gegenwärtigen Lage. Daß unser Bildungswesen erst zu diesem Zeitpunkt im ganzen problematisch wurde, hat seinen hauptsächlichen Grund darin, daß erst jetzt Demokratie und technische Zivilisation auch bei uns als Aufgabe anerkannt wurden, zugleich aber auch der Wohlstand erreicht wurde, der unser Bildungswesen sowohl allgemein zugänglich wie ausbaufähig werden ließ.
Da die Entwicklung der neuen *gesellschaftlichen* Bildungsbedürfnisse von entscheidender Bedeutung ist, tritt weithin an die

Stelle der *Psychologie*, die an der ersten Reform maßgeblich beteiligt war, die *Soziologie*. Seit etwa einem Jahrzehnt wird auch in Deutschland eine → *Soziologie der Erziehung* (bzw. des Erziehungs- oder Bildungswesens) entwickelt.

Allen Reformen steht entgegen, daß ein Eingriff in das Bildungswesen ein Eingriff in den Gesamtorganismus ebenso des Bildungswesens wie der Gesellschaft ist, also nur dann seinen Sinn nicht verfehlt, wenn dieser Zusammenhang aufgeklärt und berücksichtigt wird.

Andererseits beziehen sich fast alle diese Untersuchungen und Erörterungen, wenn auch in verschiedenem Sinn, auf die Ansprüche und Hilfen, deren Ort die *Schule* ist. Es muß immer auch gefragt werden, ob diese Schule ein unbestimmter Ort ist oder ob sie unter einem eigenen Gesetz steht. Deshalb versucht man pädagogischerseits eine *Theorie der Schule* zu entwickeln, mit deren Hilfe die denn doch eigentümliche Struktur der deutschen Schule aufgeklärt und Strukturänderungen ermöglicht werden sollen.

Maßgeblich ist ein Konsens, der sich seit etwa einem Dezennium immer deutlicher abzeichnet, nämlich sämtliche Einrichtungen der Bildung wie auch der Ausbildung – vom Kindergarten bis zur Hochschule bzw. → *Erwachsenenbildungs*einrichtung – zu einem einheitlichen, auf die nachfolgende Generation wie aber auch auf die zukünftige gesellschaftliche Praxis im ganzen hin ausgelegten Bildungswesen zusammenzufassen und ebensowohl zu demokratisieren wie zu rationalisieren.

Es geht darum, erstens allen jungen Menschen nach Möglichkeit dieselben Chancen der Bildung wie der Ausbildung einzuräumen, zweitens eine an der sozialen Demokratie orientierte und auf Mündigkeit hin angelegte → *politische Bildung* zu entwerfen und zu fördern, drittens die jungen Leute von Bildungsstufe zu Bildungsstufe zunehmend zur Selbstbildung zu befähigen, wie aber auch an der Selbstverwaltung ihrer Bildungs- bzw. Ausbildungseinrichtung zu beteiligen.

Einigkeit herrscht auch darüber, daß in einer Arbeitnehmergesellschaft wie der unsrigen Bildung und Ausbildung miteinander verknüpft werden müssen. Die Bildung muß sich immer auch auf Ökonomie, Technik und Arbeit beziehen, wie die Ausbildung sich immer auch auf Betrieb, Wirtschaft und Gesellschaft und deren Gestaltung beziehen muß.

Um eine Rationalisierung des Bildungswesens bis hinein in den Unterricht geht es insofern, als das Bildungswesen eines der größten und teuersten Systeme der Gesellschaft, noch dazu mit hohen Wachstumsraten, ist, es also durchgerechnet und systematisch organisiert werden muß.

Eine solche Rationalisierung kann unter bestimmten Bedingungen die innere Freiheit des Bildungswesens vergrößern *(→ Bildungsforschung und Bildungsplanung, → Unterricht—Didaktik, Curriculum, Methodik)*, doch kann sie auch das Gegenteil bewirken.

An dieser Stelle muß darauf hingewiesen werden, daß Demokratisierung und Rationalisierung nicht immer zusammenstimmen. Sofern die höchste Zielsetzung eine demokratische ist, wie z. B. — im Sinne des Bürgerrechts auf Bildung — Hilfe an der allgemeinen — notwendigerweise emanzipativen und immer auch politischen — Bildung zu leisten, kann Rationalisierung den Abbau überholter Traditionen und hinderlicher Autoritäten fördern. Geht man statt dessen aber wegen des hohen und rasch zunehmenden Finanzbedarfs des Bildungswesens von bildungsökonomischen Gesichtspunkten aus, besteht die Gefahr, daß man sich auf das konzentriert, was rationalisiert werden kann. Das bedeutet aber, daß man sich auf die Ausbildung konzentriert, die auf Wirtschaftswachstum ausgelegt und mit denselben szientifisch-technologischen Mitteln perfektioniert werden kann, deren sich auch die Wirtschaft zu Zwecken ihres Wachstums bedient. Zwar können auf diese Weise alle Probleme unseres Pluralismus und unserer Innenpolitik eliminiert werden, doch tritt an die Stelle der Demokratie die Technokratie und an die Stelle der Pädagogik die Sozialtechnologie *(→ Pädagogik, → Lehrer — Lehrerbildung)*.

Daß sich auch die BRD, wenn auch zunächst nur zögernd, auf diesen Weg begeben hat, läßt sich an *G. Pichts* im wesentlichen auf die internationale ökonomisch-technologische Konkurrenz abgestellten Schrift über *»Die deutsche Bildungskatastrophe«* (1964) ebenso ablesen wie am Fortgang der bildungspolitischen Diskussion und an der faktischen Gestaltung des Bildungswesens selbst. Von *Picht* an wird immer wieder auf die Korrelation von »Bildung«, Wirtschaftswachstum und individuellem Aufstieg hingewiesen und nach einer »Mobilisierung« aller Begabungs-»reserven« verlangt. Bemerkenswerterweise hat die Jugend selbst am heftigsten Kritik an dieser Entwicklung geübt, wobei die Artikulation dieser Kritik allerdings weithin einen eklatanten Mangel an politischer Bildung offenbart hat.

Die Zahl der Abiturienten soll drastisch erhöht werden. Sie ist inzwischen in etwa verdoppelt worden und soll noch einmal verdoppelt werden. Daß dabei die bisher erheblich unterrepräsentierten Arbeiterkinder besonders gefördert werden sollen, versteht sich heute zwar von selbst, wird aber dadurch in ein fragwürdiges Licht gerückt, daß das Abitur immer entschiedener bloß als eine Voraussetzung für den individuellen Aufstieg in angesehenere Tätigkeiten und höhere Einkommensklassen angesehen wird. Hier muß die Frage gestellt werden, ob man den jungen Leuten nicht paradoxerweise → *Bildung* vorenthält (→ *Gymnasium*). Im übrigen belasten die Folgen dieser *Bildungspolitik* die Hochschulen bereits in erheblichem Maße. Sie werden u. a. gezwungen, ihre Studiengänge ebenfalls in kurzschlüssiger Weise zu rationalisieren.

Für die Reform selbst zeichnen der »*Strukturplan*« *des Deutschen Bildungsrates* und der »*Bildungsgesamtplan*« der Bundesländer den Weg vor. Es wird angestrebt, das gesamte Bildungswesen statt nach Schularten und Bildungsgängen nach Bildungs- und Schulstufen einzuteilen. Außerdem sollen von Stufe zu Stufe mehr Wahlmöglichkeiten geschaffen werden.

Alle Kinder sollen eine → *vorschulische Erziehung*, über deren Umfang, Inhalt und Verbindlichkeit aber noch gestritten wird, eine Elementarstufe von 4 oder 6 Jahren (→ *Grundschule*) und eine Sekundarstufe von 6 oder 4 Jahren (→ *Hauptschule*, → *Realschule*, Mittelstufe des → *Gymnasiums*), durchlaufen, womit eine *Schulpflicht* von 4 + 6 oder 6 + 4 Jahren durchgesetzt würde. Angestrebt wird, die Sekundarstufe in der Form einer → *Gesamtschule* zu führen, wobei zwischen einer *additiven* und einer *integrierten* Gesamtschule unterschieden wird. Strittig ist allerdings, ob man gleich die integrierte Gesamtschule erstreben, in welchem Tempo Gesamtschulen aufgebaut werden sollen und ob sie die traditionellen Schulen grundsätzlich ablösen oder vorerst als ubiquitäre Alternative – möglichst in der Form von Tagesheimschulen – realisiert werden soll. An die Gesamtschule soll sich eine neue Oberstufe (Sekundarstufe II) mit Collegecharakter anschließen, die deswegen auch *Kollegstufe* genannt wird. Sie soll ihre Fortsetzung teils in den Hochschulen (bzw. *Gesamthochschulen*) teils in nicht hochschulmäßigen Einrichtungen oder auch in der Wirtschaft selbst finden. Hier insbesondere sollen – mit unterschiedlichen Schwerpunkten – Bildung und Ausbildung verknüpft werden.

Die mit den Stichworten Gesamtschule, Kollegstufe, Gesamthochschule und Curriculumrevision bezeichnete Reform dürfte sich aus Gründen des Finanz- und Personalbedarfs wie aber auch aus Gründen der Erprobung und Vervollkommnung der neuen Entwürfe über mindestens zwei Dezennien hinziehen.

Für die Zwischenzeit wird man mit krisenhaften Zuständen rechnen müssen.
Die Neugliederung des Bildungswesens nach Stufen schließt eine Neugliederung der → *Lehrerbildung* und der Lehrerschaft selbst ebenfalls nach Stufen in sich ein (*Stufenlehrermodell*). Von dieser Maßnahme erhofft man sich im übrigen auch eine Minderung des für alle hochentwickelten Länder charakteristischen Lehrermangels (steigender Bedarf bei gleichzeitig sich verbreiterndem Angebot an akademischen Ausbildungen), da doch die Stufenlehrerausbildung eine Verkürzung der Ausbildung und eine Verbesserung der Aufstiegsmöglichkeiten mit sich bringen soll.

Erwachsenenbildung. PROBLEME DER ABGRENZUNG. Jede Definition von Erwachsenenbildung ist historisch bedingt, weil die Notwendigkeit einer gesonderten Erwachsenenbildung neben der Kinder- und Jugendbildung selbst historisch-gesellschaftlich bedingt ist. Das gleiche gilt für jede Theorie der Erwachsenenbildung. Aus der feudalen bzw. bürgerlich-ständischen Gesellschaft stammt das politische Prinzip der ständischen Begrenzung und Zuteilung aller Lernmöglichkeiten. Dieses Prinzip ist verschärft worden durch die altersständische Einschränkung des organisierten Lernens in Schule und Berufsausbildung auf eine begrenzte Phase des Kindes- und Jugendalters. Auch heute ist trotz aller Demokratisierungsprozesse und Bildungsappelle das durchgehende, systematische und von Institutionen getragene *Lernen* für Erwachsene noch keineswegs eine soziale Norm. Die Ungebrochenheit der altersständischen Ordnung unseres Bildungswesens beweisen ungewollt alle neueren Veröffentlichungen über Begabung und Lernen, die mit kommentarloser Selbstverständlichkeit nur von Begabung und Lernen bei Kindern und Jugendlichen und nicht auch bei Erwachsenen handeln. Dabei läßt sich sehr wohl ein Zustand denken, in dem das systematische, organisierte, permanente Lernen bei Erwachsenen so selbstverständlich ist wie bei Kindern und Jugendlichen. Bis dahin bedarf es jedoch der besonderen Konsolidierung der Erwachsenenbildung, auch wenn die Theorie der Erwachsenenbildung die Befreiung des Lernens aus der altersständischen Beschränkung zum Ziel hat.
Während gewöhnlich alle theoretischen Sätze der Erziehungswissenschaft und praktischen Maßnahmen der Erziehung schon per definitionem auf ein Erziehungs-Verhältnis zwischen Erwachsenen und Kindern oder Jugendlichen bezogen sind und sich (von allen komplexeren Zusammenhängen abgesehen) auf einen wesentlichen Alters- und Erfahrungsunterschied stützen, kann in der Erwachsenenbildung nichts auf einen solchen Un-

terschied gestützt werden. *Erwachsener* soll hier heißen, wer nach den geltenden gesellschaftlichen Normen aus den spezifischen Fürsorge- und Schonungsmaßnahmen, die jede Gesellschaft in unterschiedlichem Umfange und in unterschiedlichen Formen ihrem Nachwuchs widmet, entlassen ist und für sich und für seinen Anteil an den gesellschaftlichen Leistungen selbst aufzukommen hat. Erwachsenenbildung heißen hier ernstliche Bildungs- und Lernbemühungen von eindeutig Erwachsenen in eigens dafür bestimmten Veranstaltungen (Prototyp: *Volkshochschule*). In der breiten Praxis der Erwachsenenbildung gibt es allerdings viele Übergänge zur Jugendbildung, zu den Massenmedien oder zu den Aktivitäten politischer, sozialer und kultureller Organisationen und Einrichtungen.

Der Terminus *Andragogik* hat sich für die umgreifende Theorie der Erwachsenenbildung nicht durchgesetzt, er wird gelegentlich für die spezielle Theorie des Lehrens und Lernens bei Erwachsenen verwendet.

TYPEN DER LEGITIMATION UND DES STILS. Wodurch werden Bildungsintentionen gegenüber Erwachsenen legitimiert, wenn sie nicht aus dem altersbedingten Erziehungs-Verhältnis abgeleitet werden können? (Darum noch *J. F. Herbart:* »Die Übertreibung der Pädagogik zur Andragogik ist zu rügen. Dadurch würde allgemeine Unmündigkeit entstehen.«) Wenn man Veranstaltungen und Vorgänge der Erwachsenenbildung daraufhin analysiert, wie die Lehrenden und Lernenden wechselseitig ihre Rollen verstehen, worin sie die Legitimation ihrer Beziehungen sehen und in welchem Stil sie miteinander kommunizieren, so lassen sich systematisch vier typische Muster des Verhältnisses zwischen den Beteiligten unterscheiden:

a) *Patronales Verhältnis.* Es setzt das Verhältnis Erwachsener—Kind fort, indem es den lernenden Erwachsenen die Mündigkeit abspricht (Erwachsene als »große Kinder«). Offen praktiziert wurde und wird es gegenüber den niederen Ständen, dem Volk, kirchlichen Laien, Kolonialvölkern u. ä. Das patronale Verhältnis lebt vielfach in der jovialen Spielart weiter. Auch durch erfolgreiche Unterweisung wird der grundsätzliche Unterschied zwischen Lehrenden und Lernenden nicht aufgehoben.

b) *Missionarisches Verhältnis.* Eine geschlossene Lehre mit breitem Geltungsanspruch (oft religiöser, weltanschaulicher oder politischer Art) teilt die Erwachsenen in die beiden Lager der Wissenden und der Unwissenden ein, ohne damit den Unwissenden auch auf allen anderen Gebieten die Erwachsenheit abzusprechen. — Bei erfolgreicher Unterweisung (»Bekehrung«) wird der Unterschied zwischen Lehrenden und Lernenden aufgehoben.

c) *Sachkompetenz-Verhältnis.* Erwachsene, die auf bestimmten Gebieten besondere Kenntnisse, Erfahrungen und Fertigkeiten haben, geben diese an interessierte andere Erwachsene weiter oder leiten und unterstützen deren Bildungsbemühungen kraft entsprechender Sachkompetenz. – Ein grundsätzlicher Unterschied zwischen Lehrenden und Lernenden wird von Anfang an nicht unterstellt. Er läßt sich auch aus der partiellen Überlegenheit des Lehrenden nicht ableiten, da allen Beteiligten bewußt ist, daß jeder der Lernenden dem Lehrenden auf anderen Gebieten überlegen sein kann.
d) *Gruppenpartner-Verhältnis.* Erwachsene treffen sich planmäßig, um in einem Kreise ohne besonderen Lehrer gemeinsam zu arbeiten, Kenntnisse, Erfahrungen und Erlebnisse zu gewinnen und auszutauschen. Das kann von einmaligen Diskussionen bis zur sich selbst führenden Gruppe gehen, die zu konkreten Aktionen fortschreitet. – Lehrende und Lernende sind nicht getrennt; zustande kommen solche Gruppen durch das Bedürfnis nach Kommunikation mit anderen Interessenten oder Betroffenen und durch die Erfahrungen von der Wirkung solcher Begegnungen oder Verbindungen. Neben dem mehr sachorientierten Lernen können besonders in diesen Gruppen die Möglichkeiten der *Gruppendynamik* bis zur Entwicklung von Selbsterfahrungsgruppen genutzt werden.
Diese vier Typen treten in der Praxis selten rein auf; im konkreten Falle wird zwar ein Typus vorherrschen, aber Züge der anderen Typen werden meist beigemischt sein. So kann z. B. ein Sprachkursus, der an sich eindeutig ein Lehrgang mit Sachkompetenz-Verhältnis ist, durch den Stil seines Leiters patronal-joviale oder missionarische Züge bekommen; andererseits kann von den Teilnehmern mehr ein Gruppenpartner-Verhältnis angestrebt werden, was wiederum ein qualifizierter Kursleiter berücksichtigen wird.
SOZIALHISTORISCHE TYPEN. Die vorstehenden vier Typen der Legitimation und des Stils lassen schon die bestimmten historischen Zusammenhänge erkennen, in denen die Wendung zu einer intensiven Weiterbildung bzw. Umformung der Erwachsenen neben der »natürlichen« Heranbildung der Nachwachsenden jeweils aufgetreten ist oder auftritt. Die geschichtlichen Erscheinungen der Erwachsenenbildung (die hier nicht ideographisch-chronologisch behandelt werden können) lassen sich unter eigenem Aspekt auf drei historische Grundtypen reduzieren. In ihnen werden die Unternehmungen der Erwachsenenbildung unterschieden nach der gesellschaftlichen Konstellation, auf die sie bezogen oder durch die sie ausgelöst werden.
a) *Transitorische Erwachsenenbildung.* Wenn neue politische,

religiöse, wirtschaftliche oder kulturelle Lehren oder Auffassungen sich wellenförmig in relativ kurzer Zeit durchsetzen, also auch die noch anders erzogene Erwachsenengeneration erfassen, so ist das meist mit umfassenden Erwachsenenbildungsaktionen verbunden. Diese lassen sich transitorisch nennen, weil sich nach der Durchsetzung in der herrschenden Generation die Tradierung dieser Lehren und Auffassungen wieder auf die Nachwuchsbildung beschränken kann. (Beispiele: Reformation; neue Landbaumethoden im 18. Jh.; Bekämpfung des Analphabetismus in Entwicklungsgebieten.)

b) *Kompensatorische Erwachsenenbildung.* Für Bevölkerungsgruppen, deren Bildungsmöglichkeiten in der Jugend beeinträchtigt waren, ergibt sich die Notwendigkeit des Nachholens und Ausgleichens, wenn die Lage als Mißstand erkannt wird, z. B. in größeren politisch-ökonomischen Bewegungen oder aus sozialpädagogischen Impulsen. Versuche kompensatorischer Erwachsenenbildung, die von den Unterprivilegierten selbst unternommen werden, sind meist Teil oder sogar Ausgangspunkt größerer Emanzipationsbewegungen (Beispiel: *Arbeiterbildungsvereine* im 19. Jh.). Wenn andererseits von den privilegierten Schichten solche Bemühungen ausgehen, spielt meist die Absicht mit, Bedrohungen des politisch-sozialen Systems vorzubeugen oder entgegenzuwirken (Beispiel: Gesellschaft für Verbreitung von Volksbildung 1871). Kompensatorische Erwachsenenbildung kann also auftreten als Instrument der politischen Emanzipation oder der liberalen bzw. konservativen Anpassung. Die Wirkung deckt sich allerdings selten mit der Intention. So spielen die ungewollten emanzipativen Auswirkungen affirmativer *Bildungspolitik* eine entscheidende Rolle in der gesellschaftlichen Entwicklung.

c) *Komplementäre Erwachsenenbildung.* In hochentwickelten Gesellschaften führt die ständige Veränderung aller Lebensumstände zu einer enorm ausgeweiteten Verantwortlichkeit aller. Auch für den emanzipierten Erwachsenen wird eine Lebensführung von verantwortlicher Zeitgemäßheit bei überdies erheblich verlängerter Lebensdauer unmöglich ohne permanente *Weiterbildung* bis ins Alter. Dabei setzt der Begriff der Weiterbildung eine grundlegende Bildung in Kindheit und Jugend voraus. Weiterbildung wird eine notwendige Ergänzung für Arbeit und Freizeit und ein entscheidendes Medium persönlicher Entfaltung und Selbstbestimmung.

Auch die Darstellung dieser drei historischen Typen ist theoretisch verschärft; in der Wirklichkeit sind die Übergänge breit. So können z. B. Aktionen transitorischer Erwachsenenbildung in Entwicklungsländern durch die selbst mitbewirkten

Veränderungen unmittelbar in den komplementären Typ übergehen. Andererseits muß in Verhältnissen, in denen Erwachsenenbildung längst komplementär sein sollte (auch in der Bundesrepublik) noch kompensatorische Arbeit geleistet werden (z. B. in der *Arbeiterbildung*). Oft wird aus falscher Einschätzung oder politischer Absicht am kompensatorischen Konzept festgehalten, wenn der Übergang zur komplementären Erwachsenenbildung bereits möglich ist.

ERWACHSENENBILDUNG ALS POLITISCHE BILDUNG. Steigende Industrialisierung erfordert zur Meisterung ihrer wissenschaftlichen, technischen und ökonomischen Dynamik komplementäre Erwachsenenbildung. Demokratisierung erweitert die Bedeutung der Erwachsenenbildung sprunghaft in eine neue Dimension. Es kommt nicht nur der Sachbereich Politik hinzu, vielmehr ist die Stellung der Erwachsenenbildung in Gesellschaft und Staat grundlegend anders. Erwachsenenbildung ist ein Verwirklichungsmodus der Demokratie und damit an sich politisch auch ohne ihren besonderen Beitrag zur sog. *politischen Bildung*. Auch die Durchsetzung des Lese- und Schreibunterrichts für alle Kinder war einmal politisch fundamental, ohne daß es bereits um politische Bildung in der Schule ging.

Alte demokratische Forderungen nach politischer Gleichberechtigung, freier Entfaltung der Persönlichkeit und gleichem Zugang zum kulturellen Leben bleiben ohne Erwachsenenbildung papierene Postulate. Die Erwachsenenbildung ist mit den Parteien, Gewerkschaften und Massenmedien ein Forum für öffentliche Angelegenheiten. In einer Demokratie kann der Staat nicht länger Gegner der Erwachsenenbildung sein. Er hat vielmehr dafür zu sorgen, daß im System des Bildungswesens für alle Erwachsenen öffentliche Bildungseinrichtungen bereitstehen, die kontinuierlich und qualifiziert arbeiten. Das kann auf die Dauer nicht allein Vereinen und Verbänden mit ihren Wechselfällen oder privaten Instituten überlassen bleiben. Kirchen, Parteien, Gewerkschaften und andere Gruppen unterhalten eigene Veranstaltungen der Erwachsenenbildung. Im Unterschied zur *öffentlichen Erwachsenenbildung*, die von keiner solchen Gruppe allein getragen wird, spricht man dann von *gruppengebundener Erwachsenenbildung*. Die öffentliche Erwachsenenbildung (*Volkshochschulen*, *Heimvolkshochschulen* und *Öffentliche Büchereien*) ist jedoch nicht in einem abstrakten Sinne neutral, sondern sie ist der Emanzipation als demokratischem Entwicklungsprinzip und daher besonders den Bildungsbedürfnissen der Unterprivilegierten verpflichtet.

Bildungsvorstellungen und Lernfähigkeit. Der *Deutsche Ausschuß für das Erziehungs- und Bildungswesen* hat in seinem Gutachten »*Zur Situation und Aufgabe der deutschen Erwachsenenbildung*« (1960) von der Erwachsenenbildung her beschrieben, wie sein *Bildungsbegriff* lautet: »Gebildet im Sinne der Erwachsenenbildung wird jeder, der in der ständigen Bemühung lebt, sich selbst, die Gesellschaft und die Welt zu verstehen und diesem Verständnis gemäß zu handeln.« Dieser prozeßhafte Bildungsbegriff und die Tatsache, daß er bewußt im Zusammenhang der Erwachsenenbildung vorgetragen wurde, markieren die Abwendung von der kompensatorischen Erwachsenenbildung, die – oft ungewollt – einen statischen Bildungsbegriff der abgeschlossenen (Jugend-)Bildung impliziert.
Es ist erst spät untersucht worden, welche Vorstellungen von der *Bildung* die Bevölkerung selbst hat, welche Wertschätzung sie damit verbindet und wie sich das alles mit den Konzeptionen und der Praxis der Erwachsenenbildung verträgt. Dabei zeigte sich, daß die Mehrheit der Bevölkerung *Bildungsvorstellungen* besitzt, die wesentlich komplexer, stichhaltiger und wertbetonter sind, als bisher auch von Kennern durchweg angenommen wurde. Es lassen sich zwei Grundrichtungen unterscheiden: Die *personal-differenzierenden* Bildungsvorstellungen, die in den sozial begünstigten Schichten dominieren, fassen Bildung als eine individuelle Eigenschaft oder persönliche Leistungsfähigkeit auf, die nicht an Schicht oder Klasse gebunden ist. Diesen der bürgerlichen Bildungstheorie nahestehenden, personal-differenzierenden Bildungsvorstellungen stehen die *sozial-differenzierenden* Bildungsvorstellungen gegenüber, die in den unterprivilegierten Gruppen vorherrschen. Hier wird Bildung als ein (an sich durchaus geschätztes) Kennzeichen gehobener Schichten und Positionen betrachtet, das demnach ein einzelner nicht von sich aus erwerben könne, ohne zugleich seine soziale Position grundlegend zu ändern. Nicht Bildungsfeindschaft verhindert hier eigene Bildungsaktivitäten, sondern soziale Distanz und Resignation.
Der Mensch bleibt lernfähig bis zu dem Tage, an dem er sich selbst als »fertig« für das ihn noch erwartende Leben betrachtet oder sich mit seiner Lage abfindet. Dieser anscheinend sehr individuelle Entwicklungsschritt ist entscheidend determiniert von den allgemeinen gesellschaftlichen Verhältnissen und Anforderungen, unter denen der Mensch lebt; das biologische *Altern* wirkt sich unerwartet gering aus (Krankheit ausgenommen). Die *Lernfähigkeit* des modernen Menschen ist bis ins Alter hochvirulent, weil ihm das Bewußtsein

des Fertigseins um so ferner ist, je tüchtiger und gebildeter er ist; der Mensch ist aber zugleich irritiert von der Vielfalt der Anforderungen, entmutigt von Erfahrungen des Steckenbleibens und unsicher durch den Mangel an geistiger Übung und schulischer Ausrüstung.

Durchgearbeitete Lehren von den Phasen des *Erwachsenenalters*, vergleichbar denen des Kindes- und Jugendalters *(→ Altersstufen)* gibt es noch nicht. Man kann das frühe Erwachsenenalter (etwa bis zur Familiengründung oder bis zur ersten Konsolidierung im Beruf) und die späte Phase des Greisenalters abtrennen und in der Phase des reifen Erwachsenenalters weitere Umbrüche aufzeigen (etwa mit dem Klimakterium, mit dem bilanzartigen Bewußtwerden beruflicher Stagnation oder mit dem Verlust der aktiven Elternrolle durch Verselbständigung der Kinder). Programme lassen sich nach einer solchen Altersperiodik nur beschränkt planen; sie ist einerseits für die individuellen Situationen immer noch zu grob und zu unsicher, und sie wird andererseits überspielt von der in allen Phasen auftretenden gleichen Anforderung an jeden Menschen, sich ohne traditionelle Denk- und Verhaltensmuster immer wieder neu zurechtzufinden und zu behaupten.

Didaktik und Arbeitsformen. Während die → *Schule* die Möglichkeit hat, Themen und Gegenstände nach bestimmten Relevanzkriterien auszuwählen und daraus nach didaktischen Regeln ein *Curriculum* zu konstruieren, kann in der Erwachsenenbildung ein solches Vorgehen nicht unmittelbar statthaben, denn jeder Teilnehmer fordert, was er braucht oder zu brauchen glaubt. Wenn dennoch die praktische Arbeit der Erwachsenenbildung nicht durch die Streuung der individuellen Bedürfnisse zersprengt wird, so liegt das daran, daß sich erstens genug Wünsche decken, um bestimmte Veranstaltungen zu besetzen; und zweitens fast alle Wünsche von der Suche nach zuverlässiger Hilfe zum Gewinnen und Erleben eigener Leistungsfähigkeit und Kompetenz motiviert sind, oft repräsentiert oder artikuliert im Streben nach beruflichem Weiterkommen. Das didaktische Prinzip der »Selbstwahl« in der Erwachsenenbildung muß ergänzt werden durch verstärkte Bewußtmachung und Klärung der Bildungsbedürfnisse und gesellschaftlichen Interessen. Damit treffen sich didaktische Fremdbestimmung in der Schule und Selbstwahl in der Erwachsenenbildung in der Forderung nach einer Orientierung der Curricula an den objektiven Bedürfnissen und gesellschaftlichen Interessen der Lernenden.

Die *Veranstaltungsformen der Erwachsenenbildung* reichen vom repräsentativen Vortrag bis zum mehrmonatigen Vollzeitkursus an einer *Heimvolks-*

hochschule. Dazwischen lassen sich einreihen: Vortrag mit Diskussion, Vortragsreihe, Arbeitsgemeinschaft, lernintensiver Kurs, Grundstudienkurs, Seminarkurs (mit Hochschulen), Wochenendseminar, ein- oder zweiwöchiger Heim-Kursus; hinzutreten die handwerklichen, künstlerischen und gymnastischen Gruppen, Studienfahrten, Tagungen und auch spezielle Einzelveranstaltungen (Film, Theater, Forum u. ä.). Der um den Ersten Weltkrieg einsetzende Streit, als die »Neue Richtung« der »intensiven, gestaltenden« Volksbildung gegen die alte »extensive, verbreitende« Richtung geradezu weltanschaulich für die Arbeitsgemeinschaft focht, ist einer sachlichen Einschätzung und gezielten Verwendung der verschiedenen Veranstaltungsformen und Methoden gewichen. Wenn heute den langfristigen Kursen, in denen die Teilnehmer unter sachkompetenter Leitung lernen und selbst tätig werden, die größte Bedeutung zukommt, so auch, weil die herkömmliche Funktion des Vortrages inzwischen stark von Funk und Fernsehen wahrgenommen wird. Im *Medienverbund* ergeben sich neue Möglichkeiten der arbeitsteiligen Kooperation (z. B. werden Fernseh-Kollegs durch örtliche Arbeitsgruppen der Volkshochschule ergänzt). Selbstlernzentren jeder Gemeinde mit entsprechenden Medienzentren lassen sich konzipieren.

Die frühere Abneigung der freien Erwachsenenbildung gegen Leistungsnachweise ist mit der Einrichtung von standardisierten Zertifikatskursen (für Sprachen, Mathematik, techn. und nat.-wissensch. Fachgebiete) durch den Deutschen Volkshochschul-Verband endgültig überwunden worden. Diese *Zertifikate* stellen eine bedeutende Entwicklung in der Objektivierung von *Leistungsmessungen* dar. In diesem Zusammenhang ist auch die Intensivierung der Arbeit im Bereich des *Zweiten Bildungsweges* zu sehen (Nachholen von Volksschulabschluß, Realschulprüfung, Hochschulzulassung). Ebenso ist die in der Weimarer Zeit (Hohenrodter Bund u. a.) oft geleugnete Verpflichtung der Erwachsenenbildung zur Wissenschaftlichkeit bewußter geworden. Die Mitarbeit der *Hochschulen* hat sich wesentlich verstärkt, ein Arbeitskreis *Universitäre Erwachsenenbildung* ist gebildet worden.

Entwicklungsstand und Perspektiven in der BRD. In der Bundesrepublik hat sich der Wiederaufbau der freien Erwachsenenbildung nach dem Zweiten Weltkrieg zunächst an Auffassungen und Erfahrungen der Weimarer Zeit orientiert. Die Lösung von dieser Tradition begann in den 50er Jahren durch Einbeziehung der empirischen Forschung (*Hildesheim-Studie* 1953–1957) und durch gezielte Analysen der methodisch-didaktischen Probleme (Gründung der *Pädago-*

gischen Arbeitsstelle des Deutschen Volkshochschul-Verbandes 1957). Es kam zu einer klareren Einschätzung der *beruflichen Bildung* und zu besseren Beziehungen zur Wissenschaft und zur Universität (Göttinger Seminarkurse 1955). Die starke Verflechtung der Erwachsenenbildung mit den gesellschaftlichen Verhältnissen schlug sich drastisch in dem Nachweis nieder, daß bessere Schulbildung der entscheidende Faktor für die Wahrnehmung der Weiterbildungsmöglichkeiten ist. Die Erkenntnis, daß die Erwachsenenbildung den bildungsmäßig begünstigten Schichten stärker zugute kommt als den Unterprivilegierten, hat ernüchternd und selbstkritisch innovierend gewirkt. Es wurde klar, daß die Erwachsenenbildung die Entwicklungsschwelle von einer mehr privat organisierten kulturellen Beschäftigung zu einem Subsystem des öffentlichen Bildungswesens nur überwinden könne mit intensiver Forschung, öffentlicher Sicherstellung und verstärkter Professionalisierung.

Ende der 60er Jahre ist ein Durchbruch erkennbar: Die öffentliche Förderung konkretisierte sich in ersten Erwachsenenbildungs-Gesetzen. An den *Hochschulen* wurden Lehrstühle und Diplom-Studiengänge für Erwachsenenbildung eingerichtet. Neue Lernangebote mit Zertifikaten als Basis für ein bundesweites *Baukastensystem* wurden entwickelt. Informations- und kommunikationstechnische Ansätze wurden aufgegriffen. Der Prozeß der Professionalisierung kam voran.

Wenn für die Umorientierung in den 50er Jahren das Gutachten des Deutschen Ausschusses von 1960 als offizielle Bestätigung gelten kann, so dokumentierte 1970 der *Strukturplan* des *Deutschen Bildungsrates* mit seinen Abschnitten über die Weiterbildung die Aufnahme der Erwachsenenbildung in das reguläre öffentliche Bildungssystem der Bundesrepublik. In der kommenden Phase muß die öffentliche Erwachsenenbildung durch weitere quantitative, qualitative und institutionelle Investitionen zu einem flächendeckenden System mit durchgehend qualifiziertem und differenziertem Angebot ausgebaut werden. Aber diese Ausbauarbeit, die viele Kräfte und Mittel bindet und dafür auch Erfolge verheißt, darf die kritische Reflexion der Zielsetzung nicht verdrängen. Es kommt darauf an, daß die eingeleitete Vervollkommnung der Praxis durch intensive Forschung abgestützt wird und mit einer Schärfung des theoretischen Bewußtseins einhergeht.

Erziehung (Theorie der Erziehung). Zentrales Problem einer jeden → *Pädagogik* ist die Erziehung, ihre Theorie und ihre Praxis. – Daß die Pädagogik hierin nicht aufgeht, sich vielmehr als eine komplexe Disziplin zeigt, in der die Theorie der Erziehung nur ein Teilstück ist, hat seinen Grund darin, daß die Erziehung nur bedingt isoliert werden kann. Eine Theorie der Erziehung setzt voraus, daß geklärt ist, inwiefern der Mensch auf Erziehung angewiesen ist (→ *Pädagogische Psychologie*, → *Sozialisation und Erziehung*, → *Bildung, Theorie der Bildung*) und wie es um die je anderen geschichtlichen und gesellschaftlichen Bedingungen und Aufgaben für die Erziehung steht (→ *Soziologie der Erziehung*, → *Bildungswesen in der BRD*, → *Bildung, Theorie der Bildung*). Damit ist zugleich gesagt, daß die Theorie der Erziehung keine bloße Kunstlehre (Regelwerk) des erzieherischen Handelns unter gegebenen Bedingungen sein kann.

Begriffsgeschichtlich versteht man unter Erziehung (lat. *educatio*, engl. wie franz. *education*, ursprünglicher Sinn im Lateinischen wie im Deutschen Aufzucht), von der *Aufklärung* an einerseits das Ganze der möglichen Hilfen an der Menschwerdung (*Enkulturation, Sozialisation, Personalisation*) der *Jugend*, andererseits diejenigen Hilfen, die sich unmittelbar auf Haltung und Verhalten gegenüber anderen und sich selbst im Rahmen des gesellschaftlichen Lebens beziehen (Charaktererziehung bzw. Erziehung zur Moralität oder auch Sozialität bzw. zur Mündigkeit).

In jedem Fall hat es die Erziehung mit dem Aufwachsen von der Geburt bis zum Eintritt in die Erwachsenengesellschaft zu tun. Sie führt aus der Hilflosigkeit zur Selbständigkeit und vermittelt zwischen Gesellschaft und Jugend. Begründet ist die Erziehung in dem Sachverhalt, daß der Mensch auf eine Gesellschaft (*Kultur*) angewiesen ist. Das gesellschaftliche (kulturelle) Leben muß aber jeweils eigens gelernt und gelehrt werden. Daher bestimmt *Dilthey* die Erziehung als eine »Funktion der Gesellschaft« und das Erziehungswesen als ein »System der Gesellschaft« (*Ges. Schr.* Bd. IX, S. 167 ff). Hierin ist begründet, daß die Erziehung mit der jeweiligen Gesellschaft (Kultur, aber auch Gemeinwesen, Wirtschaft usw.) eine Einheit bilden muß. Freilich kann sie auch dysfunktional sein, welche Dysfunktionalität dann zu einer Krise bzw. Reform führt. In unserer auf Entwicklung (Emanzipation, aber auch Technisierung) angelegten Gesellschaft muß die Erziehung notwendigerweise neue Züge annehmen. Sie zielt im ganzen genommen einerseits auf eine bewußte und kunstvolle Anpassung, andererseits auf selbständiges Denken und Handeln, mit anderen Worten, einerseits auf Sozialität und Mobilität, andererseits auf *Mündigkeit*.

So ähnlich hatten bereits *Kant* und *Schleiermacher* in ihren Vorlesungen über Pädagogik die Aufgabe der Erziehung gekennzeichnet. Es kann keinen Zweifel darüber geben, daß wir eben solcher Theorien bedürfen, wie sie *Kant* und *Schleiermacher* hervorgebracht haben; was nicht aus-, sondern einschließen soll, daß solche Theorien sich heute einer anderen Sprache bedienen und sich auf eine andere Lebenswelt und Praxis beziehen müssen. Die heute so weit verbreitete, fast schon selbstverständliche Rede von der Mündigkeit als dem höchsten Ziel der Erziehung, bedeutet nicht eben viel, wenn sie nicht im Zusammenhang mit einer Theorie der Mündigkeit, die aber immer auch eine Theorie der Bestimmung des Menschen und der Gestaltung der Gesellschaft ist, vorgebracht wird (*Rousseau, Kant, Pestalozzi, Schleiermacher, Marx* usw.).

Eine Theorie der Erziehung müßte folgende Teilstücke zu einem Ganzen gegenseitiger Bestimmung miteinander verbinden: eine Theorie der Menschwerdung (*Anthropogenese*, aber auch Enkulturation, Sozialisation, Personalisation), eine Theorie des interpersonalen Umgangs und des einsichtigen (emanzipativen) *Lernens*, eine Theorie des gesellschaftlichen, insbesondere des faktischen Lebens unter den Bedingungen der Zeit und seiner Zukunftsperspektive, wozu aber immer auch eine Praktische Philosophie oder auch eine Kritische Theorie gehören, eine Theorie der Zwecke und Mittel der Erziehung (Ziele und Wege) in ihrem Zusammenhang untereinander, wobei der Frage nach der (realen) Möglichkeit der Zwecke und der Zweckmäßigkeit der Mittel eine zentrale Bedeutung zukommt, einschließlich der Auslegung dieses Zusammenhanges auf die verschiedenen → *Altersstufen*, die verschiedenen Felder der Erziehung und die verschiedenen Institutionen, die auch erzieherische Institutionen sind, so daß sich schließlich und endlich eine differenzierte und flexible Strategie der kommunikativen und institutionalisierten Erziehung ergibt.

Eine solche Theorie der Erziehung findet sich zwar bei *Schleiermacher*, in Andeutungen auch bei *Dilthey*, doch verfügen wir heute nur über Ansätze einer solchen Theorie, was seinen Grund vor allem wohl darin hat, daß die Erziehung inzwischen erheblich ausgebaut worden ist, die Gesellschaft aber zugleich an Selbstsicherheit verloren hat.

Es liegt in der Natur der Sache, daß unter dem Stichwort »Erziehung« (i. w. S.) nicht das ganze Problem der Erziehung in unserer Lebenswelt abgehandelt werden kann. So gesehen gibt das Fischer Lexikon »Pädagogik« in seiner Gesamtheit Auskunft über die Erziehung (s. hierzu die vorangestellte systematische Gliederung dieses Lexikons). Andererseits läßt sich das Gesamtproblem der Erziehung in unserer Lebenswelt auf ein Grundproblem reduzieren, und es ist auch schon immer in diesem Sinne reduziert worden. Eben diese Reduktion gehört zu den Aufgaben der Allgemeinen → *Pädagogik* oder auch Erziehungswissenschaft, die anders ihren Gegenstand, die Frage nach der Erziehung überhaupt und nach der Möglichkeit ihrer wissenschaftlichen Behandlung, gar nicht in den Griff bekommen könnte (*Herbart*, *Schleiermacher*, *Flitner*, *Langeveld*, Funkkolleg Erziehungswissenschaft). Erziehung ist nötig und möglich, weil der Mensch »gesellschaftlich« lebt. Die Erziehung hat es daher — modern ausgedrückt — primär mit dem *Sozialisation*sprozeß der → *Jugend* zu tun. Es muß aber weiter danach gefragt werden, worauf sich das gesellschaftliche Leben und somit der Sozialisationsprozeß — sub specie educationis — reduzieren läßt. So allein lassen sich Aufgabe und Begriff der Erziehung zentrieren. Unser gesellschaftliches Leben läßt sich auf die Kommunikation und Kooperation von Personen zu Zwecken ihrer Selbstverwirklichung (Befriedigung ihrer wahren Bedürfnisse) zurückführen, womit aber zugleich deutlich wird, daß dieses gesellschaftliche Leben grundsätzlich konfliktgeladen ist, weswegen es im Sozialisationsprozeß entscheidend auf die Vermittlung der Rolle des Mitmenschen wie aber auch des Mitbürgers ankommt. Die Erziehung i. e. S. zeigt sich als Erziehung zum interpersonalen Umgang durch ebensolchen Umgang bzw. als Erziehung zur Sozialität qua Moralität (*Mündigkeit*).

Eine Theorie der Erziehung i. e. S. müßte folgende Sachverhalte berücksichtigen:

1. Es ist ein weiter Weg zurückzulegen vom hilflosen Kind bis zum mündigen Menschen, der zu handeln weiß und sein Handeln verantwortet. Unzählige Hilfen müssen gegeben werden. Die meisten dieser Hilfen zielen auf die jeweils nächsten Schritte, doch muß man sich bei jeder Hilfe fragen, was für eine Zukunft damit begründet wird, ob die betreffende Hilfe auch in die Mündigkeit führt oder nicht.

Auf dem mindestens 18 Jahre langen Weg der Erziehung muß die Erziehung ebenso wie der heranwachsende Mensch einen erheblichen Formwandel durchmachen. Das bedeutet nicht mehr und nicht weniger, als daß der Erzieher selbst sich verwandeln muß. Eben dies gelingt oft nicht.

2. Kinder zu erziehen gilt weithin als eine Aufgabe, von der jeder, da er doch selbst erzogen worden ist, wenigstens die Anfangsgründe versteht. Auch fragt man eher danach, *wozu* man denn erziehen soll, zu was für einem Menschen bzw. was

für einem Verhalten, als *wie* erzogen werden soll. Das hat seinen Grund wohl darin, daß in unserer Gesellschaft die Verhaltensunsicherheit zunimmt; doch ist die Frage nach dem Wie der Erziehung nicht weniger schwierig zu beantworten. Es kommt nur bedingt auf die erzieherischen Maßnahmen an, es kommt vielmehr auf den Erziehenden selbst an, auf sein Verhalten im ganzen. Das entscheidende Mittel der Erziehung ist der Erzieher selbst. Es muß von ihm verlangt werden können, daß er sein Leben ändert *(Pestalozzi, Makarenko).*

3. Worum es in der Erziehung geht, erschließt sich im allgemeinen erst dann, wenn man die Verantwortung für Kinder oder Jugendliche übernimmt. Allein »vom Standpunkt der Verantwortung aus« *(W. Flitner)* erschließt sich der Sachverhalt, daß Kinder und Jugendliche nicht bloß in die Familie, die Schule, die Gesellschaft eingeführt werden müssen, da sie sonst einerseits nicht zurechtkommen, andererseits stören — sie sind immer auch ein Ärgernis —, sondern daß sie ein Recht auf ihr eigenes Leben — auch den Erwachsenen gegenüber — *(→ Schulrecht)* haben. Man entscheidet sich immer entweder für sich selbst als einen Erwachsenen, der es möglicherweise auch mit der Jugend zu tun hat, oder für die Jugend und damit für die Erwachsenenwelt von morgen *(Langeveld, Neill).*

4. Der Erwachsene begreift möglicherweise, wie sehr man im Leben hin und her geworfen werden kann, wie schwierig es ist, sich selbst zu finden und ein sinnvolles und befriedigendes Leben zu führen. Es kann daher sein, daß er der Jugend den Weg ins Leben abkürzen und sie vor diesem oder jenem bewahren bzw. zu diesem oder jenem bestimmen möchte. Der → *Jugend* geht es aber im wesentlichen noch nicht um ihre zukünftigen Erwachsenenprobleme, um den wirtschaftlichen Erfolg, gesellschaftliches Ansehen usw., sondern um ihr eigenes, andersartiges Leben und um die darin beschlossenen, als solche aber noch verborgenen Voraussetzungen des Erwachsenenlebens. Die Jugend muß explorieren und experimentieren, sie muß irren dürfen. Anders kann sie ihren Weg in ihre Mündigkeit nicht finden. Sozialität qua Moralität kann nicht anerzogen, sondern nur selbst entwickelt werden. Sie gründet in Erfahrungen und Besinnungen, an welch letzteren man sich freilich aufklärend und beratend beteiligen kann und zumeist auch beteiligen sollte. Eingreifen darf man aber nur, muß man allerdings auch, wenn die Jugend im Begriff steht, sich einen Schaden zuzufügen, der nicht wiedergutgemacht werden kann.

Die junge muß auf die ältere Generation bauen können, an-

ders kann sie kein Vertrauen zur Welt und zu sich selbst gewinnen und nicht mündig werden. Eben dazu muß die ältere an die jüngere Generation glauben, anders kann sie nicht zur Mündigkeit erziehen.
Hierzu ist zweierlei anzumerken:
a) Auch dem Kinde kommt Achtung und Würde zu. Daher darf man seinen Zögling nicht in eine ausweglose Lage laufen lassen, so daß man ein »Exempel« statuieren muß. Freilich kommt keine Erziehung ohne Anstöße zur Besinnung aus. Hierzu genügt zumeist ein Wink, es können aber auch kräftigere Maßnahmen notwendig werden. Diese verfehlen jedoch ihren Sinn, wenn sie nicht zugleich den Umgang miteinander wieder eröffnen. Körperliche Züchtigungen heben das erzieherische Verhältnis auf, indem sie den Zögling zum Delinquenten und den Erzieher zum Exekutor erniedrigen.
b) Die Erziehung i. e. S. bezieht sich auf den Zusammenhang von Aufwachsen und Kommunikation. Die Probleme (Konflikte), die sich hier stellen, sind sozialer qua moralischer Art. Sofern sie nicht durch Anwendung eines Normenkatalogs gelöst werden sollen, müssen sie durch *Denken* (Reflexion) gelöst werden. *Kant* empfiehlt: erstens selbst zu denken, zweitens sich an die Stelle des oder der anderen zu denken, drittens mit sich übereinstimmend zu denken (*Anthropologie in pragmatischer Hinsicht*, Ausgabe Vorländer, S. 112). Ein solches Denken kann ausgebildet bzw. in ein solches Denken kann helfend eingegriffen werden (*Pestalozzi, Makarenko, Bollnow, Neill* u. a.).
5. Die Praxis der Erziehung als einer Erziehung zum gesellschaftlichen Leben und zugleich zur Mündigkeit differenziert sich in zumindest zwei Formen, in den »erziehenden Unterricht« *(Herbart)*, das meint in einen Unterricht, der immer auch auf Mündigkeit abzielt, welcher Unterricht zwar nie ganz, aber doch zu einem erheblichen Teil in einer empirisch gewonnenen Technologie des Unterrichts begründet werden kann *(→ Unterricht-Didaktik, Curriculum, Methodik)* und in die Erziehung i. e. S., den »modifizierten Umgang« *(Herbart)*, wie er sich im Zusammenhang des gesellschaftlichen Lebens als angeleitete interpersonale Kommunikation entwickeln soll. Für diese Form der Erziehung kann keine Technologie, können allenfalls Strategien entwickelt werden, doch wird auch ihre Anwendung durch den »pädagogischen Takt« *(Herbart)* vermittelt werden müssen.
6. In der erzieherischen Praxis geht es um Handeln und Gegenhandeln (Interaktion), wobei es auf immer neue Zielbestimmungen, Lagebeurteilungen und Entscheidungen ankommt.

Der Erzieher muß mit Konflikten rechnen. Kind und Jugendlicher können am Erzieher (Vater, Lehrer usw.) so leiden, daß sie für ihr Leben Schaden nehmen. Für solche Konflikte gibt es nur die eine Auskunft, daß der Erzieher zunächst auf sich selbst reflektieren und sein Verhalten revidieren, sodann aber versuchen muß, die Kommunikation neu — freier als zuvor — wieder aufzubauen.
An die Stelle didaktischer Analysen treten individual- und sozialpädagogische Analysen. Und hierbei wieder kommt es immer auch auf eine tiefenpsychologische Analyse an.
7. Zum modifizierten Umgang wie zum erziehenden Unterricht muß man legitimiert sein. Zwar erzieht die ältere Generation im ganzen die jüngere Generation im ganzen, doch ist diese Erziehung zumeist unreflektiert und unkontrolliert. Sie muß durch eine begründete und überprüfbare Erziehung ergänzt werden. Diese fällt mehr und mehr professionellen Erziehern *(→ Lehrer, Lehrerbildung)* zu.
Die Legitimation des professionellen Erziehers zeigt eine eigentümliche Struktur: *Amtsgewalt* (von der Soziologie gelegentlich auch Amtsautorität oder *delegierte Autorität* genannt), wie sie an Erziehungsberechtigte, vor allem aber an Erzieher im öffentlichen Erziehungswesen delegiert wird, muß durch *Kompetenz* in den Fach- und Sachfragen, hier der pädagogischen Analysen, Technologien und Strategien und durch *Autorität* im pädagogischen Verstande, das meint persönliche Autorität, Autorität als Person *(auctoritas)*, ebenso ergänzt wie aufgehoben werden. Nur Personen können Personen ins Leben rufen. In diesen Zusammenhang gehören die heute weit verbreiteten Schriften und Versuche zur *antiautoritären Erziehung*. Die Motive hierzu gehen bis auf *Rousseau* zurück, der im *»Emile«* (1762) eine negative Erziehung in einem Raum wohlgeordneter Freiheit gefordert hatte. In der antiautoritären Erziehung geht es um möglichst zwangfreie Erziehung zur Vermeidung ich-schwacher Persönlichkeiten. Es sollen freie und glückliche Menschen heranwachsen, doch fragt sich, was für ein Verständnis von Freiheit und Glück, damit aber auch von menschlichem bzw. gesellschaftlichem Leben dieser Forderung zugrunde liegt. Zwei Versionen lassen sich erkennen: Das eine Mal geht es darum, über die mit Sanktionen verbundene Reinlichkeits-, Essens-, überhaupt Wohlverhaltens*dressur* unserer Eltern und Voreltern endlich hinauszukommen und einen Weg zunehmender Freiheit, aber auch Verantwortlichkeit und damit *Mündigkeit* gewinnen zu lassen; das andere Mal geht es darum, ein Sichausleben zu ermöglichen, dabei wird aber der Konflikt zwischen Individuum und Gesellschaft, ohne daß man in seine

Bewältigung einführt, in das spätere gesellschaftliche Leben verlagert.

8. Erziehungsfehler und Erziehungsschwierigkeiten sind keine bloßen Randerscheinungen. Erziehung steht ständig vor der Möglichkeit, in *Unter-* oder *Übererziehung* abzugleiten. Beide laufen in letzter Konsequenz auf *A s o z i a l i t ä t* hinaus. Entweder sieht man das Kind als bloßes Kind an, während es doch ein werdender Erwachsener ist, oder man sieht es als seinesgleichen an und mutet ihm ein Leben wie das eigene zu, während es doch in Wahrheit nur ein Kind ist. Ein Erwachsener kann mancherlei Probleme (Enttäuschungen, Rückschläge, Versagen anderer, gesellschaftliche Fehlentwicklungen usw.) verarbeiten, ein Kind nicht; es deutet das Leben im Lichte seiner aktuellen Erfahrung und richtet sich danach.

Nichts verstört Kinder so sehr wie die Erfahrung, daß es eine doppelte Moral gibt, eine, nach der die Erwachsenen leben, und eine, in die sie hineinwachsen sollen.

Erziehungsfehler und Erziehungsschwierigkeiten nehmen heute — vielfach im Zusammenhang mit Schulsorgen — ein Ausmaß an, für das angelegentliche Aussprachen im Familienkreis nicht mehr ausreichen. Allen erzieherisch Tätigen sollte geraten werden, sich an die Erziehungsberatungen (sozialpädagogische Einrichtungen [→ *S o z i a l p ä d a g o g i k*] zu wenden und sich durch die dort tätigen Pädagogen, Psychologen und Pädiater beraten zu lassen. Zwar kann man in der Pädagogik nicht nach dem Schema von Diagnose und Therapie verfahren, denn eine Verkehrung der Genese kann nicht »geheilt«, sie kann allenfalls kompensiert werden, doch schließt das nicht aus, daß Analysen und Strategien möglich sind *(B o r n e m a n n)*. Zu solchen Analysen und Strategien gehört aber ein Hintergrund von Forschung, wie ihn nur der Fachmann hat. Seine Hilfen sollten zunächst immer Hilfen am Erzieher sein; man kann keinem Zögling helfen, ohne zuvor seinem Erzieher geholfen zu haben.

Familie in pädagogischer Sicht. ZUR EINLEITUNG. So umstritten das soziale System Familie heute ist, so wenig wird doch ihr erheblicher Einfluß auf Gewährung und Erhaltung von Lebenschancen oder — negativ — auf Einengung, Festlegung und Zerstörung von Lebensmöglichkeiten bezweifelt. Ja, sie scheint um so wichtiger zu werden, je fragwürdiger die ihr zugeschriebenen Aufgaben und Wirkungen werden. Die hohe Bewertung der Institution Familie innerhalb des gesamtgesellschaftlichen Systems läßt sich u. a. auf theoretischer Ebene daran ablesen, wieviel wissenschaftliches Interesse ihr zuteil wird. (So steht die Familiensoziologie heute unter zwanzig relevan-

ten Forschungsgegenständen der *Soziologie* etwa an vierter Stelle.) Dies deutet darauf hin, daß »Familie« als symbolischer Kristallisationspunkt für eine große Anzahl von sozialen Problemen verstanden wird; Familie wird gleichsam zum Spiegel des sozialen Wandels überhaupt. Dabei bleibt es sich gleich, ob sie sich dem durch die Technisierung initiierten, globalen Prozeß widersetzt – und dies bei gleichem Technisierungsgrad merkwürdigerweise doch in regional höchst unterschiedlichen Ausprägungen –, ob sie ihm unmittelbar unterworfen zu sein scheint – wie ihre Strukturveränderungen in den westlichen Ländern beweisen –, oder ob sie die verschiedenen, sich überlagernden Stadien in der Auseinandersetzung mit diesem Prozeß repräsentiert und dadurch zum bevorzugten Exempel der Darstellung gesellschaftlicher Widersprüche wird.
Definiert man die Familie als jenen Bereich sozialen Lebens, in dem – teilweise in ritualisierter Form – die meisten menschlichen Bedürfnisse, insbesondere emotionale, sexuelle und ökonomische, aber auch ethische und religiöse Interessen organisiert werden, so stellt sich Familie als eine »einzigartige soziale Institution« *(W. J. Goode)* dar, deren Reichweite quer durch alle Kulturen und Stufen formaler Organisation gesellschaftlich-politischen Lebens hindurchgeht: urtümlich, unausrottbar, tröstlich und haßgeladen zugleich, immer wieder das bedrohte Gleichgewicht zwischen Not und Sicherung, Leben und Tod auffangend.
Angesichts der Aufgabe, im Hin und Her zwischen Bewahrungs- und Veränderungstendenzen Modelle zukünftigen Lebens zu entwickeln, ist es daher verständlich, wenn Familie als das kleinste gemeinsame Vielfache zwischen den verschiedensten kulturellen und politischen Systemen angesetzt wird. Daraus ergibt sich aber auch, daß eine Betrachtung der Familie als Erziehungsinstanz nicht von den vielfältigen Interdependenzen zwischen Familie und angrenzender bzw. übergeordneten sozialen Systemen abstrahieren darf.
Die Krise der Familie. In dem Ansatz eines globalen Systems Familie, wie es gegenwärtig diskutiert wird, sind eine Reihe von Fragen und Bewertungen enthalten, die unmittelbar auf eine bestimmte gesellschaftliche Realität zurückverweisen. – Solange sie in der alteuropäischen Ökonomik *(O. Brunner)* einen zentralen Platz einnahm, war Familie fraglos. Als sie jedoch durch immer komplexere Abgrenzungen zwischen Kirche und Staat (bis hin zur Säkularisierung) und durch die Herausbildung neuzeitlicher Produktionsweisen in eine randständige Position geriet, mußte sie problematisiert werden. Erst wo mit der Auflösung alter Ordnungen die Familie von Zerstörungen bedroht scheint, wird es nötig, sich ihrer Bedeutung

zu vergewissern. Die Krise der Familie ist im Kern ein europäisches Thema bzw. tritt bei fortschreitender Technisierung als Europäisierungsfolge auf.
In Deutschland wird der neuzeitliche soziale Wandel auch durch eine Änderung des Sprachgebrauchs signalisiert: An die Stelle des noch bei *Luther* gültigen Begriffs »Haus« trat im Laufe des 16. Jhs. allmählich die Bezeichnung Familie. Der Verlust der feudal-agrarischen Kategorie des »ganzen Hauses«, zu dem neben Eltern, Kindern und Kindeskindern auch weitere Verwandte und Hilfspersonal (»Ingesinde« = lebendes und totes Inventar) gehört hatten, wird im 19. Jh. schmerzlich bewußt (z. B. *W. H. Riehl* 1854). Doch mag eine traditionsfreundliche Orientierung pädagogischer Reflexion darin zu sehen sein, daß der Begriff »Haus« in pädagogischen Erörterungen noch lange einen festen Platz behält (zum Beispiel *F. H. C. Schwarz* 1805; *J. F. Herbart* 1806; *F. D. E. Schleiermacher* 1826; *P. Natorp* 1905) und in der Kombination von »Elternhaus und Schule« noch heute hat.
Der für das 19. Jh. charakteristische Rückgang auf die Ursprünge hat die ersten — spekulativen — Ansätze von Familiensoziologie hervorgebracht *(R. König)*, Theorien etwa über die Familie als Verwandtschaftssystem einerseits, als sozio-ökonomische Einheit andererseits oder auch als Keimzelle des Staates, die in weltanschaulichen Normierungsversuchen auch heute noch eine erhebliche Rolle spielen und vor allem die Forschungsintentionen der Familiensoziologie in den 50er Jahren geprägt haben (z. B. *v. Stackelberg* 1956; *H. Schelsky* 1960; *F. Oeter* [Hrsg.] 1966).
Einer unmittelbaren Rekonstruktion historisch ursprünglicher Familienmodelle waren jedoch im 19. Jh. wie heute Grenzen gesetzt. Denn jahrhundertelang spiegelt sich familiales Leben nur in der literarischen Tradition von Regelbüchern, in Betrachtungen der Staatsrechtslehren, Morallehren der praktischen Philosophie bzw. Theologie. Dabei stellen die »*Ökonomiken*« die inner- und transkulturell verbreitetste Gattung dar. Beichtspiegel, Hausväterliteratur, Fürstenspiegel usw. bilden den christlichen Zweig einer Gattung, in der sich ökonomische, sittliche, fromme und politische Regeln mischen. Sie alle sprechen von der »richtigen« Familie, nicht von deren jeweiliger sozialhistorischer Lage. Die konsequente Fortsetzung dieser Literatur findet sich, nach Entstehung der modernen Psychologien, in der modernen Ratgeberliteratur — allerdings unter fast völliger Verengung der Perspektive auf pädagogische Gesichtspunkte und die »Intimsphäre«.
Eine neue, politische und sittliche Dignität gewinnt das Thema Familie wohl schon in der humanistischen, puritanischen und

neuhumanistischen Aufklärungsliteratur, deren gemeinsamer Zug die Hoffnung auf eine rationale Zukunftsgestaltung ist, zu der auch die Ausmalung des – bürgerlichen – pädagogischen Familienvorbilds gehört *(Die Familie Wertheim)*. Zu einer grundsätzlichen Infragestellung der Familie kommt es jedoch zum erstenmal in der sozialistischen Theorie (*Ch. Fourier* 1844; *K. Marx/F. Engels* 1884/85), – dies in der Folge freilich nicht ohne Widersprüche. Sofern die Asymmetrie der Beziehungen in der Familie als Abbild einer gesamtgesellschaftlichen Asymmetrie angesehen wird, die dem Hausvater wie dem Feudalherrn außer der größeren Verantwortung auch einen unbestreitbaren Herrschaftsanspruch einräumt, verfällt Familie der Kritik. Sofern sie aber im Sinne des *Durkheimschen* Kontraktionsgesetzes auf dem Wege von der Großfamilie zur Nuklearfamilie (Kern- oder *Kleinfamilie*) immer mehr Funktionen einzubüßen scheint, werden von Sozialisten wie von Konservativen die gleichen kulturkritischen Muster benutzt, sind Linke wie Rechte, zumindest bis in die 20er Jahre hinein, gleichermaßen auf die Sicherung eines Freiraums bedacht, innerhalb dessen Familie Autonomie verwirklichen könnte *(Bebel, Hoernle, Rühle)*.

Tatsächlich erwirbt die besitzlose, proletarische Familie ihren Lebensunterhalt ohne zusätzliche soziale Sicherungen durch Lohnarbeit von Männern und Frauen. Von allen gesellschaftlichen Gruppen ist sie am stärksten durch den Verlust traditionaler Verhaltensmuster betroffen, ohne zugleich fähig zu sein, von den neuen, ihnen rechtlich zugestandenen Chancen einen zulänglichen Gebrauch zu machen. Soweit diese Unfähigkeit auch heute noch nicht überwunden ist, wie sich z. B. im Streit um die Bildungschancen unterprivilegierter Schichten zeigt, ist der Rückgriff auf klassenkämpferische Argumente in der gegenwärtigen Literatur wohl berechtigt (*W. Gottschalch u. a.* 1971; *L. v. Werder* 1972; *K. H. Hörnig* [Hrsg.] 1971).

Was den Stand heutiger Forschung anlangt (vgl. z. B. *G. Lüschen/E. Lupri* [Hrsg.] 1970; *R. Jungk/H. J. Mundt* [Hrsg.] 1971) können die romantisierenden Tendenzen des 19. Jhs. sicher weithin als überwunden gelten. Das durch die Sozialwissenschaften – *Ethnologie* und *Kulturanthropologie, Psychoanalyse, Psychologie, Soziologie* und *Sozialpsychologie* – zur Verfügung gestellte Material ist außerordentlich umfassend, vielschichtig und divergent. Dennoch scheinen sich einige Merkmale der westlich-europäischen Familien-Krise erhalten zu haben. Immer noch sind es vorwiegend »westliche«

Forscher, welche die Fragen stellen und Standards für den interkulturellen Vergleich zu setzen versuchen.
Auch bleiben überwundene Hypothesen zum Teil als Vorurteile in aktuellen Situationen wirksam, wobei deren Bewertung variieren kann. Exemplarisch seien folgende Vorstellungsklischees genannt:
a) Familie ist als dasjenige soziale System aufzusuchen, das gegenüber den Veränderungen der Industriegesellschaft einen ursprünglicheren Zustand und insofern einen ruhenden Pol darstellt, auf den man sich zurückbeziehen kann und von dem aus jede Neuorientierung zu geschehen hat. Kam die mit dieser Vorstellung verbundene Forderung den restaurativen Tendenzen der 50er Jahre entgegen, so dient sie heute vorzüglich zur Begründung unerträglicher Antiquiertheit des Systems Familie. In beiden Fällen ist sie wirksam, wenngleich erwiesenermaßen falsch.
b) Familie ist die Keimzelle der Gesellschaft bzw. des Staats. Im aufgeklärten Staat ein antiständisches Argument, läßt es sich doch auch in den Dienst des totalitären Staats stellen. Indem es der Familie eine Stellung einräumt, der gegenüber alle individuellen und gesellschaftlichen Prozesse sekundär sind, erhebt es die Eltern-Kind-Trias zur menschlichen Ursprungsfigur und ermöglicht dadurch eine ungeahnte Symbiose z. B. zwischen (katholischer) Kirche und säkularem Staat, zum Teil mit bildungs- und familienpolitisch verheerenden Folgen.
Radikale Utopien versuchen denn auch seit je, diese prinzipielle Prärogative von Familie zu verneinen, da sie nur dem Weiterschleppen bestehender Verhältnisse, nicht aber ihrer Verbesserung dient. Der Staat oder eine »neue« *Erziehung* können die Erneuerung initiieren. — In dieser Hinsicht steht *Platos* Staatsutopie, welche die Familienbande abschafft, ganz in der Nähe von *Rousseaus* Idee einer natürlichen, von den Verderbnissen einer bestehenden Gesellschaft losgelösten Erziehung des *»Emile«*. An derselben Stelle steht die sozialistische Hoffnung, *nach* dem »Jüngsten Gericht« *(Lenin)* und *nach* der »Kulturrevolution« *(Mao)* den »neuen Menschen« hervorzubringen.
Als ursprüngliche Institution spielt Familie auch in die pädagogischen Theorien des 19. Jhs. hinein. Allerdings steht nur ein Punkt, die Schnittstelle zwischen öffentlichem und privatem, häuslichem und schulischem Erziehungsanspruch, in scharf begrenzter Aufmerksamkeit. Noch *Kant* hatte gemeint: »Wenn erst nur die Eltern, oder andere, die ihre Mitgehilfen in der Erziehung sind, gut erzogen wären: so könnte der Aufwand der öffentlichen Institute wegfallen« (1780). Nun, in einem bestimmten Stadium der Institutionalisierung von

Schule, wird es notwendig, die Ansprüche der Familie gegen den »Beruf des Staates zur Erziehung« abzugrenzen. So ist z. B. für *Schleiermacher* (1826) klar, daß Schule als Institution nicht nur behelfsweise, sondern grundsätzlich nötig geworden ist. Anerkannt wird, daß der Mensch nun einmal in die Familie hineingeboren wird und die elementare Erziehung daher in jedem Falle ihre Sache ist. Doch kann die Familie ihre Erziehungsaufgabe nur so weit erfüllen, wie sie nicht in Widerspruch zu den wohlverstandenen Interessen des Staats auf mündige Bürger tritt. Allerdings bedeutet für *Schleiermacher* (wie auch für andere Vertreter der neuhumanistischen Bildungstheorie) die Abgrenzung der Institutionen Schule und Familie voneinander einen unaufhebbaren Konflikt, über den je nach Lage neu entschieden werden muß.

c) Ein weiteres Klischee, das aus dem 19. Jh. nachwirkt, entspringt historischer Denkweise: Die Bedingungen des Systems Familie sind durch die industrielle Revolution derart verändert worden, daß heute kein regionales System mehr fortbestehen kann, ohne sich den »westlichen« Bedingungen anzupassen. Scheinbar oder wirklich retardierende Momente in regionalen Familiensystemen werden dabei nur schwer toleriert. Gefährlich werden solche Forderungen nach Anpassung an den erreichten Stand vor allem dann, wenn die Angehörigen anderer Systeme zeitweilig vom einen ins andere System wechseln, ohne auf Kenntnis und Verständnis ihres mitgebrachten Systems rechnen zu können – ein für die Gastarbeiter in der BRD, insbesondere aber für deren schulpflichtige Kinder relevantes Problem.

Zum Funktionswandel der Familie. Im allgemeinen wird der sozialhistorische Wandel der Familie unter der Devise ihres »Funktionsverlustes« beschrieben, und zwar sowohl im Blick auf ihre innere Organisation (Wandel zur informellen Klein- und Intimgruppe) als auch hinsichtlich ihrer gesamtgesellschaftlichen Funktionen. Wieweit dabei Anpassungsunsicherheiten gegenüber tatsächlichen Veränderungen und ein Nachhinken des Bewußtseins *(cultural lag)* – wie bereits angedeutet – im Spiel sind, läßt sich heute weniger durch historische als durch interkulturelle Vergleiche herausarbeiten. Wenn es nicht mehr in erster Linie darum geht, Normen einer idealen Familie herauszuarbeiten, kann die Erforschung anderer Organisationsformen den Blick auf die Spielbreite menschlicher Möglichkeiten freigeben. Dazu ist einzelnen Faktoren nachzugehen:

a) Als formale Organisation mit fließenden Grenzen zur Sippen- und Stammeskultur stellt sich Familie als ein umfassendes Gebilde dar. Je mehr Elemente formaler Organisation Familie an sozial und politisch übergeordnete Institutionen verliert, um so informeller wird ihre Struktur – anfangend bei religiösen und juridischen Funktionen, endend bei den Produktions- und Sozialisationsfunktionen. Dem Prozeß der Ausgliederung an sekundäre Gruppen bzw. hochspezialisierte Institutionen entspricht ein innerer Umwandlungsprozeß. Dabei ist jedoch zu berücksichtigen, daß die formell delegierten Momente informell zumeist im Lebenslauf der Familie verankert bleiben, wenn auch größtenteils in unreflektierter Weise oder in unklaren sittlichen Postulaten. Eine Betrachtungsweise, die solche Delegationsprozesse verabsolutiert, führt indessen leicht zu einer Überbewertung und, damit verbunden, zu (Schuldgefühle kultivierenden) Idealisierungen der verbleibenden, öffentlich sanktionierten Restfunktionen. Dies gilt sowohl für die Aufgabe »emotionaler Stabilisierung« in der Intimsphäre wie für die Aufgaben der *primären Sozialisation*. Die Diskrepanz zum tatsächlichen familiären Interaktionsgeflecht kann dabei so bedrohlich werden, daß delinqentes Verhalten entsteht. Denn tatsächlich wird die Gestaltung familiären Lebens in dem Maße schwieriger, als sie nicht mehr durch Elemente formaler Organisation gestützt wird.

b) Die biologischen Grundlagen der Familie sind nur scheinbar unabänderlich gegeben. Bereits Eheformeln wie »Gemeinschaft von Tisch und Bett« wiesen auf eine komplexe Organisation von sexuellen, ökonomischen und pflegerischen Bedürfnissen hin. Nun zeigen *Ethnologie* und *Verhaltensforschung* unabweisbar, daß sexuelles Verhalten in allen Gesellschaften Ergebnis sozialen Lernens ist – von der Zuweisung geschlechtsspezifischer Verhaltensweisen bis zur Sexualisierung oder Tabuierung von Objekten und Personen, vom Geschlechtsverkehr bis zur Fürsorge für die Kinder. Dabei mag der Tatsache, daß Männer Kinder zeugen, Frauen sie austragen und gebären, geringere Bedeutung zukommen als der Tatsache der langen Abhängigkeit der Kinder. Die weitaus meisten Regeln, die sexuelles Verhalten kanalisieren, dienen jedenfalls der Sicherung der »sozialen Plazierung« und des gesamten Heranwachsens.

Beachtlich ist übrigens, daß in den meisten Sozialisationstheorien die Bedeutung der sozialen Plazierung, die ja nicht mit der sozialen Schichtzugehörigkeit identisch ist, unterbewertet wird. Ihre Wichtigkeit wird z. B. durch die Aufrechterhaltung der Legitimitätsregel *(B. Malinowski)* in den israelischen Kibbuzim, deren Erziehungssystem die herkömmliche Familienerziehung ja stark modifiziert, unterstrichen.

Allerdings ist die Sozialisierungsfunktion nur eingebettet in das Gesamt der biosozialen Faktoren, nicht aber als unbedingt übergeordnete Aufgabe zu verstehen. In Gesellschaften, in denen die Geburt von Kindern Nachwuchs von lebensnotwendigen Arbeitskräften für die Produktionseinheit Familie bedeutet, ist Fortpflanzung anders zu bewerten als in arbeitsteiligen und zunehmend durch Technik hochdifferenzierten Gesellschaften. Seit es sichere Methoden der Empfängnisverhütung gibt, kann die Reproduktionsfunktion der Familie überdies nicht mehr als biologisches Gesetz gelten. Ja, sie wird in dem Maße problematisch, wie sich die Bevölkerungsexplosion als globales politisches Problem herausstellt.

Welche Folgen diese Veränderung der biosozialen Grundlagen für das Familienverständnis — vor allem in einigen regionalen Familiensystemen wie in Lateinamerika und Indien — angesichts gegenwärtig noch hoch privilegierter emotionaler Kindbezogenheit der Familie nicht zuletzt für die *soziale Stellung der Frau* haben muß, ist noch kaum abzusehen.

c) Formen des Haushalts sind es vor allem, durch die sich verschiedene Familien-Typen voneinander unterscheiden. Familie als gemeinsamer Haushalt ist vor allem durch Orte und Formen des Wohnens (Faktor der Ansässigkeit oder Lokalität), Anzahl und Generationszugehörigkeit der miteinander lebenden Personen, durch Produktion bzw. Erwerb und Verbrauch von Lebensgütern sowie durch die Mechanismen zur Sicherung der Existenz gegen Not bestimmt. Im Vergleich zur feudalagrarischen *Großfamilie* ergeben sich für die gegenwärtige *Kleinfamilie* vor allem folgende Funktionsverluste: Schrumpfung zur Zweigenerationenfamilie, verbunden zumeist mit kleineren Wohneinheiten, Ansässigkeit nicht mehr am Ort der (väterlichen oder mütterlichen) Familie, sondern am Ort der Arbeit *(Neolokalität, Urbanisierung):* Trennung von Lebens- und Arbeitsbereich und im Gefolge davon Kauf und Konsum statt Produktion der Lebensgüter; *institutionalisierte Erziehung* und Ausbildung statt nebenherlaufender Erziehung und Einweisung in die Fertigkeiten des häuslichen Produktionsbereichs; gesetzlich geltendes und zunehmend *institutionalisiertes Wohlfahrtssystem* statt innerfamiliärer Solidaritäts- und Hilfsverpflichtung.

Jede einzelne dieser Wandlungen hat unbestreitbar stattgefunden, ihre summarische Darstellung als Funktionsverlust der Kleinfamilie ist jedoch fragwürdig. So ist die Form des erweiterten Haushalts auch früher — und in anderen als den westlichen Kulturen — vom Vorhandensein von Besitz — Land, Produktionsmittel, Tauschobjekte, Leibeigenen —, von einem den

erreichten Besitzstand garantierenden Erbrecht und damit auch von einer innerfamiliären Hierarchie abhängig gewesen und dürfte insofern mehr ein Wunschbild als den Regelfall darstellen. Auch mag der Verlust des »ganzes Hauses« einen für die soziale Identität des einzelnen nicht zu unterschätzenden Verlust von Zugehörigkeit bedeuten, zugleich aber bedeutet er Heiratserlaubnis für bis dahin Abhängige und Chance der Verselbständigung, wie schlecht die Ausgangslage vor allem für das Proletariat auch gewesen ist. Fragwürdig ist schließlich auch eine Deutung der Neolokalität, die auf eine totale Isolierung der Kleinfamilie hinausläuft; vielmehr ist die Kontaktdichte zwischen räumlich getrennt lebenden Verwandten erstaunlich hoch (nicht nur zur Weihnachtszeit *[G. Lüschen u. a.]*). Einer starken Asymmetrie unterliegen aber die Familienbeziehungen alter Menschen *(R. Köckeis)*.
Allerdings kann die mit dem Stichwort »Neolokalität« gegebene Problematik auch weit umfassender gesehen werden. Soll der mit dem Verlassen des gewachsenen Hintergrunds gegebene Zwang zur Neuorientierung nicht zur Regression führen, bedarf es einer lebendigen *Umwelt*, die emanzipatives Verhalten ermöglicht und fördert. Sie zu schaffen, kann nicht den einzelnen überlassen bleiben, sondern ist eine sozialpolitische Aufgabe von höchstem Rang. Ansätze dazu sucht die heutige Gemeinwesenarbeit *(community-work)*, die aber gerade in Neubaugebieten oft schwere Rückschläge erfährt, weil sich diese Wohnareale trotz besten städtebaulichen Willens als wenig menschlich erweisen (vgl. das Material zum Märkischen Viertel in Berlin, zur »Neuen Heimat« in München). »Architektur als Konstruktion von Heimat« *(E. Bloch)* bezeichnet zwar einen unaufgebbaren Rahmen für sinnvolle Familienexistenz, muß aber noch als utopisches Postulat gelten. Projekte wie »Urbanes Wohnen« versuchen, mit neuen Wohnlösungen zugleich Alternativ-Modelle zur überkommenen Familie zu entwickeln. Der hohe Rationalitäts- und Reflexionsgrad solcher Versuche setzt aber, mindestens im Anfangsstadium, neue soziale Schranken, obwohl die Aufhebung sozialer Schichtgrenzen mit zu den Zielsetzungen gehört *(D. Claessens/F. W. Menne)*.
d) Ein anderer Ausdruck der *Neolokalität* ist die *Privatisierung der Familie*. Literarisch-politisch begann diese Privatisierung mit der Proklamation des Rechts auf Partnerwahl aus Liebe. Die bürgerliche Familie verschrieb sich aber dem Anspruch auf Glück nicht ohne Gegenleistung, indem sie sich selbst als ein Stück Öffentlichkeit begriff und dies Interesse in literarischen Zirkeln organisierte. — Der *»Strukturwandel der Öffentlichkeit« (J. Habermas)* hat

die Annahme widerlegt, das Individuum müsse jederzeit fähig sein, sich und den von ihm verantworteten Lebenszusammenhang moralisch und politisch zu rechtfertigen. Heute findet sich der einzelne wie seine Familie als Bestandteil eines anonymen politischen Apparats, für den »Teilhabe« zwar selbstverständliche Doktrin, aber kaum je realisierbar ist. Geblieben ist der Glücksanspruch, verschärft durch die Notwendigkeit, Familienleben vorwiegend als Freizeit zu gestalten *(→ Freizeitpädagogik)*, Konsumhaushalt und Wohnung als Geborgenheitsasyl und als Statussymbol auszubalancieren.
Formell strittig ist die Privatheit der Familie nur noch in der Mischehenpraxis der *katholischen Kirche* (Überrest der Homogamie-Regel). Im übrigen erscheint *Öffentlichkeit* in der Familie vorwiegend als Ware: im Angebot der Massenkommunikationsmittel, deren aufklärerische Funktion problematisch bleiben muß, solange die Verarbeitung von Informationen und Meinungen nur mit Hilfe von Abwehrmechanismen, ohne Außenbezüge und freie Diskussion erfolgt. Der Mangel an unmittelbarer sozialer Erfahrung in der Kernfamilie resultiert aber nicht nur aus dem Mangel an Bezugsgruppen, sondern auch aus der zunehmenden Undurchschaubarkeit des ökonomisch-technischen Apparats und aus der wachsenden Komplexität aller Wissensangebote.
e) Die Veränderung der Lebensrhythmen, vermutlich das Ergebnis einer Reihe von komplexen Prozessen, bringt zusätzliche Konflikte für die Familie: Der Lebenslauf der Familie ist nicht mehr sicher markiert durch die Zeremonien von Heirat, Geburt, Pubertät, Heirat der Kinder und Tod. Noch bestehende Pubertätsriten haben durch die Verlängerung der Ausbildungszeit und die immer weitere Hinausschiebung der sozialen Reife – oft bei gleichzeitiger Tendenz zur Frühehe – ihren Sinn eingebüßt. Die aus diesem Aufschub resultierenden Konflikte werden durch die übersteigerte Pädagogisierung der Familie verschärft. Je entschiedener Eltern ihre Kinder pädagogisch »richtig« erziehen wollen, um so problematischer wird für sie auch das Provisorium, in dem sich solche jungen Familien zunächst oft einrichten.
Die gestiegene Lebenserwartung – besonders der Frauen –, der Wegfall von weltanschaulichen und ökonomischen Zwangsfaktoren haben zur Folge, daß immer weniger der Tod als normale Scheidungsursache anzusehen ist. Das Fehlen gesellschaftlich akzeptierter Scheidungsriten hat, bei fortbestehender Privilegierung männlicher Polygamie-Neigungen, für viele Frauen das Abgleiten in einen sozialen Leerraum zur Folge, in dem sie ein parasitäres, zumeist aber unterprivilegiertes Dasein führen. Ihnen verbliebene Kinder haben dabei oft nur

die Wahl, Äquivalent für entgangene Glückschancen oder Hindernis bei neuen sexuellen und sozialen Kontakten zu werden. Eine Emanzipationschance zu neuer beruflicher bzw. personaler Identität findet die geschiedene Frau relativ schwer. – Das Exempel des weiblichen Partners im Scheidungsfall steht jedoch nur für eine Reihe weiterer Konflikte und zeigt, daß der familiale Lebenslauf und damit der Charakter der Familie als soziales Durchschleusungsinstitut neu durchdacht werden muß.

f) Die *Rolle der Frau* als Hausfrau und Mutter gehört zu den bürgerlichen Familienleitbildern. Stärkung der männlichen Autorität war dementsprechend ihre Erziehungsaufgabe (*M. Horkheimer*). – Nirgends erweist sich die Nachwirkung von Leitbildern des 19. Jhs. als so zählebig wie in der Definition der weiblichen Rolle, die auf diese Weise beinahe zum Inbegriff aller Regressionswünsche gegenüber Leistungswünschen und Entscheidungsforderungen wird: wenigstens »sie« soll sich in die Idylle zurückziehen können. – Andererseits, im Zuge einer neuen Emanzipationswelle, wird immer allgemeiner anerkannt, daß das soziale Leben – nicht nur der Produktionsprozeß – ihrer Mitarbeit und sie selbst der Teilhabe an *Öffentlichkeit* bedarf. Die Berufstätigkeit niert; sozialkritische Klischees wie »Vernachlässigung der Faverheirateter Frauen wird daher zunehmend weniger diskrimimilie *nur* um des höheren Lebensstandards willen« verlieren an Gebrauchswert. Dabei scheint einerseits die Toleranz gegenüber den bescheidenen Prestige-Ansprüchen von Unterschicht-Familien zu wachsen, andererseits aber auch die Einsicht, daß eine qualifizierte Ausbildung und eine durchlaufende Berufsbeziehung der Ehefrau die Möglichkeiten von Familie steigern, während ihre ausschließliche Bindung ans Haus sozialen und persönlichen Verfall bedeuten kann.

Die Erkenntnisse über frühe *Mutter-Kind-Beziehungen* sollten bei Berufsentscheidungen berücksichtigt, aber auch nicht romantisiert werden. Gegen eine Überbewertung der Mutter-Rolle sprechen überdies Untersuchungen, aus denen die eminente Bedeutung früher (d. h. auch vor dem dritten Lebensjahr liegenden) Vater-Entbehrung hervorgeht (*Nash, A. Freud/D. Burlingham*). – Die in der sog. *Drei-Phasen-Theorie (A. Myrdal u. V. Klein)* angebotene Kompromißlösung einer Emanzipation nach abgeschlossener Kinderaufzucht hat den Nachteil, daß zu Beginn der dritten Phase bereits allzu viele Möglichkeiten verschüttet oder mindestens eingeschränkt sind.

Familie und Erziehung. Der Lebenslauf des Kindes in der Familie steht in engem Zusammenhang mit dem Lebenslauf der

Familie selbst, da die jeweiligen Familienkonstellationen für ihn ausschlaggebend sind, ja alle die Familie betreffenden Tatsachen in den Umgang mit den Heranwachsenden einfließen und dabei mehr oder weniger prägende Kraft auf sie ausüben. Im Verhältnis zu diesen unmittelbaren Einflüssen hat jede *institutionalisierte Erziehung* nur ergänzenden, spezialisierenden oder auch kompensatorischen Charakter.

Daß die Familie die primäre Erziehungsinstanz ist, hat zur Folge, daß → *Erziehung* in den meisten pädagogischen Theorien zwar seit je nach Analogie familiärer Welterschließung gedacht worden ist; dennoch unterscheidet sich Erziehung als geplante pädagogische Veranstaltung grundsätzlich von der in der Familie stattfindenden Erziehung. Institutionalisierte Erziehung zielt immer auf die Verbesserung menschlicher Zukunft ab; sie ist politisch, sofern sie den unmittelbaren Lebensvollzügen gegenüber übergeordnete Interessen zu realisieren versucht; und sie ist moralisch, indem sie Normen des Guten zu setzen versucht. Familiäre Erziehung dagegen vollzieht sich immer im Gefälle der Generationen, vermittelt eher Erfahrungen als Interessen, eher langfristig erworbene Verhaltensformen als sittliche Ideale. Dies ist deswegen so, weil die – überwiegend unbewußte – Wirkung ihrer Lebensvollzüge ihren – möglichen – bewußten Erziehungsintentionen stets vorausläuft. Da dementsprechend nicht so sehr das ausdrückliche Erziehungshandeln der Familie, sondern mehr ihr Klima und ihr Stil über ihre Erziehungsergebnisse entscheiden, muß das, was »*Erziehung in der Familie*« genannt wird, als außerordentlich ambivalent bewertet werden.

Je mehr diese Ambivalenz – nach ihrer Verschärfung durch den Wandel zur *Industriekultur* – gesellschaftlich und wissenschaftlich bewußt wird, um so größer wird der Druck in Richtung auf eine Pädagogisierung der Familie dergestalt, daß Familie sich entweder pädagogisch zu professionalisieren oder als pädagogische Instanz abzutreten habe.

Je deutlicher die Tatsachen familiärer Erziehung durch die moderne *Sozialisationsforschung* ans Licht gebracht werden, um so drängender wird das Angebot pädagogischer Ratgeber der Familie. Da die Gruppe der auf diese Weise Angesprochenen wächst, stellt sich freilich immer dringender die Frage, ob die Ambivalenz familiären Erziehungshandelns auf diese Weise aufgehoben zu werden vermag – oder nur verschoben werden kann.

Von einer anderen Position aus nimmt eine sozialkritisch und politisch engagierte *Pädagogik* die Ergebnisse der Fa-

milien- und Sozialisationsforschung auf: Aus der Erhebung von schichtspezifischen Benachteiligungen gegenüber den bestehenden Angeboten institutionalisierter Erziehung werden familienkorrektive Programme entwickelt, teils mit integrativer Tendenz *(kompensatorische Erziehung)*, teils mit klassenkämpferischer Tendenz *(proletarische Erziehung)* – wobei für beide Tendenzen die Relation zwischen gesellschaftlichen und pädagogischen Interessen der Überprüfung bedarf. (Ironischerweise fordert der wissenschaftliche Initiator solcher Tendenzen, die im Stichwort der »schichtenspezifischen Sprachbarrieren« einen mittlerweile symbolisch zu nennenden Kristallisationspunkt gefunden haben, diese Überprüfung aufs entschiedenste. Zumindest wird von *B. Bernstein* klar formuliert, daß die von ihm aufgeworfene Frage zu einer Verfestigung eben jener Chancenunterschiede zu führen droht, die er zu diskriminieren versuchte *[→ Vorschulische Erziehung]*.)
Da innerhalb der Sozialisationsforschung *(→ Sozialisation und Erziehung)* zwei methodologische Ansätze miteinander streiten, der lerntheoretische einerseits und der psychoanalytische andererseits, bedeutet die durch sie geleistete Erforschung der mehrdimensionalen und ambivalenten Erziehung in der Familie ihrerseits nur eine vorläufige und ambivalente Hilfe. Die wechselseitige Durchdringung von erziehungswissenschaftlicher Theoriebildung und methodologisch geklärter Sozialisationsforschung in bezug auf die primäre Erziehungsinstanz alias Sozialisationsagentur Familie steht aus. Die Grenze zwischen wahrnehmbarer Erziehungsverantwortung und falscher Pädagogisierung der Familie muß noch abgesteckt werden.

Freizeitpädagogik. TERMINOLOGIE. Das Wort *Freizeit* geht auf den mittelalterlichen Rechtsbegriff *»freyzeyt«* zurück, der in der Bedeutung »Marktfriedenszeit« erstmals um 1350 in der deutschsprachigen Literatur auftauchte. »Freizeit« in der heutigen Bedeutung als »freie Zeit« ist eine Wortprägung *F. Fröbels*, der 1823 in seiner Schrift *»Fortgesetzte Nachricht von der allgemeinen deutschen Erziehungsanstalt in Keilhau«* die »Zeit zu freier Beschäftigung«, die den Zöglingen »zur Anwendung nach ihren persönlichen und individuellen Bedürfnissen freigegeben« war, als »ganz freie Erholungszeit«, als Muße, als freie Zeit, kurz als »Freizeit« bezeichnete.
Unter Freizeit wird gegenwärtig ein Zeitraum verstanden, der dem einzelnen ein Minimum an ökonomischem, sozialem und normativem Zwang auferlegt und ein Maximum an individueller Wahl-, Entscheidungs- und Handlungsfreiheit gewährt.

Freizeit kann nur im Gesamtzusammenhang des individuellen und gesellschaftlichen Lebens gesehen werden, von dem die Freizeit ein integrierter, nicht abtrennbarer Bestandteil ist. Infolgedessen ist auch die *Freizeitpädagogik* keine eigene wissenschaftliche Disziplin. Nicht eigenständig und nicht isoliert, bleibt sie integriert in die Gesamtpädagogik. Freizeitpädagogik muß das Bestreben haben, sich überflüssig zu machen, und versuchen, die verhängnisvolle Polarisierung von »Arbeit« und »Freizeit« langfristig aufzuheben. Mit der Wiederherstellung der sozialen Synchronisierung des Lebens wird die »Arbeitsidentität« des Menschen zu einer »sozialkulturellen Identität« ausgeweitet.

Freizeitpädagogik ist nicht nur ein besonders akzentuierter Aspekt und Handlungsbereich der Allgemeinen Pädagogik, sondern auch ein Bestandteil der Familienpädagogik *(→ Familie in pädagogischer Sicht)*, der *Schulpädagogik (→ Schule)*, der *außerschulischen Jugendbildung*, der *→ Erwachsenenbildung* und der *→ Sozialpädagogik*.

PROBLEMGESCHICHTE. Noch vor der industriellen Revolution waren Arbeitsrolle und Freizeitrolle weitgehend identisch und integriert in alle übrigen sozialen Beziehungen. Der »Feierabend« stellte einen zeitlich und räumlich mit der Arbeit verbundenen Lebenskomplex dar, einen geschlossenen sozialen Lebenskreis (Hausgemeinschaft, Nachbarschaft, Dorfgemeinschaft).

Im Laufe der Industrialisierung erlangte das »Arbeitsethos« ein deutliches Übergewicht – angeregt und gefördert durch bestimmte religiöse Glaubensinhalte im Pietismus, Calvinismus und Protestantismus. Die protestantische Berufsethik ebnete dem Geist des Kapitalismus im 19. Jh. den Weg *(M. Weber)*: Der *Dualismus von Arbeit und Freizeit* bildete sich heraus.

Die totale Identifikation mit der Berufsrolle führte zur »*Selbstentfremdung*« des Menschen in der Freizeit. Freizeit wurde zum bloßen Ausgleich für die Last der »fremdbestimmten« Arbeit, diente nur noch der Reproduktion der Arbeitskraft. Freizeit entwickelte sich zur »Arbeit im Leerlauf« *(F. Nietzsche)* – auf Kosten wirklichen Freiseins von Arbeit. Was die *heutige* Freizeit grundsätzlich vom »Feierabend« der vorindustriellen Epoche und von der »freien Zeit« der aufkommenden Industriegesellschaft im 19. Jh. unterscheidet, ist weniger das Maß als vielmehr die Art der *Verteilung* der freien Zeit im Laufe eines Jahres, wie z. B. die Gewährung von »Freizeitblöcken« (langes Wochenende, Urlaub). Mit der veränderten Verteilung der verfügbaren freien Zeit aber ändert sich die Art ihrer individuellen *Verwendung*, so daß sich die moderne Freizeit auch inhaltlich (bzw. qualitativ) von früheren Formen unterscheidet.

ENTWICKLUNG DER FREIZEITPÄDAGOGIK. Das Freizeitproblem ist seit etwa zwei Jahrhunderten Gegenstand pädagogischer Erörterungen. Bei der historischen Herleitung lassen sich drei Bereiche, in denen Freizeit zum pädagogischen Problem wurde, unterscheiden: 1. *Schulpädagogik.* Als individuell frei verfügbare *Mußezeit* wird das Freizeitproblem in den Schriften von *Comenius, Pestalozzi* und *Fröbel* behandelt. 2. *Protestantische Seelsorge.* Als eine Zeit der Besinnung und religiösen Betrachtung wird die Freizeit in der Bedeutung *»Rüstzeit«* (Geistliche Wochen, retreats, Singe- und Bibelfreizeit u. a.) von *Francke, Zinzendorf, Schleiermacher* und *Wichern* verstanden. 3. *Sozialfürsorge und -politik.* Als ausschließlich *arbeitsfreie Zeit*, die der Ruhe, Besinnung und physischen Rekreation gewidmet ist, wird Freizeit 1889 von *F. Naumann* in seinem *»Arbeiter-Katechismus«* beschrieben.

1892 veranstaltet die »Centralstelle für Arbeiter-Wohlfahrtseinrichtungen« eine Konferenz in Berlin, in der Fragen der Arbeitererholung und der »zweckmäßigen Verwendung« ihrer freien Zeit erörtert werden. Seither wird die Freizeit in Deutschland vorwiegend als eine von der Berufsarbeit freie Zeit und als Gegenbegriff zur *Arbeit* gesehen. Nach dem Ersten Weltkrieg setzt eine »Freizeitbewegung« ein, die infolge quantitativer Kürzungen der Arbeitszeit um eine qualitative Gestaltung und »sinnvolle« Erfüllung der neugewonnenen Freizeit bemüht ist.

1927 veröffentlicht *F. Klatt* einen Aufsatz über die *»Pädagogisierung der Freizeit«*; zwei Jahre später erscheint sein Buch *»Freizeitgestaltung«*, von dem eine starke Wirkung ausgeht und das die pädagogische Freizeitforschung der nächsten beiden Jahrzehnte in Deutschland bestimmt. In seinem Buch tritt *Klatt* für die Einrichtung einer *»Freizeithochschule«* ein, in der die Theorie und Methodik einer künftigen *»Freizeitpädagogik«* entwickelt werden soll. Seine Konzeption einer arbeitsbezogenen und berufsgebundenen Freizeitpädagogik, die »sich der periodischen Pausen des Berufslebens in geschmeidigster Weise pädagogisch zu bemächtigen« hat (um die in der Freizeit »mit Erfolg mobilisierten jungen Berufsträger weiterhin zu dirigieren«), wird in den 30er Jahren von der Freizeitorganisation »Nationalsozialistische Gemeinschaft Kraft durch Freude« (KdF) aufgegriffen und politisch mißbraucht. Eine »totale Betreuung« sorgt dafür, daß der einzelne nicht mehr frei über seine Freizeit verfügen kann.

Freizeitpädagogik

STAND DER FORSCHUNG. Die Forschung ist bisher nicht über Versuche und Entwürfe einer Freizeitpädagogik hinausgelangt. Diese Tatsache erklärt sich aus einer von Arbeit und Beruf faszinierten Pädagogik, die zudem noch in jüngster Vergangenheit — nach ermutigenden Ansätzen zu einer emanzipierten Freizeitbewegung in den 20er Jahren — durch politisch mißbrauchte »Freizeitgestaltungen« (KdF) in ihrer freizeitfeindlichen Haltung bestärkt wurde. Nach dem Zweiten Weltkrieg appellierte als erster *J. Zielinski* an die Erziehungsinstitutionen, das »Danaer-Geschenk« der Freizeit nicht zur Barbarei führen zu lassen. Fehlende empirische Grundlagen ließen *Zielinskis* Darstellung nicht über kulturkritische Ansätze hinausgelangen. Einen bedeutenden Schritt weiter führte *E. Webers* anthropologisch-pädagogische Studie über die Freizeit mit ihren zentralen Funktionen »Regeneration«, »Kompensation« und »Ideation«. Doch seine Unterscheidung zwischen »sinnlosem« und »sinnvollem« Freizeitverhalten ließ viele Fragen offen. Auch *H. E. Wittigs* Untersuchung *»Schule und Freizeit«*, die ein »selektives Freizeitverhalten« forderte, das der *Lehrer* zu vermitteln hatte, scheiterte letztlich an den Gegebenheiten der Schulwirklichkeit. Was den pädagogischen Freizeittheorien in den ersten beiden Nachkriegsjahrzehnten nicht gelang, nämlich »die emanzipatorische Bedeutung der Freizeitentwicklung genügend zu verstehen« *(H. Giesecke)*, wurde in der 2. Hälfte der 60er Jahre von *C. W. Müller, F. Pöggeler, H. Giesecke, W. Schulz, H. von Hentig* u.a. ansatzweise versucht. Insbesondere *von Hentigs* Interpretation der Freizeit als »Befreiungszeit« im Zusammenhang mit der politischen Verwirklichung der *Selbstbestimmung* belebte die pädagogische Diskussion neu. Was allerdings auch bei ihm fehlt, ist das Aufzeigen konkreter, für jeden einzelnen nachvollziehbarer Schritte, damit dieses theoretische Alternativmodell nicht eine Fiktion bleibt.

NEUANSATZ EINER PÄDAGOGISCHEN THEORIE DER FREIZEIT. Eine sich als integrierter Bestandteil einer kritisch sozialen Handlungswissenschaft verstehende Pädagogik der freien Zeit hat sich mit der Frage auseinanderzusetzen, was das künstlich isolierte Phänomen der modernen »Freizeit« im Lebenszusammenhang bedeutet. In Kenntnis der Verflechtung aller Lebensbereiche klärt sie das Individuum darüber auf, daß es nur durch immer neue Realisierung humaner gesellschaftlicher Strukturen (und nicht durch die romantische Eskapade in eine »private Freizeitwelt«) wirklich »freie« Zeit gewinnen kann.

Um den einzelnen auf die Freizeitprobleme von heute und morgen vorzubereiten, muß die Freizeitpädagogik

1. über die Bedingungen, Zusammenhänge, Abhängigkeiten und Widersprüche im Arbeits- und Freizeitsystem reflektieren;
2. von der totalen funktionellen Bindung an die *Arbeit* (bzw. von der arbeits- und fremdbestimmten Freizeitrolle) und der damit verbundenen Ideologisierung der Arbeit und Verabsolutierung des Leistungsprinzips befreien;
3. bewußt machen, daß es neben der Arbeitsrolle auch noch andere Rollen (soziale, kulturelle, gesellschaftspolitische u. a.) gibt, die ausgefüllt werden müssen;
4. den einzelnen dazu ermutigen, seine Unzufriedenheit in der Arbeit und mit den Arbeitsbedingungen nicht zu unterdrücken oder auf Kosten wirklicher Freizeit (und Freiheit) zu kompensieren;
5. die Fülle und Vielfalt der Konsumangebote in gleichem Maße bejahen wie zur permanenten Selbstkontrolle, Wachsamkeit und kritischen Distanz auffordern;
6. sich um eine Aufklärung der Manipulationstendenzen in der *Freizeitindustrie* (z. B. Werbung, Mode, Massenmedien, Tourismus) bemühen;
7. das Individuum zum Souverän seines Lebens (und nicht nur seiner Freizeit) zu machen.

Neben einer besonderen freizeitdidaktischen und -methodischen Reflexion, die auch die alters-, geschlechts- und statusspezifischen Unterschiede im Freizeitverhalten mitberücksichtigt, bedarf es in Zukunft zur Konkretisierung und Realisierung freizeitpädagogischer Erkenntnisse eines Vermittlers und Multiplikators, wie er beispielsweise in Frankreich, Kanada und den USA in dem neuen Berufsstand des »*Animateurs*« zur Verfügung steht. In der Bundesrepublik wird derzeit die Ausbildung von »*Freizeitberatern*« — als eine zusätzliche Qualifizierung und Spezialisierung im Berufsbild des Diplom-Pädagogen und Sozialpädagogen — diskutiert. Erst wenn das Transferproblem der Freizeitpädagogik gelöst ist — z. B. durch qualifizierte Freizeitberater oder durch eine stärkere Thematisierung der Freizeit in *Lehrerausbildung, Schule* und *Volkshochschule* — wird es gelingen, dem Gedanken von der kritisch-selbstverantwortlichen Partizipation an der Freizeitkultur und -industrie zum Durchbruch zu verhelfen.

Gesamtschule. 1. Die vor gut einem Dezennium durch den *Rahmenplan* des *Deutschen Ausschusses* und den *Bremer Plan* der Gewerkschaft Erziehung und Wissenschaft (beide 1959) sowie durch die grundlegenden Reformen in einigen Nachbarländern (so vor allem Schweden und

England) ausgelöste Diskussion über eine grundlegende Veränderung des deutschen allgemeinbildenden Schulwesens hat sich auf die Ablösung der → *Hauptschule*, der → *Realschule* und der Unter- und Mittelstufe des → *Gymnasiums* durch eine »*Gesamtschule*« konzentriert. Im *Strukturplan für das Bildungswesen* des *Deutschen Bildungsrates* von 1970 wird die Gesamtschule als Regelsystem der Zukunft empfohlen und zur Überleitung die Errichtung von 40 Versuchsgesamtschulen angeregt.

Nach erheblichen, mit Unverständnis wie aber auch mit gewichtigen Bedenken verbundenen Widerständen hat sich inzwischen die Überlegung durchgesetzt, daß die Gesamtschule zumindest als ubiquitäre Alternative möglich und wünschenswert ist. Es sind inzwischen auch weit mehr als die 40 vom Bildungsrat empfohlenen Gesamtschulen entweder verbindlich geplant oder im Bau oder bereits in Betrieb genommen.

Mit diesem Umschwung ist im übrigen verbunden, daß man sich auch wieder an die im »*Rahmenplan*«des Deutschen Ausschusses konzipierte *Förderstufe* erinnert und sie sowohl im »*Strukturplan*« des Bildungsrates als auch in der *Bund-Länder-Kommission für Bildungsplanung* zur *Orientierungsstufe* weiterentwickelt hat. Während die Förderstufe »als nachträglich eingeführte besondere Stufe in einem selektiven Schulsystem die Funktion hatte, Härten zu mildern und die Auswahl der Kinder auf eine objektivere Basis zu stellen« *(Strukturplan)*, ist die Orientierungsstufe als eine eigenständige Schulstufe zwischen Grundschule und weiterführender Schule der Versuch einer gesamtschulartigen Führung des 5. und 6. Schuljahres, in dem Lehrer aus allen drei Schultypen zusammenarbeiten sollen. Wenngleich die Errichtung der Orientierungsstufe heute als eine Notwendigkeit anerkannt ist, so ist doch, wie der »*Zwischenbericht*« der Bund-Länder-Kommission zeigt, die Frage, ob die Orientierungsstufe schulformunabhängig oder in Zuordnung zu den verschiedenen Schulformen (Hauptschule, Realschule, Gymnasium) institutionalisiert werden soll, nach wie vor unentschieden. In der Diskussion um diese Frage spiegelt sich die Auseinandersetzung um die Modelle der integrierten bzw. der kooperativen Gesamtschule wider.

Auf der anderen Seite tritt man der Frage näher, ob die Gesamtschule sich in einer eigenen – nicht mit der Oberstufe des Gymnasiums identischen – Oberstufe fortsetzen soll. Allem Anschein nach setzt sich dabei der Plan durch, eine Oberstufe zu schaffen, die in ihrer formalen Struktur Hochschulcharakter hat und deswegen meist »*Kollegstufe*« genannt wird; von ihrem Lehrangebot her soll sie durch eine Zusammenfassung von allgemein- und berufsbildenden Lehrgängen deren überkommene institutionelle Trennung überwinden, zugleich aber auch unterschiedliche Abschlüsse teils mehr praxis-, teils mehr studienbezogener Art ermöglichen.

2. Unsere traditionellen drei Schultypen durch eine Gesamtschule ablösen zu wollen, mag zwar manchem als eine revolutionäre Idee erscheinen, doch ist eben diese Intention bereits seit der Mitte des 17. Jhs. in der Diskussion. Ein erster Entwurf ist von *Comenius* (1592—1670) auf dem Boden reformatorisch-christlichen Erziehungsdenkens entwickelt und von Mittel- und Nordeuropa zur Kenntnis genommen worden (s. *Didactica magna*). Die *Aufklärung* hat diese Idee aufgenommen und Versuche zu ihrer Verwirklichung unternommen. Erste schulreformerische Konzepte sind 1848 vorgelegt worden. Seit der *Reformpädagogik* vom Anfang unseres Jahrhunderts an ist die Diskussion über diese Frage nicht mehr abgerissen.

Von allen diesen Vorstellungen, die man später *Einheitsschulentwürfe* genannt hat, unterscheidet sich unsere Vorstellung von Gesamtschule aber dadurch, daß nicht mehr allen Schülern dasselbe Programm geboten, sondern die *allgemeine Bildung* differenziert, ja individualisiert werden soll. Man glaubt angesichts der so sehr verschiedenen Voraussetzungen der einzelnen Schüler, wie aber auch angesichts der Vielfalt unserer Lebenswelt, unserer Wissenschaft und Technik nur noch auf einem individuellen Wege allgemeinbedeutsame Kenntnisse und Fertigkeiten auf dem notwendigen Niveau vermitteln zu können. Dabei soll ebenso die vertikale Gliederung unserer allgemeinbildenden *Schulen* wie ihre Jahrgangsklassen — und Jahrespensumstruktur mehr oder weniger aufgegeben werden.

Zwei unterschiedliche Konzeptionen sind entwickelt worden: Erstens die einer *kooperativen* (additiven) *Gesamtschule*, bei der in einem Schulzentrum eine gewisse Verzahnung der drei weiterführenden Schulen hergestellt und die Übergangsmöglichkeiten entscheidend verbessert werden sollen, alles in allem wohl nur eine Übergangslösung, die allerdings als solche gute Dienste leisten könnte. — Zweitens die einer *integrierten Gesamtschule*, in der Lehrer aller drei traditionellen Schulen das Programm ihrer jeweiligen Schulen kombinieren, dem Schüler also eine hohe Wahlmöglichkeit einräumen, wobei gleichzeitig nach oben hin zunehmend die Klassenstruktur zugunsten der Hochschulstruktur aufgegeben werden soll. Im Endeffekt soll jeder Schüler ein eigenes Programm haben, das in seinen verschiedenen Teilen je einer der drei traditionellen Schulen entsprechen kann, aber nicht muß. Diese Lösung schließt ein, daß zu jedem Programm ein Schwerpunkt (aus einer Gruppe von Fächern bzw. Lehrgängen) gehört, dem für den weiteren Lebensweg eine zentrale Bedeutung zukommen soll.

3. Von entscheidender Bedeutung für die Ausformung der Gesamtschule sind ebensowohl die Motive ihrer Begründung als auch die Probleme ihrer Realisation:

3. 1 Genaugenommen gibt es ein ganzes – keineswegs stimmiges – Bündel von Motiven. Ausgangspunkt ist zumeist das Recht aller auf die ganze *Bildung* und damit das Motiv, möglichst egalitäre *Bildungschancen* zu gewährleisten, weswegen allen Kindern ein breites Angebot und eine spezielle Unterstützung zuteil werden soll. Dahinter steht die wissenschaftlich erhärtete Erkenntnis, daß die Möglichkeiten eines Kindes erstens von seiner frühen Förderung abhängen, daß sie sich zweitens aber erst nach der Pubertät zeigen (→ *Altersstufen*, → *Kindheit*, → *Jugend*). – Hiermit verwandt ist das Motiv, die Einheitsprogramme der traditionellen *Schulen* aufzuheben und Wahlmöglichkeiten zu schaffen, um auf diese Weise die weitverbreitete Schulverdrossenheit zu überwinden und zugleich selbständige und anspruchsvolle Leistungen auf wenigstens einem wesentlichen Gebiet für jeden zu ermöglichen. – Daneben aber gibt es noch zwei andere Motive, die eine bedeutende Rolle spielen: erstens das Motiv, den *Leistungsdruck* der Schule zu mindern und nicht nur die Versetzung, sondern auch die Benotung abzuschaffen, welches an sich respektable Motiv aber einer auf interne Selektion angelegten Schule widerspricht; zweitens das Motiv, die soziale Integration aller zu fördern, welches ebenfalls respektable Motiv aber dem Prinzip der Individualisierung und der Gruppenbildung widerspricht.

Was immer auch die Gesamtschule einbringen soll und tatsächlich einbringt oder nicht, eine entscheidende Aufgabe kann sie besser als das traditionelle System lösen: Sie kann Schülern, Eltern und Lehrern optimal helfen, das zunehmend schwierige Problem der Entscheidung über den *Bildungsweg* des Schülers zu lösen und damit Irrwege, Niederlagen der Schüler, der Eltern und der Lehrer zu vermeiden bzw. Möglichkeiten emanzipativer Identifikation zu finden. Es wird dies allerdings nur möglich sein, wenn die Schule über einen Stab von Beratern verfügt und eine umfassende Kooperation mit den Eltern aufbaut.

3.2 Um (wenigstens) dieses in sich doppelte Ziel erreichen zu können, müssen zahlreiche Probleme gelöst werden, wozu man alles in allem etwa eine Generation brauchen wird. – Zwei

Probleme haben sich bereits angedeutet: das der *Vereinzelung* und das des *Leistungsdrucks*. Die Vereinzelung kann aber dadurch aufgehoben werden, daß die notwendigerweise sehr große Gesamtschule (2000–3000 Schüler) in Großgruppen von 100 Schülern eingeteilt wird, die durch die ganze Schulzeit hindurch beisammen bleiben und in einem eigenen Gebäudeteil beheimatet werden. Der Leistungsdruck kann durch gemeinsame Veranstaltungen, durch Hobby-, Sport- und andere Kurse und durch eine entsprechende Durchführung der Differenzierung gemildert werden.

Mit dem letzten Hinweis wird bereits das strukturbedingte Kernproblem angesprochen: Was soll für alle verbindlich und damit »Kern« sein, und was soll gewählt bzw. abgewählt werden können und damit als »Kurs« geführt werden? Müssen nicht gerade die Kernfächer wie Deutsch, Politische Bildung usw. differenziert werden? Wie soll überhaupt differenziert werden, mehr dem Ziel und dem Gehalt oder mehr dem Anspruchsniveau nach? Und wie soll bei solchen Wahlmöglichkeiten die in einer *mobilen* Bildungs- bzw. *Leistungsgesellschaft* unabdingbare Kommensurabilität der Schulen und der Kurse gewährleistet werden? Muß es nicht allgemeinverbindliche, komplette (alternative) *Curricula* (→ Unterricht–Didaktik, Curriculum, Methodik) geben? In jedem Fall sind die Gesamtschulen überfordert, wenn sie diese Fragen allein entscheiden sollen. Wissenschaftliche Vorbereitung und Begleitung stecken aber noch ganz in den Anfängen, außerdem fehlen Institute zur Entwicklung von Curricula.

Mit Sicherheit läßt sich jetzt schon sagen, daß immer auch nach Zielen und Inhalten differenziert werden muß. Jeder Kurs muß seinen Sinn in sich haben, anderenfalls würden die »Schwächeren« immer verdrossener werden und damit in ihrem Leistungswillen nachlassen.

Eng mit der Frage der didaktischen Differenzierung ist die der organisatorischen Differenzierung verbunden. Es läßt sich schon jetzt erkennen, daß man mit verschieden großen Gruppen arbeiten kann, daß *Gruppenarbeit* i. e. S. des Begriffs sich lohnt und daß die hierzu ausgewählten Gruppen nicht homogen sein sollten. Stärkere Potenzen wirken sich positiv aus, ohne dabei selbst zu kurz zu kommen.

4. Alles in allem genommen enthält die deutsche Gesamtschulentwicklung die Möglichkeit in sich, eine zugleich jugend- und lebensgemäßere – weniger verschulte – *Schule* zu schaffen, soziale Benachteiligungen auszugleichen und jeden einzelnen zukunftsgerechter zu fördern, doch besteht auch die Möglichkeit, diese Chance in forcierten Versuchen und Umstellungen zu vertun.

Gesellschaft in pädagogischer Sicht. ZUR GESCHICHTE DES PROBLEMS. Daß es so etwas geben könne wie eine Betrachtung und Beurteilung der Gesellschaft von der *Pädagogik* her und daß eine solche Betrachtung und Beurteilung nicht nur sinnvoll, sondern im Interesse der heranwachsenden jungen Menschen und der Gesellschaft notwendig sei, diese Meinung ist — historisch gesehen — noch nicht alt. Wo es keine explizite pädagogische Theorie gibt, kann es auch diese Meinung nicht geben. Was sich etwa bei sog. primitiven Gesellschaften an »pädagogischer Theorie« findet, sind Maximen, formulierte Handlungsanweisungen, von denen her aber prinzipiell keine Distanz zum sozialen System gewonnen werden kann.

Dort, wo ein Gemeinwesen spezialistische Arbeitsteilungen ausbildet, also auch ein besonderer Lehr- und Erziehungsstand entsteht, wird der Erziehungsvorgang auch von einer explizierten Theorie begleitet. Diese Theorie tritt aber zunächst nicht für sich auf, sie entwickelt kein eigenes kritisches Organ im Hinblick auf die Gesellschaft, sondern bleibt in idealen Postulaten oder sozialen Rechtfertigungs-Systemen gebunden. Diese Systeme sind der Gesellschaft konform, oder sie sind bloß utopisch. Das war von der Antike an bis in das 18. Jh. hinein der Fall. Die *Utopien (Platon, Morus, Campanella)* sind zwar aus kritischer Distanz zur Gesellschaft entworfen, *Erziehung* und Erziehungstheorien spielen in ihrem Zusammenhang aber genau die Rolle, die sie in der jeweils gegebenen sozialen Situation auch spielen; sie werden im utopischen Entwurf eher noch weniger als ein Kulturgebiet, das eine »eigene« Sicht auszubilden imstande ist, entwickelt.

Die Lage der *Erziehungstheorie* änderte sich prinzipiell mit *J. J. Rousseau.* Er unterzieht im Namen der Erziehung, d. h. eines Begriffs vom menschenwürdigen Heranwachsen, die Gesellschaft und ihre Institutionen der Kritik. Aufschluß über das, was der Mensch zum Erwachsenwerden braucht, erhofft man sich jetzt nicht mehr von der gesellschaftlichen Konvention oder einem vorgegebenen (philosophischen) System, sondern von der Analyse der »natürlichen« Entwicklung, von dem an solcher Entwicklung orientierten pädagogischen Umgang mit dem Kinde, von der Einsicht in die mit den pädagogischen Begriffen »*Mündigkeit*«, »Humanität« oder »*Bildung*« erfaßten Phänomene. So erscheint die Gesellschaft erstmalig in »pädagogischer Sicht«:

Rousseau kritisiert die naturfremde und erziehungsfeindliche Rokoko-Gesellschaft; *Pestalozzi* befragt die einfachen und elementaren sozialen Institutionen auf ihren pädagogischen Sinn und Wert; *Humboldts* Konzeption der

Bildungstheorie ist gegen den absolutistischen Staat gerichtet und enthält bereits Elemente einer liberalen-demokratischen Erziehungstheorie; diese treten bei *Schleiermacher*, der deren systematischen Zusammenhang und Gesichtspunkte zur pädagogischen Beurteilung der Gesellschaft entwickelt, noch deutlicher hervor. Im Funktionszusammenhang der *Kultur* ist die Pädagogik ein Bereich eigener Dignität, der von sich aus Fragen an die Gesellschaft zu stellen imstande ist und durch den das bürgerlich-liberale Postulat realisiert werden soll. Am radikalsten wurde dieser Ansatz von *Fichte* vorgetragen. Die Versuche, diese Intentionen wieder aufzuheben, an denen es im 19. und 20. Jh. – zunächst als Eingrenzung der liberalen Positionen im Bildungswesen, später als offen pädagogischer Klassenkampf »von oben« – nicht fehlt, müssen aus dem Kontext der Geschichte der bürgerlichen Klassengesellschaft interpretiert werden.

Die Aspekte des Problems. Pädagogik als Erziehungswissenschaft befindet sich damit – wie jede andere Wissenschaft auch – in Distanz zur gesellschaftlichen Wirklichkeit. Insofern ihr Verfahren zweckrational, analysierend und aufklärend ist, ist sie auch kritisch. *Gesellschaftskritik* ist daher eine ihrer Funktionen. Im Begriff »Bildungswert« ist diese Funktion zu einer pädagogischen Kategorie geworden. Der Begriff besagt, daß die Formen und Inhalte der Kultur nicht schon durch ihr bloßes Dasein pädagogische Dignität haben. Die pädagogische Kritik geht von der Frage aus, ob das gesellschaftlich Gegebene pädagogisch zulässig ist, d. h. ob es wert ist, im Erziehungsvorgang vertreten zu sein. Diese Kritik geschieht im Namen der erstrebten *Mündigkeit* der heranwachsenden Generation, im Namen eines Postulats also, das die Erziehungswissenschaft nicht aus sich hat, sondern das ihr im Selbstverständnis einer demokratischen Gesellschaft vorgegeben ist. Hier ist die Stelle, an der die pädagogische Sicht der Gesellschaft in Ressentiment und Ideologie umschlagen kann und häufig umgeschlagen ist. Dies ist immer dann der Fall, wenn Mündigkeit und Vernünftigkeit des Menschen vor der Gesellschaft nicht in Schutz genommen werden und die Erziehungstheorie dem Kriterium der Rationalität nicht genügt *(→ Pädagogik)*. Das liegt z. B. in der – ausgesprochenen oder unausgesprochenen – Meinung vor, das soziale Feld einer Agrargesellschaft habe von vornherein die größere erzieherische Potenz und im Hinblick auf die Humanität den höheren Wert. Insofern eine solche Position gerade dem Zwang erliegt, den sie als Erziehungstheorie aufklären sollte, ist sie selbst Gegenstand der kritischen Analyse durch die Erziehungswissenschaft. Ein anderer Fall von Ideologisierung der Kategorie »Bildungswert« liegt in der Struktur des Erziehungssystems selbst vor, in der tendenziellen Subsumption des »Bildungswertes« unter die Wertgesetze und Wertformen der kapitalistischen Tauschgesellschaft; was für die Bildung wertvoll ist, bestimmt sich dann nicht mehr an den kritischen Fragen an diese Gesellschaft, sondern nur noch von ihren ökonomischen Verwertungsinteressen her.

Die Bedingung dafür, daß die explizit pädagogische Kritik der Gesellschaft im Namen der erstrebten *Mündigkeit* der heranwachsenden Generation geschieht, ist deshalb die *»mündige Gesellschaft«*, d. h. eine Gesellschaft, die die Kritik an sich selbst als ein wesentliches Merkmal ihrer selbst zuläßt (→ *Pädagogik*, Erziehungsphilosophie). Daß diese Kritik stattfindet, ist abhängig von denjenigen Kategorien, mit denen Vorgänge realer Emanzipation in bestimmten historischen Lagen gefaßt werden müssen. Zur Zeit der bürgerlichen Revolution waren das im Kontext pädagogischer Theorie die Begriffe *»Individualität«* und *»Selbsttätigkeit«*. Mit ihnen begannen am Ende der *Aufklärung* (Pietismus, Sturm und Drang) Analyse und Differenzierung des Seelenlebens und entstand die »Innerlichkeit« als Gegenstück zu den äußeren sozialen Tatsachen. Damit wurde der Begriff Individualität zu einer sozialen und pädagogischen Kategorie. Die Spontaneität des Individuums ist nun nicht mehr prinzipiell im Unrecht, wenn sie der Gesellschaft widerspricht. Das Widersprechen-Können hervorzubringen wird Aufgabe der *Erziehung;* diese Aufgabe zu klären und zu sichern Amt der Erziehungswissenschaft. Damit wird die Pädagogik — ihrem möglichen Begriffe nach — zur Sachwalterin der Autonomie der heranwachsenden Generation.

Wenn die Pädagogik nicht nur den Vorgang kontinuierlicher Tradierung der *Kultur* zu sichern, sondern auch die Fähigkeit, diese Kultur zu verändern, zu entwickeln hat, dann ist sie — der Möglichkeit nach — ein produktiver Faktor innerhalb einer *»dynamischen« Gesellschaft.* Sie hat nicht nur Teil am gesellschaftlichen Fortschritt, sondern ist für ihn mitverantwortlich. Es ergibt sich damit ein Zusammenhang zwischen *pädagogischer Reform* und *Gesellschaftsreform*, zwischen der politischen Emanzipation gesellschaftlicher Gruppen und der Emanzipation der Individuen im Bildungsprozeß.

Pädagogische Reform-Theorien holen seit *Rousseau (Emile* und *Contrat social)* und *Fichte (Reden an die Deutsche Nation)* nicht mehr nur auf dem Felde der Erziehung Entwicklungen nach, die andere Bereiche der Gesellschaft schon durchlaufen haben, sondern entwickeln zugleich mit ihren Erziehungsprogrammen vorwegnehmende gesellschaftliche und politische Ideen. Das eindrucksvollste Beispiel dafür ist die *preußische Schulreform* zu Beginn des 19. Jhs.; diese ist durch ihr Scheitern aber zugleich auch ein Beispiel für die Ohnmacht liberal-pädagogischer Theorien angesichts politischer Entwicklungen, die, da in ihnen politische Emanzipation verhindert wurde, auch die pädagogische nicht zulassen konnte. So bleibt für viele Orte der Pädagogik richtig, was *F. Paulsen* meinte, daß nämlich die Pädagogik, trotz des progressiven Selbstverständnisses ihrer Theorie, in der Regel dem gesellschaftlichen Wandel nachhinke. Die → *Schule* als eine Stätte kultureller Tradition erschwert zumindest ein beständiges, mit den gesellschaftlichen Veränderungen Schritt haltendes Umstellen und befördert das Festhalten an älteren Gesellschaftsvorstellungen, wenngleich Gegenbeispiele nicht selten sind (entschiedene Schulreform und *Einheitsschule*, sozialistische Reformbewegung, Landerziehungsheime im ersten Drittel unseres Jahrhunderts). Abgesehen hiervon besteht eine positive Korrelation zwischen dem pädagogisch »Richtigen« und dem gesellschaftlich »Besseren«, und zwar insofern, als die Realisierung des pädagogisch »Richtigen« gesellschaftliche Bedingungen voraussetzt, die sie ermöglichen. Dieser Zusammenhang tritt in Geschichte und Problem der → *politischen Bildung* besonders deutlich hervor. Sie droht fruchtlos zu bleiben, wenn der Stil politischer Auseinandersetzungen sie nicht stützt, d. h. wenn die Anschauung, die der politische Umgang der Erwachsenen miteinander für die Jugend darstellt, den Forderungen nicht entspricht, die in der politischen Bildung gestellt werden (z. B. die sog. »Bewältigung der Vergangenheit«), oder wenn die pädagogischen Institutionen den Erwerb politisch-kritischer Kenntnisse verhindern oder erschweren. Zudem wird, besonders durch die modernen *Informationsmethoden* (Massenmedien), die außerpädagogische gesellschaftliche Realität immer stärker zu einem unmittelbaren Erziehungsfaktor, so daß schon aus diesem Grunde der Begriff einer »richtigen« Erziehung nicht mehr ohne den Begriff »besserer« gesellschaftlicher Bedingungen gedacht werden kann. Das »pädagogisch Richtige« erweist sich also als ein Begriff von hoher gesellschaftlicher und politischer Aktualität, der allerdings gerade deshalb zur Ideologie hin abgleiten kann.

Die *Pädagogik* bringt mit der erzieherischen Erfahrung immer schon mehr als nur das Erzieherische zur Sprache. Nahezu alles, was innerhalb einer Gesellschaft wirksam ist, taucht in irgendeiner Form im Erziehungsprozeß auf; im Heranwachsenden selbst als Vorstellungen, Verhaltensweisen, Attitüden; in den erzieherischen Institutionen als Inhalte, Struk-

turen, Normierungen; mit den erziehenden Personen als Haltungen, Wertungen, Zielvorstellungen.
Wenn daher die Pädagogik als Erziehungswissenschaft diese Wirklichkeit analysiert, analysiert sie damit immer auch die gesellschaftliche Situation. Beschreibung, Deutung und Kritik einer Erziehungslage ist damit immer auch Beschreibung, Deutung und Kritik der Gesellschaftslage. Das war in den Theorien *Pestalozzis, Humboldts* und *Schleiermachers* der Fall, wurde nach dem Ersten Weltkrieg vor allem von *S. Bernfeld* geleistet und stellt heute, auf den gegenwärtigen gesellschaftlichen Kontext bezogen, die wichtigste Aufgabe der Erziehungswissenschaft dar.
PÄDAGOGISCHE PROBLEME DER GEGENWÄRTIGEN GESELLSCHAFT. Der Situation, in der sich die pädagogische Theorie heute befindet, entspricht eine völlig neuartige Struktur des Feldes pädagogischer Aufgaben, eine veränderte Erziehungswirklichkeit. In den vorindustriellen Epochen konnten die erziehenden Generationen darauf vertrauen, daß, wenn nur die familiäre Erziehungssituation normal war *(→ Familie in pädagogischer Sicht),* keine ernsthaften Schwierigkeiten für das Heranwachsen und Hineinwachsen in die Gesellschaft auftauchten. Selbst die Schule war entbehrlich, soweit nicht das Bedürfnis nach einem besonderen sozialen Status bestand. Die Wirklichkeit der Lebensordnung sicherte die Verwirklichung des geltenden Begriffs von Menschenwürde. In der aufgeklärten industriellen Gesellschaft ist das nicht mehr der Fall: die Einheit der Lebensordnung ist einer dynamischen Pluralität heterogener Ordnungen gewichen, die die Verwirklichung des Begriffs von Menschenwürde, das Mündigwerden, nicht mehr ohne weiteres sichern können. Die *Familie* — auch wenn sie völlig intakt ist — kann nicht entfernt das leisten, wozu sie früher imstande war; und das nicht etwa, weil sie »schlechter« geworden ist, sondern weil neue Leistungsforderungen entstanden sind. Deshalb setzte das ein, was man *Pädagogisierung der Gesellschaft* genannt hat: Immer neue Institutionen und Maßnahmen wurden und werden nötig, um das Hineinwachsen in die Gesellschaft relativ gefahrlos zu ermöglichen und gleichzeitig das Mündigwerden nicht zu vereiteln. Unter solchen Bedingungen kann die Erziehung nicht mehr als ein gegen den »Ernst« des Erwachsenendaseins fest abgeschlossener Vorgang betrachtet werden. Zur »erzieherisch bedeutsamen Wirklichkeit« ist alles zu rechnen, was den Heranwachsenden berührt und auf seine Entwicklung Einfluß nimmt.
In der pädagogischen Analyse der gegenwärtigen Gesellschaft erscheint diese daher als Komplex besonderer Chancen des

Mündigwerdens wie auch als Gefährdung und Bedrohung der pädagogischen Aufgabe (→ *S o z i a l p ä d a g o g i k*). Die Merkmale der modernen Gesellschaft, auf die auch die pädagogische Analyse allenthalben trifft, lassen sich in den beiden Begriffen *Industrialisierung* und *Demokratisierung* (*S t r z e l e w i c z*) zusammenfassend formulieren. Im einzelnen bedeutet das: *V e r s t ä d t e r u n g*, *L e i s t u n g s g e s e l l s c h a f t*, *M o b i l i t ä t*, Konfliktreichtum und Ausweitung des Informationshorizontes. Durch alles hindurch zieht sich die Heterogenität der sozialen Handlungsfelder. Neben dem Pluralismus der Konfessionen, Weltanschauungen und Ideologien sind es vor allem die sozialen Rollen, die das Feld strukturieren, in dem die Erziehung geschieht. Und hierin wiederum wirft allem Anschein nach nicht das konfliktreiche Nebeneinander von Berufs-, Familien-, Konfessions-Rolle, sondern der *D u a l i s m u s v o n A r b e i t u n d F r e i z e i t* die am schwersten wiegenden Fragen auf. Das gilt besonders, seit die *F a m i l i e* keine verläßliche Vermittlerfunktion zwischen beiden Bereichen mehr ausübt; die *J u g e n d* entzieht sich in der Freizeit der Familie und bildet eigene, nicht mehr familienorientierte Verhaltensweisen und Institutionen aus (Film, Party, Diskussion, Jugendtourismus), andererseits dringen die Konsumgüter der Freizeit (Presse, Rundfunk, Fernsehen, Ferienindustrie) in die Familien ein und modifizieren dort das Verhalten (→ *F r e i z e i t p ä d a g o g i k*).

Die *V e r s t ä d t e r u n g* erscheint in der Erziehungspraxis der letzten 150 Jahre als grundlegende Veränderung des pädagogischen Feldes. Der Erziehungs- und Spielraum des Kindes ist verengt auf Wohnung, Kinderzimmer, umgrenzten Spielplatz und Schule. Die Familie repräsentiert nicht mehr das Ganze des gesellschaftlichen Lebens; ihre pädagogischen Leistungen sind zwar noch fundamental für den ganzen Prozeß des Heranwachsens, bleiben indessen partiell. Die städtischen Ballungen haben die Struktur der *Ö f f e n t l i c h k e i t*, die Formen der Kommunikation und Information (Massenmedien) und damit die pädagogischen Probleme der Erfahrung und des Kenntniserwerbs verändert. Die unmittelbaren, im Umgang mit Dingen, Ereignissen und Menschen zu gewinnenden Erfahrungen nehmen ab zugunsten der in Presse, Funk und Fernsehen als Information vermittelten und präparierten Erfahrung, einer Erfahrung aus zweiter Hand (*G e h l e n*); eine wirksame Kontrolle des eigenen Handelns durch Anschauung seiner Folgen schrumpft immer mehr auf die begrenzten Möglichkeiten zusammen, die Familie, Schule und Sozialpädagogik zur Verfügung stellen können; die Erfahrung des einzelnen erreicht nicht mehr die ganze Wirklichkeit der Gesellschaft.

Aus dem in der modernen Gesellschaft wirksamen *Leistungsprinzip* ergeben sich pädagogisch nicht weniger weitreichende Probleme. Nicht mehr Geburt, Standes- oder Klassenzugehörigkeit sollen den Status des einzelnen bestimmen, sondern seine eigene besondere *Leistungsfähigkeit*. So entsteht schon in der Erziehung eine Wettbewerbssituation, in der die *Individualität* herausgefordert wird. Das hierbei bestimmende Prinzip der *Chancengleichheit* bricht sich jedoch an den faktisch vorhandenen sozialen Schichtungen; Leistung ist nicht einfach die Qualität eines einzelnen, sondern bereits das Produkt vieler außer ihm liegender sozialer Faktoren, über die er nicht verfügen kann. Leistung wird damit zur entscheidenden Transmissionskategorie, durch die ökonomische Qualifikationserwartungen eher als Prinzipien sozialer Gerechtigkeit in das pädagogische Feld hineingetragen werden. Damit ändert sich das Verhältnis von Elternhaus und Schule; die Bedeutung schulbegleitender und berufsbegleitender pädagogischer Institutionen, vor allem des *Zweiten Bildungsweges* und der → *Erwachsenenbildung*, wächst. Hier wirkt sich nicht nur aus, daß die gegenwärtige Gesellschaft eine auf Mehrwert-Produktion abgestellte Gesellschaft ist, sondern auch das Pendant, daß es sich bei ihr um eine *Konsumgesellschaft* handelt *(H. Schelsky)*, die über den Verbrauch Bedürfnisse produziert, absorbiert und ideologisiert. Konsum als ein Zeichen für Status gilt auch als ein Zeichen für Leistung. Die entsprechenden Phänomene bleiben nicht etwa auf die erwachsene Generation beschränkt, sondern charakterisieren auch und insbesondere die Heranwachsenden, und zwar sowohl über die Prestige-Erwartungen der Erziehenden wie auch unmittelbar. Der Verbrauch geschieht weitgehend in der Freizeit, so daß ein bisher durch freie Muße gekennzeichneter Zeitraum unter die Bestimmung einschlägiger Produktionszweige (Vergnügungs-, Erholungs- und Kulturgewerbe) gerät. Die von *Marx* behauptete *Entfremdung* durch die Produktionsverhältnisse wird ergänzt von der Entfremdung des Menschen in den Konsumverhältnissen *(J. Habermas)*. Die *Freizeit* wird zum pädagogischen Problem, insofern auch in ihr und durch sie die *Mündigkeit* des Menschen bedroht werden kann, etwa dadurch, daß die Lebensprobleme und Interessen der Heranwachsenden diesen verhüllt statt aufgewiesen werden.

Erzieherisch besonders bedeutungsvoll ist der dynamische Charakter der modernen Gesellschaft, ihre *Mobilität*. Die Erziehung kann nicht mehr auf bestimmte, eindeutig festgelegte Positionen ausgerichtet werden. Sozialer Aufstieg und

Abstieg eines einzelnen wie ganzer Gruppen verändern für die Betroffenen den Komplex von Fähigkeiten und Haltungen, der ihnen zugemutet wird; das gleiche gilt für die horizontale Fluktuation vom Land in die Stadt, von einem zum anderen Arbeitsort. Die Gesellschaft ist in ständiger Bewegung und droht jeden Augenblick, die genossene Erziehung als veraltet hinter sich zurückzulassen. Die Freiheit der Wahl ist größer geworden im Hinblick auf berufliche Entscheidungen, Wohnort und -art, Freundes- und Bekanntenkreis, Parteien und Gruppen, erst recht in allen Sachen des intimen Bereichs. Diese Freiheit aber ist sowohl ein Gewinn wie eine Belastung. Oft stellt sich das Belastende dieser Situation erst nach Jahren heraus und erfordert nachholende pädagogische Maßnahmen, z. B. wenn das starre Festhalten an einer einmal erreichten Position oder — umgekehrt — unsteter Wechsel zu Schädigungen und Krisen im Leben des einzelnen führt.

Das alles jedoch gilt nur komparativ, als Veränderung im geschichtlichen Verlauf. Nach wie vor sind die Unterschiede in den Mobilitätschancen beträchtlich. Nur ein sehr kleiner Teil der Arbeiterschicht hat tatsächlich einen Lebens- und Entscheidungsspielraum, der dem bürgerlich-mittelständischen auch nur annähernd vergleichbar wäre. Es ist aber dieser Konflikt und nicht die angebliche Tatsache großer Mobilitätschancen, der den Keim der pädagogischen Problematik ausmacht.

Zunächst scheint die Nivellierungstendenz der modernen Gesellschaft durch Annäherung der oberen und unteren Einkommensgrenzen, Angleichung des Konsums der verschiedenen sozialen Schichten, Annäherung der *Bildungschancen* usw. die Konflikte zu vermindern. Es zeigt sich aber, daß durch die in ihrer Art unverminderten Antagonismen, insbesondere von Anspruch und Wirklichkeit, Herrschaftsverhältnisse sich fortsetzen, Ungleichheiten offensichtlich werden, Toleranzgrenzen des gesellschaftlichen Systems massiv zum Vorschein kommen, und dies im Hinblick sowohl auf die Unterschiede der sozialen Positionen wie auch auf die der Ideologien, Weltanschauungen, politisch-pädagogische Haltungen und kritische Theoreme. Wenn es auch richtig sein mag, daß konfliktfreie Gesellschaften nicht möglich sind *(Dahrendorf)*, so ist doch die Anzahl der Konfliktmöglichkeiten in der modernen Gesellschaft erheblich und für die Lebensführung des einzelnen merklich angestiegen. Die Konflikte jedoch lassen sich nicht eliminieren, höchstens unterdrücken. Einer sich demokratisch verstehenden Gesellschaft aber muß alles daran gelegen sein, sie auszutragen. Die pädagogische Kritik kann deshalb nicht gegen diese Konflikte polemisieren, sondern trägt die Verantwortung dafür, daß die heranwachsende Generation die

Bewältigung von sozialen Konflikten, und das heißt zunächst einmal die Thematisierung, erlernt; ihre Kritik richtet sich gegen die Unterdrückung von Konflikten durch bestimmte gesellschaftliche Praktiken. Die Schwierigkeit, vor der die Erziehungspraxis steht, liegt darin, daß die traditionellen Erziehungsräume → *Familie* und → *Schule* relativ konfliktarm bzw. auf konfliktreiche Auseinandersetzungen nicht vorbereitet sind. Sie können deshalb nur begrenzt Fähigkeiten hervorbringen, die erst die gesellschaftliche Ernstsituation auszeichnen. Um so wichtiger werden die indirekten Erziehungswirkungen, die beispielsweise von dem Stil ausgehen, in dem die erwachsene Generation politische Konflikte austrägt. Besonders die *politische Bildung* ist weitgehend von solchen Einflüssen abhängig. Es ist deshalb legitim, wenn die Pädagogik im Namen einer vernünftigen Erziehung nicht nur die industriellen und kommerziellen, sondern auch die politischen Usancen der Gesellschaft einer Kritik unterzieht.

Während noch bis ins 18. Jh. die Kenntnis der Bibel und — für eine kleinere Schicht — einiger klassischer Texte, im wesentlichen aber die durch persönliche Erfahrung erreichbare soziale Wirklichkeit ausreichte, ist eine zweckvolle Orientierung und Lebensbewältigung heute ohne ein gewisses Maß an technischem, institutionellem, politischem, wirtschaftlichem Wissen, das aber nur noch begrenzt anschaulich werden kann, nicht mehr denkbar, demzufolge weitet sich der Informationshorizont aus. Zudem hat die veränderte Struktur der *Informationsmittel* neue Probleme geschaffen: Vom gedruckten Wort der Presse gehen andere Wirkungen aus als von den traditionellen Druckerzeugnissen, erst recht von Rundfunk, Fernsehen und Film. Wo rationale Orientierung nötig wäre, wird die Information häufig begleitet von einer nur schwer kontrollierbaren Mobilisierung der Emotionen; damit wird gerade das erschwert, was doch erreicht werden sollte. Die pädagogischen Probleme liegen nicht nur in der Erweiterung der Information, sondern auch in der Aufnahme der neuen Informationsmittel in den Erziehungsprozeß.

Die pädagogische Analyse der Gesellschaft führt zu einigen *pädagogischen Postulaten*, über die — trotz aller Verschiedenheit der Positionen — weitgehend Einigkeit besteht: Sicherung des pädagogischen Raumes gegen die entfremdenden Zugriffe, Sicherung der Beweglichkeit und der Variations- und Experimentiermöglichkeiten in diesem Raume; Durchlässigkeit seiner Grenzen für vorwegnehmende Ernsterfahrungen; Erziehung zur *Selbsttätigkeit*, zur *Wahlfähigkeit* und zur *Konfliktbewältigung*;

vielfältige Information und Aufklärung, Erziehung zum kritischen Umgang mit den Informationsmitteln (→ *Politische Bildung*); erhöhte Information und Aufklärung auch der erziehenden Generation im Hinblick auf die Probleme der Erziehungsaufgabe, Erziehung zur Fähigkeit eines reflektierten, aber parteinehmenden politischen Handelns in Richtung auf Abbau und Kontrolle von Herrschaft. Trotz der Plausibilität dieser Postulate hat aber die moderne Gesellschaft in ihren Mitgliedern eine hohe Erziehungsunsicherheit erzeugt. Wo bürgerliche Familien noch die Normensicherheit einer patriarchalischen Erziehung bewahren, handelt es sich um ein Nachhinken in der gesellschaftlichen Entwicklung, und es kann hier eine Lösung des Problems kaum erhofft werden, ebensowenig wie von der pädagogischen Resignation, die in »angepaßteren« Familien herrscht. Die Antagonismen der kapitalistischen Gesellschaft offenbaren sich hier in einem praktisch-pädagogischen Debakel, das nur durch die Erziehungspraxis selbst, durch ein Entscheidungen wagendes, experimentierendes und sich der Kritik stellendes Erziehungshandeln zu überwinden möglich scheint (→ *Erziehung, Theorie d. Erziehung*).

Sozialvorstellungen der Pädagogik. Sofern die Pädagogik eine eigene kritische Sicht auf die Gesellschaft ausgebildet hat, ist sie damit doch nicht frei von vorwissenschaftlichen sozialtheoretischen Elementen und Entscheidungen. Das gilt sowohl für die Praxis wie für die wissenschaftliche Theorie. Schon die Basis ihrer Kritik, der mündige Mensch — in einem demokratisch organisierten Gemeinwesen bzw. einer technischen Zivilisation —, enthält eine solche Vorentscheidung. Viele pädagogische Institutionen, Theorien, Begriffe und Modelle unterscheiden sich deshalb nicht nur durch die angewandten Methoden, unterschiedliche Akzente, unterschiedliche Kategorien, sondern durch die Verschiedenheit der Sozialvorstellungen, die sie enthalten. Diese Eigentümlichkeit hat ihren Grund in der Sache: Erziehung konstituiert immer auch ein soziales Verhältnis bzw. geschieht in vorgegebenen Sozialverhältnissen; ihre soziale Form ist nicht nur eine Bedingung ihrer Verwirklichung, sondern auch eine Bedingung ihrer Theorie, sofern diese Theorie zu Entwürfen für die Erziehungspraxis führen und eine Kritik der Wirklichkeit leisten soll.

In der Praxis tauchen diese Sozialvorstellungen als Selbstauslegung der Erziehenden oder indirekt als Methoden, Organisationsformen, Erziehungsstile, Bildungspläne auf. So werden in gruppenunterrichtlichen Verfahren — pädagogisch die spätere soziale Wirklichkeit vorwegnehmend — andere gesellschaftliche Praktiken eingeübt als im Frontalunterricht. Die

Forderung einer *integrierten Gesamtschule* z.B. enthält eine von den Verfechtern einer vertikalen Gliederung des Bildungssystems abweichende Vorstellung über die Probleme der sozialen Schichtung. Auch der angestrebte Grad von Intimität einer »Klassengemeinschaft« oder »Schulgemeinde«, eine musisch oder pragmatisch orientierte Unterrichtsarbeit, die Zusammenstellung eines Lesebuches, die Konzepte einer proletarisch-solidarischen Erziehungspraxis enthalten *gesellschaftliche Leitbilder* und politische Entscheidungen. Solche Leitbilder und Entscheidungen sind der Erziehung als einem sozialen Geschehen strukturimmanent.
Aufgabe der Erziehungswissenschaft ist es, diese Abhängigkeiten aufzudecken, in das Bewußtsein zu heben und nach Maßgabe des Mündigkeitsprinzips zu kritisieren. Dabei unterlaufen auch ihr immer wieder jene vorwissenschaftlichen Meinungen, zu deren Aufklärung und Kritik sie sich berufen fühlt. Die Konzeption einer »autonomen« Erziehung z. B. und der ihr entsprechenden Theorie, aus dem gesellschaftlichen Streit der Meinungen und Konfessionen geboren, dachte — in der Kritik gegen eine unbehagliche Gegenwart — das pädagogisch »Richtige« und »Eigentliche« im Zusammenhang mit einer vorgestellten idealliberalen Gesellschaftsverfassung.
Das Verständnis der Erziehung als eines geschichtlichen Phänomens veranlaßt die Erziehungswissenschaft, die Ursprünge der gegenwärtigen Erziehungssituation und ihrer Auslegung aufzusuchen, die in der Gegenwart gültigen Traditionen zu bestimmen. Da die so aufgewiesenen Ursprünge nicht nur die Erziehungsarbeit, sondern auch die Gesellschaft im ganzen betreffen, gehen auch an dieser Stelle sozialtheoretische Vorentscheidungen in die wissenschaftliche Theorie von der Erziehung mit ein; so etwa, wenn die mit der *Aufklärung* in die Gesellschafts- und Erziehungspraxis eingedrungene Rationalität nicht in die Reihe verbindlicher Traditionen mitaufgenommen wird oder andererseits bestimmte Merkmale der industriellen oder demokratischen Gesellschaft zur alleinigen Basis für die Konstruktion einer Erziehungstheorie gewählt werden. — Sind in diesen Fällen die Sozialvorstellungen verdeckt und schwer zu erkennen, so liegen sie offen zutage in jenen Systemen, die in ausdrücklicher Bindung an bestimmte Soziallehren — etwa der *Kirchen* oder *Parteien* — entwickelt werden. Sie kennzeichnen in Systemen jeder Art nicht nur häufig deren Ansatz, sondern kehren in den Problemen und expliziten Begriffen wieder; so in den Urteilen über den pluralistischen Charakter der modernen Industriegesellschaft, in den Ausdeutungen der pädagogischen Autorität, in den Konzeptionen des »pädagogischen Bezuges« und

der »Erziehungsgemeinschaft«, der *Schule* als einer vor der Gesellschaft verschlossenen oder ihr gegenüber offenen Institution. Sowenig die Erziehungswissenschaft solche Vorentscheidungen vermeiden kann, sosehr ist sie doch gehalten, diese der Kritik zugänglich zu machen. Diese besondere, durch den Gegenstand »Erziehung« gebotene Verschränkung macht es erforderlich, daß die Erziehungswissenschaft die interessenkritische Frage an sich selbst in ihre Forschung mit aufnimmt. Es gehört damit konstitutiv zu ihrer Aufgabe, nach der gesellschaftlichen Funktion ihrer Begriffe, Modelle und Theoreme zu fragen und deren Ort — dem kritischen Prinzip folgend, nach dem sie begonnen hat — im Prozeß der politischen Emanzipation zu bestimmen.

Grundschule. Unter der Bezeichnung Grundschule versteht man in der BRD die 4jährige — neuerdings auch organisatorisch selbständige — Grundstufe des allgemeinbildenden Schulwesens. Noch 1959 konnte der *Deutsche Ausschuß*, ohne damit auf Widerstand zu stoßen, feststellen, die Grundschule habe für die Erfüllung ihrer Aufgabe »eine pädagogische Haltung und unterrichtliche Verfahren gewonnen, die zwar der weiteren Ausgestaltung und Festigung, aber keiner grundsätzlichen Wandlung mehr bedürfen«. Aufgrund neuerer Forschungsergebnisse und als Ausdruck eines neuen Bewußtseins von der gesellschaftlichen Funktion der *Schule* ist in den letzten Jahren der Geist der Grundschule, sind ihre Inhalte wie auch ihre organisatorische Form in Frage gestellt worden.
Zur Geschichte. Die Grundschule in ihrer heute bekannten Gestalt ist im wesentlichen begründet durch die Bestimmungen der Weimarer Verfassung und des *Reichsgrundschulgesetzes* von 1920 einerseits und durch Einflüsse der *Reformpädagogik* andererseits: Politisch und schulorganisatorisch wurde nach der Revolution von 1918 die schon von *Comenius* erhobene und dann besonders von der *Einheitsschul*bewegung vertretene Forderung nach einer gemeinsamen Grundstufe des Schulwesens durchgesetzt: der 4jährige Besuch einer »für alle gemeinsamen Grundschule« wurde obligatorisch gemacht, die Grundschule wurde als Teil der *Volksschule* (→ *Hauptschule*) angesehen, und ihr wurde die Aufgabe zugesprochen, die *grundlegende Bildung* sowohl für die Oberstufe der Volksschule als auch für die weiterführenden Schulen zu vermitteln. — Inhaltlich und vor allem methodisch konnte die Grundschule zurückgreifen auf *Pestalozzis* Idee der Elementarbildung und auf die Durchbildung der Methode durch die Pestalozzia-

ner und Herbartianer. Der »Geist der Grundschule«, wie er schon 1926 zusammenfassend von *Aloys Fischer* beschrieben wurde, ist aber durch das Aufnehmen und Verarbeiten verschiedener reformpädagogischer Ansätze bestimmt: durch die Betonung ihrer *erzieherischen Funktion* gegenüber der bloß lehrenden, durch die Betonung des *Kindgemäßen* gegenüber dem Sachgemäßen, durch den Gedanken des *Gesamtunterrichts* und das Zurückstellen des bloßen Fachunterrichts, durch das Unterordnen des Erlernens der Kulturtechniken unter die Aufgabe des *Erlebnisunterrichts* und die Pflege des kindlichen Ausdrucks- und Gestaltungsvermögens, durch das Herausstellen kindlicher, an das Spiel anknüpfender Arbeitsformen und durch die zentrale Stellung der *Heimatkunde.*

Diese Grundschule ist eine Schule vor der eigentlichen Schule, ein »Schonraum der ruhig reifenden Kindheit«, eine Einrichtung, die zur »eigentlichen Schulfähigkeit« erst hinführt *(W. Flitner).* — Einzelne Schwierigkeiten werden diskutiert (große Schülerzahlen, Fragen der Schulreife, Unverständnis der Eltern für die neuen Methoden, Fragen des Übergangs zu weiterführenden Schulen), im ganzen aber schien die Konzeption der Grundschule so überzeugend, daß man sie auch nach 1945 neu aufnehmen konnte. Eine gewisse Wandlung trat mit der in den Bundesländern nach und nach durchgeführten Verselbständigung der → *Hauptschule* und der damit gegebenen Herauslösung aus dem bisherigen Verband der Volksschule ein. Grundsätzliche Kritik an der Grundschule und Vorschläge zu ihrer Neugestaltung nahm die Öffentlichkeit erst durch den »Grundschulkongreß 1969« zur Kenntnis.

ZUR KRITIK AN DER GRUNDSCHULE. Die Kritik geht von Erkenntnissen aus, die für die Schulreformbestrebungen (→ *Bildungswesen in der BRD, allgemein)* heute überhaupt kennzeichnend sind: Begabungs-, Intelligenz- und Lernforschung haben deutlich gemacht, daß entscheidend nicht die bloße *Entfaltung kindlicher Kräfte* und die vorgegebene *Begabung* sind, sondern die in der sozio-kulturellen *Umwelt* vermittelten und in der Schule planmäßig herbeigeführten *Lernprozesse (→ Sozialisation und Erziehung, → Pädagogische Psychologie).* Die Grundschule erfüllt daher ihre Aufgabe nicht mehr, wenn sie nur den kindlichen Bedürfnissen in einer »nachgehenden Erziehung« *(Froebel)* individuell und altersspezifisch zu entsprechen sucht, sondern sie hat ihre Aufgabe in der »planmäßigen geistigen Inanspruchnahme des Kindes« *(Lichtenstein-Rother).* Diese Einsicht führt zu einer organisatorischen wie zu einer curricularen Erneuerung der Grundschule: Das *Einschulungsalter* soll herabgesetzt werden, um die vorhandene Lernbereitschaft im bisherigen Vorschulalter zu nutzen und schichtspezifische Lerndefizite besser ausgleichen zu können. Die 4jährige Grundschulzeit wird in Frage gestellt, und eine stärkere innere, aber auch äußere *Differenzierung* werden gefordert – zum Teil nur im Sinne einer *kompensatorischen Erziehung* zum Ausgleich der sozialen Benachteiligung, zum Teil auch im Sinne »optimaler Förderung individueller Lernfähigkeit« aller, insbesondere auch der leistungsstarken Kinder, als *»freisetzende Erziehung« (Schwartz). Chancengleichheit* könne, wenn überhaupt, nicht durch äußerlich gleiche Bedingungen der Beschulung herbeigeführt werden, sondern nur durch »Ungleichheit des Lernangebots« nach Niveau, Umfang und Methode *(Schwartz).*

Die Veränderung von Welt und Gesellschaft in den letzten 50 Jahren in ihren Anforderungen und in den Inhalten, wie sie den Kindern außerhalb der Schule begegnen *(→ Unterricht–Didaktik, Curriculum, Methodik),* führt entgegen dem Prinzip der Heimatkunde und des Gesamtunterrichts zur Forderung, der Verwissenschaftlichung der Welt und der in dieser Welt gebotenen Rationalität durch einen früher einsetzenden gefächerten *Sachunterricht* schon in der Grundschule Rechnung zu tragen. Besonderes Gewicht erhalten die Forderungen an die Grundschule durch die Einsicht, daß das eigentliche *Lernen* hier nicht nur vorbereitet wird, sondern die Zeit der Vorschul- und Grundschulerziehung *(→ Vorschulische Erziehung)* die bildsamste Phase des menschlichen Lebens darstellt und daher in diesem Lebensabschnitt die eigentlichen Entscheidungen für das Lebensschicksal des einzelnen und für die Gesellschaft fallen. Wenn man schließlich bedenkt, daß die Grundschule als spezifische Antwort der Weimarer Zeit auf die damaligen Aufgaben entstanden ist, wird man akzeptieren müssen, daß sie als veränderungsbedürftig angesehen wird und so gut wie alles, was die Grundschularbeit ausmachte, in Frage gestellt wird.

Es ist aber auch nicht ganz von der Hand zu weisen, daß manche Veränderungsvorschläge an die Schule vor 1919 erinnern (gefächerter Sachunterricht, stärkere Differenzierung nach Leistung, frühere Einschulung, Verkürzung der Grundschulzeit) und in der Praxis allzuleicht im Sinne einer bloßen Angleichung an *Hauptschule* und *Gymnasium* mißverstanden werden können. Es wird darauf ankommen, den pädagogischen Sinn und die richtigen Prinzipien der bisherigen Grundschularbeit in einer unserer Zeit angemessenen Form zu verwirklichen. So wäre u. a. zu zeigen, wie die Grundschule bei stärkerer Auffächerung des Unterrichts dennoch das Prinzip beachten müßte, »vom Lebensganzen des Kindes auszugehen« (*Lichtenstein-Rother*), wie sie trotz des Hinwirkens auf Leistung eine positive Schulerfahrung zu vermitteln hat und wie sie, obgleich und weil sie wie jede andere Schule ihre Möglichkeiten als rational zu begründende Institution der demokratischen Gesellschaft wahrnimmt und sich als Stätte optimal organisierten Lernens versteht, als ein für Kinder konzipierter und für Kinder gangbarer Weg ins Erwachsenenleben bestehen bleibt (→ *Schule*).

Zur Erneuerung der Grundschule. Die Überlegungen zur Neugestaltung der Grundschule haben relativ schnell ihren Niederschlag in einzelnen Erlassen (z. B. in verschiedenen Ländern die Ablösung der Heimatkunde durch den Sachunterricht betreffend), in neuen Richtlinien und Lehrplänen für die Grundschule (z. B. in NRW 1969) und im *Strukturplan für das Bildungswesen* des *Deutschen Bildungsrates* (1970) gefunden. Besondere Bedeutung kommt dabei dem *»Strukturplan«* zu, der, obgleich er nur empfehlenden Charakter hat, doch als Richtschnur der Entwicklung dienen soll und bereits dient. Obwohl zugegeben wird, daß durch *Curriculumforschung* und Schulversuche Einzelheiten noch zu klären sein werden, sind doch entscheidende Veränderungen ins Auge gefaßt: Einschulung der Fünfjährigen, stärkere Differenzierung und Verbreiterung des Lernangebotes, stärkere Differenzierung nach Leistung, Neuschaffung einer zweijährigen *Orientierungsstufe* im Anschluß an die Grundschule. Als Hauptgründe für die Umgestaltung der Grundschule werden auch hier das Hinwirken auf *Chancengleichheit* und die Orientierung an der modernen, *wissenschaftsbestimmten Welt* genannt. Die für eine Übergangszeit zunächst nur zu empfehlende und nicht vorzuschreibende Herabsetzung des *Einschulungsalters* soll nicht zu einer Ausdehnung der Grundschule nach unten oder zu einer Vorverlegung des Grundschulalters führen. Sie setzt vielmehr eine Neubestimmung der Aufgabe und der Gestalt des *Primarbereiches* voraus. Eine 2jährige *Eingangsstufe* erhält die Aufgabe, die unterschiedlichen Lernvoraussetzungen zu beachten, die spezifischen Mängel auszugleichen und die *Lernfähigkeit* und -bereitschaft als Voraussetzungen für alles spätere *Lernen* zu entwickeln. Der Unterricht der ebenfalls 2jährigen *Grundstufe* wird stärker als bisher auf sachbestimmte Leistung ausgerichtet. Dabei sollen nicht nur in den Bereichen des bisherigen Grundschulunterrichts, sondern auch im mathematischen, naturwissenschaftlich-technischen und sozialwissenschaftlichen Bereich die jeweils elementaren Fähigkeiten als Lernvoraussetzungen für bestimmtes späteres Lernverhalten vermittelt werden. Welche ersten Lernschritte so von den Kindern zu bewältigen sind, daß sie als Anfänge länger dauernder Gesamtprozesse angesehen werden können, wird von der Curriculumforschung auszumachen sein. Auch die Einführung einer ersten *Fremdsprache* soll erprobt werden. Neben den neuen Inhalten müssen neue Denk- und Arbeitsformen zu ihrem Recht kommen: entdeckendes Lernen, selbständiges und kooperatives Arbeiten und Schulung im Problemlösen. Festgehalten wird am Jahrgangsklassensystem, da die Schüler des Primarbereiches die persönliche Beziehung zu dem einen Lehrer und die Klasse als soziale Gruppe, in der sie heimisch sind, brauchen. Dieses System wird aber ergänzt durch »Stützkurse« für besonders lernbereite Schüler, die die Stufen des Primarbereiches schneller durchlaufen können, und für Schüler, die besonderer Hilfe bedürfen, um die gesteckten Ziele zu erreichen. Durch konsequente Einführung einer gemeinsamen *Orientierungsstufe* im Anschluß an die Grundschule, auf der sich erst die Zuordnung der Schüler zu verschiedenen Ausbildungswegen vollzieht, soll die Arbeit des Primarbereiches vom bisher wirksamen Druck der Auslese für die weiterführenden Schulen befreit werden.

Gymnasium. ZUR GESCHICHTE. Das deutsche Gymnasium ist in dem kirchlichen Bedürfnis nach *Lateinschulen* begründet. Maßgebend ist aber der humanistische Versuch, Latein nicht bloß als Sprache der Kirche und Theologie bzw. Philosophie, aber auch der Jurisprudenz und der Medizin, sondern als Medium der Gelehrsamkeit oder, wie man später formuliert hat, der → *Bildung* zu lehren, geworden. Damit hatte man zugleich das antike Gymnasium wiederhergestellt und eine neue Schule entworfen. Dieses Gymnasium mußte anläßlich der Verwandlung der gelehrten Studien in wissenschaftliche Forschung in eine Krise geraten.

Die didaktischen Reflexionen des 17. und 18. Jhs. haben nur geringen Einfluß auf das Gymnasium gehabt: die Realia wurden nur bedingt aufgenommen. Statt dessen entstanden *Ritterakademien* für die Söhne des Adels (Kolberg 1653, Lüneburg 1655, Halle 1686 u. a.). Hier wurden neben Latein oder auch an Stelle von Latein neue Sprachen, Geschichte und Erdkunde, kameralistische und militärische Disziplinen, Reiten, Fechten, Tanzen und Musizieren gepflegt — paradoxerweise also in einigen Grundzügen moderne Gymnasien vorentworfen.

Ein erster grundlegender Wandel hat sich nach 1800, beginnend in Preußen (Erneuerung während der Freiheitskriege), ereignet. In ihm wirkte sich das neue philosophische Denken (*Herder, Humboldt, Fichte, Hegel*) aus. Das Gymnasium wurde zur Bildungsanstalt bestimmt; es sollte durch sprachlich-literarische Studien, vor allem im Griechischen als der ursprünglichsten und reichsten Sprache der Antike, dann aber auch im Deutschen als der entsprechenden Sprache der Neuzeit, den jugendlichen Geist zu einem universalen Verstehen und Gestalten des Menschlichen befähigen. Dabei waren aber keineswegs, wie es heute gelegentlich heißt, Gemeinwesen und Gesellschaft ausgeschlossen, vielmehr sollte sich die Vermenschlichung des Menschen insbesondere in der Wahrnehmung und Verwandlung von Gemeinwesen und Gesellschaft ausdrücken.
Anfangs setzte sich die neuhumanistische Hochschätzung des Griechischen, aber auch des Deutschen durch (Humboldt-Süvernsche Reform 1810), dann die idealistische Hochschätzung der Wissenschaft, im wesentlichen der Philosophie (*J. Schulze*, Erlaß d. Preuß. Kultusministeriums, 1818). Schon 1834 wurde Griechisch zugunsten von Latein reduziert, außerdem wurden Mathematik und Physik, aber auch Geschichte und Erdkunde intensiviert.
Nicht minder wichtig für die weitere Geschichte des Gymnasiums wie des Bildungswesens überhaupt als die neue Didaktik (Fächerung) des Gymnasiums war seine Verlängerung um zwei Jahre (Oberstufe); man verlegte die Zeit, die vorher propädeutischen Studien an der Universität gewidmet war, auf das Gymnasium; seitdem umfaßt die deutsche allgemeinbildende Schule in ihrer anspruchsvollsten Form – im Gegensatz z. B. zum angloamerikanischen System – 12 bzw. 13 Schuljahre.
Im Zuge des Aufbaus der wissenschaftlich-technischen Zivilisation wurden 1859 *Realschulen* I. Ordnung (später Realgymnasien genannt) und II. Ordnung (später auch Mittelschulen genannt) eingerichtet. Die damit aufgeworfene Frage hat damals *Nietzsche* am klarsten artikuliert, nämlich wieweit unsere Gymnasien »Anstalten der Bildung« oder »Anstalten der Lebensnot« sein sollen. Eben diese Frage ist dann nach der Gründung des Deutschen Reiches auf drei »Reichsschulkonferenzen« (1873, 1890, 1900) verhandelt, aber nur bedingt beantwortet worden. Man schlug den Weg der rein pragmatischen Typendifferenzierung ein, auf dem wir uns auch heute noch befinden. 1882 wurde die preußische Gewerbeschule in die Oberrealschule umgewandelt, und 1900 wurden Gymnasium, Realgymnasium und Oberrealschule als

gleichberechtigt anerkannt und von *Fr. Paulsen* sämtlich als humanistisch bezeichnet.
Die *erste pädagogische Reform (→ Bildungswesen in der BRD, allgemein)* wirkte sich zunächst nur in privaten Gründungen aus. Dabei kam den *Lietzschen* Landerziehungsheimen, in denen Motive der englischen *Internatsschulen* (gemeinsames Leben von Lehrern und Schülern, Schülermitverwaltung usw.) mit Motiven aus der pädagogischen Reform (Arbeitsunterricht, musische Bildung, praktische Tätigkeit usw.) eine Synthese eingingen, eine besondere Bedeutung zu.
Eine umfassende, im ganzen aber doch wohl unglückliche Reform fand erst 1925 statt *(Richertsche Schulreform)*. Sie bestand im wesentlichen darin, daß ein vierter — an die Ritterakademien erinnernder — Typus neben dem klassisch-humanistischen Typus und gegenüber den beiden realistischen Typen eingerichtet wurde, die *Deutsche Oberschule* — und daß sämtliche Typen dieselbe zentrale Fächergruppe der »kulturkundlichen« Fächer Deutsch, Geschichte, Erdkunde und Religion pflegen sollten. Diese Fächer sollten zusammen das »nationale Bildungsgut« vermitteln und im »Durchleben der klassischen Epoche« die »Deutschheit« vertiefen. Im übrigen sollte das humanistische Gymnasium das »antike Bildungsgut«, die Deutsche Oberschule das »deutsche Bildungsgut«, das Realgymnasium das »westeuropäische Gedankensystem« und die Oberrealschule die »modernen Naturwissenschaften« als ihren jeweils besonderen Inhalt pflegen. —
Zwischen 1938 und 1945 gab es neben den — zahlenmäßig stark reduzierten — »humanistischen Gymnasien« nur noch »Oberschulen«, die sich im 10. Schuljahr in einen neusprachlichen und einen mathematisch-naturwissenschaftlichen Zweig gabelten. Sämtliche höhere Schulen wurden um ein Jahr verkürzt.
ZUR GEGENWÄRTIGEN LAGE. Eine bundeseinheitliche Regelung wurde erst mit dem *Länderabkommen vom 17. 2. 1955* geschaffen. Alle Schulen, die zur allgemeinen Hochschulreife führen, sollen Gymnasien heißen. Zwei Organisationsformen und drei Typen wurden zugelassen, die Kurzform, die nach dem 7. Volksschuljahr, und die — normale — Langform, die nach dem 4. Volksschuljahr abzweigt; beide sollen nach dem 13. Schuljahr mit einer Reifeprüfung abschließen. Ein altsprachlicher, ein neusprachlicher und ein mathematisch-naturwissenschaftlicher Typ des Gymnasiums sollen gleichberechtigt nebeneinander stehen; neusprachliches und mathematisch-naturwissenschaftliches Gymnasium können bis

zum 9. Schuljahr (einschließlich) zusammengelegt werden. – Man hat also im großen und ganzen die Regelung des »Dritten Reiches« beibehalten. – Neben diesen drei Typen werden allerdings (als Schulversuche) auch das Wirtschaftsgymnasium, das Sozialwissenschaftliche Gymnasium und das Musische Gymnasium anerkannt, letzteres wird entweder als besonderer Zug an einem anderen Gymnasium oder als eigenständiger Typus – in Bayern unter der Bezeichnung »Deutsches Gymnasium« – geführt und ist insbesondere für zukünftige Lehrer gedacht.

In Korrespondenz zu den Intentionen des *Deutschen Ausschusses für das Erziehungs- und Bildungswesen (Rahmenplan)* hat die *Ständige Konferenz der Kultusminister* am 29. 9. 1960 mit ihrer »Rahmenvereinbarung zur Ordnung des Unterrichts auf der Oberstufe der Gymnasien« eine Reform des Nachkriegsgymnasiums eingeleitet. – Die Arbeit in den Klassen 12 und 13 soll durch folgende »Kernpflichtfächer« bestimmt werden: Altsprachliches Gymnasium – Deutsch, Latein, Griechisch (oder Französisch), Mathematik; Neusprachliches Gymnasium – Deutsch, zwei Fremdsprachen (ausgewählt aus Latein, Englisch, Französisch, Russisch), Mathematik; Mathematisch-naturwissenschaftliches Gymnasium – Deutsch, Mathematik, Physik, eine Fremdsprache. Verbindliche Fächer für alle Typen sind ferner Gemeinschaftskunde (als übergreifender Arbeitsbereich aus Geschichte, Erdkunde und Sozialkunde gedacht), Leibeserziehung und ein musisches Fach (Musikerziehung oder Kunsterziehung). Dazu tritt nach Wahl des Schülers ein weiteres Fach (Wahlpflichtfach), und zwar entweder eine Fremdsprache (Englisch, Französisch, Russisch, Latein, Griechisch) oder Physik oder Chemie oder Biologie oder sonst ein von den Unterrichtsverwaltungen zu benennendes Fach (z. B. Philosophie) – jeweils unter der Voraussetzung, daß dieses Fach nicht »Kernpflichtfach« ist. Ebenfalls bundeseinheitlich geregelt ist die *Reifeprüfung* (Ständige Konferenz der Kultusminister v. 20. 5. 1954 und v. 29. 9. 1960), die für alle Länder gilt und zum Studium an sämtlichen *Hochschulen* berechtigt. – Nicht einheitlich geregelt ist die Aufnahmeprüfung. Seit einiger Zeit wird auf diese Prüfung verzichtet. Man richtet sich nach den Gutachten der Volksschule. Wesentliche Unterschiede zwischen Gymnasien für Jungen und Gymnasien für Mädchen bestehen nicht mehr. Inzwischen hat man ebensowohl die Unterstufe als auch die Oberstufe weiter diskutiert, wobei man weithin zu der Überzeugung gekommen ist, daß die ersten beiden Jahre auf dem Gymnasium der Erprobung und Beratung dienen, während die beiden letzten Jahre der Hochschule angenähert werden sollen. Es müßten mehr Wahlmöglichkeiten geschaffen und liberalere Arbeitsformen entwickelt werden — von der *Schülermitverwaltung* ganz zu schweigen. Allzulange hatte man übersehen, daß man es hier mit jungen Erwachsenen zu tun hat. Die Versuche zur Reform der Oberstufe sind inzwischen nicht mehr zu übersehen.

Zur Pädagogik (Theorie) des Gymnasiums. Zum Problem ist das Gymnasium in mehrfacher Hinsicht geworden. Man versucht, ihm in einer eigenen theoretischen Bemühung, der *Gymnasialpädagogik*, zu entsprechen. Doch sind bisher nur einzelne Beiträge vorgelegt worden *(Flitner, Blättner, Edelstein, Derbolav, Seidelmann, v. Hentig, Ulshoefer)*. Unser Gymnasium soll zur Selbstbildung, insbesondere in der Form akademischer Studien, befähigen und hat sich daher immer an der *Universität* orientiert. Das ist so lange nicht eigentlich problematisch gewesen, als man von einem *studium generale*, einer Enzyklopädie im antiken oder modernen Verstande *(Hegel)* ausgehen konnte, d. h. sich noch vom Problem des Selbst- und Weltverständnisses und damit einer wissenschaftlichen Hermeneutik des Daseins in der geschichtlichen (gesellschaftlichen) Welt *(Dilthey)* her verstehen konnte. Eben dies aber ist heute nicht mehr möglich, denn es gibt keine formulierbare Einheit der Wissenschaft mehr. Die z. Z. für das Gymnasium relevanten Wissenschaften verstehen sich zum Teil als spezielle positive Forschungsdisziplinen, denen die Bedeutung ihrer Ergebnisse für Dasein und Geschichte aber unwesentlich sind. Diese Wissenschaften sind nicht mehr eo ipso Schul- und Bildungsfächer, was freilich nicht ausschließt, daß ihr Verständnis zur Bildung gehört. Nicht einmal die Philologie, die einmal das Gymnasium bestimmt hat (Die Gymnasiallehrer heißen auch heute noch Philologen!) und deren Interesse die »würdigen« Gegenstände, nämlich die Zeugnisse des großen Lebens, die maßgebenden Überlieferungen waren, kann von sich aus noch etwas Wesentliches zur gymnasialen Bildung sagen. Die Gymnasialpädagogik muß sich ihre würdigen Gegenstände selbst suchen und sich dabei auf die Menschwerdung der jungen Generation und auf die moderne Welt und deren menschenwürdige Gestaltung hin auslegen.

Aber eben dies macht Schwierigkeiten, denn unser Gymnasium steht so, wie es sich nun einmal entwickelt hat, als ein Bündel von Fächern vor uns. Man versucht, jedes Schulfach in einem wissenschaftlichen Fach zu begründen. Man quält sich, dessen »Bildungswert« aufzuweisen, wobei meistens nur von einer »Schulung des Denkens« oder einer »Erziehung zur Sachlichkeit« – in dieser oder jener aktuellen Version – die Rede ist. Damit werden aber alle Fächer mehr oder weniger auswechselbar und je einzeln überflüssig gemacht (→ *Unterricht–Didaktik, Curriculum, Methodik*).

Das traditionelle – »humanistische« – Gymnasium hat trotz seiner angeblichen oder wirklichen Schwächen *Bildung* vermittelt. Sein Lateinunterricht hat *Sprache* und *Denken* ausgebildet und somit zwar nicht im »klassischen« Sinne unmittelbarer Vorbildlichkeit gebildet, wohl aber ein erfahrungsgesättigtes, geschichtsmächtiges und nachvollziehbar ausgesagtes Lebensverständnis vermittelt. Hierbei kam zweifellos dem Übersetzen (Nachschaffen) menschlich-geschichtlich bedeutsamer Texte eine hervorragende Bedeutung zu; denn eben hierdurch ist zugleich Sprache als Bedingung allen Verstehens wie auch die Eigenart des Latein und der eigenen Sprache bewußt gemacht und eine Hermeneutik des Daseins in der geschichtlichen Welt, in der einzig alle speziellen Denkweisen begründet sein können, ausgebildet worden. Hinter diesem Konzept darf die Reform des Gymnasiums nicht zurückbleiben.

In der *Richertschen Schulreform* ist ganz richtig gesehen, daß es eine zentrale Aufgabe für das Gymnasium geben muß. Ein Gymnasium, in dem nicht Deutsch, einerseits ergänzt durch Mathematik und mehrere Fremdsprachen – wobei heute aus Gründen der globalen Kommunikation Englisch an die erste Stelle zu setzen ist –, andererseits durch Realia (Naturwissenschaft, Sozialwissenschaft) sowie → *Politische Bildung*, im Mittelpunkt steht, kann dem Anspruch einer Bildung für das menschliche Leben in dieser Welt nicht genügen *(W. Flitner)*.

Ein eigenes Problem stellen – außer der → politischen und ggf. der → musisch-ästhetischen Bildung – Naturwissenschaft und Sozialwissenschaft dar.

Man muß heute lernen, physikalisch (bzw. chemisch oder biologisch) zu denken; denn auch auf diesen Denkweisen hat sich die heutige Welt aufgebaut; es geht dabei aber mehr um die Methode der betreffenden Wissenschaften als um ihren jeweiligen Stand. Für dessen Vermittlung sorgen die Massenmedien.

Man hat bisher nur erst bedingt pädagogisch-didaktisch bewältigt, daß der Schulunterricht in den Naturwissenschaften – aber auch in den Sozialwissenschaften – vor einer ganz anderen Problematik steht als der Unterricht in den Sprachen und in den hermeneutischen Disziplinen. (Die Mathematik ist ein Sonderfall, da sie als sie selbst betrieben werden kann). In den letztgenannten Fächern wird etwas aufgenommen und vervollkommnet, was die Schüler schon können. Die Natur- und Sozialwissenschaften wenden dagegen Denkweisen (Methoden i. e. S.) an, die nicht zur Lebenspraxis gehören und nicht die Lebenswelt als solche beschreiben. Es entstehen Theorien und Konstrukte, die keine *unmittelbare* Bedeutung für das Leben haben. Als sie selbst genommen, gehören diese Wissenschaften in die Hochschule und nicht in die Schule. Es kann sich daher nur darum handeln, sie als gesellschaftlich bedeutsame geschichtliche Ereignisse verständlich zu machen. Dies ist freilich dringend erforderlich, denn unsere Gesellschaft wird mehr und mehr zu einer wissenschaftlich vermittelten Gesellschaft bzw. zu einer technischen Zivilisation, die ganz neue Probleme mit sich bringt. Unsere Lebenswelt läßt sich nicht mehr allein mit Hilfe der hermeneutischen Disziplinen verstehen und gestalten. Wir brauchen auch sozialwissenschaftliche Forschung und Planung. Es stellt sich dabei aber eine andere Lage her als bei den Naturwissenschaften. Die Sozialwissenschaften beziehen sich auf unsere Lebenswelt, sie haben eine moralisch-politische Bedeutung. Eben deswegen kann mit ihnen Mißbrauch getrieben werden. Insbesondere die Schule steht in der Gefahr, ihre Ergebnisse zu verabsolutieren und zu dogmatisieren. Diese Gefahr kann gar nicht überschätzt werden. Wir stehen im Erkennen dieser Problematik noch ganz am Anfang.

Eine grundlegende didaktische Reform ist nicht ohne Strukturreform möglich. Nachdem der *Deutsche Ausschuß* vorgeschlagen hatte, eine *integrierte Förderstufe* einzurichten — ein Vorschlag, der leider zunächst auf wenig Verständnis stieß —, hat nunmehr der *Deutsche Bildungsrat* eine *Oberstufe* vorgeschlagen, die *Hochschulcharakter* haben, alle nur irgend sinnvollen Fächer anbieten und es jedem überlassen soll, sich eine Fächergruppe als Schwerpunkt auszusuchen. Auf diese Weise soll nicht nur jedem ein optimaler Bildungsgang ermöglicht, sondern auch die — durch die Einführung der Sozialwissenschaften noch einmal vergrößerte — Stoffülle überwunden werden. Ob damit die Krise der Oberstufe des Gymnasiums überwunden werden kann, ist aber eine Frage für sich. Diese gründet möglicherweise in einem »Unbehagen an der Kultur« *(S. Freud)*, und damit an der → Bildung und der → Schule, das durch solche organisatorischen Maßnahmen nicht überwunden werden kann. Zudem stellt sich die Frage, ob nicht diese Wahlmöglichkeiten alle schulischen Angebote entwerten, so daß schließlich nichts mehr als notwendig gilt, man also auf alles verzichten kann.

Hauptschule. Die Hauptschule in der BRD ist – aufgrund der Empfehlungen des *Deutschen Aussschusses* von 1959 *(Rahmenplan)* und 1964 und nachdem die Länder sich 1964 im sogenannten »Hamburger Abkommen« auf den Begriff Hauptschule geeinigt haben – als dritte Form weiterführender Schulen neben → *Gymnasium* und → *Realschule* getreten. Sie umfaßt in der Regel das 5. bis 9. Schuljahr und hat damit die bisherige *Volksschuloberstufe* abgelöst. Im Durchschnitt nimmt sie, obgleich die Entwicklung der Zahlen besonders in den großen Städten stark rückläufig ist, immer noch weit über 50 Prozent der betreffenden Jahrgänge auf. Die Frage an diese Schulform ist, ob sie die bekannten Probleme der Volksschuloberstufe lediglich unter einem neuen Namen zu lösen sucht oder ob für sie als Antwort auf die gesellschaftliche und schulpolitische Situation der Gegenwart *(→ Gesellschaft in pädagogischer Sicht)* eine neue Konzeption entwickelt wird.

Zur Geschichte. Obgleich die Hauptschule eine junge Institution ist und ihre Gründung mit dem Hinweis auf die besondere Situation der Gegenwart vollzogen wurde, kann man die Probleme dieser Schule nur im Rahmen einer Geschichte der *Volksschule*, aus der sie hervorgegangen ist, richtig verstehen und einordnen. Die Volksschule ist nie – wie ihr Name es nahelegt – die elementare Ausbildungs- und Bildungsanstalt für alle Kinder des Volkes gewesen. Neben den älteren und für die jeweilige Gesellschaft weitaus bedeutsameren → *Gymnasien* hat sie eine relativ junge Geschichte. Sie ist für das »niedere Volk«, also für die Gruppierungen geschaffen, die keine eigenen *Standesschulen* gründen und Inhalte und Organisation der Schulen nicht mitverantworten konnten. Die Auslegung der Bezeichnung Volksschule als »Schule des Volkes« oder gar »Schule zum Volk« hat aber insofern ihr Recht, als die Mehrzahl der Kinder des Volkes hier eine weitgehend gemeinsame Ausbildung und Bildung erfuhr und im Gefolge der nationalen Erhebung zu Anfang des 19. Jhs. die Idee der Nationalerziehung die Arbeit der Schule wenigstens teilweise bestimmte. Nur die → *Grundschule* ist nach 1919 als Teil der Volksschule zur Schule einer grundlegenden Bildung für alle Kinder geworden.

Die Entstehung der Volksschule und die Neuaufnahme je bestimmter Inhalte ist – wie in der Gegenwart – als Antwort auf bestimmte gesellschaftliche Bedürfnisse zu verstehen. Als ihr erster Vorläufer sind die schon im 14. Jh. mit der Entwicklung städtischen Lebens und der Ausweitung des

Handels entstehenden *Deutschen Schreib- und Leseschulen* anzusehen. Ein elementarer, zunächst von besonderen Rechenmeistern erteilter Rechenunterricht wurde bald in diese Schulen eingegliedert. Ein weiterer Inhalt der späteren Volksschularbeit verdankt seine Aufnahme dem Bedürfnis nach Laienschulung im Gefolge der Reformation. Die *Kirchen* sorgten für eine schulmäßige Unterweisung der Jugend in Katechismus und Kirchengesang. Auch hier ging es noch nicht um allgemeine Volksbildung, wohl aber um einen ersten nicht mehr utilitaristisch-beruflich motivierten Inhalt und um die Forderung, diesen Inhalt jedermann nahezubringen. — Im 17. Jh. sind als wichtigste Ereignisse zu nennen: das erwachende Interesse der Landesherren an der Elementarschule, die Ausbildung einer das Lernen erleichternden Methode *(Ratke, Comenius)* und ein erstes Bemühen um die *»Realien«*. — Im Zuge des Merkantilismus und der *Aufklärung* vollzieht sich im 18. Jh. der allmähliche Ausbau der Elementarschulen, oft in der Gestalt von *Industrieschulen*, in denen teils auf die künftige Erwerbsarbeit vorbereitet, teils auch die Erwerbsarbeit in die Schule hineingenommen wird. Diese nicht etwa nur auf *Armenschulen* beschränkte, sondern relativ weit verbreitete Tendenz zur Ökonomisierung der Volksschule wird zu Beginn des 19. Jhs. zu Recht kritisiert, dann aber auch ganz aus der damaligen Volksschularbeit getilgt. Die Beziehung der Schule zum Berufsleben wird damit zu einem — erst heute in den Bemühungen um die »Arbeitslehre« wiederaufgenommenen — Problem.

Die Wende zum 19. Jh. bringt im *»Allgemeinen Landrecht«* die grundsätzliche Klärung, daß Schulen »Veranstaltungen des Staates« seien; die *allgemeine Schulpflicht* wird durchgesetzt und damit die Volksschule in unserem Sinne begründet. Das große Programm der *preußischen Reform*zeit, das die Volksschule unter dem Einfluß *Pestalozzis* in den Dienst der »allgemeinen Bildung des Menschen« stellt und die »methodische Entwicklung der menschlichen Anlagen« *(Süvern)* fordert, wird allerdings nicht durchgeführt. Eine zu äußerliche und zu enge Auffassung der Pestalozzischen Elementarmethode, mangelhafte Vorbildung der *Lehrer* und die bald einsetzende politisch und konfessionell restaurative Gegenbewegung vereitelten den Ausbau der Volksschule. Inhaltlich kamen zu Lesen, Schreiben und Rechnen, zum Religions- und Realienunterricht zunächst — im Dienste der »Kräftebildung« — nur Zeichnen, Turnen und Handarbeiten hinzu. Erst das Ende des Jahrhunderts brachte mit einer Betonung der sog. Gesinnungsfächer und der Aufnahme vaterländischer und volkstümlicher Literatur ein inhaltlich reicheres, wenn auch nicht wirklich freies geistiges Leben in die Volksschule. In bezug auf die Gestaltung des Unterrichts gewann die Volksschule durch die Bemühung der *Herbartianer* eine wenn auch starre, so doch schulisch praktikable Methode. Diese wie auch die Eingliederung der Schule in den streng hierarchischen Aufbau des Staates ermöglichten allererst die gleichmäßige und zuverlässige Arbeit in allen Schulen, ließen aber eine Schule entstehen, die um die Wende zum 20. Jh. erneut nach einer Reform verlangte.

Die *Schulreform* der ersten Jahrzehnte des 20. Jhs., die im wesentlichen methodisch-psychologisch ansetzt, zeichnet sich durch besseres Verständnis und genauere Kenntnis kindlichen Wesens und kindlicher Welt aus. Wo diese Reform sich durchsetzt, wandelt die Schule ihr Gesicht: Ein intensiveres Leben, selbständigere Arbeit und größere innere Beteiligung der Schüler an den Aufgaben der Schule und ein neuer Gemeinschaftsgeist entwickeln sich. Auswirkungen auf die Arbeit der Volksschuloberstufe gehen insbesondere vom Arbeitsschulgedanken und vom »Gesamtunterricht« aus, bleibende Veränderungen sind im Gefolge der *Reformpädagogik* aber fast nur in der Grundschule zu verzeichnen.

Nach 1945 hat sich das pädagogische Interesse vor allem den inhaltlichen Fragen *(→ Unterricht–Didaktik, Curriculum, Methodik)* zugewandt und dabei in besonderer Weise auch der Volksschuloberstufe. Die langumkämpfte Einführung eines *9. Schuljahres,* die eine Erweiterung und Vertiefung des Unterrichts und eine Vorbereitung des Übergangs in die Berufswelt ermöglichen und eine größere Reife beim Eintritt in den *Beruf* gewährleisten sollte, erwies sich als unzureichende Maßnahme, solange die Volksschuloberstufe nicht insgesamt in Curriculum und Organisation umgestaltet wurde. Die Volksschuloberstufe drohte vollends zu einer »Restschule« und zu einer »Sackgasse des Bildungswesens« zu werden, die nur von Schülern besucht wird, die den Übergang zur »weiterführenden Schule« nicht geschafft haben. Trotz des deutlichen Bewußtseins, daß es sich beim Ausbau der Volksschuloberstufe zur Hauptschule um »das wichtigste Erziehungs- und Bildungsproblem unserer Zeit« handelt *(H. Roth)*, kann man bis heute auf manche Lösungsvorschläge und -versuche, nicht aber auf eine gelungene Lösung des Problems hinweisen.

Aufgaben der Hauptschule. Die Hauptschule ist ein Versuch, in Schulaufbau und Curriculum der Situation des Menschen in der Industriegesellschaft und im demokratischen Gemeinwesen gerecht zu werden. Da diese Situation dadurch gekennzeichnet ist, daß ein höherer intellektueller Anspruch im Arbeitsprozeß und das Bedürfnis nach mehr Information und Rationalität im Prozeß der Mitbestimmung für alle gilt und daß das persönliche und private Leben für jeden erweiterte Möglichkeiten bereithält, die genutzt sein wollen *(→ Freizeitpädagogik)*, muß auch jedem Schüler das gleiche *Bildungsangebot* gemacht werden, und jeder muß seinen Möglichkeiten gemäß gefördert werden. Die Hauptschule rückt unter diesem gemeinsamen Anspruch näher an die anderen Schulen heran und muß den »romantischen Eigensinn aufgeben, sich in ein Gehäuse separater Bildungsvorstellungen zurückziehen zu wollen« *(Lichtenstein-Rother)*. Allerdings muß sie danach fragen, wie sie den besonderen Voraussetzungen ihrer Schüler und der Tatsache, daß sie ihre Schüler früher als andere Schulen in die Arbeitswelt entläßt, Rechnung trägt.

Obgleich die Hauptschule »auch Schüler geringerer theoretischer Leistungs- und begrenzterer Abstraktionsfähigkeit sowie Schüler mit einem geringeren Maß an intellektueller Anstrengungsbereitschaft und einem beschränkten Potential sprachlicher Differenzierungsmöglichkeiten zu fördern hat« *(Klafki)*, wird sie sich nicht grundsätzlich auf eine Welt enger Horizonte und auf das konkret Gegebene zu beschränken haben. Die durch die Struktur der modernen Industriegesellschaft entstandene Forderung nach *Abstraktionsfähigkeit* müßte auch in der Hauptschule zu erfüllen sein, wenn sie es als ihre Aufgabe begreift, »die Abstraktionsbereitschaft und -fähigkeit der Schüler systematisch zu entwickeln: durch stoffliche Konzentration, durch Methoden und Arbeitsweisen einer systematischen, geduldigen Differenzierung von Anschauung und Erfahrung, durch eine Methodik des Erkundens, des geplanten Experimentierens, der gezielten Schulung im Argumentieren, Kritisieren, Prüfen, im Auffinden von Analogien und Exempeln, durch die Erarbeitung einfacher, aber realitätsangemessener Strukturen, Denk- und Verständnismodelle für die verschiedenen Sachbereiche und die Schulung im sinngemäßen Operieren mit solchen Erkenntnishilfen« *(Klafki)*.

Wegen der großen Begabungs- und Interessenunterschiede wird die Hauptschule eine breite *Differenzierung* vorsehen müssen, ohne die Schüler damit auf ein bestimmtes Leistungsniveau festzulegen. Eine bewegliche Organisation und ein entsprechender Stundenplan sollten es ermöglichen, jeden Schüler seinen Lernfortschritten gemäß zu fördern, auch wenn diese von Fach zu Fach verschieden sind. Die Hauptschule wird die besonderen Möglichkeiten der *Lernmotivation* beachten, die Fähigkeit zu selbständigem *Lernen* entwickeln und die Bereitschaft für ein lebenslanges Lernen bewahren oder wecken müssen. Sie muß den Übergang zu anderen Schulformen offenhalten und durch einen qualifizierten Abschluß neue Bildungswege (z. B. *Berufsoberschule*) eröffnen. Sie muß weiter, da sie die Schüler erst im Jugendalter entläßt, die neuen Möglichkeiten und Aufgaben als »*Jugendschule*« ergreifen, besondere Arbeits-, Lebens- und Umgangsformen entwickeln und Zeit und Gelegenheit geben zum »geistig-seelischen Pubertieren« *(H. Roth)*.

Der Unterricht in Geschichte, Politischer Bildung und Geographie braucht nicht mehr zu einem Zeitpunkt abgebrochen zu werden, zu dem er seine eigentliche Möglichkeit erst erschließt, die naturwissenschaftlichen Fächer können in strenger Sachgemäßheit betrieben werden, die sprachliche Bildung, auch in einer Fremdsprache, soll neue Bedeutung gewinnen. Schließlich soll die Hauptschule, indem sie den *Beruf* als »didaktisches Zentrum« ansieht, die Entgegensetzung von *Allgemeinbildung* und *Berufsbildung* überwinden und in der »Arbeitslehre« eine Einführung in die Arbeits- und Wirtschaftswelt geben. Besonders im Blick auf die letztgenannte Aufgabe wird die Hauptschule eine bessere Kooperation mit der Berufsschule *(→ Berufliches Ausbildungs- u. Schulwesen)* entwickeln müssen.

Organisations- und Unterrichtsformen. Die organisatorische Umgestaltung der Volksschuloberstufe zur Hauptschule bereitet überall, besonders aber in den Flächenstaaten, große Schwierigkeiten. So ist der Stand der Entwicklung in Abhängigkeit von den landeseigenen Gesetzen und Richtlinien verschieden. Grundsätzlich wird die Hauptschule ihre Aufgabe nur erfüllen können, wenn sie mindestens zweizügig, besser aber dreizügig ausgebaut wird und dem Fachlehrersystem Raum gibt, ohne damit die Teamarbeit mehrerer Lehrer einerseits und die Konzentration mehrerer Fächer im Unterricht einer Klasse bei einem Lehrer andererseits auszuschließen. Die meisten Länderrichtlinien sehen eine zweijährige *Förderstufe*, von der der Übergang zu anderen weiterführenden Schulen noch möglich sein soll, eine weitere, das 7.–9. Schuljahr umfassende Stufe und eine zunächst freiwillige, später allgemeine Erweiterung um ein *10. Schuljahr* vor. Der *Strukturplan des Deutschen Bildungsrates* subsumiert die Hauptschule unter die sog. *Sekundarstufe I* und gliedert diese in eine zweijährige gemeinsame *Orientierungsstufe* (die auch der → *Grundschule* zugeordnet werden kann) und zwei weitere Zweijahresblöcke. In deren erstem sollen die Inhalte der allen gemeinsamen Grundbildung stark betont werden. Erst der zweite läßt der individuellen Schwerpunktbildung – auch im Blick auf die Anforderungen der *Sekundarstufe II* – einen entscheidenden Spielraum.

Der Unterricht der Hauptschule führt die Fächerung der Grundschule weiter fort und gliedert sich nach dem *Kern – Kurs – System*, wobei ein Teil des Unterrichts (so z. B. in NRW: in Englisch, Rechnen/Geometrie und Rechtschreiben) nach Leistungsgruppen differenziert wird; der weiteren Differenzierung dienen Wahlpflichtfächer und Arbeitsgemeinschaften. Die schematische Abfolge von 45-Minuten-Einheiten kann durch ein variables System von zeitlich verschieden langen Lehreinheiten und durch einen *Epochalunterricht*, der die kontinuierliche Arbeit an einem Gegenstand erlaubt, abgelöst werden. Der *fächerübergreifende Unterricht* ergänzt die fachspezifischen Lehrgänge und ermöglicht die für die Hauptschüler, die früher als andere Schüler in die Berufswelt eintreten, besonders wichtige Konfrontation mit den Problemen, wie sie in der gegenwärtigen Welt gegeben sind. *Vorhaben, Betriebserkundungen* und *Praktika* schließlich gewähren auf ihre Weise direkten Einblick in das Leben selbst und erlauben eine erste Bewährung und Erprobung in außerunterrichtlichen Situationen.

Bereits ehe die Hauptschule begründet war, wurde diskutiert, ob ihre Gründung nicht durch den Gedanken der → *Gesamtschule* überholt sei, und die Fragen in dieser Richtung gehen weiter. Ob die Hauptschule eines Tages aber in einer Gesamtschule aufgeht oder aber in selbständiger Form fortbesteht – die Aufgabe, auf die sie eine Antwort zu geben sucht, bleibt. Eine großzügige organisatorische und inhaltliche Neugestaltung muß durch intensive erziehungswissenschaftliche Begleituntersuchungen unterstützt und fortgeführt werden. Entscheidend für die Zukunft der Hauptschule wird aber sein, ob es ihr gelingt, das für ihr Selbstverständnis wichtige Verständnis und die notwendige Anerkennung ihrer großen Aufgabe zu gewinnen.

Jugend. ABGRENZUNG UND GLIEDERUNG. Die Jugend ist der Abschnitt der menschlichen Entwicklung zwischen → *Kindheit* und Erwachsenenalter. Sie beginnt mit der *Reifungsphase* (→ *Altersstufen*), die u. a. die Geschlechtsorgane funktionsfähig werden läßt. Der Abschluß der Jugend ist nicht durch ein ähnliches biologisches Ereignis gekennzeichnet. Er ist erreicht, wenn der Aufbau der Persönlichkeit so weit gediehen ist, daß eine selbständige Lebensführung gelingen kann. In primitiven Kulturen nimmt die Jugend eine relativ kurze Zeitspanne ein, während das Zurechtfinden in einer uneinheitlichen, komplizierten Erwachsenenwelt eine weit größere geistige Überlegenheit verlangt und länger dauert. Auch sind die individuellen Lebensaufgaben zu berücksichtigen. In der Gegenwart dürfte sich bei uns der Übergang zum Status des Erwachsenen für viele weit in das dritte Lebensjahrzehnt hinaufschieben.

Die Jugend umfaßt ähnlich wie die Kindheit mehrere → *Altersstufen*. Dabei ist zunächst die Reifungsphase zu nennen, mit der die Jugend anhebt. Bei Knaben währt sie etwa zwei Jahre (durchschnittlich mit etwa 12 Jahren beginnend), bei Mädchen ein Jahr mehr (durchschnittlicher Beginn bei etwa 10½ Jahren). Schon wegen ihrer langen Dauer wird diese Phase in der Regel als eine besondere Altersstufe betrachtet: die *Vorpubertät*. Ihr folgt die *Pubertät*. Sie ist (nach *A. Busemann*) eine Beruhigungsphase, während die Vorpubertät eine Phase mit gesteigerter Emotionalität ist. Mit einem letzten Reifungsschritt, durchschnittlich mit 16–17 Jahren, beginnt die *Adoleszenz*. Gegen den Versuch, dieser Gliederung folgend das Kennzeichnende für den Verlauf der Jugendentwicklung herauszuarbeiten, bestehen Bedenken. Die Altersstufen lassen sich in der Jugend vom Verhalten und Erleben her nicht so überzeugend voneinander abheben, wie das bei der → *Kindheit* möglich ist. Das Individuelle dominiert, so daß die Unterschiede zwischen Gleichaltrigen nicht selten größer sind als die zu Angehörigen der anderen Altersstufen. Selbst markante geistige Fortschritte sind in der Jugend nicht ohne weiteres alterstypisch.

KENNZEICHNUNG JUGENDLICHEN ERLEBENS. Was für die Entwicklung im Jugendalter wesentlich sei, ist in den letzten Jahrzehnten besonders durch *kulturanthropologische Forschungen* erneut in Frage gestellt worden. Bis dahin hatte die Auffassung vorgeherrscht, daß biologische Faktoren entscheidend seien. Untersuchungen in verschiedenen, vor allem primitiven Kulturbereichen ergaben jedoch so heterogene Bilder von dem Übergangsstadium zum Erwachsenenalter, daß die kulturell-soziologische Bedingtheit vieler Jugenderscheinungen als erwiesen gelten kann. Die damit gelegentlich begründete These, die Besonderheiten der in unseren Verhältnissen aufwachsenden Jugend seien ausschließlich Auswirkungen der westlichen Zivilisation, ist jedoch ebenso einseitig wie die vorangegangene Absolutsetzung der organischen Reifung *(D. P. Ausubel)*. Doch ist es schon notwendig, die kulturell-soziologischen Bedingungen in Rechnung zu stellen, auch im Hinblick auf die unterschiedlichen, zudem einem epochalen Wandel unterliegenden sozialen Verhältnisse in unserer *Umwelt*. Das schränkt den Geltungsbereich jugendpsychologischer Forschungsergebnisse ein und verlangt eine differenzierende Darstellung.

Immerhin kann ein Ergebnis der neueren *Intelligenzforschung* für die Kennzeichnung der Jugend der westlichen Kulturwelt als bedeutsam betrachtet werden. *J. Piaget* hat festgestellt, was aufgrund von Schulerfahrungen schon lange angenommen wurde, daß in der *Vorpubertät* die *Denkstruktur der formalen Operationen*, d. h. das *abstrakte Denken*, zugänglich wird. Damit ist nicht das begriffliche Verallgemeinern der konkreten Gegenstandserfahrungen gemeint; dazu gelangt schon die späte Kindheit. Jugendliche dagegen werden, mit etwa 11—12 Jahren beginnend, fähig, Gegenstände zu denken, die in der wahrnehmbaren Welt nicht erfahren noch verallgemeinernd aus ihr entwickelt werden können, deren Zusammenhänge vielmehr als in sich schlüssig und logisch zwingend erkannt werden *(→ Altersstufen)*.

Es ist für die geistige Entwicklung, die zur *Mündigkeit* führt, von größter Bedeutung, daß den Jugendlichen dabei auch die innere Wirklichkeit faßbar wird. Darauf zielte *E. Spranger*, wenn er die *Entdeckung des Ich* als den Kern des Jugenderlebens betrachtete. Es bedarf der Klärung, was mit diesem kernhaften Erleben gemeint ist, was der junge Mensch erlebt, wenn er sich mit seinem Ich beschäftigt. Zunächst muß gesagt werden, daß das Ich für sich und isoliert dem Bewußtwerden überhaupt nicht zugänglich ist. Aber es steckt in allen erlebten Bezügen zur Welt, auch wenn es, wie in der *→ Kindheit*, nicht beachtet wird. Es ist in jedem Erleben gegenwärtig, nicht als Inhalt neben anderen Inhalten, die erlebt werden, sondern als das stets beteiligte aktive Zentrum, das die Inhalte erst zu Inhalten macht. Denn es ist immer das Ich, das erlebt. Es hat die Inhalte und gibt ihnen ihre Erlebnisbedeutung. Das geht dem Jugendlichen auf. Er wird sich bewußt, daß er sich den Gegenständen zuwenden, aber auch von ihnen abwenden kann, daß er etwas begehren, aber auch darauf verzichten kann, daß er verachten kann, was ihm bislang achtenswert erschien. Daß und wie er etwas erlebt, ist ihm nun nicht mehr problemlos wie in der Kindheit. Er entdeckt, daß es von ihm anhängt, wie er zu den Menschen und den Gegenständen steht, was sie ihm sind. In dieser Bedeutung wird ihm sein Ich bewußt, und deshalb wandelt sich durch diese Entdeckung seine Haltung zu Welt und Leben von Grund auf.

Zwar treffen auch Kinder bereits Entscheidungen über ihr Tun und Lassen. Doch handhaben sie dabei die Maßstäbe, die ihnen von Erziehern in *Familie* und → *Schule* oder durch andere Lebenskreise, denen sie angehören, übermittelt worden sind. Das Neue, zu dem der Jugendliche ansetzt, liegt darin, daß er selbst klären und darüber befinden will, wonach er sich richtet. Er fühlt sich gedrängt, von sich aus *Stellung zu nehmen*. Es geht ihm darum, selbst zu werten oder zumindest die überkommenen Werte auf ihre Verbindlichkeit zu prüfen und sich danach zu *entscheiden*. Die »Entdeckung des Ich« bedeutet also, daß dem Jugendlichen sein Verhältnis zur Welt, zu Mitmenschen und *Kultur* zur Aufgabe wird.

Für die Bewältigung dieser Aufgabe fehlen der Jugend anfangs die geistigen Voraussetzungen. Das zeigen manche verfehlte Unternehmungen und Auflehnungen, die den Erwachsenen töricht vorkommen mögen; deshalb wird die Vorpubertät auch *Flegelalter* genannt. Immerhin liegt in solchen »Flegeleien« die Tendenz, aus den überkommenen Ordnungen auszuscheren und eigene Wege zu gehen. Dieses Streben nach *Selbständigkeit* dokumentiert sich in gleicher Weise bei der einfachen Jugend wie bei der höhergebildeten. Es darf angenommen werden, daß es in den Reifungen dieses Alters wurzelt. Beim *Werten* dagegen handelt es sich um geistige Leistungen. Dabei müssen menschliche Bezüge und Beziehungen und die Ordnungen, denen sie unterliegen, im Hinblick auf die stets neuen Situationen des Handelns abgewogen und beurteilt werden. Es ist die Aufgabe der Jugend, das zu *lernen*. Das eigenständige und schlüssige Bewältigen dieser Aufgabe setzt prinzipielles Denken voraus.

Stiltypen der Jugendentwicklung. Wie der einzelne Jugendliche diese Aufgabe durchsteht, der Stil und das Niveau seiner Auseinandersetzungen, die Lebensbereiche, die dabei im Vordergrund stehen, der Verlauf und die Fortschritte während der langen Jahre bis zum Erwachsensein und schließlich der Ertrag für die Persönlichkeitsformung hängen von so mannigfaltigen Bedingungen ab, daß es einen einheitlichen Typus der Jugend nicht gibt. Selbst bei Berücksichtigung der sozialen Schichten und Lebensumstände, etwa bei der Jugend im Beruf und der Jugend höherer Schulen, findet man keine eindeutigen

Gruppentypen. Das gilt auch, wie schon gesagt, von den *Altersstufen*. Es gibt höchstens Akzentuierungen nach der einen oder anderen Seite.

Grundbedingung für die gekennzeichnete Entwicklung ist ein besonderer, reflektierter Aktivitätseinsatz, der sich aus dem Bewußtsein ergibt, daß das Verhältnis zur Welt der persönlichen Stellungnahme bedarf. Die Gehalte, die Beschaffenheit und Qualität des *Wertens* der einzelnen Jugendlichen hängen davon ab, wie weit sie dazu fähig und bereit sind. Psychologische Untersuchungen, die diesen Fragen nachgehen, müssen *monographisch* verfahren, d. h. einzelne Jugendliche, ihr Erleben und ihre Einstellung zu den Hauptproblemen der Jugend müssen eindringlich erforscht werden. Bei größerer Zahl lassen sich dann aufgrund verwandter Einstellungen *Stiltypen der Jugendentwicklung* erarbeiten. Das ist die Methode der sehr ergiebigen Untersuchungen von *W. Jaide*. Sie unterscheiden sich von den meisten vorangegangenen Werken der Jugendforschung. Denn bisher war das Interesse vornehmlich darauf gerichtet, ein Bild der Jugend insgesamt zu gewinnen, das allenfalls nach Altersstufen und Bildungsgruppen differenziert wurde (*E. Spranger*, *Ch. Bühler*, *W. Hoffmann*, *H. Schelsky* u. a.). Keines dieser älteren Werke hat seine Absicht überzeugend zu erfüllen vermocht. Die Gründe dafür ergeben sich u. a. aus den Ergebnissen der kulturanthropologischen Forschung.

W. Jaide (1961) fand drei *Entwicklungsstile*, denen eine ungefähr gleichgewichtige Verbreitung zukommt; sie sind wandlungsfähig, werden aber in allen Altersstufen und Bildungsgruppen der Jugend angetroffen. Ob sich inzwischen erhebliche Veränderungen ergeben haben, müßten neue Untersuchungen nachprüfen. Zu jedem der drei Stile gibt es eine Abwandlung, die einige Hauptmerkmale des Stils in besonderer Ausprägung zeigt. Wir nennen die Abwandlungen jedesmal an zweiter Stelle: *Konservative — Naive; Desinteressierte — Distanzierte; Suchende — Entschiedene.*

Ein beachtlicher Teil der Jugend, so stellte *Jaide* fest, führt ein Leben, das sie nach Werteinstellung und Praxis als *Konservative* kennzeichnet. Diese Jugendlichen rücken von den überkommenen Ordnungen nicht ab, sie sind ihnen recht, sie bejahen sie. Dieser Typus findet sich in allen Altersstufen beider Geschlechter zwischen 14 und 22 Jahren, in allen Bildungsgruppen und sozialen Schichten. Die ländliche Jugend neigt ihm etwas mehr zu, sonst sind keine besonderen Häufungsunterschiede zu bemerken.

Den *Naiven* fehlt in der Regel die Fähigkeit, sich eigenständig mit Problemen zu befassen. Nicht bei jedem kommt *abstraktes Denken* zur Entfaltung. Dann können Sinneinsichten nicht fundiert vollzogen werden, und es bleibt nur ein Handeln in gewohnten Bahnen oder nach Mustern übrig.

Anders steht es um die *Desinteressierten.* Zwar werden auch sie von Wertproblemen nicht gepackt. Aber ihnen bedeuten auch die überkommenen Ordnungen nicht viel. Die Desinteressierten unterscheiden sich von allen anderen dadurch, daß ihre Empfänglichkeit für Werte überhaupt gering ist. Auch ihre Bindungen an Familie, Kirche und andere Lebenskreise sind locker. Sie engagieren sich nicht und führen auch keinen Kampf gegen Normen oder Einrichtungen. Eher passen sie sich an, um nicht aufzufallen. Dagegen sind sie dabei, wenn es um ihren Vorteil und um die Befriedigung ihrer Bedürfnisse geht. Viele kommen aus Familien, in denen sie keine rechte Gemütswärme, eher Verwöhnung, erfahren haben.

Hier kann die sog. *Primitivpubertät* eingeordnet werden, die der *Kulturpubertät* als bedenkliche Form der Jugendentwicklung gegenübergestellt wird (*H. Roth* 1965). Sie wurde zuerst bei Mädchen aufgewiesen, deren geistige Interessen infolge wahllosen Sexualverkehrs zum Versanden gekommen waren (*Ch. Bühler* 1967). Ferner muß hier die *skeptische Generation* genannt werden (nach dem Titel eines Buches von *H. Schelsky*).

Der zahlenmäßig weit geringere Nebentypus der *Distanzierten* lebt auch wertfern. Doch äußert er seine Skepsis und neigt oft zu Fatalismus und Pessimismus.

Das Idealbild, das *Spranger* für die Jugend allgemein gezeichnet hat, gibt es als Typus: die *Suchenden.* Man trifft sie in der *Pubertät* bei höheren und Mittelschülern doppelt so oft an als bei Berufsschülern. Sie haben in der Familie geistige Anregungen, aber selten strenge Erziehung erhalten. Bei den Berufstätigen nimmt dieser Typus bis in die 20er Jahre zu.

Suchende, die ihre endgültige Haltung gefunden haben oder zu haben glauben, bilden den Nebentypus der *Entschiedenen.* Da zum Suchen Zeit gehört, sind in den unteren Altersstufen die Entschiedenen mit fundierter Haltung selten.

Es liegt nahe, in erster Linie die zum Typus der Suchenden Gehörenden als die Vertreter der *Kulturpubertät* zu betrachten. Doch nimmt auch die Gruppe der Konservativen eine Haltung ein.

Probleme und Wege zu ihrer Klärung. Die Jugend bezieht sich bei ihren Stellungnahmen auf Werte, die sie im Leben verwirklicht findet. Sie begegnen ihr bei der Teilnahme an den Gütern und Einrichtungen der *Kultur,* in Sittenordnungen,

Religion, Künsten, Politik usw. Doch liegen *Wertungen* auch allem individuellen Verlangen, Denken und Handeln zugrunde, wie es der einzelne bei sich selbst und bei Mitmenschen erleben kann. Den Jugendlichen hinwiederum liegen je nach ihrem Bildungsstand und ihren Lebensumständen die verschiedenen Wertbereiche näher oder ferner, abgesehen von dem Interesse und der Befähigung des einzelnen. Bei dieser Mannigfaltigkeit der Gelegenheiten und Möglichkeiten der *Begegnung mit Werten* kann nicht erwartet werden, daß es für die Jugend einen Standardweg des Wertenlernens gibt.

Das Bild der Jugend, das *E. Spranger* entworfen hat, wurde oft nur für die geistige Oberschicht in den ersten Jahrzehnten dieses Jahrhunderts als zutreffend betrachtet. Es gelang lange nicht, ihm eine ähnlich umfassende Darstellung der Arbeiterjugend zur Seite zu stellen. *H. Bertlein* hat um 1960 bei Berufsschülern, zugleich auch bei höheren und Realschülern erkundet, welches die Probleme sind, mit denen sie sich intensiv beschäftigen. Dabei ergab sich, daß die meisten männlichen Jugendlichen sich den Ordnungen und Werthaltungen, die sie vorfinden, nicht einfach anpassen, sondern ein eigenes Verhältnis dazu suchen. Das zeigt, daß *Sprangers* Grundthese im Prinzip noch zutrifft, auch für die berufstätige Jugend.

Allerdings entspringen die *Jugendprobleme* gegenwärtig oft anderen Anlässen als zu Sprangers Zeiten. Was Schule und Literatur bieten, hat bei der Suche nach einem eigenen Standpunkt auch für die höheren Schüler nicht mehr die gleiche Bedeutung wie früher. Das Leben drängt sich den Menschen, auch der Jugend, anders auf als damals. Die sozialen und politischen Spannungen in der Welt sind in den Vordergrund getreten. Sie sind zu Hauptinhalten der Auseinandersetzungen in *Altersgruppen* der Jugend geworden, deren Bedeutung für die Übermittlung und Durchsetzung bestimmter Einstellungen, Bewertungen und Verhaltensstile erheblich gestiegen ist, während gleichzeitig eine Emanzipation der Jugend, vor allem der Bildungsschicht, von ihren Eltern und Erziehern erfolgt ist *(D. P. Ausubel)*.

Dennoch schaut wohl die Mehrzahl der Jugend heute wie zu allen Zeiten auf die Erwachsenen. Das ist die im Entwicklungsstand bedingte Blickrichtung der nachwachsenden Generation. Es geht dabei nicht darum, die Weisungen der Älteren zu erfragen. Die Jugend strebt nach Selbständigkeit. Sie stellt die kritische Frage, ob die Erwachsenen für das eigene *Werten* Vorbild sein können. Oft werden der Vater, der Lehrer in dieser Hinsicht abgelehnt. Die Jugendlichen dokumentieren

durch ihre *Vorbildwahl* ihre Eigenständigkeit. Auch die Ablehnung von Menschen dient der eigenen Klärung.
Es ist leichter, Erfolge und Leistungen zu bewerten als die Haltung und Gesinnung einer Persönlichkeit. Daher überwiegen am Anfang der Jugend die *Leistungsvorbilder*. Allgemein werden sie mit zunehmendem Alter seltener. Bei der berufstätigen Jugend nehmen dafür die *Persönlichkeitsvorbilder* zu, wenn auch bis in die *Adoleszenz* hinein die Beachtung von Leistungen vorherrscht. Bei höheren Schülern sind meistens bereits zu Beginn der *Pubertät* die beiden Vorbildarten gleichgewichtig. Danach entwickeln sie statt dessen mehr abstrakte Richtziele für ihr Wollen. Es sind das *Ideale*, die nicht an konkreten Trägern erlebt werden. Manche beginnen damit schon früh, andere nach enttäuschenden Erlebnissen *(H. Bertlein)*.
Ein solches grundsätzliches Klären von Lebenszielen geht mit einer Erhellung der Weltzusammenhänge, in denen der Mensch steht, einher. Es ist ein Durchdenken der Ordnung der Welt, das nicht danach fragt, was sie für die Selbsterhaltung und -durchsetzung bedeutet, sondern welcher Sinn ihr zukommt. Das ist nicht möglich ohne Stellungnahme, und deshalb erschöpfen sich *Sinneinsichten* nie im bloßen Wissen. Sie schließen den Anspruch ein, daß für ihre Verwirklichung eingetreten wird. Sinnwerte ergreifen den, der sie begreift; sie werden als unmittelbar verbindlich erlebt. Da jeder Jugendliche aus der → *Kindheit* Wertbindungen gemüthafter Art mitbringt, ist für ihn die Auseinandersetzung mit Welt und Leben immer zugleich »Einkehr bei sich selbst« *(Ph. Lersch)*. In Vergleich zu dieser ideellen Auseinandersetzung erscheint das Werterleben an einem *Vorbild* als etwas Mittelbares, dem auch die Gefahr anhaftet, daß Sympathie die Wertsicht trübt.
Man findet auch bei beruflich tätigen Jugendlichen Idealbildungen, jedoch mit geringerer Verbreitung (*W. Jaide* 1968). Das verdient Beachtung, denn es läßt erkennen, welche Bedeutung eine allgemeine Schulbildung, die das Jugendalter weiter hinauf begleitet, für die Fundierung und die Differenzierung des Werterlebens und die geistige Orientierung auf dem Wege zur Mündigkeit hat (*H. Roth* 1965). Der Jugend, die früh in den Beruf eintreten muß, ist dieser Weg zwar nicht versperrt, aber sie muß ihn weithin ohne geplante Hilfe finden. Darin ist die »Spätentwicklung der inneren Wertbezogenheit« bedingt, die *H. Bertlein* als Kennzeichen und zugleich als Chance der Jugend ohne höhere Schulbildung hervorhebt.
Alters- und Bildungsstufen im Jugendverlauf. Es wurde

dargelegt, daß die Entwicklung im Jugendalter weit ausgeprägter als in der *Kindheit* individuelle Züge zeigt. Das ist bei der folgenden alterstypologischen Kennzeichnung des Jugendverlaufs mit zu bedenken.

Vorpubertät. Dieser Altersstufe ist eine gesteigerte emotionale Erregbarkeit eigen. Auflehnung und Schuldbewußtsein, Hochstimmung und Depression, Vorsätze und Versagen, soziale Kontakte und Konflikte sind wechselnde Inhalte des Erlebens und Bedingungen des schwankenden Erscheinungsbildes.

Die Unruhe spiegelt sich in einem Übermaß an Bewegungen, der Ausdruck in Mimik und Gestik ist vielfach überhöht und entordnet. Besonders bei Mädchen mutet das leicht wie affektiertes Getue an. Doch ist das Ganze wenig gesteuert. Es ist ein »lautes« Alter, der Rededrang ist groß. Man ist am liebsten draußen, auf der Straße, im Schwimmbad. Die Jungen kommen zu Banden zusammen, in denen sie sich hervortun und Unfug treiben *(H. H. Muchow).* Die Mädchen finden und überwerfen sich mit ihren Freundinnen *(M. Zillig).* Das alles wirkt wie Kraftüberschuß. Um so überraschender ist gelegentlich ein lustloses Absacken mitten im Treiben. Man döst, hängt Tagträumen nach. Dem Verhalten fehlt die Linie, so daß dem Erzieher das Nachempfinden schwerfällt. Die durchschnittlichen Schulleistungen sinken ab.

Zum Bild der Vorpubertät gehören *Konflikte mit den Erziehern,* besonders den Eltern. Auf Zurechtweisungen wird oft mit Trotz reagiert. Noch typischer ist das innere Aufbäumen gegen Ordnungen des Zusammenlebens und das Verhalten der Eltern — beides bislang problemlos hingenommen, nun aber als Willkür und Übelwollen empfunden. Über die Eltern wird nachgedacht, bei ihnen werden die Konfliktursachen gesucht, sie werden kritisiert. Dabei werden auch Motive für das eigene Verhalten erwogen. Die *Wertauseinandersetzung* beginnt, wenn auch infolge der Affektivität meist die erforderliche Distanz fehlt. Klarheit wird nicht erreicht.

Aber die neue Sicht auf die innere Wirklichkeit ist gewonnen. Der Ruf nach eigener Stellungnahme wird vernommen und befolgt. Bei Jungen ist die Vorpubertät meist dramatischer. Bei Mädchen hat sie öfter den Charakter der Verinnerlichung *(H. Hetzer).* Individuell sind das Erscheinungsbild und der Verlauf der Vorpubertät sehr unterschiedlich. Dabei sprechen das Temperament, der Bildungsstand, die *soziale Umwelt,* die aus der *Kindheit* mitgebrachten Bindungen und die durch voraufgegangene Erziehung geformte Haltung mit.

Pubertät. Das Einsetzen regelmäßiger Ausscheidungen der Geschlechtsdrüsen zeigt den biologischen Übergang von der Vorpubertät zur Pubertät an. Meist lassen nun die Stimmungsschwankungen und Affektausbrüche nach. In dem beginnenden ruhigeren seelischen Klima können die angebahnten Weisen und Richtungen der Aktivität in geistigen Leistungen fruchtbar werden. Lehrer des 9. Schuljahres, die die erwachte Problematik zur Entfaltung kommen lassen, loben die Beteiligung und Arbeitshaltung ihrer Schüler im Unterschied zu dem vorangegangenen Schuljahr.

Die Spannungen in *Familie, Schule* oder Lehrverhältnis sind jedoch nicht mit einem Male überwunden. Das Wollen und die Vorschriften der erwachsenen Partner lassen sich oft mit dem, was die Jugendlichen für recht halten, nicht vereinbaren. Mehr als in der Vorpubertät werden nun auch *kulturelle Ordnungen* kritisiert. Das Ringen um persönlich zu rechtfertigendes Handeln bleibt während der ganzen Jugend lebendig.

Doch erschöpfen sich die Auseinandersetzungen nun nicht mehr, wie oft in der Vorpubertät, darin, daß man sich an dem jeweiligen Anlaß reibt und darauf affektiv reagiert. Die jungen Menschen werden freier für eine wertende Sicht auf das, was andere Menschen bewegt. Sie gewinnen auch Abstand zu dem, was ihrem eigenen Wollen zugrunde liegt. Die innere Wirklichkeit tut sich dem Spüren und Wägen als neue Welt auf, deren geistige Bewältigung andere Kategorien erfordert als die äußere Welt, in der die Kindheit lebt. Die Jugendlichen versuchen sich im *Verstehen* ihrer Mitmenschen. Sie klagen über Erwachsene, die sie nicht verstehen; sie sind geneigt, sich denen an- und aufzuschließen, die ihnen Verstehen entgegenbringen.

Zum Verstehen der seelischen und der objektivierten Wertwelt gelangen nicht alle auf gleiche Weise. Es gibt ein Verstehen aufgrund mehr unmittelbaren Einfühlens, aber auch ein solches, das überwiegend auf reflektiertem Bewußtwerden und Abwägen beruht. Das letztere setzt ohne Zweifel eine differenziertere Geistigkeit voraus. Es gibt vor allem in der Bildungsschicht Jugendliche, die ihr Erleben und die Motive anderer schon in der Pubertät analytisch zu durchdringen versuchen. In ähnlicher Weise nehmen sie zu den Gehalten der kulturellen Wertwelt Stellung. Niederschläge solchen Reflektierens sind die meisten veröffentlichten und ausgewerteten *Jugendtagebücher* (*Ch. Bühler* 1925, 1927; *W. Fischer* 1955, 1958; *W. Küppers* u. a.; verwiesen sei auch auf *Das Tagebuch der Anne Frank*, 1950). – Zum Einfühlen genügt ein beteiligtes Sich-Öffnen für wertgerichtetes Erleben; auf diese Weise versteht eine schlichte Mutter ihr Kind. Auch geistig weniger differenzierte Jugendliche können durch gefühlsmäßiges Angesprochensein Menschen verstehen und sie daraufhin bejahen oder ablehnen. Sie erfahren auch das Besondere der eigenen Innerlichkeit durch besinnlichen Umgang mit ihrem wertbezogenen Fühlen und gewinnen so ein eigenes Verhältnis zur Welt.

Adoleszenz. Nach dem ruhigeren Aufbau während der Pubertät folgt mit etwa 16—17 Jahren oft noch einmal eine Unruhewelle. Ein Teil der Jugend verliert im 2. oder 3. Lehrjahr jäh die Freude am erwählten Beruf. Die verbreitete Neigung, die *Schule* mit der mittleren Reife zu verlassen, beruht vielfach auf analogen Regungen. *A. Busemann* nennt diese *emotionale Phase* die *Jugendkrise.* Sie leitet die Adoleszenz ein.

Soziale Spannungen sind nicht die typischen Erscheinungen dieser Krise. In der Adoleszenz geht es mehr um die Stellung zur Kulturwelt und zur Lebensordnung des Menschen, wozu in der *Pubertät* meist ein erstes Verhältnis angebahnt worden ist. Bei der mehr auf konkrete Lebenserfüllung gerichteten Jugend stehen Möglichkeiten praktischen Leistens, oft in Verbindung mit sozialem Aufstiegsstreben, im Vordergrund. Den geistig Geförderten erschließt sich jetzt in höherem Maße als in der Pubertät »das theoretische Problemerlebnis als autonome Einstellung« *(E. Spranger).* Doch gibt es auch Schüler, die sich nun vom Theoretischen abkehren. Überhaupt läßt sich die Problematik der letzten Altersstufe der Jugend noch weniger als die der vorhergehenden nach äußeren Gruppierungen abgrenzen. So bemühen sich gerade in der Gegenwart nicht wenige, die früh in den Beruf gegangen sind, autodidaktisch oder mit Hilfe der → *Erwachsenenbildung* um ein theoretisches Fundament für ihre Lebensgestaltung *(Zweiter Bildungsweg).*

Die Problematik der Adoleszenten wurzelt in den Auseinandersetzungen der vorangegangenen Jugendjahre. Das emotionale Sich-Lösen von den Autoritäten der *Kindheit,* noch mehr das Bemühen um *Verstehen* und Verstandenwerden bereiten das faszinierende *Erleben der Einmaligkeit* der eigenen Person vor. Ganz auf sich selbst gestellt zu sein bedeutet *Einsamkeit* und vor allem *Verantwortung,* die einem niemand abnehmen kann. Diese Konsequenz spüren manche Jugendliche schon früher; typischer akzentuiert ist sie in der Adoleszenz.

Die vordringlichen Probleme dieser Altersstufe resultieren aus dem *Bewußtsein der Verantwortlichkeit* in der Welt. Heute sind es vor allem politisch-soziale und sittliche, aber auch weltanschauliche und religiöse Probleme (*H. Bertlein, W. Jaide* 1963, 1968). Dabei begnügt man sich nicht mit gefühlsmäßigen *Wertungen*. Wer dazu imstande ist, strebt nach begründeten Stellungnahmen, ringt um Einsicht, um letzte *Verbindlichkeit*; das spiegelt sich auch in den *Tagebüchern* (*W. Fischer* 1958).

Das von der Vorpubertät an immer mehr hervortretende Streben nach *sittlicher Selbstbestimmung* erhält durch das Verantwortungsbewußtsein der Adoleszenten neues Gewicht. Nur durch Selbsterziehung kann das *sexuelle Drangerleben* eine personale Steuerung und sittliche Einordnung finden. Bei der weiblichen Jugend meldet sich der Trieb in der Regel erst infolge sexueller Erlebnisse. Dagegen sind die meisten Jungen durch dranghafte lokale Spannungen beunruhigt. Schon am Ende der Kindheit, jedoch stark zunehmend in der *Vorpubertät*, haben die meisten mit der *Masturbation* begonnen. Das Nicht-Fertigwerden mit diesem zur Gewohnheit gewordenen Tun erleben viele als niederdrückendes Versagen. Die Adoleszenz gelangt aufgrund ihrer geklärten und festeren Haltung erfahrungsgemäß zu einer besseren Einordnung ihres Geschlechtstriebes.

Bildungsstufen. Die Jugend erwartet von ihren Lehrern nicht Anweisungen und Belehrungen, die einfach hinzunehmen sind, sondern Hilfen für den eigenen Bildungserwerb. Besonders den Adoleszenten muß in dieser Hinsicht eine weitreichende Selbständigkeit eingeräumt werden. Da sich in der Vorpubertät die Gerichtetheit der Aktivität anbahnt, die in der Pubertät zur Entfaltung kommt, werden diese beiden Altersstufen zweckmäßig in eine Bildungsstufe einbezogen (Alter etwa 12 – 15 Jahre), die das 7. – 9. oder 10. Schuljahr umfaßt. Es ist die dritte Bildungsstufe der → *Schule*, da die erste und zweite sich auf die → *Kindheit* beziehen (→ *Altersstufen*). Der Adoleszenz entspricht die vierte Bildungsstufe (ab etwa 16 – 17 Jahren).

Schon in der *dritten Bildungsstufe* sollen die Schüler in wachsendem Maße zu Mitträgern der eigenen *Bildung* werden, indem sie an Auswahl und Planung der Aufgaben mitwirken und über Aufgliederung und zeitliche Verteilung der zu erfüllenden Arbeits- und Lernaufträge im Rahmen des Möglichen entscheiden können. Dadurch wird der einzelne zur Auseinandersetzung mit sich selbst veranlaßt; ihm werden seine Fähigkeiten, aber auch seine Mängel bewußt. Wichtig ist, daß in Fächern, die menschliches Verhalten zum Gegenstand haben, Gelegenheiten zu wertenden Stellungnahmen gegeben werden.

In der *vierten Bildungsstufe* ist es wichtig, daß die Verantwortung der einzelnen Schüler sich in der Wahl der von ihnen intensiv zu bearbeitenden Gegenstände bewährt. Jeder sollte sich mit einem Problem, das ihm wichtig ist, gründlich auseinandersetzen und es in länger dauernder Arbeit behandeln können. Das läßt sich durch Reduzierung des allgemein Verbindlichen erreichen *(→ Bildungswesen in der BRD, allgemein)*.

Katholische Pädagogik. Die katholische Pädagogik kennt nicht nur einige zusätzliche, sie von anderen unterscheidende Praktiken, auch ihr wissenschaftlicher Ansatz hat seine Einmaligkeit. Gleichwohl sind Praxis, Lehre und Wissenschaft der katholischen Pädagogik doch auch wiederum nicht derart von jeder anderen verschieden, daß es nicht Berührungspunkte, ja sogar weite Strecken der Gemeinsamkeit gäbe. Die katholische Pädagogik kann sich nicht auf die *»Religionspädagogik«* im heutigen Sinne oder gar auf die schulische katechetische Unterweisung beschränken. So wichtig diese ist, so ist sie doch keineswegs das Zentrale noch das pädagogisch Bedeutsamste.

Um die eigentlichen Strukturzusammenhänge deutlich zu machen, bedarf es zunächst einer Analyse des konkreten Vollzuges katholischer Pädagogik in Geschichte und Gegenwart. Erst dann wird verständlich, warum es ihr nur um die Pädagogik im ganzen gehen kann. Es wird aber auch begreiflich, warum die katholische Pädagogik und die Kirche, die sie vertritt, in vielen Punkten eine für den Außenstehenden unverständliche und zu Mißdeutungen Anlaß gebende Hartnäckigkeit an den Tag legt.

Die Geschichte der katholischen Pädagogik geht durch fast zwei Jahrtausende und erweist die gewordenen Rechte der *Kirche*, die allerdings vielerlei geschichtlichem Wandel unterworfen waren. Zwar gab es von den frühen Jahren der Kirche an eine *christliche Erziehung*, eigene Schulen kannte man jedoch noch nicht. Sie wuchsen der jungen Christenheit erst über die Theologenschulen und das Mönchtum zu, das sich schon bald der Erziehung junger Menschen annahm. Der traditionellen klassischen griechisch-römischen *→ Bildung* stand man mit zerrissenem Herzen gegenüber. Erst die Konversion zahlreicher Gebildeter machte die Kirche für sie aufgeschlossener, ohne daß deswegen eigene Bildungsstätten für die Vermittlung der antiken Bildungsgüter gegründet worden wären. Das wurde wesentlich anders im Mittelalter, das man die Hochzeit der katholischen kirchlichen Bildungsunternehmungen nennen darf. Das Schul- und Universitätswesen, das allein natürlich nicht die katholische Erziehung ausmacht, war damals im wesentlichen kirchlich. Die Wissenschaften wurden nach dem Schema der »Sieben Freien Künste« gegliedert, die ihre Krönung in der Theologie fanden. Auch die Bildungsinhalte waren theozentriert, was im Kern, nicht in den Modifikationen der Darbietung oder dem Grad des Bewußtwerdens auch heute noch der Fall ist, weil das zum Wesen der katholischen Pädagogik gehört. Die beginnende Neuzeit ist bestimmt durch die Emanzipation der Wissenschaften und des *Denkens* aus diesem christlich-kirchlichen Selbstverständnis. Die Pädagogik der Kirche wird eine neben anderen, zunächst neben neugläubigen Erziehungsauffassungen und -einrichtungen, später sieht sich die christliche Pädagogik in ihrer Gesamtheit einer säkularisierten Erziehungswelt gegenüber, der sie mal in Abwehr, mal in bereiter, mal in widerstrebender Partnerschaft begegnet, immer darauf bedacht, das je eigene Erziehungsverständnis auf legitime Weise gegenüber jeder Verfremdung zu sichern.

An diesem Punkte der Entwicklung steht heute die Begegnung. Es gibt ohne Zweifel eine katholische Pädagogik. An Zahl und Umfang weisen ihre Einrichtungen — relativ betrachtet — nicht immer mehr jene Fülle auf, die sie einmal gehabt haben, als die Kirche Erziehung und Bildung fast ausschließlich als ihre Sache ansehen konnte. Absolut gesehen ist das Erziehungswerk der Kirche aber größer, als es je gewesen ist. Die Vielheit seiner Einrichtungen ist unübersehbar. Sie reichen unter geographischem Aspekt über alle der freien Religionsausübung geöffneten Länder, besonders über die Entwicklungsgebiete, in denen die *Missionsschulen* das Werden eines den Verhältnissen entsprechenden Gebildetenstandes erst ermöglichten. Sie umfassen unter sachlicher Rücksicht jede Art von Erziehungsstätten, vom *Kindergarten* über *Schule* und *Erwachsenenbildung* bis hin zu den *Hochschulen* und *Universitäten*. Unübersehbar ist aber auch die Tatsache, daß sich alle diese Institutionen in einer sich mehr und mehr säkularisierenden Welt, d. h. in einer pluralistischen Gesellschaft vorfinden, die die Erziehung und vor allem die Bildungseinrichtungen als ihre Sache ansieht, deren Wahrnehmung sie in den Händen des Staates gut aufgehoben glaubt. Dieser Welt gegenüber muß die katholische Pädagogik ihren Anspruch auf Selbständigkeit zur eigenen Klärung und zum Erweis ihrer Glaubwürdigkeit immer wieder neu durchdenken.

Analyse der katholischen Erziehungswirklichkeit. Die Klärung kann nur auf dem Wege über eine Analyse versucht werden. *Katholische Erziehung* ist Erziehung im Glauben, aber sie bleibt deswegen doch eine Erziehung in dieser Welt, d. h. in der jeweiligen geographischen, historischen, sozialen und individuellen Besonderheit des konkreten Erziehungsvorganges. Damit ist sie in eine unaufhebbare Spannung hineingestellt, die nur dem verständlich ist, der sie von innen zu begreifen versucht. Vieles in ihrem Vollzug unterscheidet sich auf den ersten Blick vielleicht von anderer Erziehung nur durch den Grad der Intensität, vieles aber doch auch wesentlich. Dieses Wesentliche betrifft insbesondere die letzten Begründungen des pädagogischen Verhaltens, die aus dem katholischen Verständnis vom Menschen stammen. Nach ihm ist der Mensch als Abbild Gottes geschaffen, und er soll dieses Bild durch sein Leben auszugestalten trachten. Lebendiges Vorbild ist ihm dabei der, der das Menschsein auf gültige Weise dargelebt hat, Jesus Christus. Ohne ihn ist das christliche Menschenbild nicht deutbar. In ihm wird der diesseitig-jenseitige Charakter des Menschen sichtbar. Er hat die endgültige Annahme des Menschen und einer Welt durch Gott bewirkt und offenkundig gemacht. In seinem Sterben und Auferstehen wird der neue jenseitige Mensch als Ziel des Lebens schaubar. Auch die Welt ist von Gott angenommen in all ihren Wertungen und Leistungen. Daher ist die katholische Erziehung weder weltverneinend noch auch weltverloren. Sie versucht jenes Maß einzuhalten, das den jungen Menschen fähig macht, über den Dingen stehend, sich selbst zu bewähren. Totale Weltförmigkeit wäre Abfall vom letzten Sinn des Menschseins. Damit ist bereits eine wichtige Feststellung gemacht: Die katholische Erziehung ist in ihrer Weltbezogenheit *jenseitig*. Sie weist den Menschen über sich selbst und sein vordergründiges Verständnis hinaus auf einen letzten Sinn, einen transzendenten Bezugspunkt und damit zugleich auf eine Daseinsmitte des einzelnen, der Gemeinschaft und des Menschengeschlechtes schlechthin, auf Gott. Die katholische Erziehung ist durch und durch religiös, nicht nur in zusätzlichen Religionsübungen oder Unterrichtsstunden. Freilich wird diese religiöse Bezogenheit nicht ununterbrochen im hellsten Bewußtsein von Zögling und Erzieher stehen. Sie wird auch den personalen Bezug zu Gott nur dort deutlich machen, wo er sich ohne Befremden aufweisen läßt. Alles andere wäre pädagogisch unklug. Aber er ist in allem doch letztlich wirksam.

Die Reflexion über diesen einfachsten, aber fundamentalsten Tatbestand der katholischen Pädagogik fördert ein eigenes *katholisches Menschenverständnis* zutage. Der Mensch ist diesseitig und jenseitig. Sein Leben in dieser

Welt ist nur Durchgang. Die Gefahr einer Abwertung aller innerweltlichen Ausrichtung soll hier bereits deutlich gesehen werden. Es ist eine Gefahr, die aus dem Wesen katholischen Daseinsverständnisses entspringt, die aber keineswegs unbewältigt bleiben muß. Sie kann zu einer Hemmung werden, sie muß es aber nicht. Liegt der letzte Sinn des menschlichen Daseins nach katholischer Auffassung in einer Heimkehr zu Gott, so muß auch die Erziehung darauf ausgerichtet sein. Alles Diesseitige ist trotz seines »objektiven« Wertes Vergänglichkeit, Instrument der Bewährung, Ort der Menschwerdung, Durchgang zum Eigentlichen.
Der konkrete Vollzug der katholischen Erziehung ist vor allem dadurch gekennzeichnet, daß er in den Lebensordnungen der *Kirche* geschieht. Sie ist für den katholischen Christen der bergende religiöse Raum, die Garantie der sittlichen und religiösen Normen. In ihren Ordnungen lebt er und weiß er sich geborgen und sicher. Die Kirche ist ein vielgegliedertes Ganzes, sich gleichbleibend im historischen Wandel. Sie ist darüber hinaus aber auch die Interpretation ihres eigenen lebendigen Daseins und dessen ihrer Glieder. Als solche greift sie normierend tief in die Vorgänge der katholischen Erziehung ein.
Nach katholischer Auffassung ist die Wirklichkeit, in der der Mensch in seiner gesellschaftlichen und historischen Verflochtenheit lebt, dem Verstande nur von einer, der natürlichen Seite aus zugänglich. In Wahrheit lebt der Mensch aber in einer viel tieferen Dimension, die zugleich gegenüber dem, was dem natürlichen Erkennen greifbar wird, ganz andersartig ist. Der Mensch steht in der Heilsordnung. Von ihr läßt sich mit dem Verstande erst dann etwas aussagen, wenn dem Menschen im *Glauben* der Zugang geschenkt worden ist. Hier ist der legitime Ort der Theologie in der Pädagogik. Katholische Erziehung ist Erziehung aus dem Glauben, im Glauben und im Anspruch des Glaubens. *Erziehung aus dem Glauben* will sagen, daß der Erzieher die ihm als Gläubigem sichtbare Welt der Heilsordnung zur Grundlage seines Verständnisses von Zögling und Erziehung macht. Der Zögling selbst soll im Glauben erzogen werden, sofern er durch die Taufe bereits in die Gemeinschaft der Glaubenden eingegliedert ist, und für den Glauben – nach dem Willen seiner Eltern oder seinem eigenen – disponiert werden, soweit er noch außerhalb steht. Der Inbegriff der Heilslehre, die das katholische Christentum den Menschen darbietet, ist die Tatsache, daß dem Menschen das Heil (d. h. die gnadenhafte Erhebung zur besonderen Gemeinschaft mit Gott), das in der Ursünde verlorengegangen ist, in Jesus Christus durch die Kirche wieder geschenkt wer-

den kann. Das geschieht durch die Taufe und das Leben in der kirchlichen Gemeinschaft. Im Heil zu stehen ist der eigentliche Sinn des Lebens, und der Glaube ist der unerläßliche Zugang dazu. Von hier aus werden zwei Tatsachen auch für den Außenstehenden verständlicher, einerseits die Berechtigung der Kirche und ihrer Theologie, zu Erziehungsfragen Verbindliches, wenn auch keineswegs immer Erschöpfendes zu sagen, und andererseits die Unabdingbarkeit, mit der die Kirche an der Erreichung des gesamterzieherischen Zieles festhalten muß: Es ist der Mensch in der Heilswirklichkeit. Man hat versucht, dieses als *»katholisches Bildungsideal«* zu umreißen. So unbefriedigend eine solche Formulierung auch sein mag und so unpraktisch ein solches Ideal im erzieherischen Alltag auch ist, so ist doch jedenfalls das Wahre daran, daß es für jeden Katholiken verbindliche Normen und Verhaltensweisen gibt, die freilich ihre situationsbedingten Modifikationen erhalten. Welches diese Besonderheiten überzeitlicher Verhaltensstrukturen sind, erfahren Erzieher und Zögling in den *Gemeinschaften der Kirche*, die als Lebensordnungen den Rahmen abstecken und das Allgemeine konkretisieren. Solche sind etwa katholische Familien in ihrer Sonderprägung, Vereine, Jugendgruppen, Dorfgemeinschaften, am ausgeprägtesten natürlich die Orden. Es können aber auch unorganisierte Gemeinschaften sein, wie sie an Schulen, in Wohnheimen, in Wirtschaftsbetrieben entstehen können. Hier wird deutlich, daß die katholische Pädagogik im Überzeitlichen nicht aufgeht, sondern der je neuen Besinnung auf die historische Einmaligkeit bedarf (→ Gesellschaft in pädagogischer Sicht).
Die Erziehung ist als Teil des konkreten menschlichen Lebensablaufes ein »gemischter Bereich«, ein solcher, in dem Verstand und Glaube, natürliche Wissenschaft und Theologie, außerkirchliches Leben und Kirche sich nicht nur berühren, sondern sich durchdringen. In der → *Erziehung* ist der Staat als Wahrer des Gemeinwohls seinem Wesen nach zuständig. Aber auch die Kirche hat als Hüterin des Heils hier ihre Rechte und Pflichten. Beider Ansprüche liegen auf unterschiedlichen Ebenen, hier der übernatürlichen, dort der natürlichen. In der konkreten Sache, der Erziehung, lassen sie sich freilich nicht säuberlich trennen. Sie ist polar gespannt, natürlich und übernatürlich gerichtet, Leben aus dem Glauben und ein solches aus der Erkenntnis, dem Glauben und dem Wissen verpflichtet. Diese Spannung ist unaufhebbar und erklärt die zahlreichen Schwierigkeiten, in denen katholische Pädagogik sich immer wieder vorfindet, vor allem in der Schulerziehung. Als erzieherische Praxis muß sie der Gesamtwirklichkeit ge-

recht werden. Dabei erlebt sie es, daß der Nichtglaubende oder auch der Andersgläubige ihr darin überhaupt nicht oder doch wenigstens nicht ganz folgen kann. Für das Zusammenarbeiten in einem Erziehungswerk unserer pluralistischen Gesellschaft sind damit erhebliche Komplikationen gegeben.
Einer aus katholischem Lebensverständnis versuchten Erziehung muß natürlich auch eine ihr konforme Erziehungslehre entsprechen. Sie enthält das Wissen um das Heil, das ihr Glaube und Theologie bieten, ebenso wie die Erfahrungen jahrtausendelanger Tradition und die Erkenntnis der Wissenschaften, verwebt sie zum Ganzen, strukturiert sie zu einer Hierarchie der Werte und legt sie der Praxis zugrunde. Nichts, was im Bereich der Wissenschaften Gültigkeit erlangt hat, bleibt außerhalb ihrer, aber alles wird überhöht aus der Gewißheit des Glaubens.
Wie kann diesem als Heilswirklichkeit verstandenen Daseinsvollzug des Menschen eine *katholische Erziehungswissenschaft* gerecht werden? Gibt es so etwas überhaupt, und wie wird sie begründet? Diese Frage ist zumal für die innere Berechtigung *katholischer pädagogischer Hochschulen (→ Lehrerbildung)* von großer Bedeutung, wenngleich deren Existenz keineswegs allein darin begründet liegt. Die Heilswirklichkeit, in der wir leben und in die sich auch die Erziehung gestellt sieht, ist einer doppelten Erkenntnismöglichkeit zugänglich, dem Verstande und dem Glauben. Vom Verstande her bauen sich alle mit der Erziehung im Zusammenhang stehenden Wissenschaften auf, Psychologie und Soziologie, vor allem aber die Erziehungswissenschaft. Sie ist als »Wissenschaft von der Erziehung« etwas anderes als die »Erziehungslehre«, die nach Auffassung der heutigen Pädagogik eine »Lehre für die Erziehung« ist. Die erste fragt: Was ist Erziehung? Die zweite: Wie soll aus einem bestimmten Menschenverständnis heraus erzogen werden? In ihnen unterscheidet sich »katholisches« Denken im Prinzip nicht von »nichtkatholischem«. Aber der Glaube kann Hinweise geben, die u. U. nicht geringe Bedeutung haben. Vom Glauben her sagt die *Theologie* Entscheidendes über das Verständnis des Menschen und der Erziehung und wird so zu einer Theologie der Erziehung. Man kann also eine dreifache Erkenntnisoperation am Gegenstand der Erziehungswissenschaft, der Erziehung, unterscheiden: die *erste* ist eine Erziehungswissenschaft innerhalb der Grenzen der reinen Vernunft. Sie ist dem aufgegeben, der sich dem Glauben nicht verpflichtet weiß. Die *zweite* ist eine Erziehungswissenschaft in der Öffnung zum Glauben, die jener betreiben muß, der aus dem Glauben leben will, ohne daß seine

wissenschaftlichen Erkenntnisse auf einem anderen Wege gewonnen würden als im reinen Gebrauch des Verstandes. Sie unterscheidet sich von der ersten nur dadurch, daß sie die möglichen Hinweise, die aus Glaube und Theologie kommen können, ernst nimmt, ohne die Basis der natürlichen Erkenntnis zu verlassen oder gar Glaubenswahrheiten als solche in das Feld der natürlichen Erkenntnis widerrechtlich einzuführen. Die *dritte* ist jene, die aus dem Glauben geschieht und wissenschaftlich nur für den möglich ist, der theologisch zu denken vermag.

Eine solche Theologie der Erziehung liegt nicht im oben abgesteckten Rahmen der Erziehungswissenschaft, richtet sich aber auf deren Materialobjekt und weitet die Erkenntnis dieses Objektes (theologisch) beträchtlich und entscheidend aus. Sie ist für die katholische Erziehungspraxis und -lehre von ausschlaggebender Bedeutung.

RECHT DES KINDES AUF KATHOLISCHE ERZIEHUNG. Nach diesen grundsätzlichen Darlegungen werden einige Fragen, die in der Praxis zu Spannungen führen, in ihrer unaufhebbaren Problematik eher verständlich. Das erste ist das Recht des Kindes auf katholische Erziehung. In dieser Form ist es in der katholischen Erziehungstheorie noch wenig behandelt. Das Recht des Kindes auf eine seinen Fähigkeiten entsprechende Erziehung ist ja überhaupt erst in jüngerer Zeit Gegenstand wissenschaftlicher Darlegungen. Für die katholische Pädagogik ist das Entscheidende, daß dem Kinde eine seinem Glauben gemäße Erziehung zuteil wird. Außerhalb des Glaubens würde das Kind sein letztes Ziel verfehlen. Die Eltern werden daher gehalten, ihre Kinder im Glauben zu unterweisen und sie in katholische → *Schulen* zu schicken. Die Kirche müht sich, diese anfängliche Glaubensunterweisung zu ergänzen, Schulen aus katholischem Geist selbst zu errichten oder durch Einwirkung auf den Staat und die Öffentlichkeit zu erreichen, daß für katholische Kinder katholische Schulen errichtet werden.

ERZIEHUNGSTRÄGER. Das Recht des Kindes auf eine seinem Glauben gemäße Erziehung wird durch die Erziehungsträger gewährleistet. Nach katholischer Lehre gibt es primäre und sekundäre Erziehungsträger. *Primäre* sind die Familie, der Staat und die Kirche, *sekundäre* Erziehungsträger sind alle jene, die aufgrund gewordener Rechte tatsächlich Erziehung ausüben. Familie und Staat haben ein natürliches Recht auf die Erziehung, die Kirche ein übernatürliches. Die Kirche erkennt die Rechte aller drei Gemeinschaften an, wenngleich es oft den Anschein hat, als ob ihr die Rechte des Staates weniger wichtig seien. Dieses Mißverständnis erklärt sich leicht daraus, daß seit der *Aufklärung* die modernen Staaten einem wachsenden Säkularisierungsprozeß unterliegen, der es der Kirche aufnötigt, sich gegenüber dem Staat ihrer eigenen Rechte und der der schwächeren Familien anzunehmen. So erscheint sie als ihre eigene Verteidigerin und immer wieder als die Verteidigerin des Elternrechtes, wobei ihr nicht selten unterstellt wird, sie suche über das *Elternrecht* nur ihre eigenen Ansprüche zu sichern. Daß es sich so nicht verhält, läßt ein Blick in die Geschichte deutlich werden; es zeigt sich, wie die Kirche in der Frage der Zwangstaufe von nichtchristlichen Kindern den Willen der Eltern über den eigenen Wunsch stellt.

RECHTE DER ELTERN. Die → *Familie* wird in allen westlichen Staaten als der erste Träger der Erziehung anerkannt, und die Rechte der Eltern *(→ Schulrecht)* werden im positiven Recht geschützt. Fast immer schweben den Gesetzgebern auch Gedanken vor, die an die katholische Auffassung vom Recht der Eltern, ihre Kinder nach ihrem Willen zu erziehen, erinnern. Dieses Recht wird als Naturrecht oder als Menschenrecht bezeichnet. Beides meint im Tiefsten dasselbe, nämlich die Tatsache, daß dem Menschen durch sein Menschsein bestimmte Rechte erwachsen, wie das der freien Religionsausübung, der freien Meinungsäußerung, der Freiheit der Versammlung und eben auch das Recht auf die Freiheit der Erziehung. In katholischer Begründung wird es deswegen ein *natürliches Recht* genannt, weil es »aus der Natur der Sache«, in diesem Falle des Elternseins, entspringt. Dadurch, daß Eltern einem Kinde das Leben gegeben haben, erwächst ihnen die unabdingbare Pflicht, für das leibliche und geistige Wohl, dessen wesentlicher Bereich die Erziehung ist, zu sorgen. Dieser Pflicht könnten die Eltern nicht gerecht werden, hätten sie nicht auf der anderen Seite auch die entsprechenden Rechte, alle notwendigen und erlaubten Mittel zu ergreifen, damit sie dieser Aufgabe auch nachkommen können. Dieses an sich unabdingbare Recht erlischt prinzipiell nie, es wird nur suspendiert, wenn die Eltern sich seiner als unwürdig oder als unfähig, es auszuüben, erweisen. Aus der Natur der Sache entspringt es auch, daß das Recht der Eltern auf die Erziehung gegenüber dem des Staates Priorität hat.

DIE RECHTE DES STAATES auf die Erziehung der heranwachsenden Generation sind nach katholischer Lehre keineswegs ausschließlich subsidiärer Art. Nicht erst dann tritt der Staat in Aktion, wenn die Eltern nicht mehr in der Lage sind, dem Kinde eine seinen Fähigkeiten und den gesellschaftlichen Erfordernissen entsprechende Erziehung angedeihen zu lassen, der Staat hat auch ein eigenes Recht auf die Erziehung. Er ist der Sachwalter des Gemeinwohls, das unter Umständen und in

Grenzen über das Wohl des einzelnen und der Gruppen geht. So haben sich alle modernen Staaten berechtigt gefühlt — und niemand bestreitet ihnen das Recht dazu —, eine *allgemeine Schulpflicht* einzuführen für all jene Kinder, die fähig sind, einen im Sinne dieser Pflicht geordneten Bildungsgang zu durchlaufen. Der Staat bestimmt nicht nur die Pflicht, er setzt auch das *Einschulungsalter*, die Schuldauer, die Schulart, ja selbst die Bildungsinhalte fest. Art und Maß seiner Rechte müssen aber in den Grenzen der Staatszuständigkeit gesehen und im politischen Kräftespiel ausgehandelt werden. Im Verlauf der jüngeren Erziehungsgeschichte stellen wir eine wachsende Ausdehnung der Schulpflicht als Vollzeit- und Teilzeitschule fest, und der Gedanke, daß der Staat die Förderung begabter Kinder gegebenenfalls auch ohne den Willen der Eltern — immer unter der Voraussetzung, daß keine wesentlich höheren Rechte gefährdet werden — durchsetzen kann, ist, wenn die Gesellschaft ein bestimmtes kulturelles Niveau erreicht hat und die Begabtenförderung zur Erhaltung dieses Niveaus unerläßlich ist, keineswegs von der Hand zu weisen. Das Recht der Eltern auf die Erziehung hat eben Grenzen, die einerseits in der subjektiven physischen oder moralischen Unfähigkeit liegen, andererseits aber in berechtigten höheren Ansprüchen des Kindes und des Gemeinwohls begründet sein können.

Das Recht der Kirche auf Erziehung unterscheidet sich grundsätzlich von dem der Eltern und des Staates. Es geht hier um die Begründung des kirchlichen Rechtsanspruches auf die Erziehung, insofern es von historischen Bedingungen unabhängig ist. Die Kirche versteht sich als die Heilsgemeinschaft, durch deren Wirken allein der Mensch sein eigentliches Ziel erreichen kann. Ihr wird er durch die Taufe eingegliedert, und der kirchliche Anspruch auf die Erziehung richtet sich daher nur auf die getauften Kinder. Die übrigen unterstehen ihrer Jurisdiktion nicht. Da sich die Kirche für die getauften Kinder gerade in ihrer wichtigsten Bestimmung — der, das ewige Heil zu erlangen — verantwortlich weiß, bedarf sie auch der Mittel und der Freiheit, dieser ihrer Verantwortung gerecht zu werden. Freilich übt sie die Erziehung an den getauften Kindern nur selten ausschließlich selbst aus. Das ist vielmehr zunächst Sache der Eltern. Und eben deswegen kämpft die Kirche immer wieder für den Raum der Freiheit elterlicher Erziehung, die sie, da die Eltern katholische Eltern sind, als katholische Erziehung versteht. Das hat zu den bereits erwähnten Mißverständnissen geführt, die Kirche setze sich direkt für die Rechte der Eltern ein, um indirekt ihre eigenen Interessen zu wahren. Grundsätzlich erkennt sie allen Eltern, auch den nichtkatholischen, das gleiche Recht zu, aber es ist verständlich, daß sie sich zunächst für ihre eigenen Glieder einsetzt.

Da es sich bei der Erziehung um einen »gemischten Bereich« handelt, in dem vornehmlich der Staat und die Kirche, aber nicht sie allein, zuständig sind, so sind Spannungen unausbleiblich. Sie sind zu allen Zeiten zu erwarten, sind aber um so wahrscheinlicher und unausweichlicher, je radikaler der Staat das Schulwesen, durch das er die Erziehung ausübt, ausschließlich als seine Veranstaltung ansieht — fast alle modernen Staaten tun das — und je heterogener die Weltanschauungsgruppen in seinem Verbande zusammengesetzt sind. Unbeschadet der Tatsache, daß die Kirche sich selbst als den einzigen Weg zum Heil betrachtet, kann ein neutralistischer Staat einen solchen Anspruch, dessen Sinn allerdings oft gründlich mißverstanden wird, nicht anerkennen. Er kann den Erwartungen der Kirche nur nach dem Maß der tatsächlichen Bevölkerungsverhältnisse und dem moralischen Gewicht, das die Kirche ausübt, gerecht werden. Im pluralistischen Staat wird sie nur als eine Gruppe neben anderen betrachtet. Nicht immer werden daher ihre Wünsche erfüllt.

Die katholische Schule ist einer der vordringlichsten Ansprüche, die die Kirche verteidigt. Sie wird in der Gegenwartsdiskussion vielfach als *Konfessionsschule* bezeichnet, ist aber doch nicht mit ihr identisch. Eine Konfessionsschule ist eine → *Schule*, in der Eltern, Kinder, Lehrer, Lehrgut und Schulklima vom Geiste einer »Weltanschauung« getragen werden. In diesem Sinne sind nicht nur katholische oder evangelische Konfessionsschulen möglich, vielmehr sind alle als solche zu betrachten, die den genannten Bedingungen entsprechen, mögen sie sich auch gegen eine solche Bezeichnung verwahren. Die *»weltliche Schule«* der 20er Jahre muß als eine profilierte Konfessionsschule bezeichnet werden, obwohl sie das gerade Gegenteil zu sein vorgab. Die katholische Schule hat alle erwähnten Merkmale. Es kommt aber noch hinzu, daß sie unter der Leitung und Aufsicht der Kirche steht, was nicht heißt, daß sie notwendig von ihr veranstaltet sein müßte. Solche von der Kirche nicht veranstaltete katholische Schulen sind die bei uns bekannten, vom Staat eingerichteten und unterhaltenen katholischen Konfessionsschulen. Hinsichtlich ihrer komplizierten Problematik muß insbesondere darauf aufmerksam gemacht werden, daß in dieser Schule der unmittelbare Einfluß der Kirche auf die Bestellung der Lehrer, die Bildungsinhalte, das Schulklima, die Organisation und die Aufsicht tatsächlich sehr gering ist und nur indirekt über die katholischen Eltern und Lehrer wahrgenommen werden kann. Eine übelwollende Schulverwaltung kann auch in einer formal den Ansprüchen der katholischen Schule voll entsprechenden Schule jederzeit durch zweckentsprechende Maßnahmen den katholischen Erziehungserfolg in Frage stellen. Der Wunsch geht daher auf ein freies Schulwesen, d. h. ein solches, in dem alle legitimen Kräfte und Gruppen der Gesellschaft frei ins Spiel kommen. Freilich muß der Staat auch solche Schulen finanziell in gleichem Maße unterstützen wie die von ihm selbst veranstalteten, denn sie erfüllen die gleiche öffentliche Aufgabe, und die Eltern, die ihre Kinder solchen Schulen zuschicken, haben ihren Teil an Steuern dem Staate ja bereits entrichtet.

Die eigentliche *Begründung* für solche katholischen Schulen ist aber eine pädagogische. Sie hat im jüngeren Alter der Kinder eine entscheidendere Bedeutung als im höheren. Je jünger ein Kind ist, desto mehr ist es – nach dem Ausweis der Entwicklungspsychologie – in seinen Urteilen und Wertungen von seiner Umgebung abhängig. Es bedarf, damit es zu sicherem Stehen in der Welt heranwachsen kann, der übereinstimmenden sittlich-religiösen Urteile bei den Erwachsenen, die für es verbindlich sind. Ein geistiger Widerspruch zwischen Elternhaus, Schule und Kirche würde gerade dieses sichere Sichzurechtfinden des Kindes in der Welt entscheidend gefährden. Andererseits ist die Welt des Kindes und erst recht die, in der es später als Erwachsener stehen wird, eine so vielschichtige und verschiedenartige, daß der totale Abschluß des Kindes vor der Andersartigkeit der Mitwelt pädagogisch falsch wäre. Zwischen beidem liegt der rechte Weg. Das ausgewogene Maß läßt sich ungefähr so angeben: Je jünger ein Kind ist, desto mehr bedarf es der Bewahrung, und seine Welt muß relativ geschlossen bleiben; je älter es wird, desto mehr muß es für die Begegnung mit anderen fähig gemacht werden, die Grenzen seines Horizontes müssen sich weiten. Seine Erziehung steht also unter dem Gesetz der »relativen Geschlossenheit und der wachsenden Offenheit«.

KATHOLISCHE LEHRERBILDUNG. Mit der katholischen Schulerziehung steht die katholische → Lehrerbildung in unlöslichem Zusammenhang. Sollte es nicht genügen, so könnte man fragen, daß überzeugte junge Katholiken sich zum Lehrerberuf entschließen und dann aus ihrer Überzeugung heraus in diesem Berufe tätig sind? Bedarf es noch eigener katholischer Lehrerbildungsanstalten, die als pädagogische Hochschulen der Wissenschaft verpflichtet sind, die doch nicht weltanschaulich bestimmt sein kann?

Das Problem hat mehrere Ebenen. Die der Wissenschaft ist die am meisten beachtete, aber keineswegs die einzige. Alle Geisteswissenschaften – und die an den Pädagogischen Hochschulen gelehrten Wissenschaften sind vornehmlich solche — haben ein »weltanschauliches« Apriori, das unlösbar mit ihnen gegeben ist. Der Geisteswissenschaftler kann seines Gegenstandes überhaupt nicht habhaft werden, ohne daß er bereits seine Wertungen mit in seine Untersuchung aufnimmt. Er kann aber und muß stets dieses Apriori in die Reflexion miteinbeziehen und kontrollieren. Überdies sind katholische pädagogische Hochschulen aber vom Wissenschaftsobjekt her berechtigt und für einen katholischen Erzieher notwendig. Vor allem im Bereich der für das erziehungswissenschaftliche Studium zentralen Disziplinen ist das deutlich. Die Geschichte der *Pädagogik* sieht anders aus, wenn sie die Vielfalt katholischer Bildungseinrichtungen, -strömungen, -impulse und -ideen in sich miteinbezieht und zum formellen Forschungsgegenstand macht, als wenn die katholische Pädagogik nur in Nebenbemerkungen zur Kenntnis genommen wird, wie das ein Blick auf die gängige »Geschichte der Pädagogik« beweist. Man wird in einer so betriebenen Geschichte der Erziehung und Bildung auch auf die Grenzen und das historische Versagen, wo es feststellbar ist, eingehen, nach seinen Gründen fragen, um von daher ähnliche Aufgaben der Gegenwart besser bewältigen zu können. Außerdem erhält das Erziehungsphänomen selbst aus katholischer Sicht andere Aspekte und Gebiete. Hierher gehören etwa die Fragen der christlichen Askese, die Spannung zwischen Weltbejahung und Weltflucht, das Verhältnis von religiöser und weltorientierter Erziehung. All das reicht bis in eine christliche Deutung des menschlichen Daseins, die philosophische und theologische Anthropologie zum Kern hat. Auch der Umgang mit dem Lehrstoff — nicht die Methode im engeren Sinne, sondern jenes ungreifbare Fluidum, das sich rationaler Bestimmung entzieht — ist nur durch den zu vermitteln und aufzunehmen, der im Lebensstrom der Kirche steht. Dieser Umgang mit dem Lehrstoff (seine Auswahl mit eingeschlossen) wird nun keine penetrant katholische Verfälschung der Sachbezogenheit sein, er wird aber Akzente setzen, Hinweise geben, Sichten öffnen, die sonst nicht bemerkt würden, etwa bei der Betrachtung eines mittelalterlichen Kunstwerkes, bei der Interpretation des Lebens, der Sinndeutung von Geschichte. Derartige Nebenergebnisse des Unterrichts werden selten intendiert, sie ergeben sich aber wie selbstverständlich aus dem Zusammenleben Gleichgesinnter. Damit ist bereits ein weiterer entscheidender Faktor für die Bildung katholischer Lehrer und Lehrerinnen genannt, das, was auf der Ebene der Schule das »Klima« genannt wurde. Im »pädagogischen Milieu« reift der künftige Lehrer stärker heran als in der wissenschaftlichen Auseinandersetzung. Die hochschulpolitische Entwicklung der letzten Jahre ist eindeutig gegen das Weiterbestehen konfessioneller Pädagogischer Hochschulen gegangen. Als einzige Form der Lehrerbildung lassen sie sich in der gegenwärtigen gesellschaftlichen Situation nicht mehr rechtfertigen.

Die religiöse Erziehung im engeren Sinne ist für gewöhnlich das, was man den Religionsgemeinschaften und somit auch der katholischen Kirche als Gebiet ihrer Zuständigkeit einzuräumen noch bereit ist. Der Erziehungsauftrag der Kirche geht indirekt zwar auf den gesamten Bereich der Erziehung, direkt aber doch auf dieses engere und wichtigste Gebiet, das man mit anderen Ausdrücken auch als religiöse Unterweisung oder *Katechetik* zu bezeichnen pflegt. Dabei ist die Frage von Bedeutung, was hinsichtlich der Religion erziehbar ist und ob die *Religionspädagogik* in dem aufgeht, was unter schulischer Katechese verstanden wird. Man hat die Erziehung ganz allgemein als »Heilswirken am Kinde« bezeichnet und damit sagen wollen, daß alle Maßnahmen der Erziehung das »Heil« des Kindes sichern und entfalten helfen.

Damit ist die ganze Erziehung religiös gefaßt. Nimmt man religiöse Erziehung nun so – und man kann das tun – oder enger als »Glaubenserziehung« im Sinne der katechetischen Entfaltung des christlichen *Glaubens* selbst, so trifft in beiden Fällen des Verständnisses zu, daß nach ihnen der Erzieher von außen im Kinde etwas »bewirken« will. Der Kern des Glaubens, das gnadenhafte Ergriffensein durch Gott, ist seinem Wesen nach aber freies göttliches Geschenk und entzieht sich somit der gewollten, zielbewußten menschlichen Tätigkeit. Den Glaubensvollzug als solchen kann keine Erziehung bewirken, infolgedessen sinnvollerweise auch gar nicht intendieren. Aber der Glaube ist in seinen Akten auch menschliches Tun, das auf einen Inhalt gerichtet ist. Man glaubt nicht schlechthin, man glaubt jemandem oder etwas. Der Glaubensinhalt, die »Lehre«, umfaßt Glaubenskunde, Sittenlehre, Schriftverständnis und die Geschichte der Kirche als Erhellung der religiösen Gegenwart. Damit ist bereits gesagt, daß es »Lehrbares an der Religion« gibt, worin die *Religion* jedoch keineswegs aufgeht. Darin liegt die zentrale unaufhebbare Schwierigkeit der Religion als Schulfach. Der Unterricht macht zwar wissender in religiösen Dingen, nicht notwendig aber religiöser. Das Wissen hat im »Fach« Religion trotz seiner großen Bedeutung doch auch wiederum nur eine periphere Rolle.

Außerhalb des Religionsunterrichts, etwa im liturgischen Leben der Kirche, in der Arbeit der Jugendgruppen, im Alltag der Familie, wird diese *Hilfeleistung des Wißbaren am Glau-*

ben deutlicher als in der Katechese. Das Glaubenswissen dient hier dazu, die selbstverständlich geübten Verhaltensweisen und religiösen Vollzüge bewußt und verstanden, d. h. auf sinnvolle menschliche Art mitmachen zu helfen. Der Glaube verlangt nach dem Verstehen. Der Religionsunterricht ist in der Gefahr, den umgekehrten Weg zu gehen und aus dem Gelernten und Gewußten auf das Wachsen des Glaubens zu hoffen. Das ist aber nur in Grenzen der Fall. Gewiß kann die Gnade auch diesen Weg gehen, aber er ist nicht der einzige. Am Gebet wird das deutlich: Ein Betender wird man nicht dadurch, daß man den Text des Gebetes inhaltlich kennt und theoretisch um das betende In-Beziehung-Treten von Gott und Mensch weiß, sondern dadurch, daß man betet. Das gleiche wiederholt sich bei allen interpersonalen Beziehungen: Die Liebe erfährt man nicht durch theoretische Analyse der psychischen Vorgänge, sondern durch die Liebe.
So ist vieles, was zur Pädagogik des Religiösen mitentscheidend beiträgt, in dem als Religionsunterricht in den Stundenplan eingeplanten Fach nicht oder nur selten erreichbar. Es kann sich aber sehr wohl im Umkreis und im Milieu einer *katholischen Schule* ergeben, lebendig werden bei Fest und Feier, mitschwingen in Lied und Gebet und spürbar werden aus jeder gelegentlichen Äußerung des Erziehers. Auch in der *Familie*, die der eigentliche Ort der religiösen Erziehung ist, beschränkt sich die religiöse Erziehung nicht auf die Ermahnung und Belehrung, sie ist unausgesprochen im pädagogischen Raum gegenwärtig und in unreflektierter Selbstverständlichkeit wirksam.

Kindheit. Die Kindheit ist der erste große Abschnitt in der Entwicklung des Menschen. Sie geht zu Ende, wenn die Reifungen einsetzen, die zur Fortpflanzungsfähigkeit führen, durchschnittlich im Alter von etwa $10^1/_2$ Jahren bei Mädchen, 12 Jahren bei Jungen. Dann beginnt die → *Jugend* mit ihren einschneidenden Wandlungen, in denen die geistige Mündigkeit vorbereitet wird. Die Kindheit selbst trägt eine weitgespannte Entwicklung in sich. Die Unterschiede zwischen dem hilflosen Neugeborenen und dem Kinde auf der Höhe seiner Entwicklung sind groß. Dementsprechend sind auch die realen Grundlagen für pädagogische Bezüge verschieden. Sie lassen sich am besten darlegen, indem die → *Altersstufen* innerhalb der Kindheit nacheinander behandelt werden, wobei die Kontinuität der Entwicklung *(E. B. Hurlock, R. Oerter)* im Blick behalten wird. Was dabei im Zusammenhang beschrieben und erörtert wird, sind Äußerungen der alterstypischen Art und Gerichtetheit kindlicher Aktivität.

Daraus ergeben sich Gesichtspunkte für das Verständnis der stets *individuellen Entwicklung* von Kindern — nicht jedoch Muster oder Maßstäbe.

SÄUGLINGSALTER. Für die anthropologische Beurteilung dieser frühesten Altersstufe haben die Forschungen von *A. Portmann* in neuer Weise den Blick geöffnet. Durch Vergleichsuntersuchungen bei höheren Säugern hat er nachgewiesen, daß die Dauer ihrer Tragzeiten in einem klaren Verhältnis zur Organisationshöhe ihrer Zentralnervensysteme steht. Würde unter gleichen Gesichtspunkten der Mensch in diesen Vergleich hineingezogen, so müßte bei ihm eine Schwangerschaftsdauer von 21 Monaten erwartet werden. Er wäre, so betrachtet, eine »physiologische Frühgeburt«, d. h. der größte Teil der vorgeburtlichen Entwicklung wäre ihm versagt. Während den höherorganisierten Tieren weitgehend fertig mitgegeben ist, was ihre Art ausmacht, muß der Mensch entscheidende Kennzeichen seines Wesens erst während seines individuellen Lebens entwickeln. So fehlen ihm bei der Geburt die aufrechte Haltung und die *Sprache*, deren biologische Voraussetzungen im Säuglingsalter reifen. Erst danach, am Ende des 1. Lebensjahres oder im 2. fangen die Kinder an, sich zum Stehen und Gehen aufzurichten und zu sprechen. Sie entfalten diese Leistungen im Kontakt mit ihrer *sozialen Umwelt*; es sind keine bloßen *Reifungserträge*.

Der Säugling dokumentiert schon wenige Wochen nach der Geburt, daß er sich der Welt in anderer Weise zuwendet als die Tiere. Während Tiere von Reizen nur berührt werden, wenn diese ihren artspezifischen Instinkten entsprechen, finden wir bei Kindern nach dem sog. »dummen Vierteljahr« *aktive Beachtungszuwendungen* zu vielfältigen Gegebenheiten der Umwelt, und dabei zeigt ihr Ausdruck, daß sie positiv beteiligt sind. Im gleichen Alter beginnen ihre vorher mehr zuckenden Bewegungen einen ruhigeren, gestalteten Verlauf anzunehmen; die Kinder achten auf ihre Bewegungen, vollziehen sie nach, d. h. sie beginnen mit *Bewegungsspielen*. Die Mutter freut sich über das jetzt auftauchende *Lächeln* des Kindes, wenn sich jemand über sein Bettchen beugt. In diesen und anderen Erscheinungen werden *intentionale Bezüge* sichtbar. Man merkt, daß der Säugling zur Welt offen und auf sie gerichtet ist. Dabei verhält er sich zu Personen bereits anders als zu Sachen. All diese in so frühem Alter möglichen Beobachtungen belegen, daß der Säugling der Welt *aktiv* begegnet (*Ch. Bühler* 1967).

Doch unterscheidet sich das Erleben des Säuglings noch grundlegend von dem des Erwachsenen und auch des Schulalters.

Das junge Kind erlebt die Gegenstände und Personen noch völlig von seinem *subjektiven* Befinden her. Ihre inhaltliche Bestimmung erhalten sie durch das gefühlsmäßige Zumutesein des Kindes bei der Begegnung mit ihnen. Das ermöglicht noch keine Orientierung an der Wirklichkeit, die der Säugling in ihrer objektiven Beschaffenheit noch nicht zu erfassen vermag.

Nicht nur in der physischen Hilflosigkeit, sondern auch in der beschriebenen Art des Erlebens ist die *Unsicherheit* des jungen Kindes in der Welt begründet. Sicherheit kann es nur finden, wenn ein anderer Mensch, normalerweise die Mutter, dafür Sorge trägt, daß seine Bedürfnisse zuverlässig erfüllt werden und daß seine Begegnungen mit der Welt beglückend und frei von Beunruhigungen und Beeinträchtigungen sind.

Die überragende Bedeutung der *Früherziehung* ist offensichtlich, wenn bedacht wird, daß die ersten Hinwendungen zur Welt noch nicht aus einer bestimmten oder gar gefestigten Aktivitätshaltung erwachsen und daß, was erlebt wird, noch nicht durch Erwartungen antizipiert und ebensowenig an Erfahrungen gemessen werden kann. In jeder Hinsicht erfolgen jetzt die ersten *Prägungen*, die für alles Kommende Vorbedingungen und Einstellungen schaffen *(H. Thomae)*.

Begegnet die Welt dem Kind gleichbleibend warm, gewinnend, der Zuwendung wert, dann öffnet es sich ihr bereitwillig, dann haben die Menschen und Dinge einen positiven Aufforderungscharakter, es strebt ihnen entgegen. Wird es dagegen von wechselnden Personen betreut, unzulänglich, ohne gleichmäßig liebevolle Teilnahme, hastig oder gar unwirsch, dann ist die Welt für das Kind bedeutungsleer oder gar besorgnis- oder furchterregend. Es schwingt ihr nicht entgegen, vielleicht hält es sich ängstlich zurück *(A. Dührssen, L. Schenk-Danzinger, Entwicklungspsychologie,* 6. Aufl. 1972). Der Säugling kann schon »Urgegebenheiten« menschlichen Seins erfahren: »Bedürfnis und Stillung, Verlassenheit und Beistand, Not und Hilfe, Schmerz und Trost, Verläßlichkeit, Stetigkeit und deren Gegenteil, Ruhe und Hast; Erfolg und Mißerfolg der eigenen Aktivität, vielfältige Erfahrungen in Lust und Unlust aller Sinne, Geborgenheit, Freude, Zärtlichkeit und den Verlust von alledem. Diese Urerfahrungen formen das ursprüngliche Verhältnis des Kindes zur Welt, und wir dürfen wohl annehmen, daß diese frühesten Bildungen seiner Seele nicht nur das Dasein, sondern auch Form und Inhalt aller kommenden Bildungen mittragen und mitbestimmen« *(A. Görres)*.

In *Säuglingsheimen* mit wechselnden Pflegerinnen,

die viele Kinder zu versorgen haben, kann man trotz bester Hygiene und Ernährung stumpfe, depressive Kinder antreffen, die in dem üblichen Alter weder stehen noch sprechen und geistig allgemein zurückbleiben, nicht selten auch körperlich schwach sind *(Hospitalismus) (R. A. Spitz)*. Währt diese Isolierung von menschlichem Kontakt längere Zeit, so können Mängel der sozialen Bindungsfähigkeit für die Dauer entstehen (*L. Schenk-Danzinger, Entwicklungspsychologie,* 6. Aufl. 1972). Das Kind muß spüren, daß es einem Menschen, der ganz für es da ist, etwas bedeutet. Dann fühlt es sich sicher, dann entfaltet es sich aus einer vertrauenden Haltung aktiv zur Welt hin *(M. J. Langeveld)*.

KRABBELALTER. Der in guter sozialer Einbettung aufwachsende Säugling hat die Betätigung und Koordinierung seiner Sinne und Bewegungsorgane in vielfältigen Spielen geübt. Seit Mitte des 1. Lebensjahres greift er und hantiert er mit Dingen. Wenn er nun nach dem Erreichen der aufrechten Haltung laufend seinen Aktionsradius erweitert, beginnt für die Mutter eine unruhige Zeit. Das Krabbelalter, etwa das 2. und 3. Lebensjahr umfassend, zeigt einen Bewegungsdrang wie kein anderes Alter. Das Kind faßt alles an, denn Sehen und Zupacken sind noch keine getrennten Funktionen.

Das *unrealistische Gegenstandserleben* des Säuglings ist auch für das Krabbelalter kennzeichnend, d. h. die Dinge und Personen sind für das Kind inhaltlich durch das bestimmt, was sie ihm bedeuten, was und wie sie ihm tun, was es mit ihnen tut. Es ist ein emotional-volitionales Welterleben. Das Hinstreben zu allen erreichbaren Dingen und das rastlose Hantieren mit ihnen sind noch nicht durch sachliches Erkennen geleitet. Das Kind kann daher leicht Schaden nehmen. Es braucht ständig Aufsicht.

Doch hat das Kind durch seine subjektiven Erfahrungen Zugang zu der unterschiedlichen *Bedeutung* der Dinge. Jedes Ding verhält sich unter seinen Händen anders. Der Ball rollt beim leisesten Stoß weit weg und reizt zu weiträumigem *Spiel;* Bausteine verhalten sich anders. Das Kind lernt, sich mit seinen Bedürfnissen und seinem Handeln nach der Realität zu richten, schon bevor es ihre Sachgesetzlichkeit zu erfassen vermag (*W. Hansen* 1965).

Es ist das Alter, in dessen Leben die Erwachsenen steuernd einzugreifen beginnen. Das bringt u. a. die *Sauberkeitserziehung* mit sich. Aber auch der gesteigerte Bewegungsdrang macht das erforderlich. Dem Kind kann nicht alles erlaubt werden; es muß sein Spiel unterbrechen, wenn der Tageslauf das verlangt. Dieses Alter ist leicht zu leiten, wenn eine Gemütsbindung an die Mutter besteht, denn mit ihr in gutem Einvernehmen zu sein, ist höchster Wert. So lernt das Kind, sich in die *Ordnung des Familienlebens* einzufügen.

Es ist nicht schwierig, *Fehler der Erziehung* aufzuzeigen, durch die verhindert oder gestört wird, was in diesem Alter aufgebaut werden muß. Vor allem braucht das Kind Spielraum im wörtlichen und übertragenen Sinn. Die Wohnung und auch Bewegungsmöglichkeiten im Freien müssen dem motorischen Drängen entgegenkommen. Dazu braucht das Kind die Anteilnahme seiner Erzieher bei seinen Versuchen, mit den Dingen fertigzuwerden. Wird es daran gehindert, so kann es die emotionalen Erfahrungen mit der Realität, die es als Basis des aufzubauenden Weltbildes braucht, nicht gewinnen. Auch ergibt sich daraus leicht eine Gehemmtheit des aktiven Zupackens. Wird das *Fordern* und *Verbieten* übertrieben, etwa die Sauberkeit hart erzwungen, fehlt gar die Gemütsverbundenheit mit den Erziehern, so kann *Gehemmtheit* der spontanen Aktivität überhaupt die Folge sein *(A. Dührssen)*.

Mit der wachsenden *Umwelt*erfahrung ist meist die *Entfaltung der Sprache* verbunden, die im Säuglingsalter durch das sog. Lallen vorgeübt und durch guten sozialen Kontakt vorbereitet worden ist. Nur wenn mit dem Kind gesprochen wird, lernt es sprechen. Doch ahmt es die Sprache nicht einfach nach. Die Kindersprache hat ihre eigene Gestaltung. Einige Monate verharrt das Kind bei wenigen Ausdrucksworten. Etwa um die Mitte des 2. Lebensjahres beginnt es bei Dingen zu fragen: »Was ist das?« *(Erstes Fragealter)*. Es spricht zunächst in Einzelworten, meint damit aber nicht isolierte Sachen, sondern was die Dingsituationen ihm bedeuten *(Einwortsatz)*. Der Fortschritt zu *Mehrwortsätzen* stellt ein Auffalten dessen dar, was die Einwortsätze meinten. Mit etwa 2½ Jahren folgt das sog. *Zweite Fragealter*, das zu Fragen mit »wo, wann, wie« und später mit »warum« gelangt.

Lebt das Kind nicht in gutem sozialen Kontakt oder wird auf sein Sprechbedürfnis nicht eingegangen, so kann schon mit 2½ Jahren ein *Entwicklungsrückstand* von einem vollen Sprachjahr bestehen *(H. Hetzer)*.

Um die Mitte des 2. Lebensjahres beginnen Kinder über vergangene Erlebnisse zu berichten. Während bis dahin Dinge oder Personen nur bei erneuter Begegnung wiedererkannt wurden, verfügen die Kinder nun über *Erinnerungen*, d. h. sie vermögen sich etwas zu vergegenwärtigen, das nicht mehr präsent ist. So können sie nun auch ihren *Spielen* einen Sinn geben, der über die bloße Bewegung hinausgeht.

Das Kind läuft beispielsweise auf allen vieren, bellt und erwartet, daß die Mutter es als Hund behandelt. Da ihm Unterscheidungen von »wirklich« und »unwirklich« noch fremd sind, darf angenommen werden, daß es sich des »Als-ob« seines Handelns zunächst nicht bewußt ist. Das entspricht seinem sonstigen Welterleben, das in diesen *Deutungsspielen* eine eigene Produktivität entfaltet (*W. Hansen* 1965).

Die beiden ersten *Altersstufen* haben das *unrealistische Gegenstandserleben* gemeinsam. So können sie als eine Einheit in der geistigen Entwicklung, als die *»Frühphase der Kindheit«* betrachtet werden (*W. Hansen* 1965).

KINDERGARTENALTER. Der Beginn dieser Altersstufe, der meist im 3. Lebensjahr liegt, ist den Eltern als eine Zeit gesteigerter Emotionalität und oft auch des *Trotzens* bekannt. Das Kind, das sich bis dahin leicht leiten ließ, begehrt häufig mit starken Affektausbrüchen auf. Das erfolgt fast immer nach Anordnungen der Erzieher, meist der Mutter. Typische Äußerungen sind: »Ich will nicht« oder »Ich will aber«, (*W. Metzger*). Dieses »Abheben des *Ich*« aus der Einheit mit den nächsten Menschen ist das Neue und Bemerkenswerte. Vorher ging, so könnte man sagen, das Wollen der Mutter unmittelbar in das Handeln des Kindes über. Im Kind stand ihm nichts Eigenes gegenüber. Subjektives und Objektives sind ja auch sonst im Erleben der Frühphase ungeschieden. So bilden die von außen kommenden Anstöße mit den eigenen Antrieben noch eine das Handeln bewegende Einheit. Diese löst sich jetzt auf, anfangs oft mit Konflikten, die sich affektiv äußern.

Es ist auffallend, daß in der gleichen Zeit die *Zärtlichkeitsbezeigungen* gesteigert sind, so als ob jetzt die Beziehungen zur Mutter bewußter würden. Dafür spricht auch, daß das Kind sich selbst im Verhältnis zur Mutter beachtet; es fragt: »Bin ich lieb?« Aus der Einheit mit der Mutter ist eine Zweiheit geworden, um deren Gleichgerichtetheit das Kind sich nun bemüht.

Vom 4. Jahr an tritt das Bedürfnis, stets in der Nähe der Mutter zu sein, etwas zurück. Die Kinder entfernen sich erstmalig von dem Spielplatz beim Hause. Die erreichte *Lösung* zeigt sich auch, wenn der *Kindergarten* besucht wird. Den neuen Erziehern gegenüber trotzt das Kind selten, und auch das Verhältnis zur Mutter wird ausgeglichener.

Das Auseinandertreten von Ich und Nicht-Ich bleibt nicht auf den sozialen Bereich beschränkt. Das Kind nimmt auch zu den Dingen allmählich eine distanziertere Haltung ein. Auch vorher griff das Kind beim Spiel in die Ordnung der Dinge ein und veränderte sie, aber es schenkte den dabei entstandenen Gebilden keine Beachtung. An der Wende zum 4. Lebensjahr beobachtet man, daß die Kinder innehalten, wenn unter ihren Händen etwas entstanden ist. Sie zerstören es nicht so leicht wieder und machen den Erwachsenen darauf aufmerksam. Sie wiederholen den Aufbau bei nächster Gelegenheit. Der *Werkgesichtspunkt* ist gewonnen. Aus dem bloßen Hantieren mit Dingen ist ein *Werkschaffen* geworden, dessen Ergebnis sie während der Realisierung immer wieder überprüfen und nach der Vollendung in seinem objektiven Bestand respektieren *(Ch. Bühler)*.

Diese Entwicklung schließt einen Wandel des Verhältnisses zum eigenen Handeln ein. Schon vorher freuten sich die Kinder, wenn ihnen etwas gelungen war, und sie waren unwillig, wenn sie mit einer Sache nicht fertig wurden. Aber das bezog sich auf den Effekt als solchen. Nun beginnen sie, den Erfolg oder Mißerfolg ihres Handelns *auf das eigene Ich* zurückzubeziehen, d. h. als eigene Tüchtigkeit oder Untüchtigkeit zu erleben und sich darüber zu freuen oder beschämt zu sein. Es erfolgt die Ausprägung der *Leistungsmotivation*, die als übergreifende Werthaltung eine grundlegende Vorbedingung für sachangemessenes Bewältigen von Anforderungen ist, in der → *Schule* und im späteren Leben *(H. Heckhausen)*.

Diese Altersstufe bringt einen entscheidenden Neuansatz in die geistige Entwicklung hinein. Dem Kinde geht auf, daß die Personen und Gegenstände seiner *Umwelt* ihre Beschaffenheit als *beharrende Wirklichkeit* haben, die es ihnen entnehmen und nach der es sich beim Umgang mit ihnen richten muß (*K. Zietz, Kind und physische Welt*, 3. Aufl. 1968). hier schon von einem praktischen Kausalitätsverhältnis sprechen, das allerdings Stück für Stück tätig erworben werden muß (*K. Zietz, Kind und physische Welt*, 3. Aufl., 1968). Das Kind gelangt zu einer Versachlichung seines Weltbildes und seiner Haltung. Dabei paßt sich seine *Sprache* merklich der Erwachsenensprache an. Doch wird die subjektive Weltsicht nicht mit einem Male und allgemein abgetan. Sie lebt, beispielsweise in den *Deutungsspielen*, daneben weiter und ist auch in der Schulzeit noch spürbar. Doch werden in dieser Altersstufe für die neue Art und Gerichtetheit der Aktivität die Weichen gestellt.

Der Erfolg hängt sehr von der → *Erziehung* ab. Die Kinder brauchen *Gestaltungsmaterial*, mit dem sie immer wieder etwas Neues schaffen können, nicht mechanisiertes Spielzeug, das stets den gleichen Effekt zeigt. Sie brauchen Baukästen, Material zum Malen, Stecken, Nageln, ferner Sand, Schaufel und Schubkarre, Puppen zum Anziehen, Haushaltsgeräte usw. Auch ist es wichtig, daß sie den Eltern bei leicht durchschaubaren Arbeiten »helfen« dürfen.

Von größter Bedeutung ist das innere Mitgehen der Eltern mit der sich wandelnden Haltung des Kindes. Zwar verändert sich auch sein Verhältnis zu ihnen. Aber damit wird ihre Bedeutung für die geistige Entfaltung des Kindes nicht geringer. Es braucht sie jetzt vor allem als die Überlegenen, die seine neuen *selbständigen Ansätze* bestätigen. Denn Strebungen, die sich im Menschen regen, Anlagen, die verfügbar werden, sind zunächst in ihrer Gerichtetheit noch unbestimmt. Erst ihre Aktivierung und die Stellungnahme der Erzieher führen zu ihrer inhaltlichen Festlegung.

Dabei müssen die Eltern bedenken, daß ihr Kind nicht mehr nur in einer zu behütenden Wunschwelt lebt, daß es vielmehr nach Sachausrichtung tendiert, daß es selbst zupacken muß, um der Realität auf die Spur zu kommen. Es strebt danach, mit seiner Welt *sachgerecht* und *selbständig* fertig zu werden. Für seine Leistungen braucht es ihre Anerkennung. Trauen sie ihm dagegen nicht zu, daß es seine Vorhaben erfolgreich zu Ende führt, findet es ihren Beifall leichter, wenn es sich von ihnen abhängig zeigt, bewundern sie bereitwilliger Kleinkindzüge, die ihm etwa noch anhaften, so irritieren sie es in seinem Streben. Es wird durch infantiles Gehabe ihre Beachtung suchen und läuft Gefahr, den Ertrag dieser Altersstufe für die *Versachlichung seines Weltbildes*, für seine *Leistungsmotivation* und seine *Aufgabenhaltung* zu verpassen (*A. Dührssen*).

Erste Stufe des Schulalters (etwa 6—8 Jahre). Es ist geplant, den Beginn der *Schulpflicht* um ein Jahr vorzuverlegen. Die Begründung ergibt sich aus der fundamentalen Bedeutung der *Vorschulentwicklung* für die erfolgreiche Teilnahme am Unterricht der → *Schule*. Durch die gezielte Betreuung der Lernprozesse von 5 Jahren an soll erreicht werden, daß die Kinder die Aufgaben der ersten Schuljahre mit größerem geistigen Gewinn erfüllen. Außerdem darf erwartet werden, daß dadurch das Problem der unzureichenden *Schulreife*, das nicht wenige Kinder betrifft, eine pädagogisch befriedigende Lösung findet; es ist in der Mehrzahl der Fälle durch ungünstige *Umwelt*- und Erziehungsumstände während der Vorschulzeit bedingt.

Obwohl 6—7jährige Kinder in der Regel fähig sind, die beharrende Sachstruktur der ihnen vertrauten Dinge zu erkennen, lassen sie sich gelegentlich noch verleiten, mit Personen und Gegenständen unrealistische Erwartungs- und Wunschqualitäten zu verbinden; Beispiele sind das Christkind und Märchengestalten. Das geschieht, weil sie dabei emotional stark gepackt sind. Es zeigt aber auch, daß diesem Alter für die Beurteilung des real Möglichen noch die *begrifflichen* Maßstäbe fehlen. Die Kinder erheben sich beim Einordnen ihrer Erfahrungen noch nicht über die Ebene des konkret Vorgefundenen. Sie bilden noch keine Allgemeinbegriffe, denen sie neue Erfahrungen subsumieren könnten. Die erlebten Dinge werden vielmehr noch in der Weise aufeinander bezogen und in Einheiten aufgefaßt, wie sie in den Bereichen des praktischen Lebens angetroffen werden. Ein Gegenstand ist in diesem Alter erkannt, wenn das Kind weiß, wo man ihn gewöhnlich vorfindet, was man damit machen, wozu man ihn verwenden kann. So antworten die Kinder beispielsweise auf die Frage, was Schwarzbrot sei: »Das liegt im Küchenfach.« – »Das kann ich nicht schneiden, das ist zu hart.« – »Da tut meine Mutter Butter drauf, und dann nehme ich es mit in die Schule.« Sie bestimmen die Gegenstände durch *Einordnung in die Lebensbereiche,* die ihnen etwas bedeuten (*A. Busemann* 1955).

Dieser geistigen Geartetheit der 6–8jährigen Kinder entspricht die *1. Bildungsstufe der Schule (→ Altersstufen),* die einen eigenen Stil des Zusammenlebens, des Erziehens und Unterrichtens hat. Jedes Kind erwartet, daß der Lehrer ihm persönlich gut ist; Tadel erlebt es als Liebesentzug. Familienhaftes Leben in der Schule ist dieser Haltung am ehesten gemäß *(J. P. Ruppert).* Wertbildung und Erziehung sollten weniger durch Belehrung als durch Teilnahme an wertbezogenem Handeln, das Kinder und Erzieher verbindet, erstrebt werden.

Der *Unterricht* entnimmt seine Inhalte den Naturgegebenheiten und Einrichtungen der leicht erreichbaren *Umwelt* und den Lebensformen und Verpflichtungen, an denen die Kinder schon teilhaben. Doch sind Gespräche über Vorstellungen, die die Kinder mitbringen könnten, wenig ergiebig. Bei der Flut schnell wechselnder Eindrücke, der die Kinder heute ausgesetzt sind, ist es wichtig, daß für verweilendes, eindringendes Auffassen gesorgt wird. Flaches, globales Zurkenntnisnehmen und vorschnelles Reagieren müssen durch aktiv-analytisches Wahrnehmen und überprüftes Handeln ersetzt werden. Es handelt sich um die *Erziehung zu kognitiven Stilen,* die der Gewinnung differenzierter Sachkenntnisse ebenso zugutekommen wie dem Erfassen und Vergleichen von Mengen und dem Lesenlernen *(H. Heckhausen).* Diese für den Schulerfolg wichtige Erziehung gelingt in den ersten Schuljahren und auch schon bei

Fünfjährigen am besten, wenn die Kinder mit realen Dingen konfrontiert und dabei zu genauer Detailauffassung, zu eindeutigen Formulierungen und zu überlegtem Tun angehalten werden. Das Handeln mit dem Aufzufassenden, das Gestalten und Darstellen *(Rollenspiel)* sind dafür in diesem Alter sehr förderlich. Der Erfolg der grundlegenden *Bildung*, die zu Beginn der Schullaufbahn geleistet werden muß, hängt entscheidend davon ab, daß die Kinder im Rahmen der ihnen bedeutsam gewordenen Lebensbereiche zur geistigen Entfaltung gelangen. Das gilt in gleicher Weise für die *Schule* wie die *Familie*.

ZWEITE STUFE DES SCHULALTERS (etwa 9–11 oder 12 Jahre). Die Lehrer spüren den Beginn dieser letzten Altersstufe der Kindheit an einer gewissen Unruhe und an dem *Interessenwandel* der Kinder. Während sie bislang mit dem Kennenlernen der *Umwelt* zufrieden waren, wollen sie nun über Dinge und Verhältnisse etwas erfahren, die vom Vertrauten abweichen. Gerade das Ungewohnte, Fremde zieht sie an. Es ist ein weltweites Interesse, das jedoch in der ganzen Kindheit auf die äußere Welt der Dinge, Vorgänge, Einrichtungen gerichtet ist; mit dem Menschen beschäftigen Kinder sich nur, sofern die Außenwelt auf ihn wirkt oder er in sie eingreift. Sein Innenleben, seine Motive und Gesinnungen interessieren erst die → *Jugend*.

Der Wandel in der Gerichtetheit auf die Welt ist darin bedingt, daß neue Funktionen für die geistige Auseinandersetzung verfügbar werden. Die Kinder begnügen sich nicht mehr damit, die Dinge den konkreten Bereichen ihres Lebens zuzuordnen, sie fragen nun nach dem, was ein jedes Ding zu dem macht, was es ist. Das zielt auf die Wesensmerkmale. Unter diesem Aspekt können nun Gegenstände gleicher Art in Einheit gedacht und begriffen werden. Diese neue Weise kategorialer Verarbeitung führt zur Bildung von *Allgemeinbegriffen*.

Fragt man beispielsweise Kinder dieses Alters, was Schwarzbrot sei, so erhält man mit zunehmender Häufigkeit Antworten folgender Art: »Schwarzbrot ist ein Gebäck aus Roggenkörnern« – ». . . ein Nahrungsmittel aus geschrotetem Roggen«. Daneben verwenden die Kinder auch die bisherige Weise der Gegenstandsbestimmung, die nie ganz aufhört. Doch ist das kritische begriffliche Erkennen für die zweite Schulstufe typisch. Die Kinder sind fähig geworden, von individuellen, situativen Erfahrungen mit den Dingen abzusehen und eine Einordnung zu vollziehen, für die allein die Wesensbeschaffenheit maßgebend ist. Dabei werden übergeordnete Begriffe an die erfahrenen Gegebenheiten herangetragen. Durch das

klassifizierende Einordnen in ein Begriffssystem ist ein hoher Grad sachlichen Erkennens erreicht.
Damit ist die *Hauptphase der Kindheit* auf die Höhe ihrer kognitiven Leistungsmöglichkeiten gelangt. Das Kind hat vom 4. Lebensjahr an stufenweise fortschreitend ein Weltbild aufgebaut, das der äußeren Wirklichkeit gerecht wird (*W. Hansen* 1965). Damit hat sich das Kind auch von der Gebundenheit an die von ihm selbst erfahrbare Wirklichkeit gelöst, es versteht nun auch, was über völlig fremde Verhältnisse berichtet wird, sofern dabei die notwendigen Begriffs- und Merkmalsangaben erfolgen. Deshalb verlangt das Kind dieser *2. Bildungsstufe* nach der Erweiterung seiner Weltkenntnisse, und daraus entspringt sein interessiertes Fragen nach den Dingen, Tieren und Lebensumständen ferner Zonen und nach der Lebensbewältigung in der Vergangenheit. Es ist ein lernbegieriges Alter, dessen *Leseinteresse* vor allem auf Abenteuerlektüre gerichtet ist. Es schätzt den Lehrer, der in den Sachfächern viel Neues bringt.
Die Sicherheit bei der Beurteilung der Wirklichkeit in Verbindung mit zielvollem und ausdauerndem Handeln und körperlicher Kraft und Geschicklichkeit ergeben eine beachtliche Tüchtigkeit im Leben und *praktische Selbständigkeit*. Jedenfalls bedürfen die Kinder nicht mehr in dem Maße wie auf vergangenen Stufen des Schutzes und der Bestätigung durch ihre Erzieher. Sie sind auch nicht mehr auf Gebote und Verbote im einzelnen angewiesen, sondern können allgemeine Verhaltens- und Wertmaßstäbe auf die Fälle ihrer Lebenspraxis anwenden. Die *Wertausrichtung* müssen sie allerdings noch übernehmen; erst das Jugendalter wird zu eigener Wertentscheidung fähig *(→ Jugend)*. Immerhin kann der Erzieher bei der Begründung von Verhaltensmaximen schon mit verarbeiteten Erfahrungen rechnen; er kann auch mehr als zu Beginn der Schulzeit durch Belehrung zur *Gewissensbildung* beitragen.
Mit dem Zurücktreten der Abhängigkeit von den Erwachsenen gewinnt das Leben mit Gleichaltrigen an Bedeutung. In ihm liegen kennzeichnende Züge der reifen Kindheit. Wesentliche soziale Bezüge und Spannungen werden in *Altersgruppen* durchlebt. Bei Knaben stehen sachliche Gesellungsmotive, vor allem gemeinsame Interessen, im Vordergrund; sie begründen kameradschaftliche Bindungen, auch in größeren Gruppen. Mädchen suchen einander mehr aus persönlichen Neigungen; es entstehen Kinderfreundschaften und Cliquen. Die Geschlechter haben in diesem Alter wenig gemeinsam und meiden sich. Die Erzieher müssen das für die Entfaltung sozialer Haltungen und überhaupt für das Werden

der Persönlichkeit bedeutsame Leben in Altersgruppen beachten und fördern und, falls erforderlich, vorsichtig leiten.
Mädchen und Jungen wünschen sich jetzt Lehrer, deren Zuneigung und Offenheit für ihre Altersbedürfnisse sie spüren, die auf ihre Interessen an den Sachverhältnissen der weiten Welt eingehen, die Verständnis für altersgemäße Gesellung und Kraftentfaltung haben, die, besonders nach dem Übergang in weiterführende Schulen, ihre Schulschwierigkeiten verstehen und sie bei ihrer Überwindung ermutigen *(H. Roth)*. Ein frischer, jugendgruppenhafter Stil des Klassenlebens wird diesem Alter am ehesten gerecht *(J. P. Ruppert)*.

Kybernetik und Pädagogik. Seit einigen Jahrzehnten spielt die Kybernetik in den verschiedensten Bereichen unserer Zivilisation und Gesellschaft eine zunehmend wichtige Rolle. Dabei werden kybernetische Denkmodelle, Methoden und Maschinen nicht nur in Technik und Industrie verwendet, sondern auch in Biologie, Medizin, Psychologie, Soziologie, Linguistik, Kunst oder Pädagogik. Um den vielfältigen Einfluß der Kybernetik auf die Pädagogik systematisch darzustellen, sei in folgenden sechs Schritten vorgegangen: 1. Der Begriff der Kybernetik. 2. Der didaktische Prozeß als Regelungsvorgang. 3. Der Begriff der kybernetischen Pädagogik. 4. Informationstheoretische Methoden in der Lernforschung. 5. Der Begriff der Informationsdidaktik. 6. Programmierter Unterricht.
DER BEGRIFF DER KYBERNETIK. Das Wort Kybernetik (von griech. *kybernétes*) bezeichnet die Kunst des Steuermanns, ein Schiff trotz Wind und Meeresströmungen an sein Ziel zu bringen. Genauer handelt es sich bei dieser »Kunst« der ständig zu korrigierenden Steuerung um die Aufgabe des Lotsen: Er muß immer wieder den *Ist-Wert* des Schiffes bestimmen, ihn mit dem *Soll-Wert* (Ziel) vergleichen und eine Steuerungsstrategie ermitteln. Im Laufe der Geschichte hat das Wort Kybernetik manchen Bedeutungswandel erfahren. Der heutige Begriff geht im wesentlichen auf *N. Wiener* zurück. Um seine Definition verständlich zu machen, sei der Sachverhalt aus seinen beiden Wurzeln, der *Computer-* und *Regelungstechnik* einerseits und der *biologischen Regelungstheorie* andererseits, entwickelt.
In der Computertechnik geht es um die maschinelle Verarbeitung von Informationen. Logische Operationen werden dabei durch entsprechende (logische) Schaltungen verwirklicht, kombinatorische Prozesse mit Hilfe eines Zufallsgenerators usw. Selbstverständlich können nur solche »geistigen« Prozesse

maschinell realisiert werden, deren Funktionen man genau kennt. Dies gilt z. B. für das logische *Denken* oder den bedingten Reflex, es gilt nicht für das sogenannte intuitive oder schöpferische Denken.

Die Regelungstechnik läßt sich am einfachsten anhand des Thermostaten erklären: Diesem wird zunächst ein bestimmter Soll-Wert, die gewünschte Raumtemperatur, eingegeben. Über die Steuerungsvorrichtung schaltet der Thermostat die Wärmezufuhr ab, sobald der Soll-Wert erreicht ist; sinkt die Temperatur unter den Soll-Wert, schaltet er die Wärmequelle wieder ein. Auf diese Weise kann die Raumtemperatur trotz verschiedener äußerer Einflüsse nahezu konstant gehalten werden. Der Thermostat ist also ein sich selbst steuerndes System, das — völlig automatisch — einen bestimmten physikalischen Zustand aufrechterhält.

Computertechnik und Regelungstechnik wirken zusammen, wenn Computer als Regler verwendet werden. Dies ist in zunehmendem Maße der Fall; man denke an Raumfahrt, Flugsicherung, industrielle Fertigungsprozesse, Verkehrsregelung, programmierten Unterricht u. a.

Vergleicht man die Funktion eines Schiffes, das einen bestimmten Hafen ansteuert, mit derjenigen des Thermostaten, so läßt sich daraus der Begriff der Regelung abstrahieren. Der Prozeß ist durch folgende fünf Instanzen gekennzeichnet: 1. der Soll-Wert (er wird gesetzt und ist damit dem Regelungsprozeß vorgegeben, Funktion des Reeders), 2. der Regler (er vergleicht den Ist-Wert mit dem Soll-Wert und entwickelt eine Strategie zur Steuerung der Regelgröße, Funktion des Kapitäns), 3. das Stellglied (es führt die Steuerung durch, Funktion des Steuermanns), 4. die Regelgröße (beim Schiff das Antriebssystem), 5. der Meßfühler (er stellt den jeweiligen Ist-Wert fest, Funktion des Lotsen).

Regelung bedeutet somit die Technik der Zielerreichung in offenen Systemen — »offen« deswegen, weil sich (durch Störgrößen oder teilweise unbekannte Regelgrößen) die Auswirkung von Steuermaßnahmen nicht exakt vorhersagen läßt. In einem geschlossenen System (z. B. einer Uhr) bedarf die Steuerung keiner »*Rückkopplung*«. Selbstverständlich spielen bei Regelungsvorgängen insbesondere Prozesse der Informationsübertragung und Informationsverarbeitung eine wichtige Rolle.

Charakteristisch für die kybernetische Technik ist die Automatisierung der Kapitäns- bzw. Lotsenfunktion. *H. Schmidt* unterscheidet drei Stufen der technischen Entwicklung: die des Werkzeugs, die der Kraft- und Arbeitsmaschinen und die des geregelten Systems der Automaten. In der letzten Stufe sieht

Schmidt »die methodische Vollendung der Technik«: Hier braucht der Mensch nur noch Ziele zu setzen; erreicht werden sie dann automatisch.
Die Erfindung der *automatischen Regelung* ist eine hervorragende Leistung, die unsere technische Welt entscheidend prägt; man sollte indessen auch sehen, daß in der belebten Natur schon seit jeher automatische Regelungsprozesse ablaufen: Aufrechterhaltung der Körpertemperatur, Atmung, aufrechter Gang, zielgerichtete Bewegungen u. a.
Organische Regelungsprozesse sind schon seit ca. 50 Jahren bekannt; das gemeinsame Prinzip von technischer und organischer Regelung wurde jedoch erst von *N. Wiener* in aller Deutlichkeit ausgesprochen. Auf der Grundlage dieser Erkenntnis definierte *Wiener* (1948) Kybernetik als »das gesamte Gebiet der Regelungstechnik und der Informationstheorie, ob bei Maschine oder Lebewesen«.
Im Anschluß an *Wiener* wurden neue Anwendungsgebiete von *Regelung, Rückkopplung und Informationsverarbeitung* erschlossen: Psychologie, Soziologie, Pädagogik, Wirtschaft, Politik, Ästhetik usw. So ergab sich die Definition von Kybernetik als »Brücke zwischen den Wissenschaften« (*Frank* 1962). Tatsächlich ist jedoch bei dieser Auffassung von Kybernetik eine Einschränkung zu machen: Steuerungs- und Regelungsprozesse existieren – abgesehen von den jetzt vorliegenden technischen Konstruktionen – nur im Bereich des Organischen. Hier sorgen Regelungssysteme für die automatische (oder auch nicht-automatische) Erreichung von Zielen in offenen Systemen. Geht man von dieser Ursprünglichkeit der organischen Informations- und Regelprozesse aus, so erweist sich die Kybernetik als fundamentale »Technik des Lebendigen« (*v. Cube* 1970). Damit läßt sich Kybernetik einmal als diejenige Wissenschaft auffassen, die in den verschiedenen Bereichen des Lebendigen (Psychologie, Soziologie, Pädagogik usw.) Prozesse der Zielerreichung aufdeckt und untersucht, zum anderen als diejenige Wissenschaft und Technik, die derartige Prozesse konstruiert. Diese Definition stimmt mit der von *Ducrocq* (1959) überein, derzufolge die Aufgabe der Kybernetik darin besteht, »uns systematisch zur Erreichung jedes beliebigen Zieles zu befähigen«.
Im Rahmen der Kybernetik ist insbesondere auf die Forderung nach der Ermittlung von Optimalstrategien hinzuweisen. Es geht ja weder im organischen noch im technischen Bereich nur um die Erreichung von Zielen schlechthin, es geht vielmehr um den optimalen Weg, d. h. – bei sonst konstanten Bedingungen – um die Minimalisierung des Zeitaufwandes. Die

Überprüfbarkeit der Strategien beruht auf dem Vergleich von Ist- und Soll-Werten; eine exakte Ermittlung von Optimalstrategien kann daher nur bei Kenntnis der potentiellen Wirkung von Störgrößen oder zumindest bei der empirischen Wiederholbarkeit von Ist-Werten durchgeführt werden. Insofern ergeben sich bei nichttechnischen Regelgrößen (z. B. beim lernenden Menschen) besondere Schwierigkeiten.

DER DIDAKTISCHE PROZESS ALS REGELUNGSVORGANG. Sowohl in der Umgangssprache als auch in der Fachliteratur wird — bei den verschiedensten inhaltlichen Auffassungen — unter *Erziehung* ein Vorgang verstanden, in dem ein (Erziehungs-)Objekt unter ständiger Korrektur zu einem (Erziehungs-)Ziel gesteuert wird. Die ständige Korrektur ist deswegen erforderlich, weil das Erziehungsobjekt stets unberechenbaren (inneren oder äußeren) Einflüssen unterliegt. Erziehung ist somit ein zielansteuernder Prozeß in einem offenen System, d. h. also ein Regelungsprozeß. Der Soll-Wert im Erziehungsvorgang wird von »Erziehungsberechtigten«, Vertretern der Gesellschaft oder sonst jemandem, der Erziehungsabsichten hegt, gesetzt. Der Regler ist der Erzieher, der die jeweils optimale Strategie entwickelt; die Stellglieder sind die Medien, die zur Steuerung des zu Erziehenden dienen; die Meßfühler, die nach einem Steuerungsvorgang und einer anschließenden Verhaltensänderung des Erziehungsobjektes die Ist-Werte jeweils neu feststellen müssen, bestehen u. a. in der Beobachtung, im Messen und Diagnostizieren des Verhaltens. Der Prozeß setzt sich so lange fort, bis das Erziehungsziel erreicht ist. Selbstverständlich muß beim *Erziehungsprozeß* — wie bei jedem Regelungsprozeß — das Ziel genau angegeben, überprüfbar und prinzipiell erreichbar sein.

Im Zusammenhang mit Erziehung wird auch von *Bildung, Ausbildung*, Lehre und *Unterricht* gesprochen. Dabei finden sich in der Literatur sehr unterschiedliche Auffassungen hierüber. Der Versuch, diese Begriffe zu definieren, beruht auf einer Einteilung und Bewertung von Zielen. Für den Prozeß der Zielerreichung selbst ist diese Einteilung nicht wesentlich: Immer handelt es sich um die Steuerung eines Adressaten zu einem überprüfbaren Verhaltensziel. Dieser Regelungsprozeß sei im folgenden als *didaktischer Prozeß* bezeichnet *(→ Unterricht—Didaktik, Curriculum, Methodik).*

Der didaktische Prozeß ist auf ein bestimmtes Ziel gerichtet. Das bedeutet jedoch nicht, daß sich das Ziel selbst nicht ständig verändern kann. In einer demokratischen und offenen Gesellschaft sind die Lernziele ihrerseits in die verschiedensten Rückkopplungsprozesse einbezogen.

Der didaktische Prozeß als Regelung:

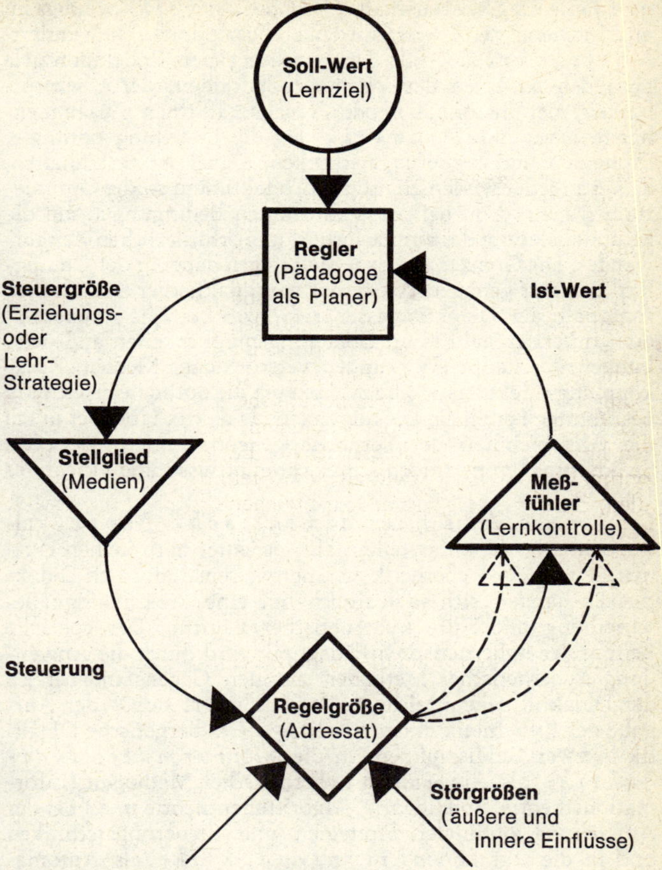

Regelung ist der allgemeine Prozeß der Zielerreichung in offenen Systemen. Die in Klammern gesetzten Begriffe bezeichnen den Prozeß der Lernziel-Erreichung.

Der Soll-Wert wird von gesellschaftlichen Gruppen oder von einzelnen gesetzt. Er muß in überprüfbarer Form angegeben und prinzipiell erreichbar sein.
Der Regler ist der Ausbilder (Lehrer, Erzieher etc.), der die jeweils optimale Lehrstrategie entwickelt.
Stellglieder sind die Medien, die zur Steuerung des Adressaten dienen.
Die Meßfühler beobachten, messen und diagnostizieren das auf einen Steuerungsvorgang folgende Verhalten.

Der Begriff der kybernetischen Pädagogik. Unter dem Begriff Erziehungswissenschaft (→ *Pädagogik*) werden im allgemeinen zwei verschiedene Disziplinen subsumiert: *Normenkritik* als Untersuchung der Erziehungsziele nach den Kriterien der Widerspruchsfreiheit, der Überprüfbarkeit, der historischen oder gesellschaftlichen Zusammenhänge usw. und *Didaktik* als die Erstellung optimaler Strategien und Steuerungstechniken. Dabei ist festzuhalten, daß es in jeder wissenschaftlichen Didaktik um solche Optimierungen geht, d. h. bei sonst konstanten Bedingungen um die Minimalisierung des zur Zielerreichung erforderlichen Zeitaufwandes. Die Grenzen der Exaktheit liegen dabei in der Unmöglichkeit einer genauen Wiederholung didaktischer Situationen. Innerhalb der Didaktik lassen sich zwei Bereiche unterscheiden: Im ersten geht es um Steuerungsmöglichkeiten und -wirkungen überhaupt (Wirkungen verschiedener Medien, Rückkopplungseffekte usw.), im zweiten um die optimale Erreichung bestimmter Lernziele. Die allgemeine Didaktik ist dabei durch die Allgemeinheit der Lernziele gekennzeichnet, wie etwa Speicherung von Information, produktives und kreatives Denken.

Die Tatsache, daß sich der *didaktische Prozeß* als Regelungsvorgang darstellen läßt, bedeutet noch keinen eigenen Beitrag der Kybernetik zu einer wissenschaftlichen Didaktik. Es handelt sich ja lediglich um eine zweckmäßige Beschreibung mit Hilfe kybernetischer Begriffe. Der spezielle Beitrag der kybernetischen Pädagogik wird durch die Anwendung kybernetischer Methoden auf den Gegenstandsbereich der Didaktik gekennzeichnet. Damit gliedert sich – der Aufgabe der Kybernetik entsprechend – die kybernetische Didaktik in zwei Teildisziplinen: in die »*Informationsdidaktik*« als Anwendung kybernetischer Methoden (Informationstheorie, Spieltheorie, Algorithmentheorie u. a.) bei der Aufstellung optimaler Strategien und Steuerungstechniken und in die »*Automationsdidaktik*« als Automatisierung des gesamten Prozesses der Lernzielerreichung. Die Informationsdidaktik wiederum beruht auf der Untersuchung des *Lernens* mit Methoden der Informationstheorie oder anderer kybernetischer Theorien. Hierzu gehören auch die Methoden der Gruppenentropie zur Messung sozialer Verhaltensweisen. Die Aufgabe der Automatisierung didaktischer Prozesse bezieht sich auf die Automatisierung der Reglerfunktion und der damit in Verbindung stehenden Teilprozesse.

Informationstheoretische Methoden in der Lernforschung. Der Begriff der »*Information*« (im kybernetischen Sinne) stammt aus der Nachrichtentechnik und der automatischen Nachrichtenverarbeitung. Für den Nachrichtentechniker stand hierbei das Problem der kürzesten Codierung einer Zeichenfolge im Vordergrund, während für die maschinelle Informationsverarbeitung zusätzlich die Bedingung einer binären Codierung entscheidend war. Aus diesen Forderungen ergab sich die Definition des Informationsmaßes einer Nachricht als die Minimalzahl der zur Codierung ihrer Zeichen erforderlichen Dualschritte. Ein Dualschritt oder ein *bit* (aus: *binary digit* = Zahl im Zweiersystem, d. h. also ›0‹ oder ›1‹) wird somit zur Maßeinheit für Information.

Sind beispielsweise zwei Zeichen gegeben, a und b, so kann jedes dieser Zeichen mit 1 bit codiert werden, z. B.: a=0, b=1; sind 4 Zeichen gegeben (a, b, c, d), so sind zur eindeutigen Codierung jedes Zeichens 2 bit erforderlich (z. B. a=00, b=01, c=10, d=11); zur Codierung von 8 Zeichen braucht man 3 bit, von 16 Zeichen 4 bit usw. Allgemein müssen also für $n=2^k$ verschiedene Elemente $k = \mathrm{ld}\, n$ (ld: logarithmus dualis) bit aufgewandt werden. Die Information eines Zeichens beträgt somit

$$I = \mathrm{ld}\, n \text{ (bit)}.$$

Es liegt nahe, die Information eines Zeichens auch dann durch den obigen Ausdruck zu definieren, wenn die Anzahl der verschiedenen Elemente keine Potenz von 2 ist. Die Information eines Buchstabens des Alphabets wird also, setzt man Gleichhäufigkeit voraus, $I = \mathrm{ld}\, 26 = 4{,}700$ bit (bekanntlich wird beim Fernschreiber jeder Buchstabe mit 5 bit codiert); die Information einer Ziffer wird $I = \mathrm{ld}\, 10 = 3{,}322$ bit (weiß man z. B. eine 6stellige Telefonnummer auswendig, so hat man einen Informationsbetrag von etwa 20 bit »gespeichert«). Handelt es sich um die Codierung von Elementen, die mit verschiedener Häufigkeit auftreten, so werden die häufigsten Zeichen mit möglichst wenigen Dualschritten codiert, während die selteneren eine entsprechend größere Anzahl benötigen – eine Überlegung, die ebenfalls schon *Morse* angestellt hat. So lautet z. B. für den »Text« aaaa bb cd, in dem also a, b, c und d mit den relativen Häufigkeiten $h_a = \frac{1}{2}$, $h_b = \frac{1}{4}$, $h_{c,\,d} = \frac{1}{8}$ auftreten, die kürzeste Codierung (in bit): a=0, b=10, c=110, d=111. Allgemein gilt für die Information eines Zeichens mit der relativen Häufigkeit h die Beziehung $I = \mathrm{ld}\, \frac{1}{h}$. Der Informationsbeitrag eines Zeichens h_i in einem Text der Länge N wird somit $N\, h_i\, \mathrm{ld}\, \frac{1}{h_i}$; die durchschnittliche Information I eines Zeichens in einem Text aus n verschiedenen Elementen also:

$$I = \sum_{i=1}^{n} h_i \operatorname{ld} \frac{1}{h_i} \quad \text{mit} \quad \sum_{i=1}^{n} h_i = 1 .$$

Diese erstmals von *Shannon* (1948) und *Wiener* (1948) aufgestellte Formel läßt sich selbstverständlich auch auf Sender, d. h. auf Wahrscheinlichkeitssysteme anwenden: dabei brauchen nur die relativen Häufigkeiten (h_i) durch die Wahrscheinlichkeiten (p_i) ersetzt zu werden.
Realisationen solcher Sender oder Systeme sind z. B. der Würfel (6 Zeichen mit den Wahrscheinlichkeiten $p_i = \frac{1}{6}$, $I = 2{,}58$ bit), die deutsche Sprache auf dem Repertoire der Buchstaben (26 Zeichen mit den Häufigkeiten für e: 0,147; n: 0,088; x: 0,0001 usw., I = 4,11 bit), die deutsche Sprache auf dem Repertoire der Wörter (I ungefähr 12 bit), Musikstücke, Texte, Bilder usw.
Selbstverständlich bezieht sich das Maß für Information nur auf die statistischen Eigenschaften einer Nachricht bzw. eines Senders — es gehen ja nur Anzahl und relative Häufigkeiten bzw. Wahrscheinlichkeiten der Elemente in die Formel ein —, über den Inhalt oder die Bedeutung einer Nachricht bzw. eines Senders macht es keinerlei Aussagen. Möchte man inhaltliche Aussagen über irgendeinen gegebenen oder konstruierten Wirklichkeitsbereich machen, so muß man die Begriffe dieses Bereiches den Leerstellen der mathematischen Informationstheorie zuordnen.
Die Anwendung der Informationstheorie auf Vorgänge menschlichen Lernens und Lehrens, des individuellen und sozialen Verhaltens usw. liegt darin begründet, daß auch die menschliche Kommunikation an die Übermittlung von Zeichen gebunden ist (Sprache, Töne, Gebärden usw.), die mit bestimmten Wahrscheinlichkeiten bzw. Häufigkeiten auftreten. Experimente haben dabei ergeben, daß der Mensch über eine relativ konstante Kanalkapazität seines Bewußtseins von ca. 10—16 bit pro Sek. verfügt. Das bedeutet, daß er etwa vier Ziffern, drei Buchstaben, zwei Wörter (ohne Zusammenhang) etc. in einer Sekunde aufzunehmen vermag. Die ebenfalls relativ konstante Kanalkapazität des Gedächtnisses liegt in der Größenordnung von 0,5—0,7 bit pro Sek. (*v. Cube* 1968; *Frank* 1969).
Untersucht man das Phänomen des *Lernens* (als Verhaltensänderung, die nicht auf Reifung oder Verletzung zurückzuführen ist) mit Hilfe informationstheoretischer Methoden, so kommt man zu folgendem Ergebnis: Nur durch die Aufnahme, Speicherung und Verarbeitung von Information kann

ein verändertes Verhalten in einer späteren, gleichartigen Situation erklärt werden. Die spezielle Art der *Informationsverarbeitung* besteht dabei im Abbau gegebener Information durch den Lernenden. Im einzelnen lassen sich folgende Lernprozesse unterscheiden:

Die Speicherung von Information im Gedächtnis

Ist ein Text oder ein Verhaltensablauf auswendig zu lernen, so nehmen wir ihn stückweise in unser Gedächtnis bzw. unser Verhaltensrepertoire auf. Je mehr Information wir dabei schon gespeichert haben, um so weniger Information ist — für den Lernenden — in ihm enthalten. Hat der Text beispielsweise die Information $I = 100$ bit, so braucht man für eine erste Lesung ca. 10 Sek. In dieser Zeit werden aber $10 \cdot 0{,}7$ bit $= 7$ bit im Gedächtnis gespeichert. Bei der zweiten Lesung enthält der Text für den Lernenden somit nur noch eine subjektive Information von $I_S = 93$ bit, die sich bei den folgenden Wiederholungen immer mehr verringert. Ein auswendig gelernter Text hat für den Betreffenden keine Information mehr. Selbstverständlich bezieht sich der Wert $I_s = 0$ nur auf das Repertoire der Textelemente; auf dem Repertoire aller gespeicherten Texte (z. B. Wörter, Zitate, Musikstücke, Bilder etc.) berechnet sich der Informationsbetrag in der bekannten Weise.

Das Wahrscheinlichkeitslernen

Vom kybernetischen Standpunkt aus bedeutet das Wahrscheinlichkeitslernen den Sachverhalt, daß der Empfänger nicht *mehr* Information aufzunehmen braucht, als in Wirklichkeit vorhanden ist. Kennt man nämlich die Wahrscheinlichkeiten, mit der Ereignisse auftreten, nicht, so ist die Information, die wir von diesen Ereignissen erhalten, zu groß; kennen wir hingegen die Wahrscheinlichkeiten der Ereignisse, so haben diese für uns die richtige, d. h. der Wirklichkeit entsprechende Information. Ein häufiges Ereignis z. B. hat dann weniger Information für uns als ein seltenes. Durch das Erlernen von Wahrscheinlichkeiten bauen wir also unnötige Information ab: Wir erkennen Ordnungen und gewinnen Sicherheit. (Dieser Sachverhalt läßt sich ebenfalls mathematisch darstellen.)

Die Bildung größerer Informationseinheiten (Superzeichen)

Beim Übergang zu größeren Informationseinheiten, z. B. beim Übergang von Buchstaben zu Wörtern oder von Wörtern zu Sätzen, wird die Information im allgemeinen sehr stark herabgesetzt. Dies läßt sich an einem einfachen Beispiel zeigen: Die Information eines Textes aus acht Zeichen beträgt auf dem Repertoire dieser Zeichen $I_1 = 8 \cdot \text{ld}\ 8$ bit $= 24$ bit. Durch Zusammenfassung des Textes in zwei Superzeichen wird die Information auf $I = 2 \cdot \text{ld}\ 2$ bit $= 2$ bit herabgedrückt.

Eine Informationsverringerung durch Superzeichen ist vor allem beim Prozeß der Einsicht wirksam. Hier handelt es sich ja darum, die Elemente eines Problems zu ordnen, zusammenzufassen und gewissermaßen »mit einem Blick« zu erfassen. Auch bei der Wahrnehmung spielt die Superzeichenbildung eine wichtige Rolle; während jedoch die Superzeichenbildung der Einsicht ein reversibler Vorgang ist, wird die »Gestalt« der Wahrnehmung automatisch und irreversibel erzeugt.

Daß sich *Lernen* tatsächlich als Informationsabbau darstellen läßt, geht nicht nur aus den Prozessen des Wahrscheinlichkeitslernens, der Speicherung und der Superzeichenbildung hervor, sondern überhaupt aus sämtlichen als »Lernen« beschriebenen Prozessen. So bedeutet z. B. Konditionierung das Erlernen der Wahrscheinlichkeit, mit der ein bestimmtes Ereignis auf ein anderes folgt; Lernen am Erfolg bedeutet, daß die Information durch das gespeicherte Wissen des erfolgreichen und nicht erfolgreichen Verhaltens immer geringer oder sogar gleich Null wird; Lernen durch Einsicht geht darauf zurück, daß die Information durch Superierung herabgesetzt wird; beim Lernen durch fortschreitende Übung erfordert das angestrebte Verhalten immer weniger Zeit bzw. Information usw.

Auch *Itelson* (1967, S. 387) kommt zu dem Schluß, daß es sich beim Lernen um die Verringerung von Information handelt:

»Die zusätzlichen Kenntnisse verringern die zur Beseitigung der Unbestimmtheit der Auswahl erforderliche Information.«

Für die Darstellung von Lernprozessen ist es zweckmäßig, den Begriff der sog. *Redundanz* (R) zu benutzen.

Dabei handelt es sich um eine Normierung des Informationsbegriffes auf die Skala zwischen $R = 0$ und $R = 1$. Für $I = 0$ ergibt sich die maximale Redundanz ($R = 1$), für die maximale Information ergibt sich das Minimum der Redundanz ($R = 0$). Ein Prozeß abnehmender Information ist also gleichbedeutend mit einem Prozeß zunehmender Redundanz.

Die nach dem Begriff der Redundanz benannte hier nur angedeutete »Redundanztheorie des Lernens« führt einmal zu einer Erweiterung und Präzisierung traditioneller Ergebnisse der Lernpsychologie, zum anderen erlaubt sie die Zusammenfassung der einzelnen Lernprozesse unter einem einheitlichen Aspekt: dem Prinzip der Redundanzerzeugung. Die einzelnen Lernvorgänge erweisen sich dabei als verschiedene Arten und Kombinationen der angeführten Redundanzprozesse.

Die »Redundanztheorie des Lernens« läßt sich auch quantitativ formulieren, wobei die Hypothesen der Theorie auf zahlreiche Experimente gestützt werden können.

DER BEGRIFF DER INFORMATIONSDIDAKTIK. Die Didaktik hat die Aufgabe, Strategien zu entwickeln, mit denen ein Lernender in möglichst kurzer Zeit zu einem gegebenen Lernziel hin gesteuert werden kann. In diesem Rahmen beschäftigt sich die *Informationsdidaktik* mit drei Problembereichen: Probleme der optimalen Darstellung von Information, Probleme der Aufstellung redundanzerzeugender Verfahren, die das Lernsystem selbst zur Anwendung bringt, und Probleme der Entwicklung der Lernvariablen in der Weise, daß sie zu einer vermehrten Redundanzerzeugung »fähig« sind.

Die Erforschung der beiden erstgenannten Teilbereiche ist dabei unabhängig davon, ob die Lernvariablen selbst (z. B. Zuflußkapazität, Wahrscheinlichkeitslernen, Superzeichenbildung) konstant bleiben oder sich während des Lernprozesses verändern; der dritte Teilbereich hingegen beruht auf der Annahme, daß eine Entwicklung (vor allem der Superzeichenbildung) möglich ist.

Es seien nun die drei Teilbereiche genauer erörtert:

1. Der Aufgabe, optimale Darstellungen gegebener Informationen zu ermitteln, liegt die Voraussetzung zugrunde, daß eine gegebene Information überhaupt in verschiedener Form dargestellt werden kann. Die subjektiven Informationen des Lernsystems wären dann jeweils Funktionen der Darstellung gegebener Informationen, und es könnte das Minimum dieser Funktionen bestimmt werden.

Ein exakter Beweis dafür, daß eine gegebene objektive Information für einen Lernenden verschiedene Beträge an subjektiver Information besitzen kann, läßt sich anhand der Strukturierung von Texten führen (*v. Cube* 1968). Gliedert man den Text ansatzweise in Abschnitte – wobei vorerst offenbleibt, wie groß diese Abschnitte sind – und addiert dann den Informationsgehalt der einzelnen Abschnitte, so kann das Minimum der Gesamtinformation des Textes berechnet werden. Dabei ergibt sich beispielsweise, daß ein Text aus 10 Elementen in Zweiergruppen gegliedert werden muß, während ein Text aus ca. 30 Elementen am besten in Dreiergruppen aufzuteilen ist.

In diesem Zusammenhang ist folgende Bemerkung von *Pestalozzi* interessant *(Stanser Brief)*: »Im Schreiben war meine Methode: sehr lange bei drei, vier Buchstaben ... stehenzubleiben und Worte aus diesen zu formen und zusammenzusetzen, ehe sie (die Schüler) einen anderen versuchen durften ...«

Qualitativ sind solche Verfahren zur Herabsetzung gegebener

Information seit langem bekannt. Man denke etwa an Gruppierungen, Strukturierungen, Tabellen, Schemata, Bilder, Reime, Rhythmisierungen usw.
Bei der Optimierung von Speicherprozessen ist die Tatsache bemerkenswert, daß die Zuflußkapazität des Dauergedächtnisses nur relativ geringfügige individuelle Unterschiede aufzuweisen scheint. Dieses Ergebnis, das der bekannten Verschiedenheit der menschlichen Gedächtnisleistung offenbar widerspricht, legt den Schluß nahe, daß die Unterschiede der Gedächtnisleistung in erster Linie auf die verschiedenen Arten der *vor* der eigentlichen Speicherung liegenden Informationsverringerung zurückzuführen sind.
Erkennt man beispielsweise den Sinnzusammenhang eines Textes, so kann man dadurch die Information dieses Textes gegenüber der Information auf dem ursprünglichen Zeichenvorrat stark herabsetzen. Weitere (quantitative) Beweise erbringt *Itelson* (1967) in seiner Theorie der Lehralgorithmen.
2. Das Problem, redundanzerzeugende Verfahren aufzustellen, die der Lernende selbst zur Anwendung bringen kann, beruht auf dem bekannten Sachverhalt, daß die Kenntnis von Methoden, Lösungstechniken, Regeln usw. ein besonders wirksames Mittel zur Herabsetzung von Information darstellt.
Die Informationsdidaktik hat hier die Aufgabe, aufgrund der genauen Kenntnis des Lernsystems (als Modell der Redundanztheorie des Lernens) für bestimmte Informationsbereiche optimal wirksame Abbauverfahren zu entwickeln. Wesentlich ist in diesem Zusammenhang, daß es sich bei solchen Verfahren um eindeutig angebbare Operationen, sog. Algorithmen, handelt, die das Lernsystem auch tatsächlich ausführen kann.
Selbstverständlich müssen die gefundenen Verfahren der Lernoptimierung das Lernsystem wiederum in optimaler Form gelehrt werden; diese Aufgabe gehört jedoch zum Problemkreis der Darstellung von Information und somit in den unter 1. genannten Bereich der Informationsdidaktik.
3. Im dritten Teilbereich der Redundanztheorie der Didaktik geht es um die Entwicklung der Lernvariablen selbst. Dabei steht vor allem die Schulung des produktiven Denkens, d. h. also in erster Linie die Schulung der reversiblen Superzeichenbildung im Vordergrund. Ein solches »Training« der Variablen »Superzeichenbildung« ist (wenn überhaupt) nicht durch die Befolgung genauer Anweisungen und die Ausführung bestimmter Operationen durchführbar – im Gegenteil: die Festlegung des Verhaltens verhindert die zur produktiven Denkarbeit notwendige Flexibilität.

Anwendungsbereiche der Informationsdidaktik liegen beispielsweise in bestimmten audio-visuellen Verfahren (Herabsetzung einer Textinformation durch Bildreihen), in der Rechtschreibung (Vermeidung von Informationsballungen), in den Methoden des Lesenlernens (Kombination ganzheitlicher und synthetischer Verfahren) etc.

PROGRAMMIERTER UNTERRICHT. Bei der Durchführung didaktischer Prozesse werden schon seit langem Teilprozesse automatisiert: Man denke an Bücher, Bildreihen, Filme, Modelle oder Tests. Die Automatisierung der Reglerfunktion wird jedoch erst durch den Programmierten Unterricht geleistet. Der Programmierte Unterricht ist also ein automatisierter rückgekoppelter Unterricht. Im einzelnen automatisiert er folgende Phasen des didaktischen Prozesses:

1. Darbietung von Informationsschritten (die Schritte müssen dabei um so kleiner sein, je öfter der Prozeß der Rückkopplung stattfinden soll).
2. Gezielte Aufforderung an den Adressaten, sich zu äußern, beispielsweise durch eine Frage. (Informationsschritt und Aufforderung bilden zusammen die Steuerung des Adressaten.)
3. Feststellung vorgesehener Reaktionen des Adressaten, z. B. durch Auswahlantworten.
4. Lehrstrategien und Steuerimpulse, die den vorgesehenen Ist-Werten entsprechen.

Die Hauptschwierigkeit des Programmierten Unterrichts liegt in der Festlegung der möglichen Ist-Werte des Adressaten. *N. A. Crowder* löst dieses Problem durch Mehrwahlantworten (multiple-choice). In Computer-gesteuerten Programmen kann dieses Verfahren durch freie Antworten mit vorgesehenen Stichwörtern verfeinert werden. Bei sog. Problem-Programmen, in denen der Adressat ein Problem erhält und nacheinander Lösungshilfen abrufen kann, stellt der Automat fest, ob die Antworten richtig oder falsch sind. (Selbstverständlich darf im Falle einer falschen Antwort der Adressat die Lösung nicht erfahren.)

Durch die *Rückkopplung* ist der Programmierte Unterricht immer Einzelunterricht. Kybernetisch handelt es sich dabei um zwei Rückkopplungskreise, die auf die jeweilige Reaktion eines Adressaten hin ablaufen: Der eine verläuft über den Adressaten selbst (er vergleicht seine Antwort mit der Präsentation des Programms), der andere verläuft über den Regler des (programmierten) didaktischen Prozesses.

Das sogenannte *Skinnersche Verfahren*, bei dem der Adressat seine Antwort niederschreiben muß und dann die richtige Antwort erhält, macht hier eine Ausnahme: Da die nachfolgende Information von der gegebenen Antwort unab-

hängig ist, handelt es sich um keinen automatischen Regelungs-, sondern um einen reinen Steuerungsprozeß. Die Rückkopplung verläuft nur über den Adressaten selbst.
Das Verfahren des Programmierten Unterrichts läßt unmittelbar Vorteile, Grenzen und Nachteile erkennen: Vorteile sind zweifellos die verstärkte Aktivität des Lernenden, die häufigen Lernkontrollen und (mit Ausnahme des *Skinner*-Verfahrens) die individuellen Lehrstrategien. Hinzu kommen, bei entsprechender Programmierung, relativ häufige Erfolgserlebnisse.
Die Grenzen des Programmierten Unterrichts liegen darin, daß kein Programmierer sämtliche möglichen Reaktionen des Lernenden voraussehen kann. (Abgesehen davon wäre eine technische Realisation auch gar nicht möglich.) Das bedeutet aber, daß originelle Verhaltensweisen des Adressaten nicht in das automatische System eingehen. Hier zeigt sich die Überlegenheit des *Lehrers*. Dieser kann spontan auch dann Strategien entwickeln, wenn der Schüler ein unerwartetes Verhalten zeigt. Gewiß ist dieser Nachteil des Programmierten Unterrichts, die Kanalisierung des Schülerverhaltens und der damit verbundene Mangel an der Entfaltung produktiver Fähigkeiten, nicht völlig zu vermeiden; andererseits sind jedoch die Möglichkeiten programmierter Verfahren (z. B. in Form von Problem-Programmen) noch keineswegs ausgeschöpft.
Zur technischen Verwirklichung programmierter Verfahren werden verschiedene Medien benutzt. Sie reichen von sogenannten *scrambled books* über mechanische Geräte bis zum Lehrcomputer. Geräte zur Darstellung von Lernprogrammen werden als »Lernmaschinen« oder auch als »*Lehrmaschinen*« bezeichnet. (Die Bezeichnung »Lernmaschine« ist insofern zweideutig, als damit auch lernende Maschinen verstanden werden können.) Ein Beispiel eines mechanischen Lehrgerätes ist der sog. *Auto-Tutor*. Er arbeitet mit auswechselbaren Filmen. Die Informationen in Form von Texten und Bildern werden auf einen Schirm projiziert. Zur Eingabe der Antworten stehen insgesamt zehn Knöpfe zur Verfügung. Auf jeden Knopfdruck hin erscheint — aufgrund einer einprogrammierten Strategie — eine bestimmte Information. Kybernetische Lehrmaschinen (Lehrcomputer) besitzen die größte Flexibilität. Durch ihre Fähigkeit, aufgrund der laufend gespeicherten Antworten des Adressaten optimale Programmformen auszuwählen, erreichen sie ein Höchstmaß an individueller Anpassung. Andererseits ist fraglich, ob der finanzielle Aufwand den gegenüber anderen Medien relativ geringen Zuwachs an Lernerfolg rechtfertigt. Am ehesten scheint dies bei

solchen elektronischen Maschinen der Fall zu sein, die bestimmte Fertigkeiten schulen.
Im Gegensatz zur betrieblichen Ausbildung und zur Weiterbildung nimmt der Programmierte Unterricht in der Schule noch wenig Raum ein. Das liegt einmal an dem Mangel an geeigneten Lehrprogrammen, zum anderen aber an der Organisationsform der gegenwärtigen → *Schule*. Die starre Organisation in Jahrgangsgruppen kann die starke Individualisierung durch programmierte Unterrichtsverfahren nicht auffangen. Grundsätzlich gibt es drei Versuche, diese Diskrepanz zu beseitigen: Versuche, den Programmierten Unterricht (so gut es geht) in das bestehende System einzubauen *(Schöler, Weltner, Zielinski)*; Versuche, den Programmierten Unterricht zum programmierten Klassenunterricht zu pervertieren *(Frank)*, und Versuche, durch die Umorganisation der Schule der Individualität der Schüler gerecht zu werden (→ *Gesamtschule*, Offene Schule).
Über die zukünftige Entwicklung des Programmierten Unterrichts gehen die Prognosen auseinander. Einige Pädagogen propagieren einen individualisierten Computerunterricht, andere streben halbautomatische Systeme im Medienverbund an. Dabei ist jedoch zu bedenken, daß die Kombination verschiedener Medien als solche noch keinen erhöhten Lernerfolg garantiert. Dies ist nur dann der Fall, wenn die Medien unter einem didaktisch-strategischen Konzept miteinander verbunden sind. Solche didaktischen Einheiten sind noch wenig erforscht. Einen Ansatz bietet die Verbindung von Film und programmiertem Begleitmaterial in folgender Weise: Der Film (beispielsweise in Kassettenform) übernimmt die Darstellung von technischen Abläufen, von Zusammenhängen und Überblicken, allgemein: von Superzeichen. Das programmierte Begleitmaterial bezieht sich auf die vorangegangene Video-Phase. Es sorgt für Detailinformationen und Lernkontrollen. Auf diese Weise ergänzen sich beide Medien in lerneffektiver Weise. In jedem Falle muß jedoch ein solches halbautomatisches System durch eine Lehrerphase oder Sozialphase ergänzt werden. Nur hier können ja systemübergreifende Fragen beantwortet, kritische Raster angelegt und verschiedene Bewertungen diskutiert werden.

Lehrer — Lehrerbildung. Zwar kann eigentlich erst mit der *Aufklärung* vom Lehrer als einem professionellen Erzieher und Lehrer, einem Pädagogen, und von der Lehrerbildung als einer regulären, auf den Pädagogen abgestimmten Ausbildung — in Seminarien neben oder in der Universität — die Rede sein, doch reicht die Geschichte unseres Lehrers und unserer Lehrerbildung erheblich weiter zurück. Gewisse Traditionen, Probleme, aber auch Erwartungen und Ansprüche lassen sich ohne Rückgang in diese Geschichte nicht verstehen.

ZUR GESCHICHTE. Von Lehrer und Lehrerbildung kann nur dort gesprochen werden, wo die *Erziehung* — als Einführung und Einübung in das gesellschaftliche Leben bzw. als Hilfe an der Bildung der Jugend, an *Enkulturation*, *Sozialisation* und *Personalisation* — wenigstens zu einem erheblichem Teil institutionalisiert wird und dabei die Gestalt einer → *Schule* annimmt. — Eine solche Entwicklung hat in unserer Lebenswelt — in Anlehnung an antike Vorbilder — im Frankenreich begonnen. Es entstehen die Klosterschulen, aus denen einerseits die m. a. *Lateinschulen*, andererseits die m. a. Hochschulen, zunächst für Kleriker, dann aber auch für andere höhere Funktionen hervorgegangen sind. Schließlich und endlich sind in der Zeit der großen Wende (1500) aus diesen Einrichtungen unsere *Gymnasien* und *Universitäten* entstanden.

Maßgeblich für das Mittelalter war der Versuch, das Leben im Sinne einer imitatio Christi zu führen. Dies war ohne Erziehung und Unterricht nicht möglich. Um die pädagogische Bedeutung der Klöster verstehen zu können, muß man u. a. auf die Regel des *Benedikt von Nursia* (450—ca. 547) für das Kloster auf dem Monte Cassino zurückgehen. Sie bestimmt, daß die Älteren den Jüngeren auf dem Weg der imitatio Christi vorangehen sollen, was in sich einschließt, daß sie sich zu diesen zurückwenden und sie nachführen sollen. Die Älteren sollen die Jüngeren lieben, diese sollen jene ehren. Der Abt wird für die ganze Gemeinschaft verantwortlich gemacht. Gewählt werden soll der Würdigste — sei er auch in der formellen Rangordnung der Geringste! Er soll einen jeden in seiner Eigenart verstehen und ihm auf seinem eigenen Weg weiterhelfen. Es geht um genau die Aufgabe, die *Pestalozzi* später als eine genuin pädagogische Aufgabe verstanden wissen wollte und als »Individualbesorgung« bezeichnet hat. Zur Erfüllung dieser Aufgabe soll der Abt über die Gabe der »discretio« verfügen, womit genau die Fähigkeit gemeint ist, die *Herbart* den »pädagogischen Takt« genannt hat, der seiner Meinung nach alleine eine Vermittlung von pädagogischer Theorie und pädagogischer Praxis ermögliche, die dem einzelnen gerecht wird.

Geistliche sind professionelle Erzieher und Lehrer. Und die *Klosterschule* ist eine allgemeine Schule des christlichen Lebens. Zusätzlich wird der Unterricht an dem allgemeinverbindlichen antiken Lehrgefüge (Enzyklopädie) von Trivium (Grammatik, Rhetorik, Dialektik) und Quadrivium (reine und angewandte Mathematik) orientiert, wobei aber aus dieser Enzyklopädie eine bloße Propädeutik teils der geistlichen, teils der weltlichen Studien wird. Die Klosterschule ist, außer daß sie Schule des christlichen Lebens ist, Schule der formellen intellektuellen Ausbildung. Dementsprechend kommt auch dem Lehrer eine Doppelfunktion zu, er ist Erzieher *und* Lehrer. Damit wird begründet, daß ebensowohl die Schule wie die pädagogische Tätigkeit auseinanderfallen können. Die »deformation professionelle« des Lehrers, die die aktuelle Diskussion des Lehrers so sehr beschäftigt, ist von Anfang an im System angelegt. Sie wird freilich erst mit der Säkularisierung des Geistlichen zum Erzieher und Lehrer, der nur noch in der Kinder- und Jugendlichenschule Autorität ausübt, zu einem Grundproblem der Theorie des Lehrers (*Adorno* u. a.).

Eine neue Lage hat sich erst im Zuge von Reformation und Gegenreformation ergeben. Die Intentionen dieser Entwicklung werden von *J. A. Comenius* (1592–1670) zusammengefaßt und zur ersten großen und bisher nur bedingt überholten Theorie der Schule und des Lehrers ausgearbeitet. Eben diese Theorie wird dann in der *Aufklärung* wieder aufgenommen, differenziert und einer ersten Realisation entgegengeführt.

Leitendes Prinzip ist die Maxime *»omnes omnia omnino«*, allen Knaben wie Mädchen alles Wissen (*verba et res* bzw. *artes et scientiae*), das nötig ist, damit sie später gemeinsam die Erde als ein Mandat Gottes im Sinne der imitatio Christi verwalten können, systematisch zu vermitteln. Hierzu entwirft *Comenius* eine → *vorschulische Erziehung*, eine → *Gesamtschule* usw. Es versteht sich von selbst, daß an diesen Schulen professionelle Lehrer unterrichten sollen. Von ihnen heißt es:

»Auf drei Voraussetzungen muß man bei der Wahl des wahren Lehrers des Ganzen sorgfältig achten: 1. Jeder soll so sein, wie seine Schüler werden sollen, 2. er soll die Kunst (ars) beherrschen, sie so machen zu können, und 3. soll er eifrig am Werke sein . . .«

Die erste und die zweite Forderung werden dahingehend erläutert, daß diese Menschenbildner *(formatores hominum)* wie das Volk der Endzeit sein sollen, erleuchtet und friedvoll, ferner, daß sie alle Aufgaben ihres Berufs (vocatio) und alle Mittel, die nötig sind, diese zu erfüllen, die ganze Mannigfaltigkeit der Methode also, kennen sollen. (*Pampaedia*, Kap. VII, 3–5)

Die *Aufklärung* bringt zwei neue Wendungen in dieses Denken ein: An die Stelle der Erziehung zur christlichen Existenz tritt die Erziehung zur Sittlichkeit oder auch zur *Mündigkeit*. Diese soll — ähnlich wie bei *Comenius* — mit einem Unterricht in den Humaniora und den Realia (verba et res bzw. artes et scientiae) verbunden werden. Es entstehen die säkularen Schulen (Bildungsanstalten) und der professionelle Erzieher und Lehrer (Pädagoge). Dieser Vorgang ist mit der Entwicklung erster Theorien über die *Pädagogik* als Berufswissenschaft des Erziehers und Lehrers und über seine Funktion und Rolle wie aber auch über seine Ausbildung verbunden (*v. Felbiger, Niemeyer, Pestalozzi, Herbart* usw.). — Die zweite Wendung besteht darin, daß man die Schule auf die → *Familie* bezieht und von der Kirche, aber auch vom Staat loszulösen versucht. Man glaubt nicht, daß die Staatsschule pädagogisiert werden kann. Dementsprechend wird der Lehrer als Vaterstellvertreter verstanden; er soll die Erziehung des Vaters weiterführen, sei es als Hauslehrer, sei es als Schullehrer. Erst *Schleiermacher* schließt sich (1826) wieder an *Comenius* und dessen Verständnis der Schule als einer Vorschule der Kirche und des Staates, der »Politik« an.

Das Denken der Aufklärung vollendet sich — außer bei *Pestalozzi* — in der Pädagogik *Herbarts*, die denn auch eine Theorie des Lehrers und seiner Berufswissenschaft in sich enthält. Erklärtermaßen soll diese für Haus- und Schullehrer gelten (*Allg. Päd.*, 1806). Es kommt darauf an, »mitten in der Wirklichkeit« des immer gemischten gesellschaftlichen Lebens den Schüler zu einem menschlich-sittlich gesehen »besseren Dasein emporzuheben«, modern gesprochen, den Sozialisationszirkel zu durchbrechen; dies soll durch den »erziehenden Unterricht« ermöglicht werden. In diesem Unterricht steht der Lehrer für die Geschichte bzw. für die Gesellschaft im ganzen. Er soll der Jugend den bisherigen »Gewinn der Menschheit« übermitteln, was aber nur möglich ist, wenn er die Aufgabe der »Concentration« der Überlieferung wie der Wissenschaft und die »Artikulation« ihrer unterrichtlichen Vermittlung beherrscht. Notwendigerweise wird der Lehrer dabei selbst zu einem unmittelbaren und reichen Gegenstand der Erfahrung — oder zu einer tragikomischen Figur!

In den frühen Theorien des Erziehers und Lehrers wird nur erst bedingt zwischen den Lehrern an den verschiedenen Schularten unterschieden. Sie sollen allesamt Pädagogen sein, denn ihrer aller vornehmste Aufgabe ist es, an der Versittlichung und Bildung der Jugend mitzuwirken. Ohne diesen Auftrag kann es in der Tat keinen einheitlichen und eigenständigen Lehrerstand geben (*Mollenhauer* u. a.).

Die Schulentwicklung hat aber einen anderen Weg eingeschlagen. Die Schulen des 19. Jhs. wurden als »Veranstaltungen des Staates« verstanden und mit bis dahin unbekannter Schärfe zu einem Zweiklassensystem ausgebaut. Im Zuge dieser Entwicklung wird — auf eigenen Wunsch — zuerst der *Oberlehrer*, dann auch der *Volksschullehrer* verbeamtet. Beide rücken in die staatliche Exekutive ein, wodurch sie zwar an persönlicher Sicherheit und Freiheit gewonnen, an pädagogischer Autonomie aber verloren haben. Hiermit setzt man sich seitdem — mit zunehmender Intensität — auseinander, doch setzt sich diese Kritik erst heute durch.

Die Zweiteilung der *Schule*, die zu zwei sich getrennt voneinander rekrutierenden Systemen geführt hatte, ist durch zwei Entwicklungen noch verschärft worden: *erstens* dadurch, daß die frühe *Pädagogik* an der *Universität* und im Gymnasium in der Klassischen Philologie aufgegangen war. Erst nach 1870 hat die Universität die Pädagogik wieder aufgenommen, aber erst seit etwa 1960 versteht es sich von selbst, daß alle Universitäten die Pädagogik als eine eigene Aufgabe pflegen. — *Zweitens* dadurch, daß die *Volksschullehrer* — in der Regel Volksschulabsolventen — in eigenen Einrichtungen mehr nur praktisch und nicht eigentlich wissenschaftlich ausgebildet und den bloß ausführenden Beamten zugerechnet wurden, weswegen sie sich — im Gegensatz zu den Oberlehrern, denen es gelungen war, unter die höheren Beamten aufgenommen zu werden und die sich daher auf die Seite des Staates gestellt hatten — gegen den bestehenden Staat und das bestehende Schulwesen gewandt, sich also zu Fürsprechern der Pädagogik und der Reform gemacht haben. Vom Vormärz an haben sie mit immer größerem Nachdruck eine einheitliche pädagogische Ausbildung aller Lehrer und eine einheitliche Bildungsanstalt für die ganze Jugend gefordert. Dieser Entwicklung entspricht, daß die Volksschullehrer sich sehr früh zu assoziieren versucht haben. Erfolg ist ihnen allerdings erst nach 1918 beschieden gewesen (Einrichtung der allgemeinen → *Grundschule*, Umwandlung der Lehrerseminare in Pädagogische Akademien, nach 1945 Pädagogische Hochschulen genannt und zur Zeit im Ausbau zu Wissenschaftlichen Hochschulen begriffen oder in die Universität bzw. die Gesamthochschule integriert).

Gegen Ende des 19. Jhs. haben sich auch die *Oberlehrer* assoziiert, doch ging es ihnen weniger um Reformprobleme als vielmehr um ihre Gleichstellung mit den Richtern und deren Sonderstatus und um die Verbesserung ihrer Arbeitsbedingungen, doch haben sie sich auch für eine Verbesserung

ihrer Ausbildung als Studenten und als Referendare eingesetzt. Die Arbeitsbedingungen auch der Oberlehrer sind aber nach wie vor schlechter als die aller Inhaber von vergleichbaren öffentlichen Ämtern.
Mit zunehmender Industrialisierung wird nicht nur die Trennung von Familie und Wirtschaft sowie von Familie und Gemeinwesen, sondern auch die von Familie und Schule verschärft. Die Lehrer werden mehr und mehr auf ihre Lehrtätigkeit zurückverwiesen, während sie früher zugleich mannigfache Aufgaben in der Erwachsenengesellschaft und in der Wissenschaft wahrgenommen hatten. Gleichzeitig wird ihr Unterricht nicht mehr als Erziehung, sondern als »Information« und »Selektion« (Zuteilen bzw. Versagen von Sozialchancen) bestimmt. Hieraus haben sich u. a. folgende drei Konsequenzen ergeben, mit denen man sich heute auseinandersetzt:
1. Die Familie kann sich nur noch bedingt mit dem Lehrer über die Erziehung ihrer Kinder verständigen. Sie bedarf neuer Hilfen. Erziehungsberatungen verschiedener Art werden aufgebaut und zunehmend in Anspruch genommen.
2. Der (reduzierte) Lehrer gerät in eine Krise, die sich als eine Autoritäts- oder Prestige-Krise beschreiben läßt. Sie drückt sich vornehmlich in zwei Entwicklungen aus: einmal darin, daß die »deformation professionelle« zu einem zentralen Problem wird. — Eine Generation von Schülern nach der anderen kommt und geht. Für sie ist die Schule ein Umweg in das Leben, das sie anstreben. Sie blicken selten zurück. Dies alleine ist schon schwer zu ertragen. Hinzu kommt, daß sich auf dem Boden der Emanzipation der Jugend das Motivations- und Disziplinproblem zunehmend verschärft. Es wird immer schwerer, nicht in die innere Emigration zu gehen und nicht zum »Pauker« zu werden.
Zum anderen darin, daß die industrielle Gesellschaft, obwohl sie auf mehr Ausbildung und Weiterbildung und damit auch auf mehr Lehrer drängt, nicht weiß, wie sie mit der Jugend umgehen und wie sie den Lehrer einschätzen soll. Sie überläßt ihm die Jugend, enthält ihm aber die Unterstützung und die Hochschätzung vor, ohne die er sein Amt nicht wahrnehmen kann.
3. Die Frage nach dem weiteren Gang der Professionalisierung der Erzieher- und Lehrertätigkeit muß nunmehr beantwortet werden. Um was für eine Profession soll es gehen, und wie nimmt sich diese unter den anderen konstitutiven Professionen der industriellen Gesellschaft aus? Geht es um eine Profession eigener Art oder nicht?
Es werden im wesentlichen zwei Antworten gegeben: erstens

die nun schon traditionelle Antwort, daß es hier um ein *Amt* (Lehramt) geht, das nur mit den Ämtern, deren Aufgabe ein Dienst am Menschen ist, verglichen werden kann (*Nipkow*, *Fink* u. a.), zweitens die neue Antwort, daß es sich hier um eine Tätigkeit handelt, die als Steuerung von sozialen Prozessen beschrieben, in empirisch begründeter Technologie fundiert und einem Sozialingenieur zugeschrieben werden kann (*Döring* u. a.), was u. a. den Vorteil haben soll, daß seine Tätigkeit als Leistung aufgefaßt, gemessen und demzufolge dann auch »angemessen« honoriert werden kann.

ZUR THEORIE DES LEHRERS. Faßt man die Geschichte des Lehrers zusammen, so zeigt sich, daß verschiedene Lehrerrollen institutionalisiert sind: Unser Lehrer ist mit unterschiedlichem Schwerpunkt zugleich Vaterstellvertreter, Pädagoge (Philologe), Fachgelehrter, Beamter der staatlichen Exekutive (des staatlichen Erziehungswillens), Informations- und Selektionsagent und — von jetzt an — auch Sozialingenieur. Das ist verwirrend. Es muß eine Theorie des professionellen Erziehers und Lehrers — im Zusammenhang mit einer Theorie der → *Schule*, des → *Unterrichts* wie überhaupt der → *Erziehung* bzw. → *Bildung* unter den Bedingungen der Zeit — entwickelt werden.

Eine solche Theorie hat die Aufgabe, den Zusammenhang zwischen der Aufgabe des Lehrens, den Möglichkeiten ihrer Erfüllung einschließlich der Aufgabe und der Möglichkeit der Lehrerbildung auf dem Boden einer *pädagogischen Psychologie* und einer *pädagogischen Soziologie* sowie einer erziehungswissenschaftlichen Behandlung dieses Problem zu formulieren.

Entscheidend ist die Frage nach der Aufgabe: Sofern es nach wie vor, nur eben unter veränderten Bedingungen und daher in neuer Form, um Bildung und Mündigkeit gehen soll, geht es weiterhin, ja nun erst recht darum, für die Gesellschaft im ganzen zu stehen und (Mit-)Verantwortung für die Genese des einzelnen jungen Menschen im ganzen zu übernehmen. *Erziehung* und *Unterricht* dürfen nicht getrennt werden. Der Lehrer *und* Erzieher muß in erster Linie Pädagoge sein (s. o.) und sich aus der → *Pädagogik* als seiner Berufswissenschaft verstehen. Das darf freilich nicht so ausgelegt werden, daß jeder alle pädagogischen Aufgaben wahrnehmen können soll, auch hier kann nur arbeitsteilig verfahren werden. Doch wird dies nicht möglich sein, ohne daß die Struktur des → *Bildungswesens* geändert wird. Pädagoge sein ist zwar primär eine Sache der Einstellung, der Bildung bzw. der Ausbildung und der Kommunikationsfähigkeit, setzt aber doch bestimmte psychologische und soziologische

Einsichten sowie eine differenzierte Strategie der Erziehung nebst einer differenzierten Technologie des Unterrichts voraus. Daß die Pädagogik darin nicht aufgeht, schließt nicht aus, daß diese Möglichkeiten genützt werden müssen.

Die Frage, wie es um die gesellschaftliche (soziologische) und die innerseelische (psychologische) Möglichkeit einer solchen komplexen Funktion bzw. vielfältigen (diffusen) Rolle steht, ist nicht leicht zu beantworten. Untersuchungen liegen nur bedingt vor. Es läßt sich aber die These vertreten, daß ein solches Amt möglich ist — sofern es gelingt, die Gesellschaft für dieses Amt zu erschließen. Hierin besteht das zentrale Problem der heutigen *Bildungspolitik*.

Im übrigen ist die Frage nach der Ermöglichung einer solchen Profession — außer daß sie eine Frage der Struktur der Schule ist, eine Frage der *Lehrerbildung*.

ZUR LAGE UND THEORIE DER LEHRERBILDUNG. Die Ausbildung der Lehrer an → *Grund-* und → *Hauptschulen* (in einigen Ländern auch der Lehrer an → *Realschulen*) findet an *Pädagogischen Hochschulen*, die entweder zu Wissenschaftlichen Hochschulen ausgebaut oder in Universitäten (bzw. *Gesamthochschulen*) integriert werden, statt. Sie setzt das Abitur voraus und enthält außer den erziehungswissenschaftlich relevanten Disziplinen Wahlfächer, die zugleich szientifische und didaktische Disziplinen sein sollen.

Die Ausbildung der Lehrer an → *Gymnasien* (in einigen Ländern auch der Lehrer an Realschulen) findet an *Universitäten* statt. Hier wird in der Regel ein Fachstudium fast ausschließlich szientifischer Art in zwei Fächern vermittelt und durch ein Begleitstudium in Philosophie und Pädagogik (oder auch in Politologie oder Psychologie oder Soziologie) ergänzt. Szientifisches und didaktisches Fach (Hochschulfach und Schulfach) driften aber immer mehr auseinander, so daß auch hier nach Fachdidaktiken verlangt wird.

Für die Lehrer an → *Sonderschulen* gelten unterschiedliche Regelungen. Für die Lehrer an *berufsbildenden Schulen* gilt dasselbe Modell wie für die Gymnasiallehrer.

Im Anschluß an ihr Studium treten sämtliche Lehrer in ein Referendariat (unterschiedlicher Art und Dauer) ein, das zwischen Theorie und Praxis vermitteln soll, eine zwar beamtenrechtlich notwendige, aber pädagogisch gesehen fragwürdige Regelung. Es geht von Beginn des Studiums an um die Vermittlung von Theorie und Praxis, weswegen das Studium nicht von der Schule und das Referendariat nicht von der Hochschule abgelöst werden dürfte.

Inzwischen sind neue Pläne ausgearbeitet worden *(Strukturplan, Bildungsgesamtplan)*. Sie laufen darauf hinaus, daß die Lehrerbildung vereinheitlicht, gestrafft und statt nach Schularten, nach Schulstufen gegliedert werden soll *(Stufenlehrermodell)*. Erste Maßnahmen sind bereits getroffen. Eine solche Lösung deutet auf die → *Gesamtschule* hin, kann aber auch in dem und für das bestehende Bildungswesen realisiert werden. Überhaupt ist die Reform der Lehrerbildung das billigste, einfachste und wirkungsvollste Mittel, das Bildungswesen zu verbessern.
Alle Lehrer sollen von unten nach oben abnehmend die Hälfte bis ein Drittel ihres Studiums dem Studium der Erziehungswissenschaft widmen. Umstritten ist allerdings, was darin enthalten sein soll; die genannten Pläne kommen über eine Addition von Subdisziplinen nicht hinaus.
Auch für die Lehrerbildung muß eine Theorie entwickelt werden. Diese muß mit der des Lehrers, der Schule, des Lehrens und Lernens wie der Erziehung und Bildung einen Zusammenhang bilden. Sie kann nur von der Analyse der Tätigkeit des Erziehers und Lehrers, von seiner komplexen Funktion und vielfältigen Rolle, ausgehen. Was muß der professionelle Erzieher und Lehrer heute und morgen *können*? Er muß sich auf Erziehung, Bildung und Schule überhaupt und im ganzen verstehen und auf diesem Boden in einem Team mitarbeiten können. Ferner muß er im Zusammenhang mit der Unterrichtsforschung wie mit der Fachdidaktik in die *didaktische Analyse* eingeübt werden. Doch muß er auch — wenigstens mit Spezialisten zusammen — *individual-* und *sozialpädagogische Analysen* aufstellen können. Es darf nicht übersehen werden, daß der Lehrer immer auch für die Gesellschaft im ganzen steht und daher immer auch ein *politischer* Erzieher ist. Auf → *politische Bildung* kann auch und insbesondere in der Lehrerbildung nicht verzichtet werden. Schließlich und endlich muß er dazu befähigt werden, die Sache der Erziehung und damit der *Jugend* in und gegenüber der Gesellschaft zu vertreten und sich — in und über seinen Verband — an der Bildungspolitik zu beteiligen.

Musisch-ästhetische Bildung. Für die neuere schulpädagogische wie auch bildungstheoretische Diskussion ist charakteristisch, daß — neben der Beziehung zwischen Schulbildung und beruflichem Leben (Bildung und Ausbildung) — kaum ein Thema so ausführlich erörtert worden ist wie das der Reaktivierung der politischen und der musisch-ästhetischen Bildung. Zwar werden gelegentlich beide Aufgaben zu einer zusammengefaßt *(Schiller)*, zumeist aber werden mu-

sische und politische Bildung heute als eine je eigene Aufgabe dargestellt. Die Aufgabe einer → *politischen Bildung* als einer entscheidenden Komponente der allgemeinen Bildung hat sich in Deutschland eigentlich erst nach dem Ersten und dem Zweiten Weltkrieg gestellt. Die musisch-ästhetische Bildung dagegen ist bereits im 18. Jh. ein zentrales Thema. Seit dieser Zeit ist dieses Problem konsequent weiterverfolgt worden; eine entsprechende Praxis ist aber erst zwischen den beiden Weltkriegen entwickelt worden. Seit den 20er Jahren gibt es eine didaktisch-methodisch durchdachte musisch-ästhetische Bildung in unseren Schulen. In manchen Bundesländern bzw. manchen Schularten wird sie freilich mehr, in anderen weniger kultiviert.
Genaugenommen wird im 18. und frühen 19. Jh. eine »ästhetische« und um die Wende vom 19. zum 20. Jh. eine »musische« Bildung konzipiert. Paradoxerweise scheint durch die »ästhetische« Bildung die griechische musische Bildung durch, obwohl sie aus einem neuen und anderen philosophischen Ansatz (Philosophie der Subjektivität statt Kosmologie) entsprungen ist, während die neue »musische« Bildung sich zwar nicht aus der Analyse der Welt, aber doch der Gesellschaft versteht, dabei aber den griechischen Ansatz verläßt. Hiermit hängt einerseits die Kraft der Theorie in der älteren, andererseits die Kraft der Praxis in der jüngeren Entwicklung zusammen. Letzterer hat es dabei aber an einer philosophischen und anthropologischen Artikulation ihrer Intentionen gefehlt, was seinen Grund wohl in einer gewissen kurzsichtigen Abneigung gegen Rationalität seitens ihrer hauptsächlichen Vertreter (*Götsch*, *Haase* u. a.) hatte, weswegen sie dann auch mancherlei Irrwege durchlaufen hat. Inzwischen hat man auf der einen Seite heftige Kritik an der musischen Bildung geübt, sie diene nicht der Emanzipation und passe nicht in die technische Zivilisation, außerdem sei sie an einer Jugend- bzw. Volkskunst orientiert, die bloß pädagogisches Kunstgewerbe sei (*Adorno*), andererseits hat man versucht, sie unter den Titeln Sensibilisierung oder auch Affektkultur zu reaktivieren.
Zur Überlieferung. Das Problem läßt sich nicht ohne Rückgriff auf die griechische Antike verdeutlichen. Bei seiner Erörterung der Erziehung in der *»Politeia«* vermerkt *Platon* (427–347), daß sie von alters her aus Musik und Gymnastik bestünde. Die Musik beziehe sich auf die Seele und die Gymnastik auf den Leib, doch zielten beide auf Tugenden ab, auf Tapferkeit und Besonnenheit – die zwei ersten der Platonischen Kardinaltugenden, zu denen dann noch Weisheit und Gerechtigkeit kommen, die aber nur durch eine philosophisch-akademische Bildung vermittelt werden können.

Diese *»paideia musike«* leitet sich her von der ursprünglich einen, später mehrfachen Muse, die — aus einer raunenden und tanzenden Quell-Nymphe erwachsen — enthusiastisch — mit wahnartigen Eingebungen — den Mythos (Geschichte der Götter, Heroen und Menschen) zwischen Apollon und Dionysos auf der einen und den Dichtern und Sängern auf der anderen Seite vermittelt haben soll. Was die Muse eingab, war erfüllende, ergreifende Wahrheit, wie sie nur singend und tanzend ausgesagt werden konnte *(W. F. Otto)*. So singen und tanzen auch heute noch Kinder, wenn etwas sie erfüllt und erfreut.

Platon erklärt nun zwar solche Wahrheit für suspekt, versucht überhaupt die Poesie, insbesondere die Tragödie zu eliminieren, denn diese verursache nur gefährliche Erregungen, rechtfertigt aber trotzdem die musische Bildung. Rhythmus und Melodie drückten Stimmungen und Haltungen aus und könnten daher die Seele stimmen und formen. Sofern man die rechten Lieder auswähle, könne mit ihrer Hilfe die Jugend trotz ihres Mangels an Vernunft zur Tapferkeit und Besonnenheit erzogen werden. *Platon* ergreift die in der musischen Kunst angelegte Möglichkeit, innere Zustände und Bewegungen des Menschen ebenso ausdrücken wie erzeugen zu können. Er sieht, wie wichtig eine solche Bildung ist, denn die Zustände und Bewegungen der Seele sind die ersten Quellen des Verhaltens gegenüber Dingen und Menschen. Wer die Wahrheit nicht sehnsuchtsvoll sucht, für den gibt es keinen Weg (Bildungs-Weg) zur Wahrheit (vgl. außer *Politeia* auch *Symposion*). Musische Bildung wird hier als Umweg zur eigentlichen Bildung bestimmt. Der Mensch ist zwar zunächst Seele, kann aber nur als Vernunft — denkend — Teilhabe an der Wahrheit gewinnen. Das bedeutet, daß die musische Bildung der Vernunft-Bildung zu- und vorgeordnet werden muß. Die Lieder müssen dementsprechend ausgewählt und eingeübt werden. Damit aber werden sie — im schlechten Sinne des Begriffs — pädagogisiert; sie können ebensogut wie der Überlieferung einem »pädagogischen Kunstgewerbe« entnommen werden. Diese Zweideutigkeit der musischen Bildung ist bis auf den heutigen Tag erhalten geblieben.

Aristoteles (384/3—322/1) versucht in seiner *»Poetik«* die Tragödie gegenüber *Platon* zu rechtfertigen, indem er aufweist, daß sie zwar die Seele erregt, nämlich im Zuschauer Mitleid mit dem Helden auf der Bühne und Furcht um sich selbst weckt, da der Held von einem Mißgeschick heimgesucht wird, wie es allen widerfahren kann, daß sie dann aber eine Reinigung *(katharsis)* von diesen leidenschaftlichen Erregungen bewirkt, indem sie aufzeigt, inwiefern der Held, schließlich und endlich mit dem Gang der Dinge versöhnt, untergeht. So kommt es, daß die Tragödie ihre Zuschauer freudig gestimmt in ihr eigenes Leben entläßt. In den beiden letzten der Pädagogik gewidmeten Büchern seiner »Politik« fragt Aristoteles auch nach der »Musik«, worunter er aber hier bereits die Musik in unserem Sinne versteht. Diese Frage steht unter zwei übergeordneten, untereinander zusammenhängenden Fragen: *erstens* der Frage nach der Ausbildung der grundlegenden »ethischen« Tugenden, der rechten Haltungen der Seele — in Korrespondenz zur Ausbildung der grundlegenden »dianoetischen« Tugenden, der rechten Fähigkeiten des Geistes. Es werden also auch hier Herzens- und Geistesbildung voneinander unterschieden, wobei die letztere eine Sache einsichtigen Lehrens und Lernens, die erstere aber eine Sache der Übung und damit eines Tuns ist, und zwar entweder eines eigenen Tuns, wobei dann eine entsprechende Haltung entsteht, oder einer musikalischen Darstellung der entsprechenden Haltung; *zweitens* der Frage nach der rechten Erfüllung der Muße, der nicht von Ökonomie und Politik in Anspruch genommenen freien Zeit, in der nach griechischer Überzeugung der Mensch einzig ganz Mensch sein kann. Rechte Erfüllung der Muße konnte ebensowohl die Musik sein, die Gesänge der Freude, wie die Tragödie, die freudig stimmt, wie die — in sich freudig gestimmte — Theoria, die denkende Betrachtung des göttlichen Grundes der Welt (Philosophie qua Theologie). Voraussetzung für alle drei Möglichkeiten aber ist eine besondere Tugend *(ethos)*. Eben diese vermittelt die musische Bildung: »Sie bewirkt eine Veredelung der Sitten, indem ihr die Kraft beiwohnt, so, wie die Gymnastik dem Körper gewisse Eigenschaften gibt, ihrerseits das Herz zu bilden, indem sie den Menschen zu der Kunst erzieht, sich auf die rechte Weise zu freuen.«

Aristoteles kommt einem bedeutsamen Problem auf den Grund: Freude wird durch das Erfreuliche geweckt, für den Griechen durch die Präsenz des Göttlichen, für den Christen durch die Schönheit der Welt (Schöpfung) und des Menschen selbst (Ebenbild Gottes). Der innerlich Unfreie (Banause bzw. Barbar) sieht nur Nützliches. Allein der — musisch — Gebildete kann sich freuen; ihm allein geht die Wahrheit auf. Daher auch teilt er sich mit; er stiftet eine Gemeinschaft.

Es geht um das Leben, das weder ökonomisch noch politisch in Anspruch genommen, das vielmehr freier Umgang mit Dingen und Menschen ist. Solcher Umgang kann als ein Spiel bezeichnet werden, in dem alles als das, was es an und für sich ist, in Erscheinung tritt. Solches Spiel aber setzt Muße, innere

Freiheit und Offenheit voraus, erzeugt aber auch solche Freiheit und Offenheit. Muße und Spiel fördern die »passive Genesis« *(Husserl)*, die der Quellgrund der Imagination und der Kunst, aber auch der Weisheit ist. Von solchem Leben geht man aus, wenn man seinen Geschäften nachgeht, und zu ihm kehrt man dann wieder zurück. So bildet sich eine Mitte des Lebens, ohne die die Menschen sich und ihre Welt verzehren würden. Freilich kann solches Spiel auch dazu führen, daß der Mensch sich und seine Welt verspielt. Kinder leben noch ganz in diesem Spiel, aber auch in ihrem Spiel können Leben und Welt gewonnen und verspielt werden.

Die Theorie der ästhetischen Bildung. Die Theorie der »ästhetischen Bildung« ist erst entstanden, als in der Neuzeit die innere Problematik der griechischen Konzeption musischer Bildung deutlich wurde.

Insbesondere Kant (1724—1804) weist auf die konstitutive Bedeutung der Wahrnehmung (griechisch: *aisthesis*) hin, der äußeren Wahrnehmung, durch die allein uns etwas außer uns gegeben werden kann, und der inneren Wahrnehmung — der Selbstempfindung, des Fühlens und Gestimmtseins —, durch die allein wir selbst uns gegeben werden können, und proklamiert die ästhetische Erziehung als die hauptsächliche Propädeutik der sittlichen Erziehung *(Kritik der Urteilskraft)*. Ohne »fröhliches Herz« sei keine Sittlichkeit (Moralität qua Sozialität) möglich. Wahrhaftigkeit, Gehorsam und Fröhlichkeit seien die Tugenden der Kinder und Jugendlichen *(Vorlesungen über Pädagogik)*.

Gefühle sind Gefühle der Lust oder der Unlust, Empfindungen eines fördernden und hemmenden Betroffenseins durch dieses oder jenes Ereignis. Kant meint drei Arten solchen Betroffenseins unterscheiden zu sollen, nämlich das Gefühl des Angenehmen und Unangenehmen, des Schönen und Häßlichen und des Guten und Bösen. Von pädagogischem Interesse sind das Gefühl des Schönen und Häßlichen, der (ästhetische) Geschmack, und das Gefühl des Guten und Bösen, das moralische Gefühl, das im wesentlichen mit dem Gewissen identisch ist. Die ästhetische Erziehung soll den Geschmack kultivieren, denn erstens ist es praktisch möglich, den Geschmack zu kultivieren, zweitens bereitet seine Kultur eine Kultur des Gewissens vor. Umgang mit dem Schönen weckt »interesseloses Wohlgefallen« und eröffnet ein Reich des Schönen, vergleichbar dem Reich der Freiheit und des Friedens. Dies drückt sich darin aus, daß der schöne Mensch als ein »Symbol der Sittlichkeit« und die schöne Landschaft als ein »Analogon der Schöpfung« aufgefaßt werden können. Für Kant ist die ästhetische Erziehung mit den *studia humaniora*, dem Stu-

dium der Dichter und Geschichtsschreiber, identisch; sie kultivieren »Teilnehmung und Mitteilung«, diese aber sind die Voraussetzung für den Umgang der Menschen miteinander. Es bahnt sich eine »Evolution der Sinnesart« an, die zu einer Disposition für die »Revolution der Denkungsart«, die Umkehr von »egoism« zum »pluralism«, zur Moralität qua Sozialität führt. Gefühl und Vernunft stimmen überein, der Mensch gewinnt Identität mit sich selbst und seiner Welt. Daher auch meint *Kant* gerade keine Erziehung zum ästhetischen Leben, sondern — auf dem Umweg über den Umgang mit Schönem — eine Erziehung zur Sittlichkeit *(Mündigkeit).*
Schiller (1759—1805) ahnt, was dann von *Marx* an immer deutlicher herausgearbeitet worden ist, daß der Mensch aktuell von »Zerreißung« bedroht ist; »Mittel und Zweck«, »Anstrengung und Belohnung« werden auseinandergerissen, »ganze Klassen können nur einen Teil ihrer Anlage entfalten«, das Gefühl verkümmert. Ausbildung des Empfindungsvermögens ist das dringendste Bedürfnis der Zeit. Solche Ausbildung geschieht im Spiel und durch das Spiel; spielen aber kann man nur mit dem Schönen, wie man umgekehrt mit dem Schönen nur spielen kann. Die Möglichkeit des *Spiels* — Freiheit von der Nötigung durch die Natur wie durch die Vernunft — gibt es nur in der »Welt des Scheins«, einem »fröhlichen Reich«. Dieses ist das Reich des Umgangs miteinander und der schönen Kunst. Auch und gerade im Umgang muß man Freiheit lassen, wenn man — als man selbst — gefallen oder Gefallen an anderen finden will. Dasselbe gilt für die Kunst. »Durch die ästhetische Gemütsstimmung wird die Selbsttätigkeit der Vernunft schon auf dem Felde der Sinnlichkeit eröffnet, die Macht der Empfindung schon innerhalb ihrer eigenen Grenzen gebrochen und der physische Mensch so weit veredelt, daß nunmehr der geistige sich nach Gesetzen der Freiheit aus demselben bloß zu entwickeln braucht.« *(Briefe über die ästhetische Erziehung des Menschen)*

Die Theorie der musischen Bildung. Was immer auch die technische Zivilisation für die Vermenschlichung des Menschen und seiner Welt bedeutet, sie hat eine denn doch erhebliche Störung mit sich gebracht; die alte Welt des zwar ständisch »abständigen«, aber trotzdem unmittelbaren Umgangs miteinander, mit ihren Sitten und Gebräuchen, ihren Liedern und Tänzen, Festen und Feiern, ihren großen Bildern, Schauspielen und Romanen, ist in einem bestürzenden Maße abgebaut worden. Man hat versucht, sie wiederherzustellen, doch ist dabei nur »pädagogisches Kunstgewerbe« entstanden.
Heute entsteht Herzensbildung, die zur Geistesbildung gehört (anthropologisch gesprochen die Bildung der Kinästhese, der

passiven Genesis, der Emotionalität und der Kreativität usw.) nicht mehr von selbst. Auf diese erste und für alle spätere und höhere Bildung grundlegende Bildung zielt die Theorie der *musischen Bildung* von heute ab. Dabei wird unter musischer Bildung zunächst immer auch etwas weitaus Fundamentaleres, im Sinne der Anthropogenese Früheres, verstanden als in der Theorie der ästhetischen Bildung, so daß nur bedingt auf die Überlieferung zurückgegriffen werden kann.
An dieser Stelle ist darauf hinzuweisen, da die Jugend heute auch hinsichtlich Kleidung, Wohnung, geselligem Leben, von der »Kultur der Teilnehmung und Mitteilung« ganz zu schweigen, usw. einer *Bildungshilfe* bedarf. Im Sinne einer solchen elementaren »gesellschaftlichen« Kultur will die musische Bildung doch auch einen Beitrag zur »Gesittung« der Jugend leisten *(Haase)*.
Es haben sich drei Bewegungen entwickelt, eine des »Musizierens«, eine des »Bildens und Werkens«, eine des »Sprechens und Spielens« *(Seidenfaden)*. Alle drei gehen von der Einsicht aus, daß es entscheidend auf das jeweils eigene, wenn auch noch so bescheidene *Tun* ankommt.
Die entsprechenden Übungen hierzu sind aber nur Vorübungen für eine freie Teilhabe an der menschlichen Welt bzw. an der Kunst als der Wahrheit dieser Welt. Für solche Vorübungen ist inzwischen eine reiche Didaktik und Methodik *(→ Unterricht – Didaktik, Curriculum, Methodik)* entwickelt worden, vor allem für Sprach- bzw. Sprech- und Spielerziehung (*Luserke* u. a.), die Kunst- und Werkerziehung (*Schwerdtfeger*, *G. Otto* u. a.), bedingt auch für die Musikerziehung. Insbesondere in der *Musikerziehung* ist die Praxis noch nicht hinreichend theoretisch durchdrungen und legitimiert bzw. modifiziert worden, so daß sie mehr als jede andere derartige Praxis von Abirrungen bedroht ist *(Adorno)*. Alle diese Bemühungen finden ihre Grenze in Schule und Unterricht. Musisches Leben kann sich, wenn es sich nicht selbst widersprechen soll, nur bedingt in Schule und Unterricht entfalten. Doch können Schulleben, Schulfeste und Schulfeiern weitere Möglichkeiten eröffnen.

Pädagogik. Zur Einleitung. In archaischen Welten ahmt die Jugend das Verhalten der Älteren unter deren Anleitung nach und wächst dabei in ihr Leben hinein. Über eine solche erste Erziehung haben in unserer Geschichte bereits Griechen und Römer hinausgedrängt. Beide haben ein kunstvolles System entwickelt; die Griechen ein System der *→ Bildung* in der *→ Schule*, die Römer ein System der → *Erziehung* in → *Familie* und Gemeinwesen *(res publica)*. Je mehr Freiheit dem Menschen ermöglicht und zugemutet wird, desto kunstvoller muß er in ein selbsttätiges und selbstverantwortliches Leben eingeführt werden.

Aber erst von der Christianisierung an ist die *Imitatio* mit ihrem System von (geheiligten) Normen und Formen radikal in Frage gestellt worden, zunächst freilich mehr der Intention als der Praxis nach, dann aber doch mit zunehmender, Leben und Welt verwandelnder Kraft. In dieser Entwicklung wurzelt, was seit der *Aufklärung* entwickelt und als *Pädagogik* bezeichnet worden ist.

Der Christ versteht sich als dieser einzelne hier, der Gott vertraut und auf ihn hört oder von ihm abfällt, sich den anderen zuwendet oder sich ihnen verschließt. In diesem Selbstverständnis steckt die Möglichkeit, menschliches Leben als geschichtliches und gesellschaftliches Leben zu verstehen und die darin enthaltene Angewiesenheit des einen auf den anderen zum Prinzip einer neuen Politik zu erheben. Diese bestimmt, daß der Mensch mündig werden, mit den anderen zusammen ein Gemeinwesen von Mündigen aufbauen und die Erde als Mandat Gottes verwalten und nützen soll. In das neuzeitliche Denken übersetzt bedeutet das, daß der Aufbau der Person in der Pädagogik und der Aufbau des Gemeinwesens als eines Gemeinwesens von Personen (als eines »Rechtsstaates« und einer »Demokratie«) in der Politik einander entsprechen sollen.

Damit wiederholt sich zwar in gewissem Sinne das antike Denken, das seine pädagogischen Ansätze innerhalb seiner »Politik« entwickelt hatte *(Platon, Isokrates, Aristoteles)*, doch wird Pädagogik in neuzeitlichem Verstande nur dort möglich, zugleich aber auch nötig, wo der Mensch als ein wesensmäßig einzelner – nicht zu verwechseln mit dem *solus ipse* – verstanden wird, d. h. als ein solcher, der ein Gewissen hat, eine höchste irdische Instanz ist und daher (als einzelner) Würde besitzt und Achtung verdient und niemals nur als ein Mittel, sondern immer auch als ein Selbstzweck angesehen werden muß *(Kant)*. Hier geht der Mensch nicht im Bürger auf *(Rousseau)*, er wird vielmehr als Mitglied zweier Welten verstanden *(Kant)*, und es kommt der Genese der Person wie auch deren Förderung oder Behinderung (soziale Verhältnisse, politische Maßnahmen usw.) eine entscheidende Bedeutung zu. Alle Pädagogik, damit aber auch alle erziehungswissenschaftliche Forschung, steht unter einer Vorentscheidung: daß der Mensch *mündiger* Mensch werden soll. *Er-*

Erziehung, was immer auch im einzelnen darunter verstanden wird, soll Wegführung auf einem Weg der Befreiung zum Selbstsein, zum verantwortlichen Mitsein mit anderen und zur gemeinsamen Gestaltung der geschichtlichen Welt sein. Anders gäbe es keine besondere Aufgabe für die Pädagogik – neben der der Politik – und keine besondere Fragestellung für die Erziehungswissenschaft – neben der der Psychologie und der Soziologie. Im übrigen macht gerade eine solche spezielle, eben *pädagogische* Erörterung der Erziehung diese zu einem Gegenstand von allgemeinem, insbesondere aber konfessionellem, nationalem und politischem Interesse. – Die konfessionelle Kritik an der Pädagogik als einer Hervorbringung der Aufklärung, die bis heute deren Diskussion mitbestimmt hat, übersieht gerne, daß es dort, wo es unmündige, aber zur Mündigkeit bestimmte Menschen gibt, eine selbstverantwortliche Pädagogik geben muß *(→ Religionspädagogik in evangelischer Sicht, → Katholische Pädagogik).*

Keine Konfession, keine Nationalität und keine politische Doktrin befähigt als solche, sich auf die Erziehung zu verstehen *(Langeveld).* Dazu befähigt einzig und allein, daß man die Verantwortung für Kinder übernimmt, sie (sympathetisch) studiert, versucht, ihnen auf ihrem Weg ins Leben weiterzuhelfen und sie dadurch – denn dies ist der einzig mögliche Weg dahin – Mündigkeit gewinnen läßt. Nur auf einem Weg der *Selbsttätigkeit* und Selbsteinsicht kann man Mündigkeit gewinnen *(→ Erziehung, → Kindheit, → Jugend).*

Wo man das System der Freiheit, des Selbstseins, des verantwortlichen Mitseins mit anderen und der gemeinsamen Gestaltung der geschichtlichen Welt fallenläßt, entsteht ein neues System. Dieses zeichnet sich bereits deutlich ab:

Die Überlieferung schmilzt zusammen und wird instrumentalisiert, die technische Zivilisation wird zur entscheidenden Größe. Ihre Funktionen werden zu Leitfäden sowohl der Politik wie der Pädagogik. Sorgfältig werden die »gesellschaftlichen Bedürfnisse« eruiert, damit die Erziehung auf sie hin entworfen werden kann. Man glaubt, dies unbedenklich tun zu können, weil ja doch eine derartige »Pädagogik« ebenso zur Erhaltung und inneren Durchbildung der »Gesellschaft« beiträgt, wie sie dem einzelnen die gesellschaftlichen Möglichkeiten erschließt und seinen Aufstieg fördert. Diese Koinzidenz der Interessen ist in der Tat zukunftsträchtig, nur entfällt dabei die Frage nach dem inneren Wachstum und der zukünftigen Mündigkeit der jungen Generation.

Es sieht so aus, als ob in eben dem Augenblick, in dem die Bildung der jungen Generation im ganzen als ein vordringliches öffentliches Anliegen allgemein anerkannt wird, diese Bildung zwar nicht der Bezeichnung, wohl aber der Sache nach zu einer bloßen Ausbildung umgedacht wird. Besteht die pädagogische Aufgabe unserer Tage aber nicht gerade in einer neuen – auf personale Existenz in Demokratie und technischer Zivilisation hin ausgelegte – Synthese von *Bildung* und *Ausbildung*?

ZUR ENTSTEHUNG UND GESCHICHTE DER PÄDAGOGIK. Von *Platon* an gehört die Erziehung zu den genuinen Problemen der *Philosophie*, später auch der *Theologie*. Stücke einer Theorie der Erziehung finden sich bei *Augustinus*, *Benedikt von Nursia*, bei den mittelalterlichen Theologen, den Reformatoren und den Philosophen der beginnenden Neuzeit. Pädagogik entsteht aber – der Sache wie dem Begriff nach – erst vom 17. Jh. an. Voraussetzungen hierfür waren der Aufbau einer weltlichen Philosophie und die Ausbildung einer bürgerlichen Gesellschaft – im sozialen wie im politischen Sinne des Begriffs.

Der erste Ansatz zu einer Pädagogik findet sich in der »*Pampaedia*« des *J. A. Comenius* (entstanden zwischen 1650 und 1677). »Wie für das ganze Menschengeschlecht die Welt eine Schule ist, von Anbeginn der Zeit bis zu ihrem Ende, so ist auch für jeden einzelnen Menschen sein ganzes Leben eine Schule, von der Wiege bis zur Bahre ... Man muß nur jedem Alter das zu tun geben, wozu es geeignet ist, dann wird unser ganzes Leben bald von dem erfüllt sein, was wir lernen, tun und ins Werk setzen sollen. Wie nämlich jeder Tag wie jedes Jahr seine Teile hat, und diese wiederum ihre Abschnitte und ihre besonderen Aufgaben, so auch das ganze Leben ... Die erste Schule (gemeint ist die Schule des vorgeburtlichen Werdens) hat überall ihren Platz, wo immer Menschen geboren werden; die zweite (›*Mutterschule*‹) in jedem Hause, die dritte (›*Muttersprachenschule*‹) in jedem Dorf, die vierte (›*Gymnasium*‹) in jeder Stadt, die fünfte (›*Universität*‹) in jedem Reich oder in jeder Provinz, die sechste in der ganzen Welt und die siebente dort, wo immer alte Menschen leben ... Die öffentlichen Schulen (gemeint sind die drei mittleren) sind sozusagen Vorspiele für das kirchliche und politische Leben.« (Kap. V, 1)

Dieser Entwurf ist in mehrfacher Hinsicht bemerkenswert, in der Hauptsache aber doch deswegen, weil hier das menschliche Leben als ein Leben begriffen wird, das sich auf seinem Gang von seiner Geburt bis zu seinem Tod mehrfach grundlegend wandelt, was zwar ein natürlicher, aber doch auch ein gesellschaftlicher Prozeß ist und daher einerseits als *Lernen* und andererseits als *Erziehung* bestimmt werden kann. Für *Comenius* sind alle Menschen Bürger derselben Welt (Schöpfung Gottes). Sie sollen sich auf diese Welt verstehen und sie verwalten und nutzen lernen. Dementsprechend sollen »alle« »alles« »gründlich« lernen. Und solches Lernen soll in der Welt selbst wie in der Schule und umgekehrt vor sich gehen. Es kann daher nur um das *selbsttätige* Lernen bzw. um die Erziehung zu diesem Lernen gehen.

In diesem Ansatz stecken bereits so gut wie alle Motive der späteren Pädagogik, doch hat *Comenius* sich trotz seiner Einsicht in die Selbsttätigkeit, die Phasenhaftigkeit und die Sozialität des menschlichen Lebens noch nicht eigentlich in ein Studium des Aufwachsens und seiner Voraussetzungen vertieft.

J. Locke diskutiert in seinen *»Gedanken über Erziehung«* (1693), inwiefern der Mensch ungeachtet seiner Dispositionen denn doch im ganzen ein Werk der Erziehung bzw. der Gesellschaft ist. Er macht deutlich, daß die Erziehung, wenn sie für den Menschen im ganzen verantwortlich gemacht wird, nicht mehr – wie noch bei *Comenius* – als Lehre (institutio) begriffen werden kann. *Moral* kann nicht gelehrt, sondern nur entwickelt werden. *Locke* fordert – zum ersten Male – dazu auf, die *Jugend* in ihrem Verhalten zu studieren. Er gewinnt daraus zwei Einsichten: erstens, daß Kinder andere Menschen als Erwachsene – und nicht etwa rudimentäre Erwachsene – sind, zweitens, daß die Erziehung sich immer auch von diesem Anderssein der Kinder her verstehen soll.

J. J. Rousseau nimmt in seinem *»Emile«* (1762) die Gedanken *Lockes* auf. Die Genese des Menschen sei ein »Gang der Natur«. Entscheidend für die weitere Entwicklung der Pädagogik ist, daß *Rousseau* diesen Gang der Natur näher als »Gang der natürlichen Entwicklung des Herzens« bestimmt. »Wenn es hier angebracht wäre, würde ich zu zeigen versuchen, wie aus den ersten Regungen des Herzens die ersten Regungen des Gewissens entstehen ... Ich würde zeigen, daß Gerechtigkeit und Güte nicht nur ... bloße vom Verstande geformte moralische Begriffe sind, sondern wirkliche Zustände der vernunfterleuchteten Seele und geordnete Weiterbildung unserer ursprünglichen Anlagen.« (*Emile*, Ausgabe Schöningh, 1958, S. 259)

Kinder sind zugleich »schwächer« und »lebhafter« als Erwachsene, welche Mischung die Möglichkeit von Fehlentwicklungen in sich birgt. Die Kinder müssen ihrem Lebensdrang folgen, wenn sie wachsen sollen, sie dürfen daher nur indirekt geführt werden; es kommt alles darauf an, daß man sie Kinder in einer Welt der Kinder bleiben läßt, bis sie die »Reife der Kindheit« erreicht haben. Nur wer — verständnisvoll geführt — alle Phasen des »Ganges der Natur in der Entwicklung des Herzens« durchlebt hat, kann ein ganzer Mann oder eine ganze Frau werden.

Von *Rousseau* an entsteht an verschiedenen Stellen in Europa Pädagogik. Konstitutiv für diese Pädagogik ist ein Grundgedankengang, in dem die Möglichkeit, aber auch die Notwendigkeit der Erziehung begründet, ein empirisch-pragmatisches Studium der Jugend, ihrer Menschwerdung und deren Bedingungen, und eine Theorie der Erziehung entworfen werden. Dabei kommt *Rousseaus* Einsicht in das innere Wachstum eine besondere Bedeutung zu. Es muß mehr und anderes entwickelt werden als die klassische Didaktik *(→ Unterricht—Didaktik, Curriculum, Methodik)*. Diese Aufgabe begründet die Theorie der → *Bildung*, des Sichbildens des inneren Menschen, seines Selbst- und Weltverständnisses, seiner Urteils- und Handlungsfähigkeit und der erzieherischen Hilfen daran (*Kant*, *Herder*, *Pestalozzi*, *Herbart*, *Humboldt* usw.).

Wie diese Pädagogik nicht nur (wie bei *Locke* und *Rousseau*) auf einen einzelnen Zögling, sondern auf eine ganze Generation hin entworfen werden kann, haben die *Philanthropen* (s. *J. H. Campe*, *Allg. Revision des gesamten Schul- und Erziehungswesens*, 1785—1791) und in ihrer Nachfolge *J. H. Pestalozzi* (1746—1827) aufgezeigt. *Pestalozzi* kommt insofern eine besondere Bedeutung zu, als er seine Vorgänger, namentlich *Rousseau*, beim Wort nimmt, sich leidenschaftlich mit ihnen auseinandersetzt und in die Praxis selbst eintritt. *Pestalozzi*, selbst noch ein Autodidakt wie *Rousseau* auch, begründet die reflektierte — »pädagogische« — Praxis, auf die die — »pädagogische« — Theorie der Erziehung muß zurückgreifen können. Bis in unser Jahrhundert hinein hat sich auch und nicht zuletzt die universitäre Pädagogik an *Pestalozzi* orientiert (s. *Diltheys Deskription des Erziehers in seinem Verhältnis zum Zögling*, Ges. Schr., Bd. IX, S. 190 ff).

Pestalozzi hat den Ansatz zu realisieren versucht, auf den die EINLEITUNG in diesem Beitrag zurückgegriffen hat: Wenn der Mensch sich selbst verwirklichen und Mündigkeit gewinnen soll, dann kommt es auf »Menschenbildung« und zugleich auf »Berufsbildung« an. Solche Bildung geht im Leben vor sich, in Auseinandersetzung mit den »nächsten Verhältnissen«, dem Elternhaus usw. Daher kommt alles darauf an, dafür zu sorgen, daß der junge Mensch gute Erfahrungen mit den anderen und sich selbst macht. Das ist aber nur möglich, wenn man sich ihm liebend zuwendet. Nur »Menschen« können »Menschen« ins Leben rufen. Der junge Mensch bedarf einer »Individualbesorgung«, die seiner »Individuallage« entspricht. — *Herbart* nennt daher die Pädagogik die Wohltäterin des einzelnen. — Das soll aber nicht ausschließen, daß der Erzieher sich am »Gang der Natur in der Entwicklung des Menschengeschlechts« wie des einzelnen orientiert, außerdem planmäßigen Unterricht (Schule) entwickelt und einsetzt. Für *Pestalozzi* ist damit aber zugleich ausgemacht, daß seine größte Sorge den »Ärmsten« gelten muß. Sein höchstes Ziel war die *»Armenschule«*. Daß dieses nur die pädagogische Seite einer ansonsten politischen Aufgabe war, hat er immer gewußt und berücksichtigt.

Kennzeichnend für die Kraft dieses neuen »pädagogischen« Denkens ist, daß schon vom 18. Jh. an neben der Pädagogik des gewissermaßen normalen Falles auch eine Pädagogik der besonderen Fälle entsteht, die → *Sonderpädagogik* für diejenigen, die vornehmlich genetisch benachteiligt sind, und die → *Sozialpädagogik* für diejenigen, die vornehmlich sozial benachteiligt sind.

Erziehungsphilosophie und Erziehungswissenschaft. Für *Comenius* war die *»Pampaedia«* ein Teil seines Nachdenkens über »die Verbesserung der menschlichen Dinge«, für *Locke*, *Rousseau*, *Kant*, *Pestalozzi* usw. war ihre Erörterung der Erziehung ein Teil ihres Philosophierens, das freilich ebenfalls der Verbesserung der menschlichen Dinge dienen sollte. Unsere Pädagogik ist — wie unsere Politik auch — im Rahmen der neuzeitlichen Philosophie — aus der Praktischen Theologie — entstanden.

Den Griechen war die *Paidagogia* als eine *Denkaufgabe* erschienen, als ein Teil der Ethik bzw. der Politik. Dieses Konzept übernimmt die *Aufklärung*, modifiziert es dann allerdings nicht unerheblich. Konstitutiv ist die Intention einer erzieherischen Hilfe an der Menschwerdung der Jugend, wozu aber verstanden sein muß, was denn eigentlich den Menschen ausmacht, wie die Menschwerdung vor sich geht und inwiefern sie auf Erziehung angewiesen ist. Es muß aber auch verstanden werden, inwiefern für eine solche Hilfe (Praxis) eine Theorie entwickelt werden kann. – Bis heute heißt dieser Komplex »Pädagogik«. Darum auch wird unter Pädagogik ebensowohl die pädagogische Praxis als auch die pädagogische Theorie verstanden.

Die Bemühungen um die pädagogische Theorie werden gelegentlich auch »Wissenschaftliche Pädagogik« genannt (*Dilthey* und seine Nachfolger), wobei vornehmlich an die historische und empirische Erforschung des faktischen Zusammenhanges von Erziehung und Aufwachsen im Rahmen der Gesellschaft gedacht wird (→ *Pädagogische Psychologie*, → *Sozialisation und Erziehung*). Für »Wissenschaftliche Pädagogik« bürgert sich zur Zeit der Begriff »Erziehungswissenschaft« ein, doch wird darunter ebenfalls die gesamte, im weiteren Sinne wissenschaftliche Bemühung um die Erziehung als auch die im engeren Sinne wissenschaftliche (szientifisch-technologische) Forschung im Rahmen sowie zugunsten einer Theorie (bzw. Reform) der Erziehung verstanden.

Die Pädagogik ist zunächst *Philosophie*, weil sie es wie diese mit der prinzipiellen Reflexion des Menschen auf sich zu tun hat, mit seiner Frage nach seiner Bestimmung, seiner Stellung im großen Ganzen, dann aber auch, weil sie die Frage nach der Möglichkeit der Erziehung beantworten muß. Der Grundgedankengang der Pädagogik setzt also als ein philosophischer – besser: erziehungsphilosophischer – Gedankengang ein.

Im Gegensatz zur Philosophie hat die Pädagogik es aber nur im Durchgang mit dem allgemeinen Menschen, dem »transzendentalen Subjekt« (*Kant*) zu tun, sie muß sich notwendigerweise auf den konkreten, individuellen, geschichtlichen und gesellschaftlichen Menschen beziehen. Dazu bedarf sie einer (empirischen) Wissenschaft vom konkreten Menschen (→ Pädagogische Psychologie, → *Soziologie der Erziehung*).

Schließlich und endlich ist die Pädagogik im Gegensatz sowohl zur Philosophie wie zu den empirischen Wissenschaften keine theoretische, sondern eine praktische Bemühung um den Menschen. Sie muß Theorie einer Praxis, Theorie der → *Erziehung*, der → *Bildung* und der → *Schule* werden.

Die zentrale Intention der Pädagogik, nämlich eine Theorie des erzieherischen Handelns am werdenden Menschen hervorzubringen, enthält aber notwendigerweise zwei aufeinander bezogene, nur bedingt voneinander ablösbare, aber doch verschiedenartige Aufgaben in sich: erstens unter Berücksichtigung der Anthropogenese eine Theorie der Erziehung und ihrer wissenschaftlichen Behandlung, zweitens eine Theorie eben dieser Anthropogenese unter Berücksichtigung der dafür zu entwerfenden Erziehung hervorzubringen und somit zunächst eine *Allgemeine Pädagogik* und eine *Pädagogische Anthropologie* auszubilden.

ZUR GESCHICHTE DER WISSENSCHAFTLICHEN PÄDAGOGIK. Es konnte nicht ausbleiben, daß die von *Locke* und *Rousseau* begründete Pädagogik in die *Universität* aufgenommen und zu einer universitären Disziplin durchgebildet wurde. »Der Mechanismus in der Erziehungskunst muß in Wissenschaft verwandelt werden, sonst wird sie nie ein zusammenhängendes Bestreben werden, und eine Generation möchte niederreißen, was die andere schon aufgebaut hätte.« (*Kant*, *Vorl. über Päd.*, Ausgabe Vorländer, S. 199). Nicht, daß die Pädagogik nicht auch weiterhin außerhalb der Universität entwickelt worden wäre, im Gegenteil, aber ihre wissenschaftliche Behandlung wird jetzt vorzüglich innerhalb der Universität gefördert. Schon die erste Professoren- und *Universitätspädagogik* (*E. Chr. Trapp*, *Versuch einer Pädagogik*, 1780) verbindet erstmalig ausdrücklich Anthropologie (»Psychologie«) und Pädagogik.

Besondere Bedeutung für die Entwicklung der Pädagogik als einer universitären Disziplin haben dann nacheinander *Kant*, *Herbart*, (1776–1841) und *Schleiermacher* (1768–1836) gewonnen. Auch ihre Ansätze sind nur erst bedingt überholt. Für alle drei geht es um eine doppelte Aufgabe, erstens eine Theorie der Erziehung und zugleich der wissenschaftlichen Behandlung der Erziehung und damit eine »Allgemeine Pädagogik« (Generelle Erziehungswissenschaft) hervorzubringen, die allen Anforderungen, die an eine solche Theorie zu stellen sind, genügt, die aber nichts anderes als eine Grundlegung und nicht etwa ein »Regelwerk« sein soll, zweitens eine »Kunstlehre« hervorzubringen, die der Ausbildung der Erziehung als einer Kunst, (ars, techné) dienen kann; modern gesprochen: die Entwicklung von Technologien und Strategien zu fördern. Im einzelnen freilich haben alle drei beide Aufgaben verschieden aufgefaßt.

Für *Kant* ist die Erziehung neben der Politik und der Ökonomie eine der Grundfunktionen einer jeden Gesellschaft. Als solche hat sie eine dreifache Aufgabe zu erfüllen, nämlich zu disziplinieren (die Tierheit in Menschheit zu verwandeln), zu »kultivieren« und zu »zivilisieren«, was in etwa der heutigen Rede von *Enkulturation* und *Sozialisation* entspricht. So gesehen ist die Erziehung eine rein pragmatische Aufgabe, was freilich nicht ausschließt, daß sie – im Sinne einer empirisch-experimentellen (»technisch-praktischen«) Disziplin — »Wissenschaft« werden könnte und sollte.

Eine andere Lage tritt erst dann ein, wenn die Erziehung zugleich eine »Moralisierung« (Erziehung zur Sittlichkeit bzw. *Mündigkeit*) sein soll. Es geht dabei um ein nicht bloß pragmatisches Problem: Eine Theorie der Moralität ist möglich, sie erlaubt unter Zuhilfenahme einer (empirischen) Anthropologie eine Theorie der Moralisierung. Nur wenn es außer wechselnden Zwecken auch einen unveränderlichen höchsten Zweck gibt, wird eine Theorie der Lebenspraxis einschließlich der politischen und der pädagogischen Praxis möglich. Daher ist es *Kant* in erster Linie auf Kritische qua Praktische Philosophie (Ethik) angekommen, doch liegen auch Entwürfe zur Anthropologie und zur Pädagogik vor, so daß der gesamte Zusammenhang von Ethik, Anthropologie und experimenteller Pädagogik sichtbar wird.

Die *»Kritik der reinen Vernunft«* weist auf, inwiefern der Mensch zur Selbstgesetzgebung befähigt und verpflichtet ist; die *»Kritik der* (reinen) *praktischen Vernunft«* weist auf, worin das Prinzip einer solchen Selbstgesetzgebung, das zugleich das Grundgesetz eines Reiches der Freiheit ist, besteht (Kategorischer Imperativ). Da der Mensch aber — anthropologisch gesehen — außer einer »Anlage zum Guten« (»pluralism«) einen »Hang zum Bösen« (»egoism«) hat, setzt solche Selbstgesetzgebung — wiederum anthropologisch gesehen — eine »Revolution der Denkungsart« (Umschwung vom »egoism« zum »pluralism«) voraus. Diese wiederum setzt eine »Evolution der Sinnesart«, ein Erschlossenwerden für den anderen und das »Reich der Freiheit« voraus. Es liegt nun zwar in der Natur der Sache, daß die »Revolution der Denkungsart« nicht eigentlich erzieherisch gefördert werden kann, wohl aber die »Evolution der Sinnesart«: sie kann als Bildung verstanden und durch Erziehung gefördert werden. *Kant* macht selbst hierzu Vorschläge *(→ Musisch—ästhetische Bildung)*, doch vertieft er sich nicht eigentlich in dieses Problem.

An diesem Modell haben sich fast alle deutschen Pädagogen der Folgezeit, erhebliche Variationen eingeschlossen, orientiert.

Während sich *Kant* noch nicht eigentlich auf den Standpunkt der Pädagogik gestellt und daher allenfalls einen Anhang zur Praktischen Philosophie und zur Anthropologie unter dem Titel Pädagogik hervorgebracht hat, gehen *Herbart* und *Schleiermacher* den umgekehrten Weg. Sie übernehmen, daß es eine Pädagogik als Theorie nur geben kann, wenn es einen unabdingbaren höchsten Zweck gibt.

Auch für sie geht es darum, den Menschen »inmitten der Wirklichkeit zu höherem Dasein emporzuheben« und ihn zu moralisieren *(Herbart)* bzw. ihn zur Verbesserung des großen Ganzen im Sinne eines Fortschritts in der »Gleichheit und Freiheit« zu befähigen *(Schleiermacher)*. Beide versuchen, eine *»Allgemeine Pädagogik«* auszuarbeiten und mit ihr ebenso der »Kunstlehre« der Erziehung wie dem »Erziehungskünstler« zu Hilfe zu kommen. Es geht ihnen darum, die prinzipielle Möglichkeit einer solchen Erziehung aufzuzeigen, wozu gehört, daß ein Grundgedankengang zur Bestimmung der Erziehung als Hilfe an der Bildung zur Sittlichkeit *(Herbart)* bzw. zur Mündigkeit *(Schleiermacher)*, zugleich aber auch eine Topik erzieherischer Ziele und Wege entwickelt wird. Damit kommen zugleich und aufeinander bezogen Ethik und Psychologie (Anthropologie) ins Spiel. Doch meinen beide, daß nur, wenn die Pädagogik zum »Mittelpunkt eines eigenen Forschungskreises« wird und »einheimische Begriffe« ausbildet *(Herbart)*, Ethik und Psychologie pädagogisch vermittelt werden können und ihrerseits die Pädagogik mit hervorzubringen vermögen. Dazu gehört, daß die Ethik insofern einer pädagogisch-technischen Kritik unterworfen werden muß, als die reale Möglichkeit dieser Ethik wie aber auch der Erziehung im Sinne dieser Ethik aufgewiesen werden muß. Auf der anderen Seite muß die Psychologie insofern einer ethisch-pädagogischen Kritik unterzogen werden, als die Gesetzmäßigkeit der Personwerdung gezeigt werden muß.

Es stellt sich die Frage nach dem Sinn einer solchen Allgemeinen Pädagogik und pädagogischen Forschung. Es geht nicht um ein »Regelwerk«, sondern um eine »Richtschnur« für die Bestimmung des pädagogischen Verhaltens und um einen »Leitfaden« zur Auffindung, Bestimmung und Lösung pädagogischer Probleme. Auf eine solche »Allgemeine Pädagogik« kann seitdem nicht mehr verzichtet werden.

Herbart hat sich auf das Kernproblem einer jeden Pädagogik, den erzieherischen »Umgang« zwischen Erzieher und Zögling, auf die nähere Bestimmung des Erziehers *(→ Lehrer—Lehrerbildung)* und des Zöglings, seiner »Bildsamkeit« wie des Erziehungsprozesses selbst beschränkt und dabei den »erziehenden Unterricht« als die einzig mögliche planmäßige Förderung der Moralisierung durchkonstruiert. Im einzelnen ist dieser Entwurf durch seine Nähe zur Psychologie, zugleich aber auch durch seine eigentümliche Skepsis gegenüber den Möglichkeiten der Erfahrungswissenschaft auf dem Felde des gesellschaftlichen Lebens bestimmt.

Schleiermacher erkennt, daß *Herbarts* Entwurf

in einen größeren Zusammenhang eingebracht werden muß. Nur als Funktion bzw. System der jeweiligen »großen sittlichen Einheit« (Nation oder auch Gesellschaft bzw. Kultur) kann die Erziehung zureichend bestimmt werden. So gesehen kann der Gegenstand der Wissenschaftlichen Pädagogik nur die Entfaltung des Verhältnisses der Generationen zueinander einschließlich seiner Revision selbst sein. Eine »allgemeingültige« Pädagogik gibt es für *Schleiermacher* so wenig wie eine »allgemeingültige« Ethik oder eine »allgemeingültige« Psychologie (Anthropologie). Die Wissenschaftliche Pädagogik ist nur als eine historische und zugleich—im weitesten Sinne — sozialwissenschaftliche Disziplin möglich. Von diesem Ansatz her zielt *Schleiermacher* auch in der Hinsicht über *Herbart*, aber auch *Pestalozzi* hinaus und kehrt er zugleich zu einer Einsicht des *Comenius* zurück, als er sieht und ausarbeitet, daß in der europäischen Neuzeit die Erziehung eine doppelte sein muß: Erziehung in der Familie für das personale Leben und Erziehung in der Schule (als einer öffentlichen Einrichtung) für die Teilhabe an »Staat« und »Kirche« sowie für das »gesellige Leben« und für die »Wissenschaft«. — *Schleiermachers* Vorlesung über Pädagogik von 1826 enthält die erste umfassende, differenzierte Theorie der Erziehung und des Schulwesens; sie gibt für jede nachfolgende Theorie der Erziehung das Maß vor, hinter das man nicht zurückfallen darf.

Im Laufe des 19. Jhs. wird der Begriff der Wissenschaft umgedeutet. Wissenschaft ist nun nicht mehr, wie für *Kant* und seine Nachfolger, zuhöchst Philosophie (Analysis des »Ich denke«, einschließlich aller seiner Voraussetzungen usw.), sondern *Forschung*, auch und nicht zuletzt auf dem Felde des menschlichen Lebens und der Lebenswelt des Menschen. Dabei lösen *Psychologie* und *Soziologie* die Philosophie insofern ab, als Leben und Gesellschaft nunmehr mit ihrer Hilfe »erforscht« und »entwickelt« werden sollen. Dieser Versuch zeichnet sich durch drei Vorzüge aus: *Seine Ergebnisse sind überprüfbar*, sie *beziehen sich auf bestimmte Vorgänge in der Wirklichkeit*, und sie *erlauben* es, *solche Vorgänge planmäßig zu beeinflussen.*

Man würde aber nicht richtig einschätzen, was dieser Umschwung für die Pädagogik — wie im übrigen auch für die Politik — bedeutet, wenn man nicht sehen würde, daß weitgehend die Frage nach den obersten Zwecken, wie dem der Mündigkeit oder auch dem des Reiches mündiger Menschen — als der entscheidenden Voraussetzungen wahren Glücks —, die als solche ja auch keine Gegenstände (empirischer) For-

schung sind, einschließlich der Frage nach der Bedeutung dieser Zwecke für die Gestaltung des Lebens und der Gesellschaft, damit aber auch für die Wissenschaftliche Pädagogik und die wissenschaftliche Politik, zurückgedrängt wird. Das Interesse konzentriert sich nun auf die faktischen innerseelischen und gesellschaftlichen Bedingungen des menschlichen Lebens und ihre Auswirkungen auf dieses Leben, wie sie zu den genuinen Gegenständen empirischer Forschung gehören; es ist dabei in der Natur der Sache begründet, daß man sich vornehmlich den Bedingungen zuwendet, die sich negativ — hemmend oder verfälschend — auswirken. Diese Entwicklung der Wissenschaften hat zur Folge gehabt, daß wir insofern in eine Phase der Desillusionierung von unabsehbarer Bedeutung eingetreten sind, als nach und nach eine umfassende Bedingtheit des Menschen, insbesondere auch seines Selbstverständnisses und seiner (vermeintlichen) Selbstbestimmung aufgewiesen wird (Psychoanalyse, Ideologiekritik, Wissens- und Bildungssoziologie). Zwar wird damit die christliche wie auch die Kantische These von der Korruptibilität des Menschen — als Individuum wie als Gesellschaft — bestätigt, doch wird dem Ansatz dieser Entwicklung entsprechend von dieser Einsicht aus weniger das (werdende) Ich-Selbst in seiner Selbstverwirklichung und in seiner Mitwirkung an der Humanisierung der Gesellschaft unterstützt als vielmehr eine »Veränderung« des gesellschaftlichen Bedingungsgefüges und über diese auch des innerseelischen Bedingungsgefüges angestrebt, die auf eine bloße Entlastung und damit entweder auf die Freiheit der Willkür oder auf eine Perfektion unserer Zivilisation hinausläuft.
Daß diese Entwicklung pädagogisch gesehen von höchstem Interesse ist, versteht sich für alle Nachfolger *Rousseaus*, *Kants* und *Pestalozzis* von selbst. Es wird deutlich, was man *realiter* zugunsten ebensowohl des Sozialisations- wie des Bildungsprozesses unter den Bedingungen der Zeit tun kann. Mit zunehmender Verfeinerung der Methoden der empirischen Sozialforschung zeigen sich neue Möglichkeiten für die Theorie des Lernens, des Unterrichts und der Bildung selbst. Trotz dieser Möglichkeiten steht die Pädagogik seit dem Beginn dieser Entwicklung jedoch in der Gefahr, in eine Erziehungsphilosophie, die sich mit den Zwecken und den Grundlagen der Erziehung und der Pädagogik befaßt, und in eine Erziehungswissenschaft (i. e. Sinne), die sich hauptsächlich mit den Mitteln der Erziehung und der pädagogisch relevanten empirischen — oder auch historischen — Forschung befaßt, auseinanderzufallen (s. u.).
Von dieser Entwicklung aus gesehen, erschien die überlieferte Pädagogik als eine »rückständige Disziplin« *(Dilthey)*.

Sie sollte sich einer gewissen Überforderung der (werdenden) Person, eines sogenannten »Personalismus« sowie einer gewissen Mißachtung der innerseelischen und zugleich gesellschaftlichen Bedingtheit, insbesondere des Aufwachsens, eines sogenannten »Idealismus«, schuldig gemacht haben. Es haben aber viele Autoren übersehen, daß solche Vorwürfe weniger *Kant, Pestalozzi, Herbart* und *Schleiermacher* als vielmehr die immer auch ideologisch bestimmte und allenfalls bedingt durchreflektierte Praxis der Schulen, namentlich des Gymnasiums der Zeit nach der Restauration und nach 1848, treffen.

Zur neueren Entwicklung. Maßgeblich für die weitere Entwicklung der Wissenschaften von den Funktionen und Systemen der Gesellschaft – und der Kultur – und damit auch für die Pädagogik ist der Entwurf *Diltheys*. Er versucht, die Pädagogik in *Erziehungswissenschaft* zu überführen. Seitdem wird um die Ausformung dieser Wissenschaft gerungen, wobei sich mehrere Phasen voneinander abheben.

Dilthey schließt sich zunächst an *Schleiermacher* an: Die Erziehung in Familie und Schule gibt es seit langem, sie bestimmt sich von der »großen sittlichen Einheit« (Nation oder Gesellschaft bzw. Kultur) her und auf diese zu, sie ist in einem Consensus begründet oder auch nicht, sie kann stimmig oder unstimmig sein, es kann sein, daß die Stimmigkeit wiederhergestellt und der Consensus weiterentwickelt werden muß. Die Erziehungswissenschaft beginnt mit einer Deskription und Hermeneutik der wirklichen (geschichtlichen) Erziehung. Doch dies ist nur der erste Schritt.

Dilthey fragt (*Ges. Schr.*, Bd. IX, S. 179 ff):

»Ist nun eine andere Behandlung der Pädagogik möglich? Was kann geschehen, sie zum Rang einer wirklichen Wissenschaft zu erheben, dergleichen heute die politische Ökonomie, die Sprachwissenschaft usw. sind?

Die Wissenschaften, welche einzelne Systeme des gesellschaftlichen Lebens zu erkennen und für die in ihnen stattfindenden Zwecktätigkeiten Regeln zu geben beabsichtigen, haben folgende Methoden zur Verfügung, dieses Ziel zu erreichen«, mit welcher Frage *Dilthey* in den modernen Weg des Ausgangs nicht von den Zwecken, sondern von den methodischen Möglichkeiten einschwenkt:

»*Analysis des Systems in die Einzelvorgänge und deren Kausalzusammenhang*; diese sieht von den Verschiedenheiten seiner geschichtlichen Gestalten ab, wenn sie auch ihr Verfahren an den vollkommenen Gestalten zunächst und am leichtesten ausführen kann. Ihre größten Hilfsmittel, welche Genauigkeit in die Kausalerkenntnis zu bringen ermöglichen, sind die Psychologie oder in erweitertem Begriff Anthropologie, Statistik und die in der Vergangenheit aufgespeicherten Versuche oder die gegenwärtig anzustellenden.«

Das bedeutet im Hinblick auf die Erziehung — in der Sprache der gegenwärtigen Erziehungswissenschaft ausgedrückt —, daß man auf die einzelnen Akte zurückgehen und diese operationalisieren soll. So läßt sich z. B. der Umgang von Lehrern und Schülern in der Unterrichtseinheit als Interaktionszusammenhang definieren und operationalisieren, wobei mittels »Psychologie« und »Statistik« eine Regel der Art gewonnen wird, daß sozialintegratives Verhalten des Lehrers die Schüler zu selbsttätigem Lernen motiviert.

Dilthey ist sich darüber klar, daß auf diese Weise zunächst nur ein Bündel von hypothetischen Imperativen zustande kommt. Er fährt fort: »Sofern sie den Begriff des natürlichen und vollkommenen Kausalzusammenhanges aus einer Verknüpfung der kausalen mit der teleologischen Betrachtung zu gewinnen vermag, kann sie die Normen des vollkommenen Verlaufs der Zwecktätigkeit ableiten.«

Nur wenn es einen obersten Zweck der Erziehung gibt, wird eine zusammenhängende Strategie möglich. *Dilthey* glaubt aufweisen zu können, daß die Genese des Menschen auf ein bestimmtes Telos hin angelegt ist, und er glaubt, dieses Telos als Identität des entwickelten Menschen mit sich selbst und zugleich mit der entwickelten Gesellschaft ansprechen zu können. Es gilt also, danach zu fragen, welches Verhalten des Erziehers und Lehrers ein Lernen und Sichverändern des Zöglings und Schülers begünstigt, das dieser »Teleologie des Seelenlebens« entspricht; modern ausgedrückt: ebenso die Personalisation wie die Sozialisation fördert. Ein solches *Lernen* wird heute gelegentlich »emanzipatorisches« Lernen genannt.

Erklärtermaßen kommt auf diese Weise nur eine *formale* Theorie und Technologie der Erziehung zustande. — Dieser Teil der Pädagogik ließe sich im übrigen als eine operationalisierte *Herbart*sche Theorie des erziehenden Unterrichts verstehen. — Eine zweite *materiale* Theorie muß hinzukommen: »Das andere auf dieser Grundlage durchzuführende Verfahren besteht in der Analysis der geschichtlichen Gestalten innerhalb des Systems ... Das Verfahren der Praktiker ist uns hier zunächst Vorbild; sie sind die Künstler, die vorsichtig, einsichtig das vorhandene System mit den Bedürfnissen ausgleichen und so fortbilden.«

»Diese Analysis bildet die Grundlage für den anderen Teil dieser Wissenschaft. Er analysiert die einzelnen Gestal-

ten des Erziehungswesens, entwickelt alle die Beziehungen, welche durch Vergleichung und andere Betrachtungsweisen zwischen ihnen hergestellt werden können; mit den Mitteln, die so aus diesen Operationen entstehen, unternimmt er endlich, die Gestalt des Erziehungswesens, auf die sich unser Zweckzusammenhang bezieht, so gründlich und tief zu erkennen, daß ihre Relationen zu den bestehenden Teilen des gesellschaftlichen Systems, zu dem dauernden wertvollen nationalen Lebenskern als feste Richtpunkte aufgestellt werden können. Von hier aus wird eine neue teleologisch-kausale Betrachtung möglich, durch welche eine Unterrichtspolitik begründet werden kann. Dieser Teil der Pädagogik hat nur an der Historie des Unterrichtswesens, der Statistik seines jetzigen Bestandes Vorarbeiten ... So kann hier zunächst nur Entwurf des Ganzen, Versuch der Auflösung einzelner Fragen versucht werden ...«

Unverkennbar nimmt *Dilthey* hier *Schleiermachers* Ansatz wieder auf, versucht aber, ihn so zu modifizieren, daß eine Maßgabe für die Reform des Bildungswesens dabei herausspringt. *Dilthey* denkt hier auf das zu, was heute → *Bildungsforschung und Bildungsplanung* genannt wird.

Die institutionalisierte Erziehung bildet (einschließlich ihrer Strukturen, Lehrpläne, Lehrverfahren usw.) insofern ein eigenes Problem, als sie laufend der gesellschaftlichen Entwicklung angepaßt und in sich verbessert werden muß. Es gilt herauszufinden, in welchem Verhältnis gesellschaftliche Entwicklung und Bildungswesen sich befunden haben und derzeit befinden. Außerdem kann man sich der Institutionengeschichte und der Statistik des Bildungswesens bedienen. Eine derartige Untersuchung bezieht sich ebenfalls auf kausale Zusammenhänge und bedarf ebenfalls der Ergänzung durch eine teleologische Betrachtung.

Eine solche Betrachtung ist nötig, weil die immer mannigfachen (Bildungs-) Bedürfnisse in eine Rangordnung gebracht werden müssen. Hierzu soll der Rückgriff auf den »nationalen Lebenskern« dienen, in dem – nach *Dilthey* – die Nation das Selbstverständnis formuliert und festgehalten hat, das ihre Selbstverwirklichung ermöglichen soll und das – wiederum nach *Dilthey* – ihr einzig Identität mit sich selbst gewährleisten kann. *Dilthey* will die Zukunft aus der Herkunft bestimmen. Er glaubt, daß alle großen Nationen Europas eine Kulmination ihres Selbstverständnisses erfahren haben, als erste die italienische Nation in der Renaissance, als letzte die deutsche, in der – später von *Nohl* so genannten – »Deutschen Bewegung« von 1770 bis 1830 (s. *Diltheys*

Basler Antrittsvorlesung von 1867). *Dilthey* wußte aber schon in dem Augenblick, in dem er diese Theorie ausarbeitete, daß die deutsche Nation schon in naher Zukunft nicht mehr ihr Genüge an diesem »Kern« würde finden können. Er sah, daß sie im Begriff war, in das »wissenschaftliche Zeitalter« einzutreten.

Dieser Grundriß einer »Wissenschaftlichen Pädagogik« hatte sich für *Dilthey* aus seiner Frage nach den Möglichkeiten für die Wissenschaften von den Systemen der Gesellschaft und der Kultur zu Zwecken wissenschaftlicher Fundierung der weiteren praktischen »Behandlung« dieser Systeme ergeben. Hierin ist begründet, daß zwei Teilstücke, die eigentlich zu Beginn der Entwicklung des Grundrisses hätten behandelt werden müssen, nur zwischendurch angesprochen werden, woraus später mancherlei Mißverständnisse entstanden sind.

Die Wissenschaftliche Pädagogik muß mit der »Deskription des Erziehers und seinem Verhältnis zum Zögling« beginnen. Die Erziehung, der erzieherische Bezug, das erzieherische Geschehen sollen aus dem Lebenszusammenhang, in den sie eingebettet sind, herausgehoben, beschrieben und der Erörterung dargeboten werden. Dasselbe gilt für den Unterricht, aber auch für die Schule. Eben diese Deskription ist später auch Phänomenologie genannt und ausgearbeitet worden (*Langeveld*, *Bollnow* u. a.). Sie geht im übrigen kontinuierlich in Historische Pädagogik bzw. → *Vergleichende Erziehungswissenschaft* über.

Sodann bedarf die Wissenschaftliche Pädagogik einer »positiven psychologischen Grundlegung«, worüber sich aber die Pädagogen seit *Locke* und *Rousseau* und vor allem seit *Herbarts* Erörterung dieses Zusammenhanges (*Allgemeine Pädagogik* von 1806, Einleitung) klar gewesen sind. Es geht immer um die Beeinflussung der Entwicklung des »Seelenlebens« auf ein bestimmtes – psychologisch gesehen mögliches – Ziel hin.

Schließlich und endlich bedarf die Wissenschaftliche Pädagogik, wie sich aber ebenfalls bereits gezeigt hat, einer Grundlegung durch die Ethik, die dabei verschiedene Gestalten annehmen kann, so die der *Kant*ischen »Praktischen Philosophie«, so aber auch die der »Kritischen Theorie«, wie sie *Adorno*, *Marcuse* und andere versucht haben.

Zur gegenwärtigen Entwicklung. Im Anschluß an *Dilthey* hat sich eine eigentümliche, wohl durch die deutschen Verhältnisse bedingte Entwicklung ergeben, die man in *drei Phasen* einteilen kann. Zunächst setzt sich eine, von *Dilthey* hergeleitete, aber nur an der zweiten, der »historisch-

systematischen« (*Weniger*) bzw. »hermeneutisch-pragmatischen« (*Flitner*) Analysis orientierte »geisteswissenschaftliche« Pädagogik durch, neben der es aber doch auch Versuche zu einer deskriptiven oder auch empirisch-experimentellen Erziehungswissenschaft gegeben hat (*Meumann, Petersen*).
Unterdes hatten sich vor allem in der angloamerikanischen Welt empirische *Psychologie* und empirische *Soziologie*, einschließlich der Theorie (Logik und Methodik bzw. Technik) solcher Wissenschaften, mächtig entwickelt. Es konnte nicht ausbleiben, daß sich die Kritik an der Geisteswissenschaft verstärkte und man nun in breiter Front zu einer an den neuen Human- bzw. Sozialwissenschaften orientierten Erziehungswissenschaft überging (*Lochner, Brezinka, Seifert* u. a., s. a. *Gesellschaft und Erziehung*, Bd. I, 1969).
Im Zuge dieser Entwicklung hat man, freilich ohne sich auf ihn zu berufen, die erste Analysis *Diltheys* ausgearbeitet, aber auch die Grenzen dieser Analysis erfahren, so daß man sich nunmehr gezwungen sah, wie seinerzeit *Dilthey*, Deskription, Reflexion, Empirie und Hermeneutik miteinander zu verbinden.
Dilthey hatte zwar seine »Wissenschaftliche Pädagogik«, wie im übrigen auch die »politische Ökonomie« und die »Sprachwissenschaft«, wie überhaupt alle Wissenschaften von den Systemen der Gesellschaft und der Kultur »Geisteswissenschaften« genannt, damit aber andere Vorstellungen als sonst üblich verbunden. Für ihn ging es dabei um die Wissenschaften von der vom Menschen selbst hervorgebrachten und daher geistigen Welt, deren Aufgabe es sein sollte, die weitere Gestaltung dieser Welt wissenschaftlich zu fundieren; hierin ist begründet, daß alle diese Wissenschaften zusammengesetzte Wissenschaften sein müssen: zu jeder gehört eine philosophische und zugleich wissenschafts-theoretische Begründung, eine »positive psychologische Grundlegung«, die auch »anthropologische« Grundlegung genannt wird und die in einigen Fällen, wie z. B. in der »politischen Ökonomie« und in der »Wissenschaftlichen Pädagogik«, durch eine ethische Grundlegung ergänzt werden muß, sowie ein hermeneutisch-pragmatischer und ein empirisch-technologischer Teil. Eben dieses Konzept ist aber von führenden *Dilthey*-Schülern nicht aufgenommen worden. Außerdem haben manche von ihnen *Diltheys* These von einem durch die »Deutsche Bewegung« formulierten »nationalen Lebenskern« dogmatisiert. Industrialisierung und Demokratisierung konnten daher nur bedingt reflektiert werden. Entscheidend war aber schließ-

lich und endlich, daß zwar ein unverzichtbarer Beitrag zur »pädagogischen Bildung« (Aufgeschlossenheit für die Hilfsbedürftigkeit der Jugend und die Hilfe an ihrer Bildung), nicht aber zur Ausbildung für eine überprüfbare Bewältigung der Aufgaben der pädagogischen Praxis geleistet wurde. Pädagogische Bildung ist zwar nach wie vor unabdingbar, doch muß auch die Praxis selbst zum Gegenstand von Untersuchungen gemacht werden, die dabei u. a. die Gestalt von Forschungen im szientifisch-technologischen Sinne annehmen.
Daher wird erneut von einer *rückständigen* Pädagogik gesprochen. Aus der Geisteswissenschaft müsse eine Sozialwissenschaft werden, die Pädagogik müsse endlich zur »Erziehungswissenschaft«, zu einer zugleich szientifischen und technologischen Disziplin werden. Ihre Thesen müßten in einer Theorie begründet und exakter Überprüfung zugeführt werden. Anders ginge es möglicherweise um bloße Weltanschauung oder um Menschenbilder und damit um bloße Absichtserklärungen. Diese Umwendung der Pädagogik von der — möglicherweise verblasenen — Zwecksetzung zur »wissenschaftlichen« Bearbeitung der Praxis selbst hat man dann ihre (neue) »realistische Wende« genannt *(R o t h)*.
Auf dem Boden dieser Kritik wird ein neuer Ansatz entwikkelt, wobei es in der Natur der Sache begründet ist, daß man sich — wiederum — vornehmlich der institutionalisierten als einer organisierten Erziehung und dabei wiederum vornehmlich des Unterrichts als einer Organisation von Lernen in der Schule annimmt. Eine schon reflektierte und organisierte Erziehung, wie es der Unterricht in der Schule ist, enthält alle Voraussetzungen für eine szientifisch-technologische Bearbeitung. Was schon organisiert ist, kann organisatorisch perfektioniert werden.
Zu eben diesem Zweck sucht man eine Theorie mit etwa folgender Grundstruktur aufzustellen: Empirisch erforschen und technisch beeinflussen kann man nur *Vorgänge* und diese auch nur dann, wenn sie isoliert und definiert werden können. Der Vorgang — oder auch Prozeß —, um den es hier geht, ist das Aufwachsen und Erwachsenwerden des Menschen im Zusammenhang und im Sinne einer bestimmten Gesellschaft, ein außerordentlich komplizierter und außerordentlich variabler Vorgang, mit dem sich die Anthropologie, die Psychologie und die Soziologie befassen und über den ein Pädagoge gar nicht genug wissen kann. Dieser Vorgang muß aber hier auf seine Grundstruktur zurückgeführt werden. Und diese kann nur als *L e r n e n* bestimmt werden und wird auch heute weithin als Lernen bestimmt. Lernen wird dabei als Verhaltensänderung zu Zwecken der Bewältigung neuer Aufgaben definiert. Ver-

fährt man so, dann kann beobachtet und festgestellt werden, was erreicht ist und was nicht. Als Lernen kann das Aufwachsen operationalisiert werden. Mittels einer Strukturanalyse werden die konstanten und die variablen Faktoren bestimmt, damit die variablen Faktoren dahingehend verändert werden können, daß sich – im Hinblick auf das Ziel des Prozesses – eine optimale Konstellation – hier von Erzieherverhalten, äußeren Bedingungen, Lernmitteln usw. – ergibt. Man kann dabei feststellen, unter welchen Bedingungen bestimmte Aufgaben am schnellsten und sichersten gelöst werden können. Im Endergebnis zeichnet sich die Möglichkeit ab, solche Prozesse steuern und die *Schule* als »optimale Organisation von Lernen« *(Roth)* konstruieren zu können *(→ Kybernetik und Pädagogik)*.
Zu bedenken ist bei diesem Verständnis vom Gegenstand der Erziehungswissenschaft allerdings, daß nur erforscht und ggf. gesteuert oder konstruiert werden kann, was zuvor entsprechend definiert worden ist. Man kann bestimmte Arten von Lernprozessen erforschen und steuern, man kann aber den Prozeß des Erwachsenwerdens selbst und im ganzen einer solchen Behandlung nicht zugänglich machen. – So muß z. B. das Lehrerverhalten in seinem Verhältnis zum Schülerverhalten (Lernen – Nichtlernen) auf einige wenige Grundformen zurückgeführt werden, obwohl es in Wirklichkeit hochdifferenziert und hochvariabel ist. Es handelt sich hier gerade nicht, wie man vielleicht meinen könnte, um eine Beschreibung der Wirklichkeit, diese ist bereits im vorhinein destruiert, sondern um Modelle für Teilstrukturen bzw. Teilprozesse. Die Ergebnisse müssen also reintegriert werden, eine nicht eben leichte Aufgabe, die der Praxis zufällt und bei der man ihr nur bedingt behilflich sein kann.
Die nächste Frage wäre die nach der Struktur und der Dynamik des Lernens. Menschliches Lernen hat notwendigerweise zwei Komponenten (Teilstrukturen): Es lernt der einzelne, doch er lernt nicht alleine. Das Lernen hat eine psychische und eine soziale Struktur, weswegen es denn auch »Gegenstand« der Psychologie und der Soziologie ist. Die Erziehungswissenschaft hat es nun zwar mit besonderen Lernprozessen, solchen nämlich, die auf *Mündigkeit* zielen, zu tun, muß sich aber mit der Psychologie und der Soziologie hierüber auseinandersetzen.
An diese Frage würde sich die nach dem anschließen, was gelernt werden soll. Im Sinne des aufgezeigten Ansatzes kann es sich dabei nur um bestimmte Verhaltensweisen (Rollen) und um »Kenntnisse und Fertigkeiten« *(Schleiermacher)* bzw. Kulturtechniken handeln, um *Sozialisa-*

tion und *Enkulturation* also. Beide Prozesse sind wiederum auch psychologische und soziologische Gegenstände. Um spezifisch erziehungswissenschaftliche Gegenstände handelt es sich insofern, als »bestimmte« Prozesse »planmäßig« gefördert werden sollen, es also um einen bestimmten Zweck-Mittel-Zusammenhang geht, wie z. B. den Lateinunterricht zu Zwecken der Aneignung der römischen Theoretiker der Republik (→ *Unterricht — Didaktik, Curriculum, Methodik*).

Die *Bildung* geht in diesem Ansatz nicht auf, doch schließt das nicht aus, daß die Steuerung der Lernprozesse, die gesteuert werden können, so angelegt wird, daß diese Prozesse der Bildung zugute kommen. Umgekehrt kann man nach dem (definiblen) Lernen (von Kenntnissen und Fertigkeiten) fragen, das als konstitutives Moment für die Bildung und damit auch als Indiz für den Bildungsprozeß angesehen werden kann. Hierin stecken bisher unausgeschöpfte Möglichkeiten.

Alles in allem genommen versucht man hier — mit zunehmendem Erfolg —, die Kunstlehre der *Herbart* und *Schleiermacher* in Technologien oder auch Strategien umzuwandeln.

Bedenkt man aber, daß es ebensowenig einen Normalschüler wie einen Normallehrer gibt, daß es sich hier also nur um Modelle handelt, wird wiederum die Grenze des Verfahrens sichtbar. Trotzdem muß dieser Weg fortgesetzt werden. Umgang und Führung, Lehren und Lernen auf allen Feldern der Erziehung können entscheidend erleichtert werden (→ Unterricht—Didaktik, Curriculum, Methodik; → *Sozialpädagogik*; → *Sonderpädagogik*; → *Erwachsenenbildung*).

Der neuralgische Punkt dieser Auffassung von Erziehungswissenschaft ist die Frage der Zwecksetzungen. Unproblematisch ist dieses Verfahren, sofern sich die Zwecksetzungen von selbst verstehen, wie z. B. in den Wirtschaftswissenschaften. In der Pädagogik ist die Lage aber — wie in der Politikwissenschaft auch — anders: Die Zwecksetzungen verstehen sich nur bedingt von selbst! Es geht um das Erwachsenwerden und damit nach unserem Verständnis um das Mündigwerden im Sinne unserer Geschichte, Herkunft und Zukunft. Hierüber gibt es immer einen gewissen, aber eben doch nur vagen und pluralen Consensus. Es müssen aber Entscheidungen getroffen und höchste Zwecke gesetzt werden. Ohne solche Entscheidungen kann allenfalls von einzelnen Kursen für selbstverständliche lebenspraktische Zwecke die Rede sein. Unsere Schulen stehen auch seit langem in der Gefahr, in eine Addition solcher Kurse zu zerfallen. Es gibt keinen anderen Weg, als den Consensus aufzuspüren, zu überprüfen und ggf. weiterzuentwickeln, was alles zunächst der Pädagogik als einer Hermeneutik zufällt. Die Überprüfung des Consensus muß allerdings immer auch die Form einer Ideologiekritik und einer Realisationskritik, auch »technische Kritik« genannt, annehmen, denn es muß danach gefragt werden, ob die überlieferten Zwecksetzungen auch und gerade, wenn sie sich als allgemeine Zwecksetzungen geben, nicht doch durch ein Gruppeninteresse bestimmt sind; außerdem muß danach gefragt werden, ob die gesetzten Zwecke denn auch wirklich — mit legitimen Mitteln in reeller Form — realisiert werden können (s. die z. T. ideologischen, utopischen oder auch einfach vagen und daher korrumpierenden Forderungen staatlicher Richtlinien und Prüfungsordnungen).

Es liegt auf der Hand, daß überall da, wo es um *Mündigkeit* gehen soll, auf eine Theorie der Mündigkeit und zugleich der mündigen Gesellschaft nicht verzichtet werden kann. Eine solche Theorie ist aber nichts anderes als eine Ethik, die sich auf der Frage nach den denknotwendigen Bedingungen personaler Existenz bzw. einer Gesellschaft von Personen aufbaut (s. o.). Die Pädagogik muß zuhöchst die ethische Disziplin bleiben, als die sie *Aristoteles* maßgeblich für unsere Geschichte gekennzeichnet hatte.

Die jüngste Diskussion über die Aufgabe und die Möglichkeiten der Wissenschaftlichen Pädagogik versucht daher auch, den im wesentlichen doch verlorengegangenen Gesamtzusammenhang der Theorie der Erziehung und ihrer wissenschaftlichen Bearbeitung, wie ihn *Kant* angedeutet, *Schleiermacher* ein erstes Mal formuliert und *Dilthey* ihn auf die Stufe des wissenschaftlichen Denkens gehoben hatte, wiederzugewinnen und ihn im Sinne der Entwicklung unserer Gesellschaft in ihrem Zusammenhang mit der Entwicklung der Wissenschaft auszuarbeiten. Damit eröffnet sich die dritte Phase der Entwicklung — aufklärerischer — Erziehungswissenschaft *(Röhrs, Furck, Roth, Brezinka, Funkkolleg).*

Schlussbemerkung. Folgender Grundgedankengang zum Aufbau einer neuen *Allgemeinen Pädagogik* und damit zu einer *grundlegenden* Theorie der Erziehungswissenschaft und ihrer wissenschaftlichen Bearbeitung bietet sich an: Das Aufwachsen des Menschen stellt sich als ein Hineinwachsen in geschichtlich-gesellschaftliches Leben und damit als Sozialisation (i. w. S.) dar. Solche Sozialisation bedarf außer günstiger Bedingungen der Lenkung. Es zeigt sich, daß die ganze ältere Generation — in unterschiedlich differenzierter Form — die ganze jüngere Generation »erzieht«. Solche Erziehung gab es immer schon. Sie versteht sich daher auch weitgehend von selbst, was aber nicht aus-, sondern einschließt, daß sie problematisch werden kann und problematisiert werden muß. Des näheren hat man es hier mit einer in der allgemeinen Lebenshermeneutik begründeten allgemeinen Lebenspraxis zu tun. Eine solche Praxis ist immer schon eine reflektierte Praxis; sie kann auch eine in einer solchen (politisch-pädagogischen) Reflexion begründete institutionalisierte Praxis sein.

Daß Hermeneutik und Praxis mit der Gesellschaft und ihren Systemen (Herrschaft, Wirtschaft usw.) einerseits eine Einheit bilden, andererseits aber die Gesellschaft und ihre Systeme auch verändern können und immer schon in dem einen oder anderen Sinne verändern, dürfte sich von selbst verstehen, bedeutet aber, daß die Pädagogik es immer auch mit der Gesellschaft und deren wissenschaftlicher Bearbeitung zu tun hat.

Der allgemeine Ort der Erziehung ist die Kommunikation der Menschen untereinander, der älteren und der jüngeren Generation, der Eltern und Kinder usw. Damit ist gegeben, daß die einen und die anderen sich wechselseitig bestimmen, sie befinden sich in einem dialogisch-dialektischen Zusammenhang, aus dem keiner heraustreten kann, der grundsätzlich konfliktgeladen ist und sich grundsätzlich nur der Reflexion erschließt. Diese kann freilich durch hermeneutische oder empirische Studien unterstützt werden.

Geht die Erziehung in *Unterricht* (qua erziehender bzw. bildender Unterricht) über, ergibt sich eine neue Situation. Unterricht ist nichts anderes als eine planmäßige Förderung von Lernen (i. e. S.); er kann als »Organisation« von Lernen beschrieben werden und kann daher auch selbst organisiert werden. Von den Griechen an ist vornehmlich der Unterricht als ein »technisches« Problem verstanden worden. Soll der Unterricht zugleich der → *Bildung* dienen, entsteht die sehr schwierige Aufgabe, eine *»institutio«* (planmäßiger Unterricht, durch den der Mensch in einen bestimmten Stand – des Wissens und Könnens oder auch des In-der-Welt-Seins – versetzt wird) zugleich eine *»emancipatio«* sein zu lassen.

Pädagogik ist nur als explizite und generelle kritische Reflexion auf die Erziehung als eine Funktion bzw. ein System der Gesellschaft vom Charakter einer Praxis, die aber in Technik übergehen kann, kurzum als *»kritische Pädagogik«* möglich. Sie kann zunächst nichts anderes sein als eine Deskription der faktischen, zugleich traditionellen und aktuellen Erziehung. Diese Deskription geht in eine Hermeneutik des Erziehungsverhältnisses (Consensusproblematik) über, die sich immer auch zu einer Historischen Pädagogik und zu einer

→ *Vergleichenden Erziehungswissenschaft* ausweitet, denn anders kann die (scheinbare) Selbstverständlichkeit der Erziehung nicht erfaßt und aufgelöst werden. Ideologiekritik und Realisationskritik schließen sich an. Der Sinn solcher Kritik ist aber nicht die Negation, sondern die Revision.

Ein solches Vorgehen setzt dreierlei voraus: erstens eine entsprechende Kenntnis der Gesellschaft und ihrer Entwicklung, denn anders kann die Stimmigkeit bzw. Unstimmigkeit (Funktionalität bzw. Dysfunktionalität) von Gesellschaft und Erziehung nicht beurteilt werden *(→ Soziologie der Erziehung, → Gesellschaft in pädagogischer Sicht, → Familie in pädagogischer Sicht)*; zweitens eine entsprechende Kenntnis des »Seelenlebens« *(Dilthey)*, denn jedes pädagogische Problem ist auch ein genetisch-psychologisches Problem, denn immer soll Seelenleben beeinflußt werden *(→ Pädagogische Psychologie)*; drittens eine entsprechende Kenntnis der »wahren Bedürfnisse des Menschen« *(Pestalozzi)* und damit der Problematik, die zumeist Ethik genannt wird, die aber immer zugleich Politik und Pädagogik ist, einschließlich der Frage nach den legitimen Möglichkeiten reeller Verwirklichung – seien es solche kommunikativer Praxis oder szientifisch begründeter Technologie.

Es zeigt sich, daß von »Pädagogik« nur dort gesprochen werden kann, wo die Frage nach der besseren *Erziehung* zur Klammer verschiedenartiger Studien und Aktionen wird. Es bewahrheitet sich, was *Herbart* für notwendig gehalten hatte, nämlich daß die Pädagogik nur als »Mittelpunkt eines eigenen Forschungskreises«, in den die Philosophie und die Human- bzw. Sozialwissenschaften hineinspielen, möglich ist, wozu sie »einheimische Begriffe« ausbilden *und*, so muß man heute hinzusetzen, sich der Methoden der Reflexion, der Hermeneutik und der empirischen Forschung bedienen muß.

Ein solches Kalkül nimmt naturgemäß in den verschiedenen Situationen und gegenüber den verschiedenen Problemen eine je andere Form an *(→ Schule, → Bildungswesen, → Sonderpädagogik, → Sozialpädagogik, → Erwachsenenbildung)*, wobei sie immer mit der einschlägigen → *Bildungsforschung und Bildungsplanung* verbunden werden muß.

Pädagogische Psychologie – Psychologie des Lernens und Lehrens. BEGRIFFSBESTIMMUNG. Alle Aufgaben, Maßnahmen und Einrichtungen der Erziehung setzen die psychische Reali-

tät der zu Erziehenden voraus, gehen von ihr aus und sind auf ihre positive Entfaltung gerichtet. *Erziehung* würde aufhören, Erziehung zu sein, wenn sie darauf verzichtete, sich um die psychische Beschaffenheit der Zöglinge zu kümmern, wenn sie ihre geistige Entwicklung fördern wollte, ohne deren Geartetheit und Stand zu berücksichtigen. Daher ist der psychologische Aspekt ein wesentlicher Aspekt der Wissenschaft von der Erziehung, der *Pädagogik.* Sie holt zur Bewältigung der ihr damit aufgegebenen Probleme die Wissenschaft zu Hilfe, die durch ihre Methoden, Begriffe und Erkenntnisse dazu legitimiert ist, die *Psychologie.* »Pädagogische Psychologie ist psychologische Forschung im Auftrage der Pädagogik, d. h. im Auftrage der spezifischen Fragestellung einer Pädagogik als Wissenschaft« (*H. Roth* 1959).
Pädagogik und Pädagogische Psychologie sind auf den gleichen Forschungsgegenstand bezogen; es geht beiden um die zu Erziehenden, vor allem Kinder und Jugendliche. Der junge Mensch als Gegenstand der Forschung gestattet sowohl die pädagogische als auch die psychologische Fragestellung. Beide Wissenschaften sind aus Gründen, die in ihrem Gegenstand liegen, aufeinander verwiesen. Im Hinblick auf die Pädagogik wurde das bereits angedeutet; sie braucht wissenschaftliche Klarheit darüber, wie diejenigen beschaffen sind, die erzogen werden sollen, und was die Ansprüche der Erziehung im Zusammenhang ihrer psychischen Realität bedeuten. Darüber kann nur die Psychologie wissenschaftlich fundierte Auskunft geben. Psychologische Forschung hingegen muß der Erziehung Rechnung tragen, wenn sie die seelisch-geistige Eigenart und den Entwicklungsstand eines Menschen untersucht. Die Erziehung hat die Haltungen und die geistigen Gehalte eines jeden mitgeformt. Die Psychologie, und zwar nicht nur die Pädagogische Psychologie, muß daher das Erzogensein mit im Blick haben, wenn sie Weg und Ergebnis des Gewordenseins eines Menschen ergründen will (*M. J. Langeveld, Studien zur Anthropologie des Kindes,* 3. Aufl. 1968). Doch sind damit die Bedingungen des Zusammenwirkens der beiden Disziplinen noch nicht erschöpfend gekennzeichnet. Der Erzieher stellt den Zöglingen Aufgaben, er verständigt sich mit ihnen über den Gegenstand, auf den sie ihr Bemühen richten sollen. Er erwartet, daß sie ihr Handeln und Erkennen mit Bezug auf diesen Gegenstand aktivieren; dabei soll der Gegenstand Richtmaß für Steuerung und Korrektur ihres Einsatzes sein. Demnach betrachtet die Pädagogik die zu Erziehenden als Menschen, die Aufgaben und Belehrungen zu verstehen und ihre kognitive und praktische Aktivität entsprechend sinnvoll zu leiten imstande sind. Die Pädagogische Psycholo-

gie muß an die Probleme, die ihr im Rahmen pädagogischer Überlegungen zufallen, mit der gleichen *anthropologischen Grundkonzeption* herantreten wie die Pädagogik, d. h. sie muß die spezifische Sinnhaftigkeit des Psychischen, die im aktiven Gegenstandsbezug begründet ist, bereits in ihrer Fragestellung berücksichtigen, sonst kann sie ihren Beitrag zum Forschungsganzen der Pädagogik nicht beisteuern.

Dem hat die Psychologie aus ihrer eigenen Einstellung heraus nicht immer entsprechen können, und wir werden bei der Erörterung einiger Hauptprobleme der Pädagogischen Psychologie dafür auch in neuerer Zeit Beispiele finden. In der Diskrepanz der Einstellungen war es begründet, daß die Psychologie bis in die 20er Jahre keine rechte Verbindung zur Pädagogik fand. Weder die Funktionspsychologie der Jahrhundertwende, die psychische Inhalte und Abläufe in Analogie zu Naturprozessen erklärte, noch auch die biologisch orientierte Entwicklungspsychologie hatten den aktiven Bezug auf Gegenständliches als das Spezifische menschlichen Erlebens und Handelns erkannt.

Dazu bedurfte es eines Wandels der anthropologischen Haltung der Psychologie. Sie muß eine Grundgegebenheit anerkennen, die dem Psychischen vor aller theoretischen Interpretation eigen ist, nämlich daß menschliches Erleben immer ein Erleben von etwas ist, daß das erlebende Subjekt aktiv auf Gegenstände gerichtet ist und daß es dadurch an der Sinnhaftigkeit der objektiven Welt teilhat. Daher unterliegt alles Erleben auch der Beurteilung im Hinblick auf die Sinnstruktur der Gegenstände, und der Erlebende steht unter der ständigen Aufgabe, in seinem Erleben, Denken und Wollen der Objektivität und ihrem Sinn gerecht zu werden. Der Erziehung obliegt es, die zu Erziehenden durch Aufforderung, Aufgaben und Belehrung dahin zu leiten. Die Pädagogische Psychologie hat dabei zu klären, welche Bedingungen den Ausformungen, Begrenzungen und Verfestigungen der vorgefundenen Auffassungen und Haltungen zugrunde liegen und welcher Voraussetzungen es bedarf, damit die zu Erziehenden zu sachgemäßen Einsichten und sinnvollem Verhalten gelangen können. Der Pädagogischen Psychologie ist es aufgegeben, zu *verstehen*, was die Pädagogik *bewertet* und zu Besserem zu führen bestrebt ist.

PÄDAGOGISCHE PSYCHOLOGIE DES LERNENS. Die zentrale Aufgabe der Pädagogischen Psychologie liegt in der Erforschung des *Lernens*, denn erziehungs- und bildungsfähig ist der Mensch, weil und soweit er lernfähig ist. Zwar erfolgen im Verlauf der individuellen Entwicklung auch Veränderungen durch *Reifungen*. Darunter versteht man den Ausbau von Organen und die Bereitstellung von Funktionen, die nach der Geburt nicht sogleich verfügbar sind. Ausgereifte Funktionen können beim Lernen eingesetzt werden. Doch führen Reifungen als solche keine psychischen Inhalte herbei. So kann ein Kind zwar nicht sprechen lernen, bevor die dafür erforderlichen biologischen Grundlagen ausgereift sind. Ob und wie vollkommen und welche Sprache es sprechen wird, ist damit jedoch nicht entschieden. Das ist Angelegenheit des Lernens. Unsere Begriffe, Kenntnisse, Fertigkeiten, ja das Auffassen, Denken und Lernen selbst, unsere Gefühls- und Werthaltungen, Gemüts- und Gewissensbindungen, unser soziales Empfinden und Verhalten, sogar die individuelle Ausformung unserer »natürlichen« Bedürfnisse, überhaupt alles, was zum *Aufbau eines Weltbildes* und zur *Bildung der Persönlichkeit* beiträgt, müssen wir aufgrund von Erfahrungen, d. h. durch Lernen erwerben *(→ Altersstufen)*.

Nicht alles Lernen wird durch Erziehung und Belehrung gelenkt. Mit wachsender Selbständigkeit gewinnt das Lernen aus eigener Absicht an Bedeutung. Auch ohne Absicht, sozusagen als Nebenerfolg beim Umgang mit Dingen und Mitmenschen, wird gelernt, vor allem in der frühen *Kindheit*. Die Vielfältigkeit der psychischen Leistungen, die der Begriff des Lernens umspannt, und die Differenziertheit der Probleme, die damit der Pädagogischen Psychologie gestellt sind, werden sichtbar, wenn wir einige wichtige Richtungen und Bereiche der Lernforschung umschreiben und erörtern.

Zwei Richtungen mit gegensätzlichen theoretischen Grundkonzeptionen verdienen Beachtung. Die eine, in Westeuropa vorherrschende Richtung war und ist an dem sinnerfassenden, *kognitiven Lernen* orientiert; sie untersucht die Bewußtseinsprozesse des Auffassens, Verstehens, *Denkens*. Die andere Richtung, die in *Rußland* und den *USA* entstand, lehnt Bewußtseinsinhalte als Forschungsunterlagen ab, weil dies subjektive Gegebenheiten sind. Sie fußt auf *objektiv* registrierbaren Daten; das sind *Reize*, die den Organismus treffen, und *Verhaltensweisen* des Organismus. Lernen zeigt sich in Veränderungen des Verhaltens nach Reizeinwirkung.

Das ist auch bei Tieren konstatierbar. Die Grundlagenforschung der »Objektiven Psychologie« hat sich vor allem auf Tierexperimente gestützt. In Rußland ging man dabei von ererbten Reflexen aus. Wenn dem reflexauslösenden Reiz regelmäßig ein anderer Reiz vorausgeschickt wird, so erfolgt die Reflexbewegung nach häufiger Wiederholung bereits bei diesem Reiz. Solche assoziativ entstandenen *»bedingten Reflexe«* lassen sich experimentell ausbauen, verallgemeinern und differenzieren. Die »*Psychoreflexologie*« (*I. P. Pawlow, W. v. Bechterew*) glaubte damit das Erklärungsprinzip allen Lernens, auch des menschlichen, gefunden zu haben.

Die in den USA entwickelte *Verhaltenspsychologie (Behaviorismus)* verzichtet auf angeborene Dynamismen; sie läßt neue Bewegungsabläufe lernen, indem sie beliebige Bewegungen durch Erfolg verstärkt. Ein im Experimentierkäfig eingesperrtes hungriges Tier trifft beispielsweise mit einer seiner unruhigen Bewegungen den Öffnungshebel der Tür; es gelangt ins Freie und frißt. Durch häufige Wiederholung des Versuchs mit dem gleichen Erfolg kann erreicht werden, daß die Bewegung zum Hebel sogleich nach dem Einsperren erfolgt. *E. L. Thorndike,* einer der Initiatoren dieser Lernversuche, spricht von einem »*Lernen durch Versuch und Irrtum* mit zufälligem Erfolg«. »*Verstärkung*« ist der Zentralbegriff dieser Lerntheorie. Durch eine Variante des Verstärkungsmodus gelang es *B. F. Skinner,* »das Verhalten eines Organismus fast beliebig zu formen«. Er verstärkt nicht einen kompletten Bewegungsablauf, der zufällig entstanden ist, sondern baut komplizierte Verhaltensformen sukzessiv aus Bruchstücken auf, indem er einzelne brauchbare Teilbewegungen progressiv in Richtung auf den erstrebten Verhaltensablauf verstärkt. Der Behaviorismus sieht in der Verstärkung ein Prinzip, das alles Lernen, auch das des Menschen, erklärt. Lerntheorien des Behaviorismus haben eine weit größere Auswirkung erlangt als die der Russen. Sie beeinflussen auch seit Jahrzehnten das Lernen in den *Schulen. Skinner* hat *Lernmaschinen* entwickelt, die dem Kind den Lerninhalt, in kleine Informationseinheiten aufgegliedert, darbieten und jede richtige Auffassungsreaktion sofort verstärken. Denn, so meint *Skinner,* »schon eine Pause von nur wenigen Sekunden zwischen Reaktion und Verstärkung macht den größten Teil der verstärkenden Wirkung zunichte«.

Im Gegensatz zu den Vertretern der mechanistischen Lerntheorien hat die psychologische Forschung in *Westeuropa* vor allem das *sinnerfassende Lernen* in Verbindung mit dem *Denken* untersucht. Wichtige Forschungszentren waren die *Würzburger Schule* von *O. Külpe* mit *K. Bühler* und *O. Selz* zu Beginn des Jahrhunderts; die *Gestalttheoretiker K. Koffka, M. Wertheimer, K. Duncker* und bis heute *W. Metzger; J. Piaget* und seine Mitarbeiter, ebenfalls bis in die Gegenwart. Kernfragen der Forschung sind das Verstehen von *Informationen* und Problemen; die Motive, Erlebnisse,

Methoden und Leistungen, die zum Lösen von Denkproblemen führen; das reproduktive und das produktive Denken; die Entwicklung des Denkens in Kindheit und Jugend. Empirische Unterlagen der Untersuchungen sind meist Äußerungen der Versuchspersonen beim Lösen von Aufgaben.

Als grundlegendes Ergebnis der Erforschung des Auffassens und Lernens sinnvoller Inhalte ist hervorzuheben, daß es sich um innere Handlungen, Vollzüge handelt, die von der *Aktivität* des Denkenden, Lernenden getragen sind. Sie werden nicht durch Reize oder Verstärkungen von außen bewirkt. Elementarer Bestand dieser Vollzüge ist das *Beziehen*. Wir verstehen und lernen, was uns begegnet oder mitgeteilt wird, indem wir es auf Bekanntes beziehen. Aus Beziehungen werden *Beziehungsgefüge* gebildet, die flexibel sind, angereichert, differenziert, verallgemeinert, auf andere Beziehungsgefüge bezogen und zu *Strukturen* ausgebaut werden. Denken hebt mit Problemen an, die wir uns stellen, wenn wir auf Unklarheiten, Abweichungen von Bekanntem stoßen, oder die uns gestellt werden, etwa im Unterricht. Wenn ihre Beantwortung nicht durch Aktualisierung verfügbaren Wissens, d. h. reproduktiv, gelingt, können *produktive* Lösungen gesucht werden. Dabei muß der Problemgehalt analytisch entfaltet und sein Beziehungsgefüge im Hinblick auf das Ziel akzentuiert und umstrukturiert werden. Gerade im produktiven geistigen Aufbau wird die tragende Aktivität deutlich.

Es ist offensichtlich, daß die Erforschung des sinnerfassenden, des kognitiven Lernens der anthropologischen Einstellung entspricht, die wir für die Pädagogische Psychologie als notwendig erachtet haben. Bei den mechanistischen Lerntheorien dagegen ergeben sich Bedenken, zumindest in bezug auf die Forschungsansätze, wie wir sie kurz skizziert haben. Doch sind viele behavioristische Forscher darüber hinausgeschritten. Der Mensch lernt, im Unterschied zum Tier, auch durch *Nachahmung* des Verhaltens anderer, was für seine *Sozialisation* wichtig ist. Vor allem ist unverkennbar, daß sein Lernen sich nicht in dem Zusammenhang von Reiz und Reaktion erschöpft. Man spricht von *»intervenierenden Varianten«*, bei deren Interpretation manche Verhaltenspsychologen der Psychologie des kognitiven Lernens nahekommen, besonders in den Fassungen der Gestalttheorie und der Genfer Schule *Piagets*. Da sich andererseits die westeuropäische Psychologie für die Methoden der Verhaltensforschung geöffnet hat, sind die Gegensätze heute nicht mehr allgemein so ausgeprägt wie bei den theoretischen Ausgangspositionen, die wir oben geschildert haben.

Man ist sich weitgehend darüber einig, daß nicht alles Lernen nach dem gleichen Prinzip erfolgt, daß es vielmehr *verschiedene Arten des Lernens* gibt, etwa je nach dem Gegenstand des Lernens, aber auch nach dem Entwicklungsstand des Lernenden, so daß nacheinander und auch nebeneinander mehrere Lernarten vorkommen. Beachtung findet z. Z. die Theorie von *R. M. Gagné*. Er unterscheidet eine hierarchische Folge von acht Typen der Lernens: Die unterste Lernstufe entspricht den bedingten Reflexen; die darauf folgende dem Lernen durch Versuch und Irrtum mit Verstärkung; von der vierten Stufe an findet die Sprache Beachtung; die oberen Stufen betreffen kognitives Lernen; die höchste das Lernen des Problemlösens. Dabei bleibt u. a. zu fragen, ob das Lernen im Säuglingsalter nicht bereits ein Strukturieren gegenständlicher Bedeutungssituationen einschließt und sich dadurch vom tierischen Lernen abhebt. Schon am Ende des ersten Lebensjahres gelangt das Kind zu einsichtigem Handeln, und nach *J. Piaget* entwickelt sich alles Denken aus dem frühen Umgang mit Gegenständen (→ *Altersstufen*).

ENTWICKLUNGSPSYCHOLOGIE DES KINDES- UND JUGENDALTERS. Die Entwicklungsspanne zwischen der Geburt und dem Erwachsenenalter ist das Hauptlernalter, dem die meisten Bildungsinstitute zugeordnet sind. Auch die Erziehung konzentriert sich darauf. Die Psychologie erforscht Verlauf und Bedingungen der Entwicklung, um in den Altersstufen dieser Aufbauzeit die Art und Gerichtetheit des Welterlebens, ihre spezifische Lernaktivität, aber auch die Gefahren für Fehlentwicklungen zu erkennen. Die Schule trägt den Wandlungen der seelisch-geistigen Aktivität Rechnung, indem sie ihre Bildungsarbeit in *Bildungsstufen* aufbaut. Es sei verwiesen auf die Beiträge → *Altersstufen*, → *Kindheit*, → *Jugend*.

PSYCHOLOGIE DER UNTERRICHTSFÄCHER. In den Unterrichtsfächern der *Schule* werden den Lernenden Aufgaben gestellt, denen sie durch angemessene Leistungen entsprechen sollen. Jedes Fach fordert spezifische Lernleistungen. Mathematik-Lernen ist beispielsweise etwas anderes als Geschichte-Lernen, weil zum mathematischen Denken Weisen des Auffassens und Verarbeitens (Kategorien) gehören, die nicht mit denen des historischen Denkens übereinstimmen. Es ist daher psychologisch zu klären, was die einzelnen Fächer von denen verlangen, die in sie eindringen, ihre Inhalte sich zu eigen machen sollen. Welches sind, um noch ein konkretes Problem zu erwähnen, die psychologischen Voraussetzungen des Lesenlernens; welche Auffassungsfunktionen und -stile müssen daher geschult werden, bevor die Kinder an dem Leselehrgang teilnehmen?

Weitere Probleme ergeben sich dadurch, daß die verschiedenen Bereiche der Wirklichkeit und ihre Teilaspekte keineswegs allen Stufen der Entwicklung in gleicher Weise zugänglich sind. So ist das menschliche Innenleben, sind Wertentscheidungen und Motivkonflikte ihrem Wesen nach für Kinder noch nicht faßbar. Daher hat ein Kind u. a. zur Geschichte nur einen begrenzten Zugang. Immerhin sind Zehnjährige schon aufgeschlossen für die Schilderung äußerer Vorgänge und Handlungsverläufe der Vergangenheit, und überkommene Geräte und Einrichtungen überzeugen sie auch, daß die Menschen früher anders gelebt haben. Es gilt von vielen Gegenständen des Unterrichts, daß sie sich den Heranwachsenden nicht mit einem Male ganz erschließen, sondern daß es je nach der Beschaffenheit des Gegenstandes und des Entwicklungsstandes einer gestuften Auseinandersetzung mit Teilaspekten bedarf; der Unterricht muß dem mit einer aufbauenden Behandlung in zeitlichen Abständen entsprechen.

Die Psychologie der Unterrichtsfächer ist ein neues Gebiet der Pädagogischen Psychologie. Sie erforscht die psychologischen Voraussetzungen des → *Unterrichts* in den einzelnen Fächern der Schule. Sie klärt, welche seelisch-geistigen Leistungen jedes Fach gemäß der Struktur seines Gegenstandes verlangt. Sie untersucht, welche Gerichtetheiten und welche Weisen der geistigen Bewältigung dafür in den Altersstufen der Kindheit und Jugend verfügbar sind, was jede Stufe beim Lernen in den einzelnen Fächern in besonderem Maße zu leisten vermag und was ihr fernliegt. Dabei ergibt sich, wie der Unterricht, stets orientiert an seinen Gegenständen, in bildungspsychologisch geordneter Stufenfolge aufgebaut werden kann. Mit ihrer konkreten Problemstellung trägt die Psychologie der Unterrichtsfächer dazu bei, die *Didaktik* der Unterrichtsfächer wissenschaftlich zu fundieren (*W. Hansen* 1955, 1956).

Beiträge der Tiefenpsychologie. Der Begriff Tiefenpsychologie umfaßt die von *S. Freud* gegen Ende des 19. Jhs. konzipierte *Psychoanalyse*, aber auch die Richtungen, die sich aus ihr entwickelt haben. Es handelt sich um Theorien zur Begründung therapeutischer Verfahren bei neurotischen Gestörtheiten. Der praktische Bezug zur seelischen Wirklichkeit hat immer wieder Auseinandersetzungen mit der psychoanalytischen Lehre veranlaßt; dabei sind manche Deutungen und Absolutsetzungen *Freuds* fallengelassen worden, während der bleibende Kern seiner Lehre klarer hervorgehoben wurde. Hier kann nur auf wenige, für die Pädagogische Psychologie wichtige Erkenntnisse hingewiesen werden.

Das betrifft vor allem die Betonung der Triebe und Strebungen, die im Zentrum aller tiefenpsychologischen Auffassungen stehen. Die Einengung auf libidinöse Regungen wird nur noch von wenigen Nachfolgern *Freuds* bejaht. *A. Adler* und seine Schule betonen statt dessen die sozialen Grundstrebungen. Die Vertreter der *Neopsychoanalyse (H. Schultz-Hencke, K. Horney, E. Fromm)* beziehen die ganze Breite menschlicher Streberichtungen ein. Die Tiefenpsychologie hat ohne Zweifel dazu beigetragen, daß in der gesamten Psychologie dynamische Gesichtspunkte zur Durchsetzung gelangt sind.

Das kommt besonders dem Verstehen der frühen *Kindheit* zustatten, deren Verlauf nach der Lehre *Freuds* für die Entwicklung bis in das Erwachsenenalter hinein entscheidend ist. Die tragende Bedeutung der emotionalen Bindung an die Mutter für eine gesunde psychische Entwicklung und für die geistige Entfaltung ist durch die tiefenpsychologische Untersuchung zahlreicher Kinder, denen diese Basis ihres Werdens gefehlt hat, zu einem gesicherten Bestandteil pädagogisch-psychologischer Erkenntnis geworden *(R. A. Spitz, A. Dührssen, H. E. Richter)*. Die Auffassung *Freuds*, schädigende und verdrängte Erlebnisse der Kinder würden als solche in späteren Lebenssituationen wiederholt und seien dann störend, ist von den Vertretern der Neopsychoanalyse durch das Prinzip der Entwicklung ersetzt worden: durch die Gesamtheit der Kindheitserlebnisse wird die Entwicklung einer gewissen Charakterstruktur angebahnt. Sie bleibt, wie jede Entwicklung, für spätere Lebenserfahrungen und sozio-kulturelle Einflüsse offen, wenn auch bestimmte Versäumnisse auf der frühesten Stufe nachher nur schwer nachzuholen sind *(→ Kindheit)*.

H. Roth (1971) hat dargelegt, daß die *Psychoanalyse* eine Lerntheorie einschließt, die vor allem für das Verständnis des Verlaufs der *Sozialisation* von Bedeutung ist. Das gilt auch für das *Lernen* durch Vorbild und *Nachahmung*; es hat durch den Begriff der *Identifikation* eine vertiefende Deutung erhalten.

BEITRÄGE DER GRUPPENDYNAMISCHEN FORSCHUNG. Das Erlernen sozialer Verhaltensweisen und Gesinnungen kann durch Belehrung nur in begrenztem Maße gefördert werden. Grundlegender und eindringlicher sind praktische Beziehungen und Interaktionen in Gemeinschaften. Den Vorrang hat die *Familie*, in der das Kind am frühesten durch Zusammengehören und -handeln geprägt wird. Mit dem Heranwachsen gewinnen Gruppen Gleichaltriger an Bedeutung, die sich frei bilden: Spielgruppen, Interessengruppen, Cliquen.

Besondere sozialpsychologische und -pädagogische Beachtung

verdienen die Gruppen der Schüler, die in einer Schulklasse vereint sind. Ihre Verbundenheit beruht nicht auf Beziehungen instinkthafter Art wie in einer Familie, noch haben sie sich in freiem Zusammenschluß gebildet. Die Intensität ihres »Wir«-Bewußtseins dokumentiert sich jedoch u. a. in Klassentreffen, die noch Jahrzehnte nach der Schulentlassung stattfinden. Das Belehrtwerden in der gleichen Schulklasse als solches wirkt nicht gruppenbildend; ein Frontalunterricht verlangt beispielsweise nur parallel verlaufende Beziehungen der einzelnen Schüler zum Lehrer. Damit *Gruppen* entstehen, sind jedoch *Interaktionen* der Glieder untereinander erforderlich *(P. R. Hofstätter).* Aufgrund der natürlichen Bedürfnisse der Schüler finden sie jedoch auch in frontal geleiteten Klassen außerhalb oder auch heimlich während des Unterrichts statt. So bilden sich Gruppen, die unabhängig von der formellen Ordnung durch eigene Rang- und Rollenordnungen eine flexible Strukturierung erhalten *(D. Ulich).* Das Soziogramm bietet die Möglichkeit, die Struktur solcher Gruppen zu erkunden und graphisch darzustellen (*E. Höhn/C. P. Schick, J. P. Ruppert* u. a.).
Das pädagogische Interesse an informellen Gruppen in der Klasse darf sich nicht in der Sorge erschöpfen, dadurch könnten der Erziehung widerstrebende Tendenzen gefördert werden. Vielmehr ist die Schülergruppe positiv zu sehen, denn in ihrer Dynamik liegen besondere Möglichkeiten, soziales Verhalten und dadurch auch soziale Haltungen und Gesinnungen zu formen. Darum sollte die Schule sich diesen Gruppen bejahend öffnen und so dazu beitragen, daß sie erzieherisch fruchtbar werden. Von etwa 9 Jahren an hat die Verbundenheit mit Gleichaltrigen für die jungen Menschen eine so große Lebensbedeutung, daß die Erziehung in der Altersgruppe fraglos den größeren Erfolg verspricht *(→ Kindheit).*
Sie ist in der Schule nur erreichbar, wenn es dem Lehrer gelingt, von der Gruppe der Schüler seiner Klasse als zugehörig betrachtet zu werden. Er agiert dann als Gruppenmitglied, ist für die Anregungen und Initiativen der anderen offen und läßt sie an seinen Aufgaben und Entscheidungen teilnehmen. Ihre Selbständigkeit und Verantwortungsbereitschaft sind ihm willkommen. Seine Beteiligung an ihren Interessen, Bestrebungen und Bedürfnissen ist nicht auf das Schulleben begrenzt; er ist ihnen überhaupt emotional nahe. Das Problem liegt in der Verbindung einer solchen Haltung mit der verantwortlichen Leitung des Lernprozesses durch den Lehrer. Daher befassen sich die meisten Erörterungen über *Gruppendynamik in der Schulklasse* mit dem *Führungsstil des Lehrers.* Es besteht Übereinstim-

mung darüber, daß ein »autokratisches« Verhalten dem Lehrer den Zugang zur Schülergruppe versperrt, daß andererseits eine »laisser-faire«-Haltung dem Verzicht auf Führung gleichkäme. Der zu erstrebende Stil wird nicht selten als demokratisch bezeichnet, doch kommen wegen der politischen Herkunft dieses Begriffs einige für die Erziehung spezifische Momente nicht zum Mitklingen. Die Bezeichnung *»sozial-integrativ« (D. Ulich)* dürfte dem eher gerecht werden.
Die besonderen Einflußmöglichkeiten, die sich dem Lehrer als Gruppenmitglied bieten, müssen aus dem »Wir«-Bewußtsein verstanden werden, das alle verbindet. Es schließt Verringerung der Distanz und Bereitschaft zur *Identifikation* ein. Die zur Gruppenstruktur gehörenden Rollen stehen in einem Reziprozitätsverhältnis — wie etwa zwischen Führer und Gefolge — und auch den *Interaktionen* ist ein wechselseitiger Bezug eigen. So bildet sich aus dieser Gruppendynamik ein System als selbstverständlich erlebter Verhaltensnormen heraus. Aus solchen sozial-psychologischen Erkenntnissen resultieren auch die Bestrebungen der *»Gruppenpädagogik« (U. Walz)*, deren Ziel die soziale Reifung der Kinder und Jugendlichen ist.

Politische Bildung. Der Frage nach den Zwecken und Mitteln der politischen Bildung kommt eine steigende Bedeutung zu. Es wird zunehmend einsichtig, daß sich Aufgabe und Feld der Politik ausdehnen. Der Mensch hat seine Lebenswelt (Gesellschaft) selbst hervorgebracht und muß sie in den Grenzen seiner Möglichkeiten selbst verantworten, sie hat Aufgabencharakter und ist zuhöchst und zuletzt eine politische Aufgabe. Im Zusammenhang damit erweist sich die Aufgabe der → *Bildung* wesentlich als die einer politischen Bildung. Dem entspricht denn auch eine neue Intention, vor allem in den hochentwickelten Industrieländern, sich die Gestaltung ihrer Lebenswelt nicht entgleiten zu lassen.
Zur Geschichte. Aus der zugleich musischen und politischen Bildung der Antike ist die »gelehrte« Bildung des Humanismus geworden *(→ Musisch-ästhetische Bildung)*. — Andererseits ist gerade auf dem Boden des Humanismus und seiner Reaktivierung *Ciceros*, aber auch *Platons* zuerst in Italien (u. a. durch *Machiavelli*, der die Platonische Theorie der politischen Ordnung durch die Theorie des politischen Handelns ergänzt, 1531/32), dann in England (*Hobbes, Elementa philosophica, de cive*, 1642) und schließlich in Frankreich (*Montesquieu, De l'esprit des lois*, 1748; *Rousseau, Du contract social*, 1762) eine neue Theorie der Politik entstanden. In Deutschland bleibt

eine solche Entwicklung, von einigen Anfängen abgesehen (*Pufendorf* 1632–1694), zunächst aus; der Dreißigjährige Krieg hatte zu tiefe Wunden geschlagen, außerdem enthielt die deutsche Kleinstaaterei zu wenig politisches Leben, als daß eine politische Reflexion von einiger Kraft und Breite hätte entstehen können. Daher auch ist in die deutsche Schulbildung allenfalls ein dynastisch oder patriotisch orientierter Geschichtsunterricht aufgenommen worden.

Die sich von *Kant* an entfaltende deutsche *Staatsphilosophie* (*Fichte*, *Hegel* usw.) hat zwar eine nachhaltige Wirkung auf das politische Denken des 19. Jhs. ausgeübt, aber keine eigene Konzeption von politischer Bildung entwickelt. Charakteristisch ist die Stellung *W. v. Humboldts*; er bringt dem *status quo* Skepsis entgegen, hält aber, wie auch *Kant*, eine Revolution für eine bloß äußerliche Veränderung und erstrebt eine neue »humane« Bildung, die ihm als eine entscheidende Vorbedingung auch und gerade für die politische Erneuerung erscheint.

Erst mit dem Vordringen der Demokratie wird die in der Französischen Revolution angelegte Aufgabenstellung für eine dezidiert »politische« Bildung wirksam. Freilich versteht man diese Aufgabenstellung in Deutschland – unter dem Eindruck der deutschen Staatsphilosophie, aber auch unter dem Eindruck der für Deutschland so überaus schwierigen Aufgabe, einen deutschen Staat hervorzubringen – als *staatsbürgerliche Erziehung* oder *Staatsbürgerkunde*, womit man aber hinter dem, was Politik eigentlich beinhaltet und worauf sich die politische Bildung beziehen sollte (Demokratisierung, internationale Kooperation), zurückbleibt (*Borinski*, *Oetinger*).

Ebenso umwälzend wie die Demokratisierung war die – in der Tiefe des Geschehens mit ihr verbundene – *Industrialisierung*. Sie hat das gesellschaftliche Leben selbst und damit Inhalt, Aufgaben und Möglichkeiten der Politik verändert. Wer diese Veränderung anerkennt, versteht Politik immer auch als Gesellschaftspolitik. Die Entwicklung ist hier jedoch nicht stehengeblieben, denn aus der Industrialisierung ist die technische Zivilisation entsprungen; diese zeigt weitaus deutlicher als jene den Charakter einer interkonfessionellen und internationalen »Zwischenwelt«, so daß die Politik einen kosmopolitischen Zug bekommen hat und in einem neuen Sinne Weltpolitik geworden ist.

Als Gesellschafts- und zugleich Weltpolitik wird die Politik nunmehr zu der »Großen Politik«, von der *Marx* und *Nietzsche* zuerst gesprochen haben.

Zur gegenwärtigen Lage. Immer mehr Länder treten auf die

Bühne der Weltgeschichte. Sie entwickeln sich in dem einen oder anderen Sinn zu Republiken und Demokratien. Notgedrungen schließen sie sich zu größeren Verbänden zusammen; es entstehen riesige Bundesstaaten bzw. Staatenbünde. Eine rechtsstaatliche Entwicklung geht allerdings nur in gewissen Räumen vor sich; offensichtlich setzt sie »personales« Dasein und »humane« Bildung ebenso voraus, wie sie sie fördern soll. Alle diese Staaten erheben Anspruch auf einen gerechten Anteil an der Erde und ihren Schätzen. Es entwickelt sich jedoch nur an bestimmten Stellen eine Wohlstandsgesellschaft, während an anderen Stellen Menschen verhungern. Diese benachteiligten Länder nehmen aber ihr Schicksal nicht mehr als höhere Fügung hin, sondern wehren sich dagegen und fordern die wohlhabenden Länder zu solidarischer Hilfe heraus. Die entwickelten Länder bilden einen mächtigen Staatsapparat aus; mit seiner Hilfe verwalten sie mehr oder weniger das gesamte gesellschaftliche Leben. Dieses hat seinen Grund vor allem darin, daß die neue »industrielle« Wirtschaft nicht mehr als eine private und lokale Angelegenheit angesehen werden kann. Dasselbe gilt für die Wissenschaft, die Kranken- und Altersversorgung und das → Bildungswesen.

Das bedeutet, daß die Gesellschaft selbst zu einem Politikum und damit zum Inhalt der politischen Bildung wird. Diese Entwicklung hat es aber auch mit sich gebracht, daß zwar jedermann umfassender als früher von der Politik bestimmt wird, aber diese Bestimmung immer weniger versteht und Politik paradoxerweise zunehmend »berufenen« Politikern überläßt, eine möglicherweise verhängnisvolle Entwicklung. Eben diese Perspektive hat in den betroffenen Ländern Bewegungen ausgelöst, die in der einen oder anderen Form eine Demokratisierung möglichst aller Entscheidungsprozesse anstreben.

Entscheidend ist, wie die Jugend in diese Lage hineinwächst und wie sich ihr dabei diese Lage und damit die Zukunft unserer Welt — als politisches Problem — erschließt oder nicht erschließt *(→ Jugend)*. Seit annähernd einem Dezennium zeichnet sich in allen entwickelten Ländern ab, daß die Jugend diese Lage wahrnimmt und daß verhältnismäßig große Gruppen versuchen, sich mit ihr auseinanderzusetzen, wobei sich freilich überall auch juvenil übersteigerte Flucht- sowie Angriffsbewegungen abzeichnen. Hiermit ergibt sich ebenso eine Chance für die politische Bildung wie aber auch eine neue, sehr schwierige Aufgabe, die nämlich einer realistischen Konsolidierung der politischen Bildung.

ZUR POLITISCHEN BILDUNG IN DER BUNDESREPUBLIK. In Deutschland hat die Erfahrung des »Dritten Reiches« die Aufgabe der politischen Bildung neu sehen gelehrt. Dabei ist eine Reflexion geweckt worden, die in ihrer Grundsätzlichkeit an die der Antike erinnert. Hemmend hat sich allerdings ausgewirkt, daß es keinen einheitlichen Ort mehr für eine solche Reflexion gab; Philosophie, Soziologie, Politologie, Historie, Zeitgeschichte und Pädagogik konkurrierten miteinander. Zwar bahnt sich ein gewisser Consensus an (Erweiterung der Staatsbürgerkunde zur »Gemeinschaftskunde« bzw. »Sozialkunde«, Fortführung der Historie durch eine »Zeitgeschichte«, Ausbau der einschlägigen philosophischen, soziologischen und politologischen Ansätze zu einer Theorie des politischen Lebens in der modernen Welt), eine Theorie der politischen Bildung ist aber vorerst nur in Ansätzen entstanden *(Th. Ellwein, Bücherkunde)*.

Die derzeitige, naturgemäß noch sehr komplexe Kontroverse läßt sich aber auf zwei Intentionen zurückführen: eine *primär politische*, der es auf Aktivierung für die neue Demokratie und die Regierung — oder die Opposition oder auch die »außerparlamentarische Opposition« —, und eine *primär pädagogische*, der es auf eine Erschließung des politischen Lebens für die Jugend und — umgekehrt — der Jugend für das politische Leben ankommt. Diese Intention zielt darauf ab, vornehmlich die Urteilsfähigkeit in Sachen Politik auszubilden, wozu freilich angemessene Kriterien und ein angemessener Horizont gehören. — Zu bedenken ist dabei, daß Urteile bereits Handlungen sind und daß »politische« Aktionen, die nicht in politischem »Denken« begründet sind, überaus gefährlich werden können.

Die erste Intention wiederum begegnet in zwei Ansätzen: der eine ist am *Staat* orientiert und enthält staatsbürgerliche Erziehung und Bildung, teils an *Hegels* »Staat als Wirklichkeit der Sittlichkeit«, teils an *Kants* »Staat der Not« angelehnt (*Kerschensteiner* bzw. *Litt* und *Weinstock*); der andere ist an der *Gesellschaft* orientiert, wobei aber deren Verwandlung vielfach als ein Progreß gedeutet wird, so daß nicht nur eine sozialpolitische Erziehung und Bildung, sondern auch eine Doktrin pflichtmäßigen politischen Engagements und politischer Aktivität entworfen wird. Solche Inanspruchnahme kann freilich leicht in bloße Mobilisierung — und Suspendierung des politischen Urteils — umschlagen.

»Aktive« Politiker sind nur in bedingter Zahl nötig, auch wenn man manchmal meinen könnte, es gäbe ihrer zu wenig. Das schließt aber in einer Demokratie nicht aus, sondern vielmehr ein, daß — nach Möglichkeit — jedermann in die Lage versetzt wird, sich auf die entscheidenden Fragen der Grundordnung (Grundgesetz, Wirtschaftsordnung usw.) sowie auf alle Probleme von vitaler Bedeutung zu verstehen, um realistisch, aber auch kritisch an der Meinungs- und Willensbildung mitwirken zu können *(Ellwein, Verhaltenslehre)*. Eine andere Sache ist es, die Jugend empfindlich gegen Unrecht aller Art zu machen (einschließlich ungerechtfertigter Herrschaftsansprüche), ihr zu zeigen, was man legal und regulär dagegen unternehmen kann, und sie in diese Art von Mitverantwortung und Mitsprache oder Mitbestimmung einzuüben *(Weniger, Oetinger, Ellwein)*.

Politische Bildung kann pädagogisch gesehen nichts anderes meinen als den *Aufbau* einer elementaren politischen Urteilsfähigkeit, zu der, wie es in der Natur liegt, auch ein *Abbau*, nämlich von Vorurteilen, ideologisch-dogmatischen Verhärtungen usw., gehört.

DER KONFLIKT ZWISCHEN POLITIK UND PÄDAGOGIK. Es ist nur zu gut zu verstehen, wenn die *Politik* nach einem Ausbau der politischen Bildung — in den → *Schulen* und in der → *Erwachsenenbildung* — verlangt, hierfür besondere Einrichtungen schafft und diese mit reichlichen Mitteln ausstattet *(Bundeszentrale für politische Bildung)*. Ebensogut ist es zu verstehen, wenn verantwortliche Mitbürger meinen, eine Sache von so entscheidender politischer Bedeutung wie die politische Bildung dürfe nicht den Pädagogen überlassen werden. Aber alles, was Politiker — über den Aufbau von Institutionen und die Bewilligung von Mitteln hinaus — für die politische Bildung tun können, ist, daß sie wahrhaft rechtlich denken und eine vorbildliche demokratische Politik praktizieren. — *Pädagogisch* gesehen geht es darum, im Sinne der Anthropogenese und der → *Bildung* auch den politischen Aspekt unseres Lebens und unserer Welt zu erschließen. Dabei ist zu beachten, daß wir diese Anthropogenese als Personagenese auslegen, weswegen alle Hilfen auf die hierfür konstitutive »selbsttätige« Auseinandersetzung zwischen dem werdenden Ich und der sich dabei erschließenden Welt hin entworfen werden müssen. Hierin ist begründet, daß die Theorie der politischen Bildung in der Erziehungswissenschaft möglicherweise anders aussieht als im Selbstverständnis eines politisch besorgten oder politisch tätigen Erwachsenen und daß manche »Pädagogen« sich zwar einerseits der politischen Bildung zuwenden, sich andererseits aber im Sinne des pädagogischen Taktes bemühen, den jungen Menschen sein eigenes Urteil finden zu lassen und ihn nicht im vorhinein für bestimmte »Parteien« der einen oder anderen Art in Anspruch zu nehmen. In diesem Zusammenhang muß darauf hingewiesen werden, daß — ungeachtet der neuen gesellschaftlich-geschichtlichen Entwicklung (s. o.) — das menschliche Dasein nicht im »Bürgersein« aufgeht. Wo sich der Mensch als Person versteht, darf und soll er ein Gewissen haben. *Ein Wesen aber, das ein Gewissen hat, ist selber eine höchste irdische Instanz.* Die Pädagogik der Personagenese ist in ihrem Zentrum Kultur des Gewissens, auch und gerade in Hinsicht auf die politische Bildung *(H. Schneider).* Das schließt in sich ein, daß die Person, obschon sie als *solus ipse,* als ein Wesen für sich gar nicht möglich ist, doch ein Eigenrecht gegenüber Gesellschaft und Gemeinwesen hat. Die Pädagogik hat die *Sozialisation* der nachfolgenden Generation zu fördern; sie steht aber im Zweifelsfalle auf der Seite des Individuums, seiner Not und seines Gewissens *(Pestalozzi).* Diese Pflicht unterscheidet unsere Pädagogik von der antiken (vorchristlichen) Paideia; jene ging in der Politik auf, unsere ist eine relativ eigenständige Disziplin geworden.

Dieser Konflikt ist nicht notwendigerweise ein prinzipieller Konflikt. Unter bestimmten Bedingungen harmonieren Politik und Pädagogik, setzen sie sich sogar wechselseitig als Bedingungen ihrer Möglichkeiten voraus. Sofern das Gemeinwesen ein Gemeinwesen von Personen sein soll, wird es als Ordnungsgebilde zu einem Rechtsstaat (im engeren und eigentlichen — Kantischen — Sinne) und als Herrschaftsgebilde zu einer Demokratie umgebildet. Hier bekommt die Pädagogik nicht nur die Möglichkeit, sondern geradezu die Aufgabe, die Anthropogenese als Personagenese aufzufassen und zu fördern. Und je mehr ein Mensch Person wird, desto eher wird er Bürger eines solchen Gemeinwesens und umgekehrt.

Ein solches System personalen Lebens ist aber notwendigerweise ein pluralistisches System. Parteiungen müssen möglich sein, Konflikte müssen nach Regeln ausgetragen werden können! Vor allem aber muß die Macht verteilt werden. Wie anders soll sie kontrolliert werden können. Wo alles in einer Spitze zusammengefaßt wird, verringert sich die Freiheit. Und wo ein solches Gemeinwesen sich mit einer Kirche oder einer Ersatzkirche (Weltanschauungspartei) vermählt, schmilzt die Freiheit auf ein unerträgliches Minimum zusammen. Auf der anderen Seite ist gerade ein solcher Pluralismus auf einen grundlegenden Consensus (Grundgesetz usw.) und auf verantwortlich denkende und handelnde — mündige — Bürger angewiesen.

Zur Theorie der politischen Bildung. Politische Bildung — im Sinne der Personagenese auf unsere Welt hin entworfen — geht von der Frage aus, inwiefern die Erschließung des Politischen notwendigerweise mit zur Erschließung von Leben und Welt überhaupt gehört. *Bildung,* als Personagenese aufgefaßt, ist per se Werden in und für eine demokratische Gesellschaft. Hierin steckt ihre erzieherische Problematik, denn eine solche Bildung ist notwendigerweise Kultur des Gewissens, aber auch der Reflexion, der Einsicht in die je eigene und gemeinsame Bedingtheit. Das bedeutet für die politische Bildung, daß man lernen muß, sich auseinanderzusetzen und diese Auseinandersetzung so zu führen, daß man sich, ohne in bloßen Konformismus abzusinken, für eine »Kooperation« — zugunsten der Verbesserung der Lebensbedingungen — offenhält.

a) Schon das kleine Kind muß lernen, mit anderen, mit Kindern und mit Erwachsenen, umzugehen, Konflikte zu vermeiden oder auszutragen. Eben hierbei kommt es zu sich selbst und zur Welt. → *Erziehung* besteht darin, daß ein solcher Umgang miteinander eröffnet wird *(Spranger)*. Spielraum und Spielregeln werden vorgegeben. Selbst wenn alle Beteiligten guten Willens sind, müssen Regeln (Gesetze) entworfen und durchgesetzt werden *(Kant, Litt, Weinstock)*.

b) Verantwortlichkeit entwickelt sich nur dort, wo Verantwortung — für wesentliche Aufgaben — zugemutet und übernommen wird. Die Propädeutik für ein demokratisches Selbstverständnis und Weltverhalten besteht in der mitverantwortlichen Teilhabe am Leben der eigenen *Umwelt*. Hierin steckt auch die innere Problematik der *Schülermitverwaltung* wie überhaupt der politischen Bildung in der *Schule;* sie hat nur Erfolg, wenn Verantwortung delegiert und die Schule im ganzen »demokratisiert« wird. Unsere heutige, straff verwaltete, allgemeine öffentliche → *Schule* fördert Verantwortlichkeit weder beim Lehrer noch beim Schüler.

Mit diesem Problem der *Mitverantwortung* hängt ein weiteres Problem zusammen: Man übernimmt nur dann Mitverantwortung — mögen die Aufgaben auch noch so wichtig sein —, wenn man zuvor die betreffende Gemeinschaft als die seine angenommen hat.

Wenn es nicht gelingt, die junge Generation unser Gemeinwesen als das ihrige annehmen zu lassen, dann kann kein Kunstgriff die politische Bildung retten.

c) Mit Recht haben viele Autoren darauf hingewiesen, daß wir Deutschen endlich verstehen lernen müssen, was ein »Staat« ist (*Litt, Weinstock* u. a.). Daß dies so schwierig ist, hat seinen Grund in unserer Geschichte, aber auch in der Sache selbst. Ein Staat ist ein Gebilde unvergleichlicher Art. Unser Staat ist für uns da, trotzdem muß dieser Staat uns zwingen dürfen und können. Warum es eine solche Instanz geben muß und wie sie zu konstruieren ist, inwiefern unser Staat Rechtsstaat und Demokratie sein soll, wie überhaupt ein solcher moderner Staat »funktioniert« und was für ein — komplexes — Verwaltungs- und Gerichtswesen er dazu ausbilden muß, dies alles muß verstanden werden. Da nun aber ein moderner Staat eine unanschauliche Gegebenheit ist, muß man eine elementare Theorie der Politik entwickeln *(Ellwein).*

d) Hiervon zu unterscheiden ist die *Information* über das faktische Gemeinwesen, seine politische, wirtschaftliche und gesellschaftliche Lage. Eine derartige Information bildet ein eigenes Problem, denn sie muß reell und auf dem letzten Stand sein. Ferner müssen die geheimen Instruktionen, die sich immer wieder in sie einschleichen bzw. kunstvoll in sie hineingegeben werden, bewußt gemacht und eliminiert werden. Man muß lernen, solche Informationen zu interpretieren. Eben diese Information kann in einer »*Gemeinschaftskunde*« bzw. Sozialkunde (teils auch Sozialwissenschaft genannt und aus Politikwissenschaft, Soziologie und Wirtschaftswissenschaft zusammengesetzt), aber auch in einer »Zeitgeschichte« gegeben werden. Die junge Generation muß aber auch lernen, sich selber zu informieren. Hierzu muß sie im Gebrauch der Tagespresse, der Wochenzeitungen, der Monatsschriften, der Nachschlagewerke usw. unterwiesen werden. Im Hinblick auf das Wissen, das hier zu vermitteln ist, haben einige Autoren den Vorschlag gemacht, es in Anlehnung an *Max Schelers* Vortrag über »die Formen des Wissens und die Bildung« (1927) in theoretisches und historisches Wissen, in Verhaltenswissen und in strategisches (bzw. taktisches) Wissen einzuteilen *(Ellwein, Giesecke),* was den großen Vorzug hat, daß das hier unabdingbare praxisbezogene Wissen nicht zu kurz kommt. Doch bedarf diese Theorie noch erheblicher Differenzierung.

e) Entscheidend ist die Kultur des politischen Urteils und der politischen Auseinandersetzung. Solche Einübung beginnt im Sozialen, muß dann aber ins Politische transponiert werden, was im allgemeinen nur im *Unterricht* möglich sein wird. Hier stellt sich das didaktisch-methodische Problem der politischen Bildung in der Schule. Zu diesem Problem ist in den letzten Jahren eine reiche Literatur entstanden. Einiges hebt sich heraus, vor allem das Werk von *Hilligen-Monsheimer,* das schon durch seinen Titel (*fragen-urteilen-handeln,* 1963) andeutet, wie es gemeint ist.

Realschule. Die Ministerpräsidenten der deutschen Länder haben 1965 in einem »Abkommen zwischen den Ländern der Bundesrepublik zur Vereinheitlichung auf dem Gebiet des Schulwesens« die Organisationsformen des allgemeinbildenden Schulwesens klar umrissen und für die mittlere Schulgattung den Namen »Realschule« festgelegt. Mit der Bezeichnung Realschule wird im Bemühen um die Bildungskonzeption dieser Schulart bewußt angeknüpft an die geschichtliche Ausgangssituation der *Realschulbewegung* im 18. und 19. Jh. »Diese Bewegung stellt nämlich die pädagogisch-institutionelle Antwort auf die konkreten Ausbildungsbedürfnisse eines neuen Mittelstandes disponierender und verwaltender Berufe einer Schicht ›denkender Praktiker‹ dar, wie sie die beginnende Industriegesellschaft erforderlich machte und die ausgereifte von heute noch für weitere Berufsfelder benötigt« *(Derbolav)*. Die dieser Epoche voraufgegangenen ersten deutschen Realschulen (*Semlers* »mathematisch-mechanische Realschule« von 1708 in Halle, *Heckers* »ökonomisch-mathematische Realschule« von 1747 in Berlin u. ä. Anstalten in Braunschweig, Wittenberg, Stargard) sollten nur nützliche Kenntnisse und Fertigkeiten vermitteln. Auch die realistische Bildungskonzeption *Basedows* war noch utilitaristisch und vernachlässigte die Persönlichkeitsbildung. Als sich im 19. Jh. die Realschulen, höheren *Bürgerschulen*, Mittelschulen und *Stadtschulen* ausbreiteten, konnte ein Realschulmann jener Zeit (*C. G. Scheibert* 1836) jedoch schon darauf hinweisen, »daß die höheren Bürgerschulen einen Verrrat an ihrer Bestimmung begehen würden, wenn sie jemals dem übel verstandenen Verlangen nachgeben wollten, Anstalten für eine zweckmäßige Abrichtung der Jugend zu einem praktischen Beruf, statt Bildungsstätte zu sein«. Wenige Jahrzehnte später bereits verlor die Realschule den Charakter einer höheren Bürgerschule. Der Staat machte sie seinen Zwekken dienstbar. Sie wurde zur Vorbereitungsschule für seine niederen Staatsbeamten mit Latein und gesteigerten Anforderungen in den mathematischen Fächern. Mit der zunehmenden Bedeutung der Naturwissenschaften wurden diese Realschulen zu *Oberrealschulen* und *Realgymnasien*.
Mittelschulen waren neben den Realschulen und höheren Bürgerschulen gegen Ende des 18. und in den ersten Jahrzehnten des 19. Jhs. entstanden. Sie waren oft nur Nebenklassen an höheren Schulen oder an Gemeindeschulen. Sie erteilten keinerlei Berechtigungen. Einen bedeutenden Auftrieb erhielten die Mittelschulen Preußens durch den Erlaß der Allgemeinen Bestimmungen von 1872. Sie formulierten eine besondere Bildungsaufgabe, eine einheitliche Organisationsform und einen

verbindlichen Lehrplan für die Mittelschule und ordneten die Ausbildung der Mittelschullehrer.

Die Bestimmungen von 1910 gaben der Mittelschule 9 aufsteigende Klassen für Schüler vom 6.–15. Lebensjahr. Nach den Bestimmungen von 1925 sollten die »Schüler befähigt werden, auch gesteigerten Anforderungen späterer Lebensberufe zu genügen«. Hatten die vorhergehenden Bestimmungen bereits entsprechend dem Berufsziel der Schüler einen allgemeinen Lehrplan und einen Plan für den vorbereitenden Unterricht auf Berufe im Gewerbe, Handel und Verkehr gebracht, so wurden jetzt 5 Lehrpläne für die verschiedenen Berufsziele der Jungen und Mädchen bereitgestellt. Die Mittelschule erhielt 6 Klassen, aufgebaut auf der vierjährigen Grundschule.

Die günstige Entwicklung der Mittelschule in Preußen und den anderen deutschen Ländern wurde durch die Einführung der reichseinheitlichen → *Hauptschule* von 1941–1945 beeinträchtigt. Nach dem Kriege setzte ein bedeutender Aufschwung des mittleren Schulwesens in allen deutschen Bundesländern ein, gefördert durch die Vereinbarung der Kultusministerkonferenz über die Mittelschule vom 17. 12. 1953. Danach erhielt diese folgenden Bildungsauftrag: »Die Mittelschule entspricht einem dringenden Bedürfnis des deutschen Bildungswesens und Wirtschaftslebens. Sie bereitet ihre Schüler auf Aufgaben des praktischen Lebens mit erhöhter fachlicher, wirtschaftlicher und sozialer Verantwortung vor und vermittelt die dafür notwendige allgemeine Bildung. Sie soll hiernach eine geeignete Schulvorbildung für den Nachwuchs in den gehobenen praktischen Berufen von Landwirtschaft, Handel, Handwerk, Industrie und Verwaltung sowie in pflegerischen, sozialen, technisch-künstlerischen und hauswirtschaftlichen Frauenberufen geben. Die Förderung und der weitere Ausbau der Mittelschulen werden empfohlen.«

GEGENWÄRTIGE LAGE. Die Realschule ist in den Ländern der Bundesrepublik auch heute noch nicht einheitlich strukturiert. In den drei Stadtstaaten und in Bayern ist die Realschule vierstufig, aufbauend auf dem 6. Volksschuljahr. In allen anderen Ländern schließt sie mit 6 Stufen an das 4. Volksschuljahr an. Daneben gibt es in einigen Ländern teils *Realschulzüge* an Volksschulen (Hessen) oder *Aufbaurealschulzüge* an Realschulen, die die Schuljahre 6 bis 10 umfassen und den Realschulabschluß vermitteln. Bis zum Jahre 1965 wurden z. B. in Nordrhein-Westfalen 55 Aufbaurealschulen errichtet, die teils den grundständigen Realschulen angegliedert, teils selbständig geführt werden. Realschulzüge an Volksschulen wurden in NRW, Bayern und Rheinland-Pfalz zwischen 1960 und 1970 meistens in Realschulen umgewandelt

oder liefen aus. Im Jahre 1969 gab es im Bundesgebiet 1629 Realschulen und 511 meist kleinere Realschulzüge.
Die Dreigliedrigkeit des allgemeinbildenden Schulwesens hat sich also zunächst durchgesetzt; dabei haben die mittleren Schulen in allen Ländern seit dem Kriege die bei weitem größte Zunahme gegenüber den benachbarten allgemeinbildenden Schulen zu verzeichnen. So hat sich die Anzahl der Realschüler in der Bundesrepublik von 196 000 Realschülern in 1950 auf 433 307 in 1960 und auf 870 000 im Jahre 1970 erhöht, also eine Verdoppelung der Realschülerschaft (darunter 52 % Mädchen) im letzten Jahrzehnt. Mit der zunehmenden Verdichtung des Realschulnetzes stieg die Zahl der Realschüler stetig an. In Schleswig-Holstein überragt bereits die Zahl der Schüler in Realschulen (51 389 in 1970) die in Gymnasien. Auch in Niedersachsen ist der Gleichstand erreicht.
»Die Realschule soll mehr und mehr nach der höheren Schule hin verbreitert werden, einmal, um die in der höheren Schule enthaltene Realschule herauszulösen und so die höhere Schule zu entlasten, zum anderen, weil die Realschule zusehends an Bedeutung gewinnt wegen ihrer Zuordnung etwa zu den Ingenieurschulen, zu den höheren Wirtschaftsfachschulen, zu den sonstigen höheren Fachschulen und insbesondere auch im Hinblick auf die weiten Gebiete des frauenberuflichen Bildungswesens« (Kultusminister a. D. *Mikat*). *Abendrealschulen* führen Berufstätige in 6 Semestern zum Abschluß der Realschule. Gymnasiale Aufbauzüge für Realschulabsolventen vermitteln begabten Realschülern nach 3 Jahren die Hochschulreife. *Rudolf Gerhardi* berichtet im 4. Realschulreport in *»Die Realschule«*, Mai 1971, über den Umfang der Übergänge der Realschulabsolventen in Gymnasien in NRW: »Genaue Zahlen liegen aus NRW über die Übergänge in das Gymnasium in Aufbauform für Realschulabsolventen seit deren Einrichtung zu Beginn der 60er Jahre vor. In dieser Aufbauform haben bis zum Reifeprüfungstermin 1969 3233 Jungen und 1898 Mädchen die Reifeprüfung abgelegt. Die Übergangsquote aus dem Abschlußjahrgang liegt in etwa konstant bei 8,5 % der Jungen und 6,7 % der Mädchen. Hinzu kommen noch Einzelübergänge in Gymnasien in Normalform, in F-Gymnasien und in Gymnasien für Frauenbildung, insgesamt im Jahre 1969 14 % der Jungen und 12 % der Mädchen.« Durch solche Regelung institutioneller und individueller Übergänge zum *Gymnasium* ist die sogenannte »Durchlässigkeit« gesichert.
BILDUNGSKONZEPTION. Die Mittelstellung zwischen den zwei geprägten allgemeinbildenden Schulen ist wohl der Grund, warum die Realschule bis heute nicht ihre qualitative Eigenart in

klarer Profilierung herausarbeiten konnte. Die Namensänderung allein genügt nicht. *H. Weinstock* und *W. Flitner* haben eine bildungstheoretische Grundlegung der Realschule von der Dreistufigkeit der modernen Arbeitsorganisation her versucht. *J. Derbolav* gibt eine didaktisch-lehrplanmäßige Begründung. Danach muß die Realschule eine Stätte gehobener *Allgemeinbildung* bleiben. Ein gesundes Gleichgewicht zwischen Sach- und Sprachfächern sei gewahrt, weil neben der Muttersprache eine grundständige und eine fakultative Fremdsprache gepflegt würden. Er macht einen Differenzierungsvorschlag für die Oberstufe der Realschule und möchte sie gliedern in einen technisch-naturwissenschaftlichen, mathematisch-sozialkundlichen und lebenskundlich-sozialpflegerischen Zweig. Eine solche Differenzierung der Realschuloberstufe ist in vielen Ländern bereits durchgeführt und hat sich bewährt.

Religionspädagogik (in evangelischer Sicht). Der Begriff und seine Geschichte. Unter dem Titel »Religionspädagogik« wird heute eine Fachwissenschaft entwickelt, die sich auf mit dem Religionsunterricht verbundene Fragestellungen spezialisiert. Diesem ist durch Grundgesetz und Schulgesetzgebung der Länder eine Sonderstellung zugewiesen, indem er den öffentlichen Schulen zur Pflichtveranstaltung gemacht, aber die Beteiligung an ihm Lehrern und Schülern freigestellt worden ist. Schon damit wird ihm nur eine begrenzte Bedeutung für Erziehung und Bildung der Heranwachsenden zuerkannt. Eine freie pädagogisch-didaktische Reflexion der pädagogischen Möglichkeiten wird außerdem durch seine Bindung an die »Grundsätze der Religionsgemeinschaften« erschwert. Schon die Auseinandersetzung mit seiner Rechtslage drängt zu einer ausführlicheren Beschäftigung mit der Grundsatzproblematik, ob und in welcher Weise dieser Unterricht zur Erfüllung der der Schule gestellten pädagogischen Aufgabe beitragen kann. Dabei kann sich die Frage nach dem Religionsunterricht in der Schule als Testfall für das Verhältnis von Gesellschaft und Christentum erweisen. Durch die emanzipatorische Entwicklung der modernen Industriegesellschaft hat der Religionsunterricht in der Schule in Herkommen und Überlieferung keine zureichende Basis mehr. Die Religionspädagogik wird daher über die didaktische Frage nach der Religion als möglichem Ziel von Unterricht und Bildung hinausgedrängt zu der Frage nach der Religion als Erziehungsfaktor überhaupt. Nur wenn sich positiv von einer Relevanz der Religion für die Erziehung sprechen läßt, kann eine fachdidaktische Behandlung des Religionsunterrichts Motive und Maßstäbe gewinnen. Für die neueren religionspädagogischen Fragestellungen ist es daher charakteristisch, daß in ihnen sich die Reflexion auf Religion als Erziehungs*ziel* immer auch mit der Religion als Erziehungs*macht* beschäftigt. Daraus wird jedenfalls zu einem Teil der uneinheitliche und widersprüchliche Verlauf der Debatte verständlich.

Nach den neuerdings von *H. Schilling* angestellten Untersuchungen tauchte das Wort »Religionspädagogik« erst zu Beginn unseres Jahrhunderts auf und wurde zunächst nur beiläufig als zusammenfassende Bezeichnung für Bestrebungen zur Reform des evangelischen Religionsunterrichts verwendet. Die Forderung, den Religionsunterricht von seinen »pädagogischen Rückständigkeiten« zu befreien, war damals schon weithin anerkannt, so daß programmatisch erklärt werden konnte, er sei »dem von der pädagogischen Wissenschaft zu bestimmenden Ziel der Erziehung und des Gesamtunterrichts einzufügen« und habe »als Unterricht und Glied der gesamten Bildungsarbeit sich seine höchsten Gesetze von der Pädagogik geben zu lassen« (*H. Spanuth, Was wir wollen.* In: Monatsblätter für den evangelischen Religionsunterricht. H. 1, 1. Jg. 1908, S. 5). Im Unterschied zur Laisierung des Schulwesens in Frankreich und der damals in der Bremer Lehrerschaft erhobenen Forderung auf Trennung des Religionsunterrichts von der öffentlichen Schule wurde hier wie in den »Zwickauer Thesen« (1908) an der Religion als wesentlichem Unterrichtsgegenstand der Schule festgehalten, aber er sollte nun endlich nach psychologisch-pädagogischen Methoden gestaltet werden, wobei man sich darüber klar war, daß auch Aufgabe und Inhalt des Unterrichts daraufhin bestimmt werden müßten. Dafür berief man sich auf die wissenschaftlichen Fortschritte der Theologie, die damals einer breiteren Öffentlichkeit zugänglich gemacht wurden *(Religionsgeschichtliche Volksbücher,* 1904 ff; Handwörterbuch *Die Religion in Geschichte und Gegenwart,* 1909 ff). Kritische Stimmen sprachen bald von einer Grenzüberschreitung der Pädagogik, die einen »neuen religiösen Geist« in die Schulen bringe und die »Lebensinteressen des biblischen Christentums und der evangelischen Kirche« verletze (*O. Eberhard* nach *H. Schilling*, S. 47).

Der schnell allgemein gebräuchlich werdende Begriff erwies sich jedoch als weit genug, um in veränderten Situationen auch neue Inhalte aufzunehmen. Die schulpolitischen Auseinandersetzungen der 20er Jahre und die wachsende Bedeutung der sich selbständig entwickelnden pädagogischen Wissenschaft führten von seiten kirchlich-theologischer Kreise zur Programmierung einer konfessionell bestimmten Pädagogik, die im

Unterschied zu einer »neutralen Pädagogik« das Erziehungsziel von einer »christlichen Rangordnung der Werte« oder einem evangelischen bzw. katholischen »Bildungsideal« aus zu bestimmen suchte. Auch diese im einzelnen sehr unterschiedlichen Entwürfe galten nun als Bestandteil der »Religionspädagogik« neben den weiterhin ihr zugerechneten Fragen religiöser Unterweisung (vgl. Handwörterbuch *Die Religion in Geschichte und Gegenwart,* 2. Aufl. 1927 ff). Diese erweiterte Religionspädagogik, die nunmehr im Namen von Christentum und Kirche zur Sicherung und Begründung ihres Einflusses auf die pädagogische Theorie und Praxis entwickelt wurde, provozierte allerdings theologische Einwände, die nach 1945 zu einer prinzipiellen Gegenposition ausgebaut wurden und nunmehr auch den Begriff der »Religionspädagogik« wie den des »Religionsunterrichts« problematisch werden ließen. Die »Pädagogisierung« des Religionsunterrichts, genauer die pädagogische Umfunktionalisierung seiner christlichen Inhalte, sei ein Erbe vergangener »kulturprotestantischer« Harmonisierung zwischen Christentum und Kultur, und bei einer Pädagogik mit »christlichem Vorzeichen« werde die grundsätzliche Differenz zwischen göttlichem Heilshandeln und jedem menschlich-welthaften Werk verharmlost. Von dem durch die »dialektische Theologie« inaugurierten Gegensatz von Religion und Glaube aus, der den Entscheidungscharakter des Glaubens und den autoritativen Charakter des Evangeliums zur Geltung bringen sollte, könnten evangelische Theologen legitimerweise nur nach einer »Erziehung vom Glauben aus« *(O. Hammelsbeck)* fragen und müßten den Religionsunterricht als »Evangelische Unterweisung« mit der Aufgabe der Glaubensinformation und Glaubensinterpretation dem kirchlichen Verkündigungsauftrag zuordnen *(H. Kittel).* Auf katholischer Seite vollzogen sich ähnliche kritische Auseinandersetzungen mit der eigenen Tradition (vgl. *H. Schilling*). In den 50er Jahren schien schließlich die Geschichte des Begriffs »Religionspädagogik« beendet zu sein, er hatte seine Begründung und inhaltliche Füllung verloren und galt darüber hinaus weithin als theologisch suspekt.

Für sich genommen beleuchtet diese Begriffsgeschichte ein Stück Zeitgeschichte aus der ersten Hälfte unseres Jahrhunderts. In ihrem Verlauf hat sich die zwar schon gelockerte, aber anfänglich noch als verpflichtende Aufgabe vertretene Synthese von religiös-christlicher Tadition und aufgeklärtem Erziehungsdenken gelöst, so daß nach zeitweiliger Polarisierung von theologischen und pädagogischen Maßstäben und von kirchlichen und gesellschaftlichen Ansprüchen an das Erziehungs- und Bildungswesen sich zwischen Pädagogik und

Religion ein Verhältnis herausbildete, das der Diastase von säkularer, der Religion nicht mehr bedürfender Gesellschaft und den die Autorität christlicher Tradition vertretenden Kirchen und ihrer Theologie zu entsprechen schien. Für die Allgemeine Pädagogik hatte sich dabei ihr Verhältnis zur Theologie geklärt: Aufgrund der Anerkennung des menschlich-weltlichen Charakters aller Erziehungsvorgänge ließ sich theologischerseits ihre »Eigenständigkeit« nicht mehr in Frage stellen, und ihr eigenes, überwiegend »geisteswissenschaftliches« Selbstverständnis erlaubte ihr eine unparteiische Würdigung religiös-weltanschaulicher »Sichtweisen«, soweit diese im weltanschaulichen »Pluralismus« der modernen Gesellschaft überhaupt noch vertreten wurden. In systematischen pädagogischen Entwürfen konnte auch weiterhin eine »religiöse Dimension« menschlicher Wirklichkeitserfahrung respektiert werden. Im ganzen aber bestand außerhalb »dialogischer Begegnungen« zwischen Pädagogen und Theologen für die *Allgemeine Pädagogik* kein Anlaß mehr, sich mit theologischen Fragen, außer bei historischen Untersuchungen und mit der Bedeutung der Kirche außer im Zusammenhang gesellschaftlicher Analysen, zu beschäftigen.

Religionspädagogik und Allgemeine Pädagogik. Wird der durch die begriffsgeschichtliche Skizze ins Blickfeld gerückte Ausschnitt aus der Geschichte des religionspädagogischen Problems isoliert betrachtet, so entsteht der Eindruck, daß es sich bei ihm um die letzte Phase der Auseinandersetzung zwischen Pädagogik und christlicher Tradition handle, in der ein Stück pädagogischer Problemgeschichte zum Abschluß gekommen sei. Dieser Eindruck verstärkt sich noch durch die Beobachtung, daß das Auseinandertreten von Theologie und Pädagogik, von Kirche und Schule und von Glaube und Erziehung sich in Übereinstimmung mit der verbreiteten, allgemeinverständlichen Beurteilung des Verhältnisses von Schulbildung und kirchlich-christlichem Unterricht zu vollziehen scheint, nach der beide verschiedenen Lebensbereichen (Religion und Profanität) und Grundhaltungen (autoritätsgebunden und kritisch) zuzuordnen sind und beide so wenig miteinander zu tun hätten wie Religion und Politik, wie Kirche und gesellschaftliche Moral, wie überhaupt Kirche und Gesellschaft. Aber dem definitiven Charakter der Trennung und dem Eindruck von einer abgeschlossenen Entwicklung widerspricht die Wiederaufnahme einer religionspädagogischen Fragestellung. Wie ist dieser Widerspruch zu verstehen, wodurch ist überhaupt der neue Ansatz für eine religionspädagogische Thematik motiviert?

Diese Frage läßt sich in Kürze damit beantworten, daß die heutige Religionspädagogik von dem neueren erziehungswissenschaftlichen Verständnis der Pädagogik aus und unter dem Einfluß der in der Theologie entwickelten hermeneutischen Fragestellung in Gang gekommen ist. Natürlich hatten sich durch die Aufnahme von Einsichten und Methoden aus der neueren Pädagogik und Theologie nicht schlagartig neue Möglichkeiten religionspädagogischen Fragens eröffnet, aber es begann sich die Möglichkeit einer Begegnung zwischen dem neuen pädagogischen und dem veränderten theologischen Denken abzuzeichnen, in der die Frage nach Religion und Erziehung, nach Glaube und Bildung anhand konkreter Bezüge zur menschlich-gesellschaftlichen Wirklichkeit ausgetragen werden konnte. Die neuere Religionspädagogik versteht sich daher nicht als Fortsetzung der früheren Religionspädagogik. Trotzdem ist nicht zu übersehen, daß auch heute die Frage nach der Relevanz christlicher Tradition für pädagogische Theorie und Praxis im Mittelpunkt steht. Diese Frage hat aber für die neuere Religionspädagogik eine Radikalisierung erfahren, die nicht nur zur Erweiterung ihres Themenbereichs, sondern mehr noch zu grundlegender Veränderung ihres Fragehorizontes genötigt hat. Sie kann nicht mehr von einer unbefragt geltenden Autorität christlich-religiöser Tradition ausgehen. Weil die Versuche, unter Voraussetzung des Autoritätsanspruchs die maßgebliche Bedeutung des Christentums für Erziehung und Bildung zu entfalten, gescheitert sind, stellt sich ihr mit wachsendem Nachdruck die Frage, ob sich in einer nicht mehr der Autorität von Traditionen verpflichteten *»mündigen« Gesellschaft* überhaupt noch die Frage nach einer etwaigen Bedeutung von Religion und Christentum stellen und verständlich machen läßt.

Auch wenn sie nun ihre Aufgabe anhand einer, in der Pädagogik auch sonst vielfach geübten gesellschaftlichen Bedingungsanalyse zu beschreiben sucht, gewinnt sie damit nur sehr bedingt den Problemhorizont, innerhalb dessen sich erneute religionspädagogische Bemühungen als sinnvoll erweisen könnten; aus der Konfrontation mit den gesellschaftlichen Gegebenheiten werden ihr nur der Mangel an Aktualität und das Nichtvorhandensein eines gesellschaftlichen Bedürfnisses für religionspädagogische Bemühungen oder allenfalls die Annahme eines religiös-weltanschaulichen »Pluralismus« bestätigt, aber Motive für eine neue pädagogische Aufgabe ergeben sich daraus noch nicht. Charakteristisch für die Unsicherheit ist, daß sehr unterschiedliche Versuche zur Begründung des Religionsunterrichts in der Schule unternommen werden. Neben mehr pragmatischen, von einem konstatierten Informationsbedarf ausgehenden Begründungen, neben traditionellen, die auf die Auslegung biblischer Texte und deren

Anwendung auf menschlich-gesellschaftliche Probleme nicht verzichten wollen, neben historischen, die für das Christentum wegen seines Anteils an der kulturgeschichtlichen Entwicklung ein Bildungsinteresse geltend machen, gibt es neuere soziologische Argumentationen, die für einen emanzipatorisch engagierten Unterricht die sozial- und kulturkritische Funktion christlicher Inhalte betonen, und schließlich auch in erheblichem Ausmaße anthropologisch-ontologische Theorien, die für die Erziehung die religiöse Sinnfrage als die im Wesen des Menschen angelegte Kraft der Transzendenz zur Geltung bringen sollen. Gemeinsam ist allen Begründungen, daß sie die pädagogische Reflexion wieder für die Frage nach Religion und Christentum öffnen möchten und darum mit der Funktion bzw. der pädagogischen Leistung des Religionsunterrichts argumentieren. Gemeinsam ist ihnen auch, daß sie mehr oder weniger ausdrücklich auf einen Autoritätsanspruch für die Inhalte des Unterrichts verzichten, und erst recht darauf, ein gewohnheitsmäßig der Kirche eingeräumtes Privileg zur Normensetzung für Lebensführung und Weltorientierung geltend zu machen. Dieser Verzicht erscheint in der Regel als notwendige Konsequenz aus den gesellschaftlichen Gegebenheiten, aber ebenso als begründet in den heutigen Vorstellungen vom schulischen Unterricht und dessen emanzipatorischer Absicht, der sich von autoritär bevormundender »Indoktrination« abzusetzen sucht.

Trotz des beachtlichen Umfangs der religionspädagogischen Diskussion hat nun der darin enthaltene Widerspruch gegen das Auseinandertreten von Theologie und Pädagogik bei der *Allgemeinen Pädagogik* kaum Resonanz gefunden, obwohl doch zugleich mit dem Widerspruch auch fraglich werden mußte, ob sich die Allgemeine Pädagogik von der Berücksichtigung der neu gestellten Frage nach pädagogischer Relevanz christlicher Tradition völlig dispensieren darf. Dabei ist nicht zu verkennen, daß die neuere Religionspädagogik bei allen Differenzen im einzelnen viel Mühe darauf verwendet, sich pädagogisch zu verstehen und verständlich zu machen. Für die evangelische Religionspädagogik ist sogar die Erwartung ausgesprochen, sie müsse als »Teilbereich der Allgemeinen Pädagogik« angesehen werden, deren Besonderheit nur darin bestehe, daß ihre erziehungswissenschaftlichen Aspekte auf die Theologie als Fachwissenschaft »bezogen« seien (G. *Otto* im Herder-Lexikon der Pädagogik, Bd. 3, 1971, S. 413). Daß das Interesse der Religionspädagogen an der Allgemeinen Pädagogik von deren Fachvertretern nicht erwidert wird, ist mindestens zu einem großen Teil in der Schwierigkeit begründet, die es der Religionspädagogik bereitet, ihr Selbstverständnis so zu klären, daß darin ihr Verhältnis zu beiden Wissenschaften, der Pädagogik und der Theologie, zur Geltung kommt. Daß sie viel Mühe darauf verwendet, den Anschluß an den jeweiligen Stand erziehungswissenschaftlicher Forschung nicht zu verlieren, bedeutet zu wenig, wenn sie die gewonnenen Einsichten nicht auch durch eigenständige Erkundung und kritische Reflexion im spezifisch religionspädagogischen Problemfeld zu erproben und zu bewähren sucht. Zur entscheidenden Frage an ihr Selbstverständnis ist es daher geworden, ob es ihr gelingt, ihr Problemfeld »neu zu vermessen« und seine veränderten Dimensionen der pädagogischen Nachfrage erkennbar zu machen.

Historische Rückfrage. Um das problematische Verhältnis der Allgemeinen Pädagogik zur Religionspädagogik verständlich zu machen, bedarf es einer Erinnerung an die geschichtlichen Zusammenhänge, die zu einer religionspädagogischen Fragestellung geführt und ihre Entwicklung seither bestimmt haben.

Die Frage nach der Bedeutung christlicher Überlieferung für die Erziehung konnte erst gestellt werden, als diese Tradition ihre Selbstverständlichkeit verlor. Ein pädagogisches Problem ergab sich mit dieser Frage erst, als die umfassende, vor allem kulturelle Vorherrschaft des Christentums, von der aus sich uns die mittelalterliche Welt als eine innere Einheit von unwahrscheinlicher Geschlossenheit darstellt, zu Ende ging.

Im Laufe einer fast anderthalb Jahrtausende umfassenden Entwicklung war das Christentum mit der allgemeinen Bildung zu einer Einheit verschmolzen, zu einem einzigen geistigen Lebensraum, in dem alle Lebensbezüge, die gesamte Wirklichkeit von Welt und Geschichte in ihre ewige Ordnung einbezogen waren, so daß auch Verständnis und Gebrauch christlicher Sprache und Lebensformen in einem einzigen Lern- und Lebensprozeß so unmittelbar wie die Muttersprache erlernt wurden. Daß dieses fraglose Verhältnis zur christlichen Tradition verlorenging, gehört in den Zusammenhang des aus vielen Quellen gespeisten geistigen Strukturwandels, mit dem zu Beginn der Neuzeit an die Stelle des kraftlos werdenden Autoritäts- und Traditionsprinzips die Freiheit zu selbstverantworteter Erkenntnis zu treten begann. Das pädagogische Denken löste sich nun von theologischer Bevormundung. Bei *Pietismus* und *Aufklärung* fanden naturwissenschaftliche Inhalte Aufnahme in den Unterricht, beide haben bei aller Verschiedenheit im einzelnen zu der folgenreichen Entdeckung beigetragen, daß *Unterricht* unentbehrlich sei für ein Natur, Moral und Religion umspannendes Weltverständnis und daß sich die moralisch-praktischen Konsequenzen daraus nicht von selbst, sondern nur bei einer die wachstümlichen Bedingungen des Kindes berücksichtigenden stufenweisen Vermittlung einstellen könnten. Der Bruch mit der metaphysischen Denktradition, die durch ein Jahrtausend das Verständnis christlicher Überlieferung beherrscht hatte, führte aber nicht zu einem Bruch mit dem Christentum, sondern zu einer neuen Interpretation seiner Bedeutung. Christliche Religion konnte »moralische« Wirksamkeit nur entfalten, wenn eine selbstverantwortete Zustimmung ihr gegenüber ermöglicht wurde. Das bleibend Gültige mußte vom ungültig Gewordenen unterschieden werden, und bleibende Geltung konnte nur dem zuerkannt werden, was mit Natur und Vernunft übereinstimmte.

Viel bedeutsamer als die daraufhin unternommene rationalistische Reduzierung christlicher Inhalte auf Elemente einer »natürlichen Religion« war die *Unterscheidung von Theologie und Religion*, von der aus die Aufgabe einer *religiösen Erziehung* erkennbar wurde: Religion haben ist etwas anderes als ein Wissen von religiösen Dingen besitzen. In dem Sinne hatte in der Theologie zuerst *Joh. Sal. Semler* (1725–1791) Religion und Theologie unterschieden. Und ihm folgte später *Schleiermacher* in seinen *»Reden über die Religion«* (1799). Für pädagogisches Denken bedeutete diese Unterscheidung, daß nicht die Teilhabe an der rechten Lehre, nicht die sichere Beherrschung von Katechismussätzen zum Christen mache, sondern der lebendige, Gemüt, Verstand und Willen bewegende Glaube, eben die Teilhabe an *»Religion«*. Dieser Begriff wurde im Unterschied zur Theologie, als einer einem bestimmten Lehrinhalt verpflichteten Fachwissenschaft, zur Bezeichnung für die je eigene Zustimmung zur Wahrheit und für deren je eigene, innerlich freie Anwendung. Religion wurde seitdem für lange Zeit zur »allgemeinsten Kategorie einer undogmatischen Interpretation des Christentums« (*Birkner*), und *»Religionsunterricht«* wurde der neue Name für einen darauf gerichteten Unterricht. Die Erziehung bekam durch die Aufgabe, Religion zu vermitteln, eine neue Würde, ihre Bedeutung gewann an Umfang und Tiefe, sie mußte auf diese Aufgabe hin ganz neu begriffen werden. Angesichts der im öffentlichen Bewußtsein zunächst noch ungebrochenen, aber zunehmend bedrohten Stellung von Religion und Christentum hatte sie nicht nur die traditionellen Kenntnisse weiterzugeben, sondern von ihr wurde nun auch immer mehr erwartet, daß sie auch deren Aneignung und Anwendung in ihre Regie übernehme und daraufhin die Anlagen in jedem Kind und Jugendlichen zur Entfaltung bringe. Die Bedeutung von Christentum und Religion für die Erziehung wurde nunmehr ausdrücklich reflektiert, sie mußte sich an der faktischen Leistung der Religion erweisen lassen und wurde daher anthropologisch reflektiert, mit dem Ergebnis, daß Religion für eine wirksame Begründung der Moral unentbehrlich sei. Natürlich vollzog sich die Entflechtung der Religion aus dem metaphysisch-dogmatischen Verständnis christlicher Lehre nicht auf einen Schlag. Aber die Aufgabe war erkannt, und die Richtung für ihre Bewältigung war gewiesen. Das unmittelbare Eingebettetsein in die christliche Überlieferung ließ sich nicht zurückgewinnen, es mußte durch ein reflektiertes Verhältnis abgelöst werden.

Daß sich die pädagogische Reflexion in der Neuzeit selbständig entwickeln konnte, dazu hat die Bewältigung der zum ersten Male auftauchenden religionspädagogischen Problematik entscheidend beigetragen. Religion und Erziehung wurden auf neue Weise einander zugeordnet. Dabei wurden beide neu verstanden, so daß ihre Verbindung anthropologisch und pädagogisch begründet werden konnte. Diese Verbindung wurde alsbald auch institutionell gesichert: Die neuen Schulordnungen des 18. Jhs. beriefen sich darauf, daß eine »vernünftige sowohl als christliche Unterweisung der Jugend zu wahrer Gottesfurcht und anderen nützlichen Dingen« die Einrichtung von Schulen zur Pflicht mache (General-Land-Schul-Reglement, 1763). Für das Bildungsdenken des 19. Jhs. wurde diese Verbindung vor allem durch den geistigen Prozeß verpflichtend, der von *Herder* und *Goethe* über *Kant* und *Fichte* zum jungen *Hegel* und zu *Schleiermacher* führte, in dem sich ein dem religiösen Glauben geöffnetes Verständnis menschlichen Lebens ergab. Aber eine problemlose Selbstverständlichkeit konnte die Verbindung von Religion und Erziehung weder für die pädagogische Reflexion noch für das sich entwickelnde Bildungswesen gewinnen. Die Kritik der aufgeklärten Vernunft hatte nicht die früheren Selbstverständlichkeiten aufgelöst, um sie durch neue zu ersetzen, sondern um eine freie Entfaltung des menschlichen Geistes zu ermöglichen. Ob und wie eine Synthese zwischen allgemeiner Geisteskultur und christlicher Überlieferung möglich sei, danach wurde im 19. Jh. immer neu gefragt, weil die Entwicklung der Naturwissenschaften, das historische Bewußtsein, weltanschauliche Emotionen, die gesellschaftliche Emanzipation und die ihr entgegentretenden restaurativen Tendenzen im politischen und kirchlichen Bereich immer neue Gründe und Gegengründe hervorbrachten. Das pädagogische Interesse an dieser Frage blieb bis in unser Jahrhundert unvermindert. Wie in den Anfängen war es doppelt motiviert: Die Pädagogik mußte gegen immer wieder drohende kirchlich-theologische Bevormundung für eine freiheitliche Entfaltung von Erziehung und Bildung eintreten. Andererseits aber glaubte sie nach wie vor, für die Erziehung, die man zumeist als ein planmäßiges, ziel- und zweckbestimmtes Tun verstand, einer religiös-weltanschaulichen Beglaubigung der normierenden Erziehungsziele zu bedürfen. Aber gerade die letzte Erwartung fand keine Erfüllung. Der Versuch, die Verbindung von Religion und Erziehung durch ein weltanschauliches Verständnis von Religion zu begründen, verriet schon, daß ihr nur noch subjektive Bedeutung zuerkannt werden konnte. Weltanschauungen waren subjektive Entwürfe, in denen das Individuum die Gesamtheit aller Dinge in die Einheit eines Sinnzusammenhanges fügte und auf sich und das eigene Lebensverständnis bezog. In ihnen konnten wissenschaftliche Erkenntnisse und Aussagen des Glaubens Aufnahme finden. Sie stellen den letzten Versuch dar, das Christentum mit modernem Weltverständnis so zu verbinden, daß der Verlust der metaphysisch begründeten Einheit von Glauben und Bildung wettgemacht wird. Mit dem Scheitern dieses Versuches war die Entwicklung der religionspädagogischen Problematik an dem Punkte angelangt, mit dem nach unserer begriffsgeschichtlichen Skizze die Endphase der mit der Aufklärung einsetzenden Geschichte des religionspädagogischen Problems begann, die mit dem Auseinandertreten von Theologie und Pädagogik, mit der Beziehungslosigkeit von Religion und Erziehung ihren Abschluß fand.

Theologie und Religionspädagogik. Der neue Ansatz religionspädagogischen Fragens ist in gleicher Weise durch die Aufnahme der neueren, durch die erziehungswissenschaftliche Entwicklung der Pädagogik veränderten Fragestellungen wie durch die neuere, vor allem um die Klärung der hermeneutischen Frage bemühte Theologie ermöglicht und veranlaßt worden. Die letztere hat das Verständnis christlicher Überlieferung verändert, so daß der religionspädagogische Verzicht auf den Autoritätsanspruch dieser Tradition nicht als Anpassung an veränderte Unterrichtsbedingungen, sondern als in dieser Überlieferung selbst begründeten Freigabe ihrer historischen Gestalt für eine kritische Nachfrage nach dem, was in ihr gemeint sei, begriffen werden kann. Von ihr aus erscheint auch die Radikalisierung der religionspädagogischen Problematik nicht nur als notwendige Folge der veränderten geschichtlich-gesellschaftlichen Bedingungen, sondern wird in den Zusammenhang mit der durch die ganze Vielfalt gegenwärtiger Welterfahrung veränderte Verstehenssituation gerückt, für die ganz allgemein der Konflikt charakteristisch geworden ist, der zwischen der Bildungsmacht der Gegenwart und der keineswegs erledigten Bildungsmacht der Tradition entsteht. Nur wenn die neuere Religionspädagogik die Frage nach den Verstehensbedingungen christlicher Überlieferung in ihre Reflexion einbezieht, kann sie den Eindruck vermeiden, eine neue Art von »Anwendungswissenschaft« darzustellen, die mit Hilfe neuerer Unterrichtsverfahren und einer verstärkten Humanisierung der Inhalte die Aufgaben des Religionsunterrichts besser als bisher bewältigen zu können glaubt. Auch dort, wo man um des weltanschaulichen »Pluralismus« willen sich den Fragehorizont durch die besondere Berücksichtigung christlicher Tradition und eine entsprechende theologische Orientierung nicht einengen lassen möchte und nach Möglichkeiten einer ganz allgemein religiös bestimmten Erziehung und Bildung Ausschau hält, braucht man einen entsprechenden Begriff von »Religion«, der ohne Anleihen bei der Theologie nicht zu gewinnen ist, so daß auch in diesem Falle Ansatz und Absicht religionspädagogischen Fragens theologisch verantwortet werden müssen.

Die Auskunft, daß auch in der neueren Religionspädagogik die Frage nach der Bedeutung christlicher Tradition für pädagogische Theorie und Praxis im Mittelpunkt stehe, wird in der Diskussion nicht allgemein akzeptiert und ist in der Tat nicht ohne weiteres verständlich. Sie muß mißverstanden werden und als unzutreffend abgewiesen werden, wenn unter christlicher Tradition ein sich gleichbleibender Bestand an Glaubenssätzen, religiösen Vorstellungen und Verhaltensnormen verstanden wird, für den in Kirche und Theologie eine autoritäre Verbindlichkeit beansprucht werde. Von einer solchen Vermittlungsaufgabe hatte sich die ältere Religionspädagogik bestimmen lassen. Gerade die Anfänge religionspädagogischer Überlegungen in der Aufklärungspädagogik lassen erkennen, wie sehr das Verständnis der eigenen Aufgabe noch durch die Tradition von Scholastik und Orthodoxie bestimmt wurde. Man meinte weiterhin, einen, wenn auch reduzierten dogmatischen Bestand von überzeitliche Gültigkeit beanspruchenden Wahrheiten unterrichtlich vermitteln und erzieherisch wirksam machen zu müssen. Die metaphysisch-spekulativen Theorien allerdings, mit denen die ältere Zeit Welterkenntnis und Glaubenswahrheit aneinander gefügt hatte, konnten den Zugang zur religiös wirksamen Wahrheit nicht mehr öffnen. Die Erfahrung des geschichtlichen Wandels, die Ergebnisse der Geschichtswissenschaft und das »historische Bewußtsein« führten zum prinzipiellen Zweifel gegenüber dem Anspruch auf zeitlose Gültigkeit einmal erkannter Wahrheiten, wie man sie vornehmlich in der christlichen Tradition anzutreffen glaubte.

Gegen diesen Zweifel konnten christliche Traditionsbestände nicht mehr erfolgreich verteidigt werden, mit ihm war das »Ende der Metaphysik« gekommen, das auch die pädagogischen Vorstellungen und die Voraussetzungen des Bildungsgedankens völlig veränderte.
In der Theologie hatte die historisch-kritische Forschung schon lange die traditionellen dogmatischen Positionen in Frage gestellt. Die Entdeckung der spannungsreichen Vielgestaltigkeit gerade der biblischen Überlieferung entzog einem *unmittelbaren* Verständnis und Gebrauch der Bibel den Boden. Die Autorität der Bibel ließ sich nur noch geltend machen mit Hilfe eines umfangreichen wissenschaftlichen Apparates, auf den jede Interpretation angewiesen war. Aber gerade die gewissenhafte Interpretation führt allemal zunächst zu einer Verfremdung des Überlieferten und verstärkt das Empfinden der historischen Distanz und der sprachlichen Differenz, die ein Einverständnis mit dem Ausgesagten hemmen oder überhaupt verhindern. Um dieser Schwierigkeiten willen ist in der neueren Theologie die *Hermeneutik* zur wichtigsten Aufgabe geworden. Sie sucht die Bedingungen zu klären, unter denen die Interpretation der überlieferten Dokumente zu Ende geführt werden kann, so daß das, was darin gemeint ist, in den Kontext heutiger Wirklichkeitserfahrung hinein wirksam werden kann. Sie geht davon aus, daß in diesen Schriften menschliche Existenz auf dem Grunde bestimmter Erfahrungen ausgelegt wird, und zwar in der Absicht, den Zugang zu gleichen Erfahrungen auch den Lesern zu öffnen. Sie bekunden eine immer neu erfahrene Ermöglichung von Glauben, von Hoffnung und von Liebe, und zwar aufgrund einer jeweils neu erfahrenen Befreiung von den Zwängen von Schicksal, Schuld, den vielerlei Gestalten von Selbstentfremdung und scheiternder Selbstbemächtigung. Von entscheidender Bedeutung ist nun allerdings, daß unentwegt und mit unüberhörbarem Nachdruck von dieser Befreiung zu neuem Anfang, zur Wahrnehmung des Rettenden und zum Tun des heilsam Notwendigen als einem *Wunder* gesprochen wird.
Diese Erfahrungen wollen insgesamt weder aus der Berührung mit den Mächten einer transzendent jenseitigen Welt noch aus der Entdeckung wunderbarer spiritueller Kräfte menschlicher Innerlichkeit verstanden werden, sondern verdanken sich einer geschichtlichen Begegnung mit Wort und Geschichte Jesu. Von dieser Geschichte enthalten die einzelnen Schriften keine historische Schilderung. Mit sehr unterschiedlichen sprachlichen Mitteln aus der religionsgeschichtlichen Überlieferung wird vielmehr ausgesagt, daß diese Geschichte Jesu als »Wort Gottes« verstanden wurde, in dem vor aller eigenen Aktivität

und entgegen der Selbsteinschätzung sich der Mensch als von Gott angenommen erkannte und damit auch die Ermutigung und Ermächtigung zur Annahme seiner selbst und seiner Welt erfuhr.

Die theologische Hermeneutik versucht diesem eigentümlichen Befund gerecht zu werden. Dabei muß sie sich kritisch mit der Geschichte der Überlieferung in Kirche und Theologie auseinandersetzen, in deren Verlauf lange die Bindung der erfahrenen Befreiung an die *geschichtlich* vermittelte Ermöglichung zugunsten eines *metaphysisch* objektivierenden Denkens verleugnet und später die Betonung der geschichtlichen Vermittlung zu einer subjektivistischen Relativierung des Überlieferten verwendet wurde. Christliche Überlieferung vollzieht sich also nicht, indem das im Neuen Testament vorgefundene Zeugnis immer neu übersetzt und interpretiert wird, sondern indem menschliche Existenz immer neu im Horizont ihrer geschichtlichen Bedingungen und Möglichkeiten ausgelegt wird auf das Gelingen von Freiheit und Liebe hin.

An diesem Auslegungsgeschehen ist pädagogische Reflexion von ihrem eigenen Gegenstand her interessiert. *Erziehung* ist angewiesen auf Maßstäbe und Motive, die sich nicht schon aus der empirischen Erkundung der jeweiligen Erziehungswirklichkeit ergeben. Der Impetus zum erzieherischen Handeln läßt sich nicht zwingend begründen, er entspricht einem Vertrauen in die Möglichkeit des Gelingens menschlichen Lebens, wie es die christliche Überlieferung bei uns geweckt hat. Es läßt sich nachweisen, daß Zielvorstellungen und Methoden der Erziehung immer auch Motive und Antriebe religiöser Herkunft aufgenommen haben, und es ließe sich zeigen, daß erzieherisches Handeln auch in der säkularen Gesellschaft auf Motivationen angewiesen ist, die diese Gesellschaft nicht selbst erzeugt und die die Erziehungswissenschaft nicht einfach bereitstellen kann.

Aber auch in der christlichen Tradition sind diese Motivationen keineswegs verfügbar. Ihr Welt- und Menschenverständnis läßt vielmehr deren Unverfügbarkeit zugleich mit ihrer Unentbehrlichkeit deutlich werden und hält damit die pädagogische Reflexion für eine immer neue Bemühung um ein Verständnis erzieherischer Verantwortung geöffnet.

Religionsunterricht und religiöse Kindererziehung stehen nach wie vor großen Schwierigkeiten gegenüber. Daß sie unüberwindbar seien und darum zum Verzicht auf beides nötigten, ist mehr von der Verlegenheit der Erwachsenen her geurteilt als von der Situation der Kinder und Jugendlichen aus. Erfahrungen der Kinderpsychologie bestätigen vielfach, wie dringend die Kinder für die Lösung der Konflikte zwischen Vertrauen und Zweifel, Initiative und Schuld auf eine vorbehaltlose Annahme ihrer selbst angewiesen sind, für deren Verständnis die religiöse Sprache hilfreich werden kann. Der Religionsunterricht hat ohnehin schon durch neuere Unterrichtsmodelle sich der Aufgabe angenommen, den Schülern die Frage nach sich selbst und einer sinnvollen Möglichkeit, eigene Verantwortung inmitten der gesellschaftlichen Determination wahrzunehmen, aufzuschließen. Wenn das gelingt, sind jedenfalls auch Voraussetzungen geschaffen, ohne die eine Beschäftigung mit der christlichen Überlieferung nicht zu motivieren und eine Auseinandersetzung mit deren Inhalten nicht zu ermöglichen ist.

Schule, Theorie der Schule. In der erziehungswissenschaftlichen Erörterung der Schule heben sich zwei verschiedene Ansätze voneinander ab: der ältere der »*Schulpädagogik*« (als Versuch, die pädagogischen Probleme, die sich in der Schule ergeben, in einem eigenen umfassenden Zusammenhang zu klären und zu erörtern) und der neuere der »*Theorie der Schule*« (des Versuchs der Deskription, Analyse und Kritik der Institution Schule einschließlich ihrer Bezüge wie ihres inneren Geschehens).

SCHULPÄDAGOGIK. Die Schulpädagogik ist nicht eigentlich durch Differenzierung der Erziehungswissenschaft aus dieser ausgegliedert worden, sondern aus dem Bedürfnis der Gliederung der Studien für zukünftige Lehrer vor allem an *Pädagogischen Hochschulen* und Akademien entstanden. Diese Ausgliederung hat sich allgemein durchgesetzt, es ist aber eine noch nicht eigentlich geklärte Frage, wie diese Verselbständigung der Schulpädagogik zu verstehen ist, worauf ihre Selbständigkeit beruht und wie ihr Verhältnis zur Allgemeinen → *Pädagogik*, zur Theorie der → *Erziehung*, zur Theorie der → *Bildung* und nicht zuletzt zur Theorie der Schule zu bestimmen ist. Insbesondere ist einerseits zu fragen, ob nicht Pädagogik im Kern immer Schulpädagogik war und sein muß und eine Ausgliederung daher nur zu einer wenig sinnvollen Doppelung führt, und andererseits, ob nicht Schulpädagogik lediglich als Zusammenfassung aller auf den Bereich Schule gerichteten Erörterungen verstanden wird und damit noch keinen eigenen Theorieansatz darstellt.

Die Schwierigkeiten, die sich bei der näheren Bestimmung der Schulpädagogik zeigen, sind nicht ohne eine Besinnung auf die Geschichte der Pädagogik zu verstehen. Ihre wesentlichen Vertreter – von *Comenius* über *Francke*, *Pestalozzi*, *Herbart*, *Schleiermacher* und *Dilthey* bis zu *Kerschensteiner*, *Nohl* und *Flitner* haben die Fragen der Schule im Blick gehabt und gewußt, daß eine zureichende pädagogische Theorie die Schule nicht ausklammern kann. Daß die Schulpädagogik in ihren Anfängen dennoch nicht aus dem Zusammenhang der traditionellen Pädagogik erwuchs, sondern meist als vordergründige und theoretisch wenig anspruchsvolle »praktische Pädagogik« neben jener entwickelt wurde, hat seinen Hauptgrund wohl darin, daß sich die pädagogische Theorie in großer Distanz vom Alltag der Schule entfaltete, obgleich sie grundsätzlich ihren Ansatz in dem theoretischen Element, das in jeder Praxis enthalten ist, nehmen wollte. Sie erklärte wohl die *Erziehungswirklichkeit* zu ihrem Gegenstand, war aber nicht an der vollen Wirklichkeit der Schule, sondern eher an bestimmten Schulreformbestrebungen orientiert. Auch fehlte dieser Pädagogik aufgrund der weitgehenden Vernachlässigung der Empirie die wissenschaftliche Methode, um zuverlässige Aussagen über die Schulwirklichkeit machen zu können. Dem Bedürfnis des Praktikers nach Hilfen für den Unterricht wurde durch sog. *Unterrichtslehren* entsprochen, die wohl im einzelnen wichtige Anregungen für den Unterricht geben konnten, den Lehrer aber, da sie nicht weit und kritisch genug ausholten, mit seiner Frage nach den Aufgaben und Möglichkeiten von Schule überhaupt allein ließen. Die vielleicht wichtigste Leistung der frühen Schulpädagogik aber war die Tradierung der verschiedenen reformpädagogischen Entwürfe. Gewiß muß man sie kritischer interpretieren, als es geschehen ist. Auf eine Auseinandersetzung mit ihnen wird man aber weder für das Verständnis noch für die Erneuerung der gegenwärtigen Schule verzichten können.

SCHULREFORMBEWEGUNG. Die Reformbewegung ist bei aller Mannigfaltigkeit ihrer verschiedenen Richtungen doch als Einheit zu begreifen; alle Reformer hatten den gleichen Gegner: die »alte Schule«, und das gleiche Fundament, da die Reform insgesamt beruht »auf einer Entdeckung einerseits der kindlichen Natur und andererseits des Prinzips der Eigentätigkeit im Lernprozeß« *(W. Flitner).*

So hat die *Arbeitsschulbewegung (G. Kerschensteiner, H. Gaudig, O. Scheibner)* gegen die Lern- und Buchschule die Bedeutung der eigenen Erfahrung des Kindes insbesondere in handwerklicher oder geistiger »Arbeit« und gegen die Lehrerschule die Bedeutung der Werkgemeinschaft betont.

Die *Kunsterziehungsbewegung* (*A. Lichtwark, H. Wolgast, G. Götze* u. a.) richtete sich gegen die einseitige Beanspruchung und Ausbildung des Intellekts und wollte auch die anderen »Kräfte« (eigentlich Möglichkeiten), insbesondere die der Wahrnehmung, der Einbildungskraft und der bildhaften Aussage, im Kinde wecken und steigern.

Im *Gesamtunterricht* – in seiner ursprünglichen Intention *(B. Otto)* – wollte man vom Interesse und der Welt des Kindes ausgehen, sich von den Fragen der Kinder leiten lassen und ihnen helfen, ihre Weltorientierung auf eine ihrer → *Altersstufe* entsprechende Weise zu vollziehen und so ein einheitliches Weltverständnis zu gewinnen. Im »geistigen Verkehr« zwischen Schüler und Lehrer, aber auch der Schüler untereinander und dem auf diesem aufbauenden Unterricht in Fachkursen und Arbeitsgemeinschaften wollte man sich der Welt als *Gesamtheit* bemächtigen. Ähnlich wollte auch die spätere *Gesamtunterrichtsbewegung* (*Leipziger Lehrerverein, W. Albert* u. a.) mit einem Gesamtunterricht, der nicht von den Fragen der Schüler ausging, sondern den gesamten Unterricht um eine Sacheinheit plante, den Möglichkeiten kindlichen Welterfassens entsprechen.

Die Vertreter *ganzheitlichen Unterrichts* gehen von der Erkenntnis aus, daß der Mensch, vor allem aber das Kind, immer ein Ganzes erfaßt, bevor es sich den Teilen zuwendet. Daher soll im Unterricht nicht vom einzelnen, sondern vom Zusammenhang, vom »Ganzen«, ausgegangen werden. Die Ganzheit wird nicht aus Elementen, sondern diese werden durch Analyse eines Ganzen gewonnen.

Die Aufgabe der *Erziehung in der Schule* wurde vor allem in den *Landerziehungsheimen* und in den *Lebensgemeinschaftsschulen* in den Mittelpunkt gestellt. Die Schule sollte nicht nur lehren, sondern die geistigen Gehalte im gemeinsamen Lebensvollzug erfahren lassen und die Mächte des Lebens selbst in jugendgemäßer Form repräsentieren *(E. Weniger)*. Sie sollte »Wohnstubenatmosphäre« erzeugen, eine neue Art des Umgangs hervorbringen und so als »Schule der Gesittung« *(O. Haase)* die Aufgabe der Erziehung im engeren Sinn stellvertretend für die Familie mitübernehmen.

Diese Ansätze sind schon zur Zeit der Reformbewegung sowohl organisatorisch *(Jena-Plan-Schulen, P. Petersen)* wie auch theoretisch *(H. Nohl, Fr. Blättner)* zusammengefaßt worden und haben für die Schulpädagogik fundamentale Bedeutung erlangt, denn die »elementare Tatsache, daß das Kind in einer Eigenwelt lebt, ist zur Grundlage der Schulpädagogik gemacht worden« *(Th. Wilhelm)*. Dennoch ist es, wenn der Protest der Reformer gegen die alte Schule auch gehört worden ist, »bis auf den heutigen Tag nicht gelungen, ihn in einer gesicherten und stabilen Schulpädagogik zu instrumentalisieren« *(Th. Wilhelm)*.

Die einseitige Betonung der Sichtweise »vom Kinde aus« ist längst überholt. Die Didaktik *(→ Unterricht–Didaktik, Curriculum, Methodik)* hat in der Erkenntnis, daß das Kind wohl in einer Eigenwelt lebt, von sich aus jedoch danach strebt, sich an den Maßstäben und Inhalten der Erwachsenenwelt zu orientieren, der Erzieher darüber hinaus nicht nur für die Gegenwart des Kindes, sondern auch für dessen Zukunft verantwortlich ist, ein neues Fundament gewonnen. Vor allem rechnet die Schulpädagogik, indem sie die Ergebnisse der Sozialisationsforschung *(→ Sozialisation und Erziehung)* aufgenommen hat, mit der gesellschaftlichen Bedingtheit kindlicher Bildsamkeit und mit der gesellschaftlichen Bedeutsamkeit schulischer Arbeit.

Aufgaben der Gegenwart. In den letzten Jahren hat die Schulpädagogik starke Impulse und eine gewisse Differenzierung dadurch erfahren, daß vorwärtsstrebende Kräfte in der Schule selbst und in der Gesellschaft auf Innovation der Schule drängten *(→ Grundschule, → Hauptschule, → Gesamtschule, → Gymnasium)*.

Durch Ausbildung vieler Teildisziplinen – die wohl weiterreichen als die schulpädagogische Fragestellung, in ihren schulbezogenen Teilen aber wichtige Elemente einer Schulpädagogik darstellen (→ Unterricht–Didaktik, Curriculum, Methodik u. a.) – und durch die Hinwendung der Erziehungswissenschaft zur *Empirie (P. Petersen, H. Roth, W. Brezinka, → Pädagogik)* sind auch die Voraussetzungen dafür gegeben, daß die Pädagogik nicht nur wie bisher übergreifende Gesichtspunkte und Kritik beitragen, sondern auch bei der produktiven Lösung von Einzelproblemen mitarbeiten kann (z. B. beim Erstellen von Lehr- und Bildungsplänen, der Gutachten des *Deutschen Bildungsrates* und des *Strukturplanes*). Wissenschaftssystematisch ergeben sich allerdings durch die Zusammenfassung vieler Teildisziplinen, durch die Kooperation mit den benachbarten Fächern *(→ Pädagogische Psychologie, → Soziologie der Erziehung)* und der Vielfalt didaktischer Einzeldisziplinen neue Schwierigkeiten, denen man durch die Ausarbeitung einer pädagogischen Theorie der Schule zu begegnen sucht, von der her und auf die hin sich alle Einzelaussagen und -untersuchungen der Schulpädagogik verstehen lassen sollten.

Schule als Gegenstand der Theorie. Nach einer *Theorie der Schule* wird nicht nur aus wissenschaftssystematischem Interesse gefragt. Die gegenwärtige Situation von Gesellschaft und Schule erfordert eine Grundbesinnung auf Möglichkeiten und Aufgaben der Schule: In der anstehenden Schulreform müssen Lehrer, Eltern und Politiker, ja die gesamte *Öffentlichkeit*, Maßstäbe und eine Ebene der Verständigung gewinnen, um die verschiedenen Entwürfe, Bestrebungen, Pläne und Forderungen kritisieren und koordinieren zu können. Die Veränderung der Welt bringt es mit sich, daß die Schule nicht nur den Kreis ihrer Inhalte erweitern muß, sondern vor grundsätzlich neue Aufgaben gestellt wird. Es ist die Frage, unter welchen Bedingungen sie diesen Aufgaben gerecht werden und welche Aufgaben sie überhaupt übernehmen kann und wieweit die Befriedigung persönlicher und gesellschaftlicher Bedürfnisse in Übereinstimmung zu bringen ist. Der *Lehrer* soll durch eine Theorie der Schule — gerade auch angesichts der veränderten Bedingungen seiner Arbeit — zu einem angemessenen Aufgaben- und Selbstverständnis gelangen. Einsicht in die Zusammenhänge sollten ihn vor naivem Optimismus wie vor Resignation bewahren. Überall stellt sich die Frage, was Schule ist und sein kann, was sie sein will und sein soll.

Kinder werden in unserer Gesellschaft, damit sie richtig erwachsen werden, zur Schule geschickt. Die → *Familie* vermag die notwendigen Hilfen zum Erwachsenwerden nicht mehr zu leisten — und das wesentlich nicht, weil die Familie sich verändert hat, sondern weil das Erwachsenwerden in dieser Welt besonderer Hilfen bedarf, die nur von einer spezifischen *Institution* zu leisten sind: von der Schule, wie sie im Laufe der Geschichte zu einer bestimmten Gestalt entwickelt worden ist und sich weiter entwickelt.

Schulen entstehen, wo bestimmte Funktionen des Erwachsenenlebens oder das Erwachsenenleben insgesamt sich so sehr differenziert und kompliziert haben, daß der Heranwachsende nicht mehr durch einfaches Mittun in der Familie lernt, was er zum Erwachsensein braucht, sondern ihm dies auf dem besonderen Wege schulischer *Lehre* vermittelt werden muß. Sind alle Schulen in diesem Sinne gleichen Ursprungs, so ist damit noch nicht gesagt, daß diese Feststellung genügt, die Schule von anderen Institutionen eindeutig abzugrenzen und als Gegenstand einer eigenen Theorie zu bestimmen. Da die Lehre in Inhalt und Gestalt auf die jeweilige gesellschaftliche Situation bezogen ist und von bestimmten gesellschaftlichen Bedingungen abhängt und man darüber hinaus selbst in einer noch so einheitlichen geschichtlichen Epoche nicht die Schule allgemein vorfindet, sondern nur diese und jene Schule, wird auch, was Schule ist, nie eindeutig und endgültig auszumachen sein. Diese Schwierigkeit hat die Theorie der Schule allerdings mit der pädagogischen Theorie überhaupt gemein. Dennoch gibt es grundlegende Gemeinsamkeiten, schon in der äußeren Gestalt der Schule. Schulgebäude – alte wie neue – sind gemeinhin von fern als solche zu erkennen, die Atmosphäre der Schule, eine bestimmte äußere Ordnung des Zusammenlebens und der gemeinsamen Arbeit, die Stellung des Lehrers, die Haltung der Schüler, Rhythmus von Unterricht und Pausen, eine bestimmte Abgeschlossenheit, aber auch Öffentlichkeit der Institution Schule, die Planung und Regelung des Lehrbetriebs, schließlich die Ausbildung eines eigenen → *Schulrechts* – dies alles gehört zur Schule. Auch daß unsere Sprache für Institutionen, die sich in vielen Einzelheiten unterscheiden, die gemeinsame Bezeichnung »Schule« bereit hat und daß das (schon oder noch) *Zur-Schule-Gehen*, unabhängig von der Art dieser Schule, offensichtlich einen bestimmten Status im Leben des Kindes und Jugendlichen bezeichnet, der sich sowohl vom Kindsein in der Familie wie von der Notwendigkeit, selbst im Leben der Erwachsenen für sich einstehen zu müssen, unterscheidet, weist auf bestimmte Gemeinsamkeiten hin.

Eine Durchsicht der reichhaltigen Literatur zum Thema Schule macht deutlich, wie groß die Zahl der Teilprobleme im Bereich der Schule ist und daß diese sich auch als solche sinnvoll abhandeln lassen, sie macht aber ebenso deutlich, daß es bisher nicht gelungen ist, einen Konsens über Ansatz und Methode einer Theorie der Schule herzustellen.

Der erste Versuch, den Gegenstand Schule für sich und dabei in einer gewissen Allgemeinheit zu behandeln, findet sich in den 20er Jahren dieses Jahrhunderts bei *J. Gebhard*. Sein Ansatz ist in mehrfacher Weise typisch für viele nachfolgende Versuche: Er tritt nicht mit neuen Forderungen an die Schule heran, sondern mit der Absicht, Schule als das, was sie ist und ihrem Gesetz nach sein muß, zu verstehen. Die besonderen Möglichkeiten der Institution Schule werden in den Blick gerückt, und dennoch wird die Schule im ganzen der erzieherischen Bemühungen gesehen. Die Schule wird nicht auf eine Funktion oder ein Prinzip reduziert, sondern es werden übergreifende Gesichtspunkte herausgearbeitet, die erlauben, Aufgabe und Funktion der Schule im ganzen zu erörtern. Das Aufsuchen typischer Lösungen des Schulproblems in der Vergangenheit soll dem Verständnis von Schule in der Gegenwart dienen.

Gebhard arbeitet vier solcher Lösungen heraus. In je neuem Zusammenspiel, so meint er, bestimmen sie auch jede gegenwärtige Schule. Im Anschluß an *Pestalozzi* wird dargestellt, daß die Schule, indem sie methodisch arbeitet und den Schüler dabei die Erfahrung von der Bedeutung der Methode im Leben gewinnen läßt, etwas leistet, was die Familie grundsätzlich so nicht leisten kann. Im Anschluß an *Schleiermacher* wird gezeigt, daß die Schule, indem sie Ordnung und Inhalte der Gesellschaft repräsentiert, die von den Schülern erlebt und verarbeitet werden, eine entscheidende Hilfe beim Heraustreten aus der Familie in das öffentliche Leben bietet. Im Anschluß an *Rousseau* wird betont, daß die Schule das Recht der Schüler auf ein eigenes Jugendleben respektieren muß. Im Anschluß an den *Neuhumanismus* wird die Schule als Stätte des Geistes, als »zweckfreier Ort höheren geistigen Lebens« dargestellt.

Die weitere Ausarbeitung dieses Ansatzes *(H. Nohl)* erweist, daß diese Aufgliederung nicht zwingend ist und man auch anders akzentuieren kann. Man hat aber auch neue Schwerpunkte gesetzt, die Schule als Stätte der Überlieferung *(M. Stallmann)*, der Kunde *(E. Weniger)*, der Besinnung auf das gelebte Leben *(H. Nohl)* und als zubereiteten Erfahrungsraum *(J. Dewey, H. Heise)* dargestellt. Andere Autoren, die im übrigen diesem Ansatz verpflichtet bleiben, setzen nicht mehr bei der erzieherischen Bedeutung der Schule, sondern — ohne dabei in der Vielfalt der Fächer ihren Ausgangspunkt zu nehmen — bei den Inhalten an. *W. Flitner* geht auf die Ursprünge der Schule zurück, die er für die *Volksschule* vor allem herausgearbeitet hat als Elementarschule, als Schule katechetischer Laienbildung, als realistische *Muttersprachschule* und als Schule der nationalen Geistesbildung. *E. Lichtenstein* unterscheidet die sakrale, die profane und die humanistische Wurzel der Schule und ordnet diesen Wurzeln das Traditionsmotiv, das rationale Motiv und das Bildungsmotiv zu, die von diesen Wurzeln her der Schule immanent seien. *F. Blättner* gliedert die Gesamtaufgabe der Schule als die realistische, die politische, die humanistische, die religiöse und musische Aufgabe. *E. Weniger* schließlich orientiert sich an drei »Schichten des Lehrplans«: Es ginge um das Vermitteln von »Kenntnissen und Fertigkeiten«, um Darstellung der vollen Wirklichkeit in den »geistigen Grundrichtungen« und als »Kunde« und um Konzentration der lebendigen Kräfte der Bildungsmächte im Hinblick auf ein konkretes Bildungsideal, das sich angesichts der gegenwärtigen Aufgaben auf die künftige menschliche Haltung bezieht.

Methodische Voraussetzungen einer Theorie der Schule. Die genannten Beiträge zu einer Theorie der Schule haben die volle Breite historischer Forschung in die Erörterung des Schulproblems eingebracht und über die Bedeutung von Schule entscheidende Aufschlüsse gegeben. Dennoch werden die Gestalt der Schule, der Unterricht als wesentliche Vollzugsweise von Schule und ebenso die gesellschaftliche Abhängigkeit und Bezogenheit der Schule mehr vorausgesetzt als expliziert. Auf die Notwendigkeit, von der gegenwärtigen *Gestalt der Schule* auszugehen und sie im Zusammenhang der jeweiligen *Kultur* zu sehen, hat vor allem *G. Reichwein* hingewiesen, der in den 20er Jahren erstmals grundlegende Erörterungen der Methodologie einer Theorie der Schule veröffentlicht. Er erklärt die Schule in ihrer gegenwärtigen Gestalt geradezu zum bevorzugten Gegenstand pädagogischer Erkenntnis, weil in ihr die sonst im pädagogischen Denken vernachlässigten »Realitäten und praktischen Antriebe in einem begrenzten Lebensraum« geboten sind. Schule ist für *Reichwein* aber nicht bloß eine Summe von empirisch zu erhebenden Tatsachen, sondern ein Lebenszusammenhang, der durch ein eigenes *»telos«*, durch ein »gestaltendes Prinzip« bestimmt ist. Die das Schulwesen »durchwaltende Teleologie ist sein Einheitsprinzip, das es in Gestalt und Gehalt, in seiner Verfassung, seinem inneren Arbeitsbetrieb und seiner Zielsetzung, nach seinen gewordenen Formen und Inhalten wie nach den an seiner Weiterbildung arbeitenden Tendenzen, in seinem Eigenwesen wie in seiner Abhängigkeit von der übrigen Kultur verständlich macht«.

In einer Theorie der Schule sollen wohl die verschiedenen Betrachtungsweisen zusammenwirken – für *Reichwein* sind es die empirische, die genetisch-kausale, die kultursoziologische und die teleologisch-phänomenologische – aber alle anderen müssen notwendig auf letztere bezogen sein. Eine einheitliche Theorie der Schule soll erst durch das Ausgehen von dem eigenen *Sinn* und dem *strukturellen Hauptzug* der gegenwärtigen Schule möglich werden.

Was die Intensität der Reflexion auf die methodischen Voraussetzungen einer Theorie der Schule anbetrifft, hat *Reichwein* bis in die Gegenwart kaum Nachfolger gefunden, wohl aber im Bemühen, die Schule von einem sie bestimmenden Gesetz oder Wesen her zu interpretieren. So konnte man einen ganzen Katalog von *Wesensbestimmungen* zusammenstellen *(W. Kramp)*: Sie soll *Lehr- und Unterrichtsanstalt* sein; sie diene der *Vorbereitung auf das Erwachsenenleben,* insbesondere durch Vermittlung berufsnützlicher Kenntnisse und Fertigkeiten oder der *Überlieferung der Kultur*; sie soll der *Vergeistigung des Individuums* wie der *Reproduktion der jeweiligen Gesellschaftsstruktur* dienen oder schließlich ein *Agens der Weiterentwicklung und Erneuerung des Gemeinwesens* sein.

In einer umfangreichen kritischen Interpretation der bisherigen schul-theoretischen Ansätze hat *Kramp* in jüngster Zeit darauf hingewiesen, daß die Frage nach dem Wesen der Schule für eine wisssenschaftliche Schultheorie keineswegs unumgänglich und der »Wesens«-Begriff als Grundbegriff einer Schultheorie ungeeignet sei: Die vielfältigen Antworten auf die Frage nach dem Wesen der Schule zeigen schon, daß hier nicht das Wesen der Schule überhaupt ermittelt wurde, sondern bestenfalls das Wesen einer bestimmten Schule. Zudem fließt in die Auslegung des vermeintlichen Wesens allzuleicht ein, was dem einzelnen Autor »wesentlich« oder »zentral bedeutsam« erscheint. *Kramp* schlägt vor, von einer formalen Definition auszugehen, etwa von der *W. Schulz'*, in der als Schule jede Institution bezeichnet wird, »in der speziell Unterricht, aber auch andere Formen pädagogisch gemeinter Einflußnahme, relativ unabhängig vom Wechsel der Lehrenden und Lernenden organisiert wird«. Nur wo ein derartiger Gegenstandsbereich »möglichst umfassend, sachangemessen, geordnet und intersubjektiv verstehbar« beschrieben wird, und die Gesetzmäßigkeiten, die zwischen einzelnen Gegenständen bestehen, in einem prinzipiell für empirische Überprüfbarkeit offenen Aussagesystem expliziert werden, könne man von einer wissenschaftlichen Theorie der Schule sprechen. Zu dieser Theorie der Schule könnten und sollten neben den Erziehungswissenschaftlern auch Psychologen, Soziologen, Juristen, Politologen und Wirtschaftswissenschaftler das ihre beitragen. Der erziehungswissenschaftliche Beitrag zu dieser Theorie entstünde unter einer eigenen Fragestellung, die die Schule nicht lediglich als Funktion der Gesellschaft hinnimmt, sondern kritisch danach fragt, inwiefern Schule Hilfe zur *Individuation* und *Personalisation*, zur *Selbstbestimmung*, *Emanzipation* oder *Mündigkeit* leiste.

An diesem strengeren Theorieverständnis ist gewiß die Forderung der *Unterscheidung von beschreibenden, analytischen und kritischen Aussagen* zu akzeptieren, ebenso die Forderung, grundsätzlich ideologische und präskriptive Aussagen von wissenschaftlichen, die auf reine Erkenntnisvermittlung gerichtet sein sollen, zu unterscheiden. Auch sollte man, worauf *Kramp* besonders hinweist, die die *schulische Arbeit bedingenden Faktoren* weitaus genauer analysieren, als es bisher geschehen ist. Ob allerdings die erziehungswissenschaftliche Betrachtungsweise, die nach *Kramps* eigenem Urteil auch die Sinnfrage mit einschließt, angesichts des Gegenstandes Schule, der immer auch von dem Selbstverständnis und dem Willen der beteiligten Personen und Personengruppen abhängt, eine so rigorose Unterscheidung von wissenschaftlichen und vorwissenschaftlichen Aussagen zuläßt, müßte sich in einer entsprechend durchgeführten Theorie erst erweisen. Auf keinen Fall dürften die inhaltlichen Aussagen der Schriften, die dem strengen Wissenschaftsverständnis nicht entsprechen, verlorengehen.

DIE SCHULE ALS WEG DES KINDES. Ein den methodischen Grundlinien *Reichweins* verwandter Entwurf findet sich bei *M. J. Langeveld.* Schule als Institution wird – hier in phänomenologisch-anthropologischer Betrachtungsweise – so untersucht, daß die ihr zugrundeliegende Sinneinheit deutlich wird. Die Schule wird als Stätte des Lehrens und Lernens charakterisiert, aber nicht die Inhalte des Unterrichts oder die Bedeutung des Wissenserwerbs werden zum Gegenstand der Untersuchung gemacht, sondern das Gewinnen eines neuen Weltverhaltens. Letzteres gewinnt der Schüler, indem er sich den Bedingungen des Zusammenlebens und Arbeitens in der Institution Schule unterwirft. Die Einteilung der Zeit in Stunden und Pausen, die Einteilung in Klassen als Stufen auf dem Weg durch diese Institution, die bestimmte Art des Zusammenlebens von Kindern und Jugendlichen untereinander und zugleich mit Erwachsenen, die objektivierte Aufgabenstellung und das Beurteiltwerden der Schüler sind nicht nur äußere Bedingungen der Arbeit der Schule, sondern wesentliche Merkmale dieser Institution, die ihre eigene Bedeutung für die *Anthropogenese* in unserer Welt haben. Wer diese Schule durchlaufen hat, lebt nicht mehr kindlich-naiv und unmittelbar, sondern vermittelt, rationalisiert und intellektualisiert und hat das für unsere moderne Welt konstitutive Denken gelernt. Schule wird als Brücke in die Erwachsenheit gekennzeichnet und die wesentliche Aufgabe der Schule als Intellektualisierung, aber auch Disziplinierung, Kultivierung oder Zivilisierung des Kindes.

Es wird hier sehr nüchtern gesehen, daß die Schule nicht »vom Kinde aus«, sondern als *Einrichtung der Gesellschaft* zu interpretieren ist – abhängig von Gestalt und Bild des Erwachsenen in der Gesellschaft. Dieser Gesichtspunkt wird allerdings eingeschränkt durch die Frage, ob es für Kinder in der Institution Schule »auszuhalten« ist, ob »Schule als Weg des Kindes« überhaupt ein Weg ist, den Kinder gehen können. Es ist die Aufgabe der Schule, die allmähliche Verarbeitung und Übernahme der Maßstäbe und der Ordnung der Erwachsenenwelt zu ermöglichen, ohne daß das Kind zu Schaden kommt.

Dieser Rückgang auf die Schule, wie sie ist, soll notwendige Reformen nicht ausschließen. Wer die Schule aber verändern will, sollte vorher wissen, daß die Schule, wie sie geworden ist, eine ganz bestimmte Funktion für die »Metamorphose des

Kindes zum Kulturmenschen« hat. – Gerade wenn man *Langevelds* Warnung vor einer blinden Veränderung der Schule ernst nimmt, wird man doch seine Gedanken dahin weiterdenken können, daß eine besonnene Veränderung der äußeren Gestalt der Schule und der schulischen Verfahren keine bloß äußere Maßnahme darstellen würde, sondern wesentliche Bedeutung hätte. Der Gedanke, daß Gesellschaften oder Teile der Gesellschaft, die ein verändertes Verhalten der Menschen begründen wollen, sich der Schule bedienen müßten, liegt nahe, wird aber von *Langeveld* nicht erwähnt.

SCHULE IM REGELKREIS. Auf die notwendige und z.T. erst durchzusetzende Wechselwirkung zwischen Schule und Gesellschaft weist *H. v. Hentig* unter dem Titel *»Schule im Regelkreis«* hin. Die Schule soll die Aufgaben, die die Gesellschaft ihr stellt, erfüllen, sie aber auch korrigieren, indem sie auf die freie Mitwirkung in den anderen Lebensbereichen der Gesellschaft vorbereitet. Schule soll als Antwort auf die Veränderungen der Gesellschaft verstanden werden und als Möglichkeit, weitere Veränderungen zu initiieren. Dieser Funktion wird sie nur gerecht werden können, wenn sie »die Angepaßtheit der Schule an sich selbst« überwindet, d. h. die Tatsache, daß sie über der Beschäftigung mit ihren eigenen Problemen, Bedingungen und Schwierigkeiten die Probleme aus dem Auge verliert, auf die sie eine Antwort sein soll. Wie andere Autoren (*M. Stallmann, E. Lichtenstein, H. Schelsky* u.a.) sieht *v. Hentig* die doppelte Aufgabe der Schule darin, die Schüler in die moderne Gesellschaft einzugliedern, zugleich aber ihre künftige *Selbstbestimmung* zu ermöglichen. Die Selbstbestimmung des einzelnen wird als eine Forderung der Gesellschaft begründet und soll durch die *Verfahren der Schule* herausgefordert werden. Weil die Schule, obgleich sie in sich selbst starke Beharrungstendenzen hat, der sich beschleunigenden Veränderung der Welt, der Verwissenschaftlichung und Vergesellschaftung gerecht werden soll, sieht *v. Hentig* seine Aufgabe nicht darin, herauszuarbeiten, was Schule ein für allemal ist. Er will vielmehr dazu beitragen, daß der *Veränderungsprozeß der Schule* in Gang gesetzt wird und in Gang bleibt. – Daß Ausführungen, die mit dieser Tendenz geschrieben werden, weder im Sinn der bloßen Interpretation des Selbstverständnisses von Schule noch im Sinn der Analyse und Kritik bestehender Verhältnisse als Stücke einer Theorie der Schule verstanden werden wollen, versteht sich von selbst. Oft lassen sie nicht mehr erkennen, ob jeweils soziologisch, politologisch oder pädagogisch argumentiert wird, und immer wieder nehmen sie den Charakter eines Entwurfs an, der erst zu realisieren wäre.

Für die neue Schule werden neue *Lernziele* gesetzt, die aber nicht nur durch neue Unterrichtsgegenstände erreicht werden sollen, sondern durch ein neues Verfahren der Schule. Das schulische *Lernen* soll auf »Veränderung des Verhaltens des Menschen durch Erfahrung« abzielen, und die Schüler sollen nicht nur in der Schule, sondern auch an der Schule lernen. Formeln wie »Entschulung der Schule« oder »befreites Lernen« erinnern an ältere, zumal reformpädagogische Ansätze. Allerdings wird anders als dort der Zusammenhang von schulischer Erneuerung und gesellschaftlicher Veränderung gesehen: Einerseits wird die Forderung an die Schule aus einer Analyse der gesellschaftlichen Situation abgeleitet. Andererseits wird aus der Situation der Schule, die in der modernen Industriegesellschaft bis an die Grenzen ihrer — und der Gesellschaft — Leistungsfähigkeit belastet ist, die Notwendigkeit einer Veränderung der Gesellschaft abgeleitet. Die Schule wird ihre Aufgabe nur erfüllen können, wenn die Gesellschaft wieder »erziehlich« wird und der Schule einen Teil ihrer Aufgabe abnimmt.

SCHULE »IM ZEITALTER DER WISSENSCHAFTEN«. Für den Stand der Entwicklung einer deutschen Theorie der Schule in mehrfacher Hinsicht besonders aufschlußreich ist *Theodor Wilhelms* *»Theorie der Schule«*, das einzig breitangelegte Werk der Nachkriegszeit unter diesem Titel. Die Schule wird in Anlehnung an *Langeveld,* aber doch in ganz anderer Weise — da nicht auf die Verfahren der Schule, sondern auf ihre inhaltlichen Aufgaben abgezielt wird — anthropologisch begründet: Da der Mensch nicht nur lernfähig ist, sondern durch Lernen erst in vollem Sinn Mensch wird, ist er, wenn nicht dem Zufall überlassen bleiben soll, was er lernt, auf Schule angewiesen. Nicht Kenntnisse und Fertigkeiten zu vermitteln, ist die erste Aufgabe der Schule, sie soll vielmehr »die Möglichkeit des Menschen, denkend zu existieren und sein Verhalten durch einen geordneten Vorstellungszusammenhang zu fundieren, in einem geplanten ökonomischen Verfahren systematisch ausbilden«. Der *Vorstellungszusammenhang,* der dem Verhalten des einzelnen die nötige Kontinuität und Sicherheit gibt, soll aber nicht einfach überliefert werden, sondern wird durch rationale Arbeit in der Schule gewonnen. Die Ausbildung *kritischen Denkens* und ein differenzierter Aufbau der Vorstellungswelt ist von besonderer Bedeutung in einer Welt, in der wirtschaftliche und politische Kräfte über die Manipulation der Vorstellungswelt Einfluß auf den Menschen zu erlangen suchen. Daher gilt die formulierte Aufgabe für alle Schulgattungen und -stufen. Jede Schule soll im Prinzip *»wissenschaftliche Schule«*

sein, da jedem Schüler die wissenschaftliche Haltung als Haltung der Besonnenheit, Sachlichkeit und Selbstkritik abverlangt werden muß und die Schule angesichts der Verwissenschaftlichung der Welt auf eine »Neuvermessung der Wirklichkeit durch die Wissenschaften« angewiesen ist. Zur Orientierung für die damit notwendige Erneuerung des Lehrplans nennt *Wilhelm* (die Gliederung *Blättners* modifizierend) die *»Horizonte«* des Glaubens, des Rechts (des i. w. S. Politischen), der Strukturen (Mathematik und Naturwissenschaften), der Interpretation, der Kontinuität und der Hygiene (in einem weiten Sinn der Leibeserziehung, Psychohygiene und Freizeithilfe).
Die Aufgabe der Willenserziehung soll sich die Schule ausdrücklich nicht zu eigen machen, da außerschulische Institutionen dafür bessere Voraussetzungen hätten. Auch wie sich der Vorstellungszusammenhang auf das Verhalten auswirkt, ist — obgleich grundsätzlich betont wird, daß hier ein Fundierungsverhältnis besteht — nicht mehr unmittelbar die Sorge der Schule.
Aufschlußreich ist das Werk *Wilhelms* in doppelter Weise. Positiv in der Begründung der Schule nicht von der Bildungsidee, von speziellen Aspekten und Aufgaben, sondern von ihrer *zentralen Funktion* her. Damit ist das grundlegende Stück einer Theorie der Schule, das längst überfällig war, vorgelegt, und zugleich ist erwiesen, wie fruchtbar dieser Ansatz für die speziellen Fragen der Didaktik und Methodik, der Erziehungsplanung, des Lehrplans und der Schulformen ist. Die selbstgestellte Aufgabe ist erfüllt: das Selbstverständnis der Schule neu zu begründen und zu zeigen, daß der Mensch durch die Schule einen für die moderne Welt offenen Vorstellungszusammenhang gewinnen soll, der einerseits in der Kontinuität der Geschichte, andererseits in den Wissenschaften gegründet ist. Das Werk zeigt aber auch, wie schwierig es offensichtlich ist, als einzelner den Gesamtrahmen einer Theorie der Schule auszufüllen. Eine Reihe großer Themen der Schultheorie werden kaum gestreift: die Erörterung methodologischer Fragen, die Bedeutung der Verfahren der Schule, die sozialen Implikationen und die gesellschaftsverändernde Funktion der Schule. Die Darstellung der Schule, wie sie ist, tritt wiederum hinter der Darstellung ihrer Aufgabe zurück, und das Geltenlassen nur einer zentralen Aufgabe der Schule, auf die alles bezogen sein muß, wirkt zumindest einseitig.
Im Zusammenhang einer Theorie der Schule müßte der Ansatz, der die Schule — als Institution und in ihrer äußeren Gestalt — zeigt, wie sie ist *(Reichwein, Langeveld, Kramp)*, und der andere, der die Gesellschaftsbezogenheit

und die Veränderbarkeit der Schule darstellen will *(v. Hentig)*, genauso zur Geltung kommen wie der, der die Grundfunktion der Schule und ihre Wissenschaftsbezogenheit betont. Andere wichtige Themen, die für sich behandelt worden sind, müßten in diesen Zusammenhang hineingenommen werden: → *Sozialisation; soziale Auslese* und *Chancengleichheit (B. Bernstein, H. G. Rolff, H. Schelsky), Schule, Bildungsökonomie* und *Bildungspolitik (H. Becker, H. Berg, G. Bombach, F. Edding), Schulreform (H. G. Rolff), Schulorganisation (H. Scheuerl), Verwaltete Schule (F. Pöggeler, H. Rumpf),* Schule und Recht *(→ Schulrecht) (W. Perschel, E. Stein, M. Stock), Soziale Interaktionen in der Schule (R. Tausch, J. P. Ruppert, P. Fürstenau),* Lehrersein *(→ Lehrer, Lehrerbildung) (H. H. Groothoff, R. Reichwein),* Schülersein *(J. Gamm, C. W. Müller)* u. a.
Die wissenschaftstheoretisch wie schulpolitisch entscheidende Frage ist, ob es in dieser Zeit der Differenzierung der Fragestellungen und der Wissenschaften gelingt, den Zusammenhang der verschiedenen Erörterungen als Antworten auf die Frage nach der Schule so weit zu verdeutlichen, daß in der erziehungswissenschaftlichen wie in der politischen Auseinandersetzung nicht mehr Einzelpositionen oder Einzelprobleme absolut gesetzt werden können.

Schulrecht. BEGRIFF, QUELLEN, SYSTEM. Schulrecht ist der Inbegriff derjenigen Rechtsnormen, die sich speziell auf das Schulwesen beziehen. Von seinem Gegenstand her gewinnt es Profil und Eigenart. In Deutschland gehört es fast ausschließlich zum öffentlichen Recht. Es wird mit verwandten Materien sowohl dem Recht des Bildungswesens und damit dem Kulturverwaltungsrecht als auch dem Erziehungsrecht und damit dem Jugendrecht zugeordnet.
Quellen des Schulrechts sind vor allem die Verfassungen (vgl. Art. 7 GG), die Schulgesetze der Bundesländer, die Vorschriften der Schulbehörden, die Vereinbarungen zwischen den Ländern sowie die Konkordate und Kirchenverträge. Auch zwischenstaatliche Konventionen und Kulturabkommen gehören dazu. Neben dem staatlichen Schulrecht gibt es kirchenrechtliche Schulvorschriften, z. B. über den *Religionsunterricht.*
Herkömmlich wird zwischen innerem und äußerem Schulrecht unterschieden. Dies entspricht etwa einer Differenzierung

zwischen Lehr- und Erziehungstätigkeit einerseits und Schaffung ihrer Voraussetzungen andererseits. Auf diese beziehen sich die Bestimmungen über den Sachaufwand (Schulbau und -unterhaltung einschl. Finanzierung) und die Bereitstellung von Lehrkräften, ferner über Schulorganisation und Schulordnung, die freilich von der Lehr- und Erziehungstätigkeit abhängig sind. Diese Einteilung wird überlagert von dem Recht der Eltern und Schüler sowie dem Lehrerrecht, das zugleich Teil des Beamtenrechts ist. Das Privatschulrecht stellt eine besondere Rechtsmaterie dar.

ENTWICKLUNG. Im Mittelalter waren die Schulen, einschließlich der aufkommenden Stadtschulen, Bestandteil der kirchlichen Ordnung. In der Reformationszeit beanspruchte der protestantische Landesherr als Inhaber der Religionsfürsorge *(cura religionis)* das Recht zur Gestaltung des Schulwesens, das sich in den Kirchenordnungen niederschlug. Seit dem Augsburger Religionsfrieden wurde diese Befugnis im Rahmen der auf ihn übergegangenen Episkopalrechte verstanden. Unter dem Einfluß der Ratsherren-Schrift *Luthers* und der Werke des *Aristoteles* entwickelte sich daneben eine politische Begründung des fürstlichen Schulregiments, das schließlich zu den *iura circa sacra* und damit zu den staatlichen Hoheitsrechten gezählt wurde. Hiermit korrespondierte die mit dem 17. Jh. beginnende Einführung der *Schulpflicht.* Diese Zuordnung stellte jedoch die religiöse Durchdringung der Schule und ihre Verklammerung mit der Kirche nicht in Frage. Im 19. Jh. wurde die vornehmlich von pädagogischer Seite geforderte Trennung von Schule und Kirche stufenweise realisiert. War die Kirche durch die staatliche Oberaufsicht über die Schule schon mediatisiert, so wurde sie nun durch die Erklärung der Schulinspektion zur staatlichen Auftragsangelegenheit weiter verdrängt, bis schließlich auch die Verwendung von Geistlichen in der Ortsschulaufsicht wegfiel (in Preußen erst 1918).

Inzwischen war die Schule in den liberalen Klärungsprozeß des Verhältnisses von Staat und Gesellschaft geraten. Familie und Gemeinde wurden der obrigkeitlichen Schulmacht gegenübergestellt. Das Elternrecht erfuhr eine erhebliche Aufwertung. Indem die Pädagogik auf Beachtung ihrer Einsichten drang, gewann die Lehrerschaft an schulpolitischem Gewicht. In der Idee der Schulgemeinde verdichtete sich das pädagogisch-politische Autonomiestreben, dem sich die Staatspraxis freilich versagte. Nach Überwindung der frühliberalen Staatsschulfremdheit folgte vielmehr eine verstärkte Anerkennung der Bestimmungsgewalt des Staates, der als Rechts- und Verfassungsstaat die freie Entfaltung des einzelnen auch gegenüber der Gesellschaft gewährleisten sollte. Mit Anbruch des Industriezeitalters vermochte er, auf die Leistungen seiner Bürger angewiesen und mit der sozialen Frage konfrontiert, weniger denn je seinen Einfluß im Schulwesen zu reduzieren. Im konstitutionellen System blieb dieses weitgehend eine Domäne der Exekutive; eine Willkürverwaltung bedeutete dies indes nicht.

Die Schulartikel der Weimarer Verfassung haben die staatliche Schulhoheit gefestigt. Das den Eltern gewährte, in seinen Ausmaßen umstrittene Recht auf Einrichtung öffentlicher Bekenntnisschulen wurde nicht wirksam, weil das Reichsvolksschulgesetz an kulturpolitischen Gegensätzen scheiterte. Das Grundgesetz lehnt sich an die überkommene Konzeption an, versetzt jedoch Akzente und vergrößert den Dispositionsraum der Länder. Den Anpassungen und Verbesserungen des Landesschulrechts folgen seit Mitte der 60er Jahre stärkere Veränderungen, die dem Streben nach leistungsfähigen Schulsystemen und gerechten Bildungschancen dienen sollen. Sie haben zu einer Minderung der konfessionellen Prägung des öffentlichen Schulwesens geführt. Die Verfassungslage hat überdies eine Verrechtlichung der Positionen von Eltern und Schülern bewirkt. Inwieweit sie zu einer effektiven Mitbestimmung der Schulinteressenten nötigt, ist allerdings umstritten.

Die Schule als Gegenstand des Rechts. Die Beziehungen von Recht und → *Schule* zu klären ist Aufgabe sowohl der Rechtstheorie als auch der Theorie der Schule. Die Schule ist keine normfreie Enklave des sozialen Lebens; ohne eine allgemeinverbindliche Ordnung hätte sie keinen Bestand. Zumal in der Massengesellschaft ist sie nur als geordnete und verwaltete Einrichtung denkbar. Das Schulrecht hat aber nicht nur die technische Funktion, schulbetriebliche Abläufe zu regulieren. Vielmehr steckt es im Spannungsfeld der Schulinteressenten Grenzen ab. Es markiert und realisiert die sozialen Anforderungen, in deren Rahmen sich auch die Frage nach den Freiheiten des einzelnen erhebt. Hier ist das Schulrecht politische Entscheidung unter dem Aspekt aufgegebener gerechter Ordnung. Es ist mißverständlich, das Schulrecht nur als eine »äußere Hülle« anzusehen, der ein impermeabler Innenbereich gegenübersteht. Die Schule ist weder pädagogisch noch politisch eine autonome Provinz. Allerdings hat sich das Schulrecht schon um seiner Effizienz willen an den Strukturen der Schule zu orientieren und jenen kreativen Raum der Bildung zu berücksichtigen, ohne den es letztlich selbst verkümmern würde. Insoweit erhellt eine wechselseitige Bedingtheit von Schule und Schulrecht.

Schulrecht

SCHULVERFASSUNG UND SCHULINTERESSENTEN. Die Grundsätze des Schulrechts ergeben sich aus der geltenden Schulverfassung, die im Rahmen der Staatsverfassung zu verstehen ist. Sie regelt Abgrenzung und Teilhabe der Schulinteressenten. In sie fügen sich die Institutionen des Schulrechts ein.

1. Staat, Eltern, Schüler. Der *Staat* ist nach Art. 7 Abs. 1 GG Inhaber der Aufsicht über das gesamte Schulwesen. Dies bedeutet jedenfalls für die öffentlichen Schulen nicht nur Kontrolle, sondern auch Gestaltung des Schulwesens durch den Staat. Seine Stellung resultiert weniger aus dem Unvermögen der heutigen Familie zu einer hinreichenden Ausbildung und Erziehung als aus der sozialen Bedeutung der Schule. Der Schulanspruch des Staates rechtfertigt sich aus seiner Selbsterhaltung und Selbstverwirklichung. Als Sozialstaat hat er Bildungsvorsorge zu leisten und Bildungsgerechtigkeit anzustreben. Als Rechtsstaat ist er gehalten, die gewährleisteten Freiheiten zu achten und zu schützen. Ohne Inpflichtnahme des Bürgers kann er dies nicht realisieren, und ohne Dispositionsbefugnis wäre die politische Integration nicht vollziehbar und die demokratische Willensbildung ohne Spielraum. Der Staat ist deshalb nicht bloßer Bildungsmakler, Koordinator der Bildungsinteressen, Organisator und Finanzier, sondern er hat eine gebundene Schulgestaltungsmacht, die sich auf die → *Bildungsplanung* ebenso wie auf die Schulorganisation und die Lehrstoffe erstreckt. Er ist befugt, die Anforderungen an → *Bildung* und Ausbildung festzustellen. Er darf eine an seinen verfassungsmäßigen Aufgaben orientierte *Erziehung* erstreben. Dabei sind jene Zielvorstellungen beachtlich, die in einer Reihe von Länderverfassungen für die Schularbeit festgestellt sind. Eine Erziehung im Sinne einer spezifischen Weltanschauung oder Glaubensrichtung ist ausgeschlossen.

Die *Eltern* sind durch die *Schulpflicht,* darüber hinaus durch ihre Fürsorgepflicht gehalten, für die Schulerziehung ihrer Kinder zu sorgen. Grundsätzlich wird das in Art. 6 Abs. 2 GG garantierte *Elternrecht* zur Pflege und Erziehung durch die Schulgewalt des Staates eingeschränkt. Dabei hat diese den typischen Bereich häuslicher Erziehung zu respektieren; das außerschulische Verhalten fällt regelmäßig nicht in die Schulsphäre. Umstritten ist die Frage, ob sich die elterlichen Befugnisse auch auf die Ausübung von Grundrechten der Schüler innerhalb der Schule erstrecken oder ob diese insoweit schon »grundrechtsmündig« sind. Jedenfalls ist den Eltern ein Entscheidungsrecht über die Auswahl von Schulart und Fachrichtung zuzugestehen. Sie nehmen dabei zugleich das Recht des Kindes auf Wahl der Ausbildungsstätte im Sinne des

Art. 12 Abs. 1 GG wahr. Ein Recht zur Bestimmung des *Religionsunterrichts* steht ihnen nur bis zum vollendeten 14. Lebensjahr des Kindes zu (§ 5 des Gesetzes über die religiöse Kindererziehung). Zur Entscheidung über den konfessionellen Schulcharakter und zu den elterlichen Mitwirkungsrechten in der Schule vgl. SCHULVERFASSUNG UND SCHULORGANISATION, 1. und 2.

Der *Schüler*, der aufgrund von Schulpflicht oder Wahl die öffentliche Schule besucht, verwirklicht damit auch sein Recht auf Schulausbildung innerhalb der vorhandenen Möglichkeiten. Dieses Recht findet seine Grenzen an sachgerechten Befähigungs- und Leistungsnachweisen. Ist der Schüler in das Schulverhältnis eingetreten, so unterliegt er der Schulgewalt. Er ist zwar Inhaber von Grundrechten, die selbst auszuüben ihm eine verbreitete Ansicht zuspricht. Doch werden sie durch die Zwecke der vom Grundgesetz anerkannten Institution der Schule eingeschränkt. Zu ihnen gehört die Sorge um Bildung und Ausbildung sowie um Erziehung zur Selbstverantwortung und zur Erfüllung staatsbürgerlicher Pflichten. Sie sind nicht ohne bestimmte Leistungs- und Verhaltensanforderungen zu erfüllen. Eine neuere Lehrmeinung gestattet den Schülern einen intensiven Grundrechtsgebrauch zur Erlangung der erstrebten *Mündigkeit*, der um dieses Zieles willen nur geringe Einschränkungen verträgt. Es geht dabei vor allem um die Meinungs- und Pressefreiheit (bei Schülerzeitungen) und die Vereinigungs- und Versammlungsfreiheit (bei der Betätigung politischer Schülergruppen, Teilnahme an Demonstrationen u. a.). Sieht man davon ab, daß die Übungssituation dem Grundrechtsgebrauch in seiner Effektivität Grenzen setzt, so muß die Schulerziehung auch berücksichtigen, daß die Verfassung nicht nur Freiheiten, sondern auch Bindungen kennt. Angemessene Ordnungs- und Strafmaßnahmen sind zulässig, ein Schulverweis aber nur aus gravierenden Gründen. Die Prügelstrafe ist nunmehr in allen Bundesländern vollständig abgeschafft. Zur Schülermitverwaltung vgl. SCHULVERFASSUNG UND SCHULORGANISATION, 2.

2. Der Status des Lehrers. Der im öffentlichen Dienst tätige → *Lehrer* nimmt in unmittelbarer Begegnung mit dem Schüler die Befugnisse und Pflichten des Staates bei der Schulbildung wahr. Er hat sich deshalb an die Grenzen zu halten, die diesem hinsichtlich der Schüler und Eltern gesetzt sind. Hiervon ist die Frage zu unterscheiden, ob der dem Beamtenrecht unterstehende Lehrer seinem Dienstherrn gegenüber besondere Freiheiten beanspruchen darf. Im Grundgesetz findet sich eine entsprechende Verbürgung richtiger Ansicht nach nicht, doch wird eine Dispositionsbefugnis in verschiedenen Landesschulgesetzen unter Bezugnahme auf eine *pädagogische Freiheit des Lehrers* erwähnt. Anzuerkennen ist, daß dessen Wirksamkeit einen Ermessensspielraum voraussetzt. Insbesondere erfordert eine rechtsstaatliche Erziehung hinsichtlich des Schülers ein gewisses Maß an Kooperationsmöglichkeit. Insoweit sind die beamtenrechtlichen Weisungsbefugnisse modifiziert. Andererseits würde eine umfassende Lehrziel- und Methodenfreiheit die notwendige Einheit der Bildungsbemühungen auflösen, die Bildungsansprüche des Staates und anderer Interessenten gefährden und der zwangsweisen Zuordnung von Lehrern und Schülern widersprechen. Die kollektive Mitwirkung der Lehrer an pädagogischen Entscheidungen im Rahmen der Klassen- und Schulkonferenzen wird als Konsequenz des erwähnten Spielraums verstanden.

3. Die Kirche in der Schulverfassung. Während die katholische Kirche Erziehungsanliegen im Sinne ihres Wahrheitsanspruchs geltend macht *(→ Katholische Pädagogik),* neigt die evangelische Kirche ihrem Selbstverständnis entsprechend zu einer offenen, »dialogischen« Schulgestaltung. Der Abbau der staatlichen Kirchenhoheit hat unbeschadet der Gewissens- und Glaubensfreiheit die Entfaltungs- und Wirkungsmöglichkeiten der *Kirchen* im öffentlichen Leben gefördert. Dies hat sich mitunter in den Schulrechtsordnungen der Länder niedergeschlagen, die freilich an die Verpflichtungen zur Bildungsvorsorge, Neutralität und grundsätzlichen Wahrung der staatlichen Schulhoheit gebunden sind. In Kirchenverträgen und Konkordaten haben sich mehrere Länder zur Einhaltung bestimmter Regeln der Schulgestaltung bereit gefunden. Die Privatschulfreiheit garantiert den Kirchen einen Aktionsraum, der für sie um so wichtiger ist, je mehr die Bekenntnisschule der christlichen Gemeinschaftsschule im Bereich der öffentlichen Volksschule weichen muß. Eine besondere Stellung nimmt der *Religionsunterricht* ein, der an den öffentlichen Schulen — mit Ausnahme der bekenntnisfreien Schulen — ordentliches Lehrfach ist (Art. 7 Abs. 3 GG). Für Berlin und Bremen gelten Sonderregelungen (Art. 141 GG). Die Kirchen dürfen die Tätigkeit des Religionslehrers von einer Ermächtigung *(missio canonica, vocatio)* abhängig machen. Da der Religionsunterricht mit den Grundsätzen des Bekenntnisses übereinstimmen muß, wird den Kirchen ein Informations- und Beanstandungsrecht sowie ein Mitspracherecht bei Lehrplänen und Lehrbüchern eingeräumt. Vertreter der Kirchen wirken in Prüfungskommissionen für Religionslehrer und auch in Ausschüssen, Beiräten usw. der Schulorganisation mit. Was für die Kirchen zutrifft, gilt in der Regel auch für andere Religions- und für Weltanschauungsgemeinschaften.

SCHULVERFASSUNG UND SCHULORGANISATION. 1. *Aufbau und Gliederung des Schulwesens.*

a) Öffentliche Schulen

Die Schulverfassung findet auch in Aufbau und Gliederung des Schulwesens ihren Ausdruck. Die Bundesländer, in deren Zuständigkeit sie fallen, haben generell eine dem Sozial- und Kulturstaatsprinzip entsprechende und in einigen Länderverfassungen ausdrücklich festgestellte Pflicht zur Bereitstellung eines den wirtschaftlichen und kulturellen Bedürfnissen entsprechenden Schulsystems. Ein Anspruch etwa der Eltern auf bestimmte Schulen besteht aber nicht. Bei vielfältigen Unterschieden im Schulwesen der Länder gibt es gemeinsame Grundlagen, die durch Ländervereinbarungen (z. B. Hamburger Abkommen 1964) noch verstärkt worden sind. Auf dem Gebiet der allgemeinbildenden Schulen ist noch immer die traditionelle Dreigliederung maßgeblich: Volksschule (→ *Grund-* und → *Hauptschule*), → *Realschule* und Höhere Schule (weiterführende Schulen). Allerdings hat die notwendige Steigerung der Leistungsfähigkeit aufgrund der Schulentwicklungspläne im letzten Jahrzehnt zur Zusammenlegung wenig gegliederter Schulen (»Zwergschulen«) zu Mittelpunktschulen und zu stärkeren Differenzierungen (Mehrzügigkeit, Wahlfächer) geführt. Gemäß den Empfehlungen der Bildungskommission des *Deutschen Bildungsrats* vom Januar 1969 wird mit → *Gesamtschulen* experimentiert, die jedenfalls in ihrer integrierten Version optimale Durchlässigkeit und damit *Chancengleichheit* sowie individuelle Bildung ermöglichen sollen. Sie sind schulpolitisch und rechtlich noch umstritten. – Das → *Berufsschulwesen* hat einen eigenen Aufbau.

Hinsichtlich des konfessionellen Charakters der öffentlichen Schulen werden bekenntnisfreie (weltliche) und christliche Gemeinschaftsschulen, Bekenntnisschulen und Weltanschauungsschulen unterschieden. Bekenntnisschulen in formellem Sinn sind durch die Konfessionszugehörigkeit von Lehrern und Schülern, solche in materiellem Sinn dadurch definiert, daß der Unterricht im Geist des entsprechenden Bekenntnisses zu erfolgen hat. Ein Recht der Eltern auf Einrichtung von *Bekenntnisschulen* (konfessionelles Elternrecht) besteht nach dem Grundgesetz nicht. Umstritten ist andererseits, inwieweit der Staat durch die Gewissensfreiheit (Art. 4 Abs. 1 GG) in seiner Schulgestaltung beschränkt ist, in welchem Umfang er etwa Gemeinschaftsschulen anzubieten hat und wie sie geprägt sein müssen. Indes ist die Gestaltung des öffentlichen Volksschulwesens innerhalb eines durch die konfessionelle Situation des Landes abgesteckten Rahmens dem Landesgesetzgeber überantwortet. Er darf sich allerdings über gewisse Minoritätsgarantien (Diskriminierungs- und Missionierungsverbot) nicht hinwegsetzen. In der Tat bietet er unterschiedliche Lösungen an. Dabei dominiert die *christliche Gemeinschaftsschule*. Sie ist ausschließliche Form z. B. in Baden-Württemberg, Hessen und Schleswig-Holstein. Bayern hat sich neuerdings angeschlossen, doch sind Bekenntnisklassen vorgesehen. In Niedersachsen ist sie als »Schule für Schüler aller Bekenntnisse« Regelschule, auf Antrag können Grundschulen aber auch als »Schulen für Schüler des gleichen Bekenntnisses« eingerichtet werden. In Rheinland-Pfalz, im Saarland und für die Grundschule in Nordrhein-Westfalen stehen verschiedene Schulformen den Erziehungsberechtigten zur Wahl.

b) Privatschulen

Das Recht zur Errichtung von *Privatschulen* wird vom Grundgesetz garantiert (Art. 7 Abs. 4 GG). Sie erhalten ihre Prägung in Organisation, Betrieb, Methode und Zielsetzung vom privaten Schulträger. Sie werden heute als »freie Schulen« angesehen, während sie früher wegen der Dispositionsbefugnis des Schulträgers für weniger frei als die Staatsschulen galten. Die Privatschulen bieten dort Alternativen, wo das öffentliche Schulwesen Gestaltungsmöglichkeiten, etwa hinsichtlich des Bekenntnisses, versagt. Privatschulen als Ersatz für öffentliche Schulen (»Ersatzschulen«) bedürfen einer Genehmigung, die unter bestimmten Voraussetzungen erteilt werden muß. Eine private Volksschule ist nur zuzulassen, wenn die Unterrichtsverwaltung ein besonderes pädagogisches Interesse anerkennt oder wenn sie als Gemeinschafts-, Bekenntnis- oder Weltanschauungsschule errichtet werden soll und eine öffentliche Volksschule dieser Art in der Gemeinde nicht besteht (Art. 7 Abs. 5 GG). Im Rahmen der Genehmigungsvoraussetzungen übt der Staat auch über Privatschulen die Schulaufsicht aus. Akte wie Versetzungs- und Prüfungsentscheidungen können durch Anerkennung der Privatschule denen einer öffentlichen Schule gleichgestellt werden (»anerkannte Privatschule«). Für Ersatzschulen wird ein Rechtsanspruch auf Subventionierung durch die öffentliche Hand aus der Freiheitsgarantie hergeleitet. Die öffentliche Aufgabenstellung der anerkannten Ersatzschule hat dazu geführt, daß manche ihrer Entscheidungen als Verwaltungsakte verwaltungsgerichtlich überprüft werden können.

2. *Selbstverwaltung und Demokratisierung der Schule.* Eine Selbstbestimmung kann der Schule auch bei Anerkennung eigener Funktions- und Wirkungszusammenhänge nicht zugebilligt werden. Ein der Universitätsautonomie vergleichbares

Recht steht ihr z. Z. nicht zu. Doch kann der Landesgesetzgeber ihr eine begrenzte Regelungs- und Entscheidungsbefugnis einräumen, um so einem situationsfernen Dirigismus zu wehren und der Subtilität, Spontaneität und Singularität der pädagogischen Vorgänge gerechter zu werden. Innerhalb dieser Bewegungsfreiheit vollzieht sich auch die Mitwirkung der Schulinteressenten an Schularbeit und Schulverwaltung. Mit dem hierfür herkömmlich verwendeten Begriff »Demokratisierung der Schule« werden heute allerdings oft viel weitgehendere Forderungen verbunden, die auf eine effektive Mitentscheidung von Schülern, Eltern und Lehrern in allen Schulangelegenheiten abzielen. Es ist jedoch zu bedenken, daß die parlamentarische Demokratie im Sinne des Grundgesetzes einer Mitbestimmung an öffentlichen Institutionen Schranken setzt, die sich auch mit dem Hinweis auf einen demokratischen Erziehungsauftrag nicht überspielen lassen. Art. 7 Abs. 1 GG verhindert die Entlassung der Schule aus der Verantwortung einer parlamentarischen Regierung.

Die gesetzlich vorgesehene Mitwirkung der Lehrer erfolgt vor allem in Form der kollegialen Schulleitung, in der ein Teil der Entscheidungen auf die Sachkundigen der vordersten Bildungsfront verlagert wird. Die Mitarbeit der Eltern bezweckt dagegen den Ausgleich mit diesen wichtigsten außerstaatlichen Erziehungsinteressenten. Sie erfolgt auf mehreren Ebenen. Die *Elternbeiräte* an den einzelnen Schulen dienen dem Einvernehmen zwischen Schule und Elternhaus. Neben den Elternbeiräten auf Landesebene gibt es *Landesschulbeiräte*, die die wesentlichen Schulinteressenten berücksichtigen und in der Regel begutachtende Funktion haben. Ferner sind die auf Orts- und Schulebene gebildeten Verwaltungsgremien wie Ortsschulräte, Pflegschaften und Schulvorstände hervorzuheben, denen Vertreter der Elternschaft, der Lehrerschaft usw. angehören.

Die *Schülermitverwaltung*, deren Zuständigkeiten in den letzten Jahren erweitert worden sind, soll die Schüler an der Gestaltung des Schullebens beteiligen. Neuerdings werden Mitbestimmungsrechte in Lehrplan-, Personal- und Disziplinarangelegenheiten gefordert. Ihre verfassungsrechtliche Zulässigkeit ist zu bezweifeln.

Schule und Staatsaufbau. 1. *Schule und kommunale Selbstverwaltung.* Die Gemeinden und Gemeindeverbände, eingeordnet in den Staatsorganismus, sind als Träger der lokalen Selbstverwaltung seit jeher mit dem Schulwesen befaßt. Die Besorgung der inneren, die pädagogische Tätigkeit betreffenden Angelegenheiten steht ihnen jedoch nicht zu. Vielmehr obliegen ihnen die äußeren Schulangelegenheiten, d. h. die

Unterhaltung und Verwaltung der Schulen, soweit der Staat sich nicht selbst die Schulträgerschaft vorbehalten hat (staatliche Schulen) oder sie mit den Gemeinden teilt (staatskommunale Schulen). Die staatliche Verantwortung für den inneren Schulbetrieb ermöglicht Organisationsakte wie Errichtung und Erweiterung von Schulen durch die Schulaufsichtsbehörden, denen die kommunalen Befugnisse nachgehen. In vielen Bundesländern werden die Personalkosten vom Staat aufgebracht und Zuschüsse zu den Sachkosten der Gemeindeschulen geleistet. Den Gemeinden sind häufig Mitwirkungsrechte bei der Bestellung von Schulleitern und Lehrkräften eingeräumt. Sie können auch mit Aufgaben der Schulaufsicht über innere Angelegenheiten betraut werden, die sie dann im Auftrag des Staates wahrnehmen.

2. *Schule und bundesstaatliche Ordnung*. Träger der Schulhoheit sind die Länder, sie haben die ausschließliche Kompetenz zur Schulgesetzgebung und -verwaltung (Art. 30, 70 ff, 83 ff GG). Die Erfordernisse einheitlicher Strukturen, umfassender Planungen und hoher Finanzaufwendungen bringen den Schulföderalismus in gewisse Schwierigkeiten, die nur in Zusammenarbeit von Bund und Ländern zu lösen sind. Diese wird auf Länderebene durch Abkommen und durch Beschlüsse der *Ständigen Konferenz der Kultusminister* seit langem praktiziert. Auch der Bund wird einbezogen. So trägt er den *Deutschen Bildungsrat* mit, der sachverständige Empfehlungen für die → *Bildungsplanung* ausarbeitet. Seit 1969 beruht die Kooperation zwischen Bund und Ländern in diesem Bereich auf einer festen Verfassungsbasis (Art. 91 b GG). Nunmehr bemühen sich ihre Vertreter in einer gemeinsamen Kommission um einen *Bildungsgesamtplan.*

RECHTSSCHUTZ IM SCHULBEREICH. Die rechtsstaatliche Konzeption des Grundgesetzes drückt sich nicht nur in einer Verrechtlichung des Schulwesens, sondern auch in einer erheblichen Erweiterung des justiziellen Rechtsschutzes im Schulbereich aus. Im Mittelpunkt steht die Rechtsprechung der Verwaltungsgerichte zu den inneren Schulangelegenheiten. Justiziabel sind hier zunächst alle Maßnahmen, die das Schulverhältnis des Schülers als solches berühren, d. h. begründen, verändern oder aufheben. Beispiele sind die Ablehnung der Aufnahme in eine weiterführende Schule, die Einweisung in eine Sonderschule, die Versagung von Versetzungen und Abschlußzeugnissen, der Schulverweis. Justiziabel sind aber auch alle Entscheidungen, die darüber hinaus Rechtspositionen von Eltern, Schülern usw. betreffen, etwa das Grundrecht der Gewissensfreiheit. Bei der Beurteilung der Begründetheit der Klage wird der Schule

(Lehrern, Konferenzen) hinsichtlich ihrer Leistungs- und Disziplinarentscheidungen ein nicht unerheblicher Spielraum zugestanden. Dem Gericht ist es hier nur möglich, eine Prüfung unter den Gesichtspunkten von Willkür, Mißbrauch und Logik sowie der Einhaltung des Gleichheitssatzes und des Verhältnismäßigkeitsprinzips vorzunehmen. Bei Eingriffen in Grundrechte steht u. U. die Verfassungsbeschwerde zum Bundesverfassungsgericht offen.

Sonderpädagogik (Behindertenpädagogik). Schon im Altertum wurden die schicksalhaften Beeinträchtigungen in der Wesensverwirklichung des Menschen nicht einfach hingenommen. Man flehte die Götter an, angeborene oder erworbene Leiden wie Stummheit, Besessenheit, Blindheit und körperlichen Mißwuchs durch Wundertat zu heilen. Gleichzeitig versuchte man aber auch schon, mit Hilfe von Wissenschaften gegen diese und andere Leiden anzugehen.

Die Medizin kann erstaunliche Leistungen vorweisen. Gleichwohl ist es ihr bislang nicht gelungen, die genannten Übel zu besiegen, d. h. die körperlichen, geistigen und seelischen Behinderungen in nennenswertem Umfang heilbar zu machen. Wer schwachsinnig ist, bleibt es, wer blind ist, bleibt blind, und wer taub ist, bleibt taub (wenn man von den zwar erfreulichen, aber zahlenmäßig sehr begrenzten Heilungsmöglichkeiten absehen will, die unter ganz bestimmten Bedingungen möglich sind).

Die innere Einstellung zum behinderten Menschen und das in den allgemeinen Verhaltensmustern festgelegte Verhalten ihm gegenüber variiert von Epoche zu Epoche.

Vom Ende des 18. Jhs. an wurde nach sporadisch unternommenen Versuchen offenbar, daß bei seelischen, geistigen oder körperlichen Entwicklungsabweichungen der Einsatz bestimmter pädagogischer Verfahren von erheblichem Nutzen sein kann: Schwachsinnige wurden durch besondere pädagogische Einwirkung zu einfachen geistigen Leistungen befähigt, obgleich sie zuvor im gewöhnlichen Unterricht völlig versagt hatten oder erst gar nicht in diesen aufgenommen worden waren. Von Geburt an taube Kinder lernten – was niemand für möglich gehalten hätte – sprechen. Blinde Kinder lernten, zwar nach einer besonderen (tastbaren) Schrift, aber ungefähr so schnell wie sehende Kinder lesen und schreiben, und schwer körperbehinderte Kinder lernten, ihre allem Anschein nach funktionsuntüchtigen Gliedmaßen fast wie unbehinderte Kinder zu gebrauchen. Wo solches geschehen kann, so meinte man, werde auch Heilung möglich sein. Darum wurden die pädagogischen Verfahren, die auf eine Heilung entwicklungsgefährdender Störungen gerichtet waren, unter dem Namen *Heilpädagogik (J. D. Georgens* und *H. M. Deinhardt* 1861) zusammengefaßt.

In welch buchstäblichem Sinne man im vorigen Jahrhundert aus pädagogischer Einwirkung eine Heilung erwartete, geht etwa aus dem programmatisch gemeinten Titel eines Buches von *C. W. Saegert* hervor, *»Über die Heilung des Blödsinns auf intellectuellem Wege«* (1845/46; gemeint war die Heilung mit Hilfe pädagogischer statt medizinischer Mittel). Ebenso glaubte man damals, den Kretinismus — jene furchtbare Geißel der Alpentäler, die durch Jodsalzgaben ins Trinkwasser inzwischen besiegt wurde — durch eine kombinierte pädagogisch-medizinische Behandlung überwinden zu können (*J. J. Guggenbühl* 1840). Auch meinte man, durch pädagogisch systematisierte Hörübungen die Taubheit gleichsam wegüben zu können (*v. Urbantschitsch* 1888). Die älteren Heilpädagogen sahen in der Heilpädagogik im wesentlichen ein auf Heilung abzielendes pädagogisches Lehrsystem und Handlungsfeld.

Es hat sich gezeigt, daß jener Optimismus, dem die Sonderpädagogik ihren früheren Namen verdankt, durch die Wirklichkeit nicht hinreichend gerechtfertigt wird. Was »heilpädagogische« Verfahren zu erreichen vermögen, ist eben kaum jemals Heilung. Wohl aber sind sie geeignet, die Folgeerscheinungen der Grundbehinderungen teils zu beheben, teils wesentlich zu bessern.

Es wurden mannigfaltige Versuche unternommen, den Begriff Heil-Pädagogik durch außerhalb der pädagogischen Begrifflichkeit liegende Sinngebungen zu stützen. Das geschah etwa dadurch, daß die »Heil«-Pädagogik auf die christliche Heilslehre bezogen wurde (*L. Bopp, Allgemeine Heilpädagogik,* 1930), daß die Heilpädagogik als »Hilfe dem heilenden Leben« definiert wurde (*G. Lesemann, Heilpädagogik unter dem Aspekt Hilfe dem heilenden Leben,* in: Zeitschft. f. Heilpädagogik, 1952), oder es wurden die Begriffe Heilen und Bessern schlicht als identisch erklärt (*R. Allers, Heilerziehung bei Abwegigkeit des Charakters,* o. J. [1927]). Demgegenüber drängt sich der Einwand auf, daß diejenige pädagogische Disziplin, die behinderten Kindern zu helfen versucht, unbedingt eine unmißverständliche Bezeichnung braucht, die nicht mehr verheißt, als ihre Mittel hergeben. Die überaus schwierige Arbeit der Lehrer an Gehörlosen-, Blinden-, Lernbehinderten-, Sprachgeschädigten- und anderen → *Sonder-Schulen* einschließlich der Schulen im Jugendstrafvollzug wird um die verdiente öffentliche Anerkennung gebracht, wenn die Gesellschaft die an sich erstaunlichen Ergebnisse dieser Arbeit an dem unhaltbaren Heilungsanspruch mißt, den der Name Heilpädagogik suggeriert.

Sieht man einmal von Verhaltensstörungen und bestimmten Sprachstörungen ab, die sich unter der Hand des Sonderschullehrers in manchen Fällen tatsächlich als heilbar erweisen, dann liegt die wichtigste Aufgabe der Pädagogik bei behinderten Kindern gerade darin, »nach den Möglichkeiten der Erziehung zu suchen, wo etwas Unheilbares vorliegt« (*P. Moor* 1957).

Ihrer eigentlichen Aufgabe kann die Pädagogik bei entwicklungsgestörten Kindern aber nur gerecht werden, wenn sie den ganzen Menschen (und nicht nur seine Versehrtheit) im Blick behält. Der Blinde ist nicht ein unversehrter Mensch minus Sehfähigkeit und der Schwachsinnige nicht einfach ein solcher minus Normalintelligenz, sondern das Blindsein formt den Blinden Tag für Tag in bestimmter Weise, auch wenn er erst im Reifealter blind wurde, und das Wesen des Geistigbehinderten zeigt nicht nur im Geistigen, sondern in vielen Seinsbereichen auffällige Merkmale geringerer Differenzierung. Wird schon die personale Struktur des erwachsenen Menschen durch eine schwere körperliche oder geistige Beeinträchtigung verändert, so wiegen die Folgen beim Kinde ungleich schwerer. Die Entwicklung *(Onto-Genese)* des Kindes erfährt durch eine körperliche, geistige oder seelische Störung leicht eine Verbiegung. Jener »Entwicklung« genannte historisch-soziale Prozeß der Genese verläuft nun anders. Der Fächer der Entwicklungsmöglichkeiten wird schmaler, mit anderen Worten: Der betroffene Mensch wird in seiner Freiheit gemindert.

Die Lebensberichte über entwicklungsgestörte Kinder machen diese Problematik immer wieder auf tragische Weise deutlich: Der Junge H. entwickelt sich im Elternhaus und im Spielkreis der Wohnstraße als freundliches Kind. Die Einschulung macht ihm Freude. Da zeigt sich, daß H. nicht gut lesen und schreiben lernt. Er versagt, fühlt sich überfordert und wird zum Störer. H. bleibt sitzen; danach arbeitet er auch in den Unterrichtsbereichen nicht mehr so recht mit, die ihm an sich zugänglich sind. Er wird grob erziehungsschwierig. Als er in eine Klasse für Erziehungsschwierige überwiesen werden soll, wird Lese-Rechtschreibe-Schwäche festgestellt. Eine gründliche Einzel-, später Gruppenbehandlung kann diese zwar nicht beseitigen, die schriftsprachlichen Leistungen von H. aber so weit bessern, daß der Junge wieder Zutrauen zu sich und seiner Leistung faßt. Die Verhaltensschwierigkeiten klingen ab, er arbeitet in der Schule wieder mit und erreicht den Volksschulabschluß mit zwei Jahren Verspätung. — Die »besondere« pädagogische Behandlung hat an dem Bestehen einer Lese-Rechtschreibe-Schwäche wenig ändern können, aber sie konnte (durch geduldiges Training der vorhandenen geringen Fähigkeit zu optisch-akustischer Gestaltgliederung, Abbau der sekundär-neurotischen Ressentiments gegen alles Schriftsprachliche, Verwendung speziell durchdachter Arbeitsmittel) das individuell mögliche Optimum an schriftsprachlicher Leistung bei H. erreichen und für seine Bildung nutzbar machen.

Der Schweizer Pädagoge *Heinrich Hanselmann* (1885—1960) traf sicher eine gute Wahl, als er »Heil-« durch »Sonder-« Erziehung ersetzte (1941). Mit dem Präfix »Sonder-« wird die besondere Anwendung der üblichen pädagogischen Mittel hervorgehoben. Außerdem wird mit »Sonder-« die relative und zeitweilige Besonderung angesprochen, in der sich die Schulerziehung behinderter Kinder und Jugendlicher oft vollziehen muß; möglicherweise auch die Sonderstellung, in die der Behinderte im sozialen Feld leicht gerät. Schon Jahrzehnte vorher waren die Schulen, in denen behinderte Kinder unterrichtet und erzogen werden, als → *Sonderschulen* bezeichnet worden.

EINZELPROBLEME. Die wesentlichen *Entwicklungsbeeinträchtigungen* (Behinderungen) sind verschieden gegliedert worden. Jede Gliederung hat ihre besondere Problematik:

Sinnesschädigungen: Sehschädigungen — Blindheit, Sehbehinderung; Gehörschädigungen — Taubheit, Schwerhörigkeit;

Sprachstörungen: Störungen des Sprachaufbaues (verzögerte Sprachentwicklung, Dysgrammatismus), der Lautbildung (Stammeln, Näseln), des Redeflusses (Stottern, Poltern), der Stimmgebung (Stimmschwäche, chronische Heiserkeit) u. a.;

Körperbehinderungen: anomaler Bau oder Fehlfunktion des Stütz- und Bewegungsapparates; langfristige Erkrankungen;

Beeinträchtigungen der Lernfunktionen: Lernbehinderung als Folge leichteren Schwachsinns oder als Folge schulleistungshemmender Deprivation bei durchschnittlicher Intelligenz; Geistigbehinderung bei mittlerem bis schwerem Schwachsinn.

Verhaltensstörungen: Erziehungsschwierigkeiten durch Fehlverhalten, die das Lernen in einer Gruppe beeinträchtigt; Verwahrlosung, Psychopathie.

Daß die Sonderpädagogik in enger Beziehung zur Medizin wie zur Psychologie steht, tritt hier deutlich zutage. Ihren Ort im Gefüge der Wissenschaften ganz klar zu markieren, erscheint gerade wegen dieser Eigenheit nötig. Es hat nicht an Versuchen gefehlt, den Platz der Sonder- (bzw. Heil-)Pädagogik in den Gegenstandsbereich der Medizin hineinzuverschieben, so etwa durch *H. Asperger* (*Heilpädagogik.* 4. Aufl. 1965) und *F. Meinertz* (*Heilpädagogik*, 3. Aufl. 1972). Aber die Sonderpädagogik ist weder ein Bestandteil der *Kinderpsychiatrie* noch ist sie angewandte Psychopathologie. Fraglos sind einzelne Bereiche der Medizin und der Psychologie von großer Bedeutung für die Sonderpädagogik. So kommt z. B. der Sehbehindertenlehrer nicht ohne Kenntnisse aus der Sinnesphysiologie und Wahrnehmungspsychologie aus. Zusätzlich braucht er (wie jeder Sonderpädagoge einer beliebigen anderen Fachrichtung) auch die Psychopathologie des Kindes- und Jugendalters als eine wichtige Hilfe für seine tägliche Arbeit. Gleichwohl bleibt Sonderpädagogik stets Pädagogik. Denn überall geht es der Sonderpädagogik darum, *entwicklungsbeeinträchtigten Kindern* und Jugendlichen mit Mitteln der Erziehung und sonderpädagogischen Therapie zur sozialen Integration zu verhelfen.

Ein Leben in weitgehender sozialer Integration setzt auch die Möglichkeit voraus, dieses Leben relativ selbständig zu führen. In der Tat wird in allen sonderpädagogischen Bereichen der Versuch unternommen, behinderte Kinder und Jugendliche zu einem möglichst hohen Maß an selbständiger Lebensführung zu befähigen, ein Ziel, das in einem Umfang erreicht wird, wie dies die Öffentlichkeit wohl kaum für möglich hält. Damit trägt die Pädagogik einen überaus wichtigen, wenn nicht gar entscheidenden Teil zur Habilitation und Rehabilitation der Behinderten bei. Im Ensemble der daran beteiligten Wissenschaften begegnet die Sonderpädagogik außer ihren bewährten Partnern Medizin und Psychologie auch der Soziologie.

Die *Allgemeine Sonderpädagogik* (Allgemeine Behindertenpädagogik) versucht, dasjenige zusammenzustellen und in einem System zu vereinigen, worin sich die einzelnen »Behindertenpädagogiken« gleichen und worin sie sich unterscheiden. Das ist ein blickerweiterndes und mancherlei Einsichten förderndes Unterfangen. Doch liegt hierin auch die Gefahr, daß die Unterschiede verwischt werden, die im Wesen der einzelnen Behinderungen liegen. Damit wäre den Kindern, um die es geht, nicht gedient. In dem Oberbegriff »behindert« steckt bereits eine gewagte Abstraktion. Wer sie vollzieht, sollte stets bedenken, daß jedes sog. behinderte Kind zunächst einmal blind oder schwerhörig, geistig oder sonstwie ganz konkret behindert ist. Nicht einmal der Unterschied zwischen Taubheit und Schwerhörigkeit darf, wo es um sondererzieherisch-didaktische Kategorien geht, verwischt werden. Wird diese Voraussetzung beachtet, kann die Allgemeine Sonderpädagogik der zwischenfachlichen Kommunikation ihrer einzelnen Bereiche wichtige Dienste leisten. Insbesondere ist ihr Beitrag zur Theorie und Praxis der Förderung mehrfachbehinderter Kinder, zur Klärung des Verhältnisses von Sonderpädagogik und Therapie sowie zur Abgrenzung der Aufgabenfelder bei der interdisziplinären Aufgabe Rehabilitation unerläßlich. Der Allgemeinen Pädagogik kann sie die so notwendige Orientierung über die Bildung und Erziehung behinderter Kinder und Jugendlicher bieten.

Die *Sonderpädagogische Psychologie* beschäftigt sich neben der psychologischen Diagnostik des Entwicklungsstandes im kognitiv-verbalen, emotional-sozialen und psychomotorischen Bereich u. a. mit dem Beziehungsdreieck: behindertes Kind—Eltern—Sonderpädagoge. Sie versucht eine Analyse der ein Kind in seiner Sozialintegration behindernden Umweltwirkungen (z. B. Deprivations-Syndrom) und geht den spezifischen Entwicklungsverläufen behinderter Kinder nach. Im Zusammenhang damit erforscht sie die durch die jeweiligen Behinderungen modifizierten Lern- und Anpassungsprozesse Behinderter, um Grundlagen für die sonderpädagogische Therapie zu finden, und sie bemüht sich um eine Psychohygiene des Erziehungs- und Unterrichtsprozesses, die dem Entstehen bestimmter Behinderungen (auch Folgebehinderungen) vorbeugen soll.

Die *Behindertensoziologie* steht noch ganz im Aufbau und ist daher damit beschäftigt, ihre Problemfelder zu bestimmen. Da die Behinderten in der Gesellschaft Minoritäten sind und sich z. T. — wie die erwachsenen Blinden, Gehörlosen und Körperbehinderten — auch als solche fühlen, werden die Minderheitensoziologie, die Vorurteilsforschung und die bisherigen Kenntnisse über das deviante Verhalten für diesen ganz neuen Wissenschaftsbereich wichtig.

Sonderpädagogische Arbeit geschieht (außer in Fördereinrichtungen der allgemeinen Schulen) wesentlich in den hierfür bestimmten Institutionen, den → *Sonderschulen*. Weil es für das Schulschicksal eines Kindes von großer Bedeutung ist, ob die Lehrer seine Förderungs- bzw. Sonderschulbedürftigkeit erkennen, müßten alle Lehrer mit einem Mindestmaß sonderpädagogischer Kenntnisse ausgestattet werden. Jeder Lehrer sollte wissen, von welchem Grad einer Behinderung an ein Kind Förderunterricht braucht oder in eine Sonderschule gehört. Solche propädeutischen Kenntnisse sind auch erforderlich, weil die Lehrer aller Schularten bei der Verhütung bestimmter Behinderungen mitwirken können (z. B. bei der Verhütung von Sprach- und Verhaltensstörungen).

Für die sonderpädagogischen Bereiche ist eine ständige Verbindung mit den übrigen Zweigen der Pädagogik (z. B. Theoretische Pädagogik, Vorschulpädagogik, Schulpädagogik, Sozialpädagogik, Berufspädagogik) lebenswichtig und unerläßlich für ihre Fortentwicklung zu immer größerer Effektivität. In der Verbindung der Sonderpädagogik zu allen übrigen pädagogischen Disziplinen – selbstverständlich auch zur Gymnasialpädagogik, denn es gibt auch Oberschulzüge für behinderte Jugendliche – treten die sonderpädagogischen Bereiche durchaus nicht nur als Nehmende auf. Sie haben mehr Beiträge zur sog. Normalpädagogik geliefert, als allgemein bekannt ist. Es sei nur an die »*Ganzheitsmethode* im Lesen und Schreiben« erinnert, die *A. Kern* 1928 im Unterricht einer Sprachheilschule entwickelte. Die didaktischen und methodischen Anregungen, die die Lernbehindertenpädagogik in der sog. *Schulreformbewegung* (etwa 1910–1932) der Volksschule vermittelte – u. a. durch *R. Gürtlers* »triebgemäßen Erlebnisunterricht«, Lesehilfen u. ä. –, harren noch der Sichtung und Darstellung.

Sonderschulen. DAS SONDERSCHULWESEN; BEGRIFF, UMFANG. Bei körperlichen, geistigen oder seelischen Entwicklungsabweichungen leichterer Art wäre es Aufgabe der allgemeinen Schulen, dafür zu sorgen, daß die daraus für den Erziehungs- und Unterrichtserfolg der betroffenen Kinder erwachsenden Schwierigkeiten vermieden, gering gehalten oder aufgehoben werden. Im Gegensatz zu dem Schulwesen einiger anderer Länder hat die deutsche Schule nur wenige Ansätze für eine solche *immanente Förderung* leichter behinderter Kinder entwickelt (etwa als Förder- oder Kleinklassen, als Sprachheil-, Lese- Rechtschreib-Kurse u. ä.). Meistens wurde und wird noch immer in der Überweisung solcher Problemkinder in eine Sonderschule die einzig mögliche Lösung gesehen. Der Besuch einer Sonderschule hat jedoch für die soziale Integration eines Kindes nicht nur positive Aspekte; er sollte nur angeordnet werden, wenn pädagogische Fördermaßnahmen im allgemeinen Schulverband nicht befriedigen. Auch im Zusammenhang mit den Gesamtschulkonzepten sollte daher die Frage der Fördereinrichtungen neu überdacht werden.

Für Kinder und Jugendliche, deren *Behinderungen* eine zureichende Förderung in den allgemeinen Schulen ausschließen, wurden im Laufe der letzten anderthalb Jahrhunderte besondere Schularten geschaffen, die man später in ihrer Gesamtheit »Sonderschulen« nannte. Das *Sonderschulwesen* umfaßt sehr verschiedenartige Einrichtungen:

Sonderschulen

1.	Blindenschulen,	7.	Krankenschulen,
2.	Gehörlosenschulen,	8.	Lernbehindertenschulen,
3.	Sehbehindertenschulen,	9.	Geistigbehindertenschulen,
4.	Schwerhörigenschulen,	10.	Verhaltensgestörtenschulen,
5.	Sprachheilschulen,	11.	Schulen im Jugendstrafvollzug.
6.	Körperbehindertenschulen,		

Mit der Einrichtung von besonderen Schulen für behinderte Kinder und Jugendliche erfüllt der moderne Staat seine moralische Pflicht, solche Kinder in besonderer Weise zu fördern. Die *Charta des Kindes* (UN, 1959) verlangt in ihrem 5. Leitsatz: »Das körperlich, geistig und sozial zurückgebliebene Kind erhält diejenige Behandlung, Erziehung und Fürsorge, die sein Zustand erfordert.« Die Bemühungen eines Volkes um die Bildung und Erziehung behinderter Kinder dürfen als Maßstab für seine soziale Reife gelten.

An den Sonderschulen unterrichten und erziehen *Sonderschullehrer,* die für eine bestimmte Fachrichtung (z. B. als Lernbehindertenlehrer) oder für eine bestimmte Kombination von Fachrichtungen (z. B. als Blinden- und Lernbehindertenlehrer) ausgebildet worden sind. Studienmöglichkeiten für ein sonderpädagogisches Studium bieten einige Universitäten und Pädagogische Hochschulen.

ENTWICKLUNG DER SONDERSCHULEN. Die um die Wende vom 18. zum 19. Jh. allenthalben in Deutschland durchgeführte *Schulpflicht* war eine wichtige Voraussetzung dafür, daß ein Bedarf an Schulen für behinderte Kinder entstehen konnte. Der jener Zeit eigene Erziehungsoptimismus ließ das große pädagogische Experiment, mindersinnige und körperbehinderte Kinder zu sozialer Anpassung und relativer Selbständigkeit heranzubilden, als *hic et nunc* ausführbar erscheinen. So entstanden zunächst (Internats- oder Hospital-) Schulen:

Schulart	*Jahr/Ort*
Gehörlosenschule (früher: Taubstummenschule)	1778 Leipzig, 1788 Berlin, 1799 Kiel ...
Körperbehindertenschule (Anstaltsform)	1780 Orbis/Schweiz, 1840 Stuttgart ...
Blindenschule	1804 Wien, 1806 Berlin, 1809 Chemnitz, Zürich ...

Infolge ihrer relativ kleinen Zahl konnten blinde und taube Kinder im deutschen Sprachgebiet bis etwa 1900 zum größten Teil in Blinden- und Gehörlosenschulen erfaßt werden. In mindestens 35 von 50 deutschen Heimen erhielten hospitalisierte körperbehinderte Kinder Unterricht.

Zwischen 1800 und 1860 waren mehrere Nachhilfeklassen, »*Notschulen*« und ähnliche Einrichtungen gegründet worden, die außer lernbehinderten vor allem umweltgeschädigte Kinder aufnahmen. Erst um 1870 und danach wurden Schulen eigens für »schwachbefähigte Kinder« (*Stötzner*) errichtet, die sich unter dem Namen *Hilfsschule* (nach 1960 *Lernbehindertenschule*) bald ausbreiteten: 1867/68 Dresden, 1874 Gera, 1875 Chemnitz, Apolda, 1879 Elberfeld, 1881 Braunschweig, Leipzig usw. in schneller Folge, so daß in Deutschland
1905 in 143 Städten 15 000 Kinder in 700 Hilfsschulklassen,
1912 in 285 Städten 39 000 Kinder in 1700 Hilfsschulklassen
Unterricht erhielten.
Nachdem diese Schulart um 1900 feste Konturen angenommen hatte, zeigte sich, daß pädagogisch angemessene Einrichtungen für solche Kinder fehlten, die weder mindersinnig noch lern- oder geistigbehindert waren, nämlich für schwerhörige, sehbehinderte, sprachgestörte und körperbehinderte Kinder. Solche Einrichtungen wurden, nachdem auch Schulärzte öffentlich dafür eingetreten waren, in schneller Folge gegründet:

Schulart	*Jahr/Ort*
Schwerhörigenschule	1902 Berlin, 1906 Chemnitz, 1911 Dortmund ...
Sehbehindertenschule	1907 Mülhausen/E., 1911 Straßburg, 1919 Berlin ...
Sprachheilschule	1910 Halle/S., 1912 Hamburg, 1913 Wien ...
Körperbehindertenschule (als Tagesschule)	1910 Hamburg, 1911 Berlin, 1915 Breslau ...

Nach dem Ersten Weltkrieg wuchs das Verständnis der Öffentlichkeit für die Hintergründe von Verhaltensstörungen. Man erkannte die Aufgabe jetzt besser, die sozial Unangepaßte der Gesellschaft stellen, und gründete zwei neue Schularten:

Schulart	*Jahr/Ort*
Erziehungsschwierigenschule	1928 Berlin, 1926 Zürich
Schule im Jugendstrafvollzug	1921 Hamburg-Hanöfersand

Der Name *Sonderschulen* entstand aus dem Bedürfnis nach einer zusammenfassenden Bezeichnung. Nicht beabsichtigt war der Versuch, die Aufgaben der einzelnen Schularten auf ein einheitliches Programm zu bringen. — Während des Dritten Reiches stagnierte die Entwicklung des Sonderschulwesens. Nach dem Zweiten Weltkrieg kam nur noch eine Sonderschulart hinzu. Die Lernbehindertenschule wandte sich seit den 50er Jahren mehr den nur leicht oder gar nicht schwachsinnigen Schulversagern zu und damit zugleich von den schwer- und mittelschwachsinnigen Kindern ab. Daraus erwuchs das Bedürfnis nach einer Schule für die Geistigbehinderten. Der strukturelle Aufbau des Sonderschulwesens erreichte damit vorderhand einen Abschluß.

DIE EINZELNEN SONDERSCHULARTEN. Jede Sonderschulart empfängt ihre ganz spezifische Bestimmung aus der behinderungsbedingten Eigenart der Kinder, die sie durch Erziehung in die Gesellschaft integrieren soll. Die Eigenart der Grundbehinderung und ihrer psychosozialen Folgen einerseits und das allgemeine Ziel aller → *Sonderpädagogik* andererseits, zu möglichst selbständiger und sinnerfüllter Lebensführung heranzubilden, prägen das Gesicht der Sonderschulen. So unterschiedlich z. B. die beiden Behinderungen Blindheit und Verhaltensstörung sind, so verschieden muß auch die *Didaktik* der Blindenschule von der der Verhaltensgestörtenschule sein.

1. *Blindenschule.* — Das blinde Kind schafft sich eine Begriffswelt, die nicht auf visuelle Anschauung gegründet ist. Die Schule bemüht sich, Erfahrungsmangel und Neigung zum Verbalismus dadurch auszugleichen, daß die Möglichkeit geboten wird, mannigfache Sacherfahrung zu erwerben. Das geschieht über die unversehrten Sinne, namentlich über den Hör- und Tastsinn. Besondere Lehr- und Lernmittel (z. B. Modelle, Reliefkarten, -globen, Sprachlabor) spielen dabei eine wichtige Rolle. Die Schule führt die Kinder zum geläufigen Lesen und Schreiben einer tastbaren Schrift, die auf einem 6-Punkte-System (nach *Braille*) beruht. Über allem steht die Erziehung zur Selbständigkeit, zur relativen Unabhängigkeit von anderen.

2. *Gehörlosenschule.* — Taubgeborene oder früh taub gewordene Kinder erlernen die Lautsprache nicht spontan. Die Gehörlosenpädagogik muß bestrebt sein, ihnen so früh wie möglich zum Erwerb der Lautsprache zu verhelfen (Haus-Spracherziehung vom ersten Lebensjahr an). Unter Zuhilfenahme des Seh- und Tastsinnes sowie unter Nutzung seiner Hörreste lernt das gehörlose Kind sprechen. Zugleich lernt es, das Sprechen seiner Mitmenschen zu verstehen, indem es deren Sprechbewegungen beobachtet (sinnerschließendes Absehen der Lautsprache). Die Sprache muß dem Kinde also erst vermittelt werden, bevor es durch sie gebildet werden kann. Von den mittleren Klassen an gewinnt der Fachunterricht an Bedeutung, weil das Normalschulziel erreicht werden soll.

3. *Sehbehindertenschule.* — Sie hat die Aufgabe, den Sehsinn sehschwacher Kinder einerseits zu schonen, seine optimale Nutzung andererseits jedoch planvoll zu üben (Sehübungen). Beide Grundsätze sollen im Unterricht nicht in Widerstreit geraten. Darum begrenzt der Lehrer die visuelle Tätigkeit des Kindes (z. B. Lesen, Schreiben) pro Unterrichtsstunde. — Die visuelle Auffassungsleistung steigert sich, wenn die Kinder zur Kombination von Sehen, Hören und Tasten angehalten werden (*Tastsehen*).

4. *Schwerhörigenschule.* — Das Gehör des Schwerhörigen reicht zur vollen Sprachaufnahme nicht aus. Darum muß das schwerhörige Kind lernen, die auditive Sprachauffassung durch das Absehen von Sprechbewegungen (visuelle Lautsprachauffassung) zu ergänzen. Das noch vorhandene Gehör wird durch systematische Hörübungen optimal auszunutzen versucht. — Das Gehör ist der für den Sozialkontakt wichtigste Sinn. Der Neigung Gehörgeschädigter, sich abzusondern, wirkt die sozialintegrative Erziehung dieser Schule bewußt entgegen.

5. *Sprachbehindertenschule.* — Sprachgeschädigte Kinder, zumal stotternde oder mit einer Gaumenspalte behaftete, können in den allgemeinen Schulen in der Regel nicht zu einem normalen Sprachverhalten finden. Die Sprachbehindertenschule bietet ihnen ein günstiges Klima zu freierer seelischer Entfaltung, worin eine wichtige Voraussetzung für den Erfolg sprachtherapeutischer Maßnahmen zu sehen ist. Sie bestehen in einer Verbindung von psycho- und physiotherapeutischen Methoden, die ihrerseits mit dem Unterricht und der Erziehung verbunden werden. Eine sehr enge Zusammenarbeit mit den Eltern, die von der Schule regelmäßig beraten werden, ist unerläßlich.

6. *Körperbehindertenschule.* — Sie ist entweder Tagesschule (meist mit Schulbusverkehr), deren Schüler bei den Eltern wohnen, oder sie ist einer größeren orthopädischen Krankenanstalt angeschlossen, in der die Schüler unter ärztlicher Betreuung leben. Teils im, teils neben dem Unterricht in den üblichen Schulfächern muß die bei vielen körperbehinderten Kindern gehemmte Motorik (oft auch im Bereich der Sprechmuskulatur) gefördert werden. Die Erziehung zielt vor allem darauf ab, über die innere Anerkennung des Leidens zu größtmöglicher Selbständigkeit zu führen.

7. *Krankenschule.* — Dauernd oder für längere Zeit kranke Kinder, die trotzdem unterrichtsfähig sind, erhalten in den Kliniken soviel Unterricht, wie ihnen nach ärztlicher Ansicht zugemutet werden kann. Auch der Hausunterricht bei unterrichtsfähigen, gleichwohl kranken Kindern im Elternhaus

gehört hierher. Krankenunterricht wird nicht nur erteilt, um einen Zeitverlust bei der Wiederaufnahme des normalen Schulunterrichts gering zu halten, sondern auch dann, wenn ein normaler Unterricht nie mehr besucht werden kann.

8. *Lernbehindertenschule.* — Sie ist eine Sonderschule für Kinder, die infolge ungünstiger Umweltbedingungen zu Schulversagern wurden, sowie für leicht schwachsinnige und solche lernschwachen Kinder, die z. B. wegen Konzentrationsschwäche, Antriebsstörungen u. ä. trotz individueller Förderung in den allgemeinen Schulen versagen. Ihnen bietet die Lernbehindertenschule eine in sich geschlossene Bildung, die sie befähigen soll, sich im Leben in der Gesellschaft (speziell in der Arbeitswelt) zurechtzufinden. Die Didaktik ist gekennzeichnet durch die Notwendigkeit, häufiger und gründlicher als in allgemeinen Schulen mehrsinnig zu veranschaulichen, in kleinsten Schritten vorzugehen, Schwierigkeiten zu isolieren und das Erarbeitete immer wieder anzuwenden. Die bei lernschwachen Kindern häufigen sozialen Fehlhaltungen werden abzubauen versucht.

9. *Geistigbehindertenschule.* — Dieser noch junge Sonderschulzweig muß seine unterrichtlichen und erziehlichen Formen erst entwickeln. Sicher ist, daß die Förderung der gehemmten Motorik, die Betonung des Musischen (Rhythmik, Gesang, Malen, Werken) und die Hinführung zur manuellen Arbeit wichtige Bestandteile sein müssen. Die im Elternhaus aus Mitleid oft unterforderten Kinder werden zu möglichst großer Selbständigkeit und zur Stetigkeit im Tun erzogen.

10. *Verhaltensgestörtenschule.* — Im Unterricht dieser Schulart werden solche Unterrichtsvorhaben bevorzugt bearbeitet, die für die soziale Einordnung des verhaltensgestörten Schülers in besonderem Maße förderlich sein können. Nirgends sonst ist das Vorbild des Lehrers, ist seine Fähigkeit, eine helfende Beziehung zum Schüler aufzubauen, so wichtig wie hier. Die zumeist sozial benachteiligten Schüler brauchen sinnvolle Lebensperspektiven, die ihnen nur im Tun und nicht allein verbal nahegebracht werden können.

11. *Schule im Jugendstrafvollzug.* — Für diese *(Berufs-)Schule* gelten ähnliche Grundsätze wie für die zuvor genannte Schule. Sie kann ihrem Erziehungsauftrag nur gerecht werden, wenn sie sich nicht als verlängerter Arm der strafenden Staatsgewalt versteht. Andererseits soll sie dem straffällig gewordenen Jugendlichen zu der Einsicht verhelfen, daß die Strafe für ihn einen Gewinn bedeuten kann, wenn er sie als Anlaß zur Neuorientierung seiner Wertvorstellungen nutzt.

Ein durchgängiges sonderpädagogisches Prinzip besteht in der systematischen Förderung der *Motorik*. Bei fast allen Behinderungsformen treten Probleme im Bereich der Motorik auf; bei Sinnes-, Sprach-, Körper-, Lern- und Geistigbehinderten finden sich so deutlich psychomotorische Auffälligkeiten, daß der Unterricht dem Rechnung tragen muß. Indem man die *Grobmotorik* der Gliedmaßen (durch Bewegungsspiele, Rhythmik) und die *Feinmotorik* der Hand- und Sprechmuskulatur (durch Fingerfertigkeitsspiele, Luftschreiben, Sprechübungen usw.) trainiert, werden nicht nur die direkt beteiligten Muskulaturbereiche angeregt und geschickter gemacht. Da z. B. zwischen den Hand- und Sprechbewegungen deutliche funktionelle Zusammenhänge bestehen, gehen von einem manuellen Funktionstraining auch günstige Wirkungen auf die Sprechgeschicklichkeit aus. Zugleich damit erschließen sich den behinderten Kindern (so besonders den körperbehinderten, sinnesgeschädigten und geistigbehinderten) neue Erlebnisbereiche, die das unausgeglichene oder undifferenzierte Lebensgefühl entwickeln helfen.

Die *Sprache* behinderter Kinder ist meistens in irgendeiner Weise gestört. Bei den Gehör- und Sprachgeschädigten bedarf dies keiner Erläuterung. Die Sprache der blinden und der körperbehinderten Kinder (unter letzteren namentlich die der Zerebralgelähmten) ist häufiger gestört als bei sonst unbehinderten Kindern. Hinzu kommt, daß blinde und schwer bewegungsbehinderte Kinder infolge ihrer Anschauungsenge oftmals mit inhaltsarmen Begriffen operieren. Der Sprachaufbau lernbehinderter, mehr noch der der geistigbehinderten Kinder ist meistens mangelhaft; häufig zeigt ihre Sprache außerdem Lautbildungsmängel. Letztere treten auch bei Verhaltensgestörten häufiger als bei entwicklungsnormalen Kindern auf, vermutlich weil neben den übrigen Verhaltenskonventionen auch die sprachliche Konvention nicht als verbindlich akzeptiert wird. In der bei Behinderten nahezu durchgängig feststellbaren Tendenz zu sprachlicher Auffälligkeit liegt eine Erschwerung der *Erziehung* und des Unterrichts. Daraus ergibt sich die außerordentliche Bedeutung des Sprachlichen in allen sonderpädagogischen Unterrichts- und Erziehungsvollzügen.

Erziehung, Unterricht und sonderpädagogische Therapie für behinderte Schüler fordern dem Erzieher im pädagogischen Alltag Entscheidungen ab, welchem Bestandteil dieser Trias er hier und jetzt den Vorrang geben soll. Er muß sich dann im Hinblick auf die – vom Ziel der Erziehung herzuleitende – Zweckmäßigkeit entscheiden. Auch in der Methode muß er wählen, z. B. zwischen Enthebung (Entlastungssituation, Schonklima) und Belastung (Bewährungssituation). Jede Sonderschulart kann ihrer pädagogischen Aufgabe nur gerecht werden, wenn sie nicht die ganze Fülle der behinderungsbedingten Schwierigkeiten an das Kind herankommen läßt. Darum muß in jeder Sonderschulart zunächst unter Bedingungen gearbeitet werden, die für das Kind einfacher, leichter, schonender gemacht wurden, als sie es außerhalb der Sonderschule sind. Das ist richtig und notwendig. Bliebe es dabei, würde die Sondererziehung jedoch – und das gilt weithin auch für den Unterricht – ihren Rehabilitationsauftrag nicht erfüllen können, der ganz klar auf »das Leben da draußen« bezogen ist. Infolgedessen müssen Erziehung und Unterricht in jeder Sonderschulart, nachdem sich erste Erfolge eingestellt und konsolidiert haben, das Schonklima allmählich abbauen. Jede Sonderschule muß das von ihr in Erziehung, Unterricht und Therapie Erreichte handfesten Bewährungsproben unterziehen, noch ehe sie den Schüler aus ihrer Obhut entläßt.

ALLGEMEINE ORGANISATION. Einige Sonderschularten organisierten sich der Zweckmäßigkeit halber als pädagogische Globalinstitutionen. Beispielsweise gibt es Blinden-, Gehörlosen-, Körperbehinderten-Sonderschulen, die folgende Schulteile umfassen: Sonderkindergarten, Grund- und Hauptschulteil, Realschul- oder Gymnasialteil, Berufsschulteil, ständige Erwachsenenbildungslehrgänge. Die *Klassenfrequenzen* aller Sonderschularten sind bedeutend niedriger als die der allgemeinen Schulen. Sie liegen zwischen 3 (Taubblindenschule) und 16 Kindern (Lernbehindertenschule). In der Bundesrepublik und in West-Berlin besuchten 1970 291 000 Kinder und Jugendliche eine Sonderschule. Das sind 3,3 % aller Schüler von 7 bis zu 16 Jahren. Behinderte Kinder in Städten sind besser in Sonderschulen oder Fördereinrichtungen der allgemeinen Schulen erfaßt als in ländlichen Gebieten; voll erfaßt sind überhaupt nur die blinden, gehörlosen und schwer körperbehinderten Schüler.

Sozialisation und Erziehung. 1. *Sozialisation* (oder: Sozialisierung) meint den Prozeß des Hineinwachsens des Menschen in die Gesellschaft. Um dieses Geschehen analysieren zu können, bedarf es theoretischer Modelle über die Beziehung von Individuum und Gesellschaft, wie sie etwa soziologische oder psychologische Theorien darstellen, die allererst Analysekategorien liefern, mit deren Hilfe der Wirklichkeitsbereich der Sozialisation der empirischen Forschung zugänglich gemacht werden kann. Ein solches Modell ist die *Rollentheorie*, sie hat weitgehend das Verständnis von Sozialisation geprägt. Danach bezeichnet Sozialisation den Prozeß, durch den ein Mensch aufgrund des Erwerbs fundamentaler Qualifikationen zur Interaktion das soziale Rollenspiel erlernt und auf diese Weise sowohl die Befähigung zur Integration in vorgegebene Rollensysteme als auch Identität erwirbt. Dabei ist zu unterscheiden zwischen *primärer* und *sekundärer Sozialisation.* Der Prozeß, in dem ein Kind die Fähigkeit sozialen Verhaltens überhaupt erlernt, d. h. in dem es emotionale und kognitive Stile und Motivationen entwickelt, wird als primäre Sozialisation bezeichnet. Sekundäre Sozialisation meint demgegenüber alle Vorgänge, durch die ein bereits interaktionsfähiger Mensch neue Rollen oder Verhaltensmuster hinzulernt, gegebenenfalls auch Strategien zur Bewältigung der durch Rollenkonflikte entstehenden Krisen der Ich-Identität entwickelt.

Soziale Rolle kann verstanden werden als Inbegriff einer Vielzahl von Verhaltenserwartungen der verschiedensten Bezugsgruppen *(role-set).* Diesen Erwartungen an das Verhalten des Rollenträgers liegen jeweils kultur- bzw. subkulturspezifische Normen zugrunde, an denen sich das *Rollenspiel* orientiert, das sich zwischen mindestens zwei Partnern mit Hilfe eines intersubjektiven Symbolsystems, d. h. in der Regel mit Hilfe der *Sprache,* entwickelt. Das durch Normen gebotene oder verbotene Verhalten wird durch soziale Kontrolle und ggf. durch Sanktionen gesichert.

Der Vorgang der Vergesellschaftung des Menschen ist zugleich der Prozeß der kulturellen Formung und der Genese der *Ich-Identität.* Sozialisation ist immer auch *Enkulturation* und *Personalisation.* In praxi verlaufen diese Prozesse ineinander verflochten. Eine Trennung ist nur in abstracto möglich und hat heuristischen Wert für eine exaktere Erfassung der verschiedenen Prägungsvorgänge und ihrer Bedingungen im Wechselbezug von Gesellschaft, Kultur und Person. Enkulturation meint den Vorgang des Lernens kulturspezifischer Techniken, Verhaltensmuster, Denkstrukturen, Gefühlslagen etc. Personalisation beinhaltet den Prozeß der Ich-Synthese unter dem Aspekt der Genese des moralischen Bewußtseins und der Bildung als ständiger Auseinandersetzung des Menschen mit der Welt.

Der soziologische wie pädagogische Begriff Sozialisation umgreift somit ein Phänomen, das so alt ist wie die Geschichte der Menschheit selbst. Immer stellte sich das Problem, die kindliche Genese zu unterstützen, um eine Integration des Kindes in die Gesellschaft, deren Mitglied es werden soll, zu ermöglichen. Insofern dieser Vorgang mit Absicht geplant und gesteuert wird, erhält er die Bezeichnung → *Erziehung.*

Neben der intentional erzieherischen Komponente impliziert der Begriff Sozialisation auch alle nichtorganisierten Lernpro-

zesse, die der Mensch durch seine ständige Auseinandersetzung mit der Gesellschaft, der er vom Augenblick seiner Geburt angehört, durchmacht. Der Begriff Sozialisation ist insofern umfassender als der Begriff Erziehung, die ihrerseits nur im geschichtlichen Horizont von Sozialisation überhaupt begriffen und praktiziert werden kann. Erziehungsprozesse und ihre Wirkungen sind mit den Effekten der nicht intendierten wechselseitigen Prozesse ständiger Auseinandersetzung zwischen Mensch und Gesellschaft verkettet und insofern auch nicht exakt kontrollierbar. Auch der im wechselseitigen Bedingungsverhältnis mit dem Erziehungsvorgang sich ereignende Prozeß der → *Bildung* findet seine Realisierung im historischen Gesamtzusammenhang von Sozialisation überhaupt.
Der Terminus Sozialisation findet sich erstmalig bei *Emile Durkheim* (*Education et Sociologie*, 1923), der Erziehung als »socialisation méthodique« der jungen Generation durch die ältere versteht und damit alle bewußt geplanten Einwirkungen zur Anregung und Entwicklung der physischen, geistigen und sittlichen Dispositionen eines Kindes meint, deren es bedarf, um den Ansprüchen der Gesellschaft und seines spezifischen Lebensmilieus zu genügen. Durch die Bezeichnung »methodische Sozialisation« räumt *Durkheim* ein, daß es zugleich unbeabsichtigte und nicht geplante Einwirkungen gibt, die ebenfalls für die Formung des sozialen Wesens des Menschen verantwortlich sind.
Erziehung war also immer schon Sozialerziehung, aber die Neubildung des Begriffes Sozialisation und das Aufblühen einer amerikanischen Sozialisationsforschung sind Anzeichen dafür, daß Erziehung als soziales Phänomen im Rahmen einer hoch differenzierten technisierten Wissenschaftsgesellschaft fragwürdig und problematisch geworden ist. Der Prozeß der Integration des Menschen in die Gesellschaft verläuft in den ersten beiden Lebensjahrzehnten mit besonderer Intensität und beinhaltet für jedes Kind eine Vielfalt von Möglichkeiten der Selbstverwirklichung je nach Lernangebot und Lernbedingungen. Als Lernprozeß ist Sozialisation durch Sozialisationsinstanzen oder -agenten (Familie, Kindergarten, Schule, Relationsgruppen etc.), die ihrerseits über Möglichkeiten der sozialen Kontrolle und über Sanktionen zur Durchsetzung ihrer Forderungen verfügen, plan- und veränderbar. Diesen Sozialisationsinstanzen (Sozialisatoren) fällt die Aufgabe zu, in pädagogischer, aber auch in politischer Verantwortung unter Berücksichtigung der jeweils individuellen Gesamtstruktur des Sozialisationsfeldes eines Sozialisanden Lernprozesse in optimaler Weise zu organisieren, um »wünschenswerte Sozialisationsergebnisse« (*Fend* 1971) zu erzielen. Daß es dabei

nicht darum gehen kann, Sozialisation in der Weise zu beeinflussen, daß die heranwachsende Generation zur Anpassung zwecks Reproduktion bestehender Strukturen und Verhältnisse erzogen wird, sondern daß sie gebildet wird »zu kritischer Rationalität« (*Mollenhauer*), um sich und die Gesellschaft in Autonomie verändern zu können, ist eine Forderung, die die Annahme der Entscheidungsfreiheit des Individuums, oder soziologisch gesehen: seine Fähigkeit zur Rollendistanz, impliziert; sie kann empirisch weder bewiesen noch widerlegt werden. Der – gegenüber Soziologie und Psychologie – eigene Zugang der Erziehungswissenschaft zur Sozialisation fordert die Erarbeitung pädagogischer Modelle der Sozialisation, die Hilfen bieten zum Entwurf von Erziehung und Bildung. Bisher liegt nur ein auf der Theorie der Internalisierung basierender Diskussionsbeitrag von *Fend* (1971) vor.

2. Die *Ergebnisse* sozialisationstheoretisch begründeter Forschungen sind bisher im Rahmen der Erziehungswissenschaft vor allem im Zusammenhang mit Problemen → *vorschulischer Erziehung* (Familienerziehung, kompensatorische Erziehung) und in ihrer Bedeutung für den Schulerfolg (*Rolff* u. a.) erörtert worden. Dabei wird das Abhängigkeitsverhältnis der Sozialisation von der *sozialen Schicht* (zur Problematik des Schichtbegriffs vgl. *Bernsdorf* [Hrsg.], *Wörterbuch der Soziologie*, 2. Aufl. 1967), die wiederum durch das soziale System bedingt ist, in seiner weitreichenden Bedeutung für die Pädagogik aufgewiesen. Eine Reihe von Untersuchungen hat gezeigt, daß *Lernfähigkeit* und *Leistungsmotivation* eines Kindes – freilich nur in der Regel (statistisch) – das Resultat schichtspezifischer Erziehungseinflüsse des Elternhauses darstellen und daß gerade die in der vorschulischen Phase gebotene Anleitung oder deren Versäumnis sich als recht stabile Fundierung für Aspirationsniveau und kognitive Leistungen im Jugend- und Erwachsenenalter, d. h. für Schulerfolg und Berufschancen erweist. Das familiale Anregungsmilieu ist jedoch bedingt durch die elterlichen Wertorientierungen, die darin gründenden Erziehungsvorstellungen und die daraus folgenden Erziehungspraktiken, die je nach sozialer Position oder nach Bildungsstand der Eltern divergieren. Während »der Unterschicht ein Syndrom von Verhaltensweisen, das durch ein hohes Maß an Konformitätstendenzen, Kontrollierungen und Disziplinierungen gekennzeichnet werden kann«, zugeordnet wird, zielt die Erziehungspraxis der Mittel- und Oberschicht stärker auf »Selbständigkeit und Selbstkontrolle, Unabhängigkeit vom Urteil anderer, Wißbegierde und Kreativität« (*Mollenhauer*).

Manifest werden die unterschiedlichen Ergebnisse von Sozialisationsprozessen vor allem in schichtbedingten Formen des *Sprachverhaltens*, die im Anschluß an die bahnbrechenden, aber bei weitem nicht abgeschlossenen Untersuchungen von *Bernstein* als restringierter Code (bzw. als kontextgebunden) und als elaborierter Code (bzw. als weniger kontextgebunden) kategorisiert und Unter- und Mittelschicht zugeordnet werden. Die vom familiären Anregungspotential abhängige Ausprägung des Sprachverhaltens bestimmt weitgehend die Möglichkeiten sozialer Kommunikation und ist außerdem auch in manchen Fällen von entscheidendem Einfluß auf die Entwicklung kognitiver Prozesse und Funktionen *(Oevermann)* und steht insofern in unmittelbarer Relation zum Schulerfolg. Aufgrund der aufgezeigten Bedingungsverhältnisse wird die Ungleichheit der Startchancen für den schulischen Bildungs- und Ausleseprozeß möglicherweise ständig neu begründet. Zur Verbesserung der Situation wird immer dringlicher eine *vorschulische Erziehung* gefordert, die »das Defizit an Anregungspotential in den unteren Sozialschichten und jenen Sozialgruppen ausgleicht, deren sozio-kulturelles Milieu die Entfaltung der kindlichen Potentialitäten schon in den ersten Lebensjahren vermindert« *(Heckhausen)*. Erfolgreich können derartige Sozialisationsdefizite durch Vorschulprogramme jedoch nur dann kompensiert werden, wenn nicht eine bloße Anpassung von Unterschichtkindern an Sprachstile und Verhaltensmuster der Mittelschicht intendiert ist – dieses ist gar nicht ohne weiteres möglich, da es für die Unterschichtkinder die Gefahr des Verlustes der Identität in sich birgt –, sondern wenn der soziokulturelle Erfahrungsraum des Kindes erweitert wird, d. h. aber wenn die Bedingungen seiner Sozialisationsmängel aufgehoben werden.

Sozialisation ist Gegenstand interdisziplinärer Forschung. Wesentliche Beiträge zur Erhellung des Sozialisationsprozesses haben außer Soziologie und Sozialpsychologie Anthropologie, Kulturanthropologie, Linguistik, Psychoanalyse und Psychiatrie geleistet. Bislang fehlt jedoch eine Integration der Vielzahl der Modelle und Ergebnisse der Sozialisationsforschung – und abgesehen von den Arbeiten von *Fend* – eine systematische Erarbeitung der pädagogischen Implikationen und Konsequenzen.

3. Die *psychoanalytischen* Arbeiten zur Sozialisationsforschung orientieren sich an *Freuds* Ausführungen zur Persönlichkeitsentwicklung und an seiner Lehre von der dreidimensionalen Struktur der Psyche, um die Bedeutung kindlicher Erfahrungen für die Persönlichkeitsentfaltung und

die Genese des moralischen Bewußtseins (Internalisierung von Normen) zu untersuchen. Einen bedeutenden Beitrag hierzu hat *Erikson* geleistet, der die sonst von Psychoanalytikern oft außer acht gelassenen Ergebnisse der *Kulturanthropologie (M. Mead)* verarbeitet und die Dimension der Gesellschaft, in die das Kind im Moment der Geburt eintritt, mitberücksichtigt hat. *Erikson* zeigt acht Stadien der Persönlichkeitsentwicklung im kindlichen und jugendlichen Sozialisationsprozeß in einem epigenetischen Diagramm auf. Ein hauptsächlich im Rahmen der *Familie* vor sich gehendes Heranwachsen des Kindes, das zunächst durch die Lernmechanismen der *Imitation* und der *Identifikation* bestimmt ist, geschieht von der Geburt bis zum sechsten Lebensjahr in drei Stadien, in denen ein Gefühl von Urvertrauen (orale Phase), von einem autonomen Willen (anale Phase) und von Initiative (infantil-genitale Phase) vom Kind in wechselseitiger, konfliktgeladener Auseinandersetzung mit seinen Bezugspersonen entwickelt wird. Dieser dreifache Prozeß der psychischen Fundierung des Kindes, in dem es Zuversicht zu anderen, aber auch hoffendes Vertrauen zu sich selbst ausbildet, seine Emanzipation von der Mutter vollzieht, mit seiner infantilen Sexualität fertig werden muß, das Gewissen erlernt (Ausbildung des »Über-Ich«) und sich auf Zukunft hin entwirft, wird beeinflußt durch die Erfahrungen des Kindes bei Fütterungs-, Pflege- und Sauberkeitspraktiken, aber auch durch die mehr oder weniger beherrschende Stellung der Eltern, ihr Normenbewußtsein, durch ihren Erziehungsstil, den Einsatz von Erziehungsmitteln (Belohnung und Strafe) und durch ihr bewußtes oder unbewußtes affektives Verhalten, in dem sich die eigenen Konflikte auf Kosten des Kindes ausleben (vgl. *Fürstenau* u. a.). Diese Erfahrungen bestimmen jedoch nicht allein die kindliche Epigenese der Identität, sondern sind aufgehoben und wirksam in der Persönlichkeitsstruktur und Ich-Synthese des Erwachsenen. Durch diese Erkenntnis der Psychoanalyse wird die frühkindliche Phase immer stärker in den Bereich erzieherischer Verantwortung gerückt. Die Identitätskrise als »entscheidende Periode vermehrter Verletzlichkeit und eines erhöhten Potentials« *(Erikson)* ist psychosoziales Kennzeichen des Stadiums der Adoleszens, und Erziehung muß dabei durch umsichtige, richtungsweisende Hilfeleistung den Prozeß des jugendlichen Zu-sich-selber-Findens unterstützen.

Im Rahmen *soziologischer* Forschung dient das Rollenkonzept zur Erklärung von Sozialisationsprozessen. Da die Grundstruktur des *Rollenspiels* dem beim Sozialisations- und Erziehungsprozeß vorliegenden kommunikativen

Verhältnis entspricht, erweist sich von vornherein die besondere Eignung des Rollenkonzeptes als Ansatz auch für erziehungswissenschaftliche Reflexion.

Talcott Parsons interpretiert den Sozialisationsprozeß im Zusammenhang seines analytisch-deterministischen Integrationsmodells, wonach das soziale System ein sich selbst steuerndes Gefüge von komplementären Rollenerwartungen bzw. Wertorientierungen, Motivationen und faktischem Verhalten darstellt. Der wichtigste Sozialisationsmechanismus ist dementsprechend nach *Parsons* die *Identifikation,* durch die eine Internalisierung interpersonaler Relationssysteme erreicht wird. Sozialisation bedeutet im Rahmen seiner Theorie Vergesellschaftung durch Anpassung, Konformitätsverhalten und Reproduktion immer schon vorgegebener Strukturen des Rollenverhaltens. Da das Modell *Parsons',* das für Funktionieren und Stabilität des sozialen Systems ein dreifaches Kongruenzverhältnis zwischen Wertorientierungen und Bedürfnisdispositionen, zwischen Rollendefinitionen und Rolleninterpretationen und zwischen geltenden Normen und wirksamen Verhaltenskontrollen *(Habermas)* postuliert, nur in seltenen Fällen den empirisch vorfindbaren Interaktionssystemen mit ungeklärtem Rollenverständnis, inkonsistenten Erwartungen und daraus resultierenden Konflikten entspricht und keinen Raum läßt für Sozialisation als einen Prozeß der individuellen Auseinandersetzung mit Normen und Werten und der Entwicklung eines eigenständigen Rollenverständnisses, hat die Theorie *Parsons'* von seiten des symbolischen Interaktionismus Korrektur und Ergänzung erfahren.

Das interaktionistische Rollenmodell, das in Anlehnung an *George H. Mead* (Ansatz bietet die Differenzierung in »Me« und »I«) von *Erving Goffman, Anselm L. Strauss, Ralph Turner* u. a. entwickelt wurde, impliziert von vornherein die Möglichkeit der Divergenz zwischen institutionalisierten Wertvorstellungen und Bedürfnispositionen der jeweiligen Rollenträger, rechnet mit einem Interpretationsspielraum hinsichtlich des Rollenverständnisses (*role making* im Gegensatz zum bloßen *role taking*) und beachtet die diversen Verpflichtungen des Individuums, die diesem aus der Übernahme einer Vielzahl von Rollen *(multiple-roles)* erwachsen. Auf diese Weise wird die Faktizität von *Rollenkonflikten* in das Sozialisationskonzept mit aufgenommen, und Interaktion beruht danach auf einer jeweils vorläufigen Übereinkunft der Rollenpartner über die Interpretation ihrer Rollenausstattung. Sozialisation bezeichnet demgemäß den Vorgang, durch den das Kind es nach und nach lernt, seine Bedürfnisbefriedigung im Horizont des Freiheitsraumes individueller Rolleninterpretation in ständig zu revidierender Übereinkunft mit einem Partner zu erlangen. Die Grundqualifikationen dazu sind *Rollendistanz* und *Ambiguitätstoleranz* und müssen vom Kind in familialen Interaktionen erlernt werden. Die Fähigkeit der Rollendistanz kann entwickelt werden, wenn das Kind beim Prozeß der Internalisierung von Normen dazu angeleitet wird, bei der Aktualisierung der Normen die situativen Gegebenheiten zu berücksichtigen, so daß es aufgrund dieser Voraussetzung bereits im Rahmen der *Familie*, so wie die übrigen Mitglieder, nicht nur Rollen übernimmt, sondern zugleich eigenständig zu interpretieren und sich in den familialen Interaktionsprozeß einzuschalten lernt. Ambiguitätstoleranz kann im Kind bei einer günstigen familialen Sozialisationskonstellation ausgebildet und erzieherisch unterstützt werden, wenn die konkurrierenden und widerstreitenden Beziehungen und Interessen aller Partner offengelegt und Wege zum Ausgleich wechselseitiger Bedürfnisbefriedigung gefunden werden. Neben der Abhängigkeit des jeweiligen Sozialisationsprozesses von der Rollen- und Kommunikationsstruktur einer Familie wird auch sichtbar, daß Sozialisation keinen einseitigen Wirkungsprozeß zwischen Generationen darstellt, sondern daß die ältere Generation im Umgang mit der jüngeren ebenfalls einen Sozialisationsprozeß (sekundäre Sozialisation) durchläuft, d. h. daß das Verhältnis zwischen Sozialisand und Sozialisator auswechselbar ist. Das Sozialisationskonzept des Interaktionismus bietet auf diese Weise der erziehungswissenschaftlichen Reflexion eine Basis, um sowohl vom funktionalistischen als auch vom dysfunktionalistischen Ansatz ausgehend eine Theorie der Sozialisation und der Erziehung im Sinne der *Emanzipation (Mollenhauer)* zu erarbeiten.

Sozialpädagogik. Begriff und Geschichte. Das Wort Sozialpädagogik hat sich als Bezeichnung für einen bestimmten Umkreis pädagogischer Aufgaben und Einrichtungen und deren Theorien eingebürgert. Die Sozialpädagogik umfaßt alle jene Aufgaben, die in industriellen Gesellschaften als besondere Eingliederungshilfen notwendig geworden sind und gleichsam an den pädagogischen Konfliktstellen dieser Gesellschaft entstehen. Es gibt sie in diesem Sinne erst, seit die gesellschaftlichen Vorgänge einer pädagogischen Kritik unterzogen werden und es augenfällig wurde, daß die traditionellen Erziehungswege nicht mehr ausreichen, um den Vorgang des Heranwachsens zu sichern.

Auf der erziehungsideologischen Ebene haben vorwiegend drei Motive ihre Entstehung bestimmt:

(1) die Idee einer allgemeinen *Volkserziehung*; sie bewirkte, im Gefolge der *Aufklärung* und im Zusammenhang mit ersten Demokratisierungstendenzen, daß die ganze Breite der heranwachsenden Generation in ihrer gesamten Lebenswirklichkeit ein Gegenstand des pädagogischen Interesses und der pädagogischen Bemühung wurde; (2) die Kenntnis der sozialen Bewegung Frankreichs und die Sorge angesichts des *»Pauperismus«*, die soziale Bewegung könnte sich weiter ausbreiten; man mobilisierte die pädagogischen Kräfte, diesen Entwicklungen zu begegnen, die befürchtete revolutionäre Entwicklung zu verhindern und die neuen Lebenssituationen des Menschen in Stadt und Industrie zu bewältigen; der sozialpädagogische Begriff »*Gefährdung*« hat hier seinen Ursprung; (3) die *Jugendverwahrlosung*, die erst jetzt als ein pädagogisches Problem betrachtet wurde, nämlich sofern offensichtlich wurde, daß die mit diesem Begriff gemeinten Erscheinungen eine Funktion der sozialen und der Erziehungssituation des Menschen sind. Die Funktion dieses Begriffes ist aber von Beginn an auch eine sozial-integrative: es werden mit ihm Anpassungsleistungen an die bürgerliche Klassengesellschaft bewertet. Aus der pädagogischen *Reformbewegung* im ersten Drittel des 20. Jhs. erwuchsen die Anfänge einer sozialpädagogischen Theorie *(Ch. J. Klumker, A. Fischer, G. Bäumer, H. Nohl)*, die teilweise ihre juristische Entsprechung im *Reichsgesetz für Jugendwohlfahrt* von 1924 und im *Jugendgerichtsgesetz* von 1923 gefunden hat. *Jugendpflege*, *Jugendfürsorge* und *Gefängniserziehung* waren diejenigen Einrichtungen der pädagogischen Praxis, von denen das sozialpädagogische Bewußtsein und die sozialpädagogische Theorie ihren Ausgang nahm. Seither hat sich das sozialpädagogische Feld durch Umformungen und Erweiterungen verändert und differenziert, so daß heute die vielen Arten der *Heimerziehung*, der vor- und nebenschulischen Kindererziehung, der Jugendarbeit und Jugendsozialarbeit, der ambulanten und halbstationären Formen der Jugendhilfe in Wohnkollektiven, der Erziehung, Eltern- und Familienberatung, der organisatorischen Maßnahmen des Kindes- und Jugendschutzes u. ä. dazuzurechnen sind.

Gemeinsam ist allen diesen Einrichtungen, daß sie — neben den kontinuierlich das Heranwachsen steuernden oder begleitenden Erziehungswegen von der Familie durch Schule und Berufsbildung bis zur Erwachsenenbildung — und als Einrichtungen der »Jugendhilfe« zusammengefaßt — ein teils bewegliches, teils noch konservativ starres System von Maßnahmen bilden, die im je besonderen Erziehungsfall entweder planvoll eingesetzt werden können oder als helfende Institutionen für ad hoc auftauchende Erziehungsprobleme bei Familien, Kindern und Jugendlichen bereitstehen.

Sozialpädagogik als Terminus für einen bestimmten Aufgaben- und Einrichtungskomplex ist etwas anderes als das mit dem Begriff *Sozialerziehung* Gemeinte; dieser Begriff bezeichnet lediglich einen bestimmten Aspekt nahezu aller Erziehungsvorgänge, gleichgültig, ob sich diese Vorgänge nun in der Familie, der Schule, an der Arbeitsstelle oder in einer sozialpädagogischen Institution abspielen. Der Begriff *Sozialpädagogik* ist demgegenüber an Erziehungseinrichtungen von einer bestimmten Aufgabenart gebunden und so wenig ein Aspekt der Erziehung im allgemeinen Sinne, wie es Familien-, Schul- oder Erwachsenenpädagogik sind. Er kann deshalb auch als Synonym für »Theorie der Jugendhilfe« verwendet werden. Das schließt nicht aus, daß die institutionelle Trennung nicht immer gelingt und auch kaum durchgehend zu wünschen ist. Erziehungsberatung und Schule, Erwachsenenbildung und Jugendpflege, Familienerziehung und Fürsorge haben, wie viele andere pädagogische Einrichtungen, nicht nur mannigfache Berührungsstellen, sondern dringen häufig eine in die andere ein und übernehmen dort wechselseitig Aufgaben, wo nur in solcher Kooperation die pädagogische Aufgabe zu bewältigen ist. Andererseits aber ist nicht zu übersehen, daß es die Sozialpädagogik besonders nachdrücklich mit dem sozialerzieherischen Aspekt zu tun hat. Ihre Einrichtungen, als ein dritter pädagogischer Ort neben Familie und Schule, entwickeln sich immer mehr und mehr zu eigenständigen, nachholenden oder begleitenden Stätten der Sozialerziehung, die angesichts der fundamentalen Erziehungsprobleme, welche Industrialisierung und Demokratisierung, vor allem aber die durch soziale Ungleichheit produzierten Deprivationen in den Lebens- und Lernchancen von einzelnen und sozialen Gruppen stellen, von Familie und Schule allein nicht mehr zu lösen sind; denn die Anforderungen, die die moderne Gesellschaft an die Soziabilität ihrer Bürger stellt, sind höher als die sozialen Fähigkeiten, die sich im pädagogisch nicht vermittelten Hineinwachsen in diese Gesellschaft bilden.

Grundprobleme. Eine Reihe von Problemen, die an sich in allen pädagogischen Institutionen und Vorgängen eine Rolle spielen, treten in der Sozialpädagogik in charakteristischer Weise hervor und bestimmen ihr Profil.

1. Die Sozialpädagogik ist nicht nur gleichzeitig mit der industriellen und bürgerlichen Gesellschaft entstanden, sondern sie hängt auch der Art nach eng mit dieser zusammen. Sie kommt

überall dort ins Spiel, wo die soziale Entwicklung das Heranwachsen gefährdet, wo sie dem Menschen Schaden zugefügt hat oder zuzufügen im Begriffe steht. Sie kann daher nur begrenzt von den sozialen und kulturellen Traditionen ausgehen und an diesen Halt finden, denn sie sieht sich dem Werden einer Gesellschaft gegenüber, deren Unvollkommenheiten dem Sozialpädagogen unmittelbar als materielle und psychische Ausbeutung, Benachteiligung und Beschädigung, Unterdrükkung und Disziplinierung von Menschen entgegentreten. Das aber bedingt, daß der sozialpädagogischen Tätigkeit immer auch ein sozialpolitischer Gedankengang innewohnt. Die in der Praxis täglich neu erfahrene subjektive Entsprechung einer problematischen gesellschaftlichen Lage im einzelnen Erziehungsfall weist die Erziehungstätigkeit auf diese Lage zurück als auf die Bedingungen der individuellen *Erziehungsbedürftigkeit.* Die sozialpädagogische Erziehungsrichtung nimmt daher nie nur den direkten Weg auf den einzelnen zu, sondern schließt die Absicht zur Veränderung der Erziehungsbedingungen (Stadtteilarbeit, Gemeinwesenarbeit, politische Aktion) mit ein. Neben den pädagogischen Bezug tritt die *Erziehungsplanung,* die bisweilen sogar zur ausschließlichen pädagogischen Tätigkeit werden kann. Das enge Verhältnis zwischen Sozialpädagogik, Institutionenkritik, Sozialstaatsproblematik und ökonomischen Problemen hat hier seinen Grund.

2. Die sozialpädagogische Praxis geschieht in einem Spannungsfeld zwischen dem als *normal* Geltenden und den vielen Formen von Abweichungen bis hin zur juristisch definierten Kriminalität. Sie will das »Normale« stützen und fördern, den Abweichungen vorbeugen und, sofern das mit pädagogischen Mitteln zu leisten ist, die eingetretenen Schäden aufheben. Es fällt aber schwer, das »Normale« positiv zu beschreiben, da einerseits Minimalforderungen pädagogisch unfruchtbar sind — der Erziehungsprozeß würde erstarren — und andererseits Maximalforderungen die Breite der heranwachsenden Generation nicht erreichen würden; zwischen beiden liegt ein Spielraum, der dem der Gruppen, Konfessionen und Weltanschauungen entspricht, die je einen besonderen Begriff von »Normalität« vertreten. Solche Normalitäts-Vorstellungen sind ideologisch, sofern sie von institutionalisierten und interessegebundenen Erwartungen ausgehen. Sie koinzidieren negativ im Begriff der *Dissozialität.* Mit Hilfe dieses Begriffs oder seiner Äquivalente (z. B. Verwahrlosung) definieren die gesellschaftlich mächtigen Gruppen die Grenzen zwischen erwünschtem und unerwünschtem Verhalten. Das schließt nicht aus, daß der Ausdruck Dissozialität auch objektiv eine be-

stimmte Menge von Verhaltensproblemen bezeichnet, deren Erscheinung und Genese wissenschaftlich aufgeklärt werden kann. Psychologie, Psychoanalyse, Psychiatrie, die soziologische Anomie-Theorie des Interaktionismus u. a. Forschungsrichtungen haben für diese Aufklärung Entscheidendes geleistet. Dennoch gilt, daß die als dissozial zu bezeichnenden Erscheinungen in der geschichtlichen Entwicklung je nach den ökonomischen Bedingungen, den Herrschaftsverhältnissen, den besonderen Erziehungsaufgaben und den je besonderen Situationen wechseln. Diesem historischen Wechsel unterliegen allerdings die verschiedenen Dissozialitätserscheinungen in verschiedenen Graden.

Dasselbe gilt für jene Phänomene, die in der sozialpädagogischen Diskussion unter dem Begriff *Gefährdung* zusammengefaßt werden. Auch ihre Bestimmung hängt von dem normalen Aspekt der Erziehung ab. Die Sorge um die Gefährdung der Jugend kann sogar als der wesentliche Impuls der gesamten Sozialpädagogik seit ihren Anfängen bezeichnet werden. Die in diesem Begriff und seiner allgemeinen Anwendung vorausgesetzte Diskrepanz zwischen der gesellschaftlichen Wirklichkeit und den Bedingungen eines gesunden Heranwachsens führt allerdings in der Regel zu Ideologien. Eindeutig kann der Begriff nur dort sein, wo durch bestimmte Einwirkungen die physische Existenz des jungen Menschen in Mitleidenschaft gezogen wird (z. B. *Drogenmißbrauch, Verkehr, Kinderarbeit*) oder eindeutig beschreibbare psychische Schäden auftreten. In einem pädagogisch verantwortbaren Sinne kann darüber hinaus überall dort von Gefährdung gesprochen werden, wo die Bedingungen der Autonomie und Initiative bedroht sind. Das kann also auch für sozialpädagogische Einrichtungen selbst (z. B. Jugendstrafvollzug, polizeiliche Maßnahmen, Heimerziehung) gelten.

3. Da diese Leistungsfähigkeit sich nicht im Prozeß des Heranwachsens gleichsam von selbst herstellt, sondern ihre Entwicklung nachdrücklich gefördert werden muß, liegt alles daran, die Bedingungen für die Entfaltung von Autonomie und Initiative zu erkennen. Die entsprechenden Überlegungen und Versuche sind in den Diskussionen um das Problem der *Grundbedürfnisse* formuliert worden. Offenbar gibt es eine Reihe von Bedürfnissen, ohne deren Befriedigung nur eine deprivierte Existenz möglich ist. Es sind dies zunächst die primären Bedürfnisse der vitalen Existenz, wie das Bedürfnis nach Nahrung, Schlaf, Schutz für das leibliche Dasein, nach Freiheit von Furcht, aber auch nach erotisch-sexuellen Beziehungen.

Ihre Befriedigung reicht aber zur Existenzerhaltung nicht aus, solange dem Kinde nicht zugleich fundamentale Erfahrungen zuteil werden, deren Ausbleiben im extremen Fall zum sog. *Hospitalismus*-Syndrom führen kann (Entwicklungsstillstand, Gewichtsverlust, Schlafstörungen, Wimmern, motorische Verlangsamung, Kontaktstörung bis zur Kontaktunfähigkeit, idiotieähnliche Symptome, erhöhte Sterblichkeitsgefahr). Es handelt sich dabei um die — jeweils verschieden formulierten — Erfahrungen der seelischen Geborgenheit, der »affektiven Zufuhr« *(Spitz)* und der *Sprache*. Entbehrt das Kind sie über einen längeren Zeitraum, treten irreversible Schädigungen auf — eine Einsicht, die für alle Familien- und Heimerziehung fundamental ist. Ist die Befriedigung dieser Grundbedürfnisse die Bedingung für vermutlich jede Form humaner Existenz, so ist darüber hinaus noch eine Anzahl von Qualitäten zu nennen, die für die kulturelle Existenz unseres Kulturkreises als Bedingungen angegeben werden können. *Erikson* nennt: Vertrauen, Autonomie, Initiative, Intimität, Produktivität, *Ich*-Integrität. Folgt man *Erikson* hierin, dann wäre es die Aufgabe der Sozialpädagogik, die Entfaltung dieser Qualitäten zu schützen, Versäumtes nachzuholen und ihre Bewährung im Erziehungsraum zu ermöglichen.

4. Für die Sozialpädagogik ist es charakteristisch, daß nicht der Staat ihr ausschließlicher Träger ist, sondern daß *private Erziehungsinitiative* in ihr eine hervorragende Rolle spielt. Das Jugendamt hat zwar die Durchführung der im *Jugendwohlfahrtsgesetz* vorgesehenen Maßnahmen, vor allem die Berücksichtigung des *Rechtes des Kindes auf Erziehung* (§ 1) zu überwachen; der Vollzug selbst aber verteilt sich unter eine Vielzahl von Trägern und Trägerverbänden (Arbeiterwohlfahrt, Caritas-Verband, Innere Mission, Deutscher Paritätischer Wohlfahrtsverband usw.). Diese Träger-Vielfalt wird mit dem Pluralismus-Prinzip gerechtfertigt und hat im Jugendwohlfahrtsgesetz im Begriff der pädagogischen »Grundrichtung«, die in der Kompetenz von Trägern und Eltern *(Elternrecht)* liegen, seinen Niederschlag gefunden. Faktisch aber bedeutet das eine Minderung demokratischer Kontroll-Möglichkeiten, besonders der demokratisch legitimierten Jugendämter.

ZUR »THEORIE« DER JUGENDHILFE. Eine Theorie, die die Gesamtheit der sozialpädagogischen Phänomene zum Gegenstand hat, ist gegenwärtig noch problematisch. Der Ausdruck »Theorie« würde unter solchen Umständen entweder zu einem Sammelnamen für eine Vielzahl unzusammenhängender theoretischer Sätze und Begriffe verblassen, oder aber die Theorie müßte — etwa als Theorie pädagogischer Dysfunktionen in bestimmten historischen Kontexten – dem sozialpädagogischen Gegenstand gegenüber auf einer Ebene von Allgemeinheit angesiedelt sein, die sie für das sozialpädagogische Handlungsfeld wenig brauchbar machen würde. Es erscheint daher zweckmäßig, eine Mehrzahl von Theorien anzustreben, die sich je nach dem Handlungsobjekt des Erziehungshandelns in Jugendhilfe-Institutionen unterscheiden. Dabei ist zu beachten, daß eine pädagogische Theorie etwas anderes ist als die Theorie der *Genese* eines Konfliktes, der pädagogische Interventionen erfordert. So ist z. B. eine Theorie, die die Entstehung devianten Verhaltens zum Gegenstand hat, nur begrenzt für die Planung pädagogischer Interventionen tauglich; aus dem Nachweis eines durch frühe Muttertrennung erzeugten Traumas als Ursache für spätere Dissozialität sind spätere Therapie-Möglichkeiten nur vage vorgegeben. Sozialpädagogische Theorien sind also Theorien für bestimmte pädagogische Interventionen und damit Theorien des institutionalisierten Erziehungshandelns.

1. Eine Schlüsselfunktion kommt den sozialpädagogischen *»Verteilungsinstanzen«* zu; das am ehesten durchschaubare Exempel dafür ist das *Jugendamt.* Was hier institutionalisiert ist, das ist u. a. ein *Klassifikationssystem* für interventionsbedürftige Probleme von einzelnen oder Gruppen *(Cicourel).* Interventionsbedürftigkeit wird dabei nicht von den Klienten definiert, sondern von den intervenierenden Organisationen, also den Fürsorgeverbänden *(Peters),* den Jugendämtern und Jugendgerichten *(Cicourel, Quensel).* Völlig ungeklärt ist dabei, ob die Interventionsinstanzen überhaupt eine signifikante Anzahl derjenigen Fälle erreichen, die nach ihrer Definition interventionsbedürftig sind. Da es kaum eine Rückmeldung gibt im Hinblick auf die Frage, wie wirkungsvoll das Interventionssystem ist; und da überdies die Interventionsinstanz dem Klienten gegenüber immer in der Situation des Mächtigeren ist, ist es wenig wahrscheinlich, daß die Klienten *ihren* Kriterien für relevante Probleme im Interventionsprozeß Geltung verschaffen können. Wahrscheinlich ist vielmehr, daß sie angesichts bevorstehender oder schon eingeleiteter Intervention ihre Probleme nach den Klassifikationsstandards der Institution umdefinieren. Zunächst werden hier nur Verhaltensmerkmale als Indizien für Interventionsbedürftigkeit identifiziert: Das Entscheidende daran ist, daß solche Verhaltensmerkmale im Kontext der Institutionen eine andere Bedeutung haben als für den betroffenen Klienten. Verhaltensmerkmale (Schulschwänzen, Kleindiebstähle, Arbeitsbummelei etc.) sind zugleich Elemente eines Klassifikationssystems, in dem es nicht nur beschreibend klas-

sifikatorische Ausdrücke gibt, sondern in dem zugleich bestimmte Erklärungsmuster enthalten sind: sie sind Teil einer Vorstellung von *devianten Karrieren (Quensel)*; das zunächst scheinbar in nur einem Merkmal als deviant klassifizierte Individuum wird im antizipierten Rahmen dieser Karriere interpretiert. Ihm wird, wiederholt und verstärkt sich dieser Vorgang, eine *deviante Rolle* zugeschrieben. Was an dieser Stelle mit dem betroffenen Individuum geschieht, ist in anderem Zusammenhang als *»Stigmatisierung« (Goffman)* beschrieben worden und damit – im Sinne eines Zirkels – als ein zusätzlicher Faktor bei der Entstehung und Verfestigung devianter Karrieren.

2. Die persönliche Biographie des Klienten aber hat primär ihren Ort nicht in bezug auf eine Einrichtung der Jugendhilfe, sondern im Rahmen der *»Lebenswelt«* des Klienten, als deren Komponenten die materielle Lage, der Ort im System gesellschaftlicher Arbeitsteilung und die Subkultur bzw. die Bezugsgruppen, denen er angehört, gelten können. Diese Lebenswelt ist für ihn der Konstitutionszusammenhang seiner Relevanz-Kriterien, d. h. derjenigen Gesichtspunkte, nach denen er Bedeutsames von weniger Bedeutsamem unterscheidet, Situationen, Probleme und Problemlösungen definiert. Man kann auch sagen: Die Lebenswelt ist das System von Definitionsregeln, in dem sich das Individuum alltäglich bewegt. Genauere Betrachtung bringt jedoch schnell zum Vorschein, daß eine solche Formulierung nur vorläufig sein kann: Die Regeln, mit denen das Individuum alltäglich konfrontiert wird und die zu akzeptieren ihm angeraten werden, sind nicht notwendig kongruent, sie können sogar widersprüchlich sein. Außerdem ist seine Beteiligung an diesem System nicht als passives Reagens zu denken, sondern als Interaktion, in der Beziehungen neu definiert, Regeln damit auch modifiziert werden können. Primäre Lebenswelten, z. B. eine Familie im Kontext ihrer Bezugsgruppen, können danach beurteilt werden, wie weit sie imstande sind, auftauchende Probleme (Diskrepanzen in Beziehungen und Regeln, Störungen durch psychische Belastungen, signifikante Personen etc.) zu lösen *(Hansen/Hill)*. Damit stellt sich die Frage nach den Ressourcen, über die eine Lebenswelt mindestens verfügen muß, damit Probleme lösbar werden: die Frage nach den sozio-ökonomischen Bedingungen und damit den materiell »definierten« Spielräumen, den Bezugsgruppen usw. und die Fragen nach dem Niveau, auf dem überhaupt Problem-Lösungen antizipiert werden können: für die Familie in einer Obdachlosen-Siedlung z. B. sind die realistischen Problemlösungs-Strategien vermutlich vergleichsweise außerordentlich restringiert

(H a a g). In diesem Sinne ist die Ausarbeitung eines differenzierten und gesellschaftlich präzisierten Begriffs der »Lebenswelt« einer der wichtigsten Forschungsaufgaben im Felde der Jugendhilfe und Sozialarbeit. Gleichwohl ist es sinnvoll, eben diese Lebenswelten von dem mit Sanktionen und also mit Macht ausgestatteten Bedeutungs-Kontext der Interventions-Instanzen zu unterscheiden, weil erst durch solche Unterscheidung die Frage nach der Gerechtigkeit (hier: der Angemessenheit an die Lebenswelt des Klienten) der Maßnahmen beantwortet werden kann und eine kritische Theorie der Jugendhilfe möglich wird.

3. Die Interventionsinstanzen können als vermittelnd zwischen den Erwartungen der »Gesellschaft« und den »Lebenswelten« der Klienten angesehen werden. Die Institutionen produzieren vermutlich ihr Klassifikationssystem für »problematische Fälle« nicht selbst, sondern folgen darin gesellschaftlich herrschenden Erwartungen, vermutlich also den mit Macht ausgestatteten und deshalb einflußreichen Gruppen *(A u t o r e n k o l l e k t i v, Gefesselte Jugend).* So wäre z. B. die Frage zu prüfen, in welchem Umfang Klassifikationen von Verhalten als »deviant« ihre Rechtfertigung nur in ökonomischen Qualifikationserwartungen haben und welche Funktion in diesem Zusammenhang dem Sozialstaat zukommt. Welche »Partei« der Sozialarbeiter oder Sozialpädagoge nimmt, zeigt sich im Konfliktfall nicht so sehr an seinem pädagogischen Verfahren, den methodischen Schritten im Umgang mit den Klienten oder dem Klima positiver Zuwendung, das er zu schaffen versucht, sondern daran, welche Probleme er als interventionsbedürftig interpretiert.

4. Die oft beschworene Diskrepanz von »Innendienst« und »Außendienst« bzw. von »Administration« und »Treatment« erscheint so theoretisch wie praktisch in einem neuen Licht. Der im *praktischen Umgang mit den Klienten* (Treatment) tätige Sozialarbeiter ist einem Berufsrollenproblem konfrontiert, dessen Lösung ihm institutionell außerordentlich erschwert wird: Einerseits ist er abhängiger Agent einer Institution, die an einem relativ starren System von Problem- und Lösungs-Klassifikationen festhält; er kann aber andererseits innerhalb dieser Institution keine stabile Berufstätigkeit aufbauen, da seine tägliche Praxis ihn mit den originären Problemen der Lebenswelt des Klienten konfrontiert, denen gegenüber die institutionalisierten Klassifikationen als dysfunktional erscheinen. Die Probleme des Treatment-Systems haben deshalb immer mindestens zwei Aspekte: die Frage nach den angemessenen Behandlungsverfahren und die Frage der sozialpädagogischen Berufsrollenprobleme.

Bei dieser Problemfeld-Beschreibung handelt es sich nicht um eine Theorie, sondern um einen Begriffs- und Beziehungsrahmen für Probleme. Dieser Rahmen ist zwar aus theoretischen Elementen konstruiert – so z. B. aus Sozialisationstheorien, Stigma-Theorie, Devianz-Theorien, ökonomischer Theorie, therapeutischen Theorien – kann aber für sich selbst nicht den Status einer Theorie beanspruchen. Ob eine »Theorie der Jugendhilfe« bzw. eine »Theorie der Sozialarbeit« auf diesem Niveau von Komplexität überhaupt möglich ist, ist zweifelhaft. Das wird noch deutlicher, wenn man sich vor Augen hält, daß in unsere Rahmenskizze psychologische und medizinische Daten noch gar nicht aufgenommen wurden. Die Komplexität der Praxis selbst ist also hier schon beträchtlich reduziert worden. Gleichwohl scheint es sinnvoll zu sein, mit solchen Rahmenvorstellungen zu arbeiten, innerhalb derer Theorien lokalisierbar werden, um damit Hypothesen formulieren zu können, deren Relevanz im Rahmen des faktischen sozialpädagogischen Feldes, sowohl praktisch wie theoretisch, bestimmbar ist.

Soziologie der Erziehung. ALLGEMEINES. Das Aufwachsen des einzelnen ist zugleich ein Hineinwachsen in die Gesellschaft; damit ergibt sich für eine wissenschaftliche Analyse der Beziehungen von Individuum und Gesellschaft eine doppelte Aufgabe. Einmal gilt es, ein theoretisches Modell zum Verständnis dieses Hineinwachsens zu entwickeln, durch das eine Erklärung des generellen Aufbaus der Persönlichkeit (»personales System«) ermöglicht wird. Da dieser Prozeß aber an einzelne, von der jeweiligen Gesellschaft zu leistende Hilfen gebunden ist, muß andererseits versucht werden, den realen Einfluß dieser Hilfen auf das »personale System« zu analysieren. Damit fällt der Soziologie der Erziehung die Aufgabe zu, über die Analyse der *Erziehung* als eines eigenen sozialen Geschehens hinaus dessen Zusammenhang mit den übrigen Systemen sozialen Handelns und den die Normen und Wertansprüche der Gesellschaft manifestierenden kulturellen Institutionen aufzuzeigen. Der kategoriale Entwurf, der die Übernahme gesellschaftlicher Anforderungen durch den einzelnen erklären soll, liegt in der Theorie der *Sozialisation* vor, die in letzter Zeit besonders durch die soziolinguistischen Theorien der Sprachkompetenz *(N. Chomsky)* und der kommunikativen Kompetenz *(K.-O. Apel, J. Habermas)* eine vertiefte Diskussion erfahren hat. Dabei zeigt sich, daß dieses Zentralstück zum Verständnis der Wechselwirkung zwischen Person und Gesellschaft nur im Zusammenhang aller das Verhalten des Menschen untersuchenden Wissenschaften wie *Psychologie, Psychoanalyse,*

Soziologie, Kulturanthropologie, Linguistik u. a. erstellt und in seiner Bedeutung für die Theorie der Erziehung abgeschätzt werden kann *(→ Sozialisation und Erziehung).* Sofern dieser allgemeine Erklärungsrahmen im Geflecht historisch bedingter Sozialstrukturen und Kulturinstitutionen seine konkrete Ausgestaltung erfährt, wird die Soziologie der Erziehung ihre vordringliche Aufgabe als empirische Wissenschaft in der Klärung dieses historischen Bedingungsrahmens sehen, dessen erziehungstheoretische Relevanz allerdings in einem Rückbezug auf den Sozialisationsprozeß immer wieder erfragt werden muß.

Die Soziologie der Erziehung selbst kann sich in ihren Untersuchungen auf die strukturalistischen und funktionalistischen Erklärungsmodelle stützen, die im Anschluß an *Durkheim* und dessen Grundlegung der »Regeln der soziologischen Methode« entwickelt worden sind. Ein Versuch dazu ist etwa der von *O. Brim* vorgelegte und auf der strukturell-funktionalen Methode aufbauende Entwurf einer »Soziologie des Erziehungswesens«, in dem Einzeluntersuchungen in einem theoretischen Rahmen zusammengefaßt werden. Die Fragestellung der Soziologie der Erziehung ist also inhaltlich bestimmt durch das Interesse an der Erhellung des Zusammenhangs von Erziehung und Gesellschaft; formal ist die Soziologie der Erziehung dagegen eine mit den Methoden und Forschungstechniken der empirisch-analytischen Wissenschaften arbeitende spezielle Soziologie.

WISSENSCHAFTSVERSTÄNDNIS. Als empirisch-analytische Wissenschaft ist die Soziologie der Erziehung geleitet von der Frage: »Wie müssen Aussagen beschaffen sein, damit ihre Richtigkeit (oft mißverständlich Wahrheit genannt) empirisch entscheidbar wird?« *(E. K. Scheuch)* Ihr Ziel ist es, sinnvolle, d. h. empirisch überprüfbare Sätze über ihren Gegenstand: die Erziehung aufstellen. Dazu ist es erforderlich, daß die in diesen Sätzen verwendeten Begriffe operationalisierbar sind, um die Forderung nach interpersoneller Überprüfbarkeit zu erfüllen. Keine solche Theorie kann endgültig sein; Wissenschaft ist durch den Versuch bestimmt, sich dauernd selbst in Frage zu stellen. »Das Überprüfen geschieht, indem man die Theorie festhält, mit allen möglichen Anfangsbedingungen, anderen Theorien kombiniert und die Ergebnisse hierauf mit der Wirklichkeit vergleicht. Die Widerlegung . . . hat schließlich den Neubau der Theorie zur Folge.« *(K. R. Popper)*
In dieser methodologischen Begründung ihrer Wissenschaftlichkeit knüpfen die Erfahrungswissenschaften an die vor allem in der neueren Sprachphilosophie geführte Diskussion über die Bedeutung und Tragweite von Erkenntnis an.

Gleichzeitig stellt sich aber die Frage nach denjenigen Forschungstechniken, die dem Abgrenzungskriterium sinnvoller von sinnlosen Sätzen entsprechen. Während die methodologische Diskussion eine durchgehende Entwicklung zeigt (C. *Hempel*, E. *Nagel*, K. R. *Popper*, H. *Albert* und in kritischer Auseinandersetzung J. *Habermas*), ist die Ausarbeitung der diesem Verständnis entsprechenden Forschungstechniken ungleich weniger entwickelt.
Die Entfaltung dieser Problemstellung wird vor allem durch die Einwände einer das Verhältnis von Theorie und Realität im Sinne positivistischer Wissenschaftstheorie überhaupt bezweifelnden »Kritischen Theorie« bestimmt. In diesem »Positivismusstreit« geht es auf der theoretischen Ebene in erster Linie um die Frage, wieweit eine Wissenschaft, die »durch eine vom philosophischen Gedanken verlassene Methodologie« begründet wird, den Zusammenhang »mit dem objektiven Bildungsprozeß der Menschengattung« (J. *Habermas*) noch herstellen kann; auf der Ebene der handelnden Subjekte lautet die Frage, wie die theoretischen Sätze der empirisch-analytischen Wissenschaften sich in praktische Anweisungen transformieren lassen, ohne in eine Reproduktion von Fakten abzugleiten und damit den aufklärerischen Anspruch von Wissenschaft insgesamt aufzugeben, zum Fortschritt der Menschheit beizutragen. Sofern diese Auseinandersetzung auf eine Überwindung der in den positiven Wissenschaften getroffenen Trennung von Erkennen und Werten zielt, kann sich ihr gerade eine Soziologie der Erziehung nicht entziehen, die als ein Beitrag zu der pädagogischen Frage nach den Möglichkeiten der Selbstverwirklichung des einzelnen konzipiert ist.
Gerade weil aber diese Diskussion von der Einsicht in das wirkliche Verhältnis von Erziehungsgeschehen und gesellschaftlicher Realität ausgehen muß, wird eine als empirische Wissenschaft betriebene Soziologie der Erziehung ihren Beitrag dazu erst leisten können, wenn sie auf die Ausarbeitung eigener methodischer und forschungstechnischer Ansätze nicht verzichtet. Eine diese wissenschaftstheoretische Begründung der Soziologie der Erziehung mitreflektierende pädagogische Diskussion wird sich gleichermaßen der Gefahr entwinden, selbst in einen »blinden Empirismus« zu verfallen, wie derjenigen, der Soziologie insgesamt diesen vorzuwerfen.
BEGRIFF UND GESCHICHTE. In der pädagogischen Theorie taucht die Auseinandersetzung um den Theoriecharakter der Soziologie in der Frage nach dem Verhältnis von Pädagogik und Soziologie der Erziehung wieder auf (→ *Pädagogik*). Diese Diskussion spiegelt sich aber auch in der begrifflichen Bezeichnung der Wissenschaft, die das Erziehungsgeschehen

im Zusammenhang des gesellschaftlichen Kontextes analysiert, wider. In Deutschland sind es vor allem *Th. Geiger* (1930) und *A. Fischer* (1932), die, von einem Verständnis der Soziologie der Erziehung als empirischer Wissenschaft ausgehend, ein Programm entwerfen, zu dem auch die Reflexion über das Verhältnis von Pädagogik und Soziologie gehört. *Th. Geiger* setzt dabei die Soziologie der Erziehung von einer Soziologie ab, die »enzyklopädische Wissenschaft von der Gesellschaft sein will«, in diesem Anspruch »normativ gegenüber der Pädagogik« auftritt und diese dadurch zu einer technologischen Disziplin reduziert. Dagegen stellt er die Eigenberechtigung der pädagogischen Fragestellung gegenüber der gesellschaftstheoretischen heraus. So versteht er den Begriff der Soziologie der Erziehung zugleich als Ausdruck eines notwendigen, methodisch begrenzten Perspektivismus in der Analyse der Erziehung, deren vollständiges Verständnis erst in einer Erweiterung durch andere Fragestellungen ermöglicht wird. Die Normierung der Pädagogik an einem gesellschaftstheoretischen Gesamtentwurf faßte *Th. Geiger* unter dem Begriff der Ressentiments-Pädagogik zusammen, während *A. Fischer* sie mit dem Begriff einer »Soziologischen Pädagogik« umriß. Diese verstand er als einen Spezialfall der → *Sozialpädagogik*, deren Begriff zwar vieldeutig, in seiner universellsten Fassung aber »doch Betrachtung und Zielung der Erziehung ausschließlich auf Kollektiva« sei.

Dagegen stellte *A. Fischer* den Begriff der »Pädagogischen Soziologie«, mit dem er von der Einsicht in den Grenzcharakter dieser Wissenschaft her zwar deren methodische Eigenart betont (wie auch *Th. Geiger*), gleichzeitig aber die Reflexion über die pädagogische Dimension dieses wissenschaftlichen Programms zum konstitutiven Element selbst erhebt. Einen ein strenges wissenschaftliches Programm ausdrückenden einheitlichen Begriff gibt es jedoch in der heutigen Diskussion nicht. Neben dem Begriff einer »Soziologie der Erziehung« *(Kippert)* findet sich, vor allem in der deutschen Literatur, der Begriff der *»Pädagogischen Soziologie« (Dieckmann, Bernsdorff)*.

Der auch hier übernommene Begriff der Soziologie der Erziehung ist auf dem Hintergrund der anglo-amerikanischen Entwicklung der Soziologie zu verstehen. *Brookover* unterscheidet dort zwei Dimensionen der soziologischen Analyse der Erziehungswirklichkeit: In einer mehr pragmatisch orientierten »Educational Sociology« sollen einzelne Ergebnisse der empirischen Forschung in die pädagogische Praxis umgesetzt werden, während in einer »Sociology of Education« ver-

sucht wird, zu einer im Sinne der empirisch-analytischen Wissenschaften systematischen Theorie zu gelangen, in der die Soziologie der Erziehung auf die Begriffe der allgemeinen Soziologie (z. B. Theorie der Gruppe, Rollenbegriff, Theorie der sozialen Schichtung u. a.) hin ausgelegt wird. Den zweifachen Bezug der empirischen Forschungen betont auch *U. Oevermann,* gleichzeitig weist er aber darauf hin, daß erst systematisch ausgearbeitete Theorien eine rationale Grundlage »der praktischen bildungspolitischen Konsequenzen« sein können.
In der Soziologie der Erziehung liegt damit eine doppelte Chance. Sie ist nicht nur als ein Beitrag zu einer in den Begriffen der allgemeinen Soziologie gefaßten Gesellschaftstheorie zu verstehen; indem sie diesen Beitrag durch eine Analyse der gesellschaftlich bestimmten Erziehungswirklichkeit zu leisten versucht, kann sie auch an die problemgeschichtlichen Ansätze der Soziologie als Gesellschaftstheorie anknüpfen. Diese Ansätze sind gekennzeichnet durch die Einsicht in die durch eine bestimmte Organisationsform der Gesellschaft bedingte Ungleichheit unter den Menschen *(Dahrendorf).* Deswegen entwickelte sich gleichzeitig und gewissermaßen als Teil der Gesellschaftstheorie eine pädagogische Theorie, die jener gegenüber eine kritische Funktion erfüllte. So bestand für *Condorcet* die kritische Funktion des Erziehungssystems darin, die Vorherrschaft einzelner sich in Gesellschaft manifestierender Interessen und deren Einfluß auf den Menschen auszuschließen; Erziehung als öffentlicher Unterricht ist für ihn ein wesentliches Merkmal der zu entwickelnden »sozialen Kunst«, um das »individuelle Glück und den allgemeinen Wohlstand« zu vereinen. Mit dem Aufkommen der Soziologie als positiver Wissenschaft und ihrer methodisch begründeten Analyse der Gesellschaft ging jedoch diese, in einem geschichtsphilosophisch begründeten Fortschrittsentwurf legitimierte kritische Differenz von Gesellschaft und Erziehung als Gegenstand einer wissenschaftlichen Reflexion immer mehr verloren. So erscheint in *Durkheims* Analysen Erziehung nur noch unter den strukturellen Bedingungen der auf sie bezogenen Gesellschaft. Diese Sichtweise macht zwar die Unangemessenheit eines unreflektiert auf die Allmacht der Erziehung vertrauenden Denkens deutlich; sie fordert aber auch die Wiederaufnahme des kritischen Gesprächs zwischen Pädagogik und Gesellschaftstheorie auf der Ebene der Einsicht in die wirkliche Abhängigkeit aktueller pädagogischer Prozesse von denen der historisch gewordenen und bestehenden Gesellschaft.
PROBLEME. 1. Eine wichtige Aufgabe bei der Entfaltung dieser Fragestellung fällt dabei einer unter wissenssoziologischem Aspekt betriebenen sozialhistorischen Forschung zu, die die

Aufgabe hat, die in der Vergangenheit erstellten Bestimmungen und Analysen des Verhältnisses von Erziehung und Gesellschaft auf deren Bedingungen durch das »gesellschaftliche Sein« *(K. Mannheim)* zu reflektieren, um darin noch einen Beitrag zum Verständnis des wirklichen Zusammenhangs zu gewinnen. Dies wäre gleichzeitig ein Beitrag zu dem dringend zu klärenden Problem, in welchem Verhältnis Pädagogik als Wissenschaft zu der über die Realität der Erziehungsinstitutionen entscheidenden politischen Entschlußfassung steht. Stellung und Funktion wissenschaftlicher Beratergremien in politischen Entscheidungs- und Verwaltungsinstanzen bedürfen gerade in der immer weiter sich ausdehnenden Praxis der → *Bildungsplanung* einer vertieften gesellschaftstheoretischen Reflexion, wenn anders Wissenschaft nicht ihre kritische Funktion gerade gegenüber politischer Praxis verlieren und zum bloßen Exekutor der von ihr nicht mehr durchschauten gesellschaftlichen Interessen absinken soll. Eine solche, auch auf die Vergangenheit bezogene Fragestellung erweitert in ihrem systematischen Anliegen zugleich die Aufgaben der Historischen Pädagogik und ermöglicht so dieser ihren Beitrag zu der in fast allen Entwürfen zur Soziologie der Erziehung geforderten Ideologiekritik an dem je vorherrschenden Bildungsideal.

2. Eine solche Kritik wird heute vor allem an dem *klassischen deutschen Bildungsideal* vorgetragen. Die in diesem Ideal geforderte Persönlichkeitsbildung, die im Anschluß an eine Kritik jeder Erziehung, die zur Einübung bürgerlicher Rollen reduziert war, durch die Entfaltung der Individualität die Möglichkeit auch zu einer Korrektur der bürgerlichen Existenz eröffnen sollte, wird nun als eine Bestimmung von Bildung erkannt, die selbst an eine historisch-gesellschaftliche Entwicklung gebunden war. Die Änderungen, die diese Bedingungen bis heute erfahren haben, werfen jedoch die Frage auf, wieweit eine immer mehr den privaten Bereich bestimmende und damit ihren Anspruch auch auf den einzelnen Menschen ausdehnende Gesellschaftsstruktur den kritischen Anspruch, den Persönlichkeitsbildung gegenüber gesellschaftlichen Ansprüchen erhebt, nicht in das Gegenteil verkehrt und umstandslos ihrer Eigengesetzlichkeit subsumiert. Am stärksten hat wohl *H. Marcuse (Der eindimensionale Mensch)*, aufbauend auf Einzeluntersuchungen zur Integration des Menschen in die moderne Arbeitswelt, die Tendenz der Gesellschaft betont, den Freiheitsraum des einzelnen zu manipulieren und den Menschen nur noch in der von Gesellschaft vermittelten einen Dimension der Gesetze industrieller Produktion aufgehen zu lassen. Diese Kri-

tik wird vor allem an der einst den Freiheitsraum des Menschen ermöglichenden kulturellen Sphäre gezeigt, die in dem Maße ihre behauptete öffentliche und politische Funktion der Kritik verliert, in dem sie selbst Warencharakter annimmt, so daß das Festhalten an ihr unbewußt zur pseudohumanistischen Legitimation einer inhumanen Gesellschaft wird.

3. Dieser Kritik am Bildungsideal entspricht eine Kritik an dem darauf aufbauenden Erziehungs- und *Bildungswesen.* Das Schulwesen war, so läßt sich im Anschluß an *D. Riesmann* sagen, im wesentlichen traditionsgeleitet. Dagegen wird heute betont, dieses Prinzip entspreche nicht mehr den Anforderungen einer entwickelten Industriegesellschaft *(O. Haseloff, G. Picht).* Zugleich erfordert diese Einsicht eine grundlegende Neubesinnung über die Stellung der → *Schule* als sekundärer Sozialisationsinstanz zwischen Familie und Gesellschaft. Solange die Gesellschaft noch relativ unstrukturiert ist, kann die Einübung in gesellschaftlich notwendige Fertigkeiten durch die Familie vermittelt werden; sobald aber die Gesellschaft mit zunehmender Industrialisierung an den einzelnen immer größere Anforderungen an technische Fertigkeiten, Beherrschung von Produktionsverfahren und die damit verbundene Einsicht in die Komplexität gesellschaftlicher Abläufe stellt, fällt auch den Erziehungsinstitutionen eine immer größere Bedeutung in der Zuweisung der an das Beherrschen dieser Fähigkeiten gebundenen sozialen Positionen zu. *J. Kob* sieht geradezu einen tendenziellen Zusammenhang zwischen der Ablösung traditionsbestimmter Gesellschaften durch eine an die Rationalisierung der Produktionsprozesse gebundene fortschreitende Arbeitsteilung einerseits und der zunehmenden Institutionalisierung der Erziehung andererseits. Diese Bedeutung des Schulwesens kommt auch deutlich in dem positiven Zusammenhang zwischen dem Grad der Schulausbildung, gemessen an der Dauer des Schulbesuchs und dem erreichten Abschlußzeugnis, und dem Erlangen unterschiedlicher sozialer Positionen zum Ausdruck *(Janowitz). Schelsky* erklärt denn auch die Schule zur »ersten und damit entscheidenden zentralen sozialen Dirigierungsstelle für die künftige soziale Sicherheit, für den künftigen sozialen Rang und für das Ausmaß künftiger Konsummöglichkeiten«. Aus dieser Einsicht ergibt sich eine unter dem Titel »Anpassung oder Freiheit« *(Schelsky)* geführte erziehungstheoretische Diskussion, in der es vor allem um die Möglichkeiten geht, wie eine »Überanpassung« *(Roeder)* zu verhindern sei, ohne zugleich Schule und Gesellschaft in einen dysfunktionalen Zusammenhang im Sinne des *»cultural lag« (Ogburn)* zu bringen. *J. Kob* hat den generellen Unterschied

zwischen Schule und Gesellschaft im Begriff der »Strukturellen Distanz« zu fassen gesucht. Unter diesem Begriff versteht er die relative Unabhängigkeit des Erziehungssystems von den übrigen gesellschaftlichen Teilsystemen, die als notwendiger »Vorraum« die Bewältigung der immer unterschiedlicheren gesellschaftlichen und ökonomischen Erfordernisse allererst ermöglicht.

4. Die an diese generelle Unterscheidung von Schule und Gesellschaft anknüpfenden Überlegungen über die mögliche Erreichung je unterschiedlicher sozialer Positionen, bedingt durch je unterschiedlich erfolgreichen Schulbesuch, gewinnen aber erst ihre volle Bedeutung, wenn man das Ausbildungssystem insgesamt nicht nur als strukturellen Faktor bei der positiven Bestimmung der Statuszuweisung betrachtet, sondern auch seine negative selektive Funktion in diesem Prozeß auf seine Gründe hin befragt. Diese Problematik muß anknüpfen an die statistisch belegte, ungleich verteilte Repräsentation von Schulkindern aus verschiedenen *sozialen Schichten* beim Besuch weiterführender Bildungseinrichtungen *(Dahrendorf)*. Erst die Aufklärung der sozialen Herkunft in ihrer Bedeutung für erfolgreichen Schulbesuch vermag die umfassende Rolle der Schule annähernd zu erfassen. So ist gegen *Schelsky* eingewandt worden, daß Schule zwar eine zentrale Dirigierungsstelle ist, jedoch im Zusammenhang aller übrigen den Schulweg des Kindes bestimmenden Faktoren betrachtet werden muß *(J. Habermas, H.-G. Rolff)*. Gerade die Sozialisationsforschung hat die Bedeutung familiärer und durch diese hindurch gesamtgesellschaftlicher Einflüsse auf den intellektuellen und sozialen Lernprozeß nachgewiesen. Die Schule hat sich daher auf diese ihr vorausliegenden, strukturellen Bedingungen erfolgreicher *Sozialisation* einzustellen, wenn sie nicht selbst zur Perpetuierung sozialer Ungleichheit beitragen will. Damit stellt sich der Soziologie der Erziehung heute in besonderer Weise die Aufgabe, die Ausbildungssysteme der industriellen Gesellschaft auf dem Hintergrund der historisch gegebenen Systeme der sozialen Schichtung zu betrachten und auf die Möglichkeiten der *sozialen Mobilität* und des sozialen Wandels hin zu befragen.

Weil in begabungssoziologischen Untersuchungen die sozialkulturelle Bedingtheit der Definition von Fähigkeiten nachgewiesen worden ist, kommt es darauf an, daß die Schule die Bestimmung ihrer Lernziele nicht an den Interessen bestimmter sozialer Schichten orientiert und so zu einer Mittelklassen-Institution *(Ch. Lütkens)* wird, sofern eine demokratische Gesellschaft das Prinzip der *Chancengleichheit* für sich in Anspruch nimmt.

Damit im Zusammenhang muß aber auch die organisatorische Struktur des Schulwesens gesehen werden. Weil dieses sich nicht mehr auf eine natürliche Gliederung von Begabung stützen kann, wird die schulische Möglichkeit zur Vorbereitung von Chancengleichheit sich auch an der Organisationsform der Erziehungs- und Bildungseinrichtungen entscheiden *(→ Gesamtschule)*. Dabei erhält die Soziologie der Erziehung heute die besondere Aufgabe, den Einfluß von Organisationsformen auf den Lernerfolg festzustellen und so eine empirische Überprüfung der politischen Zielsetzungen zu ermöglichen.

5. Die Durchsetzung einer immer stärkeren *Institutionalisierung der Erziehung* erfordert es, Veränderungen dieses institutionellen Systems auf ihre Auswirkungen auf die mit ihm befaßten Personen hin zu befragen. So liegen erste Untersuchungen zur Veränderung des Freizeitverhaltens vor, das durch die Einführung der 5-Tage-Woche in der Schule bedingt wird *(D. Wachler)*. Außerdem müßte untersucht werden, welche Auswirkungen etwa die Veränderung der Lerninhalte und damit die von den Eltern nicht mehr durchschaubaren Anforderungen der Schule an das Kind auf das Eltern — Kind-Verhältnis und somit auf das soziale System *Familie* hat und welche Rückwirkungen sich daraus für die *Lernmotivation* des Kindes ergeben. Dieses Problem zeigt die trotz aller Funktionsteilung zwischen Schule und Familie bestehenden Bezugspunkte beider Systeme, deren Zusammenspiel entscheidend auf das Lernverhalten der Schüler Einfluß nimmt.

6. Die Veränderung der Position der Schule innerhalb der Gesellschaft kommt auch in einer Veränderung der Rolle des *Lehrers* zum Ausdruck. Während dieser sein Verhalten noch mehr von der traditionsbestimmten »pädagogischen Verantwortung« her verstehen gelernt hat, ist seine wirkliche Funktion in der Schule zugleich bestimmt durch die Rollenerwartungen, die Elternhaus und Gesellschaft an ihn stellen. So konnte *J. Kob* in einer Befragung von Schüler-Eltern feststellen, daß diese die Aufgabe der Schule und damit auch die des Lehrers mehr in der Vermittlung von Wissen sehen als in ihrem Beitrag zu Bildung und Erziehung. Dem entspricht, daß mit zunehmender Professionalisierung des Lehrerberufes auch der Lehrer zum Spezialisten wird; die heute aber noch vielfach herrschende Dysfunktionalität zwischen Rollenerwartung der *Umwelt* und traditionellem Rollenlernen im Ausbildungsgang macht eine Neubesinnung auf die Theorie des *→ Lehrers und der Lehrerbildung* notwendig, in der von pädagogischer Seite aus zugleich danach gefragt werden muß, wie das Rollenverhalten des Lehrers als

eine sich von den Rollenerwartungen der an der Erziehung sonst beteiligten Gruppen unterscheidende Verhaltensweise zu begründen ist. Darin läge die Chance einer strukturellen Absicherung des schulischen Erziehungsprozesses gegen das bloße Aufgehen in gesellschaftlichen Anforderungen. Diese Überlegungen werden ebenfalls den Faktor der sozialen Herkunft der Lehrer zu berücksichtigen haben, durch den das tatsächliche Lehrerverhalten in entscheidender Weise beeinflußt wird.

7. Der Funktionsverlust der Familie als Erziehungsinstanz geht zusammen mit der steigenden Bedeutung anderer sozialer Bezugssysteme (z. B. peer-groups). Es kommt daher der *Jugendsoziologie* für die Soziologie der Erziehung heute eine besondere Bedeutung zu. Die sich in jugendlichen Gesellschaftsformen bildenden informellen Beziehungen können als struktureller Bedingungsfaktor für das Funktionieren formeller Systeme — hier der Klasse — betrachtet werden *(C. W. Gordon)*.

Gerade an den Untersuchungen über das soziale System der Klasse zeigt sich, daß eine Soziologie der Erziehung nicht allein beim Aufweis struktureller und funktionaler Beziehungen stehenbleiben kann, sondern diese immer auch auf die psychischen Prozesse der im Erziehungsprozeß zusammengeschlossenen Personen beziehen muß. Damit aber ist eine Soziologie der Erziehung gleichermaßen auf eine Sozialpsychologie der Erziehung verwiesen.

Unterricht — Didaktik, Curriculum, Methodik. Die Begriffe *Didaktik, Curriculum* und *Methodik* umfassen einerseits die Fragen nach den Zielen und Inhalten, andererseits nach den Wegen, Organisationsformen, Verfahren und Medien des Lehrens und Lernens. Diese Probleme beschäftigen das abendländisch-pädagogische Denken seit seinen griechischen Anfängen im 5. und 4. Jh. v. Chr.; sie bilden heute wieder Brennpunkte der pädagogischen Diskussion.

URSPRÜNGE. Die historische und die vergleichende pädagogische Forschung zeigen, daß didaktische und methodische bzw. curriculare Fragen aus zwei typischen Ursprungssituationen hervorgehen können:

1. Didaktisches und methodisches Denken setzt meistens als Kritik am Bestehenden ein. Fraglos anerkannte Ziele, Inhalte und Wege der in einem Gemeinwesen für den Unterricht Jugendlicher oder Erwachsener vorhandenen Einrichtungen werden infolge politischer, sozialer, wirtschaftlicher, kultureller und/oder innerpädagogischer Wandlungen oder infolge aufbrechender Widersprüche zwischen den Interessen verschiedener sozialer Gruppen bzw. Klassen fragwürdig. — Der sog.

Sputnik-Schock z. B. – in den USA als Symptom einer Entwicklung gedeutet, durch die Amerika in der technologischen Entwicklung von der Sowjetunion überholt werden könnte – ist eines der Hauptmotive für die Intensivierung der Curriculumentwicklung und -forschung, insbesondere im Bereich der *Mathematik*, der *Naturwissenschaften* und der *modernen Fremdsprachen* seit etwa 1960 gewesen; die sozialen Unruhen, insbesondere die Rassenspannungen der ausgehenden 60er Jahre, führten zur Intensivierung des Interesses an der Curriculumentwicklung in den *»social studies«*.

2. Die zweite Ursprungssituation didaktischen Denkens und Fragens hängt mit der ersten eng zusammen; sie kann in zwei Varianten wirksam werden:

a) Lern- bzw. Sozialisationsvorgänge, die sich bisher ohne institutionalisierten Unterricht durch das »Hineinwachsen« der Jugend in die Erwachsenenwelt ergaben, werden durch Veränderungen der Lebenswirklichkeit gestört, damit erst als solche bewußt und zugleich zur Aufgabe pädagogischen Denkens und bewußter pädagogischer Maßnahmen. – Im Zuge der Verstädterung, der Technisierung wurde z. B. die Sicherung grundlegender Erfahrungen und Anschauungen aus dem Bereich elementarer Lebensbewältigung (Waschen, Backen, Urhandwerke, Umgang mit Pflanze und Tier, aber auch technische Vollzüge usf.), auf denen die höheren Stufen des sachkundigen Verstehens und der Auseinandersetzung mit der Natur basieren, zum didaktischen und methodischen Problem.

b) Bestimmte außerschulische bzw. über die Schule weit hinausreichende Lern- oder Sozialisationsvorgänge werden angesichts neuer Entwicklungen im sozio-kulturellen Gesamtsystem kritisch problematisiert, z. B. die funktionale »Anpassung junger Menschen« an eine unkritisch hingenommene sog. »Leistungs- und Konsumgesellschaft«.

GESCHICHTE. Das Nachdenken über didaktische und methodische bzw. curriculare Fragen hat bei den griechischen Sophisten und bei *Sokrates*, *Platon* und *Isokrates* (5. u. 4. Jh. v. Chr.) eingesetzt, erreicht bei *J. A. Comenius* (1592–1670, *Didactica magna*, 1657), dessen pädagogische Erwägungen noch in eine Gesamtkonzeption der Welt und der Menschheit als Schöpfungen Gottes und in eine Theorie vom Auftrag des Menschen als Mithandelndem in Gottes Heilsplan (*Pansophia* und *Pampaedia*) eingebettet sind, einen Höhepunkt, nimmt aber erst mit *Rousseaus* Preisung des »natürlichen« Lebens und der »natürlichen Erziehung« (*Emile*, 1762) seine spezifisch neuzeitliche Wendung. Die Betonung des Eigenrechts des Kindes bzw. des jungen Menschen ist – unbeschadet der seit *Pestalozzi* schrittweise wiederge-

wonnenen Einsicht in das dialektische Wechselverhältnis von Kind und geschichtlicher Wirklichkeit, Kind und Gesellschaft, Kind und Erwachsenenwelt — seither ein Kriterium pädagogischen Denkens geblieben.
Die mit *J. Fr. Herbart* (*Allgemeine Pädagogik*, 1806) und *Fr. Schleiermacher* (*Vorlesungen über Pädagogik*, 1813 ff) einsetzende Fortentwicklung der pädagogischen Denkansätze des 18. Jhs. zu einer systematischen wissenschaftlichen Theorie ist dann seit *W. Dilthey* (1833—1911) und *O. Willmann* (*Didaktik als Bildungslehre*, 1882 und 1889) auch für den Bereich der Didaktik und der Methodik intensiviert und seit etwa 1920 vor allem von der *»geisteswissenschaftlichen Pädagogik« (Th. Litt, E. Spranger, H. Nohl, W. Flitner, E. Weniger* und ihren Schülern) und von *J. Derbolav* weiterentwikkelt worden. In Auseinandersetzung mit dieser sog. *»bildungstheoretischen Didaktik«* haben sich in den letzten 1½ Jahrzehnten in der BRD vor allem zwei neue didaktische Ansätze profiliert: Die sog. *»lerntheoretische«* (besser: *lehrtheoretische*) *Didaktik* bzw. Unterrichtstheorie der *»Berliner Schule« (P. Heimann, W. Schulz, G. Otto)* hat für Lehrerbildung und Schulpraxis große Bedeutung gewonnen. Der zweite neue Ansatz ist die sog. *»kybernetische Didaktik«*. Unter Ausklammerung der Frage nach der Begründung für Lernziele und thematische Auswahl richtet sie ihr Interesse allein auf die Erforschung vorgeplanter, mathematisch abbildbarer Lehrstrategien (Lehralgorithmen), die als Auslöser und Steuerungen programmierbarer Lernvorgänge verstanden werden. Die Übersetzung dieses theoretischen Ansatzes in die konkrete Gestaltung von Lehrprogrammen und Lehrautomaten steht noch in den Anfängen *(→ Kybernetik und Pädagogik)*.
TERMINOLOGIE. Die terminologische Abgrenzung und Zuordnung der Begriffe *Didaktik*, *Methodik* und *Curriculum* bzw. Curriculumentwicklung und -forschung ist bis heute nicht geklärt. Nahezu einheitlich ist der Sprachgebrauch hinsichtlich der Begriffe *Methode* und *Methodik*. Dem griechischen Urwort *methodos* ensprechend (bewußt eingeschlagener Weg einer Untersuchung) versteht man unter Methode den Weg, das pädagogische Verfahren (einschließlich der Mittel bzw. Medien) und die diesem Verfahren zugeordneten Organisationsformen, die ein Lehrer im Unterricht wählt, um Schüler zu erfolgreichem Lernen zu führen bzw. ihnen erfolgreiches Lernen zu ermöglichen und dazu anzuregen. *W. Flitner* hebt von solchen pädagogischen Verfahren noch die langfristigen »pädagogischen Wege« ab, über deren Phasen und

Stufen z. B. der Handwerker seine Meisterschaft oder ein Schüler, etwa von der Grundschule bis zum Abitur, seinen Schulabschluß erlangt. – Methodik ist dann der Inbegriff aller auf das Problem der rechten Verfahrensweisen gerichteten Fragestellungen, Forschungen und Reflexionen.

Das Wort *Didaktik* erlaubt vom ursprünglichen Wortsinn her (griech. *didaskein*: lehren; passiv: lernen; substantivisch: Lehre, Unterricht, Schule; adjektivisch: lehrbar u. ä.) keine eindeutige Umgrenzung. Seitdem es durch die großen Didaktiker des 17. Jhs., *W. Ratke* und vor allem *J. A. Comenius*, in den allgemeinen Sprachgebrauch der Pädagogik eingeführt worden war, hat es recht unterschiedliche Sinngebungen erfahren. An der Wende vom 19. zum 20. Jh. erhielt der Begriff durch *O. Willmann* noch einmal eine dem Ansatz des *Comenius* vergleichbare, umfassende Bedeutung: Er verstand »Didaktik als Bildungslehre«, d. h. als Theorie aller auf Bildung bezogenen Probleme (Ziele, Inhalte, Wege, Schulorganisation; freier Bildungserwerb, Büchereiwesen).

Heute trifft man im wesentlichen auf vier Bedeutungen:

a) Didaktik als *Wissenschaft und Lehre vom Lehren und Lernen* in allen Formen und auf allen Stufen (*J. Dolch, G. Hausmann*). –

b) Didaktik als *Wissenschaft vom Unterricht* oder *Unterrichtstheorie (P. Heimann, W. Schulz, Th. Schwerdt, H. Becker)* bzw. als »*Allgemeine Unterrichtslehre*«. In dieser wie in der unter a) genannten Bedeutung umfaßt die Didaktik also die Methodik im oben skizzierten Sinne. –

c) Didaktik i. e. S. als *Theorie der Bildungsinhalte und des Lehrplans (E. Weniger)* bzw. als *Theorie der Lehr- und Lernziele und der ihnen zuzuordnenden Lehr- und Lerninhalte* (-aufgaben; *W. Klafki*) oder als Theorie der »*Bildungskategorien*« *(J. Derbolav)*. Dieser Sprachgebrauch zielt u. a. auf die Unterscheidung (nicht Trennung!) der Didaktik im engeren Sinne von der Methodik und zugleich auf den Primat der ersteren, also auf die Abhängigkeit der Methodik von der Didaktik ab. –

d) Didaktik als »*Theorie der Steuerung von Lehr- und Lernprozessen*« (»*kybernetische Didaktik*«, *H. Frank, F. v. Cube)* klammert alle Fragen der Lernzielsetzung und der thematischen Auswahl als außerwissenschaftliche Vorentscheidungen aus und strebt eine möglichst weitgehend schematisierte Modellbildung zum Zwecke der Vorplanung und Lenkung von Lernvorgängen (vor allem in Form von Lehrprogrammen) sowie der Erfolgskontrolle an. In einer anderen Variante dieses Begriffstyps wird Didaktik als *»Ökonomik der Vermittlung«* definiert *(Th. Wilhelm)*, und zwar unter der (erweisbar falschen) Voraussetzung, daß die Ziel- und Auswahlentscheidungen hinreichend durch Anthropologie und Einzelwissenschaften begründet würden. — Im Sinne der unter a), b) und c) gekennzeichneten Positionen sind die beiden unter d) genannten Varianten als spezielle Theorien der Unterrichtsmethode anzusprechen. —

Welchem Sprachgebrauch man sich jeweils anschließt, ist z. T. eine Frage der wissenschaftlichen Position, z. T. aber auch eine Frage der Zweckmäßigkeit. In jedem Falle muß aber einerseits der unauflösbare Zusammenhang der in den verschiedenen Begriffsfassungen umschriebenen Bedeutungskreise ständig bewußt bleiben, andererseits darf das Spezifikum pädagogisch verantwortlicher, d. h. einer angesichts der gegenwärtigen und zukünftigen Interessen und Aufgaben der jungen Menschen zu legitimierenden Zielsetzung und Auswahl von Inhalten für bestimmte Formen und Stufen eines durchorganisierten Bildungswesens nicht durch die schematische Einordnung in »Lehr- und Lernvorgänge überhaupt« verwischt werden.

Auch der Begriff *Curriculum*, der (nachdem er im 17. Jh. bereits im pädagogischen Zusammenhang gebraucht worden war) in Anlehnung an die anglo-amerikanische Terminologie und entsprechende Forschungs- und Entwicklungsvorhaben seit etwa 1968/69 in die Diskussionen der BRD u. a. in der Absicht eingeführt wurde, Problemverengungen der bisherigen deutschen Didaktik zu überwinden und eine terminologische Klärung zu erreichen, wird weder im Ausland noch in der deutschen Diskussion einheitlich gebraucht: In der weitesten Fassung meint Curriculum den Gesamtzusammenhang planbarer Faktoren, die systematischen Unterricht in Bildungsinstitutionen bestimmen: von der Festlegung leitender Zielsetzungen (allgemeine Lernziele) über thematische Auswahl, adäquate Unterrichtsorganisation, Lehr- und Lernmethoden bis zu den Unterrichtsmedien (Schulbücher, Lehrprogramme, Filme, Tonbänder usw. bzw. komplexe »Materialpakete«) und lernzielorientierten Tests. Es werden aber auch engere Begriffsfassungen vorgeschlagen, so etwa von *Johnson* (Illinois): »Curriculum präskribiert die Resultate von Unterricht (oder antizipiert sie zumindest), nicht dagegen die Mittel, d. h. die Tätigkeiten, Materialien oder Unterrichtsinhalte, die zur Erzielung der Resultate angewendet werden.« Dementsprechend können auch die Begriffe *»Curriculumforschung«* und *»Curriculumentwicklung«* einen unterschiedlich weiten Bedeutungsspielraum haben.

Die Begriffe Curriculum bzw. Curriculumforschung und Curriculumentwicklung zielen in ihren verschiedenen Bedeutungsvarianten also auf das gleiche Problemfeld, das bisher vor allem mit den Begriffen Didaktik und Methodik bezeichnet wurde. Das Charakteristische der neuen Begriffe liegt darin, daß sie einen bestimmten Aspekt, nämlich die konsequente, in ihren Wirkungen rational überprüfbare *Planung* von Lehr- und Lernsystemen (bzw. Lernerfahrungen) akzentuieren.

AUFRISS DER GRUNDPROBLEME. Die geschichtliche Entwicklung der pädagogischen Reflexion über didaktische und methodische bzw. curriculare Fragen läßt neben Ansätzen und Lösungsversuchen, die nur aus einer bestimmten Zeitsituation heraus verständlich und an sie gebunden sind, einen übergreifenden Strukturzusammenhang erkennbar werden, dem alle Einzelprobleme eingelagert sind.

A. DIDAKTIK. 1. Wo immer unterrichtet oder Schule begründet wird, trifft man Entscheidungen über Ziele des Lernens, eine Auswahl des von der jungen Generation zu Lernenden aus dem Gesamtkomplex des in einer Kultur und Gesellschaft Überlieferten, Gewußten, Gekonnten, Geforderten und Möglichen. Und zwar wird einerseits eine Entscheidung getroffen über die Bereiche, die der Vorbereitung durch Schule überhaupt als bedürftig oder würdig betrachtet werden (welche Sprachen? ästhetische bzw. musische Fächer? Religionsunterricht? usw.), andererseits aber eine Auswahl innerhalb solcher Bereiche. Beide Aspekte gehören zum Problem der Auswahl der Inhalte des Unterrichts; seit *O. Willmann* und bis zur geisteswissenschaftlichen Pädagogik sprach man vielfach von *Bildungsinhalten* und *Bildungsgehalten* und ihrer Anordnung in einem *Lehrplan* bzw. in *Richtlinien*, heute von *Lehr-* bzw. *Lernzielbestimmungen* und zuzuordnenden *Lernerfahrungen*, *Lerninhalten* oder *Curriculumelementen* bzw. *Curriculumsequenzen*.

2. Bewußt oder nicht bewußt enthält jede solche Entscheidung immer schon eine mehr oder minder umfassende und differenzierte Vorstellung von dem jeweils erstrebten Gesamtziel der pädagogischen Bemühungen um den jungen Menschen, mag es sich um die *Kalokagathie* der Griechen oder um die *»sapiens et eloquens pietas«* (um Welt und Menschenleben wissende, rede- und gesprächsfähige Frömmigkeit) der Humanisten des Reformationszeitalters handeln, um »Bildung«, »Mündigkeit«, »Personalität« und »Sozialität«, »Emanzipation« oder die »sozialistische Persönlichkeit«. In solchen pädagogischen Zielvorstellungen sind aber immer — reflektiert oder unreflektiert — *politisch-gesellschaftliche Voraussetzungen oder Zielsetzungen* enthalten. Seitdem diese Erkenntnis gewonnen worden ist, muß die politisch-gesellschaftstheoretische Refle-

xion in die Bildungstheorie bzw. die pädagogische Zieltheorie einbezogen werden.
Auf die Fragen der Didaktik und Methodik bzw. der Curriculumtheorie bezogen, besagen diese Einsichten: Didaktische und methodische bzw. curriculare Erwägungen können nicht reflektiert vollzogen und hinlänglich begründet werden, wenn die in ihnen immer schon vorausgesetzten Probleme einer allgemeinen *»Bildungstheorie«* bzw. einer *pädagogischen Zieltheorie*, die ihrerseits in politisch-gesellschaftstheoretischen Zusammenhängen reflektiert werden muß, nicht mitbedacht werden. Damit ist kein einseitiges Ableitungsverhältnis gemeint: konkret didaktische und methodische bzw. curriculare Entdeckungen und Forschungsergebnisse beeinflussen ihrerseits die allgemeine Bildungs- bzw. Zieltheorie.
3. Solange Schulen jeweils auf relativ begrenzte kulturelle Bereiche oder gesellschaftliche Mächte bezogen waren oder sind — wie z. B. die mittelalterliche *Klosterschule* auf den Klerus — und sooft die kulturellen und sozialen Ordnungen, auf die Bildungseinrichtungen bezogen sind, noch einheitlich und einigermaßen überschaubar sind — etwa die altgriechische Adelsbildung oder der geistige Horizont, aus dem heraus und auf den hin sich die *Volksschule* des 19. Jhs. verstand —, sofern schließlich der Inhalt des Unterrichts auf formale Fertigkeiten begrenzt wird — wie in den Schreib-, Lese- und Rechenschulen des Mittelalters-, läßt sich das Ziel- und Auswahl- bzw. Lehrplanproblem verhältnismäßig einfach lösen. Seit 150 Jahren jedoch stellen sich die Fragen der Zielsetzung und der Auswahl für die Lehrplangestaltung (und im Zusammenhang damit für die Organisation des → *Bildungswesens*) in zunehmendem Maße als überaus komplizierte, mit gesellschaftlichen und politischen Fragen eng zusammenhängende Probleme dar. Denn es gilt nun, junge Menschen in eine differenzierte, spannungsreiche, sich ständig verändernde Gesellschaft und Kultur einzuführen, und der Gesichtskreis der sozialen Gruppen, die am Jugendunterricht interessiert sind, hat sich gewandelt. Verschiedene Mächte des gesellschaftlich-kulturell-geschichtlichen Lebens fordern, mit ihren Zielsetzungen, ihren Inhalten und ihren Fertigkeiten in der Schule vertreten zu sein, so daß die Jugend dadurch auf den Eintritt in diese Bereiche (Kirchen, Wissenschaften, Wirtschaft, gesellschaftlich-politische Gruppen, Staat) vorbereitet wird. Überdies muß die Wirklichkeit, auf die Schule und Unterricht bezogen sind, als geschichtlich-gesellschaftliche Wirklichkeit verstanden werden. Schließlich kann und will — in Gesellschaftssystemen mit parlamentarisch-demokratischer Regierungsstruktur westlicher Prägung — der *Staat* als übergreifende

Ordnungsmacht jene vielfältigen Ansprüche an die Schule und den Lehrplan nicht durch einfache Machtsprüche schlichten. Die pädagogische Aufgabe wird noch schwieriger, wenn man jenen Gesichtspunkt hinzunimmt, den das sich seit *Rousseau* und der *Aufklärung* herausklärende neuzeitliche pädagogische Bewußtsein ins Spiel bringt: Unterricht und Schule sollen den jungen Menschen nicht nur auf die Wirklichkeit des Erwachsenenlebens vorbereiten und ihn zugleich damit in die Überlieferung einführen – wobei solche Vorbereitung und Einführung nur dann dem Prinzip der *Mündigkeit* entsprechen, wenn sie den jungen Menschen auch dazu befähigen, die vorgefundene gesellschaftliche Wirklichkeit ggf. zu verändern –, sondern sie soll zugleich den Lebenssinn jeder Entwicklungsstufe, die aktuellen Interessen des Kindes und Jugendlichen mit erfüllen *(→ Kindheit, → Jugend)*. Diesem dreifachen Kriterium – kritische Einführung in die geschichtliche Überlieferung, Vorbereitung auf das zukünftige Erwachsenenleben einschließlich der Qualifizierung zur Veränderung, Erfüllung der jeweiligen Lebensstufe – sollen die Lernziele, die thematische Auswahl und die Gestaltung des Lehrplans bzw. Curriculums Genüge tun.

4. In einer Gesellschaft, in der programmatisch das *Prinzip des gleichen Bildungsanspruchs jedes Menschen*, der *Gleichheit der Bildungschancen* anerkannt wird, lautet die zentrale und für alle Jugendschulen verbindliche Aufgabe, ein trotz mancher Differenzierungen und unterschiedlicher Grade der theoretischen Durchdringung im Grunde gemeinsames Wirklichkeits-, Gesellschafts- und Selbstverständnis durch Unterricht mit zu ermöglichen. Aus dieser Problemstellung erwachsen zwei Aufgaben:

a) Während sich der ständische bzw. der Klassencharakter der Gesellschaft weitgehend bis zur Gegenwart in früh und streng voneinander getrennten Schularten mit prinzipiell unterschiedlichen Zielsetzungen und -inhalten spiegelte bzw. spiegelt, muß überall dort, wo man das Prinzip der Demokratie und damit der Angleichung der Bildungschancen inhaltlich ernst nimmt und die wissenschaftlich überholte Vorstellung einer biologistisch gedachten, statischen *»Begabung«* zugunsten eines dynamischen Begabungsbegriffs aufgibt, die *prinzipielle Übereinstimmung der leitenden Zielsetzungen* (Selbst- und Mitbestimmungsfähigkeit, Kritik- und Kooperationsfähigkeit usw.) und mindestens eines Kerns von gemeinsamen Inhalten (Erkenntnissen, Einstellungen, Fähigkeiten und Fertigkeiten) gefordert und durchgesetzt werden. Das ist der didaktische bzw. curriculare Aspekt der Bemühungen um *integrierte → Gesamtschul*systeme.

b) Angesichts der hochgradigen Differenzierung unseres gesellschaftlich-politisch-kulturellen Lebens und der dadurch bedingten Anforderungen an die Wissens-, Könnens- und Leistungssteigerung in den einzelnen Dimensionen (Politik, Wirtschaft, Technik usw.) stellt sich der Didaktik folgende Aufgabe: Der jeweils erreichte Zusammenhang von Erkenntnissen und Methoden zur Erkenntnisgewinnung hinsichtlich der natürlichen und gesellschaftlichen Wirklichkeit, über die im Unterricht aufgeklärt und für deren Bewältigung und Veränderung im Sinne der neuzeitlich-programmatischen Prinzipien der *Emanzipation* von Unterdrückung und Ausbeutung, der Angleichung der Lebenschancen, der Entwicklung der *Selbst-* und *Mitbestimmungs*möglichkeiten, der Gerechtigkeit und Freiheit junge Menschen qualifiziert werden sollen, muß auf überschaubare Grundstrukturen und Zusammenhänge zurückgeführt, und diese Strukturen müssen in einfachen, d. h. für den jungen Menschen verstehbaren und zugleich für die Wirklichkeit repräsentativen Inhalten, Themenkreisen, Verfahrensweisen, Denk- und Arbeitsmethoden zugänglich gemacht werden. Das ist das didaktische Zentralproblem, das seit den 50er Jahren unter den Stichworten »Überwindung der Stoffülle durch Auswahl und Konzentration auf das *Exemplarische, Elementare, Fundamentale, Typische, Repräsentative*« diskutiert wird.

5. Da jede Lehrplan- bzw. Curriculumkommission und jeder Theoretiker der Didaktik immer schon bestimmte Lehrpläne und Lehrplantraditionen vorfindet, gilt es u. a., vorgegebene Pläne auf ihre geschichtlichen Voraussetzungen hin zu untersuchen: Wann sind die einzelnen Teile eines vorgefundenen Lehrplans in ihn aufgenommen worden, welchen Zeitströmungen, gesellschaftlichen Gruppen, geschichtlichen Mächten zufolge? Welche Vorstellungen von der Jugend, von Gesellschaft und Staat, Wirtschaft und Wissenschaft, Kirche und Kultur stehen jeweils dahinter, welche Vorstellung von Bildung liegt zugrunde? Welche Interessen drücken sich darin aus, in welchem Verhältnis steht der betreffende Lehrplan zu dem gesellschaftlich-politischen System, innerhalb dessen er formuliert wird *(ideologiekritische Analyse)*?

Schon in der ersten Phase der abendländischen Erziehungsgeschichte ist ein *Lehrplan* entstanden, der das Grundmodell für die Entwicklung der folgenden 2000 Jahre gebildet hat *(Dolch)*. Es handelt sich um jenen Kanon von Unterrichtsdisziplinen, der sich im Zeitraum zwischen den *Sophisten* und *Platon* und dem *Hellenismus* herausgebildet hat: die *enkyklios paideia,* d. h. *allgemeine,* jedem Freien zugängliche und angemessene, zugleich in sich abgerundete Bildung als Voraussetzung für die Teilhabe am kulturellen Gemeinbesitz und am öffentlich-politischen Leben. Dieses System wurde von den *Römern* als System der *septem artes liberales* (das sind die sieben geistig freimachenden, den nicht körperlich arbeitenden Schichten vorbehaltenen Könnensweisen) weitgehend übernommen und über sie an das *Mittelalter* überliefert, wo diese *artes* allerdings nun nicht mehr den eigentlichen Inhalt höherer Bildung ausmachten, sondern nur noch die notwendige, formal gedeutete Vorübung für das theologische Studium darstellten. Die sieben Künste gliedern sich in das Trivium und das Quadrivium. Das *Trivium* enthält *Grammatik* = Lese- und Schreibunterricht, Anfänge der Dichterlektüre; *Rhetorik* = Einführung in die Kunst der politischen und der juristischen Rede, seit dem Hellenismus und später in Rom die beherrschende Disziplin der *artes*; *Dialektik* = teils als Theorie des richtigen Denkens, teils als Philosophie schlechthin verstanden. — Zum *Quadrivium* gehören *Arithmetik* und — als angewandte Mathematik — *Geometrie*, *Astronomie* und *Musiktheorie*. — Die beiden Schwerpunkte dieses Programms, Sprachbildung und Mathematik, bilden dann in wechselnder Betonung und Sinngebung — z. B. tritt bis zur Wandlung der alten Gelehrten-Schule zum neuhumanistischen *Gymnasium* die Mathematik stark zurück — bis in die Gegenwart den Grundstock des Lehrplans. Mittelalter, Reformation und Gegenreformation fügen diesem Kanon den *Religionsunterricht* hinzu. Seit dem 17. Jh. dringen dann langsam auch realistische Inhalte *(Realien)* in die Schule ein, die im 19. Jh. zu selbständigen geistes- und vor allem naturwissenschaftlichen Fächern werden: *Geschichte, Erdkunde, Physik, Chemie, Biologie.* Diese zunehmende Verfächerung der Höheren Schule, der die Entwicklung in der Volksschule im allgemeinen erst seit der Mitte des 20. Jhs. folgte, dazu die aus den Wissenschaften oft unreflektiert in die Lehrpläne übernommenen Stoffmassen führten zu jener inhaltlichen Überbürdung, die seit etwa 1850 immer häufiger beklagt und um deren Überwindung heute unter den Stichworten des Exemplarischen, Elementaren usw. gerungen wird. Das ist um so dringlicher, als die naturwissenschaftlichen Fächer und die Geschichte heute nicht reduziert, sondern um die Problemkreise des *Wirtschaftlichen, Gesellschaftlichen* und *Politischen* erweitert werden müssen; das hat zur Einrichtung eines neuen Faches *»Sozialkunde«* (Gemeinschaftskunde, Gegenwartskunde, Politische Bildung) und mindestens programmatisch zur Forderung nach → *politisch-gesellschaftlicher*

Bildung als Prinzip geführt. – Zum Religionsunterricht, den Sprachfächern, der Mathematik, der Geschichte und den naturwissenschaftlichen Fächern sind seit dem vorigen Jahrhundert die *Leibeserziehung* und seit etwa 60 Jahren die Gruppe der *musischen* bzw. *ästhetischen Fächer* (*Musik, Zeichnen* bzw. *Kunsterziehung*) getreten. Praktische Disziplinen (*Werken, Hauswirtschaft, Nadelarbeit* u. ä.) waren bisher außer in den *Berufsschulen* und in den *Volksschulen* nur selten und dann oft nur in einer Randstellung vertreten.
Eine neue Gruppe von Fächern und zugleich ein Prinzip, das Auswirkungen auf bereits bestehende Schulfächer hat oder haben kann, wird mit dem Begriff »*polytechnische Bildung*« bzw. »*Arbeitslehre*« bezeichnet. Ausgangsmotiv für entsprechende Bemühungen ist die Notwendigkeit, die Jugend für die Bewältigung einer von der raschen technischen Entwicklung bestimmten, sich in ihren Anforderungen an die beruflichen Qualifikationen ständig wandelnden Wirtschaftswelt vorzubereiten. Während die polytechnische Bildung in den verbindlichen Lehrplänen sozialistischer Staaten seit etwa 2 Jahrzehnten eine gewichtige Rolle spielt, ist das Problem in die didaktische Diskussion der BRD etwa seit 1955 und in einige Hauptschullehrpläne weniger Bundesländer seit wenigen Jahren unter dem Titel: »Arbeitslehre« (— als Hinführung zur Berufs- bzw. Arbeits- und Wirtschaftswelt und ihren technologischen Voraussetzungen verstanden —) eingeführt worden. Die Diskussion hat inzwischen gezeigt, daß dieser Ansatz in eine umfassende, *ökonomisch-gesellschaftlich-politische* Betrachtungsweise einbezogen werden muß, wenn er nicht zu unkritischer Anpassung an die jeweils gegebenen Wirtschafts- und Gesellschaftsstrukturen führen soll.
Seitdem in der deutschen didaktischen Diskussion die herkömmliche Scheidung von »*Berufsbildung*« und »*Allgemeinbildung*« zunehmend fragwürdiger geworden ist und sich auch in den bisher sog. »allgemeinbildenden Schulen«, vor allem für ihre jeweils abschließenden Stufen, eine Gliederung in einen beschränkten Kreis von für alle Schüler verbindlichen *Kernfächern* oder *-kursen* und einen Bereich *alternativ wählbarer* oder völlig *frei wählbarer Fächer* oder Kurse herausbildet, entfällt im Wahlbereich grundsätzlich die Berechtigung von Beschränkungen auf bestimmte Disziplinen. In diesem Sinne sind bereits jetzt an einigen Schulen Fächer wie *Pädagogik, Psychologie, Soziologie* oder *mathematische* und *naturwissenschaftliche Spezialfächer* wie *Astronomie* und *Geologie*, aber z. B. auch *Datenverarbeitung* u. ä. als wählbare Fächer oder Kurse eingerichtet worden, gleiches müßte prin-

zipiell für alle *Sprachen*, für *technologische Disziplinen* oder für Spezialisierungen im Bereich der *Sozialwissenschaften* gelten.

6. Seit den antiken Anfängen des abendländischen Bildungswesens wird das Ganze der in der Schule zu lernenden Inhalte in bestimmte Disziplinen gegliedert. Wir kennen sie als *Fächer*. Verbreiteter Auffassung gemäß handelt es sich bei diesen Fächern um Herleitungen aus bestimmten Wissenschaften oder um deren propädeutische Vorstufen. Nun haben sich die modernen Wissenschaften seit dem 19. Jh. durchweg zu Forschungsdisziplinen mit oft eng eingegrenzten Fragestellungen und hochspezialisierten Methoden entwickelt. Schulfächer konnten und können jedoch nicht als verkleinerte und vereinfachte Abbilder solcher Spezialdisziplinen verstanden werden. Ursprünglich waren sie *artes*, d. h. Weisen des Könnens der im gemeinsamen Leben notwendigen Tätigkeiten (schreiben, lesen, rechnen, sprechen, Dichtung lesen und sich zu elementarem Verständnis bringen können usw.), oder sie waren (seit dem 17. Jh.) *»Kunden«*, *historiae*, d. h. Disziplinen der Einführung in das Wissen und die überlieferte sowie die selbst zu erwerbende Erfahrung in wesentlichen Bereichen des gemeinsamen Lebens (Naturkunde, Geschichtskunde, Welt- bzw. Erdkunde). – Im Zuge eines Prozesses, in dem die gesellschaftliche Lebenspraxis immer stärker durch die Anwendung wissenschaftlicher Ergebnisse bestimmt wird, bedarf es zweifellos einer durchgehenden Orientierung des Schulunterrichts an Methoden und Ergebnissen der Wissenschaften. Aber das *erkenntnisleitende Interesse der Schulfächer* bzw. der *Allgemeinen Didaktik* und der *Fachdidaktiken* ist nicht ohne weiteres identisch mit den Fragestellungen der Wissenschaften. Sofern die Didaktik Unterricht als systematische Hilfe zur Ausstattung des jungen Menschen mit Qualifikationen zu kritisch-produktivem Denken und Handeln in Lebenssituationen versteht, also als Befähigung zu einem reflektierten Gesellschafts- und Selbstverständnis und entsprechendem Handeln, muß sie von diesem Verständnis aus relativ eigenständig fragen, wieweit und inwiefern die Aneignung von Methoden und Erkenntnissen der Wissenschaften auf ihrem jeweiligen Entwicklungsstande solche Qualifikationen vermitteln können. Die Didaktik braucht also, um in dieser Weise stellvertretend für das Kind bzw. den jungen Menschen und zugleich für den zukünftigen Erwachsenen fragen und die erhaltenen Antworten ins Elementare transponieren zu können, einen eigenen Stand im Verhältnis zu den Wissenschaften wie zu den übrigen gesellschaftlichen Mächten und Institutionen. Diese »Eigenständig-

keit« der Didaktik leitet sich aus der Verantwortung für das Kind und den Jugendlichen und seine *Mündigkeit* – als Person und zugleich als gesellschaftliches Wesen – her. Aus dieser Perspektive heraus muß immer wieder neu überprüft werden, ob das vorhandene Fächerspektrum die zu erschließende Wirklichkeit zulänglich repräsentiert. Eine solche Prüfung kann die Notwendigkeit neuer Fächer, z. B. der Sozialkunde oder einer technischen Elementarbildung, sichtbar machen, sie kann aber auch eine Umstrukturierung innerhalb des bisherigen Fächergefüges nahelegen, z. B. die Verschiebung des Schwergewichtes von den alten Sprachen auf die Muttersprache und moderne Fremdsprachen usw. Schließlich kommen bei einer solchen Überprüfung Probleme, Themen, Wirklichkeitszusammenhänge in den Blick, die von vornherein eine die üblichen Fächer übergreifende Betrachtungsweise verlangen und als *»fächerübergreifende Themen«, Projekte* o. ä. in der Schule ihren Ort finden müssen; sei es, daß sie am Anfang bestimmter → *Bildungsstufen* stehen, so daß Einzelfächer erst schrittweise aus ihnen herauswachsen (aus der *Sach- und Umweltkunde* der *Grundschule* etwa Naturkunde, Naturlehre, Erdkunde, Sozialkunde, Geschichte; aus einer noch *ungefächerten Naturkunde* im 5. bis 7. Schuljahr *aller* Schularten die Fächer Biologie, Physik, Chemie), sei es, daß sie die bereits unterschiedenen Fächer in der Arbeit an *übergreifenden Themen* wieder vereinen: »Die Weltmächte USA und UdSSR«, »Der Mensch in der modernen Arbeitswelt«, »Erkundung der Berufs-, Arbeits- und Wirtschaftswirklichkeit« u. ä.

7. Wo nicht relativ geschlossene Themen und Probleme Gegenstand des Unterrichts sind, sondern Einführungen in umfangreiche Erkenntnisfelder, Methodenzusammenhänge oder Könnensbereiche, die in sich unterschiedliche Schwierigkeitsgrade enthalten, muß die Didaktik systematische *Lehrgänge* (Kurse) aufbauen. Die Entwicklung des Lehrgangsproblems seit *J. A. Comenius* hat dabei gezeigt, daß jeder Lehrgang und jede einzelne Phase in ihm nur dann pädagogisch fruchtbar sind, wenn zwei Aspekte berücksichtigt werden: Der Lehrgang muß einerseits auf ein bestimmtes Ziel hin konzipiert werden; von daher kann man das Insgesamt seiner Inhalte in Elemente und Teilschritte zerlegen. Da der Schüler das Endziel aber nicht kennt, besteht die Gefahr, daß ein einseitig vom Ziel her aufgebauter Lehrgang den jungen Menschen zum uneinsichtigen Lernen zwingt. Folglich muß zugleich der entgegengesetzte Gesichtspunkt beachtet werden, daß jeder Schritt des Lehrganges an die jeweilige Ausgangslage und die Verständnisebene sowie die Interessen des Schülers

anknüpft und sich einem Stufengang für den Schüler sinnvoller, möglichst von ihm mitbestimmter Aufgaben einfügt. – Die didaktische Aufgabe lautet also, beim Aufbau jedes Lehrganges (Kurses) im Ganzen und in jedem einzelnen Schritt eine produktive Synthese beider Aspekte anzustreben. Diese Aufgabe muß immer wieder neu in Angriff genommen werden, da sowohl die Ziele und dementsprechend die Inhalte des Lehrganges (z. B. im Geschichtsunterricht), aber nicht minder die jeweilige epochal bedingte Ausgangssituation und das Interesse des jungen Menschen (z. B. die Voraussetzungen für die Anbahnung eines Geschichtsbewußtseins) sich ändern. Die angedeuteten Aufgaben sind erziehungswissenschaftlich in Angriff genommen, aber nirgends überzeugend gelöst worden. Sie stellen sich (einschließlich der unter 5. und 6. genannten) bei der *Gestaltung von Lehr-, Arbeits- und Schulbüchern* und im Hinblick auf die Entwicklung von *Programmen* für das Lernen mit Hilfe von *Lernmaschinen (→ Kybernetik und Pädagogik, programmiertes Lernen)* oder für den *Fernunterricht*.

8. Die Reflexion auf die vorstehend angedeuteten Probleme ist keineswegs nur Aufgabe der Theoretiker der *»Allgemeinen Didaktik«* oder der Fachdidaktiker. Vielmehr kann im Grunde keine einzige Unterrichtsstunde zulänglich begründet und pädagogisch ertragreich gestaltet werden, ohne daß der *Lehrer* die jeweilige Zielsetzung im Zusammenhang fachübergreifender Ziele, hinsichtlich der Stellung im Sinnzusammenhang des betreffenden Faches bzw. des größeren didaktischen Aufgabenbereiches, reflektiert, die Thematik auf ihre innere Struktur, ihren Bezug zur jeweiligen Erfahrungs- und Interessenlage der Schüler usw. durchdenkt. Dieser Aufgabenkreis wird z. T. unter dem Terminus *»Didaktische Analyse«* als Kern der Unterrichtsvorbereitung bezeichnet.

9. Die bisher skizzierten Fragen bilden den Kern der Probleme, den die geisteswissenschaftliche bzw. bildungstheoretisch fundierte Pädagogik als »Didaktik i. e. S.« umschrieb. Die Didaktik der *»Berliner Schule« (P. Heimann, W. Schulz, G. Otto)* bildete sich in der kritischen Auseinandersetzung mit jener Position heraus. Erstens erscheint ihr die Zentralstellung des Bildungsbegriffs in der geisteswissenschaftlichen Didaktik fragwürdig, u. a. weil dadurch die Formulierung didaktischer Probleme als empirisch überprüfbare Fragen verhindert würde (– ein Argument, dem entschieden widersprochen worden ist –), zum anderen, weil der Primat der Ziel- und Inhaltsfragen eine Blickverengung gegen-

über dem Gesamtzusammenhang der den Unterricht beeinflussenden Faktoren zur Folge habe. Die Theorie des Unterrichts der Berliner Didaktiker, die sich zunächst als *»lerntheoretische Didaktik«* bezeichnet, inzwischen aber von *Schulz* angemessener als *»lehrtheoretische Konzeption«* gekennzeichnet wird, will dagegen ein komplexes, alle wesentlichen Dimensionen des Unterrichts *umfassendes Kategoriensystem zur Beschreibung, Analyse und Planung von Unterricht* entwickeln unter Betonung der wechselseitigen Abhängigkeit aller Dimensionen. Sie umgreift damit notwendigerweise einerseits auch die im zweiten Teil dieses Artikels unter dem Begriff der »Methodik« behandelten Fragen und mündet andererseits in den größeren Zusammenhang einer *Theorie der Schule* ein. — In dem unterrichtstheoretischen System werden sechs Grundkategorien in zwei Gruppen unterschieden: Vier Kategorien bezeichnen die grundlegenden, konstituierenden »Strukturmerkmale« des Unterrichts, auch *»Entscheidungsfelder«* genannt, die beiden restlichen Kategorien bezeichnen Voraussetzungen oder Bedingungen *(»Bedingungsfelder«)*, die in jeden Unterricht eingehen. Die vier konstitutiven Strukturmerkmale sind:

a) die pädagogischen *Intentionen* oder Absichten;

b) die *Themen* des Unterrichts, m. a. W. seine »Inhalte« oder »Gegenstände«;

c) die *Methoden* oder Verfahren, die zur Bewältigung der Unterrichtsintentionen und -themen dienen sollen;

d) die *Medien* oder Mittel, mit deren Hilfe die Ziele des Unterrichts — Erkenntnisse, Kenntnisse, Fähigkeiten, Fertigkeiten, Verhaltensformen usf. — vermittelt werden sollen, also Schulbücher, Lehrprogramme, Filme, Arbeitsmittel, Sprachlabors usw. —

Konkrete Entscheidungen des Lehrers hinsichtlich dieser vier Strukturmerkmale, die sich ihrerseits wechselseitig beeinflussen, hängen nun von zwei »Bedingungsfeldern« ab. Es sind

e) die *»anthropogenen Voraussetzungen«* (psychische Gegebenheiten und Entwicklungen der am Unterricht beteiligten Personen, z. B. die Leistungsfähigkeit von Lehrern und Schülern, ihre Interessen usf. — hier liegt das Forschungsfeld der → *Pädagogischen Psychologie* bzw. der pädagogischen Anthropologie);

f) das zweite »Bedingungsfeld« sind die *sozio-kulturellen Voraussetzungen*, in die die Institution Schule, die Schüler und die Lehrer verflochten sind. — Im einzelnen werden die sechs »Strukturmerkmale« weiter aufgegliedert.

Dieses didaktische Modell kann heute als das differenzierteste

Kategoriengefüge zur Beschreibung und Analyse von Unterricht bezeichnet werden. Es muß jedoch mindestens unter vier Gesichtspunkten problematisiert bzw. weiterentwickelt werden:

aa) Wissenschaftstheoretisch gesehen leidet das Modell an einem unaufgelösten Widerspruch zwischen einem positivistischen Ansatz (wertfreies, generelles Beschreibungsmodell von Unterricht) und einem kritischen Anspruch (Planungshilfe für demokratisch-emanzipatorische Unterrichtsgestaltung).

bb) Als Planungshilfe verstanden, sind die Dimensionen der Intentionalität und der Thematik, abgesehen von der unter aa) genannten Unklarheit, in diesem Modell zu wenig differenziert entfaltet worden.

cc) Die soziale Dimension des Unterrichts — Unterricht als Interaktionssystem zwischen Lehrern und Schülern und zwischen Schülern, damit auch die Problematik *»sozialen Lernens«* — kommt nicht hinreichend zur Geltung.

dd) Das programmatische Prinzip, die *Interdependenz aller Faktoren* herauszuarbeiten, wird in der konkreten Durchführung des Modells vielfach nicht eingelöst; z. B. kommen die weitreichenden Vermittlungen der anthropogenen Faktoren durch sozio-kulturelle nicht zulänglich zur Sprache, und die schematische Aufgliederung der Intentionalität in die kognitive, die emotionale und die pragmatische Dimension vernachlässigt das Problem, wie diese Dimensionen intentional in Beziehung zu setzen sind und ihre pädagogisch problematische Verselbständigung verhindert werden kann.

10. Durch die gesamte Problemgeschichte des didaktischen Denkens zieht sich als eine Grundfrage diejenige nach dem Verhältnis von *Unterricht* und → *Bildung* zur → *Erziehung*, d. h. zur pädagogischen Einflußnahme auf Gesinnung, Haltung und Verhalten. Das Kernproblem lautet: Wie hängen Unterricht, Erkenntnis, Einsicht, Wissen mit der Weckung des Gewissens, der Bildung der Gesinnung, der Haltung, des Verhaltens zusammen? Besteht hier ein direktes Abhängigkeitsverhältnis, wie die *Aufklärung* meinte, so, daß die rechte Gesinnung und das rechte Verhalten notwendig der rechten Einsicht folgen? — Oder handelt es sich bei der der sittlichen Haltung immanenten Gewißheit um eine besondere Art des Wissens, ein »existentielles Wissen«, das zu seiner Vermittlung auch einer besonderen Art des Unterrichts bedarf, dagegen durch manche Formen von Unterricht, die einem Sachwissen durchaus dienlich sein mögen, geradezu verhindert werden kann? Das war offenbar der oft mißverstandene Sinn der *sokratisch-platonischen* These, daß das Gute ein Wissen sei, und — wenn auch anders begründet — der

Sinn der Auffassung *Herbarts* vom *erziehenden Unterricht*, der dann, mißverstanden und rationalistisch verflacht, durch die *Herbartianer* im 19. Jh. zur dogmatischen Grundlage der Volksschulpädagogik wurde. — Oder haben Unterricht, Wissen und Erkenntnis in der sittlichen Erziehung, wie *Pestalozzi* meinte, nur die Funktion, vorgängige sittliche Erfahrungen aufzuklären? — Diese Problematik ist in der Gegenwart vor allem durch die didaktische Konzeption von *J. Derbolav* wieder zur Sprache gebracht worden. Sein Ansatz zielt darauf, »den Unterricht wieder erziehend zu machen«, indem die in allem Sachwissen immer schon verborgene Dimension des sittlichen Anspruchs an den Lernenden und Erkennenden im Unterricht freigelegt wird. Die Voraussetzungen und die Möglichkeiten dieser Konzeption — Wovon hängt das Evidentwerden sittlicher Ansprüche, das moralische Engagement des jungen Menschen ab? — sind in der Erziehungswissenschaft bislang noch nicht hinreichend diskutiert worden. — Die Problematik von Erkennen und Handeln stellt sich in neuer Weise als didaktisches Problem auch von einem anderen Ausgangspunkt aus, dort nämlich, wo Schule und Unterricht prinzipiell als *politisch-gesellschaftlich relevante Institutionen* verstanden werden und die Forderung erhoben wird, grundsätzlich nach der *Relevanz von Gelerntem für gesellschaftlich-politische Praxis* zu fragen und die Vermittlung der im Unterricht angeeigneten Erkenntnis in die gegenwärtige und zukünftige Praxis des Lernenden hinein didaktisch zu ermöglichen *(Projektunterricht,* »Aktionen«, Praktika u. ä.).

B. Curriculumentwicklung und -forschung bezeichnen im Vergleich mit den bisher umrissenen Problemstellungen der Didaktik bzw. einer umfassenden Unterrichtstheorie nicht ein anderes Aufgabenfeld, sondern konzentrieren die zuvor skizzierten Fragen unter einem spezifischen Gesichtspunkt, nämlich dem der objektivierbaren, überprüfbaren Planbarkeit von Lehr- bzw. Lernsystemen — von einzelnen Kursen über Fachcurricula für bestimmte Schulen oder Ausbildungsgänge bis zu umfassenden Gesamtcurricula für ganze Schularten. Die zunehmende »Verwissenschaftlichung« der modernen Welt, die damit verbundene Notwendigkeit für die Lehrplangestaltung, sich stärker an der Entwicklung der praxisrelevanten Wissenschaften zu orientieren, die ihrerseits durch »Wissensexplosion« und ständigen Wandel gekennzeichnet sind, zugleich das wachsende ökonomische Interesse an Bildung und Schule, weil Bildungsqualifikationen sich als notwendige Produktionsfaktoren erweisen, dazu der politisch-ökonomische Konkurrenzkampf sozialistischer und nicht-sozialistischer Systeme, die Erfahrung, daß organisatorische Reformen des Bildungswesens (Förderstufe, Gesamtschule u. ä.) eigentlich Klarheit über neue Zielsetzungen, Inhalte und Lernformen voraussetzen, schließlich die wachsenden Erkenntnisse über die Lernfähigkeit des Menschen und die Abhängigkeit der »Begabung« von verschiedenen Sozial- und Erziehungsfaktoren und damit die Einsicht in die bislang unterschätzte Bildbarkeit gerade des jungen Menschen – diese Motive schossen im Programm einer durch Forschung gestützten, systematisch-wissenschaftlich in Angriff zu nehmenden und permanent weiterzuführenden Revision oder Neugestaltung der Zielsetzungen, der Inhalte, der Unterrichtsprozesse und Unterrichtsmedien schulischen Lernens zusammen.

Von Einzelfällen abgesehen, folgt *Curriculumforschung* in diesem Zusammenhang nicht einem rein theoretischen Erkenntnisinteresse, sondern versteht sich als notwendiges Moment im Prozeß der *Curriculumentwicklung*, die ihrerseits aus dem Interesse an der Objektivierbarkeit und Überprüfbarkeit der im Prozeß der Curriculumentwicklung notwendigen Entscheidungen auf die Mithilfe wissenschaftlicher Forschung angewiesen ist. In kritischer Auswertung vor allem amerikanischer, schwedischer und englischer Bemühungen um Curriculumreform, die zum Teil von wenig geklärten theoretischen Voraussetzungen ausgegangen und vielfach von Anfang an unter nicht problematisierten Vorentscheidungen für einzelne Fächer oder Disziplinen erfolgt waren, hat *S. B. Robinsohn* 1967 durch seine Problemskizze *»Bildungsreform als Revision des Curriculum«* und das darin entwickelte Dreistufenmodell (Analyse von Lebenssituationen, zu deren Bewältigung Schule junge Menschen befähigen soll; Bestimmung der für die Bewältigung jener Situationen notwendigen »Qualifikationen« und Formulierung als »Lernziele«, Bestimmung der »Curriculumelemente« = Bildungsinhalte und Lernprozesse, die zur Aneignung der »Qualifikationen« führen) die Curriculumdiskussion in der BRD entscheidend beeinflußt.

Der Ort der einzelnen Forschungs- und Entwicklungsansätze im In- und Ausland läßt sich auf dem Hintergrund eines Problemrahmens bestimmen, der folgende Hauptfragestellungen umfaßt: Als grundlegende Unterscheidung ist im Hinblick auf die Problematik der Curriculumentwicklung die Differenzierung AA) nach der wissenschaftlichen Begründung, der Legitimation der Ziel- und Auswahlentscheidungen einerseits und BB) nach den Instanzen und Prozessen, durch die solche Entscheidungen zustande kommen, andererseits zu treffen. Beide Aspekte sind auf folgende Entscheidungsebenen anzuwenden: (1) die Ebene der allgemeinen Lernzielentscheidungen für ein Gesamt-, Bereichs- oder Fachcurriculum *(aims)*; (2) die Ebene der Entscheidungen über die den allgemeinen Lernzielen angemessenen Teillernziele *(objectives)* bzw. ein hierarchisches System von Teillernzielen und ihre Vermittlung in bestimmten Lehr- und Lernbereichen (Fächern, fächerübergreifenden Disziplinen oder in Projekten); (3) die Ebene der *Zuordnung von Lerninhalten* (Aufgaben, Themen) zu Lernzielen – bis hin zur Klärung der jeweils angemessenen *Organisationsform des Lernprozesses* und der *Entwicklung von Lehr- und Lernmitteln*; (4) die Ebene der Überprüfung eines Curriculums im Prozeß seiner Entwicklung *(formative Evaluation)* oder nach Abschluß der Ausarbeitung eines Curriculums *(summative Evaluation)*; (5) die Ebene der Einführung eines entwickelten Curriculums in einer großen Zahl von Schulen (*Implementation* oder *Dissemination* oder *Diffusion*). – Es macht einen prinzipiellen Unterschied aus, ob man diese fünf Ebenen oder Dimensionen als zeitlich aufeinanderfolgende »Phasen« der Curriculumentwicklung oder weitgehend als in Wechselwirkung zu bringende Momente eines dynamischen Systems betrachtet.

Zu AA: *Wissenschaftliche Begründbarkeit der Curriculumentwicklung.* 1. Unkritische Ansätze setzen voraus, daß die Entscheidungen auf der Ebene (1) durch politische Gremien (policy making) immer schon gefällt worden oder in einem in der betreffenden Gesellschaft bereits vorhandenen Consensus über Grundwerte vorgezeichnet sind. Wo man dagegen diese Ebene in die wissenschaftlich mitzuverantwortende Arbeit an der Curriculumentwicklung einbezieht, stellt sich die Frage, in welcher Weise Wissenschaft begründbare Aussagen über generelle Zielsetzungen schulischer Erziehung entwickeln, mindestens zu entsprechenden, rational diskutierbaren Entscheidungen beitragen kann. Solche Bemühungen haben, wissenschaftstheoretisch gesehen, ihren Ort auf der *Ebene erziehungsphilosophischer Reflexion*, sie erfordern als generelle »Situationsanalyse« eine kritisch-historische Ortsbestimmung der jeweiligen Gegenwart und ihrer zukünftigen Möglichkeiten, eine *Bildungstheorie* im Horizont *kritischer Gesellschaftstheorie*, die das Verhältnis der (zu erziehenden) Individuen im gesellschaftlichen Zusammenhang reflektiert. Wo eine Gesellschaft bzw. ein Staat sich ausdrücklich auf programmatische Grundwerte (Menschenrechte, Grundrechte o. ä.), z. B. in Form eines Grundgesetzes, beruft, ist eine Aufgabe solcher prinzipiellen Zielreflexion, die pädagogischen Konsequenzen im Sinne curricularer Leitideen zu entfalten und sie ggf. kritisch gegen die realen Verhältnisse zu wenden: Befähigung der Schüler dazu, die von der Gesellschaft programmatisch verfochtenen und anerkannten Grundwerte in der Gesellschaft zu realisieren, d. h. die reale Gesellschaft in diesem Sinne konsequent weiterzuentwickeln oder zu verändern. In etwa diesem Sinne bemühte sich z. B. der 1968 bis 1971 in Hessen begonnene (inzwischen auf Rahmenrichtlinien-Arbeit reduzierte) Versuch einer neuartigen Curriculumentwicklung, das Prinzip der »Emanzipation« auf der Ebene genereller Zielsetzungen als Leitidee zu präzisieren, an der alle Entscheidungen auf den anderen Ebenen der Curriculumentwicklung orientiert werden sollten. – Eine ausgearbeitete Theorie, die die methodologischen Probleme wissenschaftlicher Arbeit auf dieser Entscheidungsebene entfaltet hätte, liegt bisher nicht vor, inhaltlich ausgeführte Zieltheorien, die dem oben skizzierten Anspruch einer Bildungstheorie im Horizont kritischer Gesellschaftstheorie entsprechen, nur in ersten Ansätzen.

2. Für die Problemebenen (2) und ihre Konkretisierung auf Problemebene (3) kann folgendes Prinzip als weitgehend anerkannt gelten: *Lernziele* müssen, um rational diskutierbar und für Lehrende und Lernende überprüfbar zu sein, *»operationalisiert«*, d. h. in Begriffen beobachtbaren Verhaltens oder unter Angabe der Kriterien formuliert werden, an denen das Erreicht- oder Nichterreichtsein eines Lernziels beurteilt werden kann. (Z. B.: Die Lösung von mindestens x Aufgaben des Typs y unter den Bedingungen a–c soll als Kriterium dafür gelten, daß Schüler das Lernziel z erreicht haben.) Die von Behavioristen geforderte Operationalisierung von Lernzielen *ausschließlich* in Kategorien beobachtbaren Verhaltens würde zur Ausschaltung komplexer und emanzipatorischer Lernziele (z. B. Fähigkeit zur Kritik an tendenziell autoritären Tendenzen in der Gesellschaft) führen müssen.

Als Hilfsmittel für eine *präzise Lernzielformulierung* und zugleich für die Entwicklung *lernzielorientierter Tests* sind vor allem von *B. Bloom* und Mitarbeitern *»Taxonomien«* entwickelt worden, sie liegen bisher für die kognitive und die emotionale Dimension vor. Es handelt sich um formale, hierarchisch aufgebaute Kategorisierungssysteme. (Beispiel für kognitive Lernleistungen [= mögliche Lernziele]: Kenntnis haben von Einzelheiten, von Begriffen, von Methoden usw.; Verstehen von in Symbolen dargestellten Beziehungen, von Strukturen usw.; Analysieren-Können usw.) – Die Verbindung mit *Gagnés* Theorie hierarchisch strukturierter Lernleistungen liegt nahe. – Der Wert jedenfalls der vorliegenden Taxonomien ist einstweilen, insbesondere im Hinblick auf die Beschreibung komplexerer Lernziele, umstritten.

Im einzelnen sind auf der zweiten Problemebene zunächst zwei Lösungsversuche zu nennen, die die Voraussetzungen der ersten Problemebene weitgehend unkritisch überspringen:

a) In den USA und in deutschen Adaptionsversuchen folgen zahlreiche fachspezifische Curriculumentwicklungsprojekte dem Programm des sog. *»Strukturalismus«*, der von *J. Bruner* begründet wurde: Von dem nicht weiter problematisierten Grundgedanken aus, daß sich Schulerziehung im Zeitalter einer sich verwissenschaftlichenden Welt an den Wissenschaften zu orientieren habe, werden die Fächer als Elementarformen der Einführung in die Denkweisen bestimmter Wissenschaften interpretiert. Curriculumentwicklung besteht im Kern in der Herausarbeitung der jeweiligen *»structures of the disciplines«*, die dann in Lernzielhierarchien und -reihenfolgen übersetzt und denen wiederum angemessene Inhalte (*contents*, Curriculumelemente) zugeordnet werden müssen; dabei umfaßt der Begriff der *structures* das Gefüge der Grundkategorien einer wissenschaftlichen Disziplin und/oder der wichtigsten Methoden. Vielfach werden die dergestalt ausgearbeiteten Kurse von den betreffenden Curriculumprojektgruppen bereits in detailliert ausgearbeiteten *Lehr- und Lernmaterial-Systemen* und Lehrer-Handbüchern *(teaching-learning-packages)* angeboten.

b) Ein pragmatisches Verfahren der konkreten Lernziel- und Lerninhaltsbestimmung, die sog. *»Abnehmerbefragung«*, ist vor allem in der schwedischen Schulreform praktiziert worden. Mit Hilfe von Lernziel- und Lerninhaltskatalogen, die aus der Analyse vorliegender Lehrpläne und didaktischer Konzeptionen gewonnen worden waren, wurden Vertreter der an die allgemeinbildenden Schulen anschließenden Ausbildungsinstitutionen (Universitäten, Betriebe, Verwaltungen usw.) nach den ihrer Auffassung nach auf der Schule zu erwerbenden Qualifikationen gefragt. Zwar sind auch hier zur Sichtung und Entscheidung angesichts solcher Umfrageergebnisse Auswahlkriterien notwendig, sofern sie jedoch nicht in einer Curriculumtheorie expliziert und damit überprüfbar gemacht werden, ist dieses Verfahren – ohne kritische Korrektive – der Gefahr ausgesetzt, den gesellschaftlichen Status quo zu fixieren, das Curriculum den Interessen etablierter Institutionen und gesellschaftlicher Gruppen zu unterwerfen und Lernziele ausschließlich oder überwiegend im Sinne unkritischer Anpassung zu bestimmen.

c) Im Konzept von *S. B. Robinsohn* und der Berliner Curriculum-Forschungsgruppe des Max-Planck-Instituts haben Verfahren der *Situationsanalyse* wie auf der ersten, so auch auf der zweiten Problemebene zentrale Bedeutung. Aufgrund mehrdimensionaler Analysen der für die jeweilige Gegenwart und die voraussehbare Zukunft relevanten Lebenssituationen sowie der in ihnen geforderten Funktionen beruflichen, familiären, öffentlich-politischen Charakters – Analysen, die einerseits durch Soziologie, Arbeitswissenschaft (Arbeitsplatzanalysen), Politologie, Verhaltenswissenschaften, Psychologie usw., andererseits als Selbstanalysen aller übrigen Wissenschaften, die als Interpretationsform der Wirklichkeit verstanden werden, vorgenommen werden müßten – sollen die zur Bewältigung solcher Lebenssituationen notwendigen *Qualifikationen* (Erkenntnisse bzw. Wissen, Fähigkeiten, Fertigkeiten) bestimmt und als Lernziele bzw. Lernzielzusammenhänge formuliert werden. Als Ersatz für die in begrenzter Zeit nicht zu erstellenden wissenschaftlichen Situationsanalysen sieht *Robinsohn* *Expertenbefragungen* (Gesellschafts- und Verhaltenswissenschaftler, »Abnehmer« verschiedener gesellschaftlicher Bereiche usw., aber z. B. auch Lehrlinge, Schüler usw.) vor, durch die das gegenwärtig vorhandene Wissen und die z. Z. vorhandenen Vorstellungen über die zukünftige Entwicklung der gesellschaftlich und personalrelevanten Lebenswirklichkeit eingeholt werden sollen. Ungelöst bleibt auch in diesem Modell die Frage nach einer als notwendig anerkannten Theorie, die die Kriterien für die Gewichtung der durch wissenschaftliche Situationsanalysen oder Expertenbefragungen ermittelten Daten und Meinungen im Hinblick auf die Lernzielbestimmung für ein Curriculum entwickeln müßte.

d) Während das *Robinsohn*-Konzept im Prinzip auf die langfristige Entwicklung eines Gesamtcurriculums für die Phase der Jugendbildung in den nicht-spezialberuflich orientierten Schulen abzielt (wiewohl es in seinen Varianten mittelfristige Lösungen nicht ausschließt), gibt es in der BRD z. Z. einige Ansätze einer bewußt mittelfristig angesetzten, fachdidaktisch orientierten Curriculumentwicklung (*Blankertz, Groth, Kell* u. a.: Arbeitslehre; *Achtenhagen, Wienhold:* Englischunterricht; *Menck, Kaiser:* Pädagogikunterricht). Spezifikum dieser Ansätze, die den Gesamtzusammenhang der verschiedenen Problemebenen durchaus im Blick haben, ist der Versuch, didaktische »Strukturgitter«, d. h. Kategoriensysteme zu entwickeln, die das betreffende Aufgabenfeld (z. B. die Arbeitslehre) aufschlüsseln und als Kriterium für die Auswahl konkreter Unterrichtsinhalte (vgl. Ebene 3) dienen sollen.

e) Immer handelt es sich bei der Curriculumarbeit auf dieser Problemebene um die Ermöglichung möglichst weitgehend begründbarer Entscheidungsprozesse in den jeweils beteiligten

Personengruppen bzw. Institutionen. Formen und Bedingungen solcher Entscheidungsprozesse durch Befragungen und unter systematisch variierten Bedingungen in Simulationsspielen zu erforschen, ist ein Teilaspekt des sog. LOT-Projekts (Entwicklung lernzielorientierter Tests für fach- oder bereichsspezifische Curricula: Französisch und »institutionalisierte Elementarerziehung«) einer Arbeitsgruppe der Universität Konstanz (K. *Flechsig* u. a.).

3. Die Curriculumentwicklungs- und -forschungsarbeit auf der 3. Problemebene wird von der Frage geleitet: Welche Inhalte (Curriculumelemente bzw. Lernerfahrungen bzw. Erkenntnisse, Kenntnisse, Fähigkeiten, Fertigkeiten und Lernformen) sind geeignet, die auf der 2. Problemebene entwickelten Lernziele zu vermitteln bzw. den Schülern das Erreichen jener Lernziele zu ermöglichen? Hier geht es nicht nur um konkret-didaktische Auswahl von Themen und Verfahren, sondern nicht zuletzt um die Übersetzung in Lehr- und Lernmaterialien. Im Sinne des *Robinsohn*-Modells liegt hier einerseits das spezifische Mitwirkungsfeld der Didaktiker und Methodiker sowie der Lehrer im Zusammenhang der Curriculumentwicklung, andererseits der spezielle Aufgabenbereich *empirischer Unterrichtsforschung,* da alle hier zu entwickelnden didaktischen Konzepte als hypothetisch betrachtet und dementsprechend auf das Eintreten oder Ausbleiben der erwarteten Wirkungen hin untersucht werden müssen.

4. Die unter (3) bereits genannten Aufgaben der Unterrichtsforschung sind ein Aspekt der *Curriculumevaluation* i. e. S., d. h. der Aufgabe, Voraussetzungen und Wirkungen bestimmter Curricula bzw. alternativer Curricula oder einzelner ihrer Elemente (z. B. bestimmter Formen des Medieneinsatzes auf Lehrer, Schüler, ggf. Eltern während des Curriculum-Entwicklungsprozesses — formative E. — oder nach deren vorläufigem Abschluß — summative E.) zu überprüfen, um begründete Änderungen oder Verbesserungen vornehmen zu können. Instrumente der Evaluation i. e. S. können alle Formen empirisch-pädagogischer Forschung (Unterrichtsbeobachtung, Interview, Fragebogen, Unterrichtsexperimente usw.) sein, insbesondere aber *lernzielorientierte Tests.* (In der amerikanischen Literatur stößt man häufig auf sehr weite Fassungen des Evaluationsbegriffes, denen gemäß *alle* wissenschaftlichen Erhebungen im Zusammenhang mit der Curriculumentwicklung, also z. B. auch die oben für die zweite Problemebene genannten Untersuchungen, etwa Situationsanalysen, diesem Begriff subsumiert werden.)

5. *Implementation* (bzw. *Dissemination* oder *Diffusion*) bezeichnet das Insgesamt jener Maßnahmen,

Institutionen und Vorgänge, die der Einführung eines entwickelten Curriculums in ein Schulsystem, auf bestimmten Schulstufen, in den betreffenden Fächern dienen. Unterschiedliche Ansätze arbeiten hier mit der Einschaltung von *Lehrerfort- und -weiterbildungsinstitutionen*, regionalen *research-and-development-centers*, mit Hilfe von *Lehrerarbeitsgemeinschaften* auf der Ebene der Einzelschule oder der Schulbezirke, mit der Strategie der konzentrischen Kreise, bei der zunächst nur in einem Teil der Schulen das neue Curriculum eingeführt und die beteiligten Lehrer dann als *»Multiplikatoren«* wirksam werden, mit mehr oder minder detailliert ausgearbeiteten *Lehrerhandbüchern*, ggf. *Fernseh-Einführungskursen* bzw. mit Kombinationen der genannten Elemente.

Zu BB: *Prozesse und Instanzen der Curriculumentwicklung*. Das alte Verfahren, demgemäß Lehrpläne oder Richtlinien von kleinen Gruppen von Ministerialreferenten und Schulpraktikern und/oder Fachdidaktikern ausgearbeitet wurden (und z. T. werden), erweist sich angesichts der komplexen Struktur der Curriculumproblematik als unzulänglich. Jedoch fehlt bisher eine anerkannte, auf hinreichende Erfahrung oder Forschung gestützte Theorie der Prozesse und Instanzen der Curriculumentwicklung. Z. Z. konkurrieren zufolge unterschiedlicher Zielsetzungen und Voraussetzungen verschiedene Modelle miteinander. Für die amerikanische Entwicklung war bis vor wenigen Jahren ein »Perfektionsmodell« kennzeichnend: Curriculum-Institute oder universitäre Forschungsgruppen konzipierten unter Beteiligung ausgewählter Schulpraktiker und unter Einschaltung von Erprobungsphasen neue Fachcurricula (z. B. naturwissenschaftliche Kurse) bis zur Erstellung fertiger *teaching-learning-packages* (Lehr- und Lernmittel-Systeme) und bis ins einzelne ausgearbeiteter Unterrichtseinheiten und Lehrer-Begleittexte; das fertige Curriculum wurde dann in einer mehr oder minder detailliert ausgearbeiteten Implementationsstrategie in einer großen Zahl von Schulen eingeführt. Etliche dieser Implementationsprojekte scheiterten weitgehend; die Ursachen sind nicht zulänglich erforscht, dürften aber im wesentlichen in dem Gefühl der Lehrer liegen, eigener freier didaktisch-methodischer Entscheidungsmöglichkeiten im Unterricht durch die »Lehrer-sicheren« *(teacher-proof)* Curricula beraubt zu sein, und in der Diskrepanz zwischen dem Anspruch der neuen Curricula und dem herkömmlichen Lehrerbewußtsein. Das hat einerseits zu Veränderungen der Implementationsverfahren (z. B. stufenweise Einführung, verpflichtende Einführungskurse für Lehrer u. ä.) geführt, zum anderen aber grundsätzliche Kritik an diesem Typ der Curriculumentwicklung provoziert.

Geht man von der durch Forschungsergebnisse zu rechtfertigenden Voraussetzung aus, daß einesteils der Grad der Selbständigkeit, Kritikfähigkeit und Kreativität des Lehrers auch bei der Arbeit mit modernen Curricula der entscheidende Faktor für das Wirksamwerden ist und daß zum anderen jedes Curriculum in eine konkrete Situation übersetzt werden, auf die betreffenden Kinder mit ihren Interessen und Lernvoraussetzungen hin modifizierbar sein muß, so folgt daraus erstens, daß Curricula nicht bis in die letzten Einzelheiten hinein festgelegt sein dürfen, sondern variable oder alternative Möglichkeiten thematischer Auswahl, der Unterrichtsorganisation und -methodik sowie des Medieneinsatzes vorsehen bzw. auf den konkreteren Problemebenen nur Beispiele oder »Modelle« bieten sollten (»offene Curricula«), zweitens, daß *Curriculumreform* grundsätzlich *als ständige, rollende Reform* betrachtet werden muß, drittens aber, daß Ausarbeitung und Implementation von Curricula nicht als scharf unterschiedene, nacheinander geschaltete Phasen angesetzt, sondern daß größere Lehrergruppen bereits in frühen Phasen der Curriculumarbeit in den Entwicklungsprozeß einbezogen werden sollten, u. a. in der Erprobung und kritischen Diskussion von Versuchs-Unterrichtsprojekten als jeweils vorläufigen Teil-Elementen des betreffenden Curriculums (vgl. das hessische Curriculumprojekt 1968 bis 1971).

Ebenso fragwürdig wie das »Perfektionsmodell« dürfte jedoch das in England, aber z. T. auch in deutschen Gesamtschulversuchen (Berlin, Weinheim) praktizierte Verfahren sein, dezentralisierte Lehrergruppen – unter Beratung durch einzelne Vertreter der allgemeinen oder der Fachdidaktik bzw. durch Fachwissenschaftler (in England außerdem durch ein zentrales School-Council als Clearing-Stelle) – mit der Ausarbeitung von Curricula zu betrauen. Die Vielfalt wissenschaftlicher Aufklärung bedürftiger Voraussetzungen kann nicht allein von Lehrern auf der Ebene einzelner Schulen oder begrenzter Regionen aufgearbeitet werden.

Neuere Vorschläge weisen in die Richtung eines *Systems verschiedener Institutionen und Personengruppen mit unterschiedlichen Kompetenzen*: Z. B. könnten zentrale, unabhängige *Curriculumforschungs- und -entwicklungsinstitute* – etwa auf Länderebene – die Planung und Organisation des Gesamtprozesses und z. T. die notwendige Forschung übernehmen, ggf. mit Koordination durch ein *Bundesinstitut für curriculare Grundlagenforschung, Dokumentation und Information;* eine analoge Möglichkeit wären *Planungskommissionen auf Länderebene,* die die notwendigen Forschungsvorhaben als Aufträge an wissenschaftliche Institute oder Universitäten vergeben könnten. Die zentralen Forschungs- und Entwicklungsinstitute bzw. die Kommissionen hätten z. B. die im Sinne von Lernzielalternativen aufbereiteten Ergebnisse von Situations-, Trend- und Konfliktanalysen *kulturpolitischen Entscheidungsgremien*, deren repräsentative Zusammensetzung zu sichern wäre, zur Klärung von Rahmenentscheidungen vorzulegen, danach für die Übersetzung in Teillernziele und adäquate Inhalte *Expertenbefragungen* durchzuführen; deren Ergebnisse wären als hypothetische Zuordnungen durch *Praktikergruppen* in ggf. alternativen Lernsequenzen und Unterrichtseinheiten zu konkretisieren, die wiederum praktisch zu erproben und mit Hilfe von *Begleitforschung* zu evaluieren wären; in Zusammenarbeit mit *Institutionen* der *Lehrerfort- und -weiterbildung* müßte die Koppelung des Entwicklungs- und Implementationsprozesses organisiert werden usw. Es fragt sich allerdings, ob ein solches System eine strenge Abgrenzung der Kompetenzen der einzelnen Personengruppen erfordert oder ob man umgekehrt die Kompetenzgrenzen möglichst fließend halten sollte — z. B. im Hinblick auf mögliche Funktionen mitarbeitender Lehrer, so daß Informationsbarrieren und die Entstehung hierarchischer Strukturen vermieden werden.

C. Das methodische Problem. 1. Die Geschichte des methodischen Denkens läßt sich als eine Folge teils einzelner methodischer Erfindungen, teils umfassender methodischer Konzeptionen darstellen; in einer solchen Geschichte müßten, abgesehen von Vorschlägen für einzelne Unterrichtsgebiete, die Techniken der griechischen Sophisten, die *disputatio* der mittelalterlichen Universitäten und Lateinschulen, die *Drei-Stufen-Methodik (praeceptum-exempla-imitatio)* und das *Schuldrama* der reformatorisch-humanistischen Gymnasien sowie der Jesuitenschulen ihren Ort finden, weiterhin die *Schulkatechese* der reformatorischen Katechismusschule, die *»naturgemäßen Methoden«* des *Comenius* und die *Erfahrungsmethode Rousseaus*, die *Anschauungsmethoden* seit *Pestalozzi* und seinen Schülern, das *fragend-entwickelnde Unterrichtsverfahren Basedows, Rochows, Dinters* und *Diesterwegs*, die Formalstufen *Herbarts* und der *Herbartianer* (Klarheit jeder einzelnen Vorstellung eines Unterrichtsthemas; Assoziation der verschiedenen Vorstellungen; System = systematische Ordnung und Durchdringung des in einer Unterrichtseinheit zusammengefaßten Vorstellungskomplexes; Methode = Anwendung des Erkannten auf neue Zusammenhänge), schließlich die Fülle von methodischen Erfindungen und Konzepten, die die *Reformpädagogik* der ersten Hälfte unseres Jhs. hervorgebracht hat: die *Arbeitsschulmethoden Kerschensteiners, Gaudigs* u. a., die *Erlebnismethode Gansbergs, Scharrelmanns, Neuberts* (Erzählen, freier Aufsatz, freie Kinderzeichnung, spielendes Lernen usw.), das *Unterrichtsgespräch (B. Otto, J. Kretschmann)*, Partner-, Gruppen- oder *Gemeinschaftsarbeit* im Unterricht *(Kerschensteiner, P. Petersen, C. Washburne), Einzelarbeit* mit Hilfe von Arbeitsmitteln oder *Lernspielen (M. Montessori, H. Parkhurst, E. Claparède), Ganzheitsmethoden* (z. B. des Lese- und Rechenunterrichts, *J. Wittmann* u. a.), Bearbeitung und Gestaltung fächerübergreifender praktischer *»Vorhaben« (A. Reichwein)* und *»Projekte«* (*Dewey* und *Kilpatrick*), *»Unterricht auf werktätiger Grundlage« (H. Stieger).* In den methodischen Bemühungen der letzten zwei Jahrzehnte tauchen die meisten dieser methodischen Ansätze der Reformpädagogik, die allerdings in der Praxis weitgehend noch gar nicht realisiert worden waren oder sind, wieder auf, seit einigen Jahren meist kritischer auf ihre jeweiligen Möglichkeiten und Grenzen und ihre wechselseitige Ergänzungsbedürftigkeit hin reflektiert und in ersten Ansätzen durch *empirische Unterrichtsforschung* auf Wirkungen und Bedingungen hin kontrolliert. Als neue methodische Ansätze, die, meist in mehr oder minder kritischem Anschluß an internationale, insbesondere amerikanische Entwicklungen erprobt werden, sind vor allem Lehr- und Lernformen, die durch neue, insbesondere *technische Medien* vermittelt werden, zu nennen: Ziel des *programmierten Unterrichts* ist es, effektiveres Lernen durch Individualisierung, die sich allerdings bisher vorwiegend auf das Lerntempo, seltener auf spezifische, individuelle Lernschwierigkeiten oder -möglichkeiten bezieht, zu erreichen. Programme können in Buchform, auf elektrisch betriebenen Ton- oder Bildträgern, durch *Sprachlabors,* auf sog. *Lehr-* oder *Lernmaschinen* bzw. *Lernautomaten* (z. B. handbetätigten Kleinmaschinen oder elektronisch gesteuerten audio-visuellen Darbietungsgeräten) oder über Rechner *(Computer)* vermittelt werden. Leitende Grundsätze der Programmgestaltung sind die Zerlegung eines komplexen Lehrzusammenhanges (Kurses, Lehrganges) in kleine Lernschritte und die Sicherung der Rückmeldung *(feedback:* Lernschritt bewältigt oder nicht bewältigt, ggf. Hinweis auf Fehler und Rückverweisung) nach jedem oder jeweils wenigen Lernschritten.

Während die Möglichkeiten des *Schulfunks* und um ihn konzentrierter Unterrichtsphasen kaum über die bereits in den 50er Jahren entwickelten Formen hinausgediehen sind, gewinnt das *Schulfernsehen* eine wachsende Bedeutung, ohne daß bereits eine überzeugende »*Telemethodik*« und eine Methode eines Schulfernsehsendungen vorbereitenden und auswertenden Unterrichts entwickelt worden wäre.
Neue methodische Formen *sozialen Lernens* zeigen sich — über Gruppenunterricht, Diskussion und Projektunterricht hinaus — in ersten Ansätzen in Gestalt von elementaren *gruppendynamischen Verfahren*, sozialen *Rollenspielen*, *Simulations-* und *Planspielen*. Als Sozialform des Lehrens gewinnt das *team-teaching* (Planung und Durchführung des Unterrichts durch eine Gruppe von Lehrern) Bedeutung.
2. Aus der Geschichte des methodischen Denkens läßt sich über die Darstellung und kritische Untersuchung einzelner Ansätze hinaus heute bereits ein Zusammenhang von Grundeinsichten herausarbeiten, hinter den neuere methodische Vorschläge nicht mehr zurückfallen dürften. Die Einsicht in diesen Grundgedankengang des Methodenproblems verdanken wir der *Erziehungswissenschaft* der letzten Jahrzehnte (*W. Flitner, E. Weniger, Fr. Blättner, G. Reichwein, Fr. Copei, Ph. Hördt, Th. Schwerdt, G. Hausmann, H. Roth* u. a.).
a) Sinn aller *Unterrichtsmethoden* ist es, die Begegnung des sich entwickelnden Menschen »mit der geistig-geschichtlich-gesellschaftlichen Welt und mit der Natur« *(Weniger)* zu ermöglichen. Immer geht es also um die Auseinandersetzung mit Inhalten bzw. Problemen oder um den Gewinn inhaltsbezogenen Könnens, folglich ist den Fragen nach dem »Wie« und »Womit« des Unterrichts grundsätzlich die Frage nach den Lernzielen, der Auswahl und der Struktur der Inhalte vorgeordnet. In dieser Kennzeichnung des Methodenproblems steckt zugleich der Kerngedanke der neuzeitlichen → *Pädagogik*, daß es in Erziehung und Bildung im Grunde um die Weckung und Wahrung der *Personalität* des jungen Menschen, um sein »Selbstseinkönnen« geht, das freilich immer nur in bestimmten geschichtlich-gesellschaftlichen Zusammenhängen realisiert werden kann und daher mit *Sozialität* vermittelt werden muß. Das bedeutet weiterhin, daß die Frage der pädagogischen Methode (des rechten Lehrens bzw. Lernens) zugleich die Frage in sich birgt, wie man den jungen Menschen nicht nur dazu bringt, »etwas zu lernen«, sondern wie man ihn *das rechte Lernen lehren*, es ihm ermöglichen oder, wo es sich unabhängig von

bewußter Lehre zeigt (z. B. im Spiel), es bewahren und unterstützen könne. Jede Methode schließt eine Auffassung vom Sinn des Lernens ein. Die spezifisch-pädagogische Sinngebung des *Lernens,* die zum erstenmal von *Sokrates* und *Platon* — Lehren als *Mäeutik* = Hebammenkunst, d. h. Hilfe zum Selberfinden — ausgesprochen worden ist, die sich dann seit der *Aufklärung* im Zuge der Verselbständigung der Pädagogik herausbildete und die heute in Formen wie *»geistige Aneignung«, »denkendes, sinnvolles, produktives Lernen«,* Lernen als Gewinn »arbeitenden«, »lebendigen«, transferierbaren Wissens und Könnens (*Transfer:* sinngemäße Übertragung des an bestimmten Beispielen oder Sachbereichen Gelernten auf andere Beispiele, Sachbereiche oder Situationen) zum Ausdruck kommt, ist zugleich ein kritischer Maßstab für die Beurteilung psychologischer und soziologischer *Lerntheorien.* Lerntheorien, die jenes pädagogische Kriterium nicht in sich aufgenommen haben, können in in keinem Falle direkt auf die Pädagogik angewendet werden. Diese Frage ist heute z. B. im Hinblick auf das Lernen durch Lernmaschinen *(→ Kybernetik und Pädagogik)* höchst akut. — Ziel und Kriterium pädagogischer Methoden ist es also, daß oder ob sie rechtes Lernen ermöglichen. Solches Lernen besteht nicht darin, daß der Schüler das ihm durch methodische Lehre Dargebotene einfach übernimmt und dadurch »geprägt«, »konditioniert«, darin »eingewöhnt« wird. Es ist vielmehr ein selbsttätiger geistiger Akt oder ein Gefüge solcher Akte, durch die der Lernende die Struktur einer Erkenntnis oder eines Könnens geistig nachvollzieht und sich aneignet. Unterrichtsmethoden müssen also grundsätzlich die *Selbsttätigkeit* des Lernenden ansprechen. Sie sollen Sinnerfassung und Sinnerfahrung, Sinnvollzug oder Sinngestaltung ermöglichen, wobei hier unter »Sinn« auch der zwar nicht begrifflich fixierbare, wohl aber erfahrbare und erlebbare Gehalt einer Melodie oder der rhythmische Gehalt einer gymnastischen Bewegung verstanden wird. — Zugleich ist es das Ziel rechter methodischer Führung, *sich selbst zunehmend überflüssig zu machen,* d. h. aus einer vom Lehrer oder vom Lehrmaterial gebotenen Hilfe zu einem vom Schüler selbständig gehandhabten Werkzeug, zur *»methodischen Bildung«* zu werden. Mit dieser Zielsetzung dürfte zugleich die Grenze der Deutung des Problems der pädagogischen Methode durch *G. Hausmann* — Methodik als eine Art Dramaturgie — bezeichnet sein, vor allem aber die Problematik programmierten Lernens, sofern hier »Lernen« als Konditionierungsvorgang im Sinne behavioristischer Lernpsychologie aufgefaßt wird.

b) *Selbsttätigkeit* der Lernenden kann nicht immer

als selbstverständliche Bereitschaft vorausgesetzt, sie muß angeregt, herausgefordert werden. Es geht also zunächst immer darum, das Interesse, die Aufmerksamkeit, die *Lernmotivation* des Schülers zu wecken. Das setzt voraus, daß der Lernende die Bedeutung des zu Lernenden für sich selbst erfaßt und damit ein Problembewußtsein, eine Frage, die Aufnahmebereitschaft bzw. eine Erwartungsspannung oder eine Gestaltungs- oder Bewegungsintention (etwa im Kunstunterricht oder im Sport) gewinnt. Das methodische Denken fragt etwa, ob die Lernmotivation bei diesen Schülern angesichts dieser Themen oder Aufgaben bereits aus größeren oder im Unterricht vorangegangenen Zusammenhängen heraus vorausgesetzt werden kann oder ob man sie ermöglichen kann, indem man die Schüler zunächst zum spielerischen Umgang mit der Sache (z. B. magnetische Phänomene, Werkmaterialien) oder mit dem Medium (z. B. Spiel im Wasser als Vorstufe methodischen Schwimmunterrichts) führt, ob man dem Thema die Gestalt einer zu lösenden Aufgabe gibt, ob man eine Situation *»originaler Begegnung«* herbeiführen kann, in der der Lernende »den Gegenstand, die Aufgabe, das Kulturgut in seiner ›Werdensnähe‹ zu spüren bekommt, in seiner ›Ursprungssituation‹, aus der heraus er ›Gegenstand‹, ›Aufgabe‹, ›Kulturgut‹ geworden ist« *(H. Roth)*, sei es im *Spiel*, sei es als *Entdeckungssituation*, sei es als *Erkundung* (z. B. der örtlichen Arbeitswelt). Methodisches Denken fragt, ob man systematisch einführen oder emotional vorbereiten muß oder einen überraschenden *»Einstieg«* wählt, ob es einer vorausgehenden *Ernsterfahrung*, eines *Engagements* außerhalb der Schule bedarf – etwa als Grundlage für die Reflexion auf bestimmte politisch-sozialkundliche, ethischlebenskundliche Probleme. – Besondere Bedeutung und neue Aufgaben erwachsen der Methodik aus der grundlegenden Erkenntnis der jüngeren *Sozialisationsforschung*, daß Lernbereitschaft und Lernfähigkeit von Kindern stark durch ihre sozialschichtspezifische, außerschulische *Sozialisation* geprägt werden. Die Entwicklung einer allgemeinen und fach- oder bereichsspezifischer Methodiken, die *Verfahren innerer und äußerer Differenzierung* des Unterrichts in Anlehnung an schichtspezifisch unterschiedliche Lern- Ausgangsbedingungen ermöglichen, ist heute eine der wichtigsten Aufgaben der Methodik.

c) Die zentrale Phase jedes methodischen Weges, die eigentliche *»Lern- oder Arbeitsphase«*, also die Auseinandersetzung mit dem Thema, der Aufgabe, der zu erwerbenden Fertigkeit, untersteht dem Kriterium der »Echtheit«, d. h. der *Angemessenheit an das Lernziel* und die *Struktur des anzueignenden*

Inhalts. Die Art des methodischen Vorgehens und der Vollzug des Lernens müssen dem Sinn, der Struktur der besonderen Unterrichtsaufgabe entsprechen. Insofern der »Sinn« z. B. der Naturerkenntnis ein anderer als der Sinn geschichtlicher Vergegenwärtigung, der Sinn der ästhetischen Gestaltung ein anderer als der einer ethischen oder politischen Reflexion, der Sinn eines Spiels oder einer rhythmischen Bewegung ein anderer als der einer leistungssportlichen Übung ist, müssen auch die Formen der Lehre und der Aneignung, die methodischen Schritte und ihre Folge unterschiedlich sein. Es gibt keine Universalmethode. Die Unterrichtsmethoden sollen die verschiedenen Grundformen der Auseinandersetzung des Menschen mit der Wirklichkeit in jugendgemäßer Form repräsentieren: *Arbeit* und *Werktätigkeit* in der Form von *Werkvollzügen, Vorhabengestaltung, Industriepraktika; Erkenntnis, Erfahren, Erkunden* oder *Erforschen* durch *Lehrgang, Kunde* und *Erkundung, Schülerexperiment, Beobachtung* und *Besichtigung* usw.; *Kommunikation* und *Auseinandersetzung* durch *offenes Gespräch, Hören, Lektüre; ästhetisches Gestalten* und *Empfangen* durch eigene *Gestaltungsversuche* in Wechselwirkung mit *Werkbetrachtungen; soziales Lernen, emotionale Beziehung, Ausdruck* und *Kommunikation* durch *Gruppenarbeit, Gespräch, Projektarbeit, Aktionen* usw. Das gleiche gilt für die Sozialformen der verstehenden oder der tätigen Auseinandersetzung des Menschen mit der Wirklichkeit im Verhältnis zu den Unterrichtsformen: *Einzelarbeit, Partnerarbeit, Gruppenunterricht* und *gemeinsamer Klassenunterricht* bzw. *Großgruppenunterricht* (Zusammenfassung mehrerer Klassen für begrenzte Zeit, z. B. für eine Filmdarbietung, einen Vortrag, eine Podiumsdiskussion u. ä.) bergen jeweils besondere Möglichkeiten und Erfahrungen in sich, die in sinnvollem Wechsel zur Geltung kommen sollten.).

Höhepunkt des Lern- und Arbeitsprozesses ist das Finden der Lösung, das Aufblitzen der Einsicht, die »Konzeption« des Bildes oder mindestens eines fruchtbaren Gestaltungsansatzes — seit *Fr. Copeis* Untersuchung (1930) der *»fruchtbare Moment im Bildungsprozeß«* genannt.

Erst im zuvor skizzierten Zusammenhang kann die oft mechanisch gehandhabte, abschließende Aufgabe methodisch geführter Lernprozesse, das *Einprägen, Üben* und *Wiederholen* recht verstanden und angemessen gestaltet werden. Auch hier liegt noch ein weites Gebiet für methodische Erfindungen und empirische Unterrichtsforschung offen.

d) Im Hinblick auf den Schüler ist das rechte Verhältnis von »Kraft« (Voraussetzung, Motivation, Interesse des Lernenden) und »Anforderung« (durch den Lehrer oder das Programm oder die lernende Gruppe) das entscheidende Prinzip fruchtbarer Unterrichtsmethoden. Dabei darf die jeweils vorhandene »Kraft« nicht als statische Größe, sondern muß als ein gewisser Spielraum freier Leistungs-, Verstehens- oder Gestaltungsmöglichkeiten verstanden werden. Das Prinzip der Methode liegt in der rechten *Weise der Anforderung:* Sie spricht den jungen Menschen vorwegnehmend, also über seine bereits erwiesenen Leistungen hinaus, als im Hinblick auf eine bestimmte Aufgabe frei, als leistungsfähig, als verstehend, als gestaltungsfähig, als kritikfähig an und ermöglicht ihm eben durch solche vertrauensvolle Ansprache die Bewältigung der betreffenden Anforderung. Wert und Erfolg einer Unterrichtsmethode zeigen sich dann daran, ob die Anpassung des Schülers sich immer wieder im Gelingen, in der Freude, im Lebens- und Selbstvertrauen entspannen kann. — Insofern das Verhältnis von »Kraft« und »Anforderung« in verschiedenen Situationen und auf verschiedenen Bildungsstufen unterschiedlich ist, gilt auch für die Methoden (wie für die Zielsetzungen und die inhaltliche Auswahl) der Grundsatz der *»Situations- und Stufengemäßheit«*.

e) Über die Abhängigkeit von didaktischen bzw. curricularen und zugleich bildungstheoretischen Vorentscheidungen hinaus sind Sinn und Wirksamkeit aller Methoden noch von umfassenderen Voraussetzungen abhängig und müssen jeweils neu daraufhin reflektiert und umgestaltet werden: einerseits von der besonderen Erziehungswirklichkeit, innerhalb derer eine Methode praktiziert wird, insbesondere von der *Atmosphäre* und dem *Erziehungs- und Unterrichtsstil* einer Schule oder Klasse und vom *pädagogischen Verhältnis* zwischen Lehrern und Schülern sowie der Schüler untereinander; andererseits aber von der außerschulischen sozio-kulturellen Wirklichkeit, in der Kinder unterschiedlicher sozialer Klassen, *Schichten* und Gruppen aufwachsen. Demokratische Erziehung wird auch ihre Methodik am Ziel der Überwindung solcher »Chancenungleichheit« orientieren müssen.

Vergleichende Erziehungswissenschaft. Die Vergleichende Erziehungswissenschaft, ein verhältnismäßig neuer Forschungs- und Lehrzweig der Pädagogik in Deutschland, ist formal vergleichbar mit Teildisziplinen anderer Fachwissenschaften, wie etwa der Vergleichenden Rechtswissenschaft, Religionswissenschaft, Sprachwissenschaft. Der Vergleich, ein wichtiges methodisches Mittel aller Forschung und Lehre, wird in den spezifisch »vergleichenden« Wissenschaftszweigen angewendet, um analoge Phänomene in kulturethnologisch unterschiedlichen Räumen so wahrzunehmen, daß ihr gemeinsames Moment — hinsichtlich seiner Identität und seiner Differenz — erfaßt wird. Darin besteht deren besondere, die jeweilige Fachdisziplin bereichernde Aufgabe. So kommt auch der Vergleichenden Pädagogik innerhalb der Erziehungswissenschaft eine *Ergänzungsfunktion* zu. Sie ist genauso wie die Historische Pädagogik eindeutig der *Allgemeinen Pädagogik* zugeordnet. Der gemeinsame Gegenstand ist die Erziehungswirklichkeit. Was die Geschichte der Pädagogik als gleichsam vertikale Entwicklung darstellen will, sucht die Vergleichende Pädagogik aus der horizontalen Umschau zu erkennen: die Entstehung der pädagogischen Wirklichkeit und der pädagogischen Begrifflichkeit, den Sinn- und Wirkungszusammenhang des Erzieherischen, wie er sich in Theorie und Praxis darbietet.

Durch den Vergleich verschiedener Bildungssysteme kann z. B. der Stellenwert einzelner Einrichtungen und Schultypen innerhalb der gesamten Schul- und Bildungsorganisation bestimmt und ihre Funktion bzw. ihre Problematik durchsichtig gemacht werden. Darüber hinaus werden Einsichten in historische oder geographische Bedingtheiten ermöglicht, die einer bloß internen schulgeschichtlichen oder ideengeschichtlichen Darstellung verschlossen bleiben. Entwicklung und Struktur der modernen Industriegesellschaft und -kultur verleihen der Vergleichenden Erziehungswissenschaft einen aktuellen Bezug bei der Analyse von pädagogischen Entwürfen und Schulreformplänen. Indem sie ein »vergleichendes« Verstehen ermöglicht, fördert sie eine sich weltweit entwickelnde, internationale Kooperation.

Die *Geschichte* der Vergleichenden Pädagogik fängt im auslandspädagogischen Reisebericht an, der den ersten Anstoß zum Vergleich und Anlaß zur Gegenüberstellung der Pädagogik des eigenen und fremden Raumes bietet. Es folgt als zweiter Schritt die mehr oder minder »empirische« Erfassung und systematische Darlegung der pädagogischen Theorie und Praxis anderer Länder *(Auslandspädagogik)*. Den dritten Schritt bildet die Entwicklung der vergleichenden Forschung und Lehre (Vergleichende Erziehungswissenschaft).

Als Vater der Vergleichenden Pädagogik wird *M.-A. Jullien de Paris* angesehen, der den Begriff 1817 in seinem Traktat *»Esquisse et Vues préliminaires d'un Ouvrage sur l'Education comparée«* eingeführt hat. Im angloamerikanischen Bereich taucht der Fachausdruck wohl zuerst in *P. Sandifords* Schrift von 1918 mit dem ausdrücklichen Titel *»Comparative Education, Studies of the educational system of 6 modern countries«* auf. In Deutschland etabliert sich die Vergleichende Pädagogik 1925 mit *E. Kriecks »Menschenformung«*, die im Untertitel schon von »Vergleichender Erziehungswissenschaft« spricht, ohne diese freilich als solche bereits zu vertreten. Als eigentliche Begründer der Vergleichenden Pädagogik, wie sie sich seit den 30er Jahren unseres Jahrhunderts theoretisch und institutionell herausgebildet hat, dürfen repräsentativ für die einzelnen Länder angesehen werden: in den Vereinigten Staaten *I. L. Kandel* (Boston) und *R. Ulich* (Harvard); in England *N. A. Hans* und *J. A. Lauwerys* (beide London); im romanischen Sprachraum *A. Millot* (Paris) und *P. Roselló* (Genf); in Deutschland *Fr. Schneider* (München) und *Fr. Hilker* (Bonn).

Der *Begriff* der Vergleichenden Pädagogik ist nach Ländern und Verfassern verschieden entwickelt. Den weitesten Begriff hat die amerikanische, den engsten die französische Pädagogik. In der amerikanischen Literatur werden »comparative« und »foreign education« in der Regel synonym verwendet, so daß auch rein auslandspädagogische Bestandsaufnahmen als *comparative education* erscheinen. Gemeinsam ist der amerikanischen wie der englischen Konzeption (deren Begrifflichkeit präziser als die amerikanische ist) eine internationale und eine nationale Intention; sie soll der gegenseitigen Verständigung und der Verbesserung der eigenen pädagogischen Einrichtungen dienen. Im Unterschied zu solcher praktischen Zwecksetzung tendiert die französische Auffassung, die sich auf zeitgenössische Erziehungssysteme beschränkt, wie die deutsche, die eine zeitliche Begrenzung nicht für sinnvoll hält, zu einer strengeren wissenschaftlichen Entwicklung der Vergleichenden Pädagogik (Vergleichenden Erziehungswissenschaft). Das Interesse der sowjetischen Pädagogik an der Vergleichenden Pädagogik (sravnitel'naja pedagogika) ist jüngeren Datums.

Die neuere Diskussion des Begriffs der Vergleichenden Pädagogik hat eine gewisse Annäherung der Standpunkte erbracht. Auf der Londoner Tagung für Vergleichende Pädagogik im März 1951 kam es zu folgender Kompromißdefinition: »Comparative Education is a factual, interpretative study of problems arising in the theory of practice of education by the application of comparative methods.« Die Bemühungen der Hamburger Konferenz im April 1955, den Begriff inhaltlich zu konkretisieren, blieben jedoch weitgehend im Erziehungs- und Wissenschaftsverständnis des unterschiedlichen nationalen Denkens befangen. Als Ziel der Vergleichenden Pädagogik wird bezeichnet die »vertiefte Einsicht in das Erziehungsdenken und die Erziehungswirklichkeit des eigenen Landes«

(*Schneider*, München), das Verständnis »how educational structures and educational policies come to be as they are« (*Lauwerys*, London), »to find a justified solution of the problems and so to secure a better control of our educational development« (*King Hall*, New York); als methodisches Merkmal des Vergleichs wird angesehen: »une dimension qu'on introduit dans un phénomène nouveau« (*Mallet*, Paris), »to interpret, from a particular society's background, the content of education and its presuppositions, in given societies at a given time« (*Higginson*, Leeds), »pädagogische Probleme in verschiedenen Situationen zu erforschen und zu erkennen« (*Derbolav*, Bonn).

Die von Land zu Land divergierenden Auffassungen über Aufgabe, Begriff und Methode der Vergleichenden Pädagogik gehören notwendig zum Selbstverständnis der Vergleichenden Erziehungswissenschaft. Sie muß daher auch sich selbst zum Gegenstand des Vergleichs machen. Entscheidend bleibt, von welchem Bezugssystem aus bzw. auf welchen Vergleichspunkt (Tertium comparationis) hin das vergleichende Verfahren zur Anwendung kommt. Neben der »selbstkritischen« Erkenntnis dieser Bedingung gehört die an den Quellen und Institutionen gewonnene Kenntnis der zu vergleichenden Erziehungs- und Bildungssysteme zu den Grundvoraussetzungen der Vergleichenden Pädagogik. Die sogenannte *Auslandspädagogik* (Pédagogie de l'étranger, Foreign education, zarubežnaja pedagogika) ist ein integrierender Bestandteil der Vergleichenden Pädagogik.

Wir stoßen auf eine letzte Schwierigkeit bei der synkritischen Analyse der gegenwärtigen »Selbstverständnisse« der Vergleichenden Erziehungswissenschaft. Ob man sie als ausgesprochene Geisteswissenschaft (liberal arts), wie etwa *Bereday*, *Hilker* und *Hans*, oder als empirischen Gesetzmäßigkeiten unterworfene Disziplin (science), wie eine Reihe, namentlich auch jüngerer angelsächsischer und kontinentaleuropäischer Forscher, ansehen soll, oder ob man, wie wir meinen, das eine tun soll, ohne das andere zu lassen — das Kardinalproblem bleibt und kompliziert sich, wenn wir feststellen: Die Vergleichende Erziehungswissenschaft, obgleich primär auf die Erziehungswissenschaft selbst verwiesen, kann nicht selber ihre Voraussetzungsproblematik lösen. Sie kann nicht aus eigener Kraft die Frage nach den *Kriterien*, *Kategorien* und *Normen* beantworten, weil das pädagogische Phänomen als solches und somit auch dessen Bedeutsamkeit nicht nur von der Pädagogik tangiert wird.

Die Schwierigkeit ist, wie der retrodisziplinäre Bezug, eine doppelte: Die Verteidiger des sozialwissenschaftlichen Rückbezuges, wie etwa *Anderson, Ruscoe, Nelson, Foshay, Carey, King, Robinson, Idenburg,* meinen drei Abhängigkeiten registrieren bzw. postulieren zu können: 1. Die Bildungsstruktur hat sich der Sozialstruktur anzupassen; 2. die Forschungs- und Unterrichtsmethoden der Vergleichenden Erziehungswissenschaft sind den empirisch-positivistischen der social sciences anzugleichen; 3. der dezidiert pragmatische Charakter etwa der Politologie und Soziologie ist auch von der Vergleichenden Erziehungswissenschaft zu rezipieren: es geht um »real use« *(E. J. King),* »sich auf das zu beschränken, was tatsächlich geschieht« *(Ruscoe/Nelson),* »educational planning« vorzubereiten *(R. D. Carey),* »Unterlagen für die ›man-power-planning‹« bereitzustellen usw. *(Ph. J. Idenburg).*

Die Schwierigkeiten beim philosophisch-historischen Rückbezug, d. h. einer geisteswissenschaftlich verstandenen Vergleichenden Pädagogik sind deren eigentümliche Gefahren: 1. der Formalismus (worauf in der Literatur schon hingewiesen wurde); 2. der Irrationalismus und 3. der Ideologismus. So ist es denn auch kein Zufall, daß die Kritiker bzw. Interpreten dieser Position immer wieder Gesichtspunkte ins Feld führen, die den drei von uns genannten Vereinseitigungen zuzuordnen sind. Der sozialwissenschaftlichen wie der geisteswissenschaftlichen Position ist — so können wir abschließend feststellen — offensichtlich die eine zentrale Gefahr gemeinsam, durch die Überbetonung des interdisziplinären Aspekts den pädagogischen Charakter der Disziplin durch einen anderen zu vertauschen, die Vergleichende Erziehungswissenschaft in andere Wissenschaften aufzulösen: während man auf der einen Seite aus der Vergleichenden Erziehungswissenschaft eine »Sociology of Comparative Education« macht, löst man sie auf der anderen Seite in »Philosophy of Education« auf, so etwa bei *Derbolav* durch den Rückbezug auf die »Vergleichende Kulturforschung«.

Die Vergleichende Erziehungswissenschaft befindet sich erst in statu nascendi ihrer Entwicklung, solange sie noch nicht über ein *bündiges, systematisches Selbstverständnis* verfügt.

Wir fassen abschließend unser eigenes »Selbstverständnis« der Vergleichenden Erziehungswissenschaft in Form einiger Thesen zusammen:

1. Die *Bezeichnungen* »Comparative Education«, »Education comparée«, »sravnitel'naja pedagogika«, »Vergleichende Pädagogik bzw. Erziehungswissenschaft« setzen voraus, daß es sich um eine pädagogische Disziplin handelt.

2. Es handelt sich um eine *Teil-Disziplin* der Erziehungswissenschaft, die der allgemeinen Disziplin zugeordnet und in-

tegriert ist, folglich auch auf deren Problematik und Entwicklungstand verwiesen bleibt.

3. Im Unterschied zu anderen Teil-Disziplinen der Pädagogik, wie etwa Pädagogische Anthropologie, → Pädagogische Psychologie, Pädagogische Soziologie (bzw. → Soziologie der Erziehung), die zugleich Grenz-Disziplinen der Erziehungswissenschaft sind, hat die Vergleichende Erziehungswissenschaft an sich keine besondere Affinität zu einer anderen Fachwissenschaft oder einer Gruppe solcher. Diese ergibt sich vielmehr aus dem *Selbstverständnis* jener Erziehungswissenschaft, der sie subordiniert und integriert ist.

4. Unter den Teil-Disziplinen der Erziehungswissenschaft ist die Vergleichende Pädagogik am ehesten der *Geschichte der Pädagogik* vergleichbar. In beiden Fällen handelt es sich um die gegenständliche Transposition in einen anderen historischen oder geographischen Bereich. Dieses Faktum der zeitlich-räumlichen Verlagerung des Gegenstandes ist jenes gemeinsame Charakteristikum der beiden Größen, welches den Vergleich erlaubt.

5. Die Vergleichende Erziehungswissenschaft hat grundsätzlich nichts gemeinsam mit anderen vergleichenden Disziplinen, weil es kein einheitliches methodisches Mittel des Vergleichs gibt. Das gleiche gilt für andere Formen des Vergleichs in der Pädagogik. Ausschließliches *Kriterium* für die Zugehörigkeit eines Moments zum Gegenstandsbereich der Vergleichenden Erziehungswissenschaft ist lediglich die Tatsache der Andersräumigkeit, nicht notwendig jedoch der Andersartigkeit.

6. *Bedingung der Möglichkeit* der Komparation lokaldifferenzierter pädagogischer Gegebenheiten ist das spezifische »Tertium comparationis« der Vergleichenden Erziehungswissenschaft; es kann formal als jene pädagogische Konstante bezeichnet werden, die den zu vergleichenden pädagogischen Variablen zugrunde liegt.

7. Versuch einer *Definition:* Vergleichende Erziehungswissenschaft ist jener Teil der Erziehungswissenschaft, der Phänomen, Problem und Begriff der Erziehung bzw. Bildung in anderen geopolitischen und sozio-kulturellen Räumen zum Gegenstand einer synkritischen Analyse macht.

Vorschulische Erziehung. ZUR VERWENDUNG DES BEGRIFFS. Der Terminus »Vorschulische Erziehung« wird in der einschlägigen, sich gegenwärtig rasch verbreiternden und differenzierenden Diskussion nicht eindeutig verwendet. In seiner weitesten Auslegung umfaßt er alle pflegerischen und erzieherischen Anstrengungen, die sich am Versorgungs- und Lernbedürfnis des Kindes in der Zeitspanne von der Geburt bis zum

gesellschaftlich-gesetzlich geregelten Schuleintritt orientieren; im engsten Verständnis bezeichnet er spezielle Lernhilfen, die sich auf die zum Zeitpunkt der Einschulung geforderten Einstellungen und Fähigkeiten beziehen. Im ersten Fall sollte der Begriff besser durch die Bezeichnung *»Kleinkindpädagogik«*, *»Pädagogik der frühen Kindheit«* oder *»Frühpädagogik«* ersetzt werden; im zweiten Fall sollte exakter vom schulvorbereitenden, meistens ausgleichend ansetzenden Lernen — wie es speziell in Schulkindergärten oder Veranstaltungen nach dem Muster des Head-Start-Programms in den USA gefördert wird — gesprochen werden. Folgt man dem internationalen Sprachgebrauch (preschool education, éducation préscolaire), dann bietet sich folgende Sprachregelung an:
Vorschulische Erziehung bezeichnet jene erzieherischen, unterrichtlichen und sozialpflegerischen Tätigkeiten, die in verschiedenen außerfamilialen Institutionen (Kindergärten und deren Vermittlungsgruppen, Kindertagesstätten, Schulkindergärten, Vorschulklassen, Kinderläden, »freien« Vorschulen) für die frühe Lernphase im sozial-emotiven, kognitiven, ästhetischen und sozial-medizinischen Bereich allgemeine und besondere Entwicklungshilfe leisten. Damit ist in der Regel auf den sogenannten Elementarbereich des Lernens der Drei- bis Fünfjährigen und auf die Eingangsstufe des Primarbereichs Bezug genommen, wofür in der BRD der *Kindergarten* wie die Vorschulklasse für die Fünfjährigen (z. T. versuchsweise und quantitativ nicht ausreichend) den institutionellen Rahmen bilden. Im Schwerpunkt sind also institutionalisierte, systematische Lernprozesse gemeint, wie sie in einigen Ländern — z. B. in der Sowjetunion — schon in Kinderkrippen und Kindertagesstätten für die Altersphase bis zum dritten Lebensjahr vorkommen.
Zur Struktur und Funktion frühpädagogischer Einrichtungen. Die Strukturen vorschulischer Erziehungsinstitutionen haben in den Industrienationen des westlichen Kulturkreises verschiedenartige Ausformungen gefunden; die Funktionen der in ihnen tätigen Erzieher werden verschiedenartig interpretiert; auch die Lernziele und Lehrinhalte sowie die didaktisch-methodischen Formen ihrer Vermittlung variieren durchaus *(Trouillet)*. Trotz aller Unterschiede, die sich noch differenzieren — nimmt man die weit entwickelten Ansätze vorschulischen Lernens in der UdSSR *(Chauncey)* und in der DDR zusätzlich in den Blick — lassen sich gemeinsame Kriterien finden, nach denen vorschulische Institutionen ihrer Intention und Funktion nach ansatzweise beschrieben werden können. Die wichtigsten dieser Unterscheidungsmerkmale beziehen sich:

a) auf das in ihnen geltende Verständnis von *Sozialisation* und *Erziehung*, das sowohl als familienergänzend, in sozialen Notfällen weithin familienersetzend als auch bewußt die familiale Erziehung korrigierend und diese direkt wie indirekt beeinflussend funktional werden kann, wobei sich die verschiedenen Momente faktisch nicht selten überschneiden;
b) auf die Interpretation der in Programmen und Projekten implizierten allgemeinen *Lernziele*, die als mehr kind- oder gesellschaftsorientiert verstanden und begründet werden können;
c) auf die Absetzung von oder die teilweise bis weitreichende *Orientierung an den anschließenden Lernsequenzen* des je vorgegebenen (und gegenwärtig in fast allen Industrienationen in einem inneren oder äußeren Reformprozeß sich befindenden) formalen Bildungssystems.
In Fragen formuliert, lassen sich diese drei Aspekte konkretisieren:
a) Führen die Erzieher in den Einrichtungen vorschulischer Sozialisation das bis zum 3./4. Lebensjahr in der Familienerziehung Geleistete der dort vorgegebenen Tendenz nach auf einem mittleren Niveau fort, erweitern sie vorwiegend das sachliche Lernangebot und die sozialen Erfahrungen der Kinder? Oder wird das »private« Lernen im stärker emotional getönten Bereich der Familie bewußt durch andere, d. h. »öffentliche«, gesellschaftsbezogene Lerngelegenheiten ergänzt, ja von dieser Basis her die Erziehung in der *Familie* über bestimmte Formen der Vermittlung planvoll gelenkt, beispielsweise zur Ausbildung eines kontinuierlichen, die formalen Erziehungsinstitutionen übergreifenden Kollektivbewußtseins?
b) Verstehen sich die Einrichtungen für die Frühphase kindlichen Lernens mehr als ein sich (wenigstens teilweise) bewußt von übrigen gesellschaftlichen Bereichen — etwa Wirtschaft und politischer Kultur — absetzender Schonraum, der dem Kind einen ihm »gemäßen« Rahmen einer ungestörten Entwicklung in der Lern- und Erfolgsgesellschaft *(Deutsche UNESCO-Kommission)* garantieren soll? Oder fungieren sie ihrer Grundtendenz nach eher als Einrichtungen, die bewußt herausfordern und fördern im Hinblick auf die vorgegebenen Ansprüche und Erwartungen der Erwachsenengesellschaft, was in der BRD als Vorverlegung der Leistungsschule artikuliert und als Gefahr der »Verschulung« auch der frühesten Lernphase markiert wird.
c) Üben die vorschulischen Einrichtungen eher in grundlegende, lebensnotwendige Befähigungen wie in Differenzierung von Beobachten, Hören, Sprechen, in eine Steigerung der

Wahrnehmungs-, Sensibilitäts-, und damit Interaktions- und sprachlichen Kommunikationsfähigkeit also, in »freier«, vorwiegend spielorientierter Form ein? Oder verstehen sie sich mehr als Einrichtungen, die in einer der Primarstufe vorausliegenden Phase sich direkt auf die Vermittlung von Kulturtechniken einlassen, also die schulvorbereitende Funktion betonen? Bei einer Überprüfung der verschiedenen strukturierten einschlägigen Institutionen in den USA, der UdSSR, der DDR und den Ländern Westeuropas werden diese Fragen durchaus unterschiedlich beantwortet.
Dessenungeachtet läßt sich für Länder, die durch den Entwicklungsstand einer hochtechnisierten, leistungsorientierten und rationalitätsverpflichteten Industriekultur gekennzeichnet sind, für den Bereich der vorschulischen Erziehung tendenziell eine ähnliche Entwicklung feststellen. Für die Früherziehung in altersgleichen oder altersgemischten Gruppen in außerfamiliären Institutionen – von stundenweiser bis ganztägiger Versorgung reichend – muß quantitativ eine international zunehmende Tendenz konstatiert werden, was sich besonders in der Forderung nach mehr *Kinderkrippen* oder *Day Care*-Einrichtungen zeigt. Für diese Tendenz einer vermehrten und zugleich zeitlich vorverlegten außerfamilialen Erziehung gibt es verschiedene gesellschaftliche und pädagogische, voneinander nicht unabhängige Gründe: die wachsende Zahl berufstätiger Mütter, deren außerhäusliche Tätigkeit nicht nur unter dem Druck steigender Lebenshaltungskosten vielfach unvermeidlich ist, sondern sich auch aus dem in den letzten Jahren mit steigendem Nachdruck vorgetragenen Anspruch der Frau ergibt, ein ausgefülltes berufliches Leben außerhalb familiärer Verpflichtungen und nach eigener Entscheidung leben zu wollen; die abnehmende Chance, Hilfs- und Pflegekräfte mit hinreichender Vorbildung für die Kinderversorgung in der Familie zu gewinnen; nicht zuletzt die Auswirkungen jenes öffentlichen Druckes, der durch die popularisierten Forschungsergebnisse über frühkindliches Lernen und die Sorge um das Versäumnis nicht nachholbarer Lerngelegenheiten auf die Eltern ausgeübt wird, die infolgedessen die »Ausnutzung« der frühen Lernphase in den einschlägigen Institutionen noch am ehesten gesichert sehen. Bleibt man beim Ländervergleich, so kann der vielgenannte Mangel an Kindergartenplätzen und die benötigte Zunahme von sonderpädagogischen Einrichtungen für die Kleinkindphase nur auf genaue, sich zur Zeit rasch verändernde Zahlen bezogen werden, will man einen exakten Eindruck von dem Gewicht institutionell geleisteter Früherziehung im Gegensatz zur Regelerziehung in der Familie gewinnen *(Trouillet)*.

Motive und Ansätze der aktualisierten Diskussion und Forschung. Fragen vorschulischer Erziehung haben – setzt man die historische Perspektive an – in der pädagogischen Reflexion nicht selten eine Rolle gespielt, wobei sie mehrfach – wie bei *Comenius* und *Rousseau* – Bestandteile großangelegter, pädagogisch-theoretischer Konzeptionen sind.
Institutionalisierte Modelle vorschulischen Lernens nach den Intentionen *Fröbels* und *Montessoris* wirken bis in unsere Gegenwart nach, wobei festzuhalten ist, daß ihre theoretischen und praktischen Ansätze unter dem Anspruch dringender Gegenwartsfragen nur noch bedingt anwendbar sind. Wohl finden sich z. B. im Lehrplan für die Kindergartenerziehung in der DDR noch ausgeprägte Elemente des didaktisch-methodischen Ansatzes von *Fröbel*, und für die USA läßt sich geradezu von einer neuen Rezeption der *Montessori*-Pädagogik sprechen, wobei aber auch der »Streit um Montessori« dezidiert weitergeführt wird. Für die sich differenzierende Forschung und Praxis vorschulischer Erziehung kann jedoch die Feststellung, die *Montessori*-Pädagogik könne beanspruchen, nicht mehr und nicht weniger als das Fundament einer modernen, realitätsangemessenen Vorschulerziehung zu sein, kaum aufrechterhalten werden.
Neben den Einflüssen *Fröbels* und *Montessoris* ist auf einen weiteren Ansatz der Versorgung des Kindes außerhalb der Familie viel weniger verwiesen worden: auf die – in sozialgeschichtlicher Perspektive – aus wirtschaftlichen Zwängen entstandenen *»Kleinkinderbewahranstalten«* (erste Einrichtungen durch *Owen* in England, in Deutschland durch die *Fürstin Pauline* in Lippe-Detmold und durch Pfarrer *Oberlin* in Steintal/Elsaß). Während ganztägig arbeitende Mütter für den Produktionsprozeß gebraucht wurden, boten diese Einrichtungen den Kindern ein Minimum an sozialschichtgebundenen Lerngelegenheiten (*Barow-Bernstorff; Heinsohn* u. a.).
Die aktuelle Vorschuldiskussion in der Bundesrepublik ist nun intensiviert worden – und zwar hauptsächlich in den letzten fünf Jahren

a) durch Einflüsse, die sich aus den differenzierten Einsichten der *Begabungs-*, *Motivations-* und *Lernforschung* ergeben;

b) durch die »Bewegung« zur Herstellung einer De-facto-*Chancengleichheit;*

c) durch Ergebnisse der *Sozialisationsforschung*, die zunehmend die Bedingungsvariablen ökonomisch-ökologischer und sozio-kultureller Art in ihrer Auswirkung auf den je individuellen Lern- und Lebenserfolg deutlich machten;

d) durch Einflüsse aus der *Kinderladenbewegung*, die sich in einer ersten, theoretisch relativ unkritischen und retrospektiv orientierten Phase vorwiegend den Problemen der Selbstregulation in der Kindergruppe und einer freisetzenden Sexualerziehung zuwandte, sich in einer weiteren Phase mehr an den sozialschichtspezifischen Bedingungen der Erziehung und an den Möglichkeiten der politischen Sozialisation orientiert, wobei die Gefahr der fließenden Grenze zur Indoktrination nicht ausgeschlossen ist (*Breiteneicher* u. a.);
e) durch die Impulse, die von sogenannten *»freien« Vorschulen* und Eltern-Kinder-Gruppen ausgehen, die großenteils durch private Eltern-Initiative entstanden, wobei der Einfluß der verschiedenartigen Organisationsformen und Zielsetzungen auf die gesamte Diskussion noch nicht detailliert untersucht ist.

Versucht man eine Phasierung der Auseinandersetzung, so zeigt sich: Für die anfängliche Diskussion und Praxis in der Bundesrepublik läßt sich eine nicht geringe Adaption an amerikanische Projekte und Programme vorschulischen Lernens feststellen, die sich damit zunächst vorwiegend an intellektueller Förderung orientierte, was auch an einer Reihe von Übersetzungen abzulesen ist, deren Wert für die innerdeutsche Problemlage nur teilweise konstatiert werden kann. Mit dieser Einseitigkeit gingen bestimmte Diskussionsverengungen parallel, die — zumindest für eine breitere Öffentlichkeit — die komplexe Problematik vorschulischer Erziehung auf die Diskussion des *frühen Lesenlernens* beschränkte *(Lückert)*.

In einer zweite Phase der Entwicklung hoben sich bestimmte Polarisierungen ab, die sich verkürzt auf folgende Gegenüberstellungen bringen lassen:

»Ganzheitliche« *oder* vorwiegend intellektuelle Förderung; Ausbau und Verbesserung der herkömmlichen Kindergartenpraxis (mit Vermittlungsgruppen) *oder* Betonung der am Grundschulsystem orientierten Vorschulklassen; anregungsreiches Milieu mit vielfältig herausforderndem Material als Lernangebot für alle Kinder *oder* gezielte Förderung nach frühen Lernausfällen, vermehrt *kompensatorische Erziehung* in der frühen Lernphase also *(Hechinger)*; Vorschulerziehung nach dem Freiwilligkeitsprinzip, d. h. nach Entscheidung der Eltern *oder* nach dem Pflichtprinzip als integrierter Bestandteil eines im ganzen zu reformierenden Bildungssystems. Diese Polarisierungen ließen sich im einzelnen weiter differenzieren.

Die Phase einer relativ unkritischen Orientierung an amerikanischen Modellen — etwa nach dem Typus *Bereiter-Engelmann* — und der nicht selten in emotional aufgeladener Weise geführten Diskussion um das Frühlesen als Beispiel für eine einseitig intellektuelle Förderung dürfte inzwischen als überwunden gelten. Dazu haben nicht zuletzt kritische Zwischenbilanzen *(Zeitschrift für Pädagogik, Samstag)* beigetragen, die nicht für mehr oder weniger befriedigende Kompromisse plädierten, sondern den Diskussionsstand und den Forschungsrückstand in der BRD kritisch markierten. Der Stellenwert von einschlägigen Tagungen und Kongressen ist unter der zuletzt genannten Perspektive unterschiedlich zu bewerten (4. Deutscher Jugendhilfetag, Nürnberg, Mai 1970; UNESCO-Tagung, Hamburg, Juni 1970; Vorschulkongreß, Hannover, September 1970; O.M.E.P.-Tagung, Bonn, August 1971).

Inzwischen läßt sich für den gegenwärtigen Entwicklungsstand vorschulischer Erziehung in dreifacher Perspektive feststellen: Vorschulerziehung wird einmal interpretiert als *möglichst vielseitige, individuelle* Förderung aller Kinder, was eine Vermehrung der Institutionen der Früherziehung auf breitester Basis und ähnlich intensive Anstrengungen zu ihrer personellen und finanziellen Sicherstellung erfordern wird (z. B. *Kindergartengesetze* in Rheinland-Pfalz 1970, Nordrhein-Westfalen 1971, Baden-Württemberg 1972). Individuelle Förderung im Sinne des vom *Bildungsrat* vorgelegten *Strukturplans* (Ausführungen zum Elementar- und Primarbereich, bes. zur Eingangsstufe) hat dazu weitreichende methodisch-didaktische Konsequenzen, die erst in Ansätzen diskutiert, geschweige denn durch empirische Forschungen hinreichend abgesichert sind. Nach dem »*Strukturplan*« wird auch kompensatorische Vorschulerziehung als individuelle Förderung ausgelegt; sie ist konstitutives Element im Rahmen allgemein fördernder Maßnahmen, die auf Lerndefizite in der Phase des frühesten Lernens Rücksicht nehmen. Gerade aber das Problem einer konsequent durchgeführten Individualisierung und Differenzierung — auch und besonders unter kompensatorischem Aspekt — und die Frage der Vermittlung von einer Lernstufe zur anderen sind im »*Strukturplan*« nicht hinreichend reflektiert. Ob das dort entwickelte Ziel — Realisierung von Vorschulklassen für alle Fünfjährigen im Rahmen der Eingangsstufe des Primarbereichs bis 1980 — erreicht werden kann, muß schon aufgrund des personellen und finanziellen Bedarfs bezweifelt werden *(v. Reccum)*. Inzwischen ist dieses Ziel durch den »*Zwischenbericht* der *Bund-Länder-Kommission für Bildungsplanung*« (Bd. I, 18. 10. 71) relativiert worden: die Entscheidung über die Zuordnung der Fünfjährigen (Vorschulklasse — Kindergarten) wurde offengelassen. Darüber kann wohl erst »auf der Grund-

lage der Entwicklung und Erprobung besonderer Curricula und Organisationsformen« begründet entschieden werden.
Zum zweiten wird in der gegenwärtigen Diskussion vorschulische Erziehung in gesellschaftskritischem Sinne ausgelegt und daraus die konsequente Folgerung abgeleitet, *sozial und erzieherisch benachteiligte Kinder bevorzugt zu fördern* und mit Vorrang in die bestehenden vorschulischen Einrichtungen aufzunehmen, ihrer gesellschaftlich und individuell bedingten Lerngeschichte (Motivierung, Erfahrung) auch *in den anzubietenden Lerninhalten kritisch Rechnung zu tragen.* Vorschulerziehung in diesem Verständnis soll eine »pädagogische Provokation« sein, die einmal verhindert, daß Lernen im Elementarbereich nichts anderes ist als eine Verlängerung der »Leistungsschule nach unten«, die zum anderen Anlaß einer emanzipatorisch orientierten Reform des Bildungssystems sein soll, wobei die Sozialisationseffekte des frühen Lernens in den nachfolgenden Stufen sowohl in bezug auf Lernangebot und Erziehungsstil angemessene Berücksichtigung zu finden hätten (*Feldhoff* in: *Deutsche UNESCO-Kommission*, Brühl).
Schließlich stellen sich mit dem Anspruch individueller Förderung und ausgleichender Erziehung im vorschulischen Bereich *differenzierte curriculare Fragen* ein: Fragen nach der *Neubestimmung der Lerninhalte* und der *Folgerichtigkeit der Lernsequenzen,* nach den *Auswahlkriterien* für das individuell und gesellschaftlich Wissens- und Verhaltensnotwendige sowie nach den Konsequenzen der vorschulischen Lernprogramme für die folgenden Stufen des Bildungssystems. In fast allen Bundesländern laufen z. Z. Versuche in Kindergärten und/oder Vorschulklassen, die mit bemerkenswerten curricularen Anstrengungen verbunden sind (z. B. *Belser*). Ordnen sich diese Ansätze einerseits in die allgemeine curriculare Entwicklung ein, so zeigen sie sich andererseits als Versuch einer speziellen kritischen Revision der Lerninhalte und deren Organisationsformen im Bereich der Frühpädagogik, was auch länderübergeordnete Konzepte belegen (Projekte der VW-Stiftung; *Deutscher Bildungsrat*, Modellprogramm zur Curriculumrevision: Projektgruppe Elementarbereich, Mai 1972; verabschiedet im März 1973).
Man gewinnt so den Eindruck, daß sich für die Bundesrepublik aktuell der *Beginn einer breiteren Experimentierphase* konstatieren läßt, werden doch sowohl örtlich initiierte Versuche mit wissenschaftlicher Kontrolle als auch Longitudinalstudien durchgeführt (z. B. in NRW, wo Modellkindergärten und Vorschulklassen über fünf Jahre in eine vergleichende Untersuchung einbezogen sind).

Nimmt man dazu noch einmal die vergleichende Perspektive ein, dann läßt sich festhalten: in den *USA* sind inzwischen nach einer im einzelnen schwer überschaubaren Phase des nicht selten mit relativ begrenzter theoretischer Orientierung ansetzenden Experimentierens durch eine offizielle Kommission die im Sinne des vorgegebenen Ausbildungssystems effektivsten Programme der (kompensatorischen) vorschulischen Erziehung »herausgeprüft« worden (U.S. Department of Health, Education and Welfare, *It-Works-Serie*). In *England* hatte die vorschulische Erziehung quantitativ einen geringeren Stellenwert als in anderen westeuropäischen Ländern. Unter kompensatorischem Aspekt hat sie besonders in sozial benachteiligten Wohngegenden (Educational Priority Areas nach dem *Plowden Report* 1967) an Bedeutung gewonnen. In der *UdSSR* wird nach einem minuziös ausgearbeiteten Lehrplan im vorschulischen Bereich gearbeitet; d. h. hält man sich an den Entwurf, dann wird sowohl auf intellektuelle Förderung – besonders in der Phase der unmittelbaren Vorbereitung auf die nachfolgende Grundschule – als auch gleichgewichtig auf emotionale und sozial-kommunikative Bedürfnisse der Kinder abgestellt. Dabei spielt die Erziehung in der und für die Gruppe eine besondere Rolle. Die vorschulische Praxis in der *DDR* – seit längerer Zeit und intensiver als in der Bundesrepublik in die allgemeinen bildungsplanerischen Ansätze einbezogen – belegt, welche Bedeutung dem methodisch-didaktischen Transfer von theoretischen Erkenntnissen über die dramatische frühe Lernphase in pädagogische Praxis beigemessen wird. Ein seit 1968/69 verbindlicher »Bildungs- und Erziehungsplan für den Kindergarten« regelt Organisationsform und Lernsequenzen *(Vogt)*.

SPEZIELLE FRAGEN VORSCHULISCHER ERZIEHUNG IN DER BILDUNGSREFORMERISCHEN DISKUSSION. a) Die Frage nach Lernzielen und -inhalten muß die Frage nach dem *Übergang* vom elementaren Erziehungs- zum Primarschulbereich aufwerfen, die im *Strukturplan* durch die Eingangsstufe prospektiv gelöst wird, während nach den Initiativen des Arbeitskreises Grundschule eher durch eine konsequente Reform der gegenwärtigen → *Grundschule* als »Grundstufe einer demokratischen Schule« den verschiedenartigen Erziehungsschicksalen der Schulanfänger entsprochen werden soll *(Schwartz)*. Mit beiden Ansätzen stellt sich das *Problem einer Neudefinierung der Kriterien von Schulreife bzw. Schulfähigkeit* und nach der Validität der Tests, die zu ihrer Feststellung benutzt und seit längerem einer dezidierten Kritik unterzogen worden sind. Die Frage des flexiblen *Einschulungsalters* ist also einerseits orientiert an den differenten Leistungen der familialen Erziehung vor der Schulzeit, zum anderen an der strukturellen und didaktischen Reform der Eingangsstufe bzw. der Grundschule, die variabel auf die je individuelle Lernlage mit adäquaten Lernangeboten reagieren sollten. Diese speziellen Reformen befinden sich jedoch erst im Anfangsstadium theoretischer Diskussion und curricularer Erprobung, wenn auch in einer Reihe von Bundesländern spezielle Rahmenpläne für die Eingangsstufe erarbeitet wurden bzw. in der Überarbeitung sind.

b) Die Problematik der allgemeinen Ausbildungsziele und ihre Operationalisierung wiederholt sich im Bereich der *Professionalisierung von Vorschulerziehern.* Gegenwärtig arbeiten verschiedene Personengruppen mit unterschiedlicher Qualifizierung in Kindergärten und Vorschulklassen. In letzteren arbeiten zumeist Sozialpädagogen und Grundschullehrer zusammen, während die Vermittlungsgruppen in den Kindergärten von den in herkömmlicher Weise ausgebildeten Fachkräften geführt werden, die in der Regel Angebote zur Weiterbildung wahrnehmen. Dafür liegen inzwischen informationsreiche Arbeitshilfen vor *(Hundertmarck/Ulshoefer).*

c) Nimmt man die Forderung ernst, daß den jüngsten Kindern die pädagogisch-psychologisch qualifiziertesten Erzieher zur Verfügung stehen sollten — was durch Forschungsergebnisse über frühkindliches Lernen nur unterstrichen werden kann —, dann werden die Fragen nach den Studiengängen und der *Kooperation der Bildungsinstitutionen für Erzieher im Elementar- und Primarbereich* mit Dringlichkeit zu behandeln sein. Derzeit können jedoch Forderungen an Studiengänge und strukturelle Reform von Institutionen weder von berufsfeldanalytischen Untersuchungen her noch durch Arbeiten über die berufliche Sozialisation der betroffenen Personen begründet werden. Auch über die spezielle Ausbildung und Qualifizierung des Erziehers für die Eingangsstufe gibt es kaum hinreichend konkrete Vorstellungen. Tendenziell kann aber festgestellt werden, daß begründete Reformforderungen wie: Qualifizierung zur *Curriculum*erarbeitung und -evaluation, zum *Team-Teaching,* zur Beobachtung und Planung gruppendynamischer Prozesse, zur Diagnose basaler *Sozialisationsschäden* und zur *Elternberatung* eine betonte Rolle spielen müssen. Dabei ist gerade für den letzten Fall der Elternbildung die Befähigung zur sachlich begründeten Information und Beratung auf verschiedenen kommunikativen Vermittlungsniveaus zu beachten, setzt man den kompensatorischen Akzent vorschulischer Erziehung zur Vermeidung psychohygienischer Probleme kritisch in Rechnung. Insofern wäre kompensatorische vorschulische Erziehung schon in der Ausbildung der betroffenen Erzieher zu ergänzen durch eine Befähigung zu differenzierender kompensatorischer Elternberatung und -hilfe, wofür Programmentwürfe so gut wie nicht vorliegen.

d) Die Frage nach der *Gleichförmigkeit erzieherischer Einflußnahme* schon in der Phase des elementaren Lernens und nach deren Konsequenzen für den einzelnen wird am ehesten beantwortet — schärfer formuliert: das Problem der Konformität der institutionalisierten außerfamilialen Früherziehung wird am besten gelöst — werden können, wenn konkurrierende Konzepte verschiedener Trägerschaften erprobt werden, die bestenfalls in einen anregenden Austausch von Erfahrungen und in vorurteilsfreie Regelung von interinstitutionellen Konflikten eintreten. Beispielsweise ist für den Fall der BRD noch kaum empirisch nachweisbar, ob und wie die vielfach behauptete Leistung von Kindergärten für die soziale Erziehung im Vergleich zu anderen Institutionen und zur Familiensozialisation erbracht wird; ebensowenig kann bis heute ein nachhaltiger Lern- und Motivationserfolg durch das Angebot der Vorschulklasse empirisch nachgewiesen werden.

e) Die Zunahme und die Vorverlegung frühkindlicher Erziehung in Einrichtungen formaler Ausbildung könnten schließlich die *Bedenken gegenüber einer zunehmenden »Entfremdung« von Kinderwelt und Erwachsenengesellschaft verstärken.* Damit ist zugleich die schwierige Frage nach dem optimalen Verlauf der basalen *Sozialisation* zur Gewährleistung einer personal bestimmten, generativen Solidarität angesprochen. Zu ihrer Untersuchung bedarf es differenzierter pädagogisch-anthropologischer Forschungen, die — über den Rahmen von vorschulischen Institutionen hinaus — etwa den Beeinflussungswert nebenelterlicher Bezugspersonen für den Sozialisationsprozeß zu klären hätten; die des weiteren die Bedingungen für die Teilnahme der Eltern am außerfamiliären Erziehungsgeschehen zu überprüfen, diese selbst in unkonventionellen Formen zu erproben hätten (vgl. die Anstrengungen des »parent involvement« im Rahmen kompensatorischer Erziehung in den USA). Die vorliegenden Programme und die verschiedenartig ansetzenden Projekte vorschulischer Erziehung, die — z. T. trotz anders lautender Präambeln und den darin propagierten allgemeinen Zielen — in der Regel doch vorwiegend auf kognitive Förderung abgestellt sind, wären daraufhin zu überprüfen, *wie sie der sich wandelnden sozialkulturellen Rolle des Kindes in unserer Gegenwart Rechnung tragen*; ob und wie sie, mit anderen Worten, eine »Anwaltfunktion« zur Wahrung und Durchsetzung der *Rechte des Kindes* wahrnehmen könnten. Untersuchungen dieser Art zur Ergänzung des Forschungsstandes über vorschulisches Lernen hätten notwendigerweise die allgemeinen Kriterien des *Rollenwandels* auf der Basis von entwicklungs- und sozialpsychologischen, psychoanalytischen, kulturanthropologischen wie human-ethologischen Prämissen mit zu reflektieren. Danach wäre die Sozialisationskompetenz der Berufserzieher für den Elementar- und Primarbereich sowie der Eltern neu zu umschreiben.

BIBLIOGRAPHIE

Im folgenden wird eine Auswahl solcher Publikationen gegeben, die ein näheres Verständnis der einzelnen Beiträge des vorliegenden Bandes und ein Selbststudium ermöglichen. Es wurden vorwiegend solche Arbeiten ausgewählt, die dem deutschen Leser verhältnismäßig leicht zugänglich sind. Außerdem sind nach Möglichkeit die verschiedenen Generationen und Richtungen berücksichtigt worden.
Die in vielen Beiträgen häufig zitierten Klassiker der Pädagogik und ihre Hauptwerke sind in einer eigenen Übersicht in historischer Reihenfolge aufgeführt.

Nachschlagewerke

BORNEMANN, E. u. G. MANN-TIECHLER Handbuch der Sozialerziehung. 3 Bde. 1963—1964.

DOLCH, J. Grundbegriffe der pädagogischen Fachsprache. 1960.

ELLWEIN, TH., H.-H. GROOTHOFF, H. RAUSCHENBERGER u. H. ROTH Erziehungswissenschaftliches Handbuch. 1969 ff.

GROOTHOFF, H.-H. u. M. STALLMANN Neues pädagogisches Lexikon. 5. Aufl. 1971 (Neuausgabe).

HEESE, G. u. H. WEGENER (Hrsg.) Enzyklopädisches Handbuch der Sonderpädagogik und ihrer Grenzgebiete. 3 Bde. 1969.

HEHLMANN, W. Wörterbuch der Pädagogik. 7. Aufl. 1964.

INGENKAMP, K. in Zusammenarbeit mit E. PAREY (Hrsg.) Handbuch der Unterrichtsforschung. 1970 ff.

Lexikon der Pädagogik. Hrsg. v. Dt. Inst. f. Wissenschaftl. Pädagogik. 4 Bde. 1951—1955, Erg.-Bd. 1964.

LÜCKERT, H.-R. (Hrsg.) Handbuch der Erziehungsberatung. 2 Bde. 1964.

SCHEIBE, W. (Hrsg.) Die Pädagogik im XX. Jahrhundert. 1960.

SPECK, J. u. G. WEHLE (Hrsg.) Handbuch pädagogischer Grundbegriffe. 2 Bde. 1970.

Bibliographien

Bibliographie Pädagogik. Hrsg. v. Dokumentationsring Pädagogik Berlin. Weinheim 1966 ff.

Erziehungswissenschaftliche Dokumentation. Bibliographische Berichte der Duisburger Lehrerbücherei. Hrsg. v. H. Schmidt. 1969 ff.

TOTOK, W., R. WEITZEL u. K.-H. WEIMANN Handbuch der bibliographischen Nachschlagewerke. 3. Aufl. (Neubearbeitung) 1966.

Quellensammlungen

Monumenta Germaniae Paedagogica. 61 Bde. Berlin 1886—1934.

Bibliothek pädagogischer Klassiker. 44 Bde. Langensalza 1867—1929.

Schroedel's pädagogische Klassiker. Halle/Saale 1900 ff.

Schöninghs Sammlung pädagogischer Schriften. Paderborn 1954 ff.
Pädagogische Texte. Düsseldorf, München 1954 ff.
Klinkhardts Pädagogische Quellentexte. Bad Heilbrunn 1964 ff.

Klassiker der Pädagogik

Chronologisch geordnete Auswahl wichtiger Autoren und ihrer Schriften, soweit sie für die Darstellung des vorliegenden Bandes und zum Verständnis der Geschichte der Pädagogik, insbesondere der Theorien der Erziehung und der Erziehungswissenschaft, von besonderer Bedeutung sind.
(Die hinter dem Titel genannte Jahreszahl gibt das Jahr der Entstehung bzw. des ersten Erscheinens an.)

Comenius, Johann Amos (1592—1670) Didactica Magna. 1632.
— Pampaedia. Entstanden nach 1650, wiederaufgefunden 1935, erstmals gedruckt 1960.
Locke, John (1632—1704) Gedanken über Erziehung. 1693.
Francke, August Hermann (1663—1727) Kurtzer und einfältiger Unterricht. 1702.
Rousseau, Jean Jacques (1712—1778) Emile. 1762.
Basedow, Johann Bernhard (1724—1790) Methodenbuch für Vater und Mutter der Familien und Völker. 1770.
— Elementarwerk. 1774.
Kant, Immanuel (1724—1804) Kritik der praktischen Vernunft. 1788.
— Metaphysik der Sitten. 1797.
— Anthropologie in pragmatischer Hinsicht. 1798.
— Vorlesung über Pädagogik. 1803.
Felbiger, Johann Ignaz von (1724—1806) Eigenschaften, Wissenschaften und Bezeigen rechtschaffener Schulleute. 1768.
Condorcet, Marquis de (1743—1794) Bericht und Entwurf einer Verordnung über die allgemeine Organisation des öffentlichen Unterrichts. 1792.
Salzmann, Christian Gotthilf (1744—1811) Krebsbüchlein. 1780.
— Konrad Kiefer. 1796.
— Ameisenbüchlein. 1806.
Herder, Johann Gottfried (1744—1803) Journal meiner Reise. 1769.
— Schulreden. 1783—1789.
— Briefe zur Förderung der Humanität. 1793—1827.
Trapp, Ernst Christian (1745—1818) Versuch einer Pädagogik. 1780.
Campe, Joachim Heinrich (1746—1818) Allgemeine Revision des gesamten Erziehungs- und Unterrichtswesens von einer Gesellschaft praktischer Erzieher. 1785—1792.
Pestalozzi, Heinrich (1746—1827) Abendstunde eines Einsiedlers. 1780.
— Lienhard und Gertrud. 1781—1787.
— Nachforschungen über den Gang der Natur in der Entwicklung des Menschengeschlechts. 1797.
— Stanser Brief. 1799.
— Schwanengesang. 1826.
Goethe, Johann Wolfgang (1749—1832) Wilhelm Meisters Lehrjahre. 1796.

— Dichtung und Wahrheit. 1811.
— Wilhelm Meisters Wanderjahre. 1821.
Niemeyer, August Hermann (1754—1828) Grundsätze der Erziehung und des Unterrichts. 1796/1818.
Schiller, Friedrich (1759—1805) Über Anmut und Würde. 1793.
— Über die ästhetische Erziehung des Menschen. 1793—1794.
Fichte, Johann Gottlieb (1762—1814) Über die Bestimmung des Gelehrten. 1794.
— Grundzüge des gegenwärtigen Zeitalters. 1804—1805.
— Anweisung zum seligen Leben. 1806.
— Reduzierter Plan einer zu Berlin zu errichtenden Höheren Lehranstalt. 1807.
— Reden an die deutsche Nation. 1807—1808.
Schwarz, Friedrich Heinrich Christian (1766—1837) Lehrbuch der Erziehungs- und Unterrichtslehre. 1805—1835.
Paul, Jean (Friedrich Richter; 1763—1825) Levana. 1805—1807.
Humboldt, Wilhelm von (1767—1835) Theorie der Bildung des Menschen. 1793.
— Über das Studium des Altertums und das Studium des Griechischen insbesonders. 1793.
— Über den Geist der Menschheit. 1797.
— Königsberger Schulplan. 1809.
— Der litauische Schulplan. 1809.
— Über die innere und äußere Organisation der höheren wissenschaftlichen Anstalten in Berlin. 1810.
— Über die Aufgabe des Geschichtsschreibers. 1821.
Schleiermacher, Friedrich Daniel Ernst (1768—1834) Entwürfe und Gutachten für die Sektion des öffentlichen Unterrichts. 1810—1814.
— Über den Beruf des Staates zur Erziehung. 1814.
— Vorlesungen aus dem Jahre 1826.
Hegel, Georg Wilhelm Friedrich (1770—1831) Phänomenologie des Geistes. 1807.
— Gymnasialreden und -berichte. In: Nürnberger Schriften, Hrsg. J. Hoffmann, Leipzig 1938.
Herbart, Johann Friedrich (1776—1841) Über die ästhetische Darstellung der Welt als das Hauptgeschäft der Erziehung. 1802—1804.
— Allgemeine Pädagogik, aus dem Zweck der Erziehung abgeleitet. 1806.
— Umriß pädagogischer Vorlesungen. 1835.
Fröbel, Friedrich (1782—1852) Kleine Keilhauer Schriften. 1820.
— Die Menschenerziehung. 1826.
Dilthey, Wilhelm (1833—1911) Die Erziehungsfragen der Gegenwart und die pädagogische Wissenschaft. 1886.
— Über die Möglichkeit einer allgemeingültigen pädagogischen Wissenschaft. 1888.
— Ideen über eine beschreibende und zergliedernde Psychologie. 1894.
— Der Aufbau der geschichtlichen Welt in den Geisteswissenschaften. 1910.
— Pädagogik (Aus dem Nachlaß, Bd. IX der Ges. Schriften).
— System der Ethik (Bd. X der Ges. Schriften).

WILLMANN, Otto (1839—1920) Didaktik als Bildungslehre. 1882—1889.
NIETZSCHE, Friedrich (1844—1900) Über die Zukunft unserer Bildungsanstalten. 1872.
— Unzeitgemäße Betrachtungen. 1873—1874.
— Wir Philologen. 1874—1875.
KERSCHENSTEINER, Georg (1854—1932) Grundfragen der Schulorganisation. 1907.
— Der Begriff der Staatsbürgerlichen Erziehung. 1910.
— Der Begriff der Arbeitsschule. 1912.
— Theorie der Bildung. 1926.
DEWEY, John (1859—1952) Demokratie und Erziehung. 1916.
NOHL, Herman (1879—1960) Die pädagogische Bewegung in Deutschland und ihre Theorie. 1935.
— Charakter und Schicksal. Eine pädagogische Menschenkunde. 1938.
— Die pädagogische Aufgabe der Gegenwart. 1947.
— Pädagogik aus 30 Jahren. 1949.
SPRANGER, Eduard (1882—1963) Wilhelm von Humboldt und die Reform des Bildungswesens. 1910.
— Lebensformen. 1914.
— Kultur und Erziehung. 1914.
— Psychologie des Jugendalters. 1924.
— Volk, Staat, Erziehung. 1932.
— Pädagogische Perspektiven. 1951.
— Der geborene Erzieher. 1958.
— Das Gesetz der ungewollten Nebenwirkungen in der Erziehung. 1962.
PETERSEN, Peter (1884—1952) Der kleine Jena-Plan. 1927.
— Führungslehre des Unterrichts. 5. Aufl. 1955.
MAKARENKO, Anton Semjonowitsch (1888—1939) Der Weg ins Leben. Ein pädagogisches Poem. 1933 ff.
— Ein Buch für Eltern. 1937.
— Allgemeine Fragen der pädagogischen Theorie. 1951.

Geschichte der Pädagogik

Gesamtdarstellungen (Auswahl)

BALLAUFF, TH. Pädagogik. Eine Geschichte der Bildung und Erziehung. Bd. 1 (unter Mitarbeit von G. Plamböck). 1968, Bd. 2 (zusammen mit K. Schaller). 1970.
DRIESCH, J. v. u. J. ESTERHUES Geschichte der Erziehung und Bildung. 2 Bde. 1952—1956.
MOOG, W. Geschichte der Pädagogik. Bd. 1, 7. Aufl. 1828, Bde. 2, 3 neu herausgegeben von F.-J. Holtkämper. 1967.
REBLE, A. Geschichte der Pädagogik. 11. Aufl. 1971 (Dokumentationsbände 1 u. 2. 1971).
RECHTMANN, H. Geschichte der Pädagogik. 3. Aufl. 1969.

Altersstufen, Bildungsstufen

BRUNER, J. S. Bereitschaft zum Lernen. In: Pädagogische Psychologie. Hrsg. v. F. Weinert. 2. Aufl. 1967.

BUSEMANN, A. Ist die menschliche Jugend wirklich ein bloßer »Entwicklungsprozeß«? In: Die pädagogischen Gezeiten i. Ablauf der Jugend. 1956.

— Krisenjahre im Ablauf der menschlichen Jugend. 3. Aufl. 1965.

— Kindheit und Reifezeit. 1965.

HANSEN, W. Neue Theorien über die seelische Entwicklung und die Phasen ihres Verlaufs im Kindes- u. Jugendalter. In: Vierteljahrsschr. f. wissenschaftl. Pädagogik. 1933.

— Psychologische Probleme der Bildungsstufen. In: Schule u. Psychologie. 1967.

HECKHAUSEN, H. Einflüsse der Erziehung auf die Motivationsgenese. In: Psychologie der Erziehungsstile. Hrsg. v. Th. Herrmann. 2. Aufl. 1970.

LANGEVELD, M. J. Studien zur Anthropologie des Kindes. 3. Aufl. 1968.

PETZELT, A. Kindheit, Jugend, Reifezeit. 5. Aufl. 1965.

PIAGET, J. Psychologie der Intelligenz. 4. Aufl. 1970.

RESAG, K. Kind und Zahl. 2. Aufl. 1965.

ROTH, H. Kind und Geschichte. 5. Aufl. 1968.

— Pädagogische Anthropologie. I. Bd. 1966.

THOMAE, H. Entwicklungsbegriff und Entwicklungstheorie. In: Handbuch d. Psychologie. 3. Bd. 1959.

UNDEUTSCH, U. Das Verhältnis von körperlicher und seelischer Entwicklung. In: Handbuch d. Psychologie. 3. Bd. 1959.

Berufliches Ausbildungs- und Schulwesen und Berufs- und Wirtschaftspädagogik

ABEL, H. Berufswechsel und Berufsverbundenheit bei männlichen Arbeitnehmern in der gewerbl. Wirtschaft. 1957.

— Das Berufsproblem im gewerbl. Ausbildungs- und Schulwesen Deutschlands (BRD). 1963.

BAETHGE, M. Ausbildung und Herrschaft. 1970.

BLANKERTZ, H. Berufsbildung und Utilitarismus. 1963.

— Bildung im Zeitalter der großen Industrie. 1969.

DAHEIM, H. Der Beruf in der modernen Gesellschaft. 1967.

Deutscher Bildungsrat. Zur Verbesserung der Lehrlingsausbildung. 1969.

DÖRSCHEL, A. Arbeit und Beruf in wirtschaftspädagogischer Betrachtung. 1960.

ENGEL, D. u. H.-J. ROSENTHAL Berufliche Bildung und Berufsbildungspolitik in der BRD 1960—1970. 1970.

KERSCHENSTEINER, G. in: Schöninghs Sammlung Pädagogischer Schriften. 2 Bde. 1966/1968.

KRAUSE, E. Grundlagen einer Industriepädagogik. 1961.

LEMPERT, W. Leistungsprinzip und Emanzipation. 1971.

— u. H. EBEL Lehrzeitdauer, Ausbildungssystem und Ausbildungserfolg. 1965.

LIPSMEIER, A. Technik und Schule. 1971.
LÜSCHER, K. Der Prozeß der beruflichen Sozialisation. 1968.
LUTZ, B. u. W. D. WINTERHAGER Zur Situation der Lehrlingsausbildung. 1970.
MONSHEIMER, O. Drei Generationen Berufsschularbeit. 1956.
MÜLLGES, U. Bildung und Berufsbildung. 1967.
MÜNCH, J. Dogmatische Bejahung oder kritische Würdigung des dualen Systems? In: Archiv für Berufsbildung. 1967.
RÖHRS, H. (Hrsg.) Die Wirtschaftspädagogik — eine erziehungswissenschaftliche Disziplin? 1967.
SCHLIEPER, F. Allgemeine Berufspädagogik. 1963.
SIEMSEN, A. Erziehung und Beruf. 1926.
SPRANGER, E. Berufsbildung und Allgemeinbildung. In: A. Kühne, Handbuch für das Berufs- und Fachschulwesen. 1923.
Stern-Report Berufsaussichten und Berufsausbildung in der BRD. 3 Bde. 1964—1966.
STRATMANN, K. Die Krise der Berufserziehung im 18. Jh. als Ursprungsfeld pädagogischen Denkens. 1967.
STÜTZ, G. Das Handwerk als Leitbild der deutschen Berufserziehung. 1969.
— Berufspädagogik unter ideologischem Aspekt. 1970.
THOMAS, K. Analyse der Arbeit. 1969.
THYSSEN, S. Die Berufsschule in Idee und Gestaltung. 1954.
ZABECK, J. Zur Grundlegung und Konzeption einer Didaktik der kaufmännischen Berufserziehung. In: Jb. für Wirtsch.- u. Sozialpädagogik. 1968.

Bildung (Theorie der Bildung)

ADORNO, TH. W. Theorie der Halbbildung. In: Sociologica II. 1962.
— Jargon der Eigentlichkeit. 1964.
DERBOLAV, J. Wissen und Erkenntnis. o. J.
— Frage und Antwort. 1970.
DOHMEN, G. Bildung und Schule. Die Entstehung des deutschen Bildungsbegriffs und die Entwicklung seines Verhältnisses zur Schule. 1964/1965.
DOLCH, J. Lehrplan des Abendlandes. 1959.
FEND, H. Konformität und Selbstbestimmung. 1971.
FINK, E. Erziehungswissenschaft und Lebenslehre. 1970.
FLITNER, W. Grundlegende Geistesbildung. 1965.
HEYDORN, H.-J. u. a. (Hrsg.) Kritische Beiträge zur Bildungstheorie. 1967.
— Zu einer Neufassung des Bildungsbegriffs. 1972.
KLAFKI, W. Studien zur Bildungstheorie und Didaktik. 1963.
— (Hrsg.) Beiträge zur Geschichte des Bildungsbegriffs. 1965.
LANGEVELD, M. J. Einführung in die Pädagogik. 1951.
LICHTENSTEIN, E. Bildungsgeschichtliche Perspektiven. 1962.
LITT, TH. Das Bildungsideal der deutschen Klassik und die moderne Arbeitswelt. 6. Aufl. 1959.
PETZELD, A., W. FISCHER u. M. HEITGER Einführung in die pädagogische Fragestellung. Aufsätze zu einer Theorie der Bildung. Bd. I 1961; Bd. II 1963.

SCHELER, M. Die Formen des Wissens und der Bildung. 3 Aufl. 1947.
SPRANGER, E. Grundlegende Bildung, Berufsbildung, Allgemeinbildung. 1919.
WEIL, H. Die Entstehung des deutschen Bildungsprinzips. 1930.
Zum Bildungsbegriff der Gegenwart. Beiträge von Adorno, Heydorn u. a. 1967.

Bildungsforschung und Bildungsplanung

BERG, H. Ökonomische Grundlagen der Bildungsplanung. 1965 (Bibl.).
Bildung in neuer Sicht. Schriftenreihe A zur Bildungsforschung, Bildungsplanung, Bildungspolitik des Kultusministeriums Baden-Württemberg. 1965 ff.
Deutscher Ausschuß für das Erziehungs- und Bildungswesen. Empfehlungen und Gutachten 1953—1965. Gesamtausgabe. 1966.
Deutscher Bildungsrat. Empfehlungen der Bildungskommission. 1967 ff.
— Gutachten und Studien der Bildungskommission. 1967 ff.
EDDING, F. Auf dem Wege zur Bildungsplanung. 1970 (Bibl.).
FÜRSTENAU, P. Neuere Entwicklungen der Bürokratieforschung und das Schulwesen. In: Neue Sammlung 7, 1967, H. 6., S. 511 ff.
GEIPEL, R. Sozialräumliche Strukturen des Bildungswesens. 1965.
HESS, F., F. LATSCHA u. W. SCHNEIDER. Die Ungleichheit der Bildungschancen. 1966.
Kultusministerkonferenz. Kulturpolitik der Länder. 1952 ff.
— Arbeitsmaterial der Kultusministerkonferenz. Dokumentation Nr. 1 ff, 1952 ff.
LEMBERG, E. (Hrsg.) Das Bildungswesen als Gegenstand der Forschung. 1963.
Max-Planck-Institut für Bildungsforschung (Hrsg.). Studien und Berichte. 1965 ff (Einzelbände mit Bibl.).
— (Hrsg.) Texte und Dokumente zur Bildungsforschung. 1966 ff (Einzelbände mit Bibl.).
— (Hrsg.) Internationales Seminar für Bildungsplanung. 1967.
OEHLER, C. Literaturhinweise zur Bildungsplanung. 1967.
PEISERT, H. Soziale Lage und Bildungschancen in Deutschland. 1967 (Bibl.).
PREISSLER, G. u. a. Raumordnung und Bildungsplanung. 1968 (Bibl.).
ROLFF, H.-G. Bildungsplanung als rollende Reform. 1970 (Bibl.).
SCHEUERL, H. u. M. LÖFFELHOLZ (Hrsg.) Erziehungswissenschaft, Bildungspolitik, Schulreform. 1971.
Schriftenreihe der Arbeitsgruppe Standortforschung der Technischen Hochschule Hannover. 1965 ff.
Stukturförderung im Bildungswesen des Landes Nordrhein-Westfalen. Eine Schriftenreihe des Kultusministers. 1965 ff.
UNESCO. Perspektiven der Bildungsplanung. 1967 (Bibl.).
WEHLE, G. Bildungsplanung. 1968 (Einführung).
WIDMAIER, H. P. (Hrsg.) Zur Strategie der Bildungspolitik. 1968 (Bibl.).
— u. K. BAHR Bildungsplanung. 1966 (Einführung).
Wissenschaftsrat. Empfehlungen. 1960 ff.

Bildungswesen in der BRD, allgemein

Arbeitsgemeinschaft deutscher Lehrerverbände. Plan zur Neugestaltung des deutschen Schulwesens (Bremer Plan). 1960.
Deutscher Bildungsrat. Strukturplan für das Bildungswesen. Empfehlungen der Bildungskommission. 1970.
Dietz, H. Schule ohne Resonanz. 1965.
Dilthey, W. Pädagogik. (Bd. IX d. Ges. Schriften. 1934).
Empfehlungen und Gutachten des Deutschen Ausschusses für das Erziehungs- und Bildungswesen. Folge 1—6. 1959—1963.
Führ, Ch. Schulversuche. 1967.
Hilker, F. Die Schulen in Deutschland. 1957.
Lichtenstein, E. Die Schule im Wandel der Gesellschaft. 1957.
Mierke, K. Begabung, Bildung, Bildsamkeit. 1963.
Picht, G. Die deutsche Bildungskatastrophe. 1964.
Roeder. P.-M. Erziehung und Gesellschaft. 1968.
Röhrs, H. Die Schule und ihre Reform in der gegenwärtigen Gesellschaft. 1962.
Rolff, H.-G. Sozialisation und Auslese durch die Schule. 1968.
Roth, H. (Hrsg.) Begabung und Lernen. In: Dt. Bildungsrat. Gutachten und Studien der Bildungskommission. 4. 1969.
Schelsky, H. Anpassung oder Widerstand. Soziologische Bedenken zur Schulreform. 1961.
Scheuerl, H. Die Gliederung des deutschen Schulwesens. 2. Aufl. 1968.
Schorb, A. O. Für und wider den Rahmenplan. Eine Dokumentation. 1960.

Vgl. auch Textsammlungen zur Geschichte und Lage der Schulen. In: Klinkhardts Pädagogische Quellentexte. Bad Heilbrunn 1964 ff.

Erwachsenenbildung

Bibliographie zur Erwachsenenbildung im deutschen Sprachgebiet: 1. Folge 1962. Hrsg. v. W. Karbe u. E. Richter; 2. Folge 1958 bis 1962, 3. Folge 1963—1967, 4. Folge 1968—1970. Hrsg. v. E. Richter; Erwachsenenqualifizierung in der DDR. Hrsg. v. D. Urbach. 1969; Volksbildung 1933—1945. Hrsg. v. H. Keim u. D. Urbach. 1970.
Bibliographische Mitteilungen zur österreichischen Erwachsenenbildung. Hrsg. v. Institut für Grundlagenforschung der Erwachsenenbildung Salzburg. H. 1, 1965; H. 2, 1967; H. 3, 1968; H. 4, 1969.
Brocher, T. Gruppendynamik und Erwachsenenbildung. 1967.
Clark, B. R. Adult Education in Transition. 1956.
Dikau, J. Wirtschaft und Erwachsenenbildung. 1968.
Dohmen, G., G. Kadelbach, K. Meissner u. J. Weinberg Fernstudium — Medienverbund — Erwachsenenbildung. 1970.
Hely, A. S. M. New Trends in Adult Education. 1962 (Übersetzt v. W. Speiser: Erwachsenenbildung auf neuen Wegen. 1966).
Henningsen, J. Die Neue Richtung in der Weimarer Zeit. 1960.
Jüchter, H. T. Programmierte Erwachsenenbildung. 1970.
Knoll, J. H. Internationales Jahrb. der Erwachsenenbildung. 1969 ff.
Kuntz, K.-M. Zur Soziologie der Akademiker. 1973.

KUTALEK, N. u. H. FELLINGER Zur Wiener Volksbildung. 1969.
LÖWE, H. Einführung in die Lernpsychologie des Erwachsenenalters. 2. Aufl. 1971.
MATZAT, H. L. Idee und Geschichte der Erwachsenenbildung in Deutschland. 1964.
NEGT, O. Soziologische Phantasie und Exemplarisches Lernen. 6. Aufl. 1971.
PEERS, R. Adult Education. A Comparative Study. 1958.
PROKOP, E. u. G. M. RÜCKRIEM Erwachsenenbildung. 1969.
RAAPKE, H.-D. u. H. SKOWRONEK Seminarkurse. 1962.
RITTERS, CL. (Hrsg.) Theorien der Erwachsenenbildung. 1968 (Beiträge von H. Becker, F. Borinski, H.-H. Groothoff, J. H. Knoll, F. Pöggeler, H.-D. Raapke, W. Schulenberg, W. Strzelewicz, H. Tietgens).
RUPRECHT, H. u. a. Medienzentren im Bildungssystem. 1972.
SCHULENBERG, W. Ansatz und Wirksamkeit der Erwachsenenbildung. 2. Aufl. 1973.
— Plan und System: Zum Ausbau der deutschen Volkshochschulen. 2. Aufl. 1968.
— u. a. Zur Professionalisierung der Erwachsenenbildung. 1972.
SIEBERT, H. Erwachsenenbildung in der Erziehungsgesellschaft der DDR. 1970.
— Erwachsenenbildung. Aspekte einer Theorie. 1972.
STREZELEWICZ, W. Erwachsenenbildung. Soziolog. Materialien. 1968.
— Demokratisierung und Erwachsenenbildung. 1973.
—, H.-D. RAAPKE u. W. SCHULENBERG Bildung und gesellschaftliches Bewußtsein. 1966. (Taschenbuch-Ausgabe 1973).
TIETGENS, H. (Hrsg.) Schule und Erwachsenenbildung. 1967.
— (Hrsg.) Bilanz und Perspektive. 1968.
— u. J. WEINBERG Erwachsene im Feld des Lehrens und Lernens. 1971.

Erziehung (Theorie der Erziehung)

ADORNO, TH. W. Erziehung zur Mündigkeit. 1970.
BITTNER, G. Psychoanalyse und Erziehung. 1967.
BOLLNOW, O. F. Existenzphilosophie und Pädagogik. 1959.
— Die pädagogische Atmosphäre. 1964.
BREZINKA, W. Erziehung als Lebenshilfe. 1961.
BUBER, M. Reden über Erziehung. 1953.
ECKSTEIN, L. Pädagogische Situationen im Lichte der Erziehungsberatung. 1962.
FEND, H. Konformität und Selbstbestimmung. 1971.
FINK, E. Erziehungswissenschaft und Lebenslehre. 1970.
FLITNER, W. Theorie des pädagogischen Weges. 5. Aufl. 1960.
FOERSTER, F. W. Die Hauptaufgaben der Erziehung. 1959.
KANT, I. Ausgewählte Schriften zur Pädagogik und ihrer Begründung, besorgt v. H.-H. Groothoff u. E. Reimers. 1963.
LANGEVELD, M. J. Einführung in die Pädagogik. 1951.
LICHTENSTEIN, E. Erziehung, Autorität, Verantwortung. 1967.
MAKARENKO, A. S. Der Weg ins Leben. Ein pädagogisches Poem. 1953.

MOLLENHAUER, K. Erziehung und Emanzipation. 1968.
NEILL, A. S. Erziehung in Summerhill. Deutsch: 1965.
NETZER, J. Erziehungslehre. 7. Aufl. 1965.
NOHL, H. Charakter und Schicksal. 4. Aufl. 1949.
SCHALLER, K. Vom Wesen der Erziehung. 1961.

Familie in pädagogischer Sicht

CAESAR, B. Autorität in der Familie. 1972 (rde Bd. 366) (Bibl.).
ELLIOTT, K. (Hrsg.) Hat die Familie noch eine Zukunft? 1971 (Symposion der CIBA-Foundation) (Bibl.).
FREUD, A. u. D. BURLINGHAM Heimatlose Kinder. 1972.
GOODE, W. J. Soziologie der Familie. 1967 (erläuterte Bibl.).
GOTTSCHALCH, W. u. a. Sozialisationsforschung. 1971 (Fischer Taschenbuch Bd. 6503).
HABERMAS, J. Stukturwandel der Öffentlichkeit. 1. Aufl. 1962, 4. Aufl. 1969.
HAUSER, H. u. R. Die kommende Gesellschaft. Handbuch für soziale Gruppenarbeit und Gemeinwesenarbeit. 1971.
KUNSTMANN, A. Frauenemanzipation und Erziehung. 1971 (Bibl.).
LÜSCHEN, G. u. E. LUPRI (Hrsg.) Soziologie der Familie. 1970 (Sonderheft 14 der KZfSS) (Bibl.).
OETER, F. (Hrsg.) Familie und Gesellschaft. 1966 (Bibl.).
RICHTER, H.-E. Patient Familie. 1970.

Freizeitpädagogik

GIESECKE, H. Kritik pädagogischer Freizeittheorien. In: Giesecke, H. u. a. Pädagogik des Jugendreisens. 1967.
HENTIG, H. v. Freizeit als Befreiungszeit. In: Merkur 7/8. 1969.
KLATT, F. Freizeitgestaltung. 1929.
NAHRSTEDT, W. Die Entstehung der Freizeit. 1972.
OPASCHOWSKI, H. W. (Hrsg.) Freizeitpädagogik in der Leistungsgesellschaft. 2. Aufl. 1973.
— Im Brennpunkt: Der Freizeitberater. Modelle und Versuche zur Ausbildung in Freizeitberatung und Freizeitpädagogik. 1973.
WEBER, E. Das Freizeitproblem. Anthropologisch-pädagogische Untersuchung. 1963.
WITTIG, H. E. Schule und Freizeit. 1964.
ZIELINSKI, J. Freizeit und Erziehung. 1954.

Gesamtschule

CUBE, F. v. Gesamtschule, aber wie? 1972.
DESCHNER, W.-P. Was leisten Leistungskurse (in der Walter-Gropius-Schule, einer Berliner Gesamtschule). 1971.
Deutscher Ausschuß für das Erziehungs- u. Bildungswesen. Empfehlungen und Gutachten 1953—1965. Gesamtausgabe. 1966.
Deutscher Bildungsrat. Strukturplan für das Bildungswesen. 1970.
— Einrichtungen von Schulversuchen mit Gesamtschulen. 1969.
EDELSTEIN, W. Odenwaldschule. Eine differenzierte Gesamtschule, Entwicklung und Struktur. 1967.

Frommberger, H. u. H.-G. Rolff (Hrsg.) Pädagogisches Planziel: Gesamtschule. 1968 (Bibl.).
Gesamtschule in Nordrhein-Westfalen. 1971.
Gesamtschule: Zeitschrift für ein modernes Bildungssystem. 1969 ff.
Hentig, H. v. Systemzwang und Selbstbestimmung. 1968.
Klafki, W., A. Rang u. H. Röhrs Integrierte Gesamtschule und Comprehensive School. 1970 (Bibl.).
Kollegstufe Nordrhein-Westfalen. Hrsg. v. Kultusminister v. Nordrhein-Westfalen. 1972.

Gesellschaft in pädagogischer Sicht

Bernfeld, S. Sisyphos oder die Grenzen der Erziehung. 1925.
Bourdieu, P. u. J.-C. Passeron. Die Illusion der Chancengleichheit. 1971.
Friedeburg, L. v. (Hrsg.) Jugend in der modernen Gesellschaft. 1965.
Goldschmidt, D. u. a. Erziehungswissenschaft als Gesellschaftswissenschaft. 1969.
Habermas, J. Theorie und Praxis. 1971.
Hentig, H. v. Spielraum und Ernstfall. 1969.
Illich, I. Entschulung der Gesellschaft. 1970.
Mannheim, K. Mensch und Gesellschaft im Zeitalter des Umbaus. 5. Aufl. 1958.
Mollenhauer, K. Erziehung und Emanzipation. 5. Aufl. 1971.
— Theorien zum Erziehungsprozeß. 1972. Deutscher Bildungsrat. Strukturplan für das Bildungswesen. 1970.
Ortmann, H. Arbeiterfamilie und sozialer Aufstieg. 1971.
Roeder, P. M. Erziehung und Gesellschaft. 1968.
Vogel, M. R. Erziehung im Gesellschaftssystem. 1970.

Grundschule

Bericht des Grundschulkongresses 1969: Funktion und Reform der Grundschule. Hrsg. von E. Schwartz. Bd. 1—3.
Deutscher Ausschuß für das Erziehungs- u. Bildungswesen. Empfehlungen und Gutachten. 6. Folge. Bemerkungen zur Arbeit der Grundschule. 1963.
Fischer, A. Werdegang und Geist der Grundschulerziehung. In: A. Fischer, Leben und Werk, Hrsg. v. K. Kreitmair. Bd. 1. 1950.
Jeziorsky, W. Allgemeinbildender Unterricht i. d. Grundschule. 1965.
Lichtenstein-Rother, I. Schulanfang. Pädagogik u. Didaktik der ersten beiden Schuljahre. 7. Aufl. Neufassung. 1969.
Menke, A. Werden und Wesen der Grundschule. 1970.
Muth, J. Akzente der Grundschulreform. 1971.
Nave, K. H. Die allgemeine deutsche Grundschule. Ihre Entstehung aus der Novemberrevolution von 1918. 1961.
Rolff, H.-G. Sozialisation und Auslese durch die Schule. 1967.
Schwartz, E. Die Grundschule. Funktion und Reform. 1969.
Spranger, E. Der Eigengeist der Volksschule. 3., unveränd. Aufl. 1958.
Deutscher Bildungsrat. Strukturplan für das Bildungswesen. 1970.
Wenzel, A. (Hrsg.) Grundschulpädagogik. 1970 (Bibl.).

Bibliographie

Gymnasium

Blättner, F. Das Gymnasium. Aufgaben der höheren Schule in Geschichte und Gegenwart. 1960.
Brokerhoff, K. H. Cityschule, Gymnasium und technisierte Welt. 1964.
Derbolav, J. Das Exemplarische im Bildungsraum des Gymnasiums. 1957.
— Wesen und Formen der Gymnasialbildung. 1957.
Flitner, W. Die gymnasiale Oberstufe. 1961.
Furck, C.-L. Das neuzeitliche Gymnasium. 1964.
Der Gymnasialunterricht. Stuttgart 1960 ff.
Hentig, H. v. Wie hoch ist die höhere Schule? 1962.
Müller, K. (Hrsg.) Gymnasiale Bildung. 1968.
Paulsen, F. Geschichte des gelehrten Unterrichts. Hrsg. v. R. Lehmann. 3., erw. Aufl. Bd. I 1919, Bd. II 1921.
Röhrs, H. (Hrsg.) Der Bildungsauftrag des Gymnasiums. 1968.
Ulshöfer, R. Die Geschichte des Gymnasiums seit 1945. 1967.

Hauptschule

Deutscher Bildungsrat. Strukturplan für das Bildungswesen. 1970.
Dowe, W. u. H. Frommberger (Hrsg.) Die Hauptschule in NRW. 1968.
Flitner, W. Die vier Quellen des Volksschulgedankens. 5. Aufl. 1963.
Klafki, W. Die neue Hauptschul-Konzeption in NRW. In: Deutsche Schule 60. 1968, S. 817—834.
Krüger, R. Pädagogik der Hauptschule. 1968.
Lichtenstein-Rother, I. Gedanken zur inhaltlichen und methodischen Struktur der Volksschule. In: ZfP, 3. Beiheft. 1963.
Muth, J. Das Ende der Volksschule. 1963.
Nicklis, W. (Hrsg.) Hauptschule als Sekundarschule. 1970.
Robinsohn, S. B. u. H. Thomas Differenzierung im Sekundarschulwesen. 1968.
Roth, A. Idee und Gestalt der Hauptschule. 1966.
Roth, H. Jugend und Schule zwischen Reform und Restauration. 2. Aufl. 1965.
Spranger, E. Eigengeist der Volksschule. 5. Aufl. 1963.
Stöcker, K. Die Hauptschule. Entwurf und Gestaltung. 1968.

Jugend

Ausubel, D. P. Das Jugendalter. 1968.
Bertlein, H. Das Selbstverständnis der Jugend heute. 2. Aufl. 1964.
Bühler, Ch. Das Seelenleben des Jugendlichen. 6. Aufl. 1967.
— Zwei Knabentagebücher. 1925.
— Zwei Mädchentagebücher. 1927.
Busemann, A. Kindheit und Jugend. 1965.
Fischer, W. Neue Tagebücher von Jugendlichen. 1955.
— Der junge Mensch. 1958.
Hetzer, H. Kind und Jugendlicher in der Entwicklung. 12. Aufl. 1970.
Jaide, W. Eine neue Generation. 1961.

— Das Verhältnis der Jugend zur Politik. 1963.
— Leitbilder heutiger Jugend. 1968.
KÜPPERS, W. Mädchentagebücher der Nachkriegszeit. 1964.
LERSCH, PH. Aufbau der Person. 11. Aufl. 1970.
MUCHOW, H. H. Flegeljahre. 3. Aufl. 1963.
PIAGET, J. Psychologie der Intelligenz. 4. Aufl. 1970.
ROTH, H. Jugend und Schule zwischen Reform und Restauration. 2. Aufl. 1965.
SCHELSKY, H. Die skeptische Generation. 4. Aufl. 1960.
SPRANGER, E. Psychologie des Jugendalters. 28. Aufl. 1966.
ZILLIG, M. Psychologie des Jungmädchens. 3. Aufl. 1962.

Katholische Pädagogik

BOPP, L. Die erzieherischen Eigenwerte der katholischen Kirche. 1928.
EGGERSDORFER, F. X. Jugendbildung. 1959.
ERLINGHAGEN, K. Vom Bildungsideal zur Lebensordnung. 1960.
— Grundfragen katholischer Erziehung. 1963.
— Die Säkularisierung der deutschen Schule. 1972.
GÖTTLER, J. System der Pädagogik. 10. Aufl. 1957.
GUARDINI, R. Grundlegung der Bildungslehre. 1953.
KAMPMANN, T. Erziehung und Glaube. 1960.
MARITAIN, J. Erziehung am Scheidewege. 2. Aufl. 1956.
PADBERG, R. Glaube und Erziehung. 1959.
PEGGERLE, F. Erziehung aus dem Glauben. 1955.
PETZELT, A. Grundlegung der Erziehung. 1954.
PFLIEGLER, M. Religion und Erziehung. 1949.
PROHASKA, L. Pädagogik der Begegnung. 1961.

Kindheit

BÜHLER, CH. Kindheit und Jugend. 4. Aufl. 1967.
BUSEMANN, A. Der Aufzähl-Test. 1955.
DÜHRSSEN, A. Psychogene Erkrankungen bei Kindern und Jugendlichen. 8. Aufl. 1971.
GÖRRES, A. Methoden und Erfahrungen der Psychoanalyse. 2. Aufl. 1961.
HANSEN, W. Die Entwicklung des kindlichen Weltbildes. 6. Aufl. 1965.
HECKHAUSEN, H. Einflüsse der Erziehung auf die Motivationsgenese. In: Psychologie d. Erziehungsstile. Hrsg. v. Th. Herrmann. 2. Aufl. 1970.
HETZER, H. Kind und Jugendlicher in der Entwicklung. 12. Aufl. 1970.
HURLOCK, E. B. Die Entwicklung des Kindes. 2. Aufl. 1971.
LANGEVELD, M. J. Studien zur Anthropologie des Kindes. 3. Aufl. 1968.
METZGER, W. Frühkindlicher Trotz. 1956.
OERTER, R. Moderne Entwicklungspsychologie. 2. Aufl. 1968.
PORTMANN, A. Zoologie und das neue Bild des Menschen. 1956.
ROTH, H. Jugend und Schule zwischen Reform und Restauration. 2. Aufl. 1965.
RUPPERT, J. P. Die Schule als Sozialgebilde und Lebensform. 6. Aufl. 1969.

SPITZ, R. A. Vom Säugling zum Kleinkind. 1965.
THOMAE, H. Entwicklung und Prägung. In: Handbuch d. Psychologie. 3. Bd. 1959.

Kybernetik und Pädagogik

CORRELL, W. Programmiertes Lernen und schöpferisches Denken. 4. Aufl. 1969.
CUBE, F. v. Kybernetische Grundlagen des Lernens und Lehrens. 2. Aufl. 1968.
— Was ist Kybernetik? 3. Aufl. 1970.
— Technik des Lebendigen. 1970.
DUCROCQ, A. Die Entdeckung der Kybernetik. 1959.
FRANK, H. (Hrsg.) Kybernetik — Brücke zwischen den Wissenschaften. 1962.
— Kybernetische Grundlagen der Pädagogik. 2. Aufl. 1969.
ITELSON, L. B. Mathematische und kybernetische Methoden in der Pädagogik. 1967.
MEYER-EPPLER, W. Grundlagen und Anwendungen der Informationstheorie. 1959.
MÜLLER, D. D. (Hrsg.) Kybernetik — Automation. Bd. 1, 2. 1970 (Bibl.).
SCHIEFELE, H. Programmierte Unterweisung. 1964.
SCHMIDT, H. Die anthropologische Bedeutung der Kybernetik. 1965.
WELTNER, K. Informationstheorie und Erziehungswissenschaft. 1970.
WIENER, N. Cybernetics or control and communication in the animal and the machine. New York — Paris 1948. Deutsch: Kybernetik. 1963.
ZIELINSKI, J. u. W. SCHÖLER Pädagogische Grundlagen der programmierten Unterweisung unter empirischem Aspekt. 1964.

Lehrer — Lehrerbildung

BECKER, C. H. Die pädagogische Akademie im Aufbau unseres nationalen Bildungswesens. 2. Aufl. 1930.
BETZEN, K. u. K. E. NIPKOW (Hrsg.) Der Lehrer in Schule und Gesellschaft. 1971.
BREZINKA, W. Der Erzieher und seine Aufgaben. 1966.
BUNGARDT, H. Die Odyssee der Lehrerschaft. 2. Aufl. 1965.
COMBE, A. Kritik der Lehrerrolle. 1971.
DERBOLAV, J. Die pädagogische Ausbildung der Lehrer an Höheren Schulen durch die Universität und das Studienseminar. 1956.
DÖRING, K. W. Lehrerverhalten und Lehrerberuf. 1970.
Deutscher Bildungsrat. Empfehlungen der Bildungskommission. Bd. 7: Strukturplan für das Bildungswesen. 1970.
ELLWEIN, TH. Das Bild des Lehrers — heute. In: Westdeutsche Schulzeitung, Nr. 6. 1966.
FINK, E. Die Fragwürdigkeit des modernen Erziehers. In: Die deutsche Schule. 1959, S. 149—162.
GAMM, H. J. Kritische Schule. 1970.
GERNER, B. (Hrsg.) Der Lehrer und Erzieher. Mit Beiträgen von Adorno, Flitner, v. Hentig u. a. 1969.
GROOTHOFF, H.-H. Funktion und Rolle des Erziehers. 1972.

KITTEL, H. Die Entwicklung der Pädagogischen Hochschulen, 1926–1932. 1957.
LANGEVELD, M. J. Die Schule als Weg des Kindes. 1. Aufl. 1960.
PAULSEN, F. Ges. päd. Abhandlungen. Hrsg. u. eingel. v. E. Spranger. 1912.
REBLE, A. Lehrerbildung in Deutschland. 1958.
RÖHRS, H. (Hrsg.) Die Lehrerbildung im Spannungsfeld unserer Zeit. 1965.
Schule und Gesellschaft. 1971 (Hierin u. a. Mollenhauer, Nipkow.)

Musisch-ästhetische Bildung

ADORNO, TH. W. Dissonanzen. 1958.
FEUDEL, E. Dynamische Pädagogik. 1963.
FISCHER, H. (Hrsg.) Handbuch der Musikerziehung. 1954.
GÖTSCH, G. Musische Bildung. Bd. 1–3. 1949 ff.
HAASE, O. Musisches Leben. 1951.
KAMLAH, W. Die Singbewegung und die musische Bildung. In: Die Sammlung. 10. Jg. 1955, S. 606 ff.
MESSERSCHMID, F., E. MAAS u. O. BARTNING Musische Bildung. Wesen und Grenzen. 1959.
OTTO, W. F. Die Musen und der göttliche Ursprung des Singens und Sagens. 1961.
SEIDENFADEN, F. Die musische Erziehung in der Gegenwart und ihre geschichtlichen Quellen und Voraussetzungen. 1962.
TRÜMPER, H. (Hrsg.) Handbuch der Kunst- und Werkerziehung. Bd. 1–5. 1953 ff.

Pädagogik

BALLAUFF, TH. Systematische Pädagogik. 1963.
BRENZINKA, W. Von der Pädagogik zur Erziehungswissenschaft. 1971.
DERBOLAV, J. Frage und Antwort. 1970.
— Systematische Perspektiven der Pädagogik. 1971.
DILTHEY, W. Schriften zur Pädagogik. Besorgt von H.-H. Groothoff u. U. Herrmann. 1971.
FINK, E. Erziehungswissenschaft als Lebenslehre. 1970.
FLITNER, W. Das Selbstverständnis der Erziehungswissenschaft in der Gegenwart. 1957.
GIESECKE, H. Einführung in die Pädagogik. 1969.
HABERMAS, J. Zur Logik der Sozialwissenschaften. Sonderheft der Philosophischen Rundschau, Nr. 5. 1967.
— Erkenntnis und Interesse. 1968.
KANT, I. Ausgewählte Schriften zur Pädagogik und ihrer Begründung. Besorgt von H.-H. Groothoff u. Mitwirkung von E. Reimers. 1963.
KLAFKI, W. u. a. Funk-Kolleg Erziehungswissenschaft 1–3. 1970 (Fischer Taschenbücher Bde. 6106–6108).
LANDSHEERE, G. Die Einführung in die pädagogische Forschung. Deutsch: 1959.
LANGEVELD, M. J. Einführung in die Pädagogik. 1951.
LOCHNER, R. Deutsche Erziehungswissenschaft. 1963.
— Deskriptive Pädagogik. Neuausgabe 1967.

MEUMANN, E. Abriß der experimentellen Pädagogik. 1. Aufl. 1914.
MÜLLER-PETERSEN, E. Kleine Anleitung zur pädagogischen Tatsachenforschung. 1951.
NICOLIN, F. (Hrsg.) Pädagogik als Wissenschaft. 1969.
PETERSEN, P. u. E. Die pädagogische Tatsachenforschung. Besorgt v. Th. Rutt. 1965.
RÖHRS, H. Forschungsmethoden der Erziehungswissenschaft. 1968.
— Allgemeine Erziehungswissenschaft. 1969.
— (Hrsg.) Erziehungswissenschaft und Erziehungswirklichkeit. 1964.
ROTH, H. Pädagogische Anthropologie. Bd. I 1966, Bd. II 1971.
SCHÄFER, K.-H. u. K. SCHALLER Kritische Erziehungswissenschaft und kommunikative Didaktik. 1971.
SEIFFERT, H. Erziehungswissenschaft im Umriß. 2. Aufl. 1971 (Bibl.).
ULICH, D. Theorie und Methode der Erziehungswissenschaft. 1972.
WEINGARTNER, P. Wissenschaftstheorie I. 1971.
WENIGER, E. Die Eigenständigkeit der Erziehung in Theorie und Praxis. 1952.

Vgl. ferner die Reihen:
Gesellschaft und Erziehung. Heidelberg 1967 ff.
Grundfragen der Erziehungswissenschaft. München 1969 ff.

Pädagogische Psychologie

CRONBACH, L. J. Einführung in die Pädagogische Psychologie. 1971.
DÜHRSSEN, A. Psychogene Erkrankungen bei Kindern und Jugendlichen. 8. Aufl. 1971.
DUNCKER, K. Zur Psychologie des produktiven Denkens. 1963.
GAGNÉ, R. M. Die Bedingungen des menschlichen Lernens. 1969.
HANSEN, W. Psychologie der Unterrichtsfächer. In: Ganzheit in Wissenschaft und Schule. 1956.
— (Hrsg.) Psychologie der Unterrichtsfächer der Volksschule. (Schriftenreihe seit 1955, 10 Bde.).
HETZER, H. (Hrsg.) Pädagogische Psychologie. In: Handbuch d. Psychologie. 10. Bd. 1959.
HOFSTÄTTER, P. R. Gruppendynamik. 1968.
HÖHN, E. u. C. P. SCHICK Das Soziogramm. o. J.
HORNEY, K. Neue Wege in der Psychoanalyse. 1951.
METZGER, W. Die Entwicklung der Erkenntnisprozesse. In: Handbuch d. Psychologie. 3. Bd. 1959.
PIAGET, J. Psychologie der Intelligenz. 4. Aufl. 1970.
RICHTER, H. E. Eltern, Kind und Neurose. 2. Aufl. 1967.
ROTH, H. Psychologie und Pädagogik und das Problem der Pädagogischen Psychologie. In: Psychologie und Pädagogik. Hrsg. v. J. Derbolav u. H. Roth. 1959.
— Pädagogische Anthropologie. II. Bd. 1971.
RUPPERT, J. P. Die seelischen Grundlagen der sozialen Erziehung. III. Bd. 1965.
SKINNER, B. F. Die Wissenschaft vom Lernen und die Kunst des Lehrens. In: Pädagogische Psychologie. Hrsg. v. F. Weinert. 2. Aufl. 1967

SKOWRONEK, H. Lernen und Lernfähigkeit. 1969.
SPITZ, R. A. Vom Säugling zum Kleinkind. 1965.
ULRICH, D. Gruppendynamik in der Schulklasse. 1971.
WALZ, U. Soziale Reifung in der Schule. 3. Aufl. 1967.

Politische Bildung

BORINSKI, F. Der Weg zum Mitbürger. 1954.
ELLWEIN, TH. Bücherkunde für die politische Bildung. 3. Aufl. 1961.
— Pflegt die deutsche Schule Bürgerbewußtsein? 1955.
— Das Regierungssystem in der BRD. 1963.
FISCHER, H. u. H. NEU Der politische Unterricht. 1960.
FLITNER, A. Die politische Erziehung in Deutschland. 1957.
KERSCHENSTEINER, G. Der Begriff der staatsbürgerlichen Erziehung. 9. Aufl. 1961.
LITT, Th. Die politische Selbsterziehung des deutschen Volkes. 1957.
NEWE, H. Der polit. und demokrat. Bildungsauftrag der Schule. 1961.
OETINGER, F. (Pseud. f. Th. Wilhelm) Partnerschaft. Die Aufgabe der politischen Erziehung. 3. Aufl. 1956.
Politische Bildung und Erziehung. Mit Beiträgen von G. Frede, G. Binder, K. Kollnig u. F. Messerschmid. 2. Aufl. 1955.
SCHNEIDER, H. Politische Bildung als Gewissensbildung. 1961.
SPRANGER, E. Gedanken zur staatsbürgerlichen Erziehung. 1963.
WEINSTOCK, H. Die politische Verantwortung der Erziehung in der demokratischen Massengesellschaft des technischen Zeitalters. 1958.
WENIGER, E. Politische Bildung und staatsbürgerliche Erziehung. 1954.

Realschule

BRANDAU, H. W. Die mittlere Bildung in Deutschland. 1959.
BUHTZ, E. Die Mittelschule. 1926.
DEERMANN, B. Gedanken und Vorschläge zur Schulreform. 1948.
DERBOLAV, J. u. H. OEHMIG Wesen und Werden der Realschule. 1960.
HEINEMANN, K. Geschichte der preußischen Mittelschule. 1931.
MAASSEN, N. Geschichte der deutschen Mittelschulbewegung. 1959.
— Quellen zur Gesch. der Mittel- u. Realschulpäd. Bd. 1—3. 1959.
— u. W. SCHÖLER Gesch. der Mittel- u. Realschulpäd. Bd. 2. 1961.
PAX, E. Neue Wege für die mittleren Schulen. 1953.

Religionspädagogik (in evangelischer Sicht)

EBELING, G. Einführung in theologische Sprachlehre. 1971.
LOHFF, W. Über die Rolle der Religion in der modernen Gesellschaft. In: W. Lohff u. B. Lohse (Hrsg.), Christentum und Gesellschaft. 1969.
NIPKOW, K. E. Schule und Religionsunterricht im Wandel. Ausgewählte Studien zur Pädagogik und Religionspädagogik. 1971.
SCHATZ, O. (Hrsg.) Hat die Religion eine Zukunft? 1971.
SCHILLING, H. Grundlagen der Religionspädagogik. Zum Verhältnis von Theologie und Erziehungswissenschaft. 1970.
STACHEL, G. u. W. G. ESSER (Hrsg.) Was ist Religionspädagogik? 1971.
STALLMANN, M. Christentum und Schule. 1958.

Schule, Theorie der Schule

Fürstenau, P. u. a. Zur Theorie der Schule. 1969.
Hentig, H. v. Die Schule im Regelkreis. 2. Aufl. 1969.
— Systemzwang und Selbstbestimmung. 3. Aufl. 1970.
— Cuernavaca oder Alternativen zur Schule. 1971.
Hoerdt, Ph. Theorie der Schule. 1933.
Kramp, W. Theorie der Schule. In: J. Speck u. G. Wehle (Hrsg.), Handbuch pädagogischer Grundbegriffe. Bd. II. 1970 (Bibl.).
Langeveld, M. J. Die Schule als Weg des Kindes. 4. Aufl. 1968.
Lichtenstein-Rother, I. Gedanken zur Aufgabe und Funktion der Schulpädagogik. In: H. Kittel u. H. Wetterling (Hrsg.), Behauptung der Person. 1963.
Reichwein, G. Grundlinien einer Theorie der Schule. 1925. (Wieder abgedruckt in: Reichwein, G., Kritische Umrisse einer geisteswissenschaftlichen Bildungstheorie. 1963).
Roessler, W. Die Entstehung des modernen Erziehungswesens in Deutschland. 1961.
Rolff, H.-G. Sozialisation und Auslese durch die Schule. 1967 (Bibl.).
Scheuerl, H. Die Gliederung des deutschen Schulwesens. 1968.
Steindorf, G. Einführung in die Schulpädagogik. 1972.
Wilhelm, Th. Theorie der Schule. 2. Aufl. 1969.
Zöpfl, H. u. R. Seitz (Hrsg.) Schulpädagogik. 1971.

Schulrecht

Abelein, M. Die Kulturpolitik des Deutschen Reiches und der Bundesrepublik Deutschland. 1968.
Campenhausen, A. v. Erziehungsauftrag und staatliche Schulträgerschaft. 1967.
— u. P. Lerche Deutsches Schulrecht (Loseblattsammlung). 1970 ff.
Harnischfeger, H. u. G. Heimann Rechtsfragen der Gesamtschule. In: Deutscher Bildungsrat. Gutachten und Studien der Bildungskommission. Bd. 13. 1970, S. 11 ff.
Heckel, H. Deutsches Privatschulrecht. 1955.
— Schulrecht und Schulpolitik. 1967.
— u. P. Seipp Schulrechtskunde. 4. Aufl. 1969.
Henneke, F. Staat und Unterricht. Die Festlegung didaktischer Inhalte durch den Staat im öffentlichen Schulwesen. 1972.
Heymann, K.-D. u. E. Stein Das Recht auf Bildung. In: Archiv des öffentlichen Rechts 97. 1972, S. 185 ff.
Hochstetter, H., R. Seipp u. E. Muser Schüler-Richter-Lehrer. 2. Aufl. 1963.
Keim, W. Schule und Religion. 1967.
Mampe, G. Rechtsprobleme im Schulwesen. 1963.
Oppermann, Th. Kulturverwaltungsrecht. 1969.
Spranger, E. Die wissenschaftlichen Grundlagen der Schulverfassungslehre und der Schulpolitik. 1927. Neudruck: 1963.
Stein, E. Das Recht des Kindes auf Selbstentfaltung in der Schule. 1967.

STOCK, M. Pädagogische Freiheit und politischer Auftrag der Schule. 1971.
— Demokratisierung und Professionalisierung als Zielkomponenten westdeutscher Schulverfassungsreform. In: RJB (= Recht der Jugend und des Bildungswesens), 1972, S. 225.

Sonderpädagogik (Behindertenpädagogik)

BESCHEL, E. Mißverständliche Heilpädagogik. 1967.
BLEIDICK, U. Behindertenpädagogik. 1972.
HANSELMANN, H. Einführung in die Heilpädagogik. 7. Aufl. 1966.
HEESE, G. u. H. WEGENER (Hrsg.) Enzyklopädisches Handbuch der Sonderpädagogik. 3 Bde. 3. Aufl. 1969.
JUSSEN, H. (Hrsg.) Handbuch der Heilpädagogik in Schule und Jugendhilfe. 1967.
MOOR, P. Heilpädagogische Psychologie. 2 Bde. 1958/60.
SOLAROVA, S. Mehrfachbehinderte Kinder und Jugendliche. 1972.

Sonderschulen

BACH, H. Geistigbehindertenpädagogik. 4. Aufl. 1971.
BLÄSIG, W. Die Rehabilitation der Körperbehinderten. 1967.
BLEIDICK, U. u. G. HECKEL Praktisches Lehrbuch des Unterrichts in der Lernbehindertenschule. 1968.
GARBE, H. Die Rehabilitation der Blinden und hochgradig Sehbehinderten. 1965.
HEESE, G. u. a. Grundlagen der Schwerhörigenbildung. 1969.
JUSSEN, H. u. a. Sprachbildung bei Gehörlosen. 1968.
MÜLLER, R. G. E. Die Schule für erziehungsschwierige Kinder und Jugendliche. 2. Aufl. 1970.
ORTHMANN, W. (Hrsg.) Schulische Betreuung sprachbehinderter Kinder. 1972.

Sozialisation und Erziehung

BERNSTEIN, B. Studien zur sprachlichen Sozialisation. 1972.
BETRIFFT: ERZIEHUNG REDAKTION (Hrsg.) Familienerziehung, Sozialschicht und Schulerfolg. 1971.
CLAESSENS, D. Familie und Wertsystem. 1962.
ERIKSON, E. H. Jugend und Krise. 1970.
FEND, H. Sozialisierung und Erziehung. 1970.
— Konformität und Selbstbestimmung. 1971.
FÜRSTENAU, P. Soziologie der Kindheit. 1967.
GOFFMAN, E. Asylums. 1961.
— Role-Distance. In: Encounters. 1961, S. 85 ff.
HABERMAS, J. Thesen zur Theorie der Sozialisation. 1968 (Vorlesungsmanuskript).
HECKHAUSEN, H. Förderung der Lernmotivierung und der intellektuellen Tüchtigkeiten. In: H. Roth (Hrsg.), Begabung und Lernen. 2. Aufl. 1969.
MEAD, G. H. Geist, Identität und Gesellschaft. 1968.

MOLLENHAUER, K. Sozialisation und Schulerfolg. In: H. Roth (Hrsg.), Begabung und Lernen. 2. Aufl. 1969.
OEVERMANN, U. Theorien zur Erziehungsreform. 1972.
— Sprache und soziale Herkunft. 1972.
PARSONS, T. u. R. BALES Family, Socialization and Interaction Process. 1955.
ROLFF, H. G. Sozialisation und Auslese durch die Schule. 1967.
STRAUSS, A. L. Spiegel und Masken. 1968.
TURNER, R. Role Taking: Process versus Conformity. In: A. M. Rose (Hrsg.), Human Behavior and Social Process. 1962.

Sozialpädagogik

BONSTEDT, C. Organisierte Verfestigung abweichenden Verhaltens. 1972.
CHRISTENSEN, H. T. (Hrsg.) Handbook of Marriage and the Family. 1964.
CICOUREL, A. The Social Organization of Juvenile Justice. 1968.
COHEN, A. K. Abweichung und Kontrolle. 1968.
Gefesselte Jugend. Fürsorgeerziehung im Kapitalismus. (Autorenkollektiv) 1971.
GIESECKE, H. Die Jugendarbeit. 1971.
GOFFMAN, E. Stigma. 1967.
MATTHES, J. Gesellschaftspolitische Konzeptionen im Sozialhilferecht. 1964.
MOLLENHAUER, K. Erziehung und Emanzipation. 5. Aufl. 1971.
— Jugendhilfe. Soziologische Materialien. 1966.
MOSER, T. Jugendkriminalität und Gesellschaftsstruktur. 1970.
MÜLLER, C. W. u. P. NIMMERMANN (Hrsg.) Stadtplanung und Gemeinwesenarbeit. 1971.
PETERS, H. Moderne Fürsorge und ihre Legitimation. 1968.
RICHTER, E. Die Gruppe. 1972.
SIMONSOHN, B. (Hrsg.) Jugendkriminalität, Strafjustiz und Sozialpädagogik. 1969.
TUGGENER, H. Social Work. 1970.
VOGEL, M. R. Die kommunale Apparatur der öffentlichen Hilfe. 1966.

Soziologie der Erziehung

ADORNO, TH. W. u. a. Der Positivismusstreit in der deutschen Soziologie. 1969.
BRIM, O. G. Soziologie des Erziehungswesens. 1963.
DIECKMANN, J. Pädagogische Soziologie. 1970.
DURKHEIM, E. Erziehung und Soziologie. 1972.
FISCHER, A. Leben und Werk. Hrsg. v. K. Kreitmair. Bd. 3/4. 1954.
FRIEDEBURG, L. v. (Hrsg.) Jugend in der modernen Gesellschaft. 1965.
FURCK, C. L., D. GOLDSCHMIDT u. I. RÖBBELEN (Hrsg.) Reihe Gesellschaft und Erziehung, Bd. I—X. 1967 ff.
GEIGER TH. Arbeiten zur Soziologie. 1962.
HEINTZ, P. Soziologie der Schule. 1959 (4. Sonderheft der KZfSS).

KIPPERT, KL. (Hrsg.) Einführung in die Soziologie der Erziehung. 1970.
KOB, J. Erziehung in Elternhaus und Schule. 1963.
KÖNIG, R. (Hrsg.) Soziologie. Neuausgabe 1967 (Das Fischer Lexikon Bd. 10).
MARCUSE, H. Der eindimensionale Mensch. 1967.
ROSENMAYR, L. Hauptgebiete der Jugendsoziologie. In: R. König (Hrsg.), Handbuch der empirischen Sozialforschung, Bd. II. 1969.
SCHELSKY, H. Anpassung oder Widerstand? Soziologische Bedenken zur Schulreform. 1961.
WACHLER, D. Das verlängerte Wochenende in seinen Wirkungen auf Familie und Haushalt. Eine erziehungssoziologische Studie. 1972.
WEISS, C. Soziologie und Sozialpsychologie der Schulklasse. 1955.

Unterricht—Didaktik, Curriculum, Methodik

A. Didaktik

Allgemeine Didaktik, Fachdidaktik, Fachwissenschaft. Hrsg. v. D. C. Kochan. 1970.
BECKER, E. u. G. JUNGBLUT Strategien der Bildungsproduktion. 1972.
BLANKERTZ, H. Theorien und Modelle der Didaktik. 1969.
Das exemplarische Prinzip. Hrsg. v. B. Gerner. 1963.
DERBOLAV, J. Systematische Perspektiven der Pädagogik. 1970.
Didaktik. Hrsg. v. H. Röhrs. 1971 (Bibl.).
DOLCH, J. Lehrplan des Abendlandes. 1959.
HEIMANN, P., G. OTTO u. W. SCHULZ Unterricht, Analyse und Planung. 5. Aufl. 1970.
HIMMERICH, W. Didaktik als Erziehungswissenschaft. 1970.
HUISKEN, F. Zur Kritik bürgerlicher Didaktik und Bildungsökonomie. 1972.
KLAFKI, W. Studien zur Bildungstheorie und Didaktik. 19. Aufl. 1970.
— Das pädagogische Problem des Elementaren und die Theorie der kategorialen Bildung. 3./4. Aufl. 1964 (Bibl.).
— u. K. CHR. LINGELBACH Die Inhalte des Lernens und Lehrens — das Problem der Didaktik i. e. S. In: Funk-Kolleg Erziehungswissenschaft. Bd. 2. 1970, V. Kap. (Fischer Taschenbuch Bd. 6107) (Bibl.).
KLINGBERG, L., H.-G. PAUL, H. WENGE, u. G. WINKE Abriß der Allgemeinen Didaktik. 1965.
NORTHEMANN, W. u. G. OTTO (Hrsg.) Geplante Information. 1969.
ODENBACH, K. Studien zur Didaktik der Gegenwart. 3. Aufl. 1966.
SCHÄFER, K.-H. u. K. SCHALLER Kritische Erziehungswissenschaft und kommunikative Didaktik. 1971.
WENIGER, E. Die Theorie der Bildungsinhalte und des Lehrplans. 9. Aufl. 1971.
WILLMANN, O. Didaktik als Bildungslehre. 6. Aufl. 1957.

B. Curriculum

ACHTENHAGEN, FR. u. H. L. MEYER (Hrsg.) Curriculumrevision. 1971.
BEAUCHAMP, G. A. Curriculum-Theory. 2. Aufl. 1968.
BLANKERTZ, H. Curriculumforschung — Strategien, Strukturierung, Konstruktion. 1971.
Deutscher Bildungsrat. Lernziele der Gesamtschule. 1969.

FREY, K. (Hrsg.) Kriterien in der Curriculum-Konstruktion. 2. Aufl. 1971.
— Theorien des Curriculum. 1971 (Bibl.).
GERBAULET, S. u. a. Schulnahe Curriculumentwicklung. 1972.
HESSE, H. A. u. W. MANZ Einführung in die Curriculumforschung. 1972.
HUHSE, K. Theorie und Praxis der Curriculum-Entwicklung (USA, Schweden, England). 1968 (Bibl.).
HUSÉN, T. u. G. BOALT Bildungsforschung und Schulreform in Schweden. 1968 (Bibl.).
KLAFKI, W., K. CHR. LINGELBACH u. H. W. NICKLAS Probleme der Curriculumentwicklung. 1972.
MAGER, R. F. Lernziele und programmierter Unterricht. 3. Aufl. 1969.
MEYER, H. L. Einführung in die Curriculum-Methodologie. 1972.
Paedagogica Europaea. The Changing School Curriculum in Europe. 1970/71.
ROBINSOHN, S. B. Bildungsreform als Revision des Curriculum (1967), 2. Aufl. 1971.
— (Hrsg.) Curriculumentwicklung in der Diskussion. 1972.
Taxonomy of Educational Objectives. Handbook I: Cognitive Domain. Hrsg. von B. S. Bloom (1956), 13. Aufl. 1968; Handbook II: Affective Domain. Hrsg. von D. R. Krathwohl u. a. (1964), 5. Aufl. 1968.
THOMAS, R. M., L. B. SANDS u. D. L. BRUBAKER (Hrsg.) Strategies for Curriculum-Change. 1968.
TYLER, R. W., R. GAGNÉ u. R. M. SCRIVEN Perspektives of Curriculumevaluation. 1967.

C. Methodik

AEBLI, H. Grundformen des Lehrens. 6. Aufl. 1971.
— Psychologische Didaktik. 4. Aufl. 1970.
COPEI, FR. Der fruchtbare Moment im Bildungsprozeß. 9. Aufl. 1969 (Bibl.).
FLITNER, W. Theorie des pädagogischen Weges und der Methode. 8. Aufl. 1968.
GEISSLER, H. (Hrsg.) Das Problem der Unterrichtsmethode in der pädagogischen Bewegung. 8. Aufl. 1970.
Handbuch der Unterrichtsforschung. Hrsg. v. Kh. Ingenkamp u. a. Bd. I—III. 1970/1971 (deutsche Bearbeitung des Handbook of Research on Teaching, ed. by N. L. Gage. 1963) (Bibl.).
KLAFKI, W., G. IBEN u. R. FREUDENSTEIN Die Methoden des Unterrichts und der Erziehung. In: W. Klafki u. a., Erziehungswissenschaft (Funk-Kolleg). Bd. 2. 1971, S. 127 ff (Bibl.).
MENCK, P. u. G. THOMA Unterrichtsmethode. 1972.
ROTH, H. Pädagogische Psychologie des Lehrens und Lernens. 12. Aufl. 1970, VI., VII., XII. Kap.
ROTH, L. Effektivität von Unterrichtsmethoden. 1971.
Unterricht. Hrsg. v. G. Dohmen u. Fr. Maurer. 1968.
Unterrichtsbeispiele von Herbart bis zur Gegenwart. Hrsg. v. Th. Dietrich. 3. Aufl. 1969.
WENIGER, E. Didaktische Voraussetzungen der Methode in der Schule. 4./6. Aufl. 1965.

Vergleichende Erziehungswissenschaft

ANDERSON, C. A. Methodology of Comparative Education. In: Internat. Ztschr. f. Erziehungswissenschaft. 1961.
BEREDAY, G. Z. F. Theorie und Methoden der Vergleichenden Erziehungswissenschaft. In: Weltweite Erziehung. 1960.
DERBOLAV, J. Sinn und Grenze der »Vergleichenden Methoden« in der Erziehungswissenschaft. In: H. Espe, Vergleichende Erziehungswissenschaft. o. J.
FROESE, L. Paradigma des Selbstverständnisses der Vergleichenden Erziehungswissenschaft. In: Zeitschrift für Pädagogik. 1967.
HANS, N. Comparative Education. 1949.
HILKER, F. Vergleichende Pädagogik. 1962.
JULLIEN DE PARIS, M.-A. Esquisses et Vues préliminaires d'un Ouvrage sur l'éducation comparée. 1817.
KANDEL, I. L. The Methodology of Comparative Education. In: Thoughts on Comparative Education. Festschrift für Pedro Roselló. 1959.
MOEHLMANN, A. H. Comparative Educational Systems. 1963.
SANDIFORD, P. Comparative Education. Studies of the educational system of 6 modern countries. 1918.
SCHNEIDER, F. Vergleichende Erziehungswissenschaft. 1961.
SEIDENFADEN, F. Der Vergleich in der Pädagogik. 1966.

Vorschulische Erziehung

BAROW-BERNSTORFF, E. u. a. (Hrsg.) Beiträge zur Geschichte der Vorschulerziehung. 1969.
BARRES, E. Erziehung im Kindergarten. 1972.
BELSER, H. u. a. Curriculum-Materialien für die Vorschule. 1972.
BREITENEICHER, H.-J. u. a. Kinderläden. Revolution der Erziehung oder Erziehung zur Revolution. 1971.
BRÜHL, M. Benachteiligte Kinder als pädagogische Provokation. 1971.
CHAUNCEY, H. (Hrsg.) Soviet Preschool Education. Vol. I: Programm of Instruction, Vol. II: Teachers Commentary. 1969 (amer. Übers.).
Deutsche UNESCO-Kommission. Das Kind in der Lerngesellschaft. Neue Aspekte der Vorschulerziehung. 1970.
HECHINGER, F. M. Vorschulerziehung als Förderung sozial benachteiligter Kinder. 1970.
HEINSOHN, G. Vorschulerziehung heute? Vorschulerziehung und Kapitalismus. 1971.
HESS, R. D. u. R. MEYER-BEAR (Hrsg.) Frühkindliche Erziehung. 1972.
HUNDERTMARCK, G. u. H. ULSHOEFER (Hrsg.) Kleinkinderziehung. Lehrbücher für Sozialpädagogen. 3 Bde. 1972.
LEER, B. van — Foundation, Bibliographie der: Compensatory Early Childhood Education (Selective Working Bibliography). 1971.
LÜCKERT, H.-R. (Hrsg.) Begabungsforschung und Bildungsförderung 1969.
RECCUM, H. v. Der Finanzbedarf eines expandierenden Vorschulsystems. In: Deutscher Bildungsrat, Gutachten und Studien der Bildungskommission, Bd. 18. 1971.
SAMSTAG, K. Informationen zum Lernen im Vorschulalter. 1971.

SCHMALOHR, E. u. K. SCHÜTTLER-JANIKULLA (Hrsg.) Bildungsförderung im Vorschulalter. Bericht über die Tagung des UNESCO-Instituts (Hamburg 1970). 1972.
SCHWARTZ, F. Die Grundschule, Funktion und Reform. 1969.
TROUILLET, B. Vorschulerziehung in neun europäischen Ländern. 1967.
— Vorschulerziehung in den USA. 1970.
VOGT, M. Vorschulerziehung und Schulvorbereitung in der DDR. 1972.
Zeitschrift für Pädagogik, Vorschulerziehung. Gestörte und benachteiligte Kinder. 16. Jg., Heft 1/1970.
Zeitschrift für Pädagogik. Vorschulerziehung und pädagogische Forschung. 17. Jg., Heft 4/1971.

REGISTER

Die Stichwörter sind im Text auf den angegebenen Seiten jeweils durch *gesperrte Kursivschrift* oder, wenn sie als Zwischentitel erscheinen, durch KAPITÄLCHEN hervorgehoben. Die in **Fettdruck** erscheinenden Wörter und Seitenzahlen verweisen auf die Sachwortartikel und deren Anfänge. In der Bibliographie angeführte Namen wurden in das Register nicht aufgenommen.